致敬国门守护者,弘扬伟大抗疫精神

有这样一群人

不畏风险,披甲上阵,坚守国门

国门抗疫

守护我的国

先锋人物

海关抗疫作品编写组 / 编著

中国海关出版社有限公司
·北京·

图书在版编目（CIP）数据

国门抗疫：守护我的国. 先锋人物 / 海关抗疫作品编写组编著. —北京：中国海关出版社有限公司，2023.1

ISBN 978-7-5175-0632-4

Ⅰ.①国… Ⅱ.①海… Ⅲ.①海关—先进工作者—先进事迹—中国 Ⅳ.①K825.3

中国版本图书馆CIP数据核字（2022）第248198号

国门抗疫：守护我的国（先锋人物）
GUOMEN KANGYI:SHOUHU WO DE GUO（XIANFENG RENWU）

出 品 人：	韩　钢
编　 著：	海关抗疫作品编写组
责任编辑：	孙晓敏　刘　婧　叶　芳　刘白雪　孙　倩
绘　 图：	中国电子口岸数据中心　宋丽娜
责任印制：	刘卜源
出版发行：	中国海关出版社有限公司
社　 址：	北京市朝阳区东四环南路甲1号　　邮编编码：100023
网　 址：	www.hgcbs.com.cn
编 辑 部：	01065194242-7531（电话）
发 行 部：	01065194221/4246/5127/7543（电话）
社办书店：	01065195616（电话）
	https://weidian.com/?userid=319526934（网址）
印　 刷：	北京盛通印刷股份有限公司　　　经　销：新华书店
开　 本：	710mm×1000mm　1/16
印　 张：	47　　　　　　　　　　　　　　字　数：606千字
版　 次：	2023年1月第1版
印　 次：	2023年1月第1次印刷
书　 号：	ISBN 978-7-5175-0632-4
定　 价：	168.00元

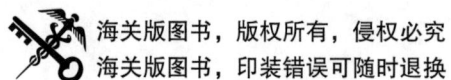

海关版图书，版权所有，侵权必究
海关版图书，印装错误可随时退换

《国门抗疫：守护我的国》
海关抗疫作品编写组

总 策 划：韩　钢

执行策划：王　虹　齐　岩　陈福升

编 写 组：

北京海关	天津海关	石家庄海关	太原海关
呼和浩特海关	满洲里海关	大连海关	沈阳海关
长春海关	哈尔滨海关	上海海关	南京海关
杭州海关	宁波海关	合肥海关	福州海关
厦门海关	南昌海关	青岛海关	济南海关
郑州海关	武汉海关	长沙海关	广州海关
深圳海关	拱北海关	汕头海关	黄埔海关
江门海关	湛江海关	南宁海关	海口海关
重庆海关	成都海关	贵阳海关	昆明海关
拉萨海关	西安海关	兰州海关	西宁海关
银川海关	乌鲁木齐海关		

目录
CONTENTS

一、情系家国，大爱为先

北京海关

逆向而行，只为守护国门 /002
记"全国海关系统抗击新冠肺炎疫情先进个人""北京市优秀共产党员"李占青

天津海关

新时代最可爱的人 /010
记"全国海关系统抗击新冠肺炎疫情先进个人"张炜

满洲里海关

妈妈，等等我 /017
记满洲里车站海关查验科王岿然

大连海关

蓝色国门前的"抗疫先锋" /024
记"全国海关系统抗击新冠肺炎疫情先进个人"马元鹏

沈阳海关

"疫"不容辞，家国有我 /033
记"全国海关系统抗击新冠肺炎疫情先进个人"刘晶玮

哈尔滨海关

建功国门，健康守护 /041
记哈尔滨太平机场海关孙建健抗疫事迹

福州海关

待到山花烂漫时 /051
记"全国海关系统抗击新冠肺炎疫情先进个人"周天喜

青岛海关

一个熟悉的陌生人 /060
记"青岛海关抗击新冠肺炎疫情先进个人"李庆凯

江门海关

疫情战线一块砖，哪里需要哪里搬 /069
记"全国海关系统抗击新冠肺炎疫情先进个人"胡腾

湛江海关

暮色苍茫看劲松，乱云飞渡仍从容 /078
记"广东省抗击新冠肺炎疫情先进个人"李劲松

重庆海关

国门抗疫战线上的"佳佳"故事 /087
记"全国海关系统抗击新冠肺炎疫情先进个人"陈佳佳

昆明海关

因为生命值得 /095
记"全国海关系统抗击新冠肺炎疫情先进个人"唐云坡

西安海关

新冠肺炎疫情防控战线上的"万能螺丝钉" /105
西安海关卫生检疫处晁洁抗疫纪实

乌鲁木齐海关

以奋斗姿态与新时代边关"双向奔赴" /112
全国"人民满意的公务员"李清华

二、冲锋在前，无所畏惧

太原海关

实验室里的坚守，与病妻战斗的日子 /124
记"全国海关系统抗击新冠肺炎疫情先进个人"李君萍

满洲里海关

"忠诚、担当"就是"我"的答卷 /131
记"全国海关系统抗击新冠肺炎疫情先进个人"原治国

哈尔滨海关

"侠姐"抗疫两三事 /140
记"全国海关系统抗击新冠肺炎疫情先进个人"陈侠

上海海关

"星夜旅"下的"赤丹红" /149
记"全国优秀共产党员""全国抗击新冠肺炎疫情先进个人"宋丹

厦门海关

奋战在疫情防控一线的那些日子 /157
记厦门邮轮港海关刘志鸿

武汉海关

披坚执锐的国门卫士 /168
记"全国抗击新冠肺炎疫情先进个人"王锐

长沙海关

黄花分外香　/176
我的抗疫笔记

广州海关

把忠诚镌刻在国门一线　/183
记佛山海关驻顺德办事处袁浩

深圳海关

抗击疫情战线上的先锋战士　/193
记"全国海关系统抗击新冠肺炎疫情先进个人"陈彩霞

拱北海关

用逆行守护"风平浪静"　/200
记"全国海关系统抗击新冠肺炎疫情先进个人"王锋

江门海关

专业敬业乐业，冲锋抗疫一线　/206
记"全国海关系统抗击新冠肺炎疫情先进个人"黄志坚

抗疫路上的奋勇者　/213
记"全国海关系统抗击新冠肺炎疫情先进个人"张振荣

湛江海关

抗疫场上的排头兵　/220
记"全国海关系统抗击新冠肺炎疫情先进个人"陈伟

昆明海关

勇往直前的"突击员""护航员"　/229
记"全国海关系统抗击新冠肺炎疫情先进个人"陈俊利

西安海关

疫情不退，战斗不止 /237

记陕西国际旅行卫生保健中心核酸检测专班负责人刘永杰

乌鲁木齐海关

遇事见担当，危难显忠诚 /246

记"新疆维吾尔自治区抗击新冠肺炎疫情先进个人"塔依·买提卡比力

三、惟其艰难，方显勇毅

北京海关

"首都标准"与"首都经验"的践行者 /256

记"全国海关系统抗击新冠肺炎疫情先进集体"北京海关疫情防控工作综合组负责人、"北京市抗击新冠肺炎疫情先进个人"田睿

满洲里海关

口岸抗疫"姐妹花" /266

记"全国海关系统抗击新冠肺炎疫情先进个人"包小萍、宋蕾

杭州海关

"疫"线虎责 /276

记"全国海关系统抗击新冠肺炎疫情先进个人"林纲

青岛海关

擦亮党员本色，贡献中帽力量 /284

记"全国海关系统抗击新冠肺炎疫情先进个人"王玉兰

济南海关

实验室里的战士 /292

"全国海关系统抗击新冠肺炎疫情先进个人"韩焕美

广州海关

响彻湾区国门的青春之歌 /299
全国"人民满意的公务员"赵醴丽

守卫南粤国门的海关英杰 /307
"全国抗击新冠肺炎疫情先进个人"杨杰抗疫纪实

汕头海关

扎根口岸，"疫"往无前 /317
记"全国海关系统抗击新冠肺炎疫情先进个人"王丽萍

江门海关

实验室"五味"真火，守"医"线淬炼成金 /326
记"全国海关系统抗击新冠肺炎疫情先进个人"林进禀

湛江海关

最是风雨显本色，"疫"路"晶"彩绽芳华 /335
记"广东省优秀共产党员""广东省抗击新冠肺炎疫情先进个人"蔡晶晶

南宁海关

坚决筑牢国门防线，守护人民群众安全 /344
记"全国海关系统抗击新冠肺炎疫情先进个人"李斌

成都海关

捕捉病毒，与时间赛跑的抗疫者 /351
成都海关新型冠状病毒检测实验室高国龙抗疫纪实

昆明海关

深夜里的"逆行者" /359
云南国际旅行卫生保健中心李节抗疫纪实

银川海关

奇迹，就隐藏在每一个看似平凡的人中　/364
——一名平凡海关工作者的不凡人生

乌鲁木齐海关

发挥专业优势，为国门一线疫情防控注入硬核力量　/372
——记"全国海关系统抗击新冠肺炎疫情先进个人"孟小林

四、矢志不渝，笃行不怠

北京海关

严守国门显英姿，坚守基层彰初心　/382
——记"全国海关系统抗击新冠肺炎疫情先进个人"张廷举

天津海关

我们只要手不停歇，大家就会踏实一些　/389
——记"全国海关系统抗击新冠肺炎疫情先进个人"李智慧

石家庄海关

坚持就是胜利　/397
——记"全国海关系统抗击新冠肺炎疫情先进个人"谭明可

呼和浩特海关

使命在肩的平凡人　/404
——记"全国海关系统抗击新冠肺炎疫情先进个人"韩学智

满洲里海关

"我在"　/412
——记"全国海关系统抗击新冠肺炎疫情先进个人"刘大永

沈阳海关

十五载初心不改，方彰显使命担当　/421
——记"全国海关系统抗击新冠肺炎疫情先进个人"孙连众

宁波海关

骏哥和他的抗疫"马拉松" /430
记"全国海关系统抗击新冠肺炎疫情先进个人"李骏

青岛海关

同心坚守战疫情，共克时艰待春来 /439
记"全国海关系统抗击新冠肺炎疫情先进个人"董会铉

长沙海关

篆刻在我心中的一块丰碑 /447
黄花机场海关郭岱抗疫纪实

拱北海关

初心如磐，奋楫笃行 /454
记"全国海关系统抗击新冠肺炎疫情先进个人"邵梁

湛江海关

抗疫先锋的三次"转身" /463
记"全国海关系统抗击新冠肺炎疫情先进个人"陈开云

南宁海关

把初心写在抗疫一线 /473
记"全国海关系统抗击新冠肺炎疫情先进个人"郭枫

兰州海关

一名普通关员的抗疫故事 /482
"全国海关系统抗击新冠肺炎疫情先进个人"高兴聪

乌鲁木齐海关

砥砺初心展本色，抗疫前沿显担当 /487
新疆国际旅行卫生保健中心田锋抗疫纪实

巾帼不让须眉，红颜更胜儿郎　/491
阿勒泰海关张晖抗疫纪实

五、行程万里，不忘初心

北京海关

一心一意守国门，一朝一夕绘永恒　/498
记"全国海关系统抗击新冠肺炎疫情先进个人"高延军

呼和浩特海关

抗疫一线的忠诚与坚守　/507
"全国抗击新冠肺炎疫情先进个人"云华讲述抗疫故事

长春海关

在平凡中做奉献，在使命前显担当　/515
"全国海关系统抗击新冠肺炎疫情先进个人"丁旭

上海海关

老周的"似水年华"　/522
记"全国海关系统抗击新冠肺炎疫情先进个人""上海市市级机关优秀党员""上海市先进工作者"周浩

南京海关

以小我之劳，铸大国之梦　/531
记南京海关所属南京禄口机场海关赵建

杭州海关

心里有光的人　/540
"全国海关系统抗击新冠肺炎疫情先进个人"沈若川抗疫纪实

合肥海关

披甲再上阵，丹心护国门　/553
记"全国抗击新冠肺炎疫情先进个人"刘川

江门海关

心怀大我，如山巍峨 /562
记"广东省抗击新冠肺炎疫情先进个人"张文

在"疫"线显担当、展作为、诠责任 /571
记"全国海关系统抗击新冠肺炎疫情先进个人"罗国廉

成都海关

铿锵玫瑰，"疫"线绽放 /578
记"全国海关系统抗击新冠肺炎疫情先进个人"欧阳小艳

贵阳海关

但使龙城飞将在，不教胡马度阴山 /587
贵阳海关综合技术中心（保健中心）高睿抗疫纪实

昆明海关

防疫战线上的"巾帼老将" /596
云南国际旅行卫生保健中心刘中华抗疫纪实

国门卫士三十余载的坚守 /604
畹町海关饶志晓抗疫纪实

六、信念如磐，一脉相承

太原海关

抗疫勇担责任，青春不负韶华 /614
记"全国海关系统抗击新冠肺炎疫情先进个人"刘晓佳

长春海关

绽放在"疫"线的金达莱 /620
新冠肺炎疫情防控工作纪实

南京海关

朝受命、夕饮冰，昼无为、夜难寐　/628
记"全国海关系统抗击新冠肺炎疫情先进个人"谭欣

合肥海关

身负青囊，剑指远方　/636
"全国海关系统抗击新冠肺炎疫情先进个人"黄赛姣

南昌海关

"疫"不能辞，微光成炬　/644
记"全国海关系统抗击新冠肺炎疫情先进个人"李洁

武汉海关

让青春之"火"照亮国门　/652
"全国海关系统抗击新冠肺炎疫情先进个人"武汉海关所属武汉天河机场海关青年关员胡火的抗疫故事

广州海关

"90后"新星闪耀时　/662
记"全国抗击新冠肺炎疫情先进个人"胡银宽

深圳海关

这一次，由我守护　/672
记"全国海关系统抗击新冠肺炎疫情先进个人"赵文嘎

汕头海关

我身边的老师，我身边的先锋　/676
记"全国海关系统抗击新冠肺炎疫情先进个人"肖亮创

江门海关

爱岗敬业践初心，精准统计担使命　/684
全国"人民满意的公务员"陈锡亮

"青"尽全力,"疫"线坚守 /692
记"广东省抗击新冠肺炎疫情先进个人"吴显成

湛江海关

"快手龙"抗疫记 /701
记"全国海关系统抗击新冠肺炎疫情先进个人"龙阳

南宁海关

我的抗疫青春纪实录 /710
"全国海关系统抗击新冠肺炎疫情先进个人"程洁

成都海关

凝聚微光,点亮火炬,做坚毅国门卫士 /717
记"全国海关系统抗击新冠肺炎疫情先进个人"曾璨

兰州海关

"疫"线玫瑰,铿锵绽放 /726
在成长中绽放最美青春年华

一　情系家国，
　　大爱为先

北京海关

逆向而行，只为守护国门

记"全国海关系统抗击新冠肺炎疫情先进个人""北京市优秀共产党员"李占青

北京海关所属首都机场海关 常航

2022年9月10日，中秋佳节，花好月圆。千家万户温馨的灯光下，人们正围坐在餐桌前，或欢声笑语，或把酒畅谈，享受着温馨的团聚时刻。一个并不算高大却异常坚毅挺拔的身影，却匆匆告别妻儿，拉着行李箱，迈出家门，只留下一句"好"回荡在空气中，算是对家人叮咛的回答。

他，就是"全国海关系统抗击新冠肺炎疫情先进个人""北京市优秀共产党员"，北京海关所属首都机场海关旅检一处旅检三科党支部书记，科长李占青。中秋佳节，他再次出征，奔赴抗击新冠肺炎疫情*前线，开始了自己第六次在首都国际机场T3-D处置专区的封闭管理工作。妻子和女儿早已习惯了这两三个月一次的定期暂别，也习惯了他不在身

---

* 2022年12月26日，国家卫生健康委员会发布2022年第7号公告，将新型冠状病毒肺炎更名为新型冠状病毒感染。本书记录2020年1月至2022年11月海关抗疫故事，因此，书中"新冠肺炎疫情"等相关表述，沿用2022年第7号公告发布之前的说法。

边的日子，也知道他封闭工作会很忙，甚至在女儿想给他打电话时，妻子都会劝阻道："爸爸很忙，咱们等他打过来"。从 2008 年到 2022 年，李占青已经坚守首都国际机场旅检一线十四载，5 000 多个日夜见证了他无悔的付出，5 次个人三等功、8 次个人嘉奖镌刻了他闪亮的青春，而一次次这样的坚定出征，则诠释了他守护国门的使命担当。

躲不过的"春节奇缘"

自从加入海关工作，李占青似乎就和春节结下了一种奇妙的缘分，14 个春节里有一半是在岗位上度过的。他曾经在大年夜查获 8 公斤的象牙、价值数百万元的芯片；截获过非洲猪瘟病毒核酸结果呈阳性的猪肉；甚至还曾在录制拜年视频花絮时，精准查中一名毒贩。以至于每每看到是他值班，同事们都会相视一笑：今年占青"不收礼"，"收礼"只收大要案！

2020 年春节，李占青正和女儿下着五子棋，动员令突然响起："请通知所有同志，立即返岗！"当时很多家在外地的同志都已返乡过年。但疫情就是命令，防控就是责任。动员令发出仅一个小时，所有同志已经完成行程改签，纷纷在科室工作群内回复"正在返岗"。甚至还有同志是在回家的火车上接到命令，中途下车，直接回京。李占青也立刻收拾行囊，第一时间返回岗位。

彼时的李占青还是一个卫生检疫"小白"。为了能够精准高效地完成口岸疫情防控工作，他迅速开启了"吃书"模式，逐字逐句地研究各类检疫法规、防控方案和操作指南，而第一次考验也不期而至。

"报告科长，我们初步判定一名入境旅客具有一定感染风险。"正在现场值守的李占青，接到科里关员的这通电话后，脑海中迅速闪现出

验放入境旅客　李金航　摄

刚刚学习到的卫生检疫知识，稍加思索，立即回复"将旅客带至隔离区域，注意保持距离，等我处置"，便开始穿戴防护装备。随后对旅客进行了流行病学调查。这是首都国际机场T3航站楼首例境外输入病例，也是李占青真正意义上打响的卫生检疫"第一枪"。

随后，李占青带领科室首批转战新建成的T3-D处置专区。那是一段令李占青刻骨铭心的岁月。他和同事们平均每天要排查上万名旅客，连续工作十几二十个小时是家常便饭。但回忆起这段岁月，李占青脑海里更多浮现的却是大家"苦中作乐"的革命乐观主义精神。有的很自豪，说自己不止见过凌晨4点的北京，甚至见过所有时刻的北京；有的坐在椅子上秒睡，醒来后还调侃自己"干啥啥不行，睡觉第一名"；有的摘下N95口罩，对着镜子里脸上的勒痕和因过敏长出的痘痘，竟还能唱出："我笑起来真好看……"

李占青说："这就是我们可爱的关员，我太爱他们了！他们在家里都还是孩子，娇嫩得像新发的芽、新开的花一样，面对疫情，却是如此的坚强！从来没有从天而降的英雄，只有挺身而出的凡人！我们的关员，就是这样的凡人！我们有什么理由不爱他们、不关心他们呢？"他是这样说的，也是这样做的。

故事来到了2021年的春节。由于疫情，科里很多家在外地的同志都响应号召，就地过年。就在大家都以为春节就会这样在他乡独自平平淡

看望就地过年的同志　吴凡　摄

淡地过去时，腊月二十九这天，每个人的门外都响起了敲门声。打开门，映入眼帘的是李占青带着科班子，双手拎着满满当当的慰问品，笑盈盈地说："过年好！抗疫工作辛苦了！"

那天，他们一大早就从家里出发，载着满满一车他们精心准备的慰问品，从房山奔赴大兴，又从丰台转到朝阳，再从顺义直上昌平，昌平转回望京，驱车 300 多公里、历经 16 个小时，从早到晚马不停蹄地转了大半个北京城，挨家挨户慰问家在外地、留京过年的 40 名关员和通关助理。李占青想着大家或许会想念家乡的味道，还特意准备了很多同事家乡的特产。他细心记录每个人喜欢的零食饮品，主动提供"个性化定制服务"，甚至连谁钟情可口可乐、谁偏爱百事可乐都记得清清楚楚。他深感大家抗疫工作的不易，又惦念着年轻的同志们或许会有"每逢佳节倍思亲"的孤单，就以这样的形式为大家送上了一份暖心的惊喜。

科里的同志们都感受到了家庭般的温暖，也都默默将这深情厚意化为了更加努力工作的动力。也正是凭借着这份润物细无声的关爱、这份不是亲人胜似亲人的情感，李占青带领他的科室在口岸疫情防控一线连续奋战 30 个月。在这期间，无数个像他原来一样的"小白"被他培养成了"大白"，众多"业务小能手"也纷纷以个人或组合形式"出道"：有拿男朋友练手的北京海关关级采样专家李思捷，有一夜之间在 T3-D 处置专区快速办理 6 起简单案件的"查私达人"杜浩，有接力包揽连续两年"首都机场海关动植物检疫查验及动植物疫情截获第一"的"超级艳艳艳"组合——李艳、胡艳艳，还有"王中王""Trible 李""雨雨帆帆""关阿欣老师"，等等。

为封闭管理期间过生日的同志准备礼物

张帆　摄

解不开的"'首'字奇缘"

在首都机场海关综合楼一层大厅，有一块荣誉墙，其中有两个奖牌——"全国工人先锋号""全国抗击新冠肺炎疫情先进集体"格外引人注目。它们都属于李占青所在的北京海关所属首都机场海关旅检一处及其党总支。在新冠肺炎疫情的口岸防控工作中，旅检一处高度重视政治引领作用，李占青也积极探索党建与业务的深度融合，以党建为引领、向管理要战力，精心打造了以网格化、清单化和量化的"三驾马车"队伍管理体系，培养考察、网格管理和工作分组"三位一体"的排班上岗机制，党建、业务和督导检查"三个清单"为主要内容的"三三"工作法，创立"首卫者"支部品牌，大幅提升了支部建设的规范化和精细化程度，有效带动了业务建设和队伍建设的稳步提高。近两年，他带领首都机场海关旅检一处旅检三科党支部先后获评"海关总署基层党建培育品牌""北京海关'四强'支部""北京海关基层党建培育品牌""北

在封闭管理酒店组织支部主题党日活动　　李金航　摄

京海关先进党组织"等,"三三"工作法还被推荐至北京市直机关工委推广。

忘不了的"双奥奇缘"

北京是世界上第一个也是目前唯一一个举办过夏季奥运会和冬季奥运会的"双奥之城"。李占青也有幸成了保障过两次奥运会的"双奥关员"。

2008年,李占青刚刚走出校门,顺利考入北京海关,第一项工作就是保障北京奥运会。由于初任海关工作,还没有熟练掌握海关业务知识和查私技能,他只能做一些辅助性的工作,但内心的激动与兴奋却不曾减弱半分。面对着从世界各地来到中国、来到北京相聚的各种国籍、不同肤色的旅客,李占青心中油然而生一种自豪感,那是一种身为东道主的自豪感,是一种身为中国人的自豪感。他热情洋溢地同每名旅客说着:"Welcome to Beijing!"而"北京欢迎你"也成为那一个时代全体中国人的共同记忆。

2022年2月1日,又是一年春节,隔离酒店的会议室里,旅检三科的科组长们欢聚一堂,但桌子上不是热气腾腾的饺子,而是一张简易的T3-D处置专区海关现场手绘地图。3天后,北京冬奥会就要开幕了,大量运动员、教练员即将入境,各个国家和机构的重要来宾也会集中来到北京。虽然已经保障过很多架次的冬奥包机,但李占青还是不敢完全放心。

"杜浩,一定要提前了解每个航班的廊桥、预计落地时间和旅客人数,根据预案规划好通关路线和顺序。""子为,前端要注意对旅客加强引导,维持好秩序,既要规范做好个人防护,也要让运动员们感受到中国的热情。""思捷，上岗前，再跟大家详细讲一下一体机的使用，确保都熟练掌握，第一时间对有困难的旅客进行指导，尽可能加快通关速度。""雨帆，测温通道那里要注意提示旅客把帽子面屏提前摘掉，跟大家说，不要害羞，要大方说出来，但不要用手指旅客，这不礼貌。""张帆，给旅客采样既要到位规范，也要注意手法，尽量舒适。""李艳和艳艳，开箱查验时，执法过程和语言手势都务必规范。"

李占青带领着科室全体人员"卷地毯"似的详细布置第二天的冬奥包机通关保障任务。

布置结束，已经凌晨2点，他简单洗漱过后，便一头扎进了被子里。他知道，这场持久战已经到了最后的关键时刻，必须抓紧一切时间休息，越是最后越要保证精力充沛，善始善终。

2月4日，北京冬奥会开幕式在鸟巢举行。民族特色的二十四节气倒计时、环保理念的点火仪式、晶莹剔透的冰雪五环、浪漫唯美的橄榄枝雪花，中国再次惊艳世界。坐在隔离酒店里的李占青，看着电视屏幕上的冰墩墩和雪容融，心想："这不就是我们冬奥保障的关员吗？"航站楼外，"冰墩墩"们在飘舞的雪花中、在刺骨的寒风里进行机检判图，

科室合影　李占青　摄

四五个小时连续工作，以至于最后一个简单的弯曲手指动作都很难做出；航站楼里，"雪容融"们在一体机前、在采样岗上，争分夺秒、热火朝天，高效验放涉冬奥航班 1 048 架次、人员 4.4 万人次。即使防护服里只穿短袖，他们却依然每天大汗淋漓。当北京冬奥会闭幕式上出现中国海关关员在 T3 航站楼申报柜台向各国运动员挥手告别时，李占青和同事们都觉得，他们的工作已经被大家肯定，一切付出都是值得的！

初心凝聚力量，使命催人奋进。从北京夏奥会到北京冬奥会，李占青用 14 年的坚守，践行了共产党员的赤子情怀。在抗疫战场上，他驰骋疆场三百回，舍身抗疫终不悔，用炽热和大爱擎起生命的灯塔。忠于"海关蓝"，无悔"抗疫白"，他谱写了国门卫士的青春之歌，书写了新征程上的时代之卷！

参加中国共产党北京市第十三次代表大会　　张格萍　摄

天津海关

新时代最可爱的人

——记"全国海关系统抗击新冠肺炎疫情先进个人"张炜

天津海关所属天津滨海机场海关 张炜

天津海关机关党委 卢建峰

"妈,你什么时候回武清?"张炜的儿子在6岁那年曾经这样问她。当时她一阵无奈,刚回家第三天,儿子就已经不适应了,问她什么时候走。她说:"一个'回'字,恰到好处地体现了家人已经习惯了我的'不在家'。"

张炜是一名在空港口岸"外防输入"疫情防控一线奋战了900多天的海关关员。作为天津滨海机场海关旅检二科科长、第二梯队梯队长,穿着防护服带领队伍保障入境旅客通关是她日常的工作。自疫情发生以来,她有420天是与家人分离的状态。她笑着说:"我们家,接送孩子上课是爸爸,家长会是爸爸,家长群是爸爸,做饭是爸爸。而妈妈是一只'大白',每隔一段日子,就消失不见了……"

2020年，遭遇战拼的是精神

2020年年初，新冠肺炎疫情蔓延，张炜所在的天津滨海机场海关迅速行动起来。每天30多架次的入境航班，5 000余人次的入境人员，需要逐一进行卫生检疫。登临检疫、验核健康申明卡、测温、流行病学调查、高风险旅客转运到医院，骤然增加的任务把所有人的工作量拉满。那个16小时的夜班，她一分钟都没能合眼，运动软件的步数第一次突破了50 000步。

最令她人难忘的，是旅检同志们在面对未知的病毒时，那种勇往直前的精神。

那时，各科室有医学背景的人员有限，大家紧急进行了个人防护和病毒传播知识的培训，就上了战场。

对于需要登临检疫的航班，同志们需要穿上防护服登机，可转头一想，还要留一些给换班的同志。于是，一身防护服、一只N95口罩，大家坚持了很长时间，不吃、不喝、不上厕所、不睡觉。看着停机坪上夕阳西下又黎明破晓，最后一架航班接完，下一个班组的同志来接班的时候，大家只剩下一个愿望："让我躺会儿。"

筑牢"国门之盾"
姜跃男 摄

两天以后，旅检现场降落了一架航班，已知有旅客体温异常。高烧、涉外、疑似病例……一条条信息都在提示着这架飞机的高风险。而同志们却又一次义无反顾地穿上防护服，逆行而上——测温、流行病学调查、采集样本、转运，再将飞机上的旅客一批批无缝衔接交予地方酒店隔离。

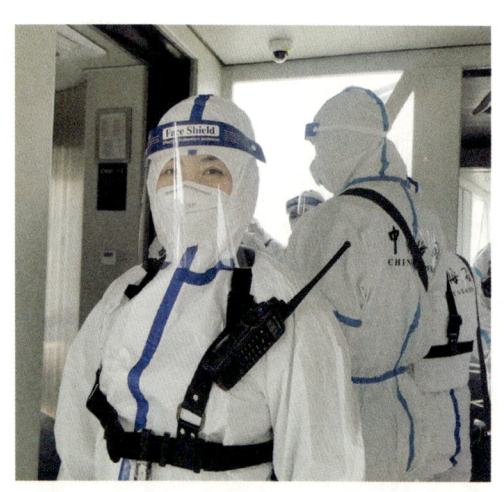

做登临检疫准备
穆德刚 摄

可同志们真的不怕吗？是的，面对危险时，大家心里只有守卫这一方水土平安的使命和担当。

自从 3 月 21 日起，天津滨海国际机场作为首都机场的分流机场之一，开始承接入境航班的保障任务。

张炜作为当时的旅检二科副科长，义不容辞地带领同志们，继续站在了国门的最前沿。

航班量陡增。为打好这场遭遇战，天津海关紧急抽调几百人来到机场旅检，加入疫情防控的队伍。

张炜记得，3 月 23 日的凌晨 5 点，前一晚几乎没合眼的她，带着刚刚拿到的支援人员名单，来到天津滨海国际机场，通过念一个个名字来确认自己的组员是谁。然后领着他们去熟悉工作环境和工作任务。6 点，航班就开始陆续落地，而这一干就是 22 个小时。

高危的环境、新增的确诊病例、超长的工作时间、时刻都在发生的突发状况……这些无一不在考验着她的神经。哪些需要移交转运隔离、哪些需要组织检测采样、哪些需要进行负压流调，她一手拿着对讲机、一手拿着表册，穿梭于登临检疫、流行病学调查、测温、转运等环节。有时旅客不理解相关隔离政策而情绪失控，有时旅客突发身体不适等，这些突发紧急情况也都需要她来紧急妥善处置，她脚步匆匆的身影一刻也没有停留，有一点点间隙她就会靠在椅子上，眯上一小会儿。就这样，连续 3 天，她每天的睡眠时间不足 4 个小时。

有人问，是什么支撑着她一次又一次突破身体极限，圆满完成那 7 天的监管任务？她说："我想，就是这些我在保护着的人们吧。说个小

一、情系家国，大爱为先 | 013

筑牢国门安全防线
蔡建华 摄

故事，有一次在转运岗，一位旅客因为要在天津隔离，情绪非常激动。当时我穿着防护服刚好走在他旁边，他开始非常大声地质问我。这时，有几个留学生走过来，对那位旅客说：'你态度好一点，他们有多辛苦你没看到吗？有话好好说。'就在那一刻，我紧绷了几天的弦一下子被舒缓了，眼睛瞬间湿润了。我真的觉得为他们拼命，是值得的。"

就这样，张炜和她的战友们顶住了疫情防控最初的巨大压力，圆满完成了这场艰难的遭遇战，守住了一方水土平安。

这一年，她和大部分战友们只跟孩子团聚了几十天，一次次义无反顾地踏上了返回驻地的征程。

有人问张炜，是什么在支撑着你坚持下去？她说："从武清驻地的窗户里向外望去，是一片万家灯火。如果我们的付出，能够换回这一片平安祥和，那还有什么比这更有意义呢？"

人生能有几回搏，甘守国门护山河。这一年，张炜在进入海关后第三次荣立个人三等功，并被海关总署评为"全国海关系统抗击新冠肺炎疫情先进个人"。

2021年，阻击战拼的是硬实力

整个2021年，新冠病毒的传播力在不断增强，对大家的工作提出了更大挑战。

张炜作为第二梯队的梯队长积极参与天津空港口岸入境航班监管流程的升级改造，为天津海关"一码到底"旅客信息系统的上线献计献策，最终实践成功。协助建立了当时被海关总署推荐的视频流行病学调查模式，实现了旅客手持一张单据走全程，通过屏对屏的方式进行流行病学调查，不但节省了人力，提高了信息化水平，更重要的是提高了监管速度。一架次入境航班的保障时间从10个小时，缩短到4个小时，再到2~3个小时。

而这一年，也是张炜成长最快的一年。她一方面肩负着航班保障期间的整体责任，还肩负着整个梯队人员的个人防护和封闭管理责任。为了确保每个环节的无缝连接，让部门间的配合更加顺畅和高效，她不拘泥于自己的职责，而是从大局出发，以整体的监管效能指导自己的工作。她的口头禅就是："多做一点，我们的胜利就能多一分保障。""我们每个人不能只做长城上的一块砖，砖缝也是我们的责任，只有这样，才能让我们的长城密不透风。"

另外，为了避免在高强度的工作环境下，以及封闭管理期间队伍人员出现心理问题，她利用闲暇时间修完中科院心理所研修生课程，同时密切关注组员的心理状态，为大家答疑解惑。梯队里的年轻人都喜欢跟她说心里话，称她为"知心大姐姐"。

关注到一些青年干部入职后不太适应这里的生活、工作、学习，往往存在情感上的困惑和心理上的疑虑，她主动创办了"圆桌漫谈会"这样一个平台，由青年人提出问题，由前辈们来进行回答，没想到获得

一、情系家国，大爱为先 | 015

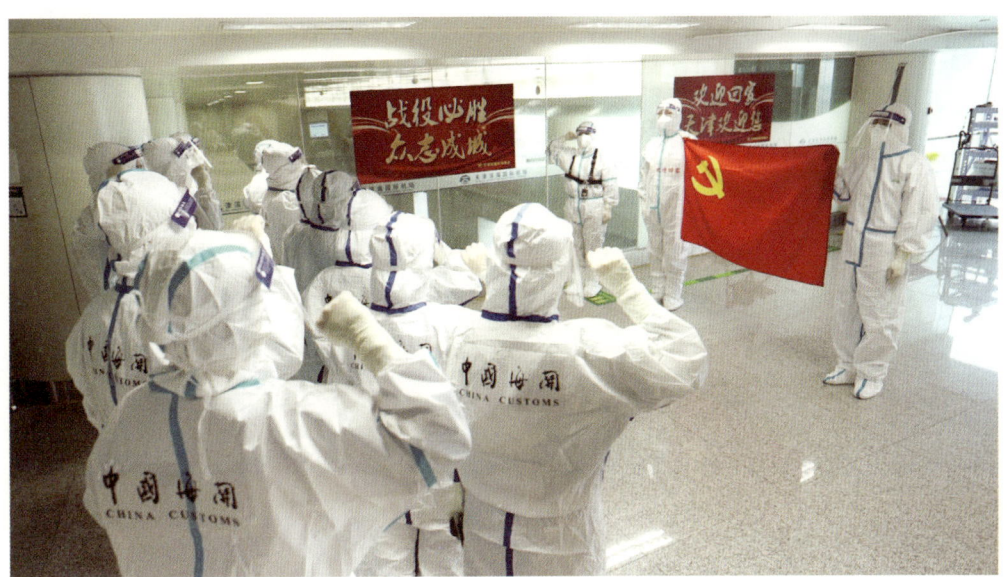

组织"重温入党誓词再出发"主题党日活动

张炜 摄

巨大反响，大家的难题总能在"圆桌漫谈会"中找到答案。如今，"圆桌漫谈会"已经成为机场海关的一张亮丽名片，成为青年干部的"良师益友"。

这一年年底，张炜被共青团中央授予"中国青年志愿者优秀个人奖"。

2022年，持久战靠的是信心

当新冠肺炎疫情持续到2022年的时候，大家意识到了人们必须找到在疫情下合理的生活方式，才能打好常态化疫情防控这场持久战。

张炜开始利用不带队的时间参与过去一直践行的公益活动，比如作为志愿者参与社区防疫工作、制作宣传视频为一线人员加油打气、制作微课程送知识进校园等。她开始对年轻人进行培训，教授他们通过13年的旅检工作所积累下来的打击毒品、濒危物种走私等一批大案要案的经验和方法，分享曾参与撰写的《缉毒工作法》。她成立了"海关防疫常用语小组"，结合一线工作实际整理出 2 000 余字的海关旅检防疫工作常用语手册。同时，在天津海关团委的帮助下，她联系到了天津外国语大学高级翻译学院的专业团队，将《海关旅检防疫工作常用语手册》翻译成日语、韩语、法语及西班牙语等小语种译本，并成立了"海关防疫学习交流群"，邀请天津外国语大学 4 个语种共计 9 名志愿者，为一线关员开班远程授课，并形成多个小语种教学组。

之所以能够做这些，是因为她和整个战斗在一线的疫情防控队伍，对于"外防输入"这项工作更加从容和自信。她们的队伍得到了历练，她们在不断变强，她们的疫情防控工作在不断优化和规范。

正是这份从容和自信，才是她们打赢持久战的保障。张炜说："无论疫情会持续多久，我们也都会坚持下去。"

她和她的战友们有信心在党中央的坚强领导下，在天津海关党委和滨海机场海关党委的指挥部署下，打好常态化疫情防控这场持久战，将疫情拦截在国门之外！

疫情防控工作就是一场没有硝烟的战争，张炜和她的战友们，虽然经常在防护服里被汗水湿透，在寒风里手被冻僵，在摘下口罩时满脸勒痕，但仍然挡不住，她们是最可爱的人。

张炜的儿子今年 8 岁了，最近在作文《我的妈妈是大白》中写道："每当妈妈不回家时，我都觉得妈妈依然在保护着我。我为我的妈妈而感到自豪！"

满洲里海关

妈妈，等等我

记满洲里车站海关查验科王岿然

满洲里海关 王钊 杨娇

一

"妈妈，等等我！"王岿然内心发出焦急的呼喊，颤抖的手举着电话，感觉有千斤重。他的心脏狂跳着："咚！""咚！"……每一次都像一把大铁锤抡向他的身体，一下、两下……狠狠地砸。电话中的一字一句，如扑面而来的雪崩，让他窒息。

就在刚才，手机铃声急促响起，划破隔离房间寂静的空气。王岿然一个激灵，手中的筷子掉在地上，他似乎预感到什么，拿起手机，滑了3次才接听起来，耳边传来妻子焦急的声音："咱妈病情恶化，已经昏迷了，家里都在准备着，你能不能提前结束封闭管理？"犹如晴天霹雳，进入封闭管理以来最担心的事情发生了。

母亲今年78岁了，罹患阿尔茨海默病7年，最近病情愈发严重，意识和记忆越来越差，眼神也越来越暗淡，曾两次陷入昏迷，被救护车送进重症监护室住院治疗。面对如此严重的病情，医疗手段已起不到有效作用，医生建议这个阶段，家属的陪伴和照顾最为重要。

"妈妈，等等我！在进入封闭管理之前，我最放心不下的就是您。这些日子，我的心无时无刻不在牵挂着您，我多么希望刚才那刺耳的电话铃声永远不要响起，希望您永远健康、永远硬朗。妈妈，等等我！我这就出去，回到您的身边！"

王峃然立即给科长打电话说明情况，嗓音低沉沙哑，努力控制住内心的焦躁不安。他原本就是一个内敛沉静的人，名字是母亲给予他的第一个烙印，峃然——像高山一样屹立不动，不可动摇。人如其名，同事们对王峃然的印象也是如此，身姿挺拔高大，走路沉稳有力，透着果敢和坚毅，同事们半是调侃半是尊敬地叫他"沉默的把关人"。

科长也被这个消息震惊了："什么？母亲病危！"王峃然急切地说："科长，我还有5天结束封闭管理，我能不能提前出去，我不想留下遗憾。"科长安慰他："王哥，你的心情我理解，我马上就请示，你先别着急，等我的消息！"

二

窗外飘起了雪花，暮色慢慢降临，这注定是一个不眠之夜。王峃然在隔离房间里焦急地踱步，以此缓解内心的紧张、不安和痛苦，自己刚刚结束一轮的封闭管理工作，开始进入隔离期，还有5天就可以转为居家隔离了，9件套的防护等级，严格规范的操作流程，每天一次的核酸检测，应该是没有问题，可以提前回家吧？妈妈，等等我！我很快就能见到您了。母亲的病情和工作的场景不断交替在脑海中闪现，他回想起进入封闭管理的一幕幕。

一、情系家国，大爱为先 | 019

亚欧大陆桥头堡——满洲里，毗邻俄罗斯和蒙古国，是中俄边境最大的货运陆路口岸，一年有8个月霜冻期。新冠肺炎疫情发生以来，满洲里发生多次本土疫情，为了促外贸稳增长，保障进出口货物有序通关，2022年1月中旬起，满洲里口岸实施"防疫情、保通关"百日会战，要在最短时间内，以最快的速度精准验放因疫情滞留口岸的进口高风险集装箱货物，海关工作人员实行封闭管理工作模式。

在封闭管理区查验进口板材
叶进凯 摄

疫情就是命令，防控就是责任。王岿然所在的满洲里车站海关查验科承担满洲里铁路口岸的查验工作，任务重、责任大。满洲里海关高度关注隔离人员的身心健康和家庭情况，启动多级梯队工作预案，迅速组建防疫情、促通关"青年突击队"。由关领导带领进入封闭管理，冲在第一线，战斗在最前沿，确保封闭管理期间工作顺利开展，在铁路恢复运行后第一时间恢复人工查验。

王岿然在物流监控岗位和查验岗位工作多年，具备各项查验所需资质，工作经验丰富，作风严谨细致，是公认的业务能手。作为查验科的主力队员，一边是工作需要，一边是母亲病重，王岿然报名查验科的此次封闭管理工作之前，在母亲床边坐了许久，内心矛盾，进退两难。父亲王永阁看出了儿子的难处，语重心长地说："组织需要你，你去吧，家里有我们照顾着，你安心工作。"在得到家里的支持后，王岿然义无反顾地加入封闭管理工作。满洲里车站海关的领导几次询问他有没有困难，王岿然都坚定地说："没有。"

电话铃声终于响起，是科长。王岿然激动得心怦怦直跳，是不是可以回家了！科长的声音很低沉："王哥，关领导得知你的情况后非常着急，紧急请示了地方疫情防控指挥部，但是……按照疫情防控要求，不能提前离开封闭管理区域。"

王岿然沉默许久，缓缓地说："嗯，知道了！"他焦急的心瞬间跌入低谷。这突发的不测，让他倍受煎熬，对母亲的牵挂一直萦绕在心，如今更是增加了深深的自责和遗憾。可是，遵守纪律，执行命令，是他从小在父亲身上看到、学到的，是刻在他骨子里的信念，他咬紧牙关，在心里一遍遍为母亲祈祷呼喊："妈妈，等等我！只要有您在，无论我身处何方，总有一盏家的灯火可以眺望。妈妈，等等我，等我回到您的身边！"

三

电话铃又响了，是父亲！王岿然顿时紧张起来，这个时候父亲来电话，会是什么事？王岿然哆嗦着接起电话，父亲慈祥而平静的声音传来，安抚了他的思绪："小毅啊，你母亲情况稍微稳定些了，我们都守着她、照顾着她呢，你别太担心。刚才关领导来咱家看望你母亲了，也和我说了防疫方面的困难和压力。孩子，爸知道你惦记你母亲，可谁都有难处，如果提前结束，会带来不小的风险，不到万不得已不能给组织添麻烦。自古忠孝难两全，当初我支持你加入封闭管理工作，我相信，这也是你母亲的意思，咱们不后悔，你安心隔离，我们一定照顾好你母亲，让她等你回家，她也一定会等你回来！"

泪水模糊了王岿然的双眼，想起爸妈，王岿然的心变得柔软，仿佛回到了小时候，母亲慈祥忙碌的身影在眼前清晰起来：她扎着围裙，麻利地打开蒸锅，白色的水蒸气扑面升腾……年少的自己趴在窗台上，数着一片片落下的鹅毛大雪，肚子咕咕叫。"妈妈，爸爸怎么还不回来，我都要饿死了。"妈妈总是亲昵地叫着他的小名："小毅乖，再等等，咱们等着爸爸回来一起吃饭。"终于，响起了开门声，一个"大雪人"走进来，妈妈赶紧为爸爸掸掉身上的雪，小毅则一声不响拿起脸盆跑到外面舀了一盆雪，让爸爸搓手、搓耳朵，这是治疗冻伤的有效办法。

王岢然的父亲，1960年成为满洲里海关关员，从事货运监管工作，一干就是24年。每到冬天，他就会穿着羊皮大袄，在零下三四十摄氏度的环境下，顶风冒雪进行火车查验。自打记事起，王岢然就很少在家里见到爸爸，他总听妈妈半是埋怨半是心疼地说："自从进了海关，你爸就不着家了。"

王岢然早已习惯了爸爸把海关当成家，也习惯了妈妈为这个家付出全部，无论爸爸出差还是加班，妈妈都毫无怨言地照顾全家，洗衣做饭，缝缝补补，像有分身术一样，在多个角色之间尽职尽责。妈妈在满洲里铁路车站上班，工作一样认真出色，多次被评为"铁路先进工作者"。王岢然回忆起自己从部队转业时，本有机会留在北京，是父母让他回家乡，王岢然知道，他进入满洲里海关工作，是将父亲对海关的爱和母亲对自己的爱合二为一。

"在满洲里这座边境城市，像父亲、母亲这样，把一生奉献给口岸的人太多太多了！"王岢然禁不住感慨，自己和同事们在-30℃的三九天里查验，因为防护需要，只能戴乳胶手套，指尖冻得红肿发黑；到了夏天，防护服变成蒸笼，贴身衣服早早湿透，就像从水里出来一样；长时间戴

在封闭管理区查验进口货物　　叶进凯　摄

着厚厚的N95口罩查验，很多人在佩戴后期出现头晕干呕。最近天气忽冷忽热，早晚温差达到了20℃，防护等级升级为9件套，更加密不透风，穿脱流程更为复杂烦琐，各项要求更加严格，为了节省防疫资源和穿脱防护服的时间，早日完成通关任务，王岿然和同事们加班加点，任劳任怨，每天连续工作六七个小时，顺利完成进口高风险集装箱货物的新冠病毒核酸检测，保证了煤炭、化肥、粮食等资源类商品快速验放。

四

王岿然工作之余，专心研究菜谱，每天变着花样为父母做饭，不让操劳了半辈子的母亲再踏进厨房，看着父母吃得香，他比自己吃还高兴。自母亲生病以来，他的休息时间都守在老人身边，是公认的孝顺孩子。

放心不下母亲，王岿然又和妻子视频通话，妻子默契地把镜头对着母亲，看着瘦得不成样子的母亲，王岿然轻声呼唤："妈妈，我是小毅啊！"对母亲的呼唤是世界上最美的声音，王岿然止不住地流泪："妈妈，等等我，等我回家，再唤我一声'小毅'吧！"妻子柔声安慰他："妈妈目前情况平稳，有我们在，你放心，我们一定会好好照顾她，多和她说话，告诉她你在工作，马上就能回家，她从小就疼你，会理解你、等着你的。"

王岿然听着妻子憔悴的声音，想到妻子这几年也辛苦了——母亲病重，父亲岁数大了，虽然妹妹、妹夫都很孝顺，但他们全都是满洲里海关一线关员，工作任务都很重，女儿的家在北京，外孙刚刚出生，妻子在家乡和北京之间来回奔波，辛勤照顾一家老小。大家都为这个家付出了太多，个中体会，彼此都懂，支持与理解、承担与付出是海关家庭的常态。在每个关员心中，早已将家和海关融为一体，家国情怀代代相传，生生不息。

王岜然将无尽的思念化为心底的呼唤，穿透夜空："妈妈，等等我！等我回家，等我守在您身边，等我握着您的手，亲吻您的脸颊；妈妈，等等我！等我拥抱着您，等我把头靠在您的胸前；妈妈，等等我！等我对您说出一直以来想对您说的感谢，感谢您当年无怨无悔支持着父亲，感谢您现在用顽强的生命支持着我！妈妈，等等我！"

夜色渐渐退去，东方泛白，启明星闪烁着，为人们指引着前进的方向，守护着万家灯火。王岜然的眼泪打湿了枕巾，在梦里，时光飞逝，封闭管理结束了，他飞奔回家，跪在母亲床前，紧紧握住母亲的手，泣不成声："亲爱的妈妈，感谢您等我归来，感谢您还在我身边。"妈妈轻轻睁开眼睛，慈爱地看着他，轻声呼唤："小毅……"

母亲奇迹般挺过了危险期，等到了从封闭管理工作中归来的王岜然。

大连海关

蓝色国门前的"抗疫先锋"

——记"全国海关系统抗击新冠肺炎疫情先进个人"马元鹏

大连海关所属大连港湾海关 王辉 王迎爽

"一、二、三……"每当看到马元鹏收拾行李，上小学的明明就会站在日历前，用稚嫩的小手认真指着日期数着。因为这段时间他又要见不到爸爸了。

"爸爸要去海边捉一只叫作'奥密克戎'的怪兽了，你乖乖地在家，听妈妈的话，等我回来，好吗？"面对儿子的不舍，身为大连港湾海关检疫监管科科长的马元鹏，一边摸着儿子的小脑瓜，一边这样跟他解释。

从 2021 年 7 月开始，马元鹏已经历了 10 个轮次的封闭工作，这样的场景孩子已经有些习惯了。"我自己还好，就是觉得有些愧对妻儿。"家是马元鹏最坚强的后盾，可是他却为家做不了什么。因为他深知自己肩负着使命。

临危受命，履行义不容辞的责任

"这件事，可以说是我职业生涯的一个里程碑吧。那是2020年1月22日，离除夕还有2天，过年的氛围已经很浓厚了，我也接到我妈妈让回家过年的电话，儿子也一直吵着回去看爷爷奶奶。在当天完成了春节前全部工作任务后，我请了假，准备与妻儿会合，回河南老家过年。就在午饭前，我接到了关里通知，因疫情，大连海关计划在当日紧急成立疫情防控党员突击队。"作为一名在口岸卫生检疫一线奋战近十年的老党员，马元鹏接到通知后，果断退掉了马上就要发车的火车票，报名参加大连海关"口岸传染病疫情防控"党员突击队应急组，并参加了当天的授旗仪式。

"按照要求，突击队队员要随时待命。我很幸运，关里还是安排我在过年期间赶回老家和父母团聚。"在马元鹏的心里，工作永远都是第一位的，对于中断难得的假期，他早已做好了准备。2020年1月25日（正月初一）下午，几经周折回到河南老家与家人团聚的马元鹏接到了关里疫情防控工作通知，他主动提出放弃休假，第一时间订好了返程的火车票，第二天便从河南老家返回工作岗位。

当马元鹏妈妈回想起当天送别马元鹏的场景，内心依然存有悸动。泪眼婆娑的马妈妈看着眼前这个独当一面的男人，心里感慨万千，她知道这个人是去工作、去抗疫、去捍卫自己国家的防线。但是她最本能的想法是眼前的这个人是她的儿子呀！即使他已经有了自己的家庭，他是工作上的顶梁柱，他可以在她看不见的地方作出许许多多傲人的成绩，但在她眼里他还是一个孩子，永远长不大的孩子。儿行千里母担忧，何况这是去往抗疫一线，必须去吗？必须去！因为组织和人民更需要他。

臻于至善，积蓄乘风破浪的动力

关检融合后，马元鹏被分配到大连港湾海关旅检科工作，面对从未接触过的海关旅客通关监管工作，开始他经常有一种有劲使不出的感觉，但很快，他就进入自己边学边干的工作模式，通过学习、实践、再学习、再实践，他快速掌握了海关旅客通关监管工作要点，与新同事们一起查发旅客携带象牙制品进境、超量携带现金进境等多起案件。

"关检融合之后，我成为一名海关关员，这种自豪感和喜悦感是任何事情无法比拟的，融入这个大家庭意味着更多的付出和努力，也意味着我的成长。"固本纳新是马元鹏成长路上的不懈追求。在迅速掌握各类通关业务的同时，马元鹏卫生检疫老本行的水平也在同步提升。在2019年全国海关卫生检疫岗位技能比武预赛中，作为大连海关代表队的4名成员之一，他与团队成员不畏强手、团结协作、敢打敢拼，获得了团体二等奖的好成绩。

2021年下半年，马元鹏开始担任所在科室科长和所在支部的党支部书记，他积极发挥执法一线科长的示范带头作用，带领全科同志全身心投入日常业务的开展。在他的带动下，组织一声召唤，所在党支部全部5名男性党员同志克服重重困难，踏踏实实做好船舶登临检疫工作。支部其他女性党员同志也毫无怨言、默默付出，全力承担了男性骨干力量长期不在科里带来的全部工作压力，切切实实顶起了半边天。党支部要建在科室上，党支部更要强在科室上。他带领支部同志团结一致、无私奉献、踏实工作，结合实际情况灵活开展线上线下多种形式的"三会一课""主题党日"等党建工作，在强化党建引领，筑牢思想防线，不麻痹、不松懈、不厌战，在登轮检疫工作中充分发挥了党支部的坚强战斗堡垒作用。

面对漫长艰苦的抗疫战，时刻需要提高警觉意识，马元鹏说："上面千条线，下面一根针，基层一线任务比较多、工作压力大，当好一名疫情防控一线的科长和支部书记更是责任重大，在今后的工作中，一定要不断提升'十个指头弹钢琴'的视野和能力，在基层疫情防控一线这个最佳场所，多经历'风吹浪打'，多捧'烫手山芋'，多当几回'热锅上的蚂蚁'，'人在事上练，刀在石上磨'，练胆魄、磨意志、长才干，不断提升想问题、作决策、办事情的能力。"

恪尽职守，彰显矢志不渝的决心

"革命战士是块砖，哪里需要哪里搬。"马元鹏坚决服从组织安排，先后在大连港湾海关旅检科、检疫监管科、驻和尚岛办事处监管一科以及大连海关卫生检疫处多个岗位参与新冠肺炎疫情防控工作。疫情防控工作哪里有需要、哪里有危险，就出现在哪里，时刻处于备战状态，召之即来，来之能战。

马元鹏永远也忘不了 2020 年上半年辽宁海港口岸检出的首例新冠病毒核酸结果呈阳性船员应急处置工作过程，"这是我第一次登上新冠染疫船舶，第一次与感染新冠病毒的船员面对面。当时大家对新冠病毒的认识还没有现在这么深入和全面，登船之前心里比较紧张，自己的防护水平没有经过实战检验，也害怕自己被感染。"但是跟同事们踏上船的那一刻起，马元鹏就全身心投入对感染船员及其密切接触者的排查了，完全忘了紧张……最终与同事们一起圆满完成第二次登轮排查和采样复检、现场疏导、感染人员移交等处置任务，积攒了宝贵的船员感染应急处置经验。

要问抗击新冠肺炎疫情过程中，马元鹏遇到有什么棘手的问题，他不假思索地脱口而出"沟通、配合"。为了减少船员们的心理负担，马元鹏在采样前从容地和船员们唠家常，让他们聊聊船上的生活，缓和船员紧张情绪的同时，顺利完成采样工作。2020年下半年，马元鹏一次登轮时遇到一位外籍老船长不配合采样，经过将近两个小时的沟通劝说，耐心解释海关防疫政策、说明卫生检疫工作不完成对船舶作业的影响，最终这个曾在海军服役、性格倔强的老船长被打动，心服口服地承认了错误，并书面致歉，全力配合他完成了入境检疫工作。

作为专业带头人，为了提高核酸采样的准确度，马元鹏废寝忘食地查资料、搜视频，对着镜子拿自己做实验，反复摸索什么样的角度、手法、力度，能确保采集到位，又能最大限度减轻船员不适，通过不断摸索与自我尝试，总结了一套"马氏采样诀窍"，在经过几次实践检验后，发现还挺有成效，就立即推广给同事们应用，后期得到了领导与同事们的认可，马元鹏也觉得自身的努力没有白费。

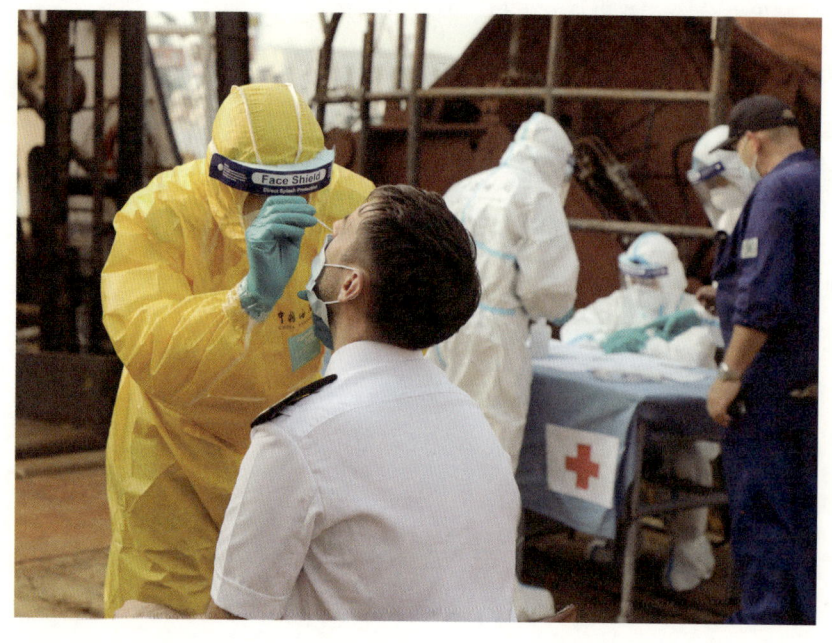

对外籍船员进行核酸采样
王辉 摄

标本兼顾,诠释医者仁心的情怀

"我的工作不仅仅是排查风险。"有一次遇到一位外籍船员,虽然各方面排查都没有异常,但是马元鹏发现该船员一只眼睛球结膜有溃烂,立即展开深入排查,原来该船员前一天在货舱清舱时,洒落的硫黄碎屑不小心进到了眼睛里,当时只是在医务室进行了简单处理,船方和船员都没太在意,以为过两天就好了。马元鹏经过排查认为该外籍船员眼睛溃烂严重,船上医疗条件十分有限,随时有失明的危险,生命至上,健康至上,出于一名医者对患者健康的高度负责的态度,他立即对该船员进行鼻咽拭子采样,督促船方尽快为该船员办理了紧急下船就医手续,使该船员及时得到了专业的医疗救治服务,后来船方还专门发来了感谢信。

正是通过疫情以来一点一滴的经验积累,马元鹏和他的同事们打磨出了一套规范、高效的登临检疫实战流程和工作方法,顺便还传授船员们一些卫生防疫知识,以便他们提高自身防护能力。记得2021年3月,一位刚完成换班的远洋船长说:"没想到在疫情形势如此严峻的情况下,海关能马上登临检疫,业务纯熟、规范,让我们即刻安心结束远航回家团聚。"

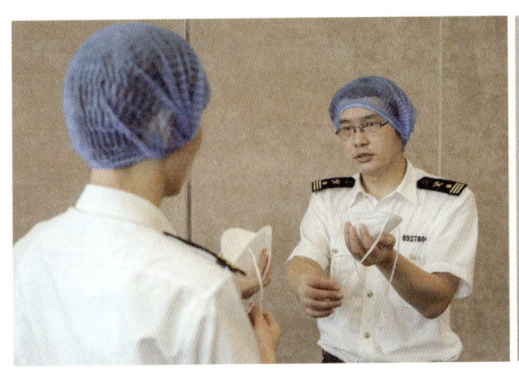
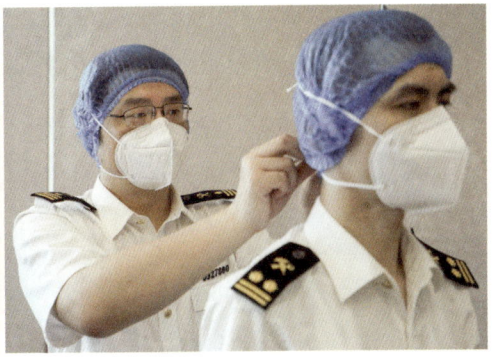

对关员进行个人安全防护培训　　王辉　摄

"新冠肺炎疫情防控是一场'持久战',除了认真执行好每一次登临检疫任务外,不断提高关员自身防控与个人防护能力也是抗疫的关键。"于是在封闭管理的间歇,马元鹏做好"传、帮、带",通过知识讲解、技能培训、跟班实训等方式,开展个人安全防护和口岸卫生检疫等各类培训30余次,累计培训200余人次。在他的带领下,先后有17名关员从疫情防控的"小白"变身为抗疫的"大白",有效支援了大连关区空港、海港等国门抗疫一线,通过关员过硬的业务水平和娴熟的本领让中国海关可信赖在来往贸易船只间流传开来。

言传身教,络续厚德载物的品质

1985年出生的马元鹏和妻子既是同学又是同乡。11年前,夫妻二人研究生毕业后选择在大连定居,虽然远离故乡亲人,一切都要靠自己打拼,日子有苦有甜,但是生活充实美满。

参加工作之后,马元鹏一直在大连港旅检口岸从事邮轮、客轮以及旅客的检疫和监管工作,作为国门守护者,马元鹏知道在他的身后有红旗飘扬的祖国,也有他那个小却温馨的家。身上的责任担当都告诫他要时刻绷紧头脑里的弦。他与同事们携手并肩完成了各项工作任务。马元鹏工作中取得的成绩是妻子面对孩子闹脾气时最好的安抚剂。每当他们的孩子小明明好奇地问妈妈"爸爸每天去上班都干什么啊"的时候,马元鹏的妻子都会微笑着对孩子说:"爸爸啊,他和叔叔阿姨在一些我们不太常看到的地方守护着我们的安全。我们的国家像我们家一样,也有国门,爸爸跟叔叔阿姨们一起组成了国门线上最坚固的长城。"接着,她还会把马元鹏工作中发生的趣事讲给孩子听。久而久之,在小明明的眼中自己的父亲每次出门工作就是一场光荣的出征,披着白色的战袍,冲向未知的远方。

脚踏实地，抒写悄无声息的伟大

2022年7月以来，大连持续多日高温，室外体感温度接近40℃，辖区入境船舶检疫工作量也达到了峰值。"对于我们防疫关员而言，这种天气充满了挑战，我也很担心大家的身体会出现意外。"马元鹏这样想着，更是身先士卒，穿着厚厚的防护服带领同事们，每天登临检疫4~6艘入境船舶，持续工作6小时以上。这是毅力、体力和精力的考验！每当脱下防护服，他浑身湿透如同从水里捞出来一般，手背被汗水浸得发白，眼睛通红，额头、脸颊、脖子、手腕也留下一道道明显的勒痕。"我们必须通过大量补水来避免中暑。"马元鹏说着指了指同事随身带

在锚地登临某
外籍船舶
王辉 摄

获评"全国海关系统抗击新冠肺炎疫情先进个人"

王辉 摄

的一个5升的水桶。一天下来，水桶早已见底。但最让他松口气的不是身体的舒服，而是工作环环相扣，每个细节都没有出现一丝纰漏。

"坚守国门一线，我们的身后是祖国是亲人，无论有多么辛苦、多么危险却没想过退缩，只想再坚持一下把工作做实，把疫情挡在国门之外。"自2020年1月至2022年9月，马元鹏带领同事们完成了对3 000余艘次出入境船舶的登临检疫工作。

"立志而圣则圣矣，立志而贤则贤矣。"只有把人生的小我真正融入国家发展、人民幸福的大我之中，才能在实现价值中擦亮青春的底色。马元鹏所在的大连港湾海关先后在多名入境人员中检出核酸结果呈阳性，阻止了水路口岸疫情输入，马元鹏也被评为"全国海关系统抗击新冠肺炎疫情先进个人""大连海关2021年度优秀共产党员"，并多次获得嘉奖和通报表扬。

涓涓细流汇成大海，点点星光照亮银河。正是以马元鹏们为代表的千千万万个海关人，在外防输入的战场上汇聚起磅礴的海关力量，守护着身后的千家万户。时至今日，马元鹏依然奋战在新冠肺炎疫情防控第一线。他说："这轮封闭结束后，最想做的事儿是能赶在暑假最后两天陪儿子爬大连最高的大黑山。因为儿子正在背《水调歌头·重上井冈山》，想让他体会一下'世上无难事，只要肯登攀'的乐趣。"

沈阳海关

"疫"不容辞，家国有我
——记"全国海关系统抗击新冠肺炎疫情先进个人"刘晶玮

沈阳海关所属沈阳桃仙机场海关 刘晶玮 李全

沈阳桃仙机场海关旅检二科科长刘晶玮，曾获得"全国海关系统抗击新冠肺炎疫情先进个人"荣誉称号，2021年当选为中国共产党辽宁省第十三次代表大会代表，其家庭被评为"2021年辽宁省最美家庭"，并多次获得沈阳海关个人嘉奖。在奋战在抗击新冠肺炎疫情一线的900多个日夜里，他和他的战友们用血肉之躯筑起了一道钢铁长城。

抗疫

"每一次接触进境旅客都有感染病毒的风险，我们不是不害怕，不是没牵挂，但这是我们的职责。这个时刻，保卫国门安全，党员就要冲在最前面！"这质朴又诚挚的话语出自刘晶玮。

自疫情发生以来，刘晶玮第一时间前往机场支援入境旅客卫生检疫工作。学医的他不是第一次在这种特殊的时期以先锋的身份来到旅检一

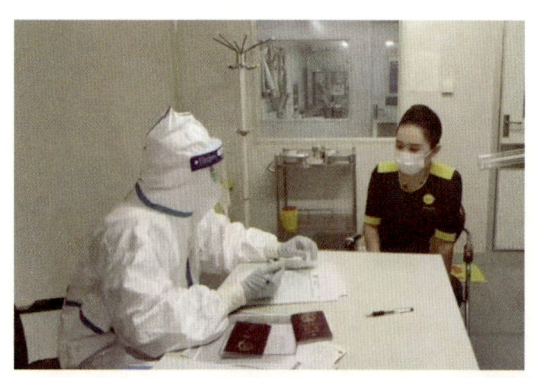

在对异常旅客进行流行病学调查

王守涛 摄

线了。2020年大年初三，他奔赴国门一线，为了践行当初的誓言："作为一名光荣的国门卫士，拒疫情于国门之外是我的天职，守护国门安全、保护人民健康是我的责任。"

来到沈阳桃仙机场抗疫一线后，他立即投入紧张的工作中，穿上密不透风的防护服，审完一张又一张申报表，排查一个个入境旅客，汗水一次次湿透衣背。航班任务繁忙的时候，他甚至一天都顾不上喝水，直至深夜才能吃上饭。遇到疑难险重情况时，他总是第一个冲上前，"我是党员，我有经验，让我先上"是他常挂在嘴边的话。疫情初期，作为支援人员，他的工作主要是对入境旅客进行流行病学调查和医学排查，主要包括旅客的基本情况、身体健康状况、接触史和旅行史等一系列相关信息。医学排查区的旅客，主要分为以下几类：海关总署旅通系统布控、红外体温监测报警、主动申报情况异常、医学巡查发现状态异常的。刘晶玮针对以上这些情况进行排查、甄别，筛选出可能的染疫嫌疑人，转运到地方医院，防止疫情传入。有这些症状的入境旅客，综合其旅行和接触史，感染新冠肺炎病毒的风险很高，而他接触和面对的也正是这样的高风险人群。

"面对这个传染病，说不怕是假的，但是谁让咱是具有医学经验的老党员呢，我不去谁去？总得有人冲上前！"铿锵有力的话语展现坚定的信念，也传递给同事们信心和力量。

刘晶玮话不多，却始终用实际行动兑现着他的承诺，主动向组织提出申请，于2020年12月正式调入机场旅检现场工作。担任旅检二科科长以来，他身体力行带动了科室人员的工作主动性和积极性，形成了比

一、情系家国，大爱为先 | 035

学赶超、共同努力的工作氛围，极大地提高了大家的工作效率。从疫情伊始至今的 900 多个日日夜夜，他一直奋战在抗疫最前沿，与身边的同事共同搭建起一道"内防输出、外防输入"的检疫防线。

坚守

疫情防控常态化后，作为有着 18 年党龄的业务骨干，刘晶玮与身边的"战友"们顶住压力、连续奋战，克服了工作中一个又一个困难，经历了一场又一场考验。在航班监管期间，他作为入境现场总指挥，需要协调现场整体工作进度，确保各卫生检疫环节有序衔接，不停地行走于各个岗位之间，日均行走 2 万步，原本 130 多斤的体重 3 个月下降了 20 斤。

每次遇到临时包机，刘晶玮都带领大家制订工作方案和应急预案，提前安排岗位分工，确定人员职责，保证航班监管任务的顺利有序进行。2021 年 9 月，一架运输机平稳地降落在沈阳桃仙国际机场，这是第八批在韩志愿军烈士遗骸归国专机。这项专机通关保障任务在几天前交到了沈阳桃仙机场海关旅检二科的手里。接到任务后，刘晶玮带领科室成员立即成立工作专班，制订专机保障工作预案及突发情况应急预案；专机落地后，组织骨干力量迅速开展卫生检疫和遗骸遗物查验清点工作，快速有序完成通关工作，得到海关总署监控指挥中心及地方民政部门的高度赞扬。

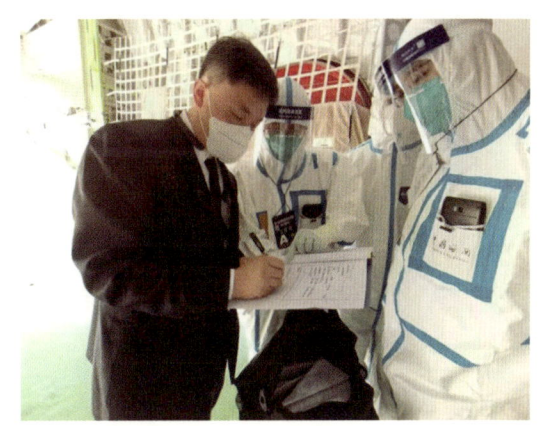

保障第八批在韩志愿军烈士遗骸归国专机
王光杰 摄

2021 年下半年，沈阳空港的"客改货"航班大幅增加，而且大多都是凌晨降落的红眼航班。白天接完客机后，回到住所已经是晚上9点，货包机则在凌晨2点降落，这样的情形让大家很是"头疼"，刘晶玮却笑着对大家说："没事，所有半夜的航班我都值，排班表上把我名字都写上。"科内党员们看到支部书记无畏艰难，带头冲锋，纷纷表态愿意主动承担急难险重航班监管任务，为优化地方营商环境、促进地方经济增长作出自己的贡献。

刘晶玮说："我见过上班时凌晨4点的机场，也见过下班时凌晨4点的沈阳；我见过进境现场久别重逢的拥抱，也见过出境现场即将分离的泪水；我见过旅客不理解而在现场出言苛责，也见过旅客一句句欣慰的感谢。我在见证大家为抗击疫情作出的努力。"

效率

紧张工作之余，刘晶玮发挥医学专业特长，对旅检现场的工作流程和设施设置进行深入调研，认真查找工作中存在的漏洞和可能出现的风险，并提出合理化建议，使之符合科学的卫生检疫流程，全力保障旅客安全，降低交叉感染风险。他参与制订了旅客通关检疫方案、岗位工作职责、应急预案和操作指引30多项，同时积极参加旅检作业现场改造、卫生检疫智能化系统上线等重点工作，为迎战这场史无前例的传染病疫情贡献了力量。

刘晶玮参与了沈阳桃仙机场海关旅检卫生检疫智能化系统上线全程筹备工作。在疫情防控信息化系统上线之前，他积极参与疫情防控信息化管理系统的前期试运行和应用工作，和小组同事一同草拟和细化了机场海关疫情防控业务操作指引和规范，实现旅客通关卫生检疫环节"一

一、情系家国，大爱为先 | 037

带领工作人员
进行应急演练
边书宇 摄

码通"全流程电子化，旅客通关全流程覆盖，增强卫生检疫智能化监管能力。

系统试运行时，刘晶玮组织大家加强培训演练，严格按照保密工作要求搭建系统测试环境并开展模拟推演，系统正式上线前共有500余人次进行上机实操，利用班前会、总结会、线上交流等方式组织培训20余次，确保全员熟练掌握系统工作流程、操作规范及注意事项。

在系统正式上线运行后，刘晶玮以多种方式培训，确保每一位同事都能熟练操作应用系统。沈阳海关是海关总署新旅客通关系统的试点单位之一，他作为新旅通系统升级试点工作小组的一员，为有效完善新旅通系统作业规范，提高现场海关关员的执法效率，强化监管效能，保证旅客通关高效有序，促进国门一线口岸的信息化建设作出了自己的贡献。系统运行后，单架次航班卫生检疫监管时间由原来的3个多小时缩短到约2小时，旅客卫生检疫时间由人均30分钟缩至人均15分钟，现场工作人员数量由每组79人下降到30人，极大地提高了工作效率，降低了一线人员感染风险。

安全

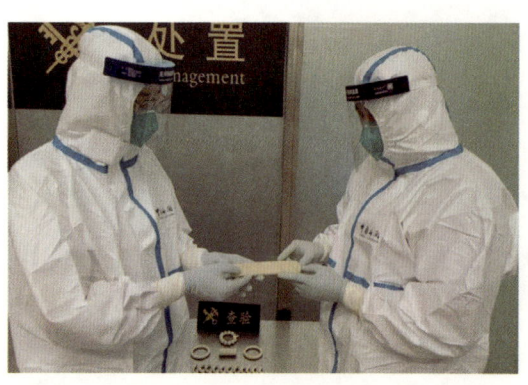

展示入境截获的象牙制品
刘博雅 摄

2021年，刘晶玮被组织任命为机场海关旅检二科科长。他带领全科同志全面梳理岗位职责和对应的政治要求，制订了整改措施，实施项目化推进。采取线上视频和"一对一"谈心等方式，及时了解个人诉求，有针对性地解决实际问题，队伍思想始终保持稳定。面对入境旅客携带物品复杂多样的情况，他组织科内同事以讲政治的高度学习业务文件，提高对象牙、毒品等违禁物品的鉴别能力，通过学习应用CT机及人体毫米波等新设备，加大对各类禁限物品的监管力度。2021年至今，他所带领的科室累计截获象牙等濒危物品134件、动植物检疫制品42批次、洋垃圾2批次，检出一般性有害生物4批次。

2021年6月起，刘晶玮严格落实海关总署封闭管理要求，强化政治意识、大局意识，克服个人困难，带领全科同志严格执行封闭管理规定，坚持工作地点与隔离酒店两点一线，最大限度避免了交叉感染的风险。

面对封闭管理带来的工作形式和特点的较大变化，刘晶玮的工作方法和内容也随之改变。他主动对组内封闭人员的思想动态和家庭情况进行了解，第一时间向关里汇报，为大家解决实际困难，解除后顾之忧，保证队伍思想的稳定。同时采取视频会议和"一对一"谈心等方式，组织全科人员认真进行政治和业务学习，进行职业暴露、信息化系统应急等紧急情况的桌面推演和应急处理演练，并且在每个航班前都进行个人防护服穿脱练习，在圆满完成卫生检疫工作的基础上，保证了一线工作人员的个人防护安全。

为民

在工作中,刘晶玮深入践行"人民海关为人民"理念,把旅检一线作为为民服务的"窗口"。他不放过每一个工作细节,在旅检现场准备点糖块、可乐,帮助了多名出现低血糖、脱水情况的旅客。他常说:"只有平时想得到,关键时候才能靠得住。"

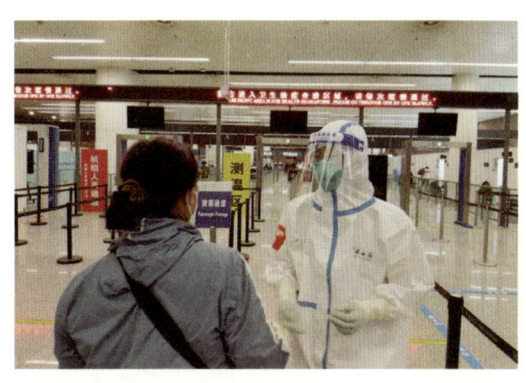

为旅客讲解海关政策

李放 摄

2021年10月,一名旅客入境时突发先兆流产,刘晶玮第一时间开启绿色通道,帮助旅客仅用13分钟就办完海关、边检、公安等全部入境手续,及时转运医院,保住了两条生命。两年多来,为保障入境旅客顺利通关,他主动与机场相关部门联系配合,先后为4名危急重症旅客提供绿色通道,妥善帮助肝癌晚期、癫痫发作等特殊旅客办理快速通关手续,确保旅客第一时间得到救治。

疫情期间入境旅客需要统一隔离,这给有分离运输行李的旅客带来不便,刘晶玮逐项梳理上级文件要求,在严格把关的同时,耐心向旅客解释海关政策,热心为旅客办理分离运输行李申报手续。旅客一句句"谢谢海关"的简单话语,是对他工作的充分认可。

家庭

刘晶玮的妻子是一名医务工作者,2020年大年初二下午,夫妻二人义无反顾奔赴抗疫一线,两个幼子托付给父母,温馨和爱留给明天。再多的不舍都不得不舍,只为了更多的家庭健康平安,只为了祖国的大门稳固安全。

刘晶玮总会在进组隔离之前把车加满油,把家里需要的生活必需品置备齐全,再为一家人做一桌好菜,默默进行着和家人的"暂别仪式"。全家人对他的工作给予百分百支持,两个孩子也为自己的爸爸感到骄傲。封闭管理期间,结束了忙碌的工作回到住所,与家人视频通话,是刘晶玮一天中最幸福的时刻。

在 2020 年疫情防控工作中,刘晶玮被授予"全国海关系统抗击新冠肺炎疫情先进个人"荣誉称号。值得一提的是,他的爱人李艳娟,作为一名医护人员,也一直坚守在医院门诊和高速公路闸口等疫情防控一线,出色地完成了辖区全员核酸检测、医学排查和测温等任务。刘晶玮的家庭荣获"2021 年辽宁省最美家庭"。

阳光

家与国,奉献和牺牲,生活总有许许多多的选择题,但在刘晶玮和千千万万个像他一样的一线工作者,答案永远只有一个:"为了大家,舍弃小家,只要祖国召唤,召必回、回必战、战必胜。"

两年多的鏖战,刘晶玮已然习惯身上的白甲和肩上的重担。

"谁无暴风劲雨时,守得云开见月明。"疫情防控一线是没有硝烟的战场,也是检验初心使命的考场,刘晶玮和他的战友们,牢记初心使命,勇于担当,默默坚守,牢牢地铸就了抗击疫情、守护人民健康安全的铁血长城。在疫情依旧复杂多变的情况下,他们坚定前行,相信暴风雨后是彩虹,在伟大的中国共产党的坚强领导下,在举国上下的共同努力下,定能摘下口罩,自由地走在阳光下。

哈尔滨海关

建功国门，健康守护

——记哈尔滨太平机场海关孙建健抗疫事迹

哈尔滨海关所属太平机场海关 崔杨

2020年的春节，一向被家人视为好女儿、好妻子、好母亲的孙建健，反常地做了一次"不孝顺"的女儿、"不称职"的妻子、"不合格"的母亲。因为在疫情面前，她选择了做一名绝对忠诚的共产党员、一名有担当的海关关员、一名兢兢业业的业务骨干。

她是哈尔滨海关所属太平机场海关旅检四科副科长，面对突如其来的新冠肺炎疫情，在万家团圆时告别家人，奋战在疫情防控的国门第一线，以逆行者的无畏姿态，竖起了冰雪大地凛冽寒风中一面鲜红的旗帜。

在她的心里有3个家：祖国、集体和家庭。疫情来临时，她毅然抛弃了自己的小家，从疫情开始一直坚守在哈尔滨太平国际机场口岸一线，为祖国人民的安康而奋战。

坚强勇毅，热血担当

大年三十担重任

面对突如其来的新冠肺炎疫情，孙建健主动请缨第一个上战场。2020年1月24日（除夕）上午9时，哈尔滨太平机场海关旅检四科全体人员在哈尔滨太平机场国际航站楼整装列队，位列排头的她，并不输一众男关员的气势，身影格外坚实，表情格外坚毅。

此次疫情的传播速度之快前所未见，国内防控形势异常严峻，哈尔滨太平机场海关作为口岸疫情防控的主力军，内防输出的任务极其艰巨。

晚7时30分左右，旅检现场突然接到机场运控部门紧急通报，某航班上有一名儿童发热，同机另有4名国际段旅客。

发热是新冠病毒肺炎的典型症状，鉴于该病的强传染性，若这名儿童确实感染了肺炎，同机旅客则存在很大的感染风险。她立即提高了警惕，做好防护措施后实施登机检疫，按照联防联控属地管理机制，将发热儿童交由地方疾控部门带离处置后，引导另外4名旅客到医学排查室进行排查。经过详细的流行病学调查和体温检查，上述人员最终排除了感染嫌疑，她也终于松了一口气。

返程高峰严防控

2020年1月28日（大年初四）上午9时整，旅检四科全体人员准时到岗听从科长分配任务，大家匆匆领取了自己的防护用品后迅速各就各位开始工作。

"嘀、嘀、嘀……"

红外体温监测仪的报警声响起，将她的思绪拉回现实。一名旅客体温超标，她再次进行排查。由于这名旅客已出现发热症状，难以排除染

一、情系家国，大爱为先 | 043

疫嫌疑，她便耐心地为旅客讲法律、讲道理、讲疫情的严重性，建议他暂时不要出境。开始时这名旅客还有些抵触情绪，但听了她专业又真诚的规劝后，心怀感激地接纳了她提供的健康建议，放弃了出行计划并居家隔离。

终于结束了一上午的工作，但此时已过用餐时间，下一个出境航班马上又要开始了。正当她准备泡碗面简单吃几口的时候，接到了上级的电话，被告知海关总署已通过电子系统发布预警信息，要求对被布控的旅客重点排查。她立即重视起来，随时关注预警信息。

不想首次布控便中招，系统显示某入境航班载有4名被布控旅客。由于有关新冠病毒的特性尚存诸多不明情况，她丝毫不敢掉以轻心，一方面重点排查被布控旅客，另一方面查找机上与前者近距离接触的人员，共计63人被引导至指定区域等待做进一步排查。

经过一个小时的努力，终于完成了全部人员的信息登记和排查，该放行的放行，该转运的转运。此时的她已被严密的口罩捂得透不过气，防护服里面全部湿透，几近精疲力竭，可为了共同战斗的兄弟姐妹的安

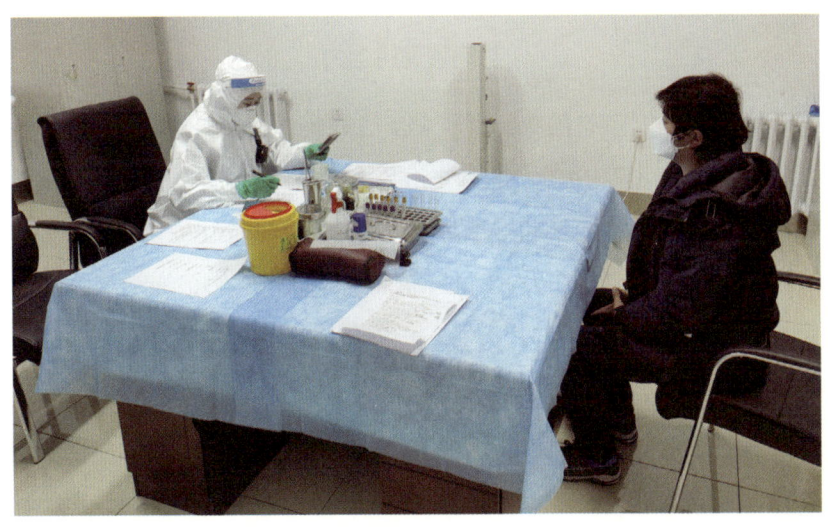

开展流行病学
调查
王锟 摄

全，她顾不上坐一坐，便指导大家进入消毒区域进行自身的清洁处理。21时，一切终于处理完毕，下一个入境航班又落地了。

这一整天，她滴水未沾粒米未进，防护服一穿一脱、忽冷忽热导致她伤风，开始头痛，心脏的老毛病也犯了。她服用了随身携带的药丸，稍有缓解后，又像没事人一样投入了战斗。

深夜，漫天星辰，其他人已经累到衣服都不脱便酣然睡去，可她竟还在点灯熬油研究防控流程，编写简单易懂的工作方案和防护要点。如果不是大家醒来后看见自己的手机清早接收到的信息，谁也不知道她在连夜工作。

由于前一日的排查人数较多（共监管旅客近2 000人，详细排查60余人，转运6人），后续工作也相当繁杂，原本24个小时的工作时间延长至30个小时，直至最后一项工作圆满完成，她才拖着疲惫的身体走出候机楼。

清凉的风扫过她的脸，她狠狠地吸了口新鲜空气后，便瘫倒在通勤车的座位上。

封闭管理拼全力

2020年4月起，随着新冠肺炎疫情的蔓延，大量外出务工、留学的人员回国，口岸防控重心也随之由"内防输出"转向"外防输入"。

机场海关旅检现场的口岸防控策略逐步从3个100%升级到7个100%。听起来容易做起来难，仅100%流行病学调查和100%采样检测两项便足以将查验时长延长几倍。无疫情状态的检疫查验每位旅客只需要两分钟，但在疫情当下，查验一位旅客需要20分钟甚至更长。

她连续几个小时被密封在防护服下，为了节约防护资源，中途不能喝水、不能上厕所，全身湿透，长时间缺氧状态导致头昏脑涨。但凭着

一、情系家国，大爱为先

一股冲劲儿，她并未理会这些，全身心都投入在查验中。直到战斗结束脱下防护服的那一刻，看到从头发上滴下来的水珠、被防护用品"侵蚀"的皮肤和眼前愈加模糊的世界，才意识到整个人已经接近虚脱。

而当入境航班由 1 架变为 3 架时，持续战斗时间则由几个小时延长至十几个小时，但她从未心生退却。

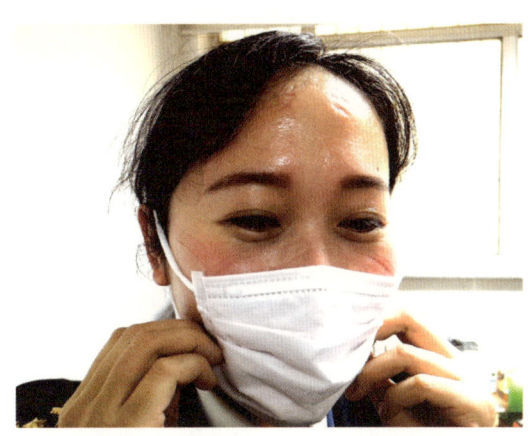

布满勒痕的脸上依然挂着灿烂的笑容
姜宗宜 摄

"女士，经流调排查，您当前腋下体温正常，没有明显症状或体征，也没有相关接触史和暴露史，可以正常通关了。虽然既往感染过新冠病毒，但不代表终身免疫，二次感染的可能性也是有的，当前奥密克戎病毒的传染性比较强，国内各地陆续出现病例，建议您尽量减少出行，出门佩戴好口罩，经常洗手消毒，出现发热等不适症状立刻到医院就诊。"

"谢谢，给你们添麻烦了，为了我们这些从国外回来的旅客，你们辛苦了！"

"这是我们应该做的，感谢您对海关工作的配合，请这边走。"

在对进境最后一名旅客排查完毕后，她拖着疲惫的脚步走进防护舱。在黑龙江最冷的时节，经过连续四个小时作业后已经全身湿透，冷风一吹立时冰冷彻骨，一遍又一遍的手消毒后手指几近冻僵，她依然一丝不苟地一步步脱卸防护装备，同时还在指导其他同事规范脱卸。

在每日新增确诊病例不断上升的态势下，她在面对有症状旅客时从未慌乱，更从无畏惧，有条不紊地忙碌在黑龙江省唯一开放国际客运服务的口岸，迎接着一名又一名思乡情切的归国者，动作熟练而平稳，眼神温暖而安定。

离家舍亲守一线

2021年6月,工作人员封闭管理模式实施后,她所在科室率先承担起第一轮封闭任务。这是哈尔滨太平机场海关第一次实行封闭管理工作模式,所有人心里都没有底。关员长时间隔离会不会产生情绪波动?会不会导致工作失误?会不会引发家庭矛盾?

她顾不得思虑太多,安排好家事后便收拾行装按时到岗。作业时,她作为防护监督员履职尽责,开展岗前培训、岗中巡查和岗后总结,把每项工作做细做到极致;空闲时,她作为党支部的宣传委员主动作为,组织策划现场演练、讲党史、唱红歌等活动,在封闭管理中开展特别的庆祝活动为建党百年献礼。

针对同事们可能出现的各种问题,她积极配合科长靠前工作,及时了解掌握大家思想状况,帮助解决实际困难,确保大家平稳顺利地度过隔离期,出色圆满地完成各项工作任务。在其他人正为即将到来的封闭隔离感到焦虑和迷茫时,她却已和兄弟姐妹们将集体生活过得有声有色、有滋有味。

从轮转开始至今,她已连续参加了整整八轮封闭作业,从未请过一天假、脱过一次岗。每次轮转不能回家,满心欢喜和家人视频时,五岁的儿子却扭头离开,说"我不要视频,一视频我更想妈妈了",她顿时泪如雨下。但她深知自己不仅仅是一个母亲,更是一名共产党员,是一名海关关员,沉甸甸的责任在肩。她,要做孩子的榜样!

与家人围桌而坐,灯火可亲,是每个人渴望的幸福,可疫情却使家成了她暂时回不去的"远方"。她已经连续三年春节坚守在口岸一线,迎接了上万名旅客回家过年。她说:"我们是在代表国家代表法律执行卫生检疫任务,手里握着的是人民的安康。虽然我不能和亲人团聚,但

一、情系家国，大爱为先 | 047

当看到身在异乡的人们能安全回家，我的心里便充满了幸福感。"

春风化雨，刚柔并济

铁娘子也怀柔情心

她就像一股源源不断、永不干涸的溪水，永远有取之不尽的新思路和用之不竭的精神头，刚柔并济，胸怀无限深情。无论是对旅客还是对同仁，她都纯净清透，堂堂正正，令人甘之若饴。

面对服务对象，她积极参与航班风险评估和入境通关时限调研，查找影响通关速度的掣肘之处，通过优化岗位分工、调整通道设置、加强操作熟练度等措施提高工作效率。在旅检现场提供健康干预、精准申报指导、婴幼儿精准测温、紧急状况快速处置、轮椅旅客"绿色通道"等便利服务，着力为旅客办实事、解难题。

面对口岸同仁，她第一时间总结封闭管理经验，不厌其烦地为口岸兄弟单位讲解个人防护要点和注意事项，主动指导其穿脱防护装备。她不分昼夜编写防控方案预案、演练剧本、操作流程，为全关区开展培训，手把手给予赴机场学习经验的兄弟海关同事们现场指导。

面对自家兄弟姐妹，她慎终如始地开展个人防护培训和监督，一刻不敢放松，确保每个人防护到位，安全离岗。为了帮助同事们做好防护，她主动肩负起安全防护监督员的职责，不断更新个人防护程序和注意事项，并根据疫情形势变化随

休息时间加班加点研究编写口岸防控方案　　韩峰 摄

详细核验入境
旅客健康申报
信息

吴永泉 摄

时调整细节，定期为全员开展培训并亲身示范，一遍遍讲、手把手教，监督指导大家穿脱防护装备。她还率先组织开展口岸职业暴露应急处置演练，一个一个细节地抠，为旅检现场操作标准打出样板。

家人非常担心她的安全，但她依然义无反顾地坚持守在前线，她说："如果我不上，也得有别人上，因为我更专业，所以我比别人更安全。"

公仆亦是普通人

疫情期间，多数人都和家人在一起安坐居室，可她却怀揣着对父母、丈夫和儿子的牵挂，奔走在口岸抗疫一线，变身为打不倒的"钢铁侠"。

在疫情防控的关键时刻，她主动请缨坚守高风险岗位，对有症状的旅客实施排查，对待每一个细节都一丝不苟。在排查过程中，遇到年老或年幼的旅客，她会放慢语速耐心询问；遇到精神高度紧张的旅客，她会变换语气和询问方式，和旅客拉近距离，让旅客放松；遇到态度恶劣不愿配合的旅客，她会坚定原则微笑向旅客说明利害关系，并站在旅客

一、情系家国，大爱为先 | 049

的角度劝服其配合检查；遇到有意隐瞒重要信息的旅客，她会牢握法律武器，运用调查技巧引导旅客说出实情。她曾创下黑龙江口岸面对面排查纪录，单日连续排查30余人，包括6名有症状旅客和20余名密切接触者。

疫情期间，她拿起了笔杆子，变身为笔耕不辍的"作家"。

在她的笔记本上密密麻麻地写满了文字，有工作日志，有防控要点，有经验总结，有未来规划。近些年很流行一句话："生活不只有眼前的苟且，还有诗和远方。"她字里行间记录下的是最实用、最全面的实战策略，是现实得不能再现实的"苟且"，流露出的是对未来的信心和憧憬，是如诗如画般的美丽远方。

抗疫第一年，她曾在口岸一线连续忙碌了100多个昼夜，吃不上饭、喝不上水成了工作的常态。身兼哈尔滨市防控指挥部决策组成员和机场海关疫情防控专家组的重要职责的她，总是埋头在书籍和电脑前，深入研究防控措施，助力旅检通关提速，累计编写工作方案、操作规程、演练脚本等材料超过30万字。多次作为讲师为哈尔滨全关区授课，给

进行业务培训　魏智宇 摄

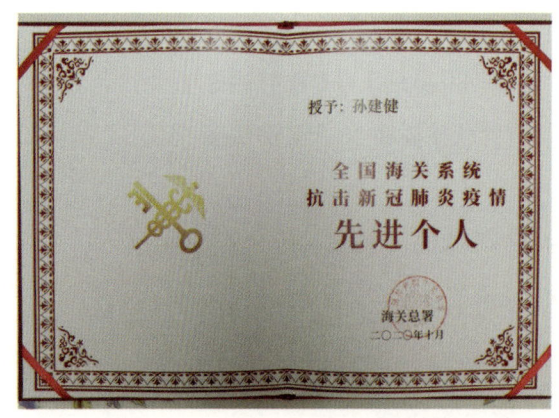

荣获"全国海关系统抗击新冠肺炎疫情先进个人"

孙建健 摄

予同仁专业指导,让同事们困难面前不慌乱,危险当头不紧张。

她是一名公仆,可她也是一个普通人,她也苦、她也累,可她无悔、她无憾!

从事口岸卫生检疫监管工作15年来,她默默奉献,慎终如始,曾先后获得"黑龙江省青年岗位能手""黑龙江省五一巾帼奖(个人)"、2020年黑龙江省共青团省直机关工委"传承五四精神 在疫情战场书写无悔青春"主题学习活动优秀组织奖、"全国海关系统抗击新冠肺炎疫情先进个人"等荣誉称号。她作为哈尔滨海关一线工作者的代表,以"七一勋章"获得者为榜样,题为《学习好榜样 奋力再出发》的事迹和学习感言,曾登上2021年《人民日报》(海外版)。

雪虐风饕愈凛然,花中气节最高坚。面对疫情蔓延的寒冬,她就像北国冰城口岸盛开的花,用原本柔弱的肩膀扛起如山般的重担,温暖人心,建功国门,为口岸健康安全筑起坚固的屏障。

福州海关

待到山花烂漫时

——记"全国海关系统抗击新冠肺炎疫情先进个人"周天喜

福州海关所属马尾海关 李建光 孙健 刘艳珍

2020年1月以来，福州海关所属马尾海关运输工具监管科科长、党支部书记周天喜始终以"逆行者"的姿态奋战在海关抗疫一线，900多个日夜里，他以疫情防控为己任，坚决落实"内防扩散，外防输入"的疫情防控总方针，面对复杂多变的疫情，团结带领所属人员"内练素质、外树形象"，展现了新时代新海关的别样风采。他和他的团队与病毒斗争、与时间赛跑，克服了常人难以想象的困难，不负所托，忠于职守，用勤奋、汗水和爱心在马尾口岸书写了一曲感人至深的抗疫之歌。

奋斗之路

一路走来，荣誉相伴

参加工作20多年，周天喜可谓荣誉等身。2020年先后获得"全国海关系统抗击新冠肺炎疫情先进个人""福建省直机关最美守护者""福州海关先进工作者"等称号；2021年被福建省直工委评为"优秀党务工作者"；2022年获得"福州海关第二届十佳执法一线科长"称号。一个人作出点成绩并不难，难的是20多年如一日，可以永不懈怠，始终勤勤恳恳、兢兢业业；可以永葆本色，始终锐意进取、戒骄戒躁；可以永远冲锋在前，始终初心不改、矢志不渝。周天喜的荣誉是他20多年职业生涯奋斗不已的真实写照。但周天喜面对赞誉，总能淡然处之，"荣誉放身后，眼前见彩虹"，这大概是他的愿望吧。

一声令下，勇往直前

周天喜是出了名的"拼命三郎"，所有在工作中长时间与他接触过的同事都不自觉地这样称呼他。"我们科长，有任务肯定是第一个冲上去。"面对采访，运输工具监管科关员季建南的评价简短有力。不问风险，不管困难，不讲条件，见任务就上，这是周天喜的一贯作风。2020年1月23日，再过两天就是农历新年了，面对突然而至的疫情，周天喜的本能反应是："我应该做什么？我应该如何准备？"各级海关迅速召开紧急会议部署抗疫工作，马尾海关决定由周天喜牵头落实马尾口岸疫情防控工作。"任务太急了，要求严，参加这么多次疫情防控工作，这次可以说是史无前例的严格，个人安危已经没时间考虑了。"回忆当时的情景，周天喜这样说。

他简短地给母亲打了一个电话说："今年过年有工作任务，估计没办法在家过年了。"母亲说："有任务就不要回来了，工作要紧。"与以往一样，母子简短的通话就这样结束了。放下电话，周天喜继续思考防疫措施，

撰写马尾海关疫情防控相关方案　　刘艳　摄

制订防疫方案。春节假期里，每个科室轮流上班，运输工具监管科负责辖区口岸疫情防控牵头各项工作，必须天天上班，他们承担着文件制发、措施细化、监督落实等多项任务。就这样周天喜一头扎进疫情防控工作，从此，凌晨被唤醒，深夜才回家已是家常便饭，直至今日，仍是如此。

这样的情景是周天喜20多年来的工作缩影，每当有重大任务，他几乎都是这样全身心投入，忘我工作。

赤子之心

"我没有多少力挽狂澜与惊天动地的壮举，只是在平凡的岗位上默默地履行着一名共产党员应尽的职责，每天记录疫情防控日志，及时报送各种数据和信息，做着各种协调配合工作，这些日常工作都是我应当做的。平凡的工作需要一颗平常心，认真对待自己选择的值得坚守、值得付出的事业，就要做到无怨无悔，就应该很好地完成各项工作任务，为老百姓多做好事、办实事。"周天喜在工作记录本上这样写道。

"渔工不容易"

"渔工不容易"，这是事实。一艘渔船从离岸到上岸，少则3个月，多则1年，长时间的海上工作，靠岸的渔工都有些少言寡语，面对这样的情景，面对这样的同胞，不能不令人恻然心伤。

2020年4月，周天喜通过对近3个月的核酸检测数据进行分析比对发现，相对于普通货船，渔船渔工新冠病毒核酸检测阳性比例显著偏低。这引起了周天喜关注，经过近半个月的调查研究发现，渔工不同于普通船员，他们离岸后几乎都在公海上作业，与外界隔绝，根据传染病学的基本原理，没有传染源，也没有传播途径，渔工感染的概率极低。

对入境集装箱班轮开展检疫工作

黄昱 摄

于是周天喜创造性提出"轨迹核验+封闭管理"的监管模式。经关领导办公会讨论,决定将相关调研报告提交地方应对新冠肺炎疫情联防联控工作机制(以下简称"地方联防联控工作机制")。地方联防联控工作机制经两级讨论认为可以按方案执行。该模式实施后,新的专用码头投入使用,加快渔船周转,缩短了渔船返港等待时间;远洋渔获通过"两步申报""提前申报""预约查验"实现船舶检疫和货物查验无缝衔接,缩短了通关时长。

"金子般的心"

船员、渔工检疫不同于货物查验和检验检疫,要带着感情去做才能把工作开展好,才能让群众满意。尤其是在处理各类突发情况和紧急事件时。检疫不只是用设备、机器、试剂进行检测,只有与群众打成一片,赢得群众的信任,才能了解到更多、更真实的情况。从这方面说,真心关心群众,既是走群众路线的政治要求,也是必不可少的工作方法。

2020年3月,一艘远洋渔船驶进马尾青州码头,船上一名船员受

一、情系家国，大爱为先 | 055

伤需要接受医疗救治，准备靠泊，从接到通知开始，周天喜就紧张地忙碌起来。疫情期间，受伤船员、渔工上岸需要联系很多单位进行协调沟通，还要时时跟踪船舶所在位置，并及时向有关单位通报，以保证各方能协调一致，及时将病人转送医院。除此之外，他还要独立判断病情，制订应急措施，甚至紧急抢救方案，并在此基础上准备自己所需的器材、设备、试剂等医疗物资。

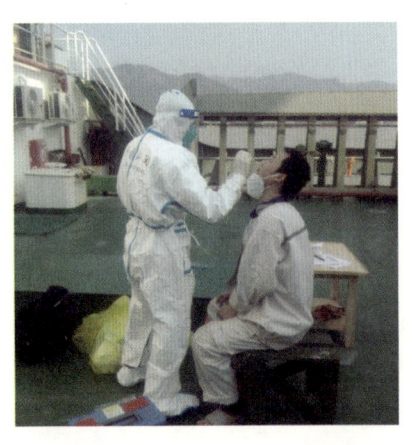

对申请离船人员实施采样　徐超 摄

渔船靠岸停稳，周天喜一路小跑，动作娴熟地登船作业。他一边为受伤船员检查伤口，一边与渔工交流，轻声说："老乡，回来就好了，别担心，外面救护车已经在等你了，马上就可以住院治疗，这种外伤，相信医院是能处理好的。"看着渔工渴望、无助和不安的神情慢慢放松下来，周天喜的心里也轻松了很多。

"为了祖国安康"

登临检疫有多辛苦？体验一次让你终生难忘。尤其是夏季，副热带高压控制下的福州，晴热高温，酷暑难耐，在全身防护状态下登临检疫，说是对生命极限的挑战，一点都不为过。烈日当空，来到码头，走出车辆的那一刻，一股热浪就扑面而来，紧接着就要穿戴防护装备，不用有多余的动作，在身体进入防护服的一瞬间，汗水已经流下来了。当完成防护、走上甲板的时候，你又会觉得原来船边码头上并不算热，甲板上的温度又是一个"新境界"，巨大的甲板在太阳的直射下热浪翻滚，那温度直透

在高温下实施登临检疫　黄昱 摄

过鞋底，可以把脚板烤得生疼。进入船舱，狭小的空间本来就闷得透不过气来，在湿透的 N95 口罩的加持下，呼吸就更加困难。在这样的情况下，一连工作 2~3 个小时，甚至更长时间，这种体验不是常人能够想象的。3 个夏天，周天喜都是这样过来的。"2021 年 6 月 17 日，第一次封闭管理，共登临了 44 艘船舶，平均每天 3 艘以上，在如此恶劣的气候下，我们居然没有中暑，现在回想都觉得不可思议。"周天喜这样回忆道。

"全身湿透是常态，手套里都是水，手被泡得发白、起皱，这些也都可以忍受，最难受的是额头的汗顺着睫毛流进眼睛里，不能擦又不能揉，眼睛都睁不开，这样生理性的问题很难克服。"周天喜说。一天晚上加班后，他驾车回家，车进入隧道，他突然觉得眼前白花花一片，非常晃眼。他担心是身体出了什么状况，第二天到医院检查，发现是眼睛出了问题，近视加深了，角膜也有损伤。医生说："这是长期汗水浸透的缘故，你不仅有近视，而且有老视，这个年龄是眼睛问题的高发期，你可要注意了。"

国内疫情稳定后，口岸"外防输入"的压力越来越大，口岸一线与疫情防控有关的工作强度超乎想象。在周天喜的世界里加班加点是常态，白天忙于参加各种会议，学习最新疫情防控要求和措施，接收各级各部门的任务和领导批示，到现场检查疫情防控措施落实情况，对落实不到位、执行不规范的提出整改建议等；晚上忙于上报每日数据、反馈沟通，整理各种汇报材料，落实领导指示，细化防疫措施，总结提出后续工作重点等繁杂、琐碎又必须细心、细致把好细节的工作。

拳拳之情

"谁言寸草心，报得三春晖"

6年前，周天喜的父亲因病去世，周天喜最放心不下的就是一个人在家的母亲。老人家故土难离，他不断动员母亲到福州来，总不能成功。2021年6月21日，第一轮封闭管理期间，周天喜的岳母因严重糖尿病急性发作入院治疗；祸不单行，两天后岳父因突发疾病入院手术治疗。而在这个时候，周天喜仅能通过电话、信息、视频等方式向他们表达关心，同在福州，他只能眼睁睁地对窗长叹。

"两情若是久长时，又岂在朝朝暮暮"

2021年6月16日，海关总署最新防疫要求对卫生检疫岗位工作人员实施封闭管理。收到通知后，周天喜打电话告诉妻子："单位政策要求，口岸防疫工作需要集中管理，先帮我整理一下衣物，我明天就要进入封闭管理工作。"妻子也早已习惯了他这种风格，不等回答，周天喜已经挂断了电话。封闭管理看似简单，却涉及方方面面，负责具体工作的人必须妥善安排。16日，周天喜上午组织全科会议，确定进驻人员名单，中午便到辖区内各点去选择适合场所，反复对比斟酌，上报方案，接着又通过电话反复沟通后续的保障问题等。晚上回到家时，妻子已经把工作服、日常生活用品整齐地收拾进行李箱了。

2022年3月，身为福建医科大学孟超肝胆医院主任医师的妻子接到上级通知，做好准备，支援上海。4月2日，医院要求将行李集中送到医院，随时准备出发。与海关的封闭管理不同，支援任务没有期限，不知道妻子要前往上海支援多久，周天喜整理了整整两大箱各种防护装备和日常生活物品，当晚将行李送往妻子单位。几天后，出发的日子定了——4月7日，说来也巧，周天喜也要在4月7日进入第六轮封闭管理，那天早上，夫妻二人在门口道别，奔向各自的抗疫现场。

"不觉老将至，儿女忽成人"

2022年，儿子要参加高考，3月底，当确定夫妻二人都不能留下来照顾孩子时，周天喜第一次感到这一关不好过了。这期间许多同事都打电话过来主动提出可以帮忙接送孩子，这让周天喜感到很温暖。疫情发生时，儿子刚上高一，不管是节假日、寒暑假，还是平时，都是孩子一人待在家里。夫妻二人都忙工作，抗疫无小事，谁都不敢大意，儿子只能自己解决吃饭问题，他学会了煮面、蒸饺子、炒饭、煎蛋等一些简单做饭技能。"疫情还没有结束，儿子的高中生活却已经结束了，我总认为自己还年轻，可儿子都上大学了。"这样想来，周天喜总怀着深深的愧疚。

信仰之光

疫情蔓延已近3年，多少人为了抗疫前仆后继，周天喜和他的同事们在这条战线上书写了数不清的可歌可泣的故事。"靡不有初，鲜克有终。"然而，疫情以来，周天喜在漫漫时光的考验面前，始终默默坚持工作，不因成绩突出而骄傲，不因家庭困难而退缩。

"累吗？苦吗？"摸着胸口的红色党徽，周天喜肯定地点头回答："累！苦！但值得！"在家国有难之际挺身而出，值得；在有限的年岁里奋战在第一线，值得；在影响深远的大事件中留下自己的身影，值得。

两年多来，身为抗疫一线的一员，周天喜始终保持着锐意进取的工作态度，干劲不减，戒骄戒躁，谦虚谨慎，立下誓言"不获全胜，绝不收兵"。黑夜若是绵亘无常,他愿始终持灯护航。周天喜从来不是一个人在战斗,身后有组织的援助和家人的支持;他从来不是一个人在战斗,身边尽是并肩前行、共赴战场的战友;他从来不是一个人在战斗,身上的白色战袍和胸口的红色党徽便是一线海关人最崇高的信仰。

周天喜是马尾海关抗疫群体的优秀代表,他的身边还有一群和他一起工作的同事,还有很多值得书写的故事,他们顾全大局,勇于担当,他们的故事同样让人感动。他们都凝聚在党旗下,目标一致,步履协调。我们相信,抗疫终有胜利的一天,望那时他们能收获那份特殊的喜悦。"待到山花烂漫时,她在丛中笑。"或许这便是他们内心的期许吧!

青岛海关

一个熟悉的陌生人

——记"青岛海关抗击新冠肺炎疫情先进个人"李庆凯

冯飞 青岛海关所属蓬莱海关

他是两个孩子眼睛中伟岸的父亲，他是妻子心中温柔体贴的丈夫，他是父母膝下孝顺的孩子，他是同事身边一名朴实多识、扎实能干的海关关员，他就是青岛海关所属蓬莱海关口岸监管一科科长李庆凯。

舍小家、顾大家，毅然挺身在前

2020年1月，李庆凯一家人在产房外焦急地等待着。一声啼哭传来，李家的二孩降生了，是一个可爱的男孩。一儿一女，"好"字已成，平时不苟言笑的李庆凯也咧嘴笑起来，兴高采烈地忙前忙后，身上仿佛有使不完的劲。他赶紧向单位请陪护假，这次一定要在妻子面前好好表现一番。

李庆凯拨通了科长的电话，报喜过后，还没等他说请假的事，就被科长打断了话头。"先恭喜你喜添儿子，再跟你说个事。新冠肺炎疫情

一、情系家国，大爱为先 | 061

形势严峻，咱们还需要做好口岸防输入工作。咱们科就你一个医学专业出身的，这个时候需要你的专业支撑。""没问题，我马上和家里人说一下。"

产房门口，挂断电话的李庆凯来回踱步并思索着，该怎么跟家人说呢？

"媳妇辛苦啦！你看小家伙长得真像你。"李庆凯眼神躲闪着。

他的妻子问道："是不是没请下假来？"

"疫情形势很严峻，防输入压力很大。我们科就我一个学医的，我又是副科长，这个时候确实需要我！"

"我这儿有爸妈呢，你去吧！有时间你就来看看儿子。"妻子回答道。夫妻二人的对话言简意赅，蕴含的却是理解、支持和默契。

和家人简单商量了一下，虽然妻子还没有出院，但李庆凯马上回到了岗位上。

回到岗位的李庆凯马上投入一线疫情防控中。什么样的是病人，怎样才能不感染，首次面对新冠肺炎疫情，人们心里普遍没有底。面对这种情况，科长和李庆凯商量决定，他们作为科室领导，李庆凯又是医学

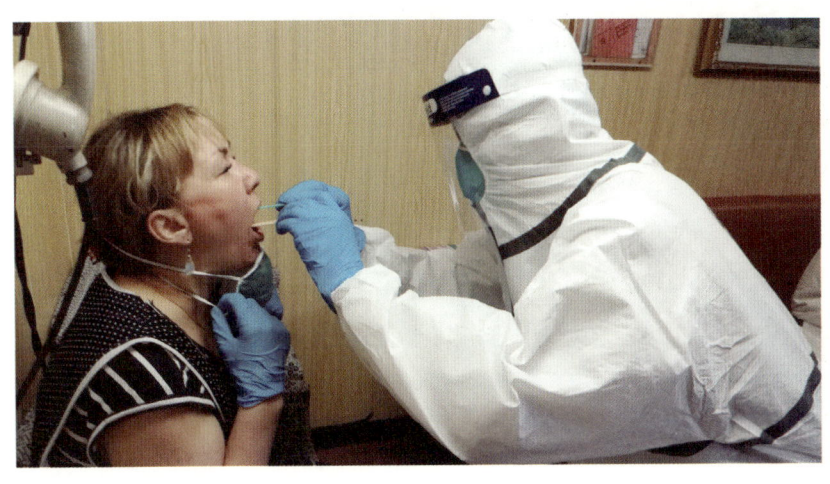

对入境船员采样

冯飞 摄

专业人员，这时候要带头，要顶上去。于是，来自高风险国家或地区的入境船舶，全部由他们俩登船检查。其实，他们也怕，怕自己"中招"，更怕"连累"家人。李庆凯清楚地记得他们第一次发现入境发热船员的情形。那天，他们一直在办公室待着，直到晚上 10 点多得到阴性结果后才放心回家。

未雨绸缪，有备无患，力解燃眉之急

时间回到 2019 年 6 月。蓬莱海关会议室内，机构改革后的第一次口岸公共卫生突发事件应急演练正在进行。从事件发生、人员就位、穿防护服、处置事件、脱防护服到演练结束汇报点评，整个过程流畅运行。

面对演练是否有必要的质疑声，李庆凯斩钉截铁地回答道："从口岸防控的角度，我们要做到防患于未然，这一点十分必要。咱们守的是国门，一点都不能含糊；一旦有事发生，我们要有备无患。"

组织新冠肺炎疫情应急处置演练

冯飞 摄

一、情系家国，大爱为先 | 063

口岸公共卫生突发事件应急演练后，李庆凯立即向关党委提出，按年度计划储备足量防护服、口罩等防控物资，得到了关党委的一致支持，因此人员、物资上都有一定的准备。

智慧防控，巧施三招，筑起一线防控高墙

2020年11月，表现优异的李庆凯被提拔为蓬莱海关口岸监管一科负责人，挑起了全关一线口岸疫情防控的重担。

蓬莱口岸出入境业务量虽不大，但作业区多而分散，往来国家或地区疫情严峻，给一线口岸疫情防控带来巨大压力。蓬莱海关口岸监管一科人员均是父母在外地、孩子尚年幼，同时还各有各的难处。有的夫妻双方都在防控一线，有的孩子意外骨折，有的二孩刚出生，有的妻子孕晚期。

面对种种困难，他确立了两个原则：一是坚决执行各项疫情防控要求；二是积极探索优化提升工作效能。如何做到这两者的结合？他的答案是"微创新"。

第一招：一站式技术方案

新冠病毒不断变异，疫情形势瞬息万变，因此防控相关文件要求数量多、更新快。怎么保证一线能全面准确执行？支援人员上岗前如何迅速掌握？

李庆凯的解决方案是编制一份"百科全书"式口岸疫情防控技术方案：以海关总署技术方案为根本，从口岸实际出发，吸收所有文件要求，按照工作流程场景化编制。防控工作中可能会遇到哪些情况、该采取哪些措施、应通过何种联系方式联系谁、需填哪些记录，这些都可以在蓬

组织防控人员
安全防护考核
冯飞 摄

莱海关的技术方案中找到答案。而且，这份技术方案是"活"的，每新收到一条文件规定，马上就整合进去。截至2022年8月，该方案已经更新14个版本，并一直保持最新状态。

"看完这个技术方案，可以很快掌握整个工作流程，而且各种要求还标明了文件出处，执行起来心里有底。"支援卫生检疫一线的综合业务岗位人员杨欢说。

第二招：集成化数据管理

"人是最宝贵的财富""好钢用在刀刃上"。李庆凯研究生读的是流行病与卫生统计学专业，对数据有种天然的亲切感。因此在工作中，总是希望让电脑多干活、让数据多跑路，把一线人员从机械、重复的事务中解脱出来，让他们有更多的精力投入复杂的疫情防控现场中。

同一出入境人员涉及的各种记录单证需要反复填写"姓名""编号"等相同数据，各种报表中数据计算过程复杂，如果以上工作由手工操作，将过于耗费人力且易出错。他分析认为，以上内容都是由业务中产生的基础卫生检疫数据整合、计算得来，只要"告诉"电脑规则，就可自动完成计算，"一键"生成各种形式的记录单证和报表，甚至可以转化为文字版汇报材料。

李庆凯虽然不会编程，但经过反复尝试，发现电子表格可以基本满足需求，而且后者还有零费用、易开发、易维护、易使用、易扩展等优点。经过

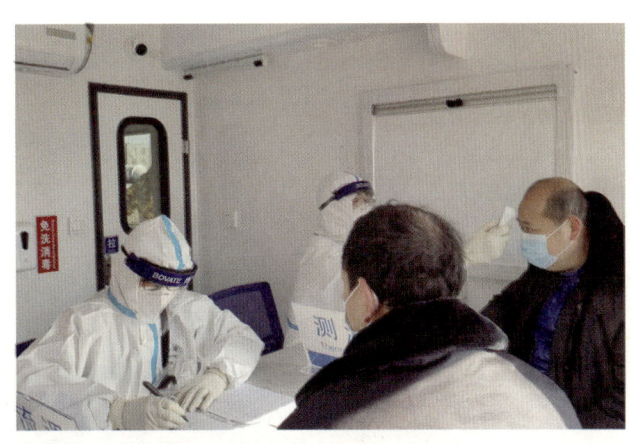

对入境人员测温、流调
冯飞 摄

努力探索尝试，"船、人、物"3个数据管理表格诞生了，用于辅助国际航行船舶、出入境人员和防控物资数据管理，具有数据半自动录入、智能纠错、特殊数值提醒的优点。在初始页录入数据后，其他页面自动生成"船舶入境卫生检疫证""标本送检单""防控物资出入库记录"等20余种单证记录以及疫情防控日报、库存汇总等10余个分析结果。以出入境人员检疫为例，录入某艘船舶20多名船员信息后，可自动生成"流行病学调查表""采样管标签""标本送检单""人员交接单"，并对3个报表进行统计分析。经过这个小小的创新，疫情防控相关数据管理变得简单、快速、准确。

第三招：本地化优化完善

蓬莱口岸为散装货运海港，各项检疫工作都需在船舶甲板或码头泊位开展，相对于旅检通道和船员通道检疫，属于"客场作战"，多变的户外天气和临时工作现场，使防控难度加大。李庆凯团队成员群策群力积极进行优化，提升工作舒适性和可控性。

现场没有流动水洗手？他们携带装有水龙头的水桶，如果是冬天就提前加上热水，这样安全性、舒适性都有了。

入境船舶登临检疫　　冯飞　摄

室内外温差大，防护眼镜和面屏起雾？他们配备防雾喷剂解决问题。

采样管标记易污损？他们提前打印不干胶标签，消毒后采样管标签也牢固，而且不怕把长长的外籍船员姓名写错了，省事又清晰。

如何尽量减少不必要接触？他们把工作做在前：比如健康申报登临前预审核，现场只需审核确认异常申报；比如单证记录预打印，根据提前掌握的船舶和船员信息，把除必须现场判断填写部分以外的内容提前打印上去……

这些探索尝试虽很小、很细，但收获并不小。安全防护有效保障，工作效率显著提升，口岸营商环境不断优化，还收到了来自船方的赞扬、锦旗和感谢信。

持续的疫情防控压力没有压垮他，反而让他不断成长，工作中的表现更加突出。2020年他被评为"青岛海关抗疫最美青年"；2021年他又被评为"青岛海关抗击新冠肺炎疫情先进个人"。

防控常态，温情永在，"国门前哨"坚挺如常

随着病毒的不断变异，传染性越来越强，为防止交叉感染、保护口岸人员、海关人员及其家人健康安全，海关总署决定对直接接触入境人员的卫生检疫人员实施封闭管理。面对全新的工作模式、常人难以适应的工作周期，这时已成为科长的李庆凯，又像疫情刚发生时一样，第一个进入封闭管理。

李庆凯陪伴家人的时间更少了。有一天，李庆凯很疑惑地问妻子："我怎么感觉老二基本没生过病，和老大小时候完全不一样？"妻子翻了个白眼，说："你在家才待几天？（孩子）生病的时候你从来不在家。"

妻子的话深深地刺痛了李庆凯内心中最柔软的那一面。此后，在家的每一次机会，他都无比珍惜。

思绪回到 2022 年 6 月的一天，一切如常，一切如旧。李庆凯经历了封闭管理之后，终于再一次回到了阔别一个月的家，这次除了正常上班外，他有两周的时间可以陪伴家人了。

李庆凯在下班后牵着两岁多的儿子来到小区广场，让儿子去跟小朋友玩。儿子却不撒手，而是把他拉到照看小朋友的大人面前，后背贴在他的腿上，小手高高举起向上指着他的脸，口里还一声声喊着"爸爸、爸爸"。

李庆凯一开始不明所以，但很快他的心头一热，几乎落下泪来。原来，由于他经常无法照看孩子，儿子平常都是妈妈或姥姥照看。小区里其他小朋友的奶奶、姥姥经常逗他儿子，问爸爸去哪里了。本来只是逗孩子的话，没想到这么小的孩子却记在了心里。这次终于和爸爸出来了，孩子便迫不及待地跟大家"展示"。

疫情防控很苦、很累、很危险，李庆凯希望通过自己的努力能让同事的工作更安全些，让同事家人更安心些，让通关更方便顺畅些，也让自己和小伙伴们能一直以饱满的精神守卫国门安全。

一、情系家国，大爱为先 | 069

江门海关

疫情战线一块砖，
哪里需要哪里搬

——记"全国海关系统抗击新冠肺炎疫情先进个人"胡腾

江门海关所属高沙海关 莫韶彬

2020年年初，新冠肺炎疫情发生，关系着人民群众的生命健康安全。疫情到现在仍未结束，仍然有无数的海关人、无数的共产党员为抗击疫情默默奉献着。无论什么时候，总有一些人为万家灯火负重前行，他们不忘过去，更不惧未来。在高沙海关有这样一位同志，疫情发生以来的900多个日日夜夜里，作为关区一线疫情防控应急先锋队的一名队员，充分发挥本人卫生检验师与检疫医师的专业技能，服从组织安排，先后全力支援新会海关、鹤山海关和上海海关疫情防控工作，始终冲锋在口岸疫情防控的第一线，他就是胡腾。

"抗疫我先上场"，迅速响应号召奔赴一线

胡腾，1968年生，现任高沙海关四级高级主办。他立场坚定，勇于担当，疫情防控期间，第一时间响应关党委号召，主动克服家庭困难

报名请战支援一线抗疫工作，冲锋在全国海关国门疫情防控最前线，表现优秀，业绩突出。2020年被海关总署授予"全国海关系统抗击新冠肺炎疫情先进个人"荣誉称号。

2020年春节前夕，抗击新冠肺炎疫情的"战斗"打响，疫情就是命令，防控就是责任！大年初一的晚上，在跟家里人吃着团圆饭的时候，胡腾接到了组织的命令，需要选派干部支援关区其他口岸的防控工作，胡腾简单地向家里人表达了自己参加抗疫工作的意愿后，即为上岗做好准备。虽然为此他不得不放弃春节与家人团聚以及陪伴女儿准备高考的宝贵时间，但他只是说："组织需要我，我就义无反顾，我学过医，可以更好地做好疫情防控工作。""我一定会完成组织交给我的任务。不仅如此，我也希望可以成为关里年轻人的榜样，成为我正在努力备战高考的女儿的榜样！"

大年初二，胡腾就驾车奔赴支援鹤山海关的第一线。第一晚，入境旅客就有26人，通过红外体温仪的身体排查及旅客健康申明卡的信息监控，该批旅客未发现异常情况，顺利通关。第二天一早，184名旅客就在鹤山港出境口等待出境，胡腾与其他同事一起严阵以待，仔细筛查监控每一名旅客体温情况、接收健康申明卡，经过2小时的排查，184名旅客均体温正常，也未发现其他异常的情况，全部得以顺利通关返港。

虽然胡腾具备充足的专业知识，但疫情防控形势异常严峻，仍面临着许多不可预知的困难。为做好抗疫支援工作，胡腾在繁重的业务工作之余，加强日常业务学习，在较短的时间内迅速完成值机岗流程、旅检岗流程、健康申明卡审

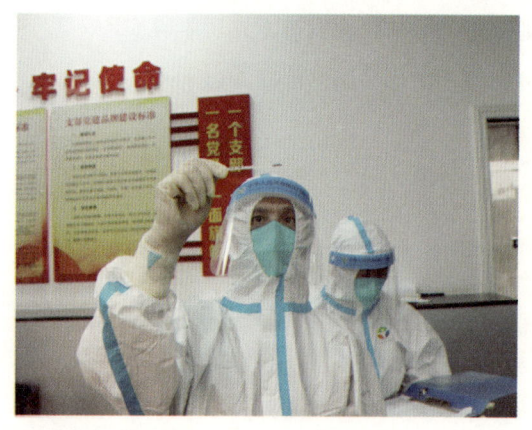

参加高沙海关疫情内部防控演练　　林仲明　摄

核、流行病学调查、个人防护服的正确穿脱等业务学习和实操训练，出色完成了抗疫支援任务，受到了支援单位以及同事的一致赞誉。与胡腾一起参加抗疫工作的同事们纷纷表示："胡腾同志虽然身形瘦小，却能扛起艰巨的责任，他专业技术过硬，善于向同事学习的同时也乐于将自己丰富的经验传授给其他同志。尽管抗疫工作条件异常艰苦，但他从不喊苦喊累，永远是用笑脸激励着我们，我们都能从他身上感受到满满的正能量。"

"守护国门有我"，严把抗疫第一道防线

2020年3月20日晚，胡腾完成支援新会海关的任务拖着疲惫的身躯刚刚返回家中，就接到了支援上海口岸的紧急任务。时间紧、任务重，当组织把这次任务的要求传达给胡腾，他只说一句"好的，没问题"就再次披挂上阵。出发前，他总结之前支援抗疫一线的工作经验，迅速完成岗前培训，并以优异成绩通过岗前理论和实操考核。

当飞机载着支援上海海关的队伍缓缓降落在机场，胡腾望着舷窗外的风景陷入了沉思，毕竟之前参加鹤山海关、新会海关的支援工作已经遇到不少超出自己业务范围的情况，上海机场旅客之密集、人流量之大，都是之前无法想象的，现在是否能胜任这份艰巨的工作呢？尽管如此，当胡腾回想起在动员会上来自关领导的鼓励与嘱咐后，他立刻坚定了要完成这为期两周的支援任务的决心，

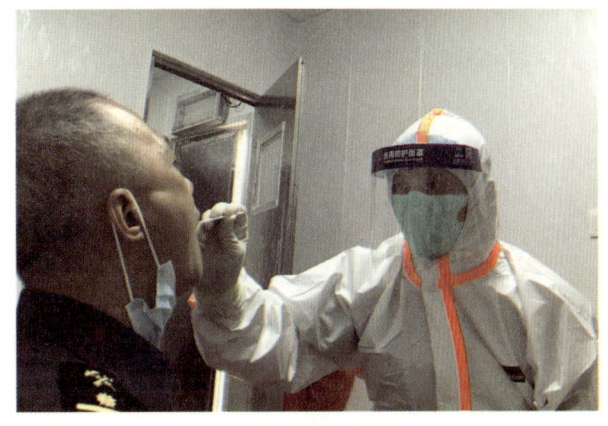

参加核酸采样业务培训　　林昌云 摄

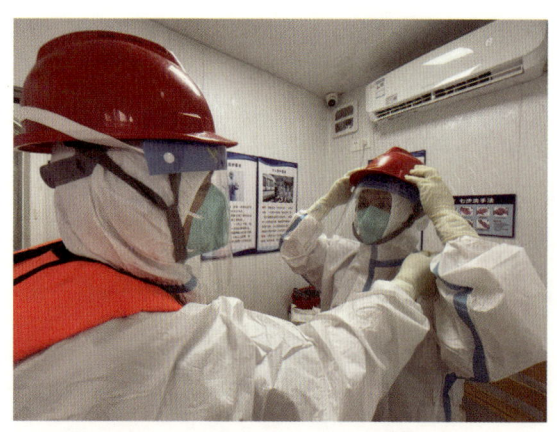

穿戴防护服准备
开展登临检疫
林仲明 摄

与同行人员一起踏上了没有硝烟的"战场"。

在上海口岸支援期间,胡腾总是提前半小时以上到达工作岗位,发挥老同志的传帮带作用,反复叮嘱、检查同行队员规范穿着防护服。胡腾主要负责健康申明卡审核及流行病学调查工作,同时做好入境旅客有症状人员及其旅居史的筛查工作。这项工作需要丰富的专业知识、细致的观察和询问,胡腾充分发挥自身的专业优势,注意力时刻处于高度集中状态,与同事们第一天上岗就连续"战斗"了8个小时,当结束工作,脱下厚厚的防护装备时,即使在3月乍暖还寒之时,全身的衣物也早已被汗水浸透,双手也已被汗水泡得泛白。这样高强度、长时间战斗的日子,胡腾跟同事们一坚持就是十多天。

为提高流调效率,减少入境旅客的等待时间,胡腾发挥连续战斗精神,克服上岗期间无法饮水、无法去洗手间、工作时间长、心理压力大等各种困难,始终坚守在工作岗位。在工作期间,胡腾始终保持"火眼金睛",严把国门,认真对待每一位旅客的审核与调查。虽然偶尔也会被心急旅客抱怨,但胡腾从不在他们面前展现一丝急躁不安,耐心向他们解释说明,"请您等一等,我们一定会尽快让大家平安回家""您的一点点体谅就是对我们抗疫工作最大的支持",胡腾就是这样,用自己过硬的专业技术,规范严谨的工作态度,还有隔着厚厚的口罩、防护面屏向旅客展现出来的笑容,得到了他们的理解与赞同。在胡腾看来,与组织交给他的艰巨任务相比、与来自出入境旅客的肯定相比,任何的苦与累都只是过眼云烟。"当有旅客在完成调查后为我们递上矿泉水,

一、情系家国，大爱为先 | 073

说一声'谢谢你们，你们都是令人尊敬的国门卫士'，甚至有不会说中文的外国人都向我们竖起大拇指时，我会觉得自己所有的工作都是值得的"，胡腾回忆道。他用自己的实际行动，践行着国门卫士的职责，为严防境外疫情输入贡献了自己的一分力量。短短两周的支援工作很快就结束了，胡腾与"战友们"一起踏上了归途，隔离后又立刻回到了工作岗位，投入到全新一轮的抗疫工作中去。

2021年以来，海关总署根据疫情防控的需要，决定在一线口岸实施封闭管理制度，胡腾第一时间报名参加，至今已先后9次参加关区封闭管理工作。虽然胡腾患有高血压、痛风等身体疾病，头上也早已有了不少白发，但他仍旧坚决克服困难，与其他同志一起，在严格做好自身防护的情况下，战酷暑、斗严寒，风里来、雨里去，不分节假日，不以任何理由拒绝组织交给的登临检疫任务，一直奋战在疫情防控的第一线。

有一次，晚上9点，胡腾和同事在高沙码头指挥登临检疫工作时，接到指令，称一名入境船员需要转运地方医院进行治疗。胡腾和另外一名同志组成的工作小组毫不犹豫，立即从指挥工作的岗位出发前往工作码头，按照防疫要求，顺利完成转运病员任务后，再次返回工作岗位，坚守在现场监督终末消毒。当所有工作完成返回办公室时，时针已指向了深夜12点，胡腾才想起，自己连晚饭都还没能吃上一口。像这样披星戴月的情况，时有出现。

夏日烈阳下，每完成一次船舶登临查验任务，都是全身湿透、呼吸急促；冷冽寒冬中，每一次从室外返回工作座位，都是刺骨冰冷、直打哆嗦。当集中工作梯队人员因各种原因不能

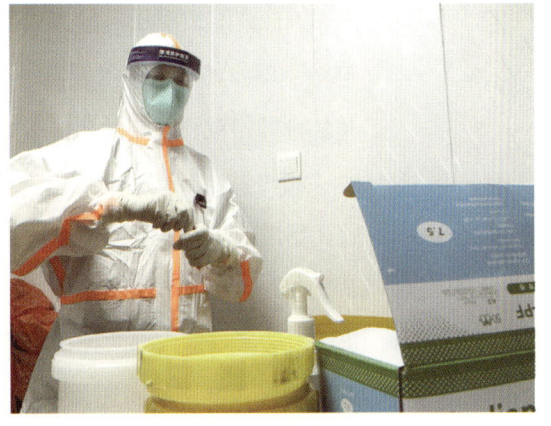

登临检疫准备　　林昌云 摄

按正常轮值时，他都主动顶上，任劳任怨，从不喊苦叫累，他的回应永远是"好的，没问题"，即使是已经感觉到头脑有点昏沉、身体异常疲惫，他也只淡定地用冷水敷下脸，深吸一口气，便回工作岗位上继续奋斗。自 2020 年进入物流监控科工作以来，胡腾一直为保障进出境船舶正常通关、为严防境外疫情输入，贡献着自己的力量。

当前疫情防控工作仍未结束，为了千家万户的健康平安，为了早日取得抗击疫情的胜利，胡腾以及与他一起参加口岸疫情防控工作的同事们依然"奋战"在一线，是他们用自己的身躯筑起了国门防线第一关。作为一名共产党员，作为一名老同志，冲锋在前是胡腾不变的选择，是他践行初心使命的最佳证明。

"我是共产党员"，立足本职岗位坚守奉献

胡腾所在的物流监控科负责对进出境船舶、人员进行监管，科里工作繁忙，且都要安排参加夜班，又多是老同志，大家都面临着来自家庭与身体的压力，但是都被他们一一克服。胡腾也从来不以年龄为借口推搪任务，充分发挥党员的先锋模范带头作用，想在前面、做在前面，往往是组织还未提出任务，胡腾就主动要求把工作交给他完成，领导会担心他的身体吃不吃得消，他只轻轻回答："我是共产党员，又是科里相对年轻的同志，我更合适。"

2020 年以来，胡腾严格落实"三查三排一转运"工作措施，以高效、精准的工作业绩守卫国门安全。他发挥爱学习、善钻研的品质，在日常工作之余与同事一起对疫情防控文件开展学习，发挥自身专业优势，对关区疫情内部防控提出积极的建议。

不仅如此，胡腾还协助科领导按照最新要求修改完善登临指挥流

程，加强现场登临指挥监督，加强防疫物资管理，对防疫物资进行账册管理，确保防疫物资进出明晰，数量清楚；多次对口岸一线的同事进行个人防护培训，提升现场一线关员防控技能；按照科内工作安排，日常加强监管场所巡查，协助做好码头安全生产检查，及时排查安全生产风险隐患；督促码头做好吉柜、重柜安全防护，对卡口、吊装设备、进出口仓库等生产设备和区域进行检查，对海关登临检疫区域、标识等做好加固，排查办公室门窗及内部措施做好安全检查等。在胡腾看来，他们所在的工作岗位平凡无奇，但口岸疫情防控离不开他们，监管场所的安全防控也离不开他们，他们正是在最平凡的岗位上，发挥着自己不可替代的作用。

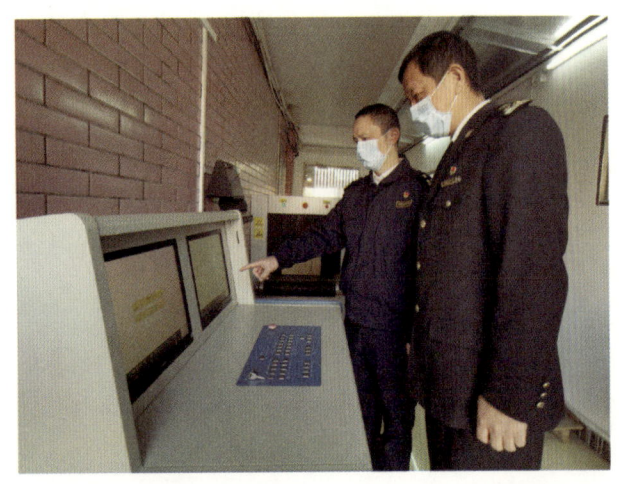

检查船员通道设备

沈瑜 摄

"家人以我为傲"，鼓励女儿实现人生理想

2020年，是胡腾的女儿积极备战高考的一年，在女儿、家人最需要他的时候，胡腾仍谨记海关人的使命，舍弃陪伴女儿备战高考的机会，以身作则，支援一线。在去上海支援的前一晚，胡腾与女儿深入谈心，鼓励女儿勇敢找准自己的定位，向着自己的人生目标奋勇前进，他语重心长地对女儿说："爸爸这次克服诸多困难参加支援上海工作，也想给你树立一个榜样，虽然爸爸接下来有很长一段时间不在你身边，但我希望用自己的实际行动向你证明。希望你也能勇敢地克服人生路途中的种

种困难，实现自己的人生理想，努力做自己人生的勇士。"

女儿虽然十分舍不得父亲参加支援工作，但仍微笑着对父亲说："作为守护国门的海关人，爸爸一直是我的骄傲，我也希望能够成为爸爸的骄傲。请您放心，我一定会更加努力学习，考出好成绩，不辜负您和妈妈对我的期待，请爸爸放心去上海，家里还有我！"支援上海的工作十分繁重，胡腾在工作之余，通过电话与视频与女儿保持联系沟通，他将自己的工作轻描淡写地向女儿讲述，向女儿讲述支援过程中遇到的一些趣事，一点不提自己的苦与累，永远笑着用自己的实际行动鼓励女儿，诠释"做好自己"这句简单而富有哲理的话。懂事的女儿笑着聆听父亲的讲述，同时也把自己备战高考的心路历程向父亲分享，而当胡腾终于顺利完成支援任务返回家中时，迎接他的是女儿大大的拥抱，女儿表示自己在刚刚过去的模拟考试中取得了不错的进步，这都是因为受到了父亲亲身经历的鼓舞。胡腾望着女儿兴奋的笑脸，唯有欣慰，父女俩都在各自领域朝着自己的目标努力迈进。

在女儿备战高考的日子里，由于抗疫工作异常繁忙，胡腾几乎所有时间都是在工作岗位上度过的，即使女儿放假回家，胡腾也缺少与女儿相处的机会。有时领导跟同事让他早点回家时，他只回答："女儿学习十分刻苦，备战高考从不让我操心，疫情防控是大事，这里更需要我"。

对此，妻子与女儿也给予充分的理解与支持，他心中对家人唯有亏欠与感谢，特别当他想起女儿在电话里对他说的，"爸爸在前方努力，我也在后方奋斗，我要以爸爸的工作经历为指引，努力朝着他的方向前进，实现我心中的目标"，就倍感骄傲。终于女儿在高考中取得优异的成绩，考上了理想的大学，这就是女儿对父亲参加抗疫工作最大的支持。

"惟其艰难，才更显勇毅；惟其笃行，才弥足珍贵。"胡腾正是千千万万奋战在口岸抗疫一线的海关人的缩影，他们默默奉献、任劳任怨、辛勤耕耘、艰苦奋斗，他们没有豪言壮语，没有亮眼业绩，但是正是因为他们在疫情面前毫不退缩，勇担职责，践行使命，努力守好国门抗疫防线，我们才能看到光明，相信我们终将战胜疫情，迎接更加美好的明天。

湛江海关

暮色苍茫看劲松，乱云飞渡仍从容

记"广东省抗击新冠肺炎疫情先进个人"李劲松

——湛江海关所属茂名海关 陈酉静

夏天的茂名港水东码头，热浪滚滚，太阳火辣辣地烤着大地，鸥鸟也热得垂下困倦的翅膀。在一艘巨轮侧边的舷梯上有一个渺小的身影，他肩背登临检疫包，拎着样本采集箱，尽管已经汗流浃背，他全然不在意，握着扶手毅然上行，他就是我们这次的主人公——"广东省抗击新冠肺炎疫情先进个人"，湛江海关所属茂名海关驻水东办事处监管科科长、党支部书记李劲松。这一幕只是他驻守在口岸一线 900 多天里最平凡不过的一个画面，在大家的印象中他中等身材，双鬓微白，每次见到他都会笑呵呵地打招呼，记不得从什么时候开始，就是这么一个待人从容、不畏艰险、埋头苦干的人逐渐出现在大家的视野中，也许就是从那一年冬天开始的吧！

突如其来的"紧急情况"

2020年1月,沉静的水东港传来一阵阵欢声笑语。

"再往左边一点,对,就是这个位置,贴上吧。"李劲松在下面指挥着踩着凳子的年轻同事,春节前最后一个工作日,大家拿着对联举着灯笼为办公室增添一丝喜庆的氛围。

"李科,今年过年你要回湖北老家吗?"忙完大家闲聊起来。

"肯定要回啊,去年因为值班没有回去,今年要带着老婆小孩回家看看了。"李劲松语气中带着对回家的期待。

2020年1月24日,除夕当天,李劲松一家正忙碌着收拾行李准备回老家,此时手机响起:李劲松拿起手机,"紧急通知"四个字映入眼帘,他停下手里的动作,认真看了起来,"广东省宣布进入重大突发公共卫生事件一级响应……"李劲松的心揪了起来,曾经参加过非典重大疫情防控的他意识到接下来可能又要面临一场严峻又艰巨的疫情防控战斗任务,回头看了看还在收拾行李的妻子和小孩,有些愧疚但是没有丝毫犹豫:"老婆,今年我们不能回去过年了。"简单解释之后,妻子虽然觉得有些遗憾,还是决定全力支持他。

"你去吧,家里一切有我,放心!"

李劲松感谢妻子的理解和支持,迅速简单收拾几件衣物准备在水东驻守,他知道,一场艰巨的没有硝烟的抗疫任务即将开始……

无数个日夜坚守只为肩上责任

漆黑的夜晚,只有天空中零星的几颗星星和监管科办公室的灯光照亮办公楼,李劲松和科室同事江帆刚登轮结束回到办公室,忙碌了一天的他们随手拿了盒泡面当作今天的晚餐。这已经不知道是第几次把泡面当作晚餐了。从大年初一开始，监管科所有人待命驻守在水东口岸疫情防控一线，在外省回家过年的孔灏和吴昊也第一时间递交请战书，结束自己的春节假期，赶坐最早一班飞机回到工作岗位。

转眼又到年底，这一年的时间，李劲松几乎忘记了自己作为父亲、丈夫及儿子的身份，奔波于家和口岸之间，常常一去就是几天不回家，把水东口岸"驻"成了家，毅然全副"武装"，奋战在一线。

凌晨 4:46，吵闹的手机铃声响起，还在熟睡的李劲松突然接到了总关保健中心的电话："李科，结果出来了，有一份核酸检测结果阳性！"

睡眼惺忪的李劲松突然清醒，这是水东口岸发现的第一例阳性，他挂掉电话立刻向水东办主任莫坚勇汇报情况，"莫主任，有一份结果阳性……好的……我立刻通知边检、海事、引航站、码头经营方，要求落实联防联控相关要求，对该轮开展 24 小时值守，设置警戒线，禁止人员上下船。"

组织防控新冠肺炎疫情应急演练　　蒋秋怡　摄

一个电话打完，李劲松的思绪逐渐变得清晰，也变得更加冷静，他怕吵到还在熟睡的妻子，轻手轻脚跑到阳台，给各部门、单位打电话通知。凌晨 5:30，来不及洗漱的他紧急赶往码头。

此时，没有睡意的还有登轮作业人员孔灏，发热、船员有用药史、申请换班船员，这一系列状况告诉他要仔细、仔细、再仔细，接到有阳性结果的通知，他躺在床上一遍又一遍回想着自己登临作业时的操作，即使是已经登过无数条船舶，积攒了许多经验，这一次真正面对新冠病毒，他还是不敢那么确定自己是否遗漏掉任何细微的细节。

早上 7:00，经过与各部门沟通协商，决定 7:30 进行第二次登轮。李劲松从会议室出来想了好久还是喊住了水东办主任莫坚勇。

"莫主任，这次登轮我带队吧。"

"我不同意。"莫坚勇立刻回绝李劲松的请求，"你作为监管科科长，要在下面指挥协调，万一出现什么意外谁能带领你们科室继续战斗？"

"正因为我是科长我更应该要带头登轮，我要跟我的同事并肩奋战，这种时候我不冲在前面谁冲在前面？莫主任，就让我去吧。"李劲松语气有些激动。

莫坚勇犹豫了一会，"好吧，你去吧，你记住一定要小心，大家等你们胜利平安归来！"

李劲松郑重点了点头，此时的李劲松知道他不是一个人在战斗，他担负着组织的信任，肩负着对人民负责的责任，他不会怯懦，踏着坚定的步伐向船舶出发。

登轮近两个小时的时间，各部门单位的人都聚集在船下焦急等待，整个码头因为疫情变得喧闹起来。

下午最新结果出来了，核酸检测结果呈阳性，还在隔离房间的李劲松接到通知很快让自己沉静下来，"秋怡、酉静你们联系代理负责收集好该船航行信息,还有阳性船员个人信息及何时登轮、用药情况等""江帆,把你们第一次登轮情况写一下发给我""吴昊,拟好信息发给办公室""惠文,最近你要辛苦些,其他码头的船舶需要你带领去登轮了",即使是在隔离,李劲松也没有让自己休息,有条不紊地给科室人员安排工作。

"丁科,经总关保健中心和茂名市疾控中心反馈有船员核酸检测结果呈阳性,请通知地方做好转运工作。"李劲松通知防控指挥部联络人。

忙碌到晚上六点多,各部门都陆续离开,这一天的时间,登轮、协调工作、沟通联系各部门,李劲松仿佛是各联防联控部门的中间站,没有一丝空隙让自己放松下来,也没有时间去思考这次疫情处置过程中的漏洞及经验。此时他才终于有时间沉静下来,电话向"兄弟关区"取经,不一会儿就记满了几页纸。

挂掉电话,李劲松拿起同事们收集的船舶相关资料,对照着刚刚记录的内容,在手机上敲下了"水东港口岸新冠病毒肺炎疫情联防联控工作方案"几个字。哪怕在隔离,身边没有电脑,他也没有让自己停下来,李劲松想要通过这次事件汲取经验,制订一个工作方案,贡献自己的力量。

烈日浪涛见证为国把关担当

我国唯一的30万吨原油单点系泊码头,距离水东口岸20多海里。前往"单点"锚地检疫路途遥远,常年风大浪急,从锚地往返乘坐的拖轮小船靠泊大油轮后,需攀爬20多米舷梯,危险系数大,完成一艘船的登临检疫需连续奋战七八个小时,对于关员的体力、耐力要求极高,对李劲松这样年过半百的人来说,是一场不小的挑战,但作为科长,李

一、情系家国，大爱为先 083

劲松义不容辞带队前往。"李科，你腰痛还没有好，别跟着我们年轻人参与进单点了。"想着上一次单点李劲松从油轮的舷梯往小船甲板上跳的时候把腰闪了，科里同事都十分担心。

"我没事，已经好很多了。"李劲松笑呵呵地说道，"这次单点船舶是从高风险地区来的，也是我们第一次面临单点船来自高风险地区，经验不足，我一定要登轮，也更放心一些。"李劲松悄悄把降压药吃上，收拾东西准备出发。

上午9:10，搭乘关员的拖轮驶离港区，逐渐宽阔的海面尽收眼底。天，很晴朗，没有云，没有海鸥，只有湛蓝和湛蓝的交汇。海面，就像放学时涌出校园的孩子们，无规则高高低低地窜动，许是轰鸣的马达声淹没了海面的合唱，让这份热闹都显得安静起来，刺目的烈日极致地发挥出它的能量，差不多十几分钟李劲松的衣服就湿透了。

登临停泊在锚地的入境船舶
郭亮 摄

随着逐渐向大海深处驶入，海浪也按捺不住，一波接一波，拖轮就像冲浪人一样，一会在上面，一会在水里，不断被抛起，瞬间又落下，船上不少人坚持不住，哇哇吐成一片。李劲松强忍不适，扶着晕船的同事在甲板上找到一块阴凉的地方坐下，并安慰着说："不是早就提醒你们了吗？去单点早餐不能吃太饱，多饿着点坐船就不难受了。"

11:50，关员乘坐的拖轮来到了油轮下。面对装载着十几万吨原油的巨轮，由衷感到海洋运输的巨量和庞然。海上的风依旧很大，白头浪一层接一层拍打着船舷，声音很大。在几个船员的共同协作下悬梯缓缓下降，油轮船下的拖轮全马力靠着船体，两船靠泊上下颠簸十分厉害，拖轮随着暗涌一起一伏，悬梯上的人稍有不慎就有跌入海中的危险，后果不堪设想。但此时关员们没有丝毫畏惧、处变不惊，李劲松看准时机第一个快速登上悬梯，关员们小心翼翼依次跟上，安全登临油轮。

烈日正酣，关员们在甲板上熟练地穿上防护服。

12:20，关员们有序进入船舱开展卫生检疫工作。体温监测、医学巡查、流调、采样，一个个专业术语的背后，是科学精准的排兵布阵，是深思熟虑的未雨绸缪，是环环相扣的严密监管。"船员您好！请接受体温测量，请您配合。""您好，请您将出/入境健康申明卡交给我，如您尚未填报，请您现场进行填写。""船员您好！为进一步确定您是否可能感染传染病，我们需要对您进行咽拭子采集，请您配合。"李劲松专业地完成体温监测等采样前期工作，并配合采样人员开展对船员的采样。

看到海关工作人员穿着臃肿的防护服，全副武装，还要对他们进行咽拭子采集，有些船员内心惶恐不安，李劲松边安慰边解释，消除船员

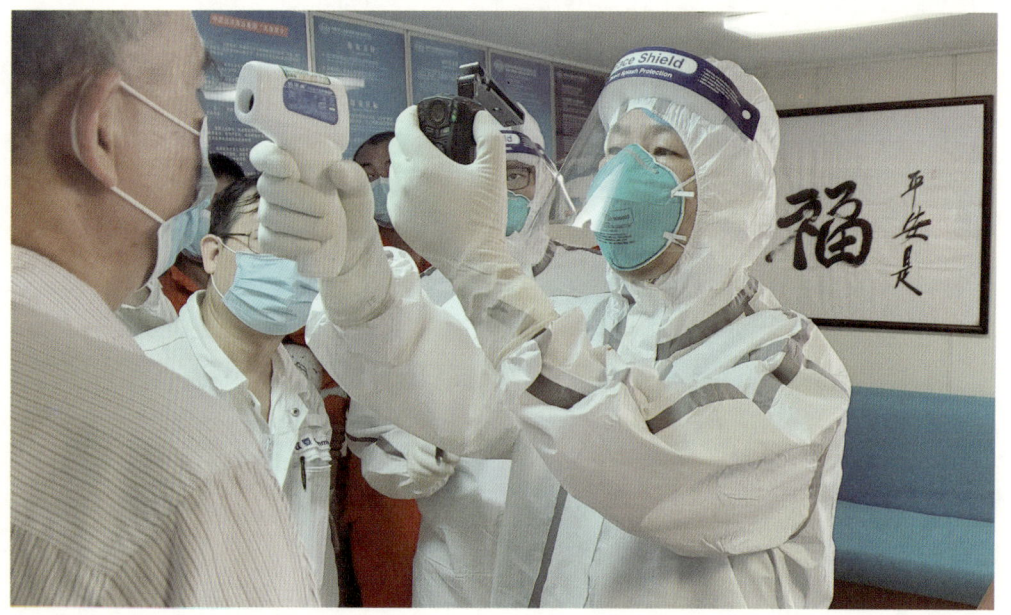

为入境船员测量体温　　陈西静 摄

们的顾虑。时间一分一秒过去了，三个小时以后，顺利完成了对单点船舶卫生检疫查验工作，此时李劲松早已全身湿透，但是在火辣辣的太阳照射下，那关徽闪耀，格外显眼。

傍晚18时许，经过返程沿途的海浪颠簸，关员们终于踏上了陆地。李劲松及时将采集到的船员核酸样本交给岸边等候的同事。次日凌晨，新冠病毒核酸检测结果显示，有船员核酸检测呈阳性。此时经过一天"单点"的劳累，还在办公室工作的李劲松又抖起精气神，投入到后续处置工作中。

没有信守的承诺

2021年年底，抗击新冠肺炎疫情已经有两年的时间，李劲松的岳母病重住院了，他答应妻子这次元旦假期一定好好陪伴在她身旁一起照顾岳母。

然而，某日傍晚，经过茂名市疾控中心两次复检，某油轮船员核酸检测结果阳性，经与疫情防控指挥部讨论，计划对该船实施终末消毒。

顾不得已经下班，李劲松打给具有医学专业背景的罗惠文，想要在最短的时间做好终末消毒工作指引方案。

此时的罗惠文正在跟妻子照顾刚出生几个月的儿子，听到李劲松的电话，他知道事态的重要性，简单跟妻子叮嘱几句就赶往水东办。

似乎每年元旦的夜晚，监管科都习惯了灯火通明，李劲松和罗惠文认真审核中检公司给出的《终末消毒方案》，并根据"一船一方案"原则起草《某油轮终末消毒处理监督工作指引》，不知不觉已到深夜，李劲松伸了伸懒腰，看了眼手机，感叹道"原来今天是元旦了啊，看我都忙忘记了"。

李劲松本想打个电话给妻子，看了下时间决定给妻子发条信息："老婆，对不起，我可能又要食言了，码头出现了疫情，我不能离开，咱妈那边需要你自己一个人去照顾了，你也照顾好自己，希望你能体谅。"

李劲松知道，这几年幸好有妻子的理解、女儿的支持，他才能毫无顾忌地驻守在自己的岗位上，在他的后方是妻子和女儿细心呵护着的"小家"，他坚定着"疫情不退我不退"的信念，因为在他的前方是需要他义无反顾守护的"大家"。

天已经蒙蒙亮了，李劲松收回心里的牵挂，再次认真审核刚起草的工作方案，天亮还有场硬战在等着他，或许以后还有许多场硬战在等着他，但就像他说的，"没在怕的"。"疫情不退我不退"，这是他给国家的承诺，绝不会食言！

重庆海关

国门抗疫战线上的"佳佳"故事

记"全国海关系统抗击新冠肺炎疫情先进个人"陈佳佳

重庆海关

汪在明　涂姜磊　张进

从 2007 年 7 月到 2022 年 7 月，15 年的阴晴圆缺，5 000 多个昼夜更迭。人人都说重庆海关所属江北机场海关旅检战线的"佳佳"——陈佳佳，实乃女中豪杰，坚守着抗疫的火线，未曾有半步的退却。她临危赴国难，疾风显劲节，她身铸海关魂，胸凝华夏血，国门下的逆行者，早已摈弃了胆怯。

十年缩影，砥砺奋进。她始终初心如一，一次次迎难而上，一次次主动请缨，打不垮也累不倒，人称旅检科"不松劲的螺丝钉"。所以大家并不奇怪，为何 2020 年疫情发生之初，她便能始终坚持 24 小时在岗带班，并一度连续工作 48 小时以上。除了兼顾航班处置的具体工作，还有余力完善每个航班的卫生检验操作规程，甚至持续开展业务规范、操作标准和个人防护培训，以及现场设施设备的状态检查。

说不奇怪，却也奇怪。人心从来肉长，英雄并非铁打，"舍小家顾大家"这话说得容易，做来却难。她清楚地记得，疫情初期，重庆海

旅检关员开展
卫生检疫
渝关 摄

关卫生检疫处副处长汤俊立即终止一家人的旅行，赶赴机场口岸一线防疫。她还记得，所在科室的副科长陈潇本计划举办婚礼，恰在此时疫情发生，医学专业出身的他舍家为岗，一驻守便是两年多，直至今日婚礼也没办成。还有他和她身边的国门卫士，在疫情防控中逆行出征，不分昼夜守护万家团圆，他们的背影总是果敢坚定，始终坚持人民至上、生命至上，践行伟大抗疫精神，扎实做好口岸疫情防控工作，巩固来之不易的防控成果。

把党支部建在科上，作为书记的她，让党旗在抗疫一线高高飘扬。因在新冠肺炎疫情防控中成绩突出，她被海关总署表彰为"全国海关系统抗击新冠肺炎疫情先进个人"，其科室受到了海关总署通报表扬，获得了"重庆海关集体三等功""重庆市工人先锋号"等荣誉。携手扎根抗疫前线的每一个人，都是坚贞不渝的国门卫士。

闻令而动战疫情，国门先锋砥砺行

"佳佳，根据关领导安排，请你明天务必到岗，有重要工作安排。"

一、情系家国，大爱为先 | 089

她年幼的儿子好奇地问妈妈为什么收拾行囊，她只微微一笑，"没事，妈妈明天要去单位加个班。"只是儿子没有料到，妈妈这个班，后来竟一连加了好多天。翌日，陈佳佳赶到单位，发现旅检口岸早已严阵以待，各项抗疫任务接踵而至，她来不及感慨和恐惧，万千思绪唯得一个"快"字，便匆匆放下行囊，马不停蹄地投入到了防疫工作中。

整理旅客健康申明卡

渝关 摄

气氛是紧张的，抗疫是有序的。疫情初期，多重任务叠加导致压力倍增，陈佳佳一面全面统筹科室的日常工作，通宵报数据、录系统，一面带领同事收集重点旅客名单、维护现场工作秩序、清点健康申明卡、整理航班档案。连轴转的高强度负荷，让大家深感分身乏术。

"有没有什么办法，既能保证工作效率，又能节约旅检人力呢？"

为此，陈佳佳花了整整三天的时间，走遍了机场防疫的每一个岗位，熟悉了文件规定每一个流程，一次次反复揣摩，一遍遍深入实践。水磨细功夫，不负陈佳佳，无论流调方案还是检测手册，她全部铭记于心，无论防护服穿脱还是疫情上报，也都已驾轻就熟。从一知半解到融会贯通，昔日的"门外汉"成长为了"防疫专家"，从机械照搬到信手拈来，"陈佳佳之问"也终于等到了命中注定的解答人。

2020年3月20日，重庆海关率先在全国对入境客运航空器启动实施"一机一策"，即每架入境客机航班，都要

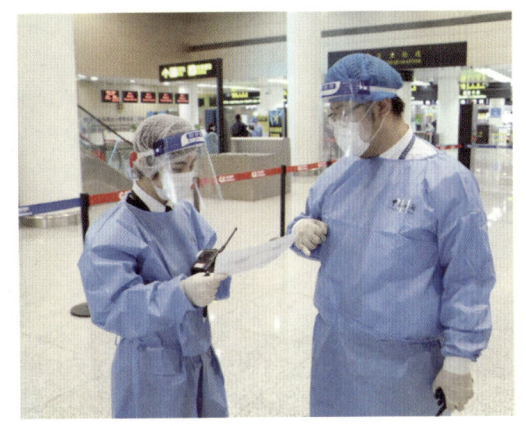

开展现场工作研究 渝关 摄

制订详细的工作方案，人员分工安排、岗位设置、航前准备、工作流程、突发问题处置等方方面面的内容，都要尽数囊括。机会总是留给有准备的人，这一原创设计，恰与陈佳佳长期的自主探索不谋而合，她主动请缨，接过了这个充满挑战的紧急任务。

信心虽满满，时光却清浅。这次留给她的时间竟只有一天，而且这个方案第二天就要应用变现，接受实践的考验。疫情就是命令，压力就是动力，刚经过夜班熬夜的陈佳佳未加思考，便果断放弃了次日的轮休，睡了不到三个小时，便又全身心地投入了方案设计之中。她拉着同事在现场进行角色扮演，梳理流程。演习的内容包括但不限于机组人员向海关报告机上情况，海关登临人员指挥旅客下机，健康申明卡填写错误的旅客产生了负面情绪，测温通道报警，采样通道人员拥挤，等等。将所有的相关角色，放置于全流程中反复演绎，终于演出一个完整的"剧本"。

剧本思路成功孵化，方案文本亟待完稿。在文本编撰中，陈佳佳在流程表述上字斟句酌，在人力分配上精打细算，力求流程全规范，易懂可操作。最终方案成形，各级审核通过，在首次实践之前，已连续20个小时未曾合眼的陈佳佳再提一口气，又紧急组织全员开展了最后的实战演练。

不松劲，不停步，身边是战友，身后是国门。经过反复的操演和优化，大家早已步调统一，到了航班处置的时候，每一名参与人员都胸有成竹，每一个动作都笃定从容，最终这次处置流程顺畅，效率奇高，为"一机一策"的首秀交出了一份完美的答案。

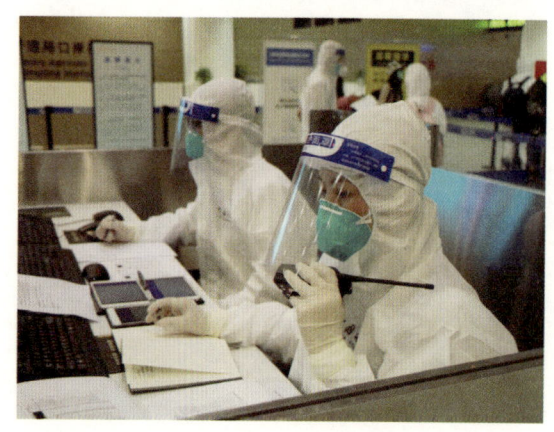

现场指挥处置入境客运航班　　渝关　摄

沧海横流英雄显，吹尽黄沙见初心。"圆满完成抗疫任务，专业背景并非唯一条件，何况所谓专业，本身就是学出来干出来的。要赢得组织的信任，关键还是在于谨慎认真的工作态度，全神贯注的培训学习，周全细致的问题处置以及高效便捷的团队协作。"朴实的言语，深刻的领悟，"一机一策"在陈佳佳手上诞生之后，作为模板在旅检现场统一执行，后又通过不断的总结改进，终得以在全国各机场口岸成功推广。

同心抗疫不畏难，"封闭英雄"美名传

匆匆又夏天，疫情近三年。自那天起，陈佳佳的儿子便很少看到妈妈，一开始他还嚷嚷着要妈妈去看他打篮球，后来渐渐也不嚷嚷了。距离老家两个小时的车程，车走得，佳佳却走不得，每念于此，这位"异地妈妈"的神色总会有些恍惚。"这小家伙，怕是都快要比我高了。"看着儿子打篮球的视频，陈佳佳喃喃低语。是欣喜，还是愧疚，没人知道，懂事的妈妈和懂事的小孩一样，让人安心却又让人心痛。

900是个数字，900天却是一场艰苦卓绝的战斗。陈佳佳撰写了重庆江北机场口岸第一份入境国际航班卫生检疫方案，为疫情防控作业系统编写了第一份操作指南，圆满完成了疫情发生后重庆江北机场口岸入境第一个包机处置工作。陈佳佳，又是陈佳佳！当鲜花与掌声都已司空见惯，大家却似是忽略了，人并不是生而坚强的，也不是生而奉献担当的，岁月静好，背后是许多人负重前行，因为我们身后是祖国，身边是战友。

是的，负重前行，作为土生土长的山城人，陈佳佳早在记事起，便已明晰地洞察了负重与前行的深刻内涵。她坚信，那烈日下"棒棒军"坚实的步履，山腰上"挑山工"雄壮的臂膀，连同三峡船夫那节奏铿锵

登临工作前合影
渝关 摄

的峡江号子，都早已一并融入重庆儿女的血脉。

一日，陈佳佳作为登临组组长，带领小队开展航空器登临检查和终末消毒监督作业。

此时重庆城区预报最高气温突破历史极值，小队3人全副武装身着高风险防护装备，站在廊桥剪刀口的圆形区域，等待飞机滑入机位。一系列对接、询问、查看之后，小队排除异常，众人有序下机，旅客们清楚地看到机坪反射着强烈的阳光，却看不到半遮面庞的"引路人"早已汗流浃背。

登临作业告一段落，接下来便要前往机坪，监督污水处理和查看托运行李消毒的情况。隔着厚重的防护服，陈佳佳仍感到机坪的地面踩上去有点烫脚，她下意识看了眼队友，果然，有人在踮着脚走路。片刻后，小队开始执行消毒作业，三伏天的天气异常灼热，在场所有人都不自觉地皱紧了眉头。在机坪上，一波波的热浪吹得防护服哗哗作响，连同引擎的轰鸣声一并将人声彻底淹没。机坪工作结束后小队赶回廊桥，因热胀冷缩的缘故，防护服竟慢慢地鼓了起来，未及"卸甲"的每个人员，

一、情系家国，大爱为先 | 093

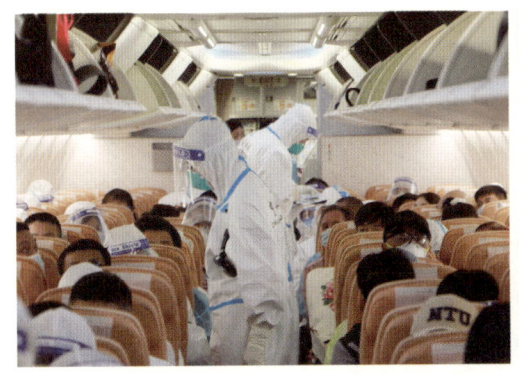
海关关员实施登临检疫　　渝关　摄

监督航空器终末消毒　　渝关　摄

俨然一个个憨憨的大白胖子。

待到旅客和机组全部下机，航空器终末消毒又开始了。消毒剂的正确剂量，小桌板的消毒效果，机舱换气、闷舱、通风的具体时间，这些细碎而严谨的项目，小队虽已轻车熟路，但依然一丝不苟地严格对标打表。时针转过4圈，作业全部完成，大家在洗消区脱卸防护时，因浑身汗水未干，不少人竟打起冷噤，陈佳佳赶紧提醒大家快换衣服，避免感冒。

场地资源齐保障，"疫线"后方我护航

"疫"线隔昏晓，内外皆同行，封闭管理中的"战士"在"疫线"战斗，封闭管理外的"战士"在全力保障。封闭管理外的时候，陈佳佳则需要统筹整个旅检的综合内勤。

凭着事事争先学、件件亲身干的牛犊闯劲，陈佳佳在短短一周内，便构建起既全且专的个人知识体系，进而又高起点建成旅检防控人员全流程全覆盖的综合培训体系。"佳佳姐就是我们的防疫专家，我们这些小萌新都是她一手带出来的。""旅检万事通？你说的是佳佳吧，有事

问她准没错。"在深夜的灯辉下，在清晨的霞光中，她刻苦钻研的身影，激励着身边的每一个人。那是陈佳佳？没错，那就是陈佳佳。

兵马未动，粮草先行。做好物资设备保障，也是陈佳佳肩上不可偏废的重担。物资储备，一点都不能少，工作台账，一项都不能缺，预估3个月的物资需求要向总关报送，仓库中的抗疫物资不可因过期而浪费。大到机检工作线，小到口罩、扫码枪，一系列纷繁芜杂的储备、出库、记账、维修等事宜，在陈佳佳的手上变得井井有条。"我的责任，就是为共同抗疫提供管家式的贴心服务，为安守国门提供坚强的大后方。"这充满海关力量的豪言壮语，她既说出，便已做到，"我只是做了分内之事，都是大家的功劳"。

万丈高楼，起于垒土。工作场地的设置和改造，也是"内勤管家"陈佳佳的分内之事。为应对航班增加，排除风险隐患，封闭管理现场已实施过多次大大小小的改造。每一次改造，都以研究结构图为开始，以完成验收为结束，其间图纸修订、审核报批、外联沟通、施工监督等类似琐事不知凡几，各类突发事件带来的冲击也不可小觑。

门外抗疫的火线，遍有傲雪的松柏；门内无声的角落，亦常有寒梅盛开。疫情不退，"战斗"不息，这关于"佳佳"的故事，满溢着家国的情怀。携手共甘苦，阵前同敌忾，你若静静聆听，她必娓娓道来。胸中藏红星，心外接碧海，你若蓦然转身，其实她一直都在。

昆明海关

因为生命值得

——记"全国海关系统抗击新冠肺炎疫情先进个人"唐云坡

昆明海关所属勐腊海关 陈思云 陆建萍

2020年春，新冠肺炎疫情突发。在这场没有硝烟的疫情战争中，社会各行各业的人们都行动了起来，投入了自己的工作里，无数人请愿守护国泰民安，日夜兼程，星火驰援，他们是无畏的逆行者。

在他们中间，有很多巾帼英雄。疫情当前，她们没有退缩半步，临危受命，她们不带丝毫犹豫。在家，她们是女儿、妻子、母亲，走上抗击疫情的"战场"，她们是刚强坚毅的"娘子"铁军。今天，让我们一起来看一看她们中的一员——"全国海关系统抗击新冠肺炎疫情先进个人"唐云坡的故事。

"我是党员，我有卫生检疫工作经验，我必须顶上！"

时光飞逝，入境旅客们的健康与国内社会的防疫安定依然是唐云坡最关心的事情。回想起当初主动请缨从稽查科奔赴旅检抗疫最前线支援勐腊海关卫生检疫工作的选择，她依旧热泪盈眶，丝毫不后悔这个勇敢的决定。

"其实报名前我心里也是很纠结的，因为我的丈夫是口岸运政一线工作人员，也在疫情防控一线，我们还有一个5岁宝宝，正处于顽皮的阶段，家里老人身体也不好，没法照顾好家里和孩子。但是我是党员，又是预防医学专业出身，更有在旅检现场工作多年的过往经验，支援工作对于我来说义不容辞。"

从此"全副武装"成了她的日常装扮，手套、口罩、护目镜缺一不可。

面对全球蔓延的新冠肺炎疫情态势，作为面向东南亚国家（地区）陆路大通道上最前沿的国门卫士，勐腊海关的"外防输入"压力较大，而她所在的行邮科更是前沿中的前沿，每天都与病毒面对面较量。

口岸上的空气中弥漫着含氯消毒剂的味道，重车轰隆隆的声响中还夹杂着工作人员举着小喇叭费力的招呼声，入境的人员络绎不绝。戴着的口罩增加了她和同事们与旅客沟通的难度，在问答问题的时候都必须提高嗓门，一天下来，嗓子都要燃起来了，但她一直任劳任怨，尽职尽责，严格做好"三查三排一转运"工作。站在烈日下，身穿防护服的她，认真指导旅客进行健康申报，开展体温筛查，进行快速流调，迎接一波又一波的人潮。有的时候入境人员集中，她连饭都顾不上吃，如果累了就蹲一会儿或者是靠墙站一会儿。有的时候值班到深

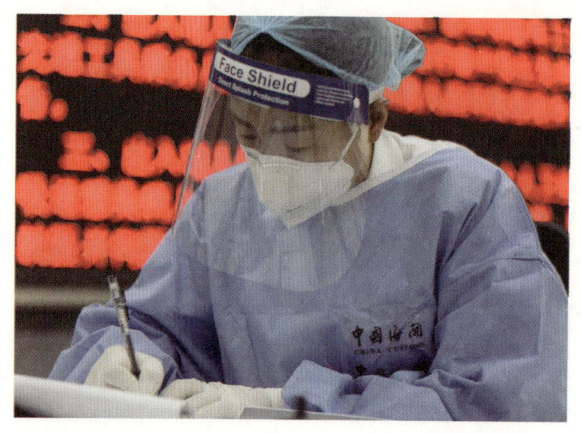

认真做好采样人员相关记录工作　黄中磊　摄

夜，实在困极了忍不住眯一会儿打个盹儿，一旦熬过那个困劲，又急忙赶赴岗位认真工作。

面对日益复杂的防控形势，她不断学习思考，为完善口岸防控措施出谋划策，发挥积极作用。面对心理压力较大的新同事，她会悉心教导，帮助年轻的关员做好自身防护，疏导心理障碍，提升工作能力。面对联防联控的友邻各部门工作人员，她经常耐心地联系沟通，结合工作实际，让海关旅检效能得以充分发挥。面对归国旅客咨询问题时，哪怕有不理解或者不配合的情况，她也总能耐住性子，主动向其解释，请求他们协作配合。对此唐云坡的丈夫与家里人看在眼里疼在心里，而她总是微笑着解释："海关卫生检疫是国门第一道防线，做好旅检工作，旅客们才能安安心心出国、健健康康归国，这也是我们海关工作者的初心。因为我们守护的正是每一个同胞的安全，也是我们自己的安全，如果每天做到防守严一分，安全系数就多一分。"

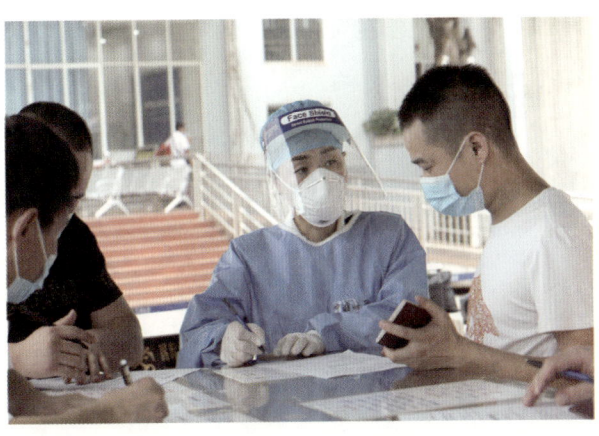

指导入境旅客填写健康申明卡
黄中磊 摄

"我是群众选出来的，我必须对群众负责，
为大家守住这道防线，是我应尽的责任！"

在经过半年支援工作的磨砺后，组织和群众又交给她更大的任务，调任行邮科科长，全面负责行邮科工作。来到新的工作岗位后，她心理压力非常大，害怕自己辜负领导和同事们的信任。行邮科只有17人，加班加点延长通关工作时间验放入境人员是常态，但大家都没有抱怨，都在为这个集体尽自己的微薄之力。

有一次,关领导打电话给她:"小唐,你已经连续在岗2个多月了,这次专班出来,你回家休息一段时间吧!"可想到最近入境人员多、复查阳性率高,还接连半夜有危重病人,以及科里众人疲惫的脸庞和信赖的目光,她果断地说:"等过完春节人手宽裕些我再休息吧。"想到前些天科里的老杨开玩笑说:"马上就要春节了,要不我们向食堂申请加餐,点一个娃娃菜、一份夫妻肺片和一份外婆菜吧,不图别的,也算吃顿团圆饭吧。"玩笑归玩笑,可作为一科之长,她得想一想,科里不少同志已经连续两年就地过年了,虽然不能聚在一起,也得让大家把节过得开开心心、热热闹闹。

在这样高强度、高风险的工作岗位上,树牢安全防护意识十分重要。"作业必须规范,防护必须到位",应急演练和岗位练兵要经常开展,每周至少开展3次防护服穿脱考核。她把科里的人当自己的孩子一样照顾,经常对他们说:"你们在学习中一定要'用心','战场'上一定要'小心',这样才能让组织、让同事、让家人'放心'。"

在做好疫情防控工作的同时,行邮科的党建工作也没有落下。疫情期间,作为支部书记的她,组织开展了"传承红色基因,抗疫国门一线""党史我学我讲""学党史、强信念、抗疫情"等学习活动,推出"同心抗疫,国门有我"等系列专题报道,营造了在疫情防控中学先进、争先进、当先进的浓厚氛围,以"安全、高效、实干、担当"的作风,擦亮"边关卫士先锋队"的党建品牌。其所在党支部获评"全国海关基层党建示范品牌",支部党建创新案例被云南省直机关工委评为"机关党建优秀创新案例"。

多少个清晨她与同事们相视一笑,开始一天的工作——指导旅客填写健康申明卡,实时关注体温检测仪检测情况,清点维护现场防护用品,

一、情系家国，大爱为先 | 099

及时联系补充调剂。多少个夜晚，她和团队的伙伴们坚守国门关口，对归国旅客进行排查与询问，用血肉之躯为国外归国的旅客以及国内工作的安全筑起一道牢不可破的防线。

这个平均年龄不到 32 岁的年轻队伍，也有过惶恐困惑，有过思想斗争，有过伤心，有过痛苦，有过哭泣。但他们自始至终表现出一种坚定、一种坚强、一种从容、一种淡定，是那样的义无反顾，那样的无怨无悔，这样的精神深深感染着身边的人。就像她和科里年轻人谈话时说的那样，"疫情就是命令，防控就是责任，再危险我们都得上，我们是人民公仆，战斗在最前沿是我们的职责和使命！"连续无休、作战多日的他们没有怨言，因为他们想早日看到光明，他们说过"国门是我们坚守的阵地，疫情不退，我们不退！"疾风知劲草，烈火见真金，他们是披上防护服的战士，用一句一句的誓言，决心战胜难缠的病毒。

验核入境人员身份证件
茆建昱 摄

"组织信任我，我就一定要出色
完成各项工作任务，
将海关各项工作要求落实到位！"

2022 年 4 月 1 日至 7 月 10 日，唐云坡与另外一名同事一起组成海关总署"百名科长百日督查"驻兰州海关督查组，到兰州海关督查指导口岸疫情防控工作。抵达兰州海关后，她发扬"马上就办、真抓实干"的作风，第一时间与兰州海关工作专班沟通对接，在居家健康监测期间制订督查方案，细化督查措施，开展线上督查作业，一刻也不耽搁。

督查期间，唐云坡综合采用实地查看、远程督查、听取报告、查看资料、视频监控、现场验证等方式，完成了对兰州海关机关、7个隶属海关以及保健中心、后勤管理中心等单位的全覆盖立体式督查，主动要求赴兰州机场海关进行入境航班卫生检疫跟班作业和封闭管理。督查工作中，创新工作方法，提出"求准、求真、求广、求效"的督查工作目标，既对照各项工作规范精准指出兰州海关疫情防控方面的薄弱环节和存在的问题，又介绍勐腊海关在口岸疫情防控方面的典型经验做法，提出针对性和可操作性很强的18条意见建议，体现了优秀执法一线科长忠诚担当、敢于斗争的政治素质，积极作为、恪尽职守的工作作风和敢督善查、专业过硬的业务能力。

唐云坡始终坚持把政治标准放在首位，主动加入兰州海关卫生处党支部，积极参加"捍卫'两个确立'、做到'两个维护'、强化政治机关建设专项教育活动"，并以亲身经历讲述了口岸基层一线关员忠于职守、爱岗敬业、艰苦奋斗、实干奉献的先进事迹；严格遵守总署工作纪律，不畏辛劳，双休日和法定节假日不是在办公室汇编整理资料，就是在奔赴实地检查的旅途中；严格遵守疫情防控、廉洁自律各项规定，充分展现了过硬的政治素质、严明的纪律意识、扎实的工作作风，反映出海关人良好的精神风貌。她和同事的工作赢得了兰州海关党委和全体干部职工衷心的感谢和高度的赞扬。

"民之所忧我必念之，民之所盼我必行之"

西双版纳的气温常年都在30℃以上，防护服内的她汗流浃背，但她辛苦并快乐着，在口岸工作中寻味着人间百态。

这边刚过来一个扛着扁担、挑着锅碗瓢盆的老大爷；那边又来一位

一、情系家国，大爱为先 | 101

头发花白的老人，一只手抱着一两岁的孩童，另一只手拖着重重的行李；后面还有一位穿着时髦的年轻女郎，可面容萎黄寡黄的，脸上一点血色都没有。好在这些年行邮科什么情况都遇到过，行动不便的，提供小推车使用服务；行李多的，安排现场关员帮助；低血糖的，及时提供葡萄糖水溶液；婴幼儿采样也能轻车熟路，迅速完成。只是偶尔，她也有"翻车"的时候，那一次看到一个年迈不太识字的旅客时，她忍不住劝说陪在老人身边的小伙子："小伙子，你也是个读书人，你爷爷眼睛不好，你帮忙填一下卡嘛。"小伙子小声嘀咕："不是爷爷，是爸爸！"

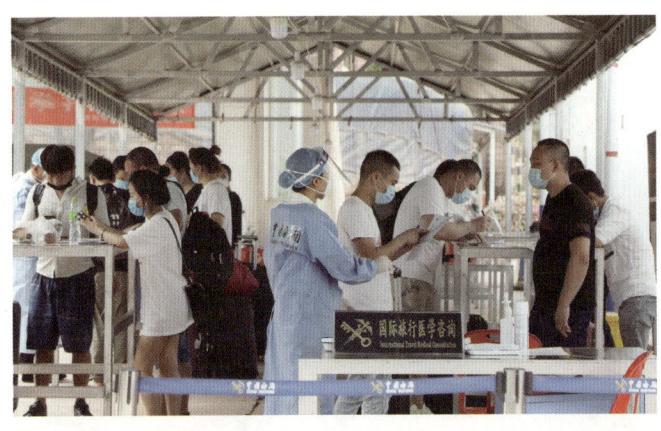

在口岸一线开展医学巡查
黄中磊 摄

几百个日日夜夜，总有一些场景印在心里无法忘怀。记得有一次快下班时，来了一个7岁的小女孩，居然是从口岸独自入境，大家无法想象她在老挝境内的旅程，是否曾有家人伴在身旁，又忍不住为她接下来的隔离生活担忧，更被她小大人般的独立勇敢深深震撼！她还记得，有一天从下午五点半工作到凌晨五点半时，遇到一个归国的两岁多的小可爱，他小声地问："阿姨，我回到中国了吗？"当得到肯定的答复时，小男孩瞬间露出明亮的笑容，雀跃着冲她比了个胜利的手势，那可爱的样子每每想起都暖暖的，疲劳都会不翼而飞。

最害怕凌晨时接到电话，每当听到有危重病人急需入境时，唐云坡都格外揪心，带领专班人员开启绿色生命通道为病人争取抢救治疗的机会，这样的情况，2022年以来已经处理过几十例。尽心尽力做好服务、在确保安全的前提下以最快的速度完成通关，就是此时此刻大家最大的

| 国门抗疫：守护我的国（先锋人物）

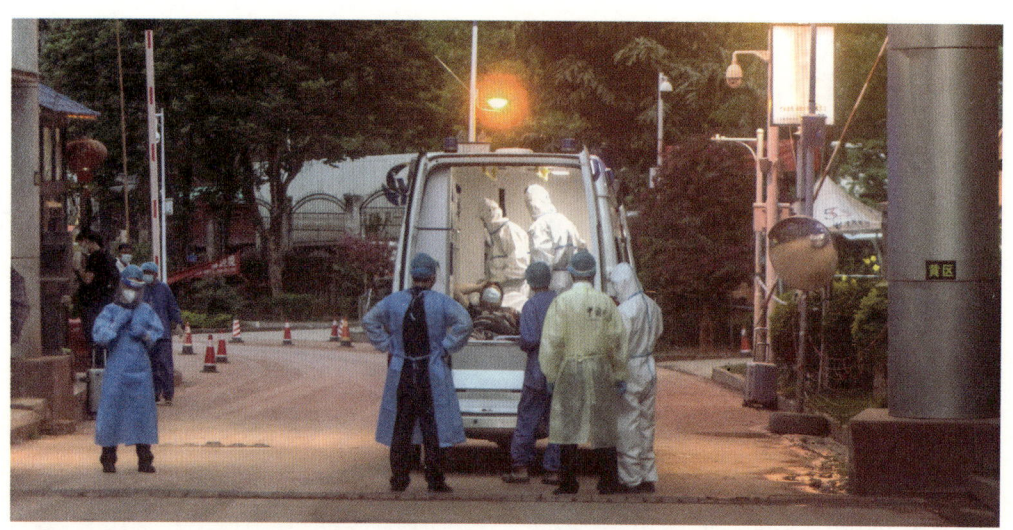

加班验放危重病人
茆建昱 摄

心愿！唐云坡每次都会提前到达现场，认真做好各项准备工作，争分夺秒，在与病人对视的一瞬间，她总能意会到病人无声的谢谢，还时常会被那种朴实真挚，用生命和血泪、苦难和叹息、无望和希望凝成的眼神击中。她默默地告诉自己，为需要你的人而活，珍惜当下，就是生命的真实意义。

每一个口岸的夜，她经常回味着这看似枯燥繁重的日复一日的工作辗转反侧，但她知道自己依然会坚持下去，因为所有的辛苦都有意义，因为生命值得！人生不易，她知道未来某天可能有被生活和工作的压力逼到墙角的时候，但那个小大人坚强的身影、那句无声的谢谢、那双明亮带笑的眼睛一定会从记忆中跳出来，给她无尽的勉励，伴她乘风破浪，勇毅前行。

"是女儿，是妻子，是母亲，更是国门卫士！"

每个交班的日子，都是她情感挣扎的困难时刻，坐上单位的通勤车，

一、情系家国，大爱为先 | 103

她的心绪却久久无法平静。头天晚上5岁半儿子直击灵魂的三拷问言犹在耳，"妈妈你明天可以不用上班吗？""妈妈你明天放学可以来接我吗？""妈妈你明天晚上回来吗？"再想到瘦小的儿子早上追到楼下，伸出双臂紧紧地拥抱，和那句努力控制哽咽的童音"妈妈，我担心……你被……传染了"，她顿时泪湿眼眶却又感到无尽的温暖。虽然不是第一次进专班，可想到要近一个月见不到儿子，她心里也满是不舍。最近孩子肠胃不舒服，什么都不吃，吃一点又呕吐，她总是有些心绪不宁，孩子爸爸马上要下乡去卡点值守了，一去也是大半个月，不知道家里两个老人能不能搞得定因为身体不适而常常闹情绪的儿子。

当初为了支援口岸一线工作，她和家人好好地促膝长谈了一次，争取到了家人的支持，重新确定了家庭成员间的分工和时间的安排。上幼儿园期间，孩子爷爷奶奶带孩子的负担也很重，她和丈夫休息的时间尽量交叉，一旦有一个人休息，就尽量自己带小孩，给爷爷奶奶空出时间缓口气。幼儿园一旦放假了，他们会把老人和孩子一起送到老家去，那里亲戚朋友多，有更多的人一起帮忙带小孩。

后来在专班的日子里，孩子的奶奶说，"娃娃在家的日子还挺开心的，只要不和你视频！偶尔在街道上玩，看到海关的通勤车，就嚷嚷地说你回来了，然后就眼泪汪汪的非要去你们单位门口等。"她一轮专班回去后，发现孩子衣服自己穿，饭也会自己吃了。

面对家中缺乏母亲陪伴的儿子与急需儿女照顾的老人，唐云坡满心愧疚，但疫情当前，旅检工作亟不可待，这是她身为党员的责任，更是她坚持"为人民服务"的初心。

因为心中装着信念，所以唐云坡一刻也不敢懈怠地坚守在自己的本职岗位上；因为心中装着人民，所以唐云坡心甘情愿地为海关工作尽职尽责，愿意舍小家为大家。两年多的坚守，唐云坡用她的行动彰显了自己的初心与使命；一次又一次的海关工作，唐云坡用她的付出凸显了海关工作人员的决心与担当！"我是党员，人民还需要我。"她总是这样拒绝休息。这一切对于她来说，都仿佛是一件小到不能再小的事情了，即便获得再多的赞誉，她也是认真工作、一如既往……

西安海关

新冠肺炎疫情防控战线上的"万能螺丝钉"
——西安海关卫生检疫处晁洁抗疫纪实

西安海关卫生检疫处 孔敏敏

2020年1月23日，再过一天，就是大年三十了。春节，这个全国人民翘首以盼，一年当中最盛大、最隆重的节日就要来临。"爆竹声中一岁除，春风送暖入屠苏。"街头巷尾，门前屋后，张灯结彩，喜气洋洋。

西安海关卫生检疫处三级主管晁洁刚刚下班收拾着明天回家的东西。"妈，我订的明天中午的车票，很快就能回去与你们团聚了。"她边收拾东西，边对着电话说道。第二天中午，她拖着行李，脸上洋溢着幸福的笑容走出宿舍楼，准备去车站。突然，一阵急促的电话铃声响起，是上级领导打来的电话。"这时候了，还有什么工作吗？"她心想着。"快准备准备，带上你的生活用品，来咱卫检处办公室一趟，有要紧事商量。"领导急切地说。"好的，我马上到。"她急忙坐上一辆出租车，往卫检处的办公室赶。

面对危险，她义无反顾

"同志们，我们刚刚接到口岸通知，我们卫检处的全体人员需要立即奔赴国际机场口岸，与机场海关的一线同志并肩而战，尽快研究和梳理对疑似病例的处置，尽力减少对正常旅客通关秩序的影响。"领导在会议室里严肃地说。全体人员很快到达机场，争分夺秒，与时间赛跑，处置突发事件。除夕夜的跨年钟声响起，她看着远处若隐若现的灯光，眼角不由地湿润，回想起去年的除夕夜，家人都在身旁，很是热闹。但不容她多想，不一会儿，还要迎接即将在凌晨4:00到达的一架高风险航班，为了做好全员隔离处置工作，她和同事们不敢耽误时间，还在紧急寻找可以临时隔离这架航班所有入境人员的隔离地点。

凌晨5:00，天空刚刚露出鱼肚白。该高风险航班降落到检疫机位，当时一线专业人员不多，监管力量有限，作为一名预防医学专业人员，晁洁二话不说，当即请示领导："让我去登临检疫吧！"当时大家

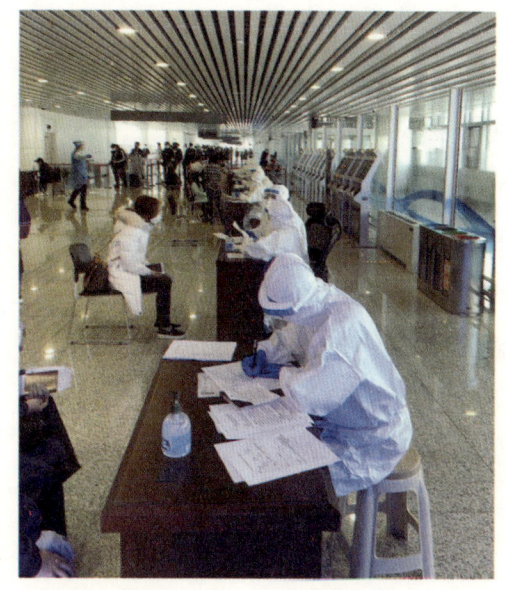

开展入境人员流行病学调查　孔敏敏　摄

对新冠病毒还不是很了解，但是作为一名具有医学专业知识的人员，她比其他同事知道怎样能够更有效做好防护，看着她穿着防护服登上飞机舷梯的小小身影，大家都投来了关注的目光，心里默默地为她加油！卫检处全体人员和机场海关一线人员赶赴机坪，登机检疫、检测体温、流行病学调查、医学巡查、采集样本、转运留观旅客……直到6:30，机上167名旅客和机组人员全部被转运至机场临时隔离场所留观，发热旅客也被转运至指定医院。大家

悬着的心才放下来，在过道稍做休息，为接下来战斗做准备。

这是一个难忘的除夕，每个在抗疫岗位上的工作人员都承受着巨大的压力，他们放弃了与家人团聚的机会，奔赴在抗疫第一线，但正因为有他们，除夕之夜，万家灯火在疫情阴影下，才闪耀出守望相助、共度平安温暖中国年的光亮。

但这只是一个开始，除夕过后，一场没有硝烟的抗疫之战打响了！春节长假是很多国内民众选择出境旅行、境外华人选择回国与家人团聚的日子，很多人选择西安古都作为出行归来的目的地。从除夕到大年初二，晁洁和同事们连续在机场夹层奋战三天，其间只利用航班间隙在航站楼卫生检疫夹层过道休息片刻，三天来，防护服自从穿上后再没有脱下。因频繁辗转于候机楼和停机坪之间，室内外温差极大，她一度身体不适，领导让她去休息，她看着和她一样奔赴在一线的其他同事，咬咬牙坚定地说："没事，咱专业人员少，我还能坚持。"随后她又马不停蹄地投入工作。

面对困难，她冲锋在前

回想起 2020 年新冠肺炎疫情发生后，作为关区卫生检疫职能管理部门的一员，她主动承担起草关区口岸疫情防控方案、个人防护作业指引等重担，为口岸疫情防控工作打好"前站"。

2020 年 2 月，全国海关启动"日报告""零报告"制度，要求每日凌晨 5:00 前上报关区疫情信息数据，报送疑似病例、检出阳性个案报告，完成特殊航班检疫情况报告及检出阳性较多航班分析报告。多个海关成立了信息报送专班，西安海关专业人员少，卫检处人员更少，不可能参照其他关的模式成立专班，当时大家工作都很多，很多同事不仅要面对

加班间歇的休息
高伟 摄

繁重的工作，还有家庭的责任要承担，作为处里唯一的单身同志，她主动向领导请命，"要不还是我来承担这项工作吧！"等真正承担起这项任务后，她发现，困难还是比想象中要大得多。

刚开始做这项工作时，她也激情满满，就跟打了鸡血一样，每天都要熬夜到凌晨1:00以后，等审核报送完数据后，基本都已过了2:00。刚睡着，可能会随时接到打来询问各种情况的电话，晚上基本不可能睡上一个整觉，第二天还得精神满满上班完成各种工作，有时太晚就和衣睡在了办公室，这样的日子，她坚持了5个多月，后来她跟朋友开玩笑说见过了单位办公楼的"十二时辰"。有时确实因为要长期熬夜工作，在面对工作时也有过抱怨。那会家人也离得比较远，他们也不敢给她打电话，说是怕影响她工作，有一次哥哥打电话告诉她，"爸妈特别想你，但又不敢给你打电话，说影响你工作，每次看到新闻说疫情又严重了，都对着小侄女说，你姑姑又要辛苦了。"听到这些的时候，她心里也很难受，疫情这几年，因为工作的原因，已经三年没有和家人在春节团聚，平时因为不在一个城市，陪伴父母的时间也很少，毕竟父母年纪也大了，虽然他们总说，工作上的事情比较重要，但她心里还是很内疚。她不断在心里告诉自己，坚持就是胜利，等疫情结束了多陪陪父母就好了。她就希望通过像她这样在平凡岗位上的每个人的努力，可以让疫情对大家的生活影响小一些，早点让疫情结束。在工作压力大的时候，她常常鼓励自己，"没有一个冬天不可逾越，没有一个春天不会来临。熬过了最难艰的时光，终将迎来最盛大的繁华。"在强大的信念和同事们的共同努力下，她负责的每一项工作都圆满完成，无一差错。

2020年3月，根据相关安排，西安咸阳国际机场口岸成为第一批北京国际航班分流入境点之一，从接到保障任务的那一刻起，晃洁就和同事们着手起草制订关区分流航班卫生检疫保障实施方案。为确保方案的可操作性，她组织大家多次赴一线实地参与现场工作，不断对现场工作流程提出优化建议，对实施方案修改再修改，对现场工作各环节之间的衔接确认再确认，那段时间，总能看到卫检处办公室的窗口亮着灯，在黑夜里特别亮眼，犹如夜空中闪亮的星星。

当时境外疫情形势已经开始严峻起来，西安咸阳国际机场迎来了第一架次北京分流航班。时隔两年多，这个日子和当时的情景依然清晰地印刻在她的脑海里，航班落地后，一线工作人员按照事先制订好的工作方案，一步步完成登临检疫、体温监测、医学巡查、流行病学调查、医学排查、采样、移交转运等工作流程，经过一系列的现场卫生检疫措施，这架航班上排查出了一名发热旅客，晃洁第一时间与一线工作人员进行沟通，询问了该名旅客的旅居史等流行病学调查信息，凭着专业敏锐性，她高度怀疑这名旅客疑似感染新冠病毒，并立即将有关情况报告给上级领导。后来经过西安海关实验室检测，该名入境旅客生物样本新冠病毒核酸检测结果确实为阳性，这是经陕西口岸，也是西安海关检出的首例境外输入性新型冠状病毒肺炎确诊病例。

2020年4月，接到西安海关要承担来自境外高风险地区航班任务的消息。俗话说"知己知彼，方能百战百胜"，为了在口岸第一道关口就能将这些高风险人员检出，降低境外疫情输入的风险，晃洁立即着手联系其他承接过这架航班保障任务的兄弟海关同事，提前向他们了解情况。在掌握了相关情况后，她向关区建议通过航空公司提前获取旅客基本信息，提前组织同事们与旅客联系，了解其在境外工作、生活中与新冠感染风险相关的信息，并开展风险分析，便于口岸现场开展精准检疫。通过提前风险分析，结合了解到的情况，她还建议对该航班全部旅客开展新冠病毒血清免疫检验，将新冠病毒抗体检测作为核酸检测补充手段，辅助判断感染情况。后来经实践证明，这些建议取得了很好的成效。

面对挑战，她迎难而上

2020年7月，西安海关按照海关总署的工作部署，需要对进口食品进行新冠病毒核酸采样检测。领导很担心现场人员的安全防护问题，交代晁洁"货物采样人员大部分都是非医学专业背景人员，一定要给大家把安全防护培训到位，确保不能出现职业暴露感染"。接到任务后，她立即着手制作培训的课件，为了让一线人员方便观看，她还录制了防护装备穿脱的实操视频。培训期间她耐心细致，解答同事们的疑问，还不时给大家演示口罩、手套、防护服的穿脱重

进行安全防护培训
张毅 摄

点步骤，确保每名学员熟练掌握防护要领。通过培训，有效保障了陕西口岸疫情防控人员的防护安全，西安海关无一名关员因职业暴露发生感染，至今仍保持"零感染"。

2020年12月，境外疫情不断蔓延，国内进入冬季，多地检出货物外包装新冠病毒核酸结果呈阳性。海关总署牵头制订相关工作方案，晁洁再次主动参与海关总署的前期研究和分析工作，时间紧任务重，在海关总署卫生检疫司的领导下，她参与的专项集中工作组加班加点，按时

完成工作任务，提出的工作方案有效地防范了疫情通过进口高风险集装箱及其装载货物外包装输入的风险。

2020年，因在疫情防控中表现优秀，晁洁获得"全国海关系统抗击新冠肺炎疫情先进个人"称号，她所在的西安海关卫生检疫处获得"全国海关系统抗击新冠肺炎疫情先进集体"称号。

时间一年又一年过去了，新冠肺炎疫情防控工作也从刚开始的应急状态转为常态化防控，每一项疫情防控工作也都成了晁洁如今日常工作的一部分。虽然疫情防控转为了常态，可她内心深知还没有到歇脚的时候，当前境外疫情输入风险居高不下，国内疫情防控又出现新挑战，抗疫未竟，战袍不解，对党忠诚，听党指挥，只有继续坚守才会赢得最后的胜利！

这段难忘的时光她收获了很多，也成长了很多。总有一种力量激励人们前行，心中有光，岂惧路长，调整心态，砥砺前行。每个人都在用自己的方式与病毒作斗争，都在全国抗疫大局面前守护城市，守护国家，守护我们共同的家园。正是有这些闪烁在抗疫岗位上的凡人微星，正是他们牺牲小我，才换来了国门安全和百姓安康。

乌鲁木齐海关

以奋斗姿态与新时代边关"双向奔赴"

全国"人民满意的公务员"李清华

乌鲁木齐海关所属霍尔果斯海关 李清华

屈指算来，2022年是我在海关工作的第23个年头。海关对我而言，已经不是一份职业，而是一份责任、一份担当。作为海关系统全国"人民满意的公务员"中的一员，我要特别感谢组织给予的这份殊荣，感谢边关岁月的厚重积淀，感谢海关同仁的关心鼓励！

从穿上海关制服那天起，面对庄严神圣的国门，我时常陷入深深的思考：海关，是国家主权和利益的象征，是服务国家开放大局的关键枢纽，是奔跑在时代前沿的奋进者。作为海关人，该如何服务国家战略大局？如何践行人民至上理念？我们当以怎样的"海关之答"回应"时代之问"？这是我最初为之奋斗的原因，也是至今仍然不敢懈怠的动力。

用奋斗点燃梦想之炬

说到新疆，大家脑海中出现的可能是雪山草原、瓜果飘香……但对于常年坚守一线的边关人来说,除了雪域高原、戈壁风口,还面临着边境管控、疫情防控、服务开放等多重挑战,使命光荣、责任重大。

2000年,我研究生毕业,怀揣着要用尽所学、报效祖国的理想,满怀期待地来到西北边陲阿勒泰海关所辖吉木乃口岸报到。那时的我是一名查验关员,但周而复始的核单验货很快就让我失去了刚来的热情,加上口岸落后的设施、闭塞的交通、枯燥的生活,还有冬天那一场接一场的"闹海风"……我根本无法想象:在这样偏远落后的地方,我该如何实现自己的价值?走与留、退却与坚守,我不知所措。

就在迷茫之际,一封寄自总关的明信片让我豁然开朗,那是一位在海关工作了30多年的老领导因为我的一篇获奖论文寄来的。他引用了袁枚的诗句:"白日不到处,青春恰自来。苔花如米小,也学牡丹开。"写者有心,读者有意,那时的我不就是一朵开在边疆荒凉一隅的小小苔花吗?后来,我把困惑讲给了老领导听,他语重心长地对我说:"海关独特而神圣,一个人但凡有过一段海关经历,都将受益终身。你还年轻,路是自己走出来的。只要目标明确,坚持下去,就一定有所作为。"老领导的一席话仿佛一盏明灯,照亮了在黑夜中彷徨的我,也照亮了那些曾经被忽视的感动——在这里,关员们有过大雪封路后坐马拉爬犁上口岸的经历,有过风雪天汽车9次滑入路沟的惊险,有过蔬菜运不来,吃干馕饼、嚼洋葱守关的时日,还有一位关员已连续10年在除夕值守,仍把回家过年的机会留给了我。我逐渐明白坚守的意义,开始懂得责任的价值。我知道,没有生而伟大的英雄,只有负重前行的凡人。既然身着关服、头顶关徽,就注定要扛起责任,在平凡中磨砺,在磨砺中成长。

后来,我从阿勒泰海关调到了总关机关,先后在办公室和人事教育处工作,从办文办会到联络协调,从机要档案到信宣政研,从普通关员到部门领导,无论在哪里,我都牢记老领导的嘱托,虚心、用心、专心地把工作做实、做细、做精。

  2012年11月，我接到筹备中哈海关边境负责人会谈的任务，但距离正式开始只有不到两周。面对挑战，我带着工作组住在了办公室，大到方案制订、与各方协调，小到会场布置、词语翻译，经过十几个通宵，对哈方海关可能提出的诉求逐一研判，提前两天完成了一份翔实准确的应对方案。会谈持续了三天，我方专业耐心的讲解、有理有节的谈判赢得哈方认同，最终达成9项共识并成功签署合作协议，为推进中哈海关农产品快速通关"绿色通道"奠定了基础。这期间，我突发中耳炎，头痛欲裂，靠吃止疼片坚持到了最后，也因此留下后遗症。大家都说这样太拼了，而我知道，"小小苔花"只有倾尽全力，才能绽放芬芳。

  2016年，总关党组将人事教育处"第一责任人"的担子交给了我。

与关员一起开展法律知识座谈　　孙婉娇　摄

一、情系家国,大爱为先 | 115

当时的乌鲁木齐海关正处在爬坡登高的阶段。如何盘活人力资源,解决干部离家远、顾家难的现状,迫切需要走活干部交流"这盘棋"。按照总关部署,我带着工作组前往十多个口岸调研。十几天万余公里的日夜兼程,除了分级分类座谈交流,还收集了上千份调查问卷,最终形成干部"换防式"交流机制。4年交流333名干部,两地分居、子女陪读等关切问题逐步解决,干部内在潜能得以充分释放,总署、总关党委鲜明的关心关怀导向赢得了大家最真切的认可。

2018年4月,全国海关迎来了机构改革的重要任务。我们在总署的悉心指导下摸底数、理职能、优结构;对646名处科级领导干部13类基础数据逐一"过筛子","一碗水"端平,为总关党委精准调配提供"第一手"决策参考……那一年,几乎每一个人教处同志的生日都是在加班中度过的,资料堆里的小蛋糕、打印声中的祝福语、漆黑楼栋里的蜡烛光,成为我们特有的快乐。6个多月连续奋战,汇聚出200多套整合方案,最终压缩形成关区机构改革草案和干部配置方案,做到机构"瘦身"与"健身"并行。正是组工干部这种求实的态度、扎实的作风和朴实的品格,赋予了我前进的无限动能。

这些年,我亲历乌鲁木齐海关的建设与发展,起草了百万字的文稿、保障了上百次重要会议活动、参与了数次的改革攻坚任务,却经常缺席了孩子的生日、父母病床前的陪护以及和家人团聚的中秋节、春节……

记得2011年冬天,我正在封闭起草年度工作会议材料。晚上8点多婆婆突然打来电话,说儿子一

为党员同志过生日　孙婉娇　摄

直没回家，到处找了个遍，就是找不到。这时天已黑透，气温又低，老人非常着急。我匆匆安慰了几句连忙赶回家，和婆婆在小区周边寻找。经过 1 个多小时，终于在溜冰场上找到了儿子，他正一个人在空荡的冰场滑冰。我又心疼又生气，一把扯过他的胳膊，狠狠在他屁股上打了几下，这也是我第一次发这么大火。儿子"哇"一声哭了，大声对我喊："是你说话总不算数，说好带我去滑冰，但没一次能去成，你不是一个好妈妈！"看着儿子冻得通红的小脸，委屈的眼泪，想起从幼儿园到小学，他总是第一个到最后一个接，还有他那在门卫室里巴望的眼神，我一把搂住他，也哭了……今年暑假，已上大学的儿子暑期到口岸陪我，看着我忙里忙外，忽然很认真地对我说："妈，其实我现在理解你了，人生就是这样，此处在场就意味着别处缺席，你是一个认真负责的好妈妈！"这次，我笑了。

用奋斗铸牢忠诚之魂

忠诚是具体的、实践的，是实实在在的行动，每个选择亦是如此。2020 年 5 月，在儿子即将高三冲刺高考的关键时期，我接到组织任命，将赴霍尔果斯海关任职。这一年，新冠肺炎疫情发生，霍尔果斯作为国家向西开放主通道，抗疫保畅责任重大。

家是最小国，国是千万家。我选择了后者。2021 年 10 月 3 日凌晨，刚结束口岸值班回家探望 3 年未见父母的我，突然获知口岸出现核酸检测结果异常。按照联防联控机制要求，我预判如果检测确认是阳性，伊犁州将实行封闭管理。想到这些我心急如焚，在这个关键时刻，我必须和霍尔果斯海关全体干部职工"战"在一起！3 日清晨，我在不舍中与家人匆匆告别，踏上 800 公里归途。我一边远程安排带班领导，协调通勤车辆，接回必要在岗人员，同步做好应急物资和生活物资足量储备；一边动身返回，沿途驶离口岸的车辆已排起长龙，而向口岸行进的只有我一人。大战当前，逆行不是选择，而是使命！"请领导放心！走，我也要走回口岸去！"这是我对总关党委和霍尔果斯海关全体干部职工的承诺。

10月4日凌晨3点，经历了17个小时的奔波，我终于到达口岸。顾不上休息，立即传达海关总署、总关党委部署要求，压实责任、严明纪律。同时严格按照属地管理要求，做好干部职工健康监测等工作……早晨10点，在总关视频调度会议上，霍尔果斯海关党委班子成员全部出现在视频中，无一缺席、整装待发！其间，我们以"党建统领＋梯队轮战"机制，有力落实"六抓十到位"部署，确保了西向物流大通道的高效顺畅和中欧班列的全天候通行，实现了"零输入、零感染"。同志们身披白甲的身影、浸透汗水的衣衫、被口罩勒出血痕的脸颊，无一不牵动着我的心。面对梯队封闭作业延长至56天的连续作战压力，我通过每日连线慰问稳情绪、强信心，把海关总署、总关的关心关怀及时传递到一线。在有力有序的应对处置和严密规范的现场作业中，获得了国家卫健委的充分肯定。

也是在这一年，我接到缉私分局报告，有情报显示火车司机利用工作之便夹藏羚羊角走私。为严防疫病疫情传入，确保全链条查获，在总关党委指挥下，我牵头成立联合专班，将侦办此案与海关监管一体谋划推进。由于部分犯罪嫌疑人处于口岸封闭管理区和哈方车站调度区，给抓捕审讯、扩线侦查带来困难。为兼顾疫情防控和案件办理质效，我带人立即前往地方指挥部协调，讲明案件侦办的重要性、讲透第一时间抓捕犯罪嫌疑人的必要性，讲清海关在疫情防控方面专业的应对措施，积极协调独立办案区域。经过长达一个昼夜交涉，终于得到州指挥部全力支持。同时与哈方对接交涉，牢牢把握案件主动权，顺利抓捕涉案人员，追缴高鼻羚羊角 2 530 根，是近年来全国海关破获的最大一宗羚羊角走私案。我们还相继破获玉石走私等大要案，先后查获枪弹、管制器具万余件。

回想起那些惊心动魄的时光和并肩作战的岁月，我常常感到庆幸，无论是因为抗疫而推迟婚期，还是即将退休却主动请缨；无论是千里奔袭追捕走私分子，还是连续奋战梯队 900 多天，正是无数个义无反顾、冲锋在前的他们，无数个家庭温暖坚定的支持，让我充满了必胜的决心。2022 年春节，165 名干部职工坚守口岸，战疫情、保通关，我们一起包饺子、放烟花、吃年夜饭、给彼此送上最真挚的新春祝福……虽然家人不在身边，但是有战友、有团队，有温暖、更有力量。"全国海关系统抗击疫情先进集体""全国五一劳动奖状"等殊荣，正是对我们闻令即动、团结奋战、战则必胜的最大褒奖。

用奋斗托起使命之重

悠悠驼铃、丝路古道，如今的霍尔果斯在"一带一路"倡议推进中，成为丝绸之路经济带核心区的重要支点和对外开放前沿。对于驻守在此的我们来说，服务国家开放大局更是义不容辞的使命担当。

2020 年 6 月。海关总署在霍尔果斯口岸试点应用铁路舱单和运输工具子系统。我们成立业务攻坚小组日夜奋战 30 多天，全力

参加中欧班列"铁路快通"模式上线测试工作　　孙婉娇 摄

一、情系家国，大爱为先 | 119

在公路口岸调研"一带一路"国际合作项目设备出口情况
孙婉娇 摄

推动两系统改革落地，创新开展关铁企三方业务办理"云服务"，助力中欧班列逆风跑出加速度。三年来监管列数翻倍增长，跃居全国首位，通行线路增至67条，辐射18国45个城市；满载防疫物资的班列从这里驶向欧洲，搭建起携手抗疫的"生命通道"；数万吨钾肥经这里输往江浙皖，助春耕、保供给，一组组数据、一幕幕场景正生动演绎着共建"一带一路"从"硬联通""软联通"到"心联通"的美好篇章。

回眸一个个奋力攻关、日夜值守的瞬间，那些防护服上"中国海关"的醒目签名、"我是党员我先上"的响亮回声、除夕夜在请战书上摁下的红手印……都记录着新时代边关人在急难险重中是怎样地奋勇前行、使命必达，是怎样以关为家、以忠诚赴使命、以大爱护国门。

如今，霍尔果斯口岸功能更趋多元，进出口货运量连续7年居全疆首位。在这里，中亚管输天然气安全运行12年，供应北上广深等沿线

5亿居民需求。在这里，全国首批试点TIR业务落地、全国首列"铁路快通"中欧班列进境，一系列业务改革"组合拳"为我国向西开放注入不竭动力。

用奋斗凝聚人心之向

民生无小事，枝叶总关情。"人民海关为人民"不是一句空话，而是要深度融入乡村振兴大棋局中，自觉践行于为民服务的具体行动里，充分体现在解决群众最关心、最直接、最现实的问题困难上。

林果业是新疆重要的特色产业。面对果农销路少、防治病虫害难的现实问题，我们多次走访农林部门，立足富民兴边，联合打造"开放＋乡村振兴"互动窗口，为当地团场新增备案5万亩水果出口基地，依托农产品"绿色通道"和班列优势保障地产果蔬快速通关，果农的钱袋子更鼓了、幸福感更强了。

服务为民还要重在交心。在脱贫攻坚、"民族团结一家亲"中，我深有体会。我的帮扶对象叫沙里山别克，他的两个孩子都双腿萎缩、瘫痪在床。第一次见面时，孩子无助寞落的眼神，让我久久不能平静。几经周转联系上了权威专家，为孩子进行线上治疗。同时也为他们带去康复仪，教他们普通话、给他们讲海关故事，慢慢地兄妹俩变得健康开朗起来，每次离开时总是拉着我的手，

走访慰问帮扶家庭患病儿童　　郭昕 摄

一、情系家国，大爱为先 | 121

久久不愿松开。正是这份真情，让"海关"这个原本在哈萨克族农牧民口中从未出现过的名词，变成了竖起的大拇指；正是这份经历，让我不断积累群众工作经验，提升为民服务真本领。我们在彼此交往交流交融中像石榴籽一样紧紧抱在一起！

如果说服务为民是"国之大者"，那么每一名干部的冷暖亦是我心之所系。我会为关员工作疏忽陷入自责而揪心，教会他们用心专心；我会为关员身处边关择偶困难而着急，组织联谊团建拓展朋友圈；我也会为梯队关员家中突发难事而不安，多方联系解决后顾之忧，让他们知道不是孤军奋战……有人问我，这样事事操心忙得过来吗？我想，只有办好关员切身事，让海关总署支持边关的保障措施切实惠及每一名关员，才能让他们安身安心安业，汇聚起新时代海关事业发展的磅礴伟力。

时代变迁、岁月更迭，边关人在传承中进取、在坚守中发展，在这片干事创业的热土上播撒希望和汗水，也收获了太多感动与沉淀。"全国文明单位""全国法治宣传教育基地""全国普法工作先进单位""全国工会职工书屋示范点"，这些沉甸甸的荣誉正激励并呼唤着我们迈步新征程、再添新作为。

一路走来，我以青春与赤诚奔赴边关，边关用岁月和辉煌点亮了我的人生。"我见青山多妩媚，料青山见我应如是"，与其说我为边关尽了一份绵薄之力，不如说是边关的特质淬炼了我、锻铸了我。

道阻且长，行则将至。我将以"人民满意的公务员"这一殊荣为新的起

参加全国"人民满意的公务员"和"人民满意的公务员集体"表彰大会

刘纯 摄

点,踔厉奋发、笃行不怠,在海关总署、总关党委的坚强领导下,始终以奋斗姿态践行好边关人的责任担当,以奋斗实绩书写好新征程的海关答卷!

二 冲锋在前，无所畏惧

太原海关

实验室里的坚守，与病毒战斗的日子

——记"全国海关系统抗击新冠肺炎疫情先进个人"李君萍

山西国际旅行卫生保健中心 李君萍 王红

己亥之末，庚子之春，疫情发生。实验室检测是确定是否感染的最有效的手段，是抗击疫情一线战场不可或缺的一把"利剑"，保健中心是病毒检测的主战场，李君萍就是这个战场上和"毒魔"共舞的战士，在抗击新冠肺炎疫情中，她始终奋战在检测一线，穿戴厚重的防护用品，在封闭的环境中冒着感染风险完成一个又一个标本检测。

坚守岗位，以身作则做好口岸技术支撑

疫情就是集结令，电话就是战斗的号角。2020年农历腊月二十八深夜11点，她接到检测任务，有发热病人的咽拭子样品送检，顾不得被电话惊醒睡梦中的孩子，她火速赶到单位。农历腊月二十九，凌晨1点23分收到飞往太原航班上发热旅客标本，争分夺秒，立即检测。第二天清晨，走出实验室，一束阳光照到脸上，头发已被汗水打湿，脸上

留下深深的红印，来不及喝一口水，她迅速上报结果，待所有工作结束后才稍稍松了口气。稍做整理，新的一天已经开始，又投入忙碌的日常实验室检测中。农历腊月三十，当她做完实验走出单位时，除夕夜晚的街道空无一人，唯有稀稀疏疏的霓虹灯孤独地闪烁着，回忆起来："那时是一阵心酸、一阵自豪。心酸源于孤独的夜带来的伤感，不能与家人团聚的遗憾；而自豪却是不由自主由心底冒出的舍我其谁的责任感。"

2020年2~3月，作为实验室主任，李君萍带领团队完成了分子生物实验室体系文件的建立、实验室安全自查及完善、设备试剂耗材需求分析上报、分子生物实验室申请资质的各项准备工作、样品转运证办理、搬运血液分析仪支援机场等工作。

2020年3月19日之后，飞往北京的国际航班将分流太原武宿国际机场，无论何时，不分昼夜，只要有样本需要检测，她都奋战在检测一线。由于当时只有一支检测队伍，无法实现轮班工作，为了和疫情抢时间，她干脆住到了单位。那时候她和参与检测的同志几乎分不清白天黑夜、周内周末，有时候接到样品是在凌晨5点，有时候是在半夜12点，只要样品到了，他们就全身防护进入实验室，有时候是6个小时、8个小时甚至12个小时，脱了防护服出来后又有样品送来了或者有结果需要复测，短暂休息后接着穿好防护服再一次进去。由于防护服不透气，当她脱去防护服时，衣服早已湿透，由于长时间戴着手套、护目镜和口罩，脸上、鼻梁上勒出一道道红痕，甚至由于过敏，皮肤溃烂起泡。有一次她由于连续工作时间过长，突然眼睛干涩流泪，疼痛难忍，不得不闭着眼睛被迫离开实

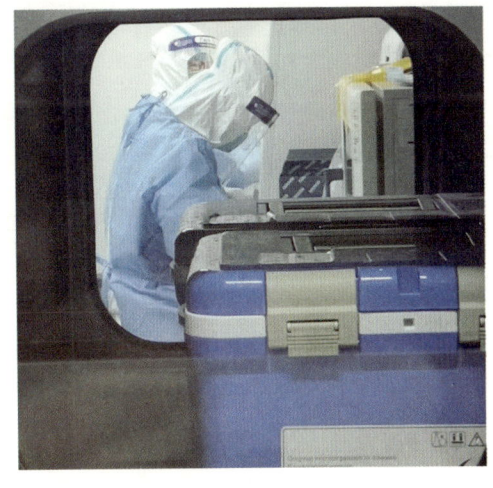

开展新冠病毒核酸检测
延大海 摄

验室。她说:"印象最深刻的是一次检测用了近12个小时。检测结束后久久不能入眠,从一个小小的加样枪头开始回想,每一步操作、每一步流程,还有消毒的每一个细节……"由于检测时一个姿势坐在生物安全柜前时间过长,她的颈肩肌肉劳损,患上了严重的颈椎病,很长一段时间躺下后难以起身,睡觉时痛得无法翻身。

她带领团队圆满完成了2021年全运会期间西安分流太原的国际航班,2022年3月以来上海分流太原的国际航班等各项分流航班、公务包机、货运航班、应检尽检关员核酸检测等检测任务。2022年4月太原发生新冠肺炎的本土聚集性疫情,按照太原市疫情防控总体安排部署,保健中心实行防范区管理。为切实保障工作运行,她顾不得处于其他防范区管理的老公和孩子,带领两名同事,半个月坚守在岗位上,完成了分流航班、关员核酸检测工作,海关总署远程实验室监督检查工作,协助中心其他部门完成保运行的各项工作。目前疫情防控进入常态化,李君萍坚守岗位,慎终如始,再接再厉做好核酸检测工作、实验室管理工作,为疫情防控工作做好技术保障。

新冠病毒核酸检测试剂准备工作
延大海 摄

疾风知劲草,烈火见真金。疫情防控是没有硝烟的战场,也是检验党员初心使命的考场。作为一名工作14年、党龄已有将近18年的老党员,她不畏艰险、冲锋在前,主动放弃假期和休息时间,进入负压实验室对送检的样品随到随检,投身疫情防控实验室检测的"战场",守护人民群众生命安全和身体健康。当谈到新冠病毒核酸检测工作时，李君萍动情地说："这是我的职责、我的阵地，现在是祖国最需要我的时刻，现在我争分夺秒地工作，就能够让核酸检测报告尽早出来，这样才能尽快开展后续应急处置工作，有效降低疫情传播风险。"

坚持宗旨，创新思路着眼发展

作为实验室主任及一名经验丰富的检测人员，李君萍注重专业技术储备，在认真学习有关疫情防控工作规范基础上，她带领团队想办法、出主意、推措施，对比多种核酸提取试剂和提取方法，认真分析每一步操作，消毒的每一个细节，认真做好检测工作指导和监督，确保检测工作的质量和生物安全，确保每一份检测结果的准确及参与人员的安全。

她注重加强与海关总署专家组、山西省疾控中心专家、山西省三甲医院专家的交流研讨，总结不同实验室检测工作的特点，优化实验室管

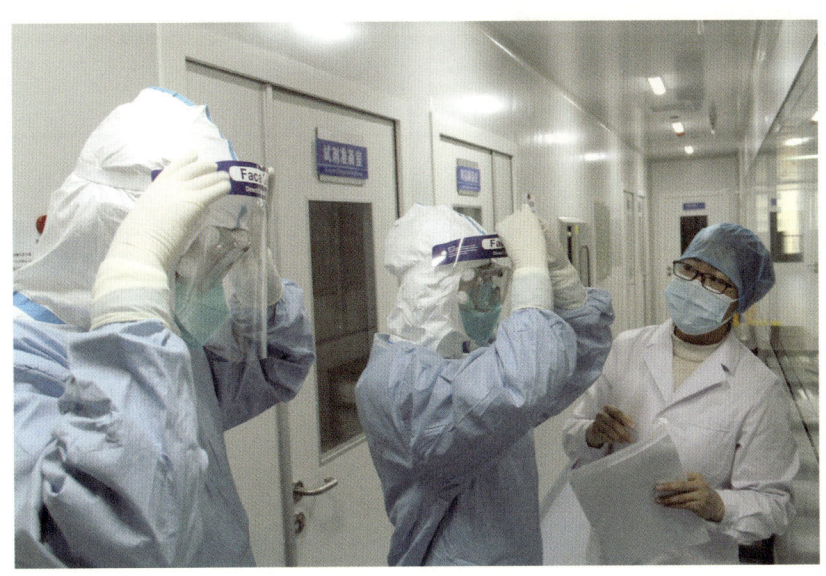

做好人员防护
监督工作
延大海 摄

理思路和检测流程，在检测样本标识、检测的各项记录等方面进行过多次改进，制订了新型冠状病毒实验室标准化操作指引，对实验室阳性标本复检、样本保存处理等进行了细化规定，以便实验室工作人员更好地执行。

新冠肺炎疫情发生以来，她极力加强分子生物实验室的能力建设，提高技术人员生物安全意识，培养了一支政治素质好、专业素质高、爱岗敬业、技能过硬的青年队伍。她组织技术规范、操作规程、生物安全等相关技术培训，完善实验室硬件，对核酸、抗体检测等所需专业仪器设备进行技术论证，对生物安全柜、高压灭菌器等生物安全设施、环境及检测设备进行全面检查，做好样本的管理，抓牢废弃物处理，完成分子生物实验室资质申请，样品转运证办理等各项工作，竭尽全力做好核酸检测各项准备工作，顺利通过海关总署专家督导组、山西省卫健委、山西省卫生监督所、山西省临检中心及地方疾控环保等部门的检查验收，为保健中心疫情防控工作奠定了良好基础。她不断解决影响核酸检测能力的提升和检测速度的加快的各种困难和问题，使实验室的检测能力扩增10倍。

开展团队政治理论学习培训
延大海 摄

她忘我工作，无私奉献，曾主持参与多项课题研究，参与《国境口岸环介导恒温扩增（LAMP）检测方法 第12部分：空肠弯曲菌》等行业标准的编制工作。根据口岸新冠肺炎疫情防控需要，李君萍查阅大量文献资料，作为主要起草人起草了多项地方标准，为国境口岸疫情防控提供技术支撑。

坚定职责，发挥部门"领头雁"作用

李君萍从事实验室检测工作 14 年来始终恪尽职守、爱岗敬业、敢于创新、勇于担当。

多年来她特别注重实验室检测队伍建设，带领团队获得了"山西省青年文明号"的称号。该团队是由一支"80 后""90 后"组成的青年团队，是一支极其能吃苦、极其能战斗、极其能奉献，始终坚持饱满的工作热情和积极向上的工作作风，以最佳的状态奋战检测一线、守卫国门的青年集体。为确保检测队伍的每一员都具备良好的政治素养、扎实的专业知识和过硬的检测能力，实验室的人员招聘、培训、考核她都亲力亲为，带教、手把手培训。新冠肺炎疫情期间，她带领这支年轻的队伍闻令而动、听令而行，发扬准军事化纪律部队优良作风，慎终如始，以最坚决的态度、最迅速的行动、最有力的举措，不折不扣贯彻落实海关总署疫

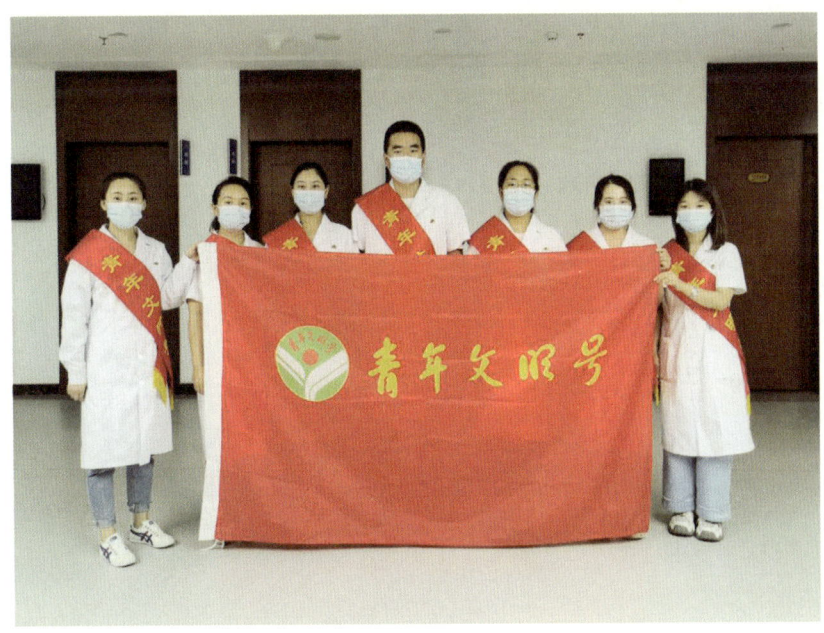

团队获得"山西省青年文明号"
杨玉　摄

弘扬抗疫精神
巡回演讲
高瀚林 摄

情防控的各项决策部署。

　　李君萍是一名共产党员，是一名海关人，是一名国门卫士，她牢记入党誓言，竭尽全力守护国门安全，在海关工作中践行着全心全意为人民服务的承诺。始终牢记责任使命，砥砺前行，展现了海关人能打仗、打硬仗、打胜仗的风采。

满洲里海关

"忠诚、担当"就是"我"的答卷

——记"全国海关系统抗击新冠肺炎疫情先进个人"原治国

满洲里海关所属满洲里十八里海关 高晗

2020年年初,坐落于苍茫草原上的边陲小镇再次迎来了刺骨的寒风,往日人潮拥挤的满洲里公路口岸也因新年的到来而陷入了沉寂。大街上处处张灯结彩,家家户户都忙碌着准备度过一个一如既往的祥和新年。

原治国是满洲里十八里海关旅检三科的科长,今年的他并未按照值班表上的安排在家休息迎接新年,而是自告奋勇坚守在口岸一线,时刻关注着进出境游客的细微动态。

海关是守卫国门的第一道防线,卫生检疫更是海关的重要职能,作为一名海关一线的执法科长,任何风吹草动,他都必须要精准掌握,这不仅是对自己的工作负责,更是对广大人民群众的身体健康和生命安全负责。在这样的背景下,他自愿放弃春节假期,放弃3年来首次与父母在满洲里过年团聚的机会,毅然决然地选择坚守在口岸一线,他不愿意看到任何可能的风险出现在自己的面前,他选择用属于自己、属于海关人的方式向背后的父母家人传达爱意。

随着时间的推移，疫情也在逐渐蔓延。此时此刻，满洲里十八里海关高度关注疫情形势变化，组织人员学习解读文件要求，细化优化旅检现场处置流程。作为科室负责人的原治国犹如一块巍然屹立的山岩，在瞬息万变的消息中剥丝抽茧。敏锐的他关注到，境外人员回国的趋势不断增长，显然在每个中国人的眼里祖国才是最为安全的避风港。

一天，满洲里公路口岸迎来了一批入境人员。这一行人行色匆匆，面带疲惫，旅途的颠簸似乎已经让他们失去了耐心，在填报健康申明卡的过程中对关员的问询显得不耐烦，回答问题更是含糊潦草一句带过。原治国凭借多年的执法经验，敏锐地嗅到了一丝不平常的气息。认真了解这些旅客的背景后，他发现这批旅客均来自相邻国家的批发市场——批发市场代表着人员密集、流动性强，有无数的人在这里摩肩接踵，而这正是最易病毒传播的环境。

原治国立即向关领导上报现场情况和旅客风险信息，通知现场关员做好个人防护，优化现场处置流程，及时安抚情绪不稳定的入境人员，安排有医学背景且有实操经验的人员负责采样工作，确保现场处置科学有序。

随着一条条指令的下达，各岗位工作开始有条不紊地运作。而本来焦急不安的旅客们看到关员们忙碌的身影，听到原治国亲切的祖国口音，躁动的情绪也逐渐恢复平静，积极配合起海关卫生检疫的工作。

一切都在深夜归于平静，凌晨1点，原治国带领着旅检三科全体关员们坐在办公室里，一边复盘今日的工作流程，一边等待着核酸检测的结果。每位关员都在积极地交流自己岗位的工作经验，许多工作流程的优化方案在头脑风暴中不断形成。

接下来的几天，原治国坚持驻守在口岸现场的第一线，不断研讨优

二、冲锋在前，无所畏惧 | 133

组织科室人员
学习交流
燕飞雨 摄

化通关流程，统筹安排科室一线防控工作，学习传达《口岸新型冠状病毒肺炎卫生检疫操作指南》《新型冠状病毒肺炎口岸防控技术方案》等文件精神；认真梳理"三查三排一转运"每个操作环节，确保人人熟悉岗位职责和工作要求，坚决将疫情防控各项要求落实到位；对照海关总署最新版技术方案及操作指南，围绕个人防护、污染控制等方面，开展全员培训练兵……在疫情输入的高压之下，整个旅检科室迸发出了惊人的战斗力。

在4月10日这一天，原治国迎来了他职业生涯中尤为重要且漫长的一天。这一天正是原治国所在的旅检三科的当班日，而他作为入境检疫"指挥员"，担负起统筹整个工作场景、维持各个重要环节、保证全部岗位正常运转的重要职责，在他的现场指挥下，旅检三科和前来支援满洲里十八里海关的所有关员都拧成了一股绳，大家严阵以待，时刻准备面对此次艰巨的挑战。

随着一道道指令被不断地下达，各种突发情况也接连出现：体温

开展防护装备培训

燕飞雨 摄

报警不断响起,健康申明卡上勾选着高风险选项,旅客不断提出各种要求……。原治国的身影无处不在,他时刻关注着各个环节的排查处置情况,哪个环节不够顺畅他都会及时出现,他总能迅速且专业地进行现场处置:指导关员测温登记、分流旅客;安抚人员情绪、解决需求困难;联系医院、公安转运移交,第一时间将现场处置情况及时向上级领导报告反馈。他在红区内不停地来回穿梭,没有半刻停歇,手里的对讲机和手机一刻都不曾放下,每分每秒都在承担着沟通协调的指挥任务。尽管防护服湿透了,嗓子喊哑了,护目镜模糊了,尽管站得双脚疼痛难忍,他都仍然半步不移地坚守自己的岗位。

从深夜12点至早上7点,7个小时的通宵奋战,原治国带领大家圆满完成全部回国旅客入境卫生检疫工作,关员们累瘫坐在检查室、工作台上休息,他却清醒地意识到,自己的任务还没有完成。拖着疲惫的身躯,他开始整理全部旅客的单证手续,联系消毒公司进行终末消毒,让这次工作任务有始有终、圆满完成。

当他回到隔离点的那一刻，他瘫倒在了床上，但是很快工作电话将他拉回了现实——需要第一时间整理报送初检阳性病例相关信息。这几天他甚至没来得及吃上一顿热饭，但是肩上的责任带给了他无穷的精力。他立刻带领科室骨干力量第一时间赶回口岸现场，对照检出名单逐项核对信息。

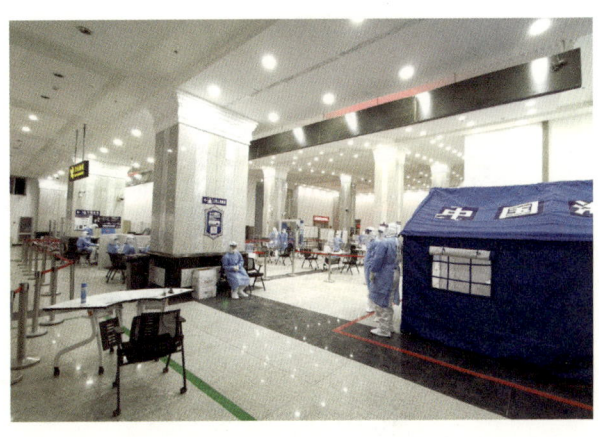

验放入境旅客
燕飞雨 摄

后来，原治国回忆说："第一名旅客进入现场时，测温系统就报警了，当时，身体不受控制地颤抖了一下，甚至有旅客咳嗽着走过来。"但是，他在现场来不及担心和思考，因为他知道自己作为一名海关人的担当，不能将恐慌和不安的情绪传递给大家。

为了落实海关总署疫情防控和促进外贸稳增长的总体要求，保障中欧班列正常运行，他们承担着俄方铁路工作人员和货运司机卫生检疫工作，而疫情防控也进入了常态化的阶段。

在接下来的工作里，原治国带领整个旅检三科执行着封闭倒班机制，他们吃在口岸，住在口岸，每日两次身着防护服验放进出境人员，在满洲里公路口岸货运渠道开展"甩挂运输"作业前，他们的平均每日工作时长达到 8 小时以上。

随着疫情防控各项工作进程的不断推进，满洲里公路口岸的旅检通道正式关闭，进出境人员卫生检疫工作暂时告一段落，原治国也在准备迎接抗击疫情时代的不一样的新年。

"二十八，把面发，打糕蒸馍贴花花。"按照中国人民的传统习俗，农历腊月二十八这一天各家各户都应该开始准备过年期间的主食了，原治国也不例外，这天难得休息的他正在家里陪妻子和女儿包着饺子，谈笑间的欢乐气氛让他有些恍惚——记忆开始变得模糊，就像当初蒙上薄雾的防护面屏。他挥了挥双手想拭去薄雾，但感受到的却是手里正在震动不止的手机。原治国接到了一通紧急的工作电话。

车站海关的卫生检疫工作急需十八里海关拥有丰富旅检卫生检疫经验的同事支援。因工作需要，工作人员开展作业后必须进行封闭管理，也就是说，这个新年又有人要错过了。

原治国在接到这项工作任务的第一时刻，想到的就是自己前往。虽然他担负着科长的职责，但是他从来没有把自己摆在高高在上的位置，科室里有即将退休的老同事，有刚入职不久的新青年，有期盼和异地亲人团聚的单身关员，想到这些人在这一整年的付出，想到他们在防护服下汗流浃背的样子，他觉得这些可爱的人值得过上一个期待已久的新年。想到这里，他拿起手机，向领导发出了主动请缨的信息。

但事实上，任何工作都不是靠一己之力能完成的。这次的支援工作，派出了旅检4个科室里一直冲锋在前、最有实操经验、作业能力最强的关员作为第一梯队，这些人将承载着满洲里十八里海关的抗疫精神完成支援兄弟海关的工作任务。

这晚原治国熬了一个通宵，不能前往一线的他，连夜整理了卫生检疫工作的相关知识汇编成了手册，发放给即将进入支援梯队的关员们，这份手册不仅包含了卫生检疫的所有防护要点，也包含着他多年一线执法的经验浓缩，更是饱含着他的歉意——辛苦一年的兄弟姐妹们不能回家过上一个团圆年，成为他埋在内心深处的遗憾。

这个春节，原治国没有走亲访友，没有赴宴应酬，而是像4月10日那晚一样，一直奔波在口岸、隔离场所和家三点一线之间。他每时每

二、冲锋在前，无所畏惧 | 137

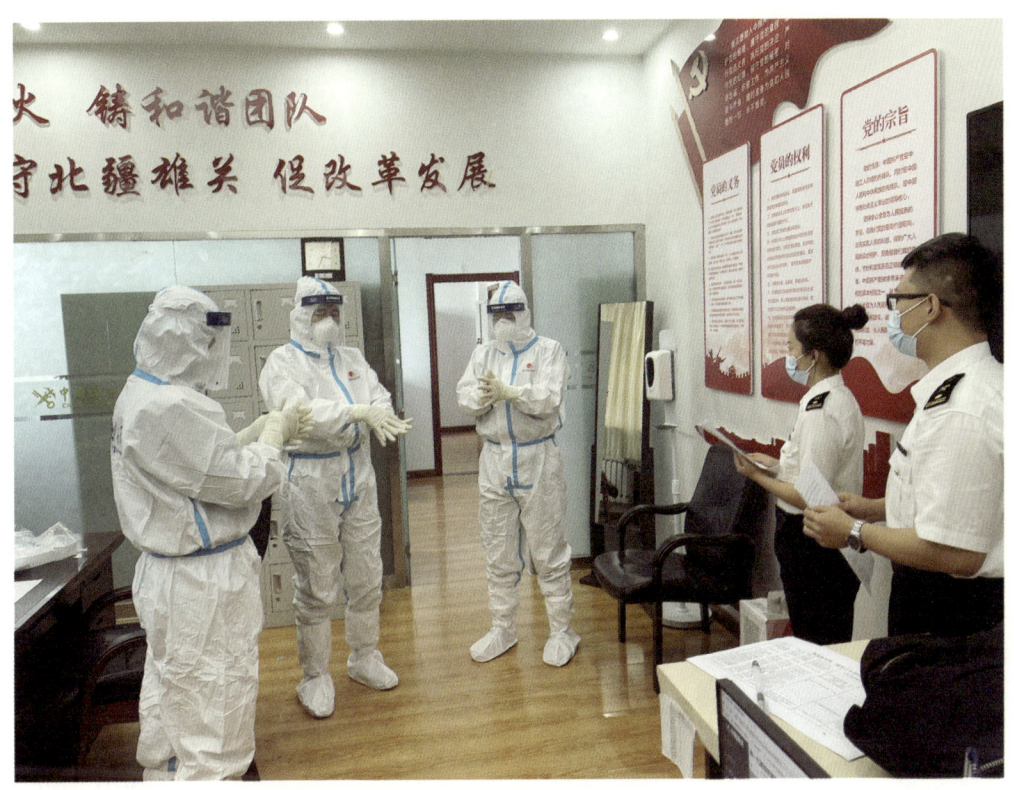

组织科室人员开展防护服穿脱演练
燕飞雨 摄

刻都在关注着支援和留满过年的兄弟姐妹的工作、生活情况，密切关注每一个人的心理和身体状态。除夕当天，他顾不上跟家人一起吃顿团圆的饺子，而是第一时间将饺子送到隔离场所和单身宿舍。此刻他能强烈地感受到，经过长久的工作磨合，面对过一次又一次疫情和挑战，他的心已经和所有一线的兄弟姐妹们连在了一起。

在疫情面前，时间的流动像是加了倍速，过往那些在口岸现场艰苦奋斗的日子仿佛只是眨眼间的气泡。坐在办公桌前的原治国回过神来，看了眼时间，2022 年已经走过了一大半。这几年来，他承受了难以想象的压力与辛苦，但也获得了组织的认可。因现场妥善处置阳性病例，旅检三科在关区被通报表扬；因在疫情防控工作中表现突出，原治国获得"全国海关系统抗击新冠肺炎疫情先进个人"。2021年10月，满洲里海关推荐原治国作为优秀党员代表参加自治区直属机关党代表大会。随着这些荣誉而来的，是一份更为沉重的责任压在他的肩上。在常态化疫情防控工作以来，科室里有3人借调总关职能部门、先后7人支援车站海关和兄弟科室，最少的时候科里就剩下3个人，面对这样的情况，他从来没有半句怨言、丝毫退缩，他还经常跟大家说："疫情防控工作是政治任务，它不仅是旅检三科的事，也不仅是满洲里十八里海关的事，而是满洲里海关的大事，需要我们，我们就上。"作为科室的主心骨，他一方面要扛起科室重要的工作，有序推进党建、业务工作，落实好疫情防控各项工作要求，另一方面还要时刻关注在外参与支援的关员，经常打电话关心大家的隔离工作、生活情况，时刻提醒大家严格规范操作、做好个人防护。这3年来，在不经意间，原治国头上的白发已悄然蔓延。

  在所有人看来，原治国是一个一诺千金、言出必行的诚信之人。但是他心里明白，自己最亏欠的，是她的女儿。这些年来，他最常说的一句话，是"下次"。作为一个慈爱的父亲，他想给女儿一个快乐、无忧无虑的童年，想带着女儿走遍大好河山，看遍人间美景。但他又是一名一线执法科长，是海关基层的骨干力量，是上传下达的有力枢纽。身份的冲突，让他不得不作出取舍。他仍然记得上一次看到女儿的眼泪，与考试分数无关，与撒娇任性无关，与踏青游玩无关，只是有一天被女儿看到自己因为工作没能及时吃饭，导致胃痛的样子。女儿有着同龄孩子身上不多见的成熟和乖巧，默默地为父亲递上一杯热水，端来一碗饭，然后便回到了房间中。如果不是听到了她隐隐的抽泣声，或许这位父亲还不知道，自己在守护着家人的时候，家人也在用他们的方式守护着自己。

作为一名拥有坚定党性的共产党员，原治国有着强烈的使命感和责任感，他不后悔成为一名海关人，也从不后悔自己的付出和牺牲，待日后春暖花开，他还是会记起，自己亏欠大家的那个新年。

哈尔滨海关

"侠姐"抗疫两三事

——记"全国海关系统抗击新冠肺炎疫情先进个人"陈侠

哈尔滨海关所属抚远海关 牛磊

2020年10月12日，全国海关系统抗击新冠肺炎疫情表彰大会在北京召开，在"全国海关系统抗击新冠肺炎疫情先进个人"的名单中，有一个极具阳刚之气的名字——陈侠，哈尔滨海关获奖者中唯一的女性执法一线科长。

《汉书》有云："夫唯大雅，卓尔不群。"陈侠在疫情防控中表现出的家国情怀、责任担当、专业素养和创造的工作成绩完全配得上这句话。身边的领导和同事都亲切地称呼她为"大侠"，人如其名，她如同古代"女侠"一般，在抗疫战场上凭借"高超的武艺"展示"侠之大者"。在2020年新冠肺炎疫情蔓延之际，时任哈尔滨海关所属东宁海关旅检一科科长、党支部书记的陈侠，挺身而出、率先垂范，不惧风险、冲锋在前，团结带领身边同事披白袍、着银甲筑起了一道抵御新冠病毒的钢铁长城。在这场国门抗疫中，充分展现了共产党员的职责与担当，展现了巾帼不让须眉的气魄与风采。

"女侠"出征

2020年新冠肺炎疫情发生后，数万海关人变身"大白"成为最美逆行者。疫情发生伊始，东宁口岸正处于春节前的闭关期，陈侠作为旅检一科科长，深知肩上的责任重大，迅速带领科室全体人员为口岸临时开关做战前准备。

从年前闭关到年后临时开关只有短短的九天时间，陈侠承受着身体和精神的双重压力。面对突如其来的新冠肺炎疫情，每个人都是新兵，大战在即，队伍中或多或少出现了一些紧张、焦虑、不安的情绪。而她作为带头人必须要时刻保持冷静镇定，一方面要调整自己的心态，另一方面是要帮助身边的战友舒缓情绪。科室里一共9个人，一个人的孩子刚满周岁，一个人的家中有82岁卧病在床的父亲，一个人要照顾高中孩子的生活起居以及网课管理……当生活中的烟火和口岸"疫"线的"战火"交织碰撞，每个人的压力可想而知。陈侠和大家交流谈心，发自肺腑，真诚坦荡，彼此间互相鼓励、互相打气加油，充分做好了思想和心理上的准备。

作为关区新旅通系统应用专家，疫情之初，陈侠率先在哈尔滨海关推广"海关旅客指尖服务"小程序。为安装扫码枪，她晚上收到货后立即赶到单位加班，测试成功后连夜编写了旅客健康申报操作流程和海关审核操作流程小程序，第一时间在关区行邮群内发布，为疫情初期哈尔滨海关电子化健康申报推广应用作出了一定贡献。

2月1日，疫情发生后东宁口岸临时开关的第一天，检验海关这支队伍整体作战防控能力的时候到了。而前一晚，她失眠了。家人以为她是因为紧张、焦虑或是兴奋，她说，我现在已经顾不上情绪的变化了，我脑海中反复出现的是各项操作要求、人员如何安排、岗位如何设定，还有没有之前没想到的场景，进境人员该如何疏导，遇到了突发事件怎么处置，方式方法是否恰当等，我要把我的同胞们平安接回家。最后这句话，后来成为陈侠一直印在心里、挂在嘴上、落在实处的一句话。

2月的东宁，天亮得很晚，早上日出前是一天中气温最低的时候，达到-20℃。天还没亮，陈侠顶着寒风早早来到口岸现场，她根据工作需要和每个人的专业特长、优势特点，整合了各组力量、重新定岗定责定人；强调明确防控的重点、科学实施检疫查验；设立了岗位A、B角，强调协同作战合力攻坚；叮嘱每个人做好个人防护、互相守护，以最佳状态守护国门……此刻，她不是"大侠"，而是排兵布阵的"大将"。

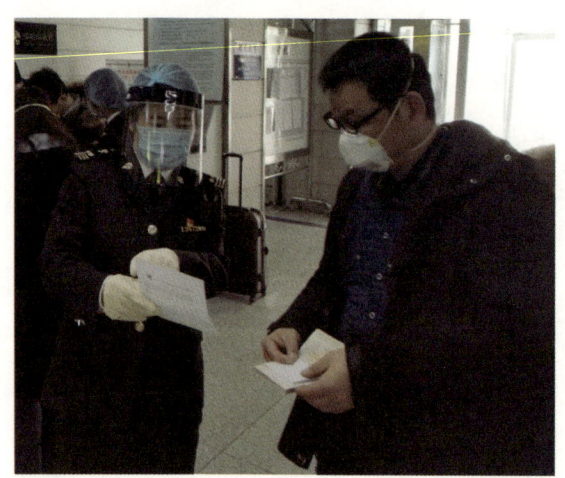

指导入境旅客填写健康申明卡
杜勇 摄

当面对年后第一批中国籍归国旅客那一张张疲惫而紧张的面孔时，陈侠面带微笑，拿起喇叭，"欢迎同胞们回家，请如实向海关申报您的健康情况……""新冠肺炎疫情防范应做到……""健康申报应填报……"一句句政策指导和温馨提示，让原本还有些担心疫情的旅客不再焦虑不安。整整3个小时，陈侠的殷切话语一刻未停。紧张忙碌的同时，陈侠的乐观情绪也在感染着身边的每一个人，同事对她说："侠姐，让你的嗓子休息一会儿，我来替你。"陈侠笑着说："我嗓门大，这时候不用啥时候用。"此时，同事们都听得出来，陈侠原本清脆的嗓音已渐渐沙哑，而她仍然在努力用更大的声音向归国旅客传递着最温暖、最热情的话语。归国旅客被海关同志的工作深深感动了，口岸现场响起了热烈的掌声和感谢声。当时在口岸现场带班的边检站站长也竖起了大拇指："侠姐，厉害！"陈侠说，能让同胞在跨进国门第一刻，就感受到祖国的关怀，是海关人光荣的职责，是人民海关为人民的充分体现。

2月1日，是陈侠人生中抗疫的第一天，陈侠带领她的团队用实际行动践行着"首战用我、用我必胜"。

"钢铁女侠"

2020年3月下旬，国内疫情缓和，国外疫情形势却日趋紧张。绥芬河旅检口岸面临前所未有的"外防输入"压力。面对如此严峻的疫情防控形势，哈尔滨海关党委当机立断，统筹协调关区人力资源，从绥芬河附近的几个隶属海关抽调具有疫情防控经验或医学专业背景的人员支援绥芬河海关旅检工作。

2020年4月2日，陈侠临危受命，带领东宁海关的8名同志奔赴绥芬河海关开展支援。4月4日，是陈侠与绥芬河海关的战友们并肩度过的终生难忘的一天，也是陈侠参加口岸一线疫情防控工作至今仍铭记于心的最艰难的一天。那天白雪纷飞、异常寒冷，入境旅客数量是疫情发生以来绥芬河海关公路旅检口岸验放最多的一天。陈侠作为流调人员在岗位上一坐就是10多个小时，在气温只有5℃左右的环境下，全身冰冷、手指僵硬、视线模糊，但她依然坚持着，依然保持着温暖的微笑，依然耐心询问着每一个问题，依然用早已不太灵活的手指记录着流调内容……绥芬河海关现场带班

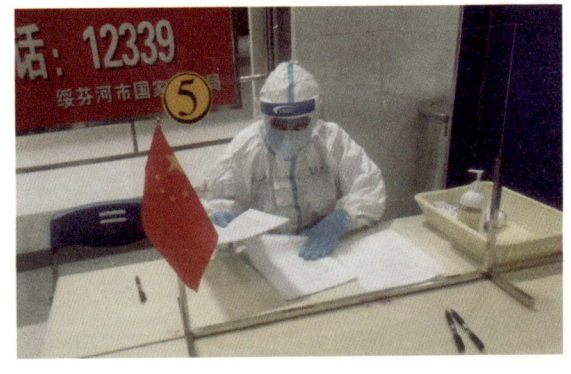

支援绥芬河海关开展流行病学调查　　何登科　摄

与绥芬河海关
战友合影留念
郑家昕 摄

领导三次要求她下岗休息,她都拒绝了,她说:"采样的战友们一直在坚持,没有离岗,我一个做流调的更应该坚持,她们比我辛苦、比我累、比我危险,我没有医学背景现在还做不了采样帮不上她们,但我能力所能及做点别的事。"

在当日工作即将接近尾声的时候,有一名18岁的留学生来到了陈侠的流调台前,刚开始,这位男孩子坐在那里一声不吭,无论怎么询问也不说话,陈侠从他的神态感受到了孩子正在承受着巨大的心理压力,与那对刚入国境一下客车就趴在地上号啕大哭的夫妇相比,他的恐惧、无助、疲惫都隐藏在外表下。此时的陈侠,身体和心理其实也已接近极限,但她想到了自己刚上大学的儿子,想到了疫情给这些留学的孩子带来的巨大压力,于是,她暖声暖语安慰这个孩子,对他一路奔波辗转到绥芬河口岸回国表示关心,对他能够很快回到自己的家见到亲人表示祝贺,同时也以自己已经坚持10多个小时不吃、不喝、不上厕所得到他的理解。男孩被海关关员的这种真诚、温暖、敬业的精神感动了,终于开口说话,陈侠成功完成了对他的流调。"钢铁"女侠其实也有一颗温暖的心。

到抚远海关工作后有人问陈侠,你当时不害怕吗?陈侠说,当我和那些旅客仅隔着一个不封闭的玻璃板面对面做流调的时候,当我询问他们的职业，了解他们的接触史、旅居史、用药情况的时候，其实基本上已经有判定了，当时可能是大脑始终保持在高度运转状态，真的是没时间考虑害怕还是不害怕，但是事后还是有些害怕的。"坚持下来了，坚持就是胜利，我现在不直接参与口岸一线工作了，但是还有那么多人仍在战斗、仍在坚持，他们才是真正的英雄。"陈侠说。

"双枪女侠"

凡为"侠"者，皆执锐也。奋战在口岸一线的"女侠"自然也有她的攻坚利器——"双枪"，左执拭子，右握笔。

2021年，已提任抚远海关副关长的陈侠正在为关员进行新冠病毒核酸采样及防护技能实操考核培训，在采样技能中最难的一项无疑是鼻咽拭子采集，她现场为大家进行实操演示，只见拭子稳准插入采集对象的鼻咽后壁。没有医学背景的陈侠之所以能练就如此娴熟的采样技术，在哈尔滨关区有一个广为流传的佳话。

新冠肺炎疫情伊始，各个隶属海关都存在采样队伍人手不足的问题，陈侠为了学习采样技能，主动向身边的有医学背景的同事们求教，认真揣摩采样技术要点，不断提升采样技能和实战水平。陈侠目前的采样技术已达到甚至超过专业水平，战友们都说大侠的鼻咽拭子采集技术堪称"稳、准、狠"，其中给别人采集的时候是"稳"和"准"，剩下的"狠"是留给自己的。

2020年4月，东宁海关成立了采样专班，专门给入境货车司机采集鼻咽、口咽拭子，陈侠是其中一员。作为专班成员自春天工作到冬天，度过了日均近30℃的酷暑以及日均近-20℃的严寒。由于当时的采样要求在通风良好的情况下进行，所以陈侠和大家一起在室外的采样方舱里

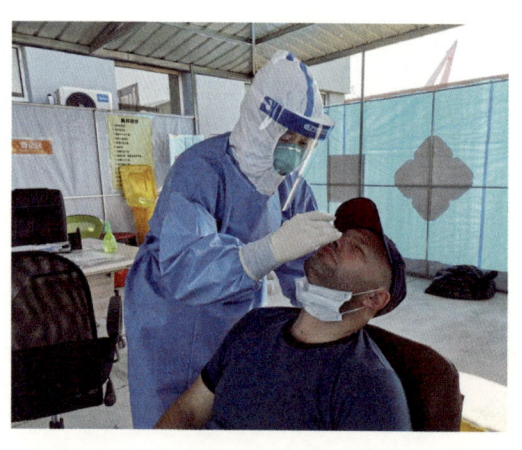

为入境外籍司机进行鼻咽拭子采集

郑学清 摄

工作。在厚重的防护装备下,夏天汗水从头到脚,湿透衣衫。冬季,在凛冽的寒风中瑟瑟发抖。然而不管是酷暑还是严寒,她和她的战友们仍然坚守一线,严守纪律,毫无怨言。

陈侠除了学会用拭子进行新冠病毒样本采集,还善于用手中的笔宣传同事们和所在集体的抗疫事迹。当然,作为曾经当过办公室主任的她来讲,能写会宣传是一项必备技能,更何况抗疫期间,她认为有责任、有义务去展示宣传身边那些平凡而又伟大的战友们的事迹,展示什么是闻令而动、遵令而行,什么是听党指挥、绝对忠诚,什么是敢打硬仗、能打胜仗,什么是甘于奉献、勇于牺牲。那些鲜活生动的例子、感人肺腑的事迹是陈侠拼搏进取、勇往直前的直接动力,她要直抒胸臆酣畅淋漓地展示战友们的风采、展示所在海关集体的魅力。2020年,她共撰写上报各类信息106篇。

"多面女侠"

古语云:不谋全局者,不足谋一域。陈侠注重在疫情防控中积极探索风险管理模式,她针对某外籍货运新冠病毒核酸检测阳性司机不遵守中方疫情防控规定入境,海关发现难、疫情传播风险高等问题,结合自己曾在货运通关的工作经历、对新旅通系统熟练应用把握能力以及积累的疫情防控经验,创造性提出"跨境运输高风险司乘人员精准检疫拦截"举措,获海关总署备案。该创新措施主要通过新一代风控系统与新旅通系统的有效对接,在新旅通健康申报环节提出布控指令需求,成功拦截了该外籍货运新冠病毒核酸检测阳性司机及其密切接触者入境，实现了海关在卫生检疫环节对该外籍司机的有效管控，成功把控住了第一关，为防范疫情传播发挥了重要作用，筑牢了口岸卫生检疫防线。同时该布控指令适用于全国所有口岸现场，有助于其他关区口岸海关对入境人员进行健康申报判断和管理。

陈侠的卓越不仅体现在抗疫的战场上，在海关工作20多年来，她在基层海关的工作岗位上信念坚定、政治过硬，始终保持良好的工作劲头和健康的精神状态，严谨求实、勤奋刻苦，曾多次被评选为单位优秀公务员、市级先进个人、口岸系统先进工作者和省级、市级统计工作先进工作者。作为支部书记，她充分发挥党建政治引领作用，按照"人民海关为人民"的本质要求，为国家把好门、为人民服好务，她所在的支部被评为"省直机关先进基层党组织""哈尔滨海关直属机关先进基层党组织"，本人也多次被评为"优秀党支部书记""优秀共产党员"。

新岗位再出征

2022年6月，祖国最东端的抚远口岸开关在即，按照海关总署统一部署，已担任抚远海关副关长的陈侠，以带班关领导的身份带领登临检疫小组的关员进入港区，参与封闭管理和登临检疫工作。

在陈侠的抗疫经历中，"首次""唯一"是出现的高频词汇。这一次，她又创造了一个"唯一"，她是哈尔滨关区唯一一位落实海关总署关心关爱抗疫一线关员措施，参与封闭管理的女关长。

陈侠对海关准军事化纪律部队建设有很深的情结，海关优良的工作作风在她的身上体现得淋漓尽致，她的身体里流淌的就是海关的血液，无论走到哪里，都能带来一份海关情怀、一股海关力量、一种海关精神。

这正是：

> 陈氏有女守边疆，国门建功写华章；
> 白袍银甲传佳话，抗疫女侠美名扬！

2022年抚远口岸开关第一天
孙靖松 摄

陈侠是数万名奋战在抗疫一线的海关人的杰出代表，作为一名共产党员、一名海关关员，陈侠以及一代代的海关人不忘初心、牢记使命，以矢志不渝的执着、永不止步的进取、敢于担当的勇毅、求真务实的笃行，忠诚捍卫"两个确立"，坚决做到"两个维护"，将不断奋力拼搏，不断奋勇争先，不断续写辉煌，做无愧于这个时代、无愧于党和人民重托的国门守护者！

上海海关

"星夜旅"下的"赤丹红"
——记"全国优秀共产党员""全国抗击新冠肺炎疫情先进个人"宋丹

上海海关所属浦东机场海关 姜淼文 华圣叶

宋丹，现任上海海关所属浦东国际机场海关旅检处机关党委副书记、副处长。进入夏季，滨海口岸的强降雨总是不期而至，空港常常笼罩在一片茫茫雨雾中。我们来采访她时，她正伏案整理公文，雨点淅淅沥沥地打在干净整洁的窗沿，看到我们来了，宋丹打开窗户，顿时传来阵阵微凉的清风，疏散了些许闷热。她引着我们看向空港——两座如翼的航站楼环绕着参加封闭管理人员居住的宾馆，如灯塔一般指引着风雨归来的航班。

宋丹，人如其名，以一颗赤忱的丹心，把最宝贵的青春年华献于国门口岸的卫检事业中。

与旅检现场值守关员交流
陈兴洲 摄

雏凤清鸣，风展红旗临空港

2008年8月，初出校园的宋丹带着满脸的好奇踏进了浦东机场。谁也不知道，那时候的她刚婉拒了导师的苦苦挽留和医院提供的良好待遇。带着对未知岗位的好奇，她义无反顾地加入了国门卫生检疫这个大家庭，对于彼时年轻的她来说，前途不可知却充满着神秘的吸引力，也未曾想到浦东机场这座巨大的东方空港将成为她今后十几年为之奋斗的战场。提起刚入职的第一天，宋丹还是记忆犹新，她说："我们到科里报到的时候，感觉所有老师都在翘首以盼，那炙热的眼神让我心里慌慌的。"

那时的她并不清楚，浦东机场正值2号航站楼及第三跑道通航启用，浦东机场正式进入2座航站楼、3条跑道同时运营的时代。在监管场所分散的情况下，新生力量的加入是多么可贵。她分到的科室只有4个检疫医师，面对2号航站楼每天几万人次的入境旅客，对于"小白"的她来说，如何甄别出需要口岸拦截的异常人群，这个概念是模糊的。好在她碰到了经验丰富的好老师，再加上浦东机场高业务量的日常磨炼和摔打，渐渐地，她的工作也变得得心应手了。

2014年，宋丹迎来了职业生涯中的第一个高光时刻，她有幸被选拔和安排到基层领导岗位上，担任旅检处综合科科长。"我会带领全科同志一起践行入党誓言，一起履行职责，让党旗在国门高高飘扬！"面对困难，一声"跟她上"远比"给她上"更有力量，只有这样才能带出一支敢于冲锋、敢打硬仗的尖刀队伍。在她身体力行的无声感召下，她和科室同志团结一心，在经年累月的相处中形成了不畏艰险的战斗精神，经受住了一系列的挑战。

灼灼其华，不爱红装爱武装

2020年，对我们每一个人来说都是不平凡的一年，新冠肺炎疫情蔓延，从根本上改变了我们的生活。"疫情就是命令，防控就是责任。面对这样一场没有硝烟的战争，我们必须赢，必须守护好人民群众的生命安全。"在宋丹看来，面对新冠肺炎疫情这场考验，身处国门第一线的海关人责无旁贷，越是艰难的关头，越是要冲在最前线。

巾帼不让须眉，红颜更胜儿郎。记得疫情发生后第一个需要登临的航班上有数名来自重点地区的旅客，需要进行转运隔离，而且该航班还申报有一位旅客出现呕吐症状。宋丹和同事们第一时间抵达停机位，经过紧张的机上排查，有症状的旅客被排除传染病的可能性，需要隔离的旅客也被单独带离机舱，进行进一步处置。虽然机上处置完毕，可是宋丹却犯了嘀咕，原来，对于这些没有症状但需要集中隔离医学观察的人员，要在进入航站楼后再行转运。出于医学专业的敏感，她认为新冠病毒传播性强，潜在的无症状感染者数量多，倘若大批重点人员进入相对密闭的候机楼，势必引发较大的传播风险。对于这些重点地区的归国团组和人员，最好由机坪直接转到集中隔离医学观察点。"机坪直转"模式在浦东机场海关党委领导的支持下，依托联防联控机制全面推行，成为疫情防控封闭管理工作中的关键一步。此后，她还组织力量仔细研读文件，根据防控技术方案中对于疑似病例和密切接触者的判定及处置措施，提出一系列针对重点航班及团组的处置

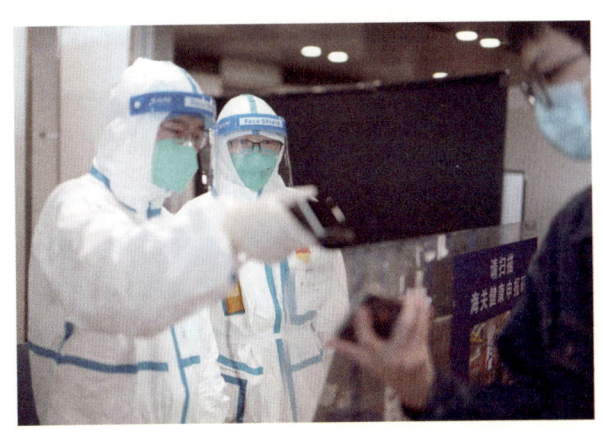

查看出境健康申明审核　　陈兴洲 摄

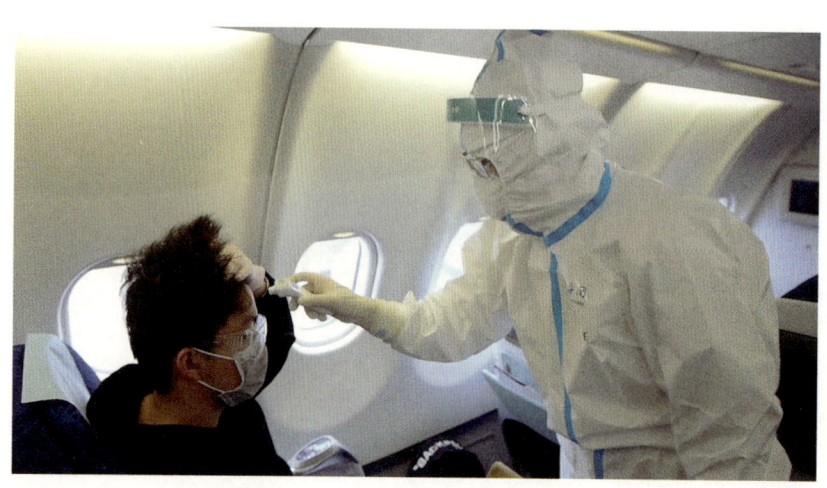

开展登临检疫
吕宣 摄

方案。

"这个时候,党员不上谁上?"作为卫生检疫专业人员,她带队开展高风险航班登临检疫工作,每每有急难险重的任务,她始终冲在最前面,深入"疫"线。

2020年3月的一天,宋丹提前接到通报,某航班上有多名转机旅客,且近80名旅客体温超标,急需快速高效妥善处置。经过现场踩点、研究讨论、联系协调,确定预案后,还没来得及歇口气,宋丹匆匆换上防护服开始登临,航班到达指定机位时,机坪上数十辆救护车和临时改作核酸检测采样点的机场摆渡车已经一字排开,海关、边检、卫生……各部门工作人员严阵以待,气氛紧张而又凝重。她和同事全副武装登上舷梯,向机组充分询问情况,并对旅客进行逐一问询,最终发现4名有发热症状的旅客和2名报告服用过感冒药的旅客。她们把有症状的旅客带到空置的商务舱完成复测和流调,随后转至等待多时的救护车上,分批疏散体温正常无症状的旅客下机。最终这6名旅客及其4名同行者由救护车转送至指定医疗机构接受进一步排查与诊治。另有30名同机旅客经流调、采样后统一移送集中隔离点实行医学观察。整个航班的处置前

二、冲锋在前，无所畏惧 | 153

后历时近 4 个小时。

"那个时候，我们每天要完成上百架次的登临检疫，上万人次的测温、健康申明卡审核，经常前晚守夜的航班还没查完，早班进港的重点航班已经落地，上岗几天回不了家是常态。"回想起那段时光，宋丹充满了感慨。或许套在厚厚的防护服里，连续八九个小时滴水不进、粒米不沾超负荷工作的状态，会成为留在这一代海关人记忆深处最难忘的经历。

"当做完机上广播，说出'我们是中国海关，欢迎回家'时，看到旅客眼神中的激动神情，你会由衷觉得，这是海关人的高光时刻，一切的付出都是有意义的。"宋丹说，"面对成千上万的入境旅客，我们不知道谁有可能感染，反复测温、流调，我们关员的心理压力都非常大，因为每一次我们与旅客零距离接触，也可能与病毒零距离接触。但是，越是艰险越向前。我们都说'人民海关为人民'，这种朴素的情感放在哪里？不就是放在为人民服务中去吗？"

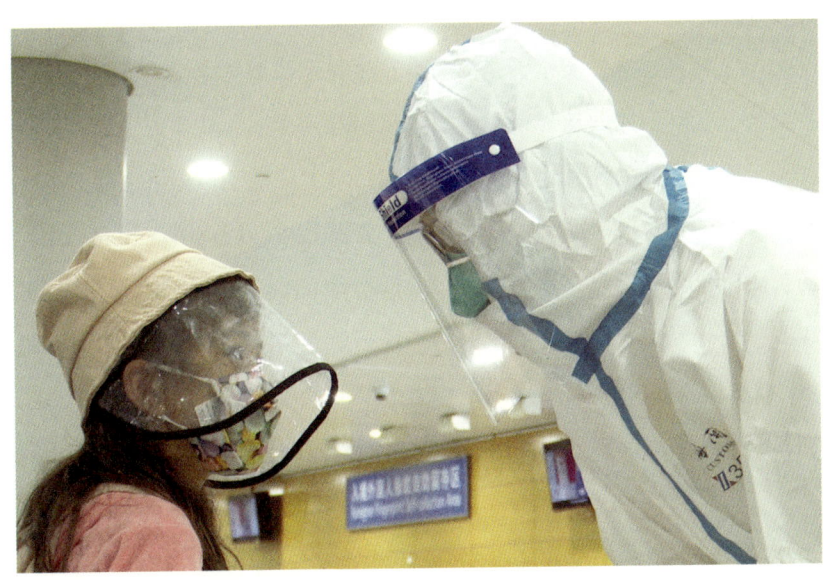

安抚包机抵沪的小留学生
吕宣 摄

"三十功名尘与土，八千里路云和月。"那年宋丹获得"全国优秀共产党员""全国抗击新冠肺炎疫情先进个人"等荣誉，却不以此止步，纵然条件万般艰苦，她仍秉承红色基因血脉，挺身而出、冲锋在前，提任旅检处副处长后，在这个全国海关最大的二级处室中，她引领着150多名党员以实际行动践行初心和使命，让党旗始终在口岸防控疫情第一线高高飘扬。

不负星光，丹心亦有清词和

"从来一别又经年，万里长风送客船。"2021年6月16日，在疫情防控关键时期，旅检处机关党委成立了，同日决定组建"红四团"集中封闭管理突击队。上午决定组建突击队，下午刚刚当选机关党委副书记的宋丹就起草并发布《动员令》及《致家属的一封信》，组织力量结合《新型冠状病毒肺炎口岸防控技术方案》细化梳理封闭管理流程，制订各项规范章程，确保各项防控要求措施落实到位。

马上就办、真抓实干，是海关准军事化纪律部队建设一直强调的内在文化。"红四团"从筹备到动员、从组建到参战、从业务生疏到专业完备，都时时处处体现了这样的要求和特点。政治动员令下达后，各党支部和全体党员闻令而动，纷纷请战，为做好口岸疫情防控和内部安全防护贡献自己的力量。从2021年6月17日9时起，第一批"红四团"正式担负起保卫上海空港口岸的防疫任务，其中既有因异地3个月未抱过孩子的父亲，又有需要接送孩子上下学的父母，也有因基础性疾病长期需要服药的老同志，涌现出了一批可歌可泣的先进典型。

"疫情防控，就是一场没有硝烟的战争，是一场关乎生命的考验，必须打胜这场战役，守护好人民群众的生命安全。"在宋丹看来，这次

二、冲锋在前，无所畏惧 155

查看自助申报机健康申明更新情况

陈兴洲 摄

疫情防控阻击战只能赢，不能输。虽然下定了决心，但"虚谈废务"，必须"撸起袖子加油干"。宋丹像永不停息的齿轮，用实干带领着大家筑起一道牢不可破的空港枢纽防线，组织开展了一系列卫生检疫、个人防护、应急处置等技能培训和实操演练，从无到有、从有到优，把这支"新兵团"打造成了特别能吃苦、特别能战斗、特别能奉献的"主力军"，在400多个星光月夜里挥洒着海关旅检人的青春与汗水。

桃李不言花满蹊，丹心亦有清词和。据一起参与"红四团"的年轻关员回忆，宋丹副处长带领团队完成航班检疫工作后，不管多晚她都会进行复盘整理，即使背后的制服已经湿透。遇到思绪欠佳时，她总是看向深夜空港上的星夜，思索更多的是这个处置方案哪里可以更加完善、哪个环节还需要探讨和琢磨。"她从来不要求我们加班，遇到任务总是自己主动留下来。在她的感召下，年轻同志也会主动利用休息时间进行工作复盘整理。"在这样良好的氛围中，大家不需要刻意去追求，自然而然地就会取得优异的工作成绩。在宋丹的带领下，支部党建品牌"STAR"，被海关总署评为"全国海关基层党建示范品牌"。小刘、小罗这样的年轻关员很快成长为骨干力量，在这场没有硝烟的疫情防控阻击战中，无畏奔赴，用自己的行动诠释初心和使命，用自己的付出彰显责任与担当，为人民群众的生命健康安全保驾护航，在疫情防控一线彰显海关关员的时代风采！

后记

满江红 · 巾帼丹心

巾帼丹心，辞红装，犹爱武装。雏凤鸣，寰宇震长空，余音袅袅。红梅花下勇请缨，无悔甘为海关人。楚天亮，硝烟不见，逆行向前。

舍小家，付青春。卫国门，岁月稠。丽影立，一袭白衣犹存。万里长风凭栏望，何幸生于红旗下。旭日升，常人非常事，抗疫情！

厦门海关

奋战在疫情防控一线的那些日子
——记厦门邮轮港海关刘志鸿

厦门海关所属厦门邮轮港海关 刘俊峰 何祥 马丹

时间是什么？有人说，时间就是一把尺子，它能衡量奋斗者前进的进程；时间就是一架天平，它能称量奋斗者成果的重量。

对于刘志鸿他们来说，时间更像是一把皮鞭，追着他们的身影，催着他们的步伐。是的，疫情当前，争分夺秒，勇往直前，容不得半点犹豫。时间又是珍贵的，与时间赛跑，抢在时间前头，不仅是工作常态，更是职责和使命。

"现场工作人员已就位，通知机组人员可以下机到通道入口。"坚守在口岸一线抗疫、第五次进驻厦门高崎国际机场海关封闭专班的刘志鸿对着对讲机发出指令。这时，时钟指向凌晨4点30分，大地还在沉睡，广大市民还在梦中，但刘志

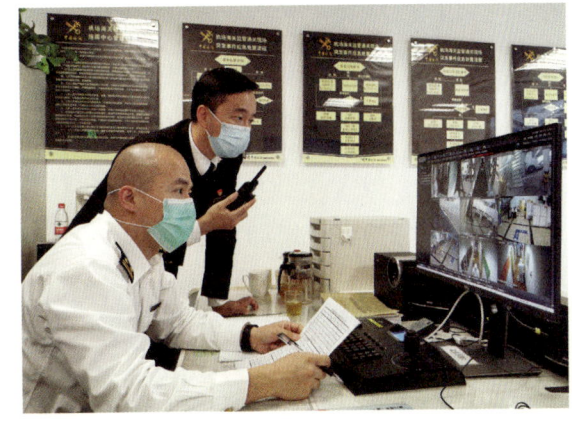

在监控指挥中心通过对讲机发出航班机组人员下机指令

林荣耀 摄

鸿和他率领的"抗疫先锋队",已经拉开了空港口岸监管工作新一天的序幕。根据这一天的航班动态,他们将要连续作战至次日上午7点30分。

那么,刘志鸿是谁?我们先认识一下。

获评"厦门市劳动模范"荣誉称号

林荣耀 摄

他,驻守海关基层一线已20个年头,18年在机场工作,另外2年一大半的工作也围绕着空港口岸疫情防控开展,这场疫情让这名已经不算年轻的年轻海关人迅速淬炼成一员抗疫猛将。自从投身抗疫一线以来,他屡立战功,先后荣获个人三等功3次,嘉奖9次,获评"全国海关系统抗击新冠肺炎疫情先进个人""厦门市劳动模范""福建省口岸海防打私工作先进个人""厦门海关优秀共产党员"等称号。当然,荣誉的背后,是在国门关口日复一日地勇毅逆行,是敢于探路勇于担当的初心使命,是身后的祖国和身边的同事给予他的无穷力量。

誓词:疫情不除,决不收兵

疫情伊始,时任厦门高崎国际机场海关旅检二科科长的刘志鸿和身边许多同事一样,在为国把关的使命召唤下,毫不犹豫地冲到了抗疫最前线。他们以最快的速度研判"敌情",渐渐适应了环境,着手调整战略战术,同时成立以本科室人员为基础的抗疫先锋队,并立下简短却铿锵有力的誓词:疫情不除,决不收兵!

疫情防控工作启动后的2020年1月22日凌晨4点30分,抗疫先锋队第一次正式出征,刘志鸿深知此时是"春运"首周,高崎国际机场

二、冲锋在前，无所畏惧 | 159

宣誓出征"春运"
殷帅 摄

进出境航班及旅客数正值高峰，每日约有 1 万人次通关，机场海关作为厦门关区唯一一个 7×24 小时开通的旅检现场，所要承受的压力非同小可。接下来所要做的就是充分考量，细致分配，用顽强毅力去面对即将汹涌而来的人潮。"小林，你带一组人登临。小吴，你负责流调……"工作迅速展开，但人手不足也是客观现实，许多人经常是干完登临干采样，干完测温干流调，负责登临的同志对 300 多人逐一测温，掌握有症状人员情况，身着防护服在飞机上一待就是两个多小时。早上 8 点换班交接后，刘志鸿选择继续留在现场，想着再掌握些情况，尽可能再把人员安排得更快些、更好些；想着多一个人就多一份力，能为接班的同志减轻些负担。

感动：榜样就在身边

"热腾腾的早餐已经送来了两个小时，都凉了。"负责后勤的阿姨说道，但当她看到刚从岗位上撤下来的同志们席地而坐，和衣而睡时，不忍打扰，默默地把早餐拿去再加热一次。在疫情防控初期，刘志鸿和他的同事们能准点吃上一顿饭都是奢侈的，有人连续穿了 7 个小时的防护服，这意味着 7 个小时滴水未进、颗粒未食。脱下防护服时，身体已经被满身的汗水泡出了水纹。

8 点 30 分，在卫生检疫岗上坚守 11 年的"白衣天使妈妈"小郭来换班了。这里必须说说她的情况，她家有俩小宝，半年前先后得了腺病毒肺炎，小儿子病情严重住进 ICU，经全力协调医疗专家给予治疗，虽然救回了一条命，但是肺部受损严重，需要长期佩戴呼吸机生活。然而，疫情后，得知一线卫生检疫专业人员告急，小郭挺身而出走上前线，她说："组织对我的关怀和照顾已经很多了，我是专业人员，更清楚病毒的危害，工作需要我，战友们也需要我。"

抗疫先锋队的孙科是个长发飘飘的美丽妈妈，在疫情最凶险的日子里她义无反顾地与大家并肩作战，成为第一批参与封闭管理的专班人员、第一位去爬船登轮的女关员。为了方便工作她剪了短发，显得特别干练，四轮专班期间从未向大家表露过心中的担忧和家中的困难，直至看到曾经爱美的她为了到无菌室陪护免疫力极其脆弱的孩子而剃了光头时，听到她说："再过不久我就要去外地照顾患重病需要骨髓移植的儿子，可能需要一年时间，战友们不用担心，我的头发很快会长回来的。"刘志鸿这才恍然大悟，原来她要在离开前为抗疫工作做更多的事，尽最大的力。

两位女关员不约而同的境遇瞬间击中了刘志鸿，什么叫迎难而上、抗疫有我？什么叫家国情怀？什么叫舍小家为大家、舍小家为国家？口号固然励志响亮，但行动却以最简单的方式轻易地诠释这一切。

10 点 30 分，刘志鸿在抗疫先锋队例会上激动地说："小郭和孙科在抗疫一线的拼搏精神我们都看在眼里，她们把工作放在第一位，以大局为先，以职责为重，我们学习的榜样在哪里？就在我们身边嘛，她们就是我们抗疫先锋队的动力源泉和精神力量！但是现在，也是她们最困难的时候，我们大家必须站出来，顶起来，至少能让她们无后顾之忧地照顾自己的孩子。"说话间，眼泪不由自主地涌出。

国门一线战友们默默奉献、克服困难的感人事迹迅速传开了。榜样就是力量，疫情便是命令。在形势最严峻、人员最吃紧的时候，厦门海关发起的总动员，得到了全关空前积极的响应。

首次"变阵"：打破科室建制开发数据系统

"都12点半啦，志鸿，该吃饭了，今天我们就在现场和一线同志们一起吃盒饭。"在现场带班的关领导一边招呼着刘志鸿，一边说道，"最近凌晨4点30分总会被卫生处电话叫醒，因为他们汇总的疫情上报数据经常对不上，但是这个数据问题很重要，还是得想想办法解决，应该从源头上寻找答案。"对于这个难题，刘志鸿已经有了思考和准备，他说："数据经常性出错一定是运行系统出了问题……现在的作业模式显然已不适应疫情防控需要了，我们需要大胆'变阵'！"

刘志鸿凭借丰富的旅检工作经验大胆建议：打破原有科室建制和作业模式，将四个科变成两个队，其中抗疫先锋队吸纳其他科室部分人员，为两队之一，分别负责疫情处置和旅检通关，实现"让专业的人做专业的事"，加快全流程信息化建设，让电脑取代手工，提升统计效率。

疫情防控工作启动一周后，刘志鸿的建议得到采纳。1月29日14点30分，机场海关疫情防控指挥部迅速部署，形成疫情防控、旅检通关、运输工具监管三位一体的工作机制，以更好地保障疫情防控节点上的工作。另外增设运行协调组、应急防护物资通关组、综合保障组、信息宣传组配合开展工作。第一次"变阵"由此开始，各组各司其职、各尽其责，由分散转向集中，内部的混沌厘清了，作业压力骤然减轻，通关效率也越来越高。

随着海关疫情防控进入"精准防控"阶段，厦门海关领导下达了通过"科技抗疫"提高防控的效能的任务后，刘志鸿主动请缨领下"海关检疫E码通"这项任务，带着抗疫先锋队的郑竟和林荣耀，与技术部门同事叶冬炬成立信息化项目工作小组，郑竟负责编写业务逻辑手册，林荣耀负责立项、审批等上报材料，技术"大拿"叶冬炬负责项目的设计、开发、调优、运维工作。

为了抢时间，刘志鸿带领项目组，常常通宵工作，困了就在沙发上和衣而卧，睡一会儿。功夫不负有心人，17天不分昼夜地奋战，换来了"海关检疫E码通"的破茧而出。2020年3月14日，"海关检疫E码通"系统完成流调录入、查询、统计、报表导入导出等功能开发并上线运行，显著提升数据统计工作效率。项目与总署旅客健康申报系统对接，通过获取健康申报电子信息，最终实现了在卫生检疫登临、流调、

现场对接"海关检疫E码通"研发工作

林荣耀 摄

采检、个案判定、后续跟踪 5 个作业环节的功能开发，形成数据对接共享。

4 月 13 日，"海关检疫 E 码通"迎来首次实战检验。刘志鸿在监控指挥中心紧张地看着现场作业情况，当看到一名名旅客顺利扫码完成入境通关，旅检现场因通关效率提升而变得井然有序、不再拥堵的时候，他终于长舒了一口气，他说："用科技手段实现工作模式的飞跃，为旅客提供更优质的服务，提升工作效率和质量，就是我们这一代海关人应有的初心使命和责任担当。""海关检疫 E 码通"的投入使用，大大减轻了现场以及后台关员们的工作压力。

第二次"变阵"：实施"网格化"管理

2020 年 3 月，厦门高崎国际机场入境旅客量和检疫工作程序骤增，"外防输入"压力呈量级增长，旅检现场承压达到极限。3 月 19 日是刘志鸿和同事们最难忘的日子，那天有十来个入境航班，旅客人数近 2 000 人，虽然大家已经拼尽全力，通关时间还是一再拉长。"已经过了零点了，还有 3 架飞机在机坪上等待通关，旅客 600 余人。"

就在这个时候，总关党委果断创新了现场的监管模式，在 3 月 20 日全面实施"网格化"管理，打破科室建制，再次"变阵"，细化了现场业务流程和岗位职责，设置调度、航空器卫生检疫、通道流调、采检排查、综合保障、感染控制、行李监管 7 个工作组，每组 3 个班，建立"前线指挥部—组—班"的三级管理体系。经过一段时间的运行，刘志鸿明显感觉防控工作更加精准高效、响应迅速，整体通关时效也越来越快，航班通关时长从疫情防控初期最长时的每航班 7~8 个小时缩减至 1~2 个小时。在刘志鸿带领下，同事们迅速吃透"网格化"体系精髓，通关指标基本稳定在每小时 200 人，甚至创造了每小时 339 人的通关时效纪录。

第三次"变阵"：轮战

什么是轮战？轮战是在全球疫情始终处于高位，病毒不断变异，厦门高崎国际机场口岸外防输入的压力持续增大背景下，总结前期多次关区支援经验，权衡利弊后，总关党委对空港口岸防疫工作作出的第三次"变阵"。轮战是运用系统的观念来处理和推进厦门海关的口岸疫情防控策略的新尝试，是对同级横向支援协调的有效呼应，是对特殊时期防控工作的战术性调整。

2020 年 10 月，已被任命为厦门邮轮港海关驻五通办事处主任的刘志鸿带领重新组建的以邮轮港海关五通办事处人员为主的新的抗疫先锋队整建制驰援机场，在熟悉的"战场"续写抗击疫情新篇章。

驰援机场参与轮战　　阮英松　摄

"疫情不除，决不收兵，誓为打赢疫情防控阻击战作出新贡献！"最初的誓词还在，抗疫的决心依然，这是轮战之初刘志鸿带领抗疫先锋队集体宣誓的誓词，也是所有队员的庄严承诺。新的先锋队平均年龄35岁，党员比例高达82%，这虽是一支"成熟"的队伍，但队伍初集结，又是异地作战，难免水土不服。为了让整个团队迅速成长为一支能打硬仗、能打胜仗的专业队伍，刘志鸿主动承担起团队"总教练"的任务，多次组织全员培训新版技术方案和操作指南，开展安全防护、采样能力培训和实操考核，开展设备及应用系统故障、职业暴露等应急演练，观摩入境包机应急演练……

轮战第一周就接到航司报告，新加坡飞来的航班由于飞机机械故障，预计延误6个小时至次日凌晨1:35到达厦门，预估凌晨4:00完成旅客通关。这是疫情以来厦门空港口岸遇到的国际航班延误时间最长的突发状况，刘志鸿第一时间启动应急预案，发挥网格化管理优势，以最严的措施、最快的速度落实应急预案各项防控措施。面对长时间的航班延误，抗疫先锋队站得出来，冲得上去，迎难而上，提升现场持续作战后劲，激发现场关员战斗力，汇聚起磅礴力量。

坚守：使命仍在肩整装再出发

2022年的春节，参与轮战的邮轮港海关五通办事处多数成员已经连续支援机场海关五个轮次。面对即将到来的春节专班，刘志鸿再一次站了出来，带头挑起了春节进专班的担子。在他的引领和鼓舞下，五通办抗疫先锋队全体人员没有人退缩，许多队员放弃与家人团聚的机会，克服种种困难，决定在这个春节继续坚守在国门防疫一线。一些临近退休的老同志，看到他带头也主动请缨申请继续战斗。

| 国门抗疫：守护我的国（先锋人物）

贴对联迎新春
马丹 摄

　　如何让无法回家过年的同志们愉快祥和地度过这个春节，成了刘志鸿最挂心的事。从临近春节起，他就开始深入了解大家的个人诉求，及时掌握每个人的情绪动态。为了让大家在专班里也能感受到热热闹闹的春节氛围，除夕晚上，他组织专班成员在T2航站楼各个办公室门口张贴对联和福字。大年初一早上，他又拿出早就准备好的小老虎等道具带着大家在机坪上录制拜年祝福视频。在队员们眼中，刘志鸿总是有办法带领队员们在艰苦的抗疫工作中保持昂扬的斗志和向上的精神。没有豪言壮语，只有默默坚守。刘志鸿和他的抗疫先锋队其他队员们在"疫"线彰显了"舍小家为大家，舍小家为国家"的情怀。于是，这个春节充满了别样的更有意义的年味。

整建制支援机场一周年之际，轮战的队员们收到了一份特殊的礼物——一部装满了一年来点滴回忆的视频短片《"疫"线周年守望蓝天》和一张专属纪念卡。原来，这是刘志鸿偷偷为队员们准备的惊喜，他耗时半个月收集队员们并肩作战的素材，亲力亲为进行四五次修改，又将精心定制的贺卡送到每一个人手上。看着画面中闪现的身影，攥着承载深情话语的纪念卡，队员们回忆起这一年来的苦与乐，欢笑与泪水，竟有些泪眼氤氲。由于工作调动已经离开抗疫先锋队的蔡奕思从刘志鸿手中接过纪念卡，看着手上贺卡封面的大白，她说："真想再次收拾行囊，继续和战友们并肩作战。"

行源于心，力源于志。直至今日，刘志鸿依然奋战在疫情防控第一线，挑最重的担子，啃最难啃的骨头，于细节处一丝不苟，一次次将坚如磐石的定力、舍我其谁的魄力、只争朝夕的努力装进行囊，于新的征程上，整装再出发。

武汉海关

披坚执锐的国门卫士

——记"全国抗击新冠肺炎疫情先进个人"王锐

武汉海关 凌小力 黄宏章 李双双 熊皖扬

2020年9月8日,武汉海关王锐受邀到人民大会堂参加全国抗击新冠肺炎疫情表彰大会,并被授予"全国抗击新冠肺炎疫情先进个人"称号。在此之前,他因在新冠肺炎疫情防控工作中表现突出荣获个人二等功。

"我珍惜每一次穿防护服的机会,觉得这是一种荣誉,也是一种责任。"王锐说,"我们在防控工作中取得的成绩,离不开海关总署、总关党委正确领导,离不开各个处室支持配合,离不开全体同志的团结奋斗,成绩和荣誉属于为口岸疫情防控作出贡献的每一个团队和每一个人!"

提及王锐,卫生检疫处综合科科长王宇卓赞叹道:"在大家眼中,他是优秀的支部领头雁,是抗击口岸疫情的排头兵,是国门口岸忠诚的守卫者。"

在进入海关系统工作的26年里,从科员到处长,从基层到机关,

二、冲锋在前，无所畏惧 | 169

一步步走来，一个个岗位，一级级成长，王锐始终恪尽职守，善做善为，敢担重任。在新冠肺炎疫情防控工作中，他更是把投身防控第一线作为践行初心使命、体现责任担当的试金石和磨刀石，不畏艰险，冲锋在最前线，以绝对的忠诚、专业的执法和忘我的付出，为筑牢国门检疫防线、打赢疫情防控阻击战作贡献！

"防范疫情输出输入，必须做到一个不漏。人在，阵地就在"

作为全国重点枢纽机场、华中地区最繁忙的空港之一，春运期间，武汉天河机场日均进出境航班60多架次，进出境旅客近万人，口岸卫生检疫压力巨大。

为防止疫情通过口岸蔓延扩散，王锐密切关注疫情态势变化，积极与地方政府和相关部门沟通，争取各方支持。"我们提出了加强旅客健

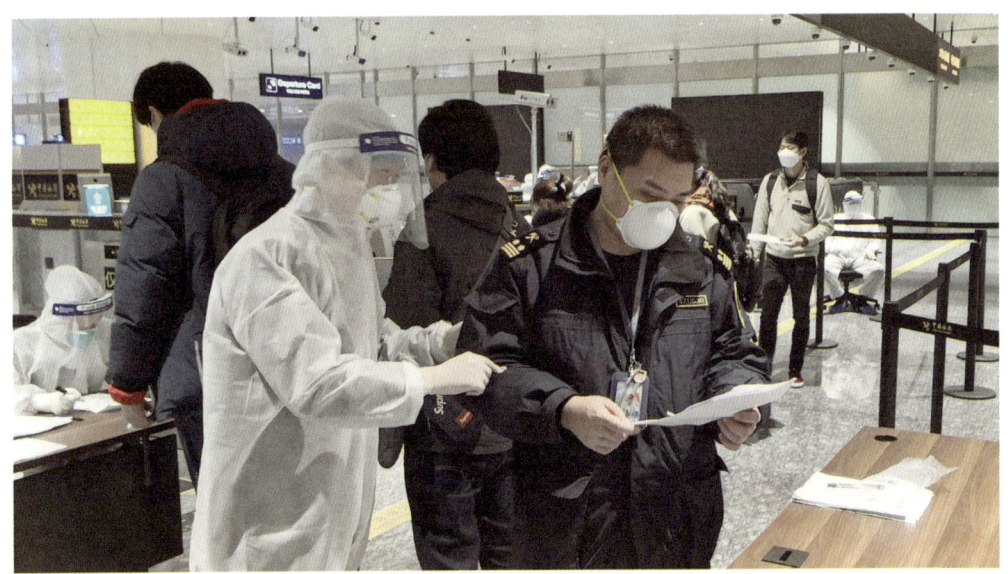

审核健康申明卡　　汪磊 摄

康宣教、压缩组团、健康申报、体温监测等建议。对于发热等症状的出境旅客，海关在口岸建议暂缓出境。"王锐对当时的每一条措施都记忆犹新。

2020年1月7日，武汉海关所属武汉天河机场海关向武汉市政府有关部门建言加强境外相关信息动态监测和分析研判，减少各旅行社旅游团队出境、暂缓发热旅客出境。

当时王锐敏锐地判断这次疫情防控绝不是一项普通任务，宁可多做、不能少做，宁可从严，不可放松。他回忆道："我们主动劝导有发热症状的旅客暂缓出境，同时紧急与地方旅游局合作，召集武汉26家国际旅行社，宣传出入境疫情预防和检疫流程，提议减少组团出境。"

1月8日，王锐代表武汉天河机场海关会同武汉市文化和旅游局召开旅行社专题会议，介绍发现和处置疫情的方法及流程，将口岸疫情防控前移到了出境占比较大的目标人群。

然而，在武汉天河机场海关紧锣密鼓防控疫情的背后，却是诸多考验。

1月下旬，武汉天河机场海关口岸检疫压力骤升。面对前方凶险未知，武汉海关上下立誓"抗疫有我、抗疫荣光、抗疫到底"，争当抗疫先锋，争先见"疫"勇为，全面投身疫情防控阻击战：加强体温监测和医学排查、增派一线旅检人手、加紧给一线关员补充防护物资……一系列应对措施精准有力。

"防范疫情输出输入，必须做到一个不漏。"身为分管旅检工作的副关长，王锐以岗为家、坚守机场，全程参与旅检一线检疫工作。他与市卫健委、机场集团、机场边检等部门沟通协调，明确疫情防控职责分工和工作流程，凭借丰富经验迅速拿出疫情应对措施，调设备、改排班、上骨干，持续优化防控工作方案。

"人在，阵地就在。"这是王锐经常鼓励自己的一句话，同时也道

二、冲锋在前，无所畏惧 | 171

做好岗前准备
工作
汪磊 摄

出了当时武汉天河机场海关每位党员干部职工的心声。

武汉海关 81 名同志主动放弃假期，放弃与家人团聚，逆行返岗：新婚关员告别妻子，义无反顾返汉上岗；80 后奶爸将妻儿送回老家，连续第 6 个除夕值守岗位；"巾帼女将"以瘦弱的肩膀撑起抗疫"半边天"；还有很多临近退休的老同志主动请战，要求站好职业生涯最后一班岗……

"大家一干就是十八九个小时，检疫工作基本深夜开始，通宵达旦，连夜作战。一段时间后，很多关员身体出现病痛，依然坚持在岗。我是分管领导，更得冲锋在最前面！"王锐至今说起这些，仍掩饰不住对关员们的心疼。

王锐分管的旅检队伍对近 20 万名进出境旅客严格实施卫生检疫，做到了"零遗漏"，成功劝返出境发热人员 103 名，防控成效得到国务院督导组、世界卫生组织的肯定。世界卫生组织驻华代表团评价海关"出境防控流程清晰、设计合理、监控有效、措施积极"，其观察员到武汉天河机场评估疫情防控情况时，向陪同讲解的王锐表示感谢，感谢中国海关为全球防疫赢得宝贵时间。

> "如果说海关是国门前抵挡疫情的盾牌，
> 那么我们就是手持盾牌、站在阵地最前沿的人"

疫情初期，防控物资极度匮乏，随着武汉各大医院向社会发出紧急求助，凝聚各界爱心的海外捐赠及咨询如潮水般涌来。

等待验放防疫物资
王绪明 摄

2020年的大年初二，凌晨1点，首批捐赠物资进境飞机抵达，海关工作人员争分夺秒地验放物资，1万件防护服直接从机坪运往医院。那夜的机场空空荡荡，机坪寒风凛冽，但王锐心里却似乎看到了曙光，温暖又充实。从那时开始，王锐带领56个兄弟姐妹开启"常驻机场不回家"模式，24小时驻守天河机场，连续62天没有踏入家门一步。

随着疫情蔓延，旅检现场面临着前所未有的巨大压力，旅检通道上人流涌动。王锐和他带领的旅检团队用肩膀扛起了海外捐赠物资绿色通关的"生命线"、接回滞留境外同胞的"回归线"、有关人员出境的"保障线"。他说："如果说海关是国门前抵挡疫情的盾牌，那么我们就是手持盾牌、站在阵地最前沿的人。"

"最忙碌时，我连续熬了16个通宵，其中有12天，完成所有旅客的检疫后，我在航站楼里看见了日出。"王锐说当时每天只能抽空睡两三个小时，他把手机的音量调到

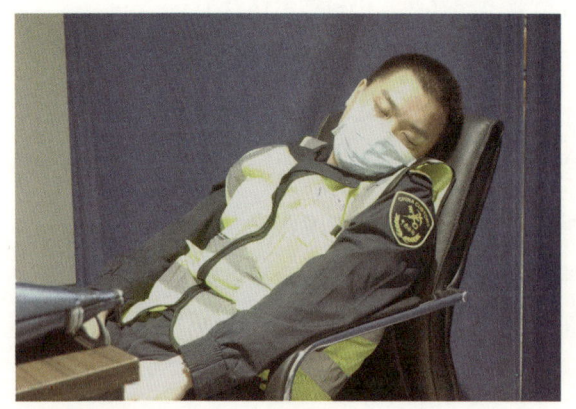

连续工作10余个小时后的休息　王芳 摄

最大,保证不漏接电话。一次连续工作近 40 个小时,他突然感到心慌、胸闷、发软、恍惚,直到同事们发现他脸色青黑、嘴唇发紫,他才意识到身体已经透支到极限……但是,"守一关、保一城!哪怕战斗到最后一秒,也要顶住!"

被问及面对严峻疫情形势和繁重的口岸防控压力会不会感到害怕时,王锐说:"当时我们不知道疫情形势什么时候出现拐点,没有人知道自己什么时候才能回家。当我穿着隔离衣往前冲的时候,其实我也怕,我是父亲、丈夫、儿子,我身后也有牵挂,也有人等我回家。女儿说很久没见我,想我了,同事们说我过着美国时间,顶着黑眼圈越熬越精神。在防控最艰难的时候,连续熬了数个通宵,刚躺下电话又响个不停,盒饭热了一遍又一遍始终没时间吃。每天从早到晚满负荷运转,但内心总有种力量在支撑着我,可能是,归国同胞说的那句'回家的感觉真好',可能是我们关员时时刻刻忙碌的身影和主动作为的精神,也可能是武汉三镇亮起的'武汉感谢您'。"

面对国外疫情的蔓延,武汉海关党委第一时间研究部署,武汉天河机场海关第一时间抓紧落实,迅速规划入境高风险卫生检疫监管区,筹建出境负压隔离室,新增入境排查处置区。

王锐说:"机场集团当时只能提供一个空旷的场地,用电、设备、网络、区域规划、污染控制等要求,都必须在极短的时间内保障落实到位。"他多次与机场集团协调,阐述卫生检疫监管要求,承担改造图纸设计和入境联检查验流程再造,协调武汉海关各职能部门提供保障支持。

在他的坚持和努力下,武汉天河机场入境高风险卫生检疫监管区在短短 4 天内改造完毕并正式启用,承担了入境客、货机人员卫生检疫,科学的检疫流程设置、精准的布控拦截方式、便捷的信息科技支撑,严格实施的"三查三排一转运"措施,为湖北省无一例输入性确诊病例传播奠定了坚实的基础。

荣获"全国海关系统抗击新冠肺炎疫情先进个人"的青年党员胡火谈及自己的"偶像"王锐时,她这样说:"他是海关的不眠者、是寒冷冬日的守夜人,在疫情面前不知疲倦、不畏艰险、不惧生死!"

"扛起国门安全责任,筑牢国门检疫防线,在挑重担中讲奉献"

"疫情之初,我期盼着武汉早点好起来。现在我有了新的期盼——希望疫情对经济的冲击能够最小化,各行各业顺利复工复产。"王锐说。

2020年8月,王锐提任武汉海关卫生检疫处处长后,他的办公室正好在海关办公楼"中国海关"标志的"国"字下方,他开玩笑地说:"这是命运的安排,这是要求我扛起国门安全责任,筑牢国门检疫防线。"

在他的带领下,全处上下在工作岗位上书写了一份份优秀的答卷:

——强化政治建设,创新"WEI+"工作方法,深化"同心圆"文化,带头完成社区"双报到",积极参加社区服务活动60人次,打造为民服务"标杆";

——组织编写卫生检疫岗位相关操作手册,制订操作指引16项,拟定工作方案32份,持续修订完善应急处置预案、安全防护要求和"应检尽检"方案,强化卫生检疫条线制度建设;

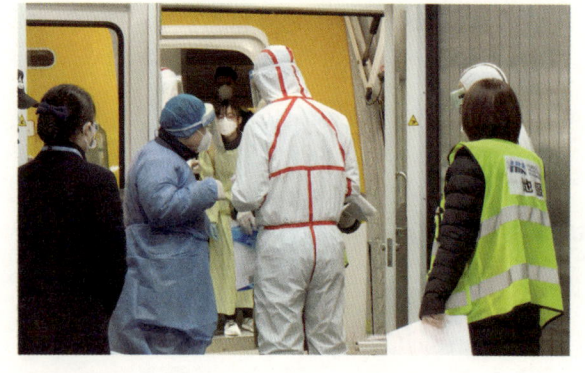

与入境航班机组沟通登临检疫要求　　张晓君　摄

——带动卫生检疫业务骨干开展卫生检疫"重大传染病预警多点触发"关级课题,编制口岸传染病风险评估报告,动态调整口岸疫情防控措施,强化口岸卫生检疫风险监测;

——建立三级安全防护管理体系,建立检查整改"三个清单"统一检查标准,采取"四不两直"方式开展视频检查与现场督导近200次,确保各项问题得到解决;

——推动建立新冠疫苗出境监管"职能部门—属地海关—口岸海关"三级联动机制,建立出境新冠类特殊物品监管全流程信息化追溯机制,为企业提供7×24小时预约查验、上门监管绿色服务通道,将出入境特殊物品卫生检疫审批时限从20天缩短至1天;

……

王锐作为第一应答人,接受国务院疫情防控专项督导检查2次,海关工作获得充分肯定。他带领卫生检疫处参与世界卫生组织开展的中国消除疟疾认证评估迎检,获赞海关技术能力过硬、设施设备先进的评价,为巩固消除疟疾成果,严防输入再传播作出重要贡献。他协调处室全力做好世界卫生组织专家组入境检疫工作,配合开展病毒溯源……

与此同时,在他的带领下,党支部获评武汉海关先进基层党组织暨"四强"支部。支部里的党员也同样分享了"合家欢"的成长:1人荣获"全国消除疟疾工作先进个人",7人荣获个人三等功,2人被提拔为科级领导干部,1人荣获"五星关员"称号。

"世上没有从天而降的英雄,只有挺身而出的凡人。"现在的王锐,每天依然紧张而忙碌地工作着,在平凡的岗位上继续发扬着伟大抗疫精神,坚定必胜之念,守卫决胜之地,不获全胜绝不收兵!

长沙海关

黄花分外香

我的抗疫笔记

长沙海关所属黄花机场海关 张贻旺

今天是 2022 年 8 月 7 日，农历七月初十，立秋。这是我参加新冠肺炎疫情防控的第 932 天。坐在书桌前望着北去的湘江，随着记忆慢慢回味抗疫时光。

枕戈

2020 年年初，新冠肺炎疫情发生。我组织科内的医学专业同事开展讨论、研究相关的应对措施，向科长汇报后，开展对入境呼吸道传染病疑似病例的排查。

每天我收集疫情进展的数据，并自制疫情曲线进行分析，随着曲线的斜率越来越高，我的心情也越发紧张，这意味着疫情比想象中严重。我加紧收集甲型 H1N1 流感、非典等相关防控的资料，并咨询检测试剂研发专家、实验室检测人员以及在呼吸内科工作的医生朋友，全面了解

二、冲锋在前，无所畏惧 | 177

相关信息；同时思考如何应对该类传染性疾病在长沙黄花机场口岸的防控措施。1月21日凌晨，我结合黄花机场的实际情况，完成了《浅谈海关应对新冠病毒肺炎疫情的几点应对措施》，立即发给科长和分管领导过目。

首战

每年春节都是入出境的高峰期，疫情防控的压力也格外重大。身着防护服高强度长时间的作业，严重透支了我们的体力，也让我们的意志更加坚定。我们深刻地认识到，如果退后一步，疫情就向国门迈进一步。满脸倦容仍亲临一线的关领导、满脸口罩勒痕但目光坚定的科长、累瘫在地一有情况又立即精神抖擞的同事，都在诉说着这是一场我们不能输的战争。

2020年1月25日凌晨1点30分，已经持续工作16个小时的我和

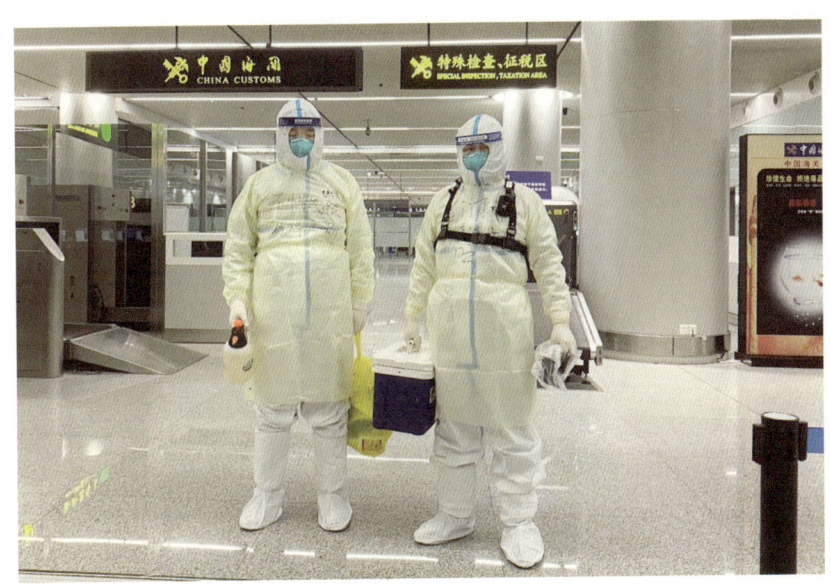

张贻旺、王勃维首次复采样
旅检二科 摄

王勃维准备下班，工作群里突然传来消息，最后一名入境旅客有发热、咳嗽等呼吸道症状。我立即通知同事封锁现场，和王勃维跑去处置。流调、排查、处置、转运、消毒等措施均有条不紊地进行着。凌晨3点25分，我们完成了所有的现场作业。回宿舍的路上一路无言，因为我们已经累得不想说话了。

"逃跑"的旅客

2020年2月1日，我们科当班，入境旅客正在排队过红外体温监测通道，接受体温监测和健康申明验核。维持秩序的同事通过对讲机通报说发现一位旅客有点局促不安，但是医学巡查未发现异常，提醒大家关注。当这名旅客到查验台时，我们通过详细的询问，没有发现异常，只不过他的手一直放在自己的背包里面。

这名旅客在顺利通过卫生检疫查验后，仿佛下定了决心一样，手从背包里面掏出一包东西丢在我们查验台，说"你们比我更需要这个"，然后头也不回地跑了。同事捡起来一看，是一包N95口罩。我们赶紧追上去还给他，并表示敬意。我还想说："同志，你"逃跑"时候的样子，真的很帅！"

袍泽

在抗疫期间，同事之间在交接工作后说得最多的两个字就是"保重"。白衣为甲，与子同袍，疫情期间，同事情升华为袍泽情。

我是个喜欢开玩笑的人，平时喜欢和科里的袍泽们一起"互损"，这样的氛围轻松融洽。疫情初期事情比较多，由于睡眠不足，我的眼睛被消毒水刺激得肿了。有个姑娘说:"处置疑似病例的时候叫我帮你打下手吧,这段时间把你们几个学医的,特别是你,都累胖了。"我说:"处置疑似病例风险高,不能带你去,我累胖了没事,反正又不用找对象。"她听完之后转过头,抹了一下眼睛。

准备进行消毒　　旅检二科　摄

逆 行

　　某天早上 6 点有航班入境，我们从 5 点开始着装准备迎接航班，9 点半左右现场已完成终末消毒。这时值班人员接到电话，某货运航班的机组人员即将入境，通知我们做好监管准备，我和王婷继续在航站楼执勤。

　　该航班机组人员入境健康申报无异常，我们仍严格按照监管流程对其进行了流调、医学排查、采样等作业，并立即送实验室检测。当我们脱下防护服时，已经是 11 点了，连续 6 个多小时穿着防护服作业，王婷硬是一声不吭，咬牙坚持了下来。我和她对监管过程进行了复盘，再次确定没有发生暴露后准备回办公室整理监管资料。路上，我望着她苍白的脸色，问她是不是不舒服。但她却说，没事的，我在沙发上躺一会儿就好了。我拍了拍她瘦弱的肩膀，想说点什么却沉默了。

　　下午 3 点左右，保健中心传来消息，有核酸检测结果呈阳性。我赶紧跑到入境大厅，调阅信息并交给方珊上报。晚上 10 点半，领导安排对旅客进行再次采样并送省疾控复检。得到指令后，我立即着手安排人员与我一同前往。从省疾控回来已经是凌晨 3 点了，我躺在车上做了一个美梦，梦里很多人在开满鲜花的清晨迎风奔跑，花香扑鼻，绿草如茵；梦里，我没有戴口罩，其他人也没有戴口罩。

欢迎回家

　　在长沙黄花机场海关疫情防控一线工作中，我做得最多的是登临检疫和在负压隔离室处置疑似病例。当我在登临检疫时，对旅客进行广播说道"中国海关欢迎您回家"，机舱内都会响起热烈的掌声。疫情防控工作比较艰苦，每当听到归国人员发自内心地说出"感谢国家"时，我

二、冲锋在前，无所畏惧 | 181

都热泪盈眶。

2021年的某一天，我在负压隔离室对一名疑似病例进行排查处置，当完成了所有处置程序后，我正在将病例的相关信息录入系统。"同志，我想问下，我这个情况严不严重？大概要怎么处理？"旅客低头干咳了两声，突然问我。

登机检疫监管
旅检二科　摄

"救护车将会把您转运到指定医院，医生护士会对您进行治疗。"我放下手中的工作，简明扼要地回答了他。"回国了就是回家了，党和国家会安排妥当的！您放心就好！"

他问我："你觉得你们的工作苦吗？"我笑着对他说："穿着防护服作业还是比较不方便的，特别是夏季，身上的衣服基本上都会湿透。"

"你们真是辛苦了！"

"辛苦一点也没关系，我们的责任就在这里。"

"今天我才知道你们海关对疫情防控付出了这么多，你们战斗在我们没看见的地方。"他感慨起来，"不是岁月静好，而是有人替你负重前行，这话我今天是真正体会到了！"

"中国海关欢迎您回家！"我和同事朝他庄重地敬了个礼，直到救护车驶离转运区。

"你是我的眼"

2021年6月底，长沙黄花机场海关旅检现场开始实行封闭管理工作模式，我们戏称其为"市区出差工作模式"。有些同事的家距离隔离酒店只有5分钟的路程，每当看到孩子站在酒店楼下扯着嗓子喊"妈妈"时，都会让人动容。

"你不在家也好，省得我天天要收拾房间。"妻子每次帮我收拾行李的时候嘴里都会不停地念叨。每次看着她给我收拾的两个巨大的行李箱，我总会哭笑不得。

封闭管理期间"机场—酒店"两点一线，让我仿佛回到了"宿舍—教室"两点一线的高三生活。每日需进行岗前点评/晨会、航班监管复盘总结会、日工作总结、集中学习等固定项目。虽然封闭管理的生活让我们无法与家人团聚，但同事们聚在一起，就是一个不孤单的大家庭。

封闭管理保护的是包括家人在内的所有人。让大家更好地享受绚烂的生活，是我们封闭管理的意义。

后记

爱人问我怕不怕，我说要分阶段，还没遇到病例的时候天不怕地不怕；但查验到高度疑似的病例时心里还是会有点儿忐忑；当对病例进行处置的时候反而很平静；脱下防护服坐下来对处置过程复盘时，汗水会把衬衣打湿。

"为什么呢？"妻子好奇地问。

"因为我所肩负的责任。"我平静地告诉她。

我是一名党员，也是长沙海关抗击新冠肺炎疫情的一个缩影。我的工作离不开家人的支持，也离不开同事们的关爱。我忠诚履职坚守国门，因为这个国家的人民可敬可爱！这是我的故事，也是湘关的抗疫故事。

广州海关

把忠诚镌刻在国门一线
——记佛山海关驻顺德办事处袁浩

黎妍君　广州海关机关党委政工办

清明时节，德胜河水波荡漾、船只轰鸣。碧桂路上，大小货柜车熙来攘往。

刚满40岁的袁浩，是广州海关所属佛山海关驻顺德办事处（以下简称"顺德办"）四级主办，他主动请缨加入该办通关监管封闭管理工作组，负责北滘口岸的进口货物监管。此刻，正是妻子送袁浩去上班的路上。

望着窗外，妻子嘟囔："都放假了，码头还这么忙。"

他笑道："要不怎么需要我们呢。"

地方到了，妻子叮嘱道："拿上羽绒被，夜晚务必盖好。你去吧，不用惦记家里。"

他催促妻子离开，背上行囊，披着朦胧的薄雾，匆忙跑进办公大楼。

这一天，是2022年4月4日。

小孩子的大梦想

袁浩从小就在一个专业氛围浓厚的家庭长大。父亲从事进出口动植物检疫工作，母亲则是人民医院的护士长。

儿时，他骑在父亲肩头，去抓树上的昆虫。那些五颜六色的昆虫映入孩童的眼眸，闪烁着关于自然、关于生命的迷思。父亲丝丝入扣的教导，冥冥之中指引了他人生的方向。

高考时，袁浩的成绩十分优秀，完全可以选择会计、金融等热门专业，可他执意选择到广东仲恺农业工程学院学习植物保护。他是国门卫士的孩子，他的梦想是守护国门。

2004年，他如愿考入原顺德出入境检验检疫局，从事植物检疫工作。

国门口岸是有效阻止疫情疫病传入传出的最后一道也是最关键的防线。守住这道防线绝非易事，种子里携带的病害、大豆中掺杂的杂草、木材上藏匿的昆虫……肉眼看得见的、看不见的，处处都有风险。

刚工作时，师傅告诫袁浩："作业时一定要小心，查验进口苗木时什么情况都有可能发生，昆虫叮咬是家常便饭，偶尔还会遇到蜥蜴和蛇。"

进口苗木使用的是开顶柜，为了看清苗木的情况，他们先要爬上梯子，一直爬到40尺高的货柜顶部，再下探到长12.3米、高2.6米的铁皮柜里，踩着用钢管搭起的支架，去一棵一棵检查这些进口苗木。这么多年来，他就这样在集装箱里钻进钻出，在货物堆场中爬上爬下，晴天时被汗湿透，雨天时被雨浇透，狼狈的时候那么多，他仍浑身是劲。

2015年4月，袁浩到现场查验作业，查的是一批苗木。像往常一样，他和同事戴着草帽、口罩、手套，拎着工具，爬高探低开始找虫子。十几个集装箱，整整干了一上午，查验到几个常见性成虫和虫卵；但细心

二、冲锋在前，无所畏惧 | 185

的他还是发现了几个有些陌生的虫孔，虫粪也似乎从未见过。他和同事已经细细探寻，还是没发现成虫。他们没有放弃，继续拿着工具一点点撬开木头的表皮，"笃笃笃……"又挖了好一会儿，都已经过了饭点，他们终于在新撬开的一块树皮下，发现一只色彩鲜艳的甲虫，这可是在场的人们谁也没见过的。大家很兴奋，大气都不敢出，赶紧捉虫、拍照，处理现场。

随即，满脸汗水、全身湿透的袁浩才小心爬上柜沿，朝外面等待的同事摇晃手里的小瓶子，开心地笑了。

那一刻，他仿佛变回了父亲肩头上的小小孩童。

最终实验室的结果确认现场捕获的是欧洲苹虎象，这是全国口岸首次截获该检疫性有害生物。一般来说，欧洲苹虎象不直接危害树木，这次从欧洲原木中截获实属罕见。这次的截获发现也被评为广东省2015年十大典型检出案例。

过去18年间，袁浩和同事们参与了全国首次从进境日本罗汉松中检出美国白蛾，全国首次截获太平洋剑线虫、逸去剑线虫、美国柳叶菜蛾等检疫性有害生物等工作。原顺德出入境检验检疫局的有害物种检出率连续多年在全国同类口岸中名列前茅，多次被评为系统内疫情疫病及有毒有害物质检出先进集体，袁浩本人也多次获得系统内的专业性表彰。

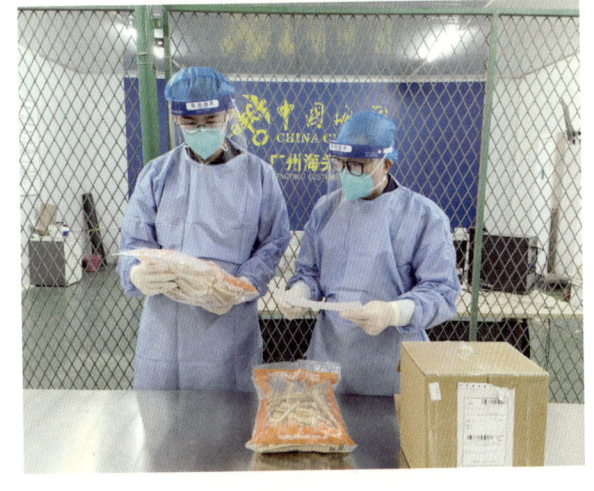

与同事一起进行货物查验　　赖文冰　摄

血脉中涌动着追求

袁浩对业务精益求精，平日里则是个极其朴实的人，很少说与工作无关的事情，内心对自己有着极高的要求。

就连熟悉的领导、同事都不知道，袁浩的家族拥有光荣的革命传统。他的叔公袁岳在20世纪40年代曾任粤中纵队盘龙游击队长。小时候，他经常坐在叔公的怀里，听叔公讲革命年代的故事。在粤西沿海潮湿的微风里，叔公的声音忽远忽近，叔公说："打仗谁不怕，牺牲谁不怕？但凡事要以民族利益为先，为大众利益而谋！"

袁浩的外公周柱，退休前是阳江粮食加工厂厂长，辛劳了一辈子，奋斗了一辈子。作为中华人民共和国杰出的工人代表，老人家在20世纪50年代获评全国劳动模范，走进过人民大会堂。刚记事时，他在外公的房间，偷偷摸过那枚勋章，上面天安门城楼细密的纹路、五角星的棱角，经年累月后还闪烁着光芒。"做人要有正气，做事要踏实。"外公的话穿过青春岁月，仍在他的人生路上回响。

袁浩没有辜负父辈的期望，他始终兢兢业业又甘于平凡。轰轰烈烈与他无关，功名利禄非他所求。工作18年来，他甚至从未对组织提过任何要求。

工作的前几年，因各方面表现优秀，周围很多人给过他善意的提醒，劝他趁年轻多为自己张罗张罗，在前途上多为自己争取争取。

听到这些话，袁浩总是笑而不语。他心里清楚，他的志向在专业上，他的抱负在业务上，他要在守护国门中实现人生价值。在一次谈心谈话中，他对领导说："干这份工作，我一直诚惶诚恐，自己还远没有达到心中的标准。"

2014年，袁浩罹患鼻咽癌。单位知道后，为他多渠道争取重大疾病慰问金，他都一一拒收了。他说："我虽然生病，但还不至于影响生活，我不想给组织添麻烦，请把资源留给更有需要的同事吧。"

经过两三个月的治疗，袁浩康复了，之后迅速投入工作，潜心于钻研，醉心于专业，一心守护国门，奔赴使命。

平凡集结在一起即伟大

2020年以后，新冠肺炎疫情打乱了每一个人的节奏。

口岸疫情防控的形势越来越多变，广州海关坚持"人、物、环境"同防，严格做好口岸疫情防控工作。2022年3月，为了应对繁重的监管任务，顺德办向全办发出号召，组建通关监管工作组支援相关现场。

袁浩几乎是立刻报了名。

疫情发生两年多来，在他身边，那么多人为了守护南粤国门付出着、奉献着。仅在顺德办，就有将近三分之一的同志曾奔赴广州白云机场海关旅检口岸支援；"60后"同事多次进出封闭管理工作组；他身边还有一对双职工夫妻，一起请缨在春节期间参加封闭管理工作。袁浩被这些身边人、身边事深深感动，一股无形的力量在心底萌生，让他坚定了前行的信念。

领导两次找他谈话，询问身体情况，询问家庭困难。袁浩说："我的身体康复8年了，已经度过了危险期。平时工作生活都没有任何影响，家里的困难也都能解决。科里面那么多年长的同事都支援一线了，我还年轻，一定要站出来。现在一线最需要专业人员，我当仁不让。"

在他的一再坚持下，他作为顺德办疫情防控突击队的成员，进入通关监管工作组，是该轮工作组中唯一一名持有植物检疫专家查验岗位资质的人员。

父母和妻子是他事业最坚定的支持者，却也是最担心他身体的人。面对忧心忡忡的妻子，他说："你也知道，疫情发生以后海关的任务有多重。800多天了，我的战友们还在坚守，与他们相比，我能做的很有限。"

　　妻子不说话了。她从新闻报道及很多渠道都了解过，像她丈夫一样的海关人时时刻刻坚守在自己的岗位上。

　　疫情发生之初，为了能跑赢病毒的传播速度，有人吃住在实验室，夜以继日地做检测，年夜饭只用一碗泡面打发；外防输入压力激增，许多人主动请缨支援空港口岸，在请战书上按下一个个红彤彤的手印；最忙碌时，有人持续工作35个小时，有人连续几天在木椅上和衣而睡，有的"90后"为了工作推迟婚期，有的"60后"快退休了还坚守在一线……800多个日夜，大家一边抗疫，一边想办法优化改革，提高通关效率；800多个日夜，大家一边抗疫，一边想办法助力复工复产，促外贸稳增长。

　　千千万万个难关和险隘，横亘面前，就有千千万万个海关人，知难而进、前仆后继，不是"无知者无畏"，而是"明知山有虎，偏向虎山行"。是他们，让南粤国门的形态变得具象，让人民海关的内涵特征更加鲜明，让国门卫士的时代形象越来越可触摸。

　　他们是一群什么样的人？

　　在这个群体里的袁浩，又是一个什么样的人？

进行货物查验　赖文冰　摄

一个人的奉献

同事说,袁浩总是抢着承担最辛苦的任务。

他负责进口货物的查验,监管环境一般在12℃以下,穿着防护装备在低温、潮湿的环境下长时间连续作业,人体并不好受。按照工作规程,现场关员三人一组,两人负责采样工作,一人负责操作执法记录仪,其中采样工作要求很高,样品采集的正确性直接决定着检测结果的真实性,绝不能出一点差错,必须全程高度集中,而袁浩每次都主动负责采样。

铁门拉开,集装箱内的寒气扑面而来,袁浩拿出拭子开始有条不紊地采集标本。

按照防护标准,他套上了两层塑胶手套,仍无法阻隔低温。采集一次,进行一次酒精消毒;再采集一次,再进行一次酒精消毒,这样一遍一遍操作,他的双手很快冻僵了。

但他没有停,透过雾蒙蒙的护目镜,视线对准新卸下来的一批货物,俯下身去继续工作。就这样一个小时、两个小时……时间流逝,袁浩没有察觉。裹紧了防护服,就像裹进了一个小宇宙,外界的嘈杂声都变得遥远,耳边只剩下自己呼吸声。

良久,袁浩听到同组的老大哥喊:"小浩,查完了,收工吧!"他抬头看到渐次填满的样品箱,才停下了手上的动作。他长长地舒了口气,随同事处理现场,然后离开,脱防护服、消杀,再回到生活区。

4月,春夏之交的广东天气多变,监管场所内外温差达到数十摄氏度,袁浩和同事们穿着厚重的防护装备,反反复复进出作业。

同组的同事回忆说:"袁浩总说自己年轻抢着多干一些,默默照顾着年纪较大的同事,哪怕任务再重也从不言苦、从不抱怨。"

休息时，袁浩也没有闲着。封闭管理不能每天回家。吃完饭，他主动收拾卫生，把生活区里里外外都打扫一遍。（同组的两位大哥，一位56岁，一位49岁。袁浩想，自己多干点，他们的负担就轻点。）

每天到了约定的时间，他都和家人视频通话。妻子问："辛苦吗？"他摇摇头。

8岁的女儿出现在屏幕上，他问："作业写好了吗？练琴了吗？"

"爸爸，我今天画画了，画的是你哦。我跟同学说，爸爸去抗疫了。"

女儿刚开始学画，画笔还很稚嫩，歪歪扭扭的线条下，勉强看出人形，他被逗笑了。

落幕

袁浩的去世，让所有人都感到意外。

那天，同事来找他，才发现不对劲。明明刚才，他还在跟送样的司机打电话交接工作，但就这样倒在了岗位上！

医院的诊断结果是：心跳呼吸骤停！

一切，竟是如此突然。

他正值壮年，爱好运动，无不良嗜好。工作之余就是陪伴女儿，带家人参加公益活动。鼻咽癌已经康复多年，他逐渐恢复了往日开朗爱笑的性格。在同事和朋友眼中，他无任何异样。参加疫情防控封闭管理工作以来，他一丝不苟，认真落实监管要求，一起工作的同事只知他专注敬业，却未曾听他提起任何身体不适和诉求。

然而，只有最亲近的人才了解，他病愈后变得特怕冷，平时都要比别人多穿一件衣服。虽然单位配备了后勤物资，妻子还是专门给他准备了羽绒被，尽管岭南的 4 月，早已春回大地。

这些需要关照也必须关注的事情，要强的袁浩从未向组织提起过。在他心里，自己能解决的事情就绝不给别人添麻烦，只要穿上这身制服，就只管肩上的职责和使命。

急救现场，妻子恸哭："昨天晚上，他才在网上订了菜送到家里！"

做了 30 多年护士的母亲肝肠寸断："我一辈子兢兢业业，一辈子都在帮助别人，我救了那么多的人，为什么没能救回我的儿子！"

闻言，在场的人无不动容。

这一天，是 2022 年 4 月 10 日。

高飞

春天总是在最盛大的时候结束。一场雨过，花所剩无几，叶日渐浓密。

袁浩的生命如同这个春天一样，结束得如此突然。

不幸发生以后，人们几乎是本能地去思考一些假设性问题，寄希望借此纾解伤痛。

假如袁浩还在，他理应会和他所有奋战在口岸疫情防控一线的战友一样，经历了艰辛 / 分离，最终平安地回到家人身边，直至下一场战斗的来临；假如他还在，他理应会和所有海关人一样，扎根国门一线挥洒青春，用专业本领践行使命，在追求理想中实现人生价值；假如他还在，他的余生理应会和大多数平凡善良的人一样，用心经营一份事业，拥有美满的家庭，有余力时回馈社会，最终或辉煌、或曲折、或平淡地老去。

可命运何等残酷，世上美好的东西有时恰恰并不给那些值得拥有它的人。

回望袁浩的一生，对待事业，他一丝不苟；对待专业，他孜孜以求；对待家人，他呵护有加；对待战友，他肝胆相照；对待自己，他严以立身。在名利前，他淡泊如水；挫折降临，他从未消沉；危难关头，他挺身而出。回望袁浩的一生，就是在仰望一名平凡的国门卫士那不平凡的灵魂。他是广大基层海关干部立足岗位默默奉献的最真实写照。

　　袁浩如星陨落。但他的精神已经高飞，如同初夏的第一缕阳光，洒落在南粤国门。在他身后，是千千万万如他一样平凡而又不普通的海关人，向阳而生、向阳而行，筑起国门一线最坚固的城墙。

　　神圣的国门，终将选择那些忠诚于使命的人！

　　神圣的国门，终将记住那些奉献于使命的人！

深圳海关

抗击疫情战线上的先锋战士

——记"全国海关系统抗击新冠肺炎疫情先进个人"陈彩霞

深圳海关所属西九龙站海关 邓佳嫄 李欣

陈彩霞，女，汉族，中共党员，现任深圳海关所属西九龙站海关旅检六科副科长，2020年荣获"全国海关系统抗击新冠肺炎疫情先进个人""深圳海关2016—2019年先进工作者""深圳海关首批疫情防控优秀共产党员"等称号，并在中国—世界卫生组织新冠肺炎联合专家考察组到深圳宝安机场海关考察工作中受到深圳海关的通报表扬。她从事卫生检疫工作15年，经历过甲型H1N1流感、中东呼吸综合征、埃博拉等重大疫情防控工作，在新冠肺炎疫情防控工作中，陈彩霞主动担当、甘于奉献，奋战在一线。

参加表彰大会　李砚伟　摄

挺身而出，处置首例疑似病例

2020年1月22日下午，西九龙站海关刚刚完成中班、晚班交接，陈彩霞正在计划出境各科室开展"新冠病毒感染疑似病例处置移送"应急演练。这时，陈彩霞听到对讲机传来声音："发现一名来自疫情重点地区旅客体温偏高，自诉咳嗽2日，未就医。"她放下手中的演练流程，匆匆赶到卫生检疫区，原本计划中的演练，转眼间变成实战！

疫情初期，大家都有些紧张。只见陈彩霞熟练地穿上防护装备，并大声指挥："引导旅客进入负压隔离室，按规定进行排查！"陈彩霞的指挥如同定心丸，现场关员有序完成测温报警处理工作，将旅客引导至指定位置。

负压隔离室内，陈彩霞发挥以往参与埃博拉等疫情防控工作经验，有条不紊开展流调和医学排查，同时按照相关协议，做好向港方转运病例准备。由于安排床位需要时间，陈彩霞只能和旅客一起等待港方指令，1个小时、2个小时、3个小时……眼看快到晚上8点，旅客渐渐有些不耐烦，要求离开，陈彩霞也是又累又饿又急，密闭的防护服让她流了一身汗，护目镜上厚厚的水雾使她眼前模糊一片。为了安抚旅客，她一遍遍向旅客解释，并通过传递窗为旅客送上饼干和水。在取得旅客的理解配合后，陈彩霞最终成功将旅客转运。那天，陈彩霞在负压隔离室工作4个多小时，始终在憋闷的防护服里，没有喝水、没有去洗手间，为了尽量降低病毒传播的风险，她只能通过对讲机和一个小小的传递窗与同事保持联系，认真确保每个细节防护到位，一步一步完成转运处置。

事后有人问她："紧张过吗？"她点点头："说没有紧张是骗人的，但穿上防护服瞬间，感觉像是披上了战袍，变得强大起来。"她的勇于担当、她的专业干练，让当时在场的干部无不为之感动与钦佩。接班科室干部雍芝说:"当时是交接班时间,她的科室当天的工作已经完成了,本可不经手处置,可她却挺身而出,真是小小的身板里有大大的能量!"

当天完成工作后,陈彩霞从西九龙站回到福田站时已是晚上 8 点多——此时,她的大儿子刚做完手术从医院回到家中。"妈妈,我的伤口好痛,你什么时候回来看我?""妈妈,怎么没有回信息,你又在加班吗?""妈妈,我想跟你视频。"看到儿子的留言,陈彩霞打开手机,和儿子视频连线。当时还不会说话的小儿子,在视频中哭着要扑向手机里的妈妈——陈彩霞也想立刻回家抱抱孩子,但是担心回家会有传播病毒的风险,她忍住了,在附近找了一家酒店进行自我隔离。第二天,接到转诊旅客核酸阴性通知。陈彩霞刚走出酒店,随即又接到一项紧急任务。这次分别,与孩子们再次见面已经是 2 个月之后。

无畏无惧,支援空港口岸抗疫

2020 年 1 月 31 日,西九龙站口岸暂停公众服务,陈彩霞报名参与

支援深圳宝安机场海关

叶俊超 摄

了深圳宝安机场口岸的疫情防控支援工作。工作地点从香港回到深圳，从高铁站到空港，陈彩霞初心不变，在旅客医学排查、流行病学调查等最前线的岗位上挺身而出、迎"疫"而上。

在机场支援是非常繁忙的。2月2日，一架来自重点地区的航班降落，经工作人员登临检疫，有2名旅客均被判定有感染嫌疑，涉及同机30余名密切接触者。陈彩霞负责对这架航班涉疫人员开展流调。她从上午9点一直忙到下午3点，也没顾得上吃午饭。晚上8点，负责收取健康申明卡的同事发现另一航班2名旅客有重点地区旅居史，复测体温37.3℃。得知情况的陈彩霞又像陀螺一样忙起来。等到完成全部处置，已是2月3日零点。进机场时太阳初升，出机场时月已西沉。

"你这么拼，也要注意休息啊！"同事的关心，让陈彩霞心存感激，但她更在意的是疫情防控局势、旅客排查情况。2月3日的通宵班，陈彩霞继续坚持上岗。这个夜晚，她在支援科室排查了五架重点航班，完成全部旅客的排查采样。

登临检疫　　欧阳庆伟　摄

在支援期间，这样忙到没日没夜的日子有很多。2020年2月16日，陈彩霞连续奋战48小时筹建机场出境医学排查室，圆满完成中国—世界卫生组织新冠肺炎联合专家考察组现场考察迎检工作。3月17日、8月8日，她两次遇到一个班次同时有三架航班落地，每次连续作业8个小时以上，和同志们一起完成600多名旅客及机组成员验放；7月，国际航班陆续复通，她在两个月中参与了10余个航班的"一机一策"检疫排查方案制订，其中某些航班上午9点前抵达，需要在前一晚10点开始制订方案、通宵准备，往往准备好已经是凌晨三四点。稍做休息，陈彩霞就又投入新一天连续12个小时的紧张工作。在8个月的支援工作中，陈彩霞为500多架次货机机组人员办理过入境检疫手续，保障30余架次客机入境，登临过10多架货机进行检疫。

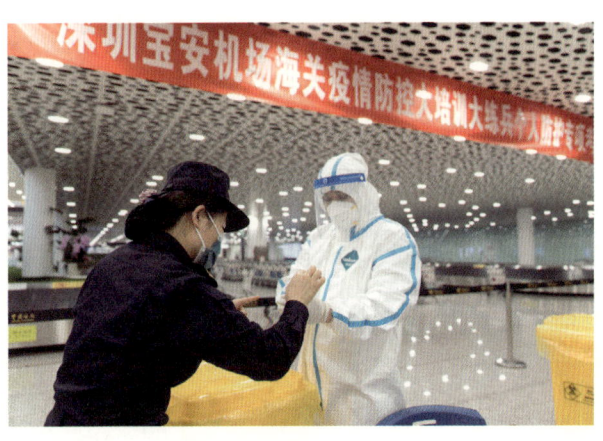

指导工作人员疫情防控
彭东 摄

长期高强度排查、高密集流行病学调查工作，未让陈彩霞感到畏惧、退缩，而是越危险越向前。在一线奋战的日日夜夜，持续考验她的党性与专业，考验她的体力与耐力。虽然很疲惫，但她的眼睛里有光，透露着果敢和坚毅。

扎扎实实，赋能蓄力重新出发

2020年9月，因西九龙站海关工作需要，作为该关卫检小组主要成员的陈彩霞返回原单位工作。此时，西九龙站海关大部分关员处于外出支援状态，卫检小组只有4名同志，每个人的工作压力都很大。首要任务就是利用暂停公众通关服务的"窗口期"苦练内功，开展西九龙站口岸公共卫生核心能力建设自查整改。

陈彩霞和同志们一起，对照180条口岸核心能力建设考核项目，逐一梳理，查缺补漏。其中，最困难的是筹建功能房间，由陈彩霞和另外一名女同志负责，她们没有经验，就向兄弟海关请教；没有现成房间，就与后勤保障部门沟通。布置应急物资储备室时，她们亲手把1 000多套防疫物品放入储物箱，分门别类贴好标签；布置应急处置室时，她们用尽全身力气才能把30多斤重的各类型防护服以及各种笨重的仪器搬上货架，由于戴着口罩，经常感觉喘不上气。连续一个月，她每天白天前往口岸现场检查设施设备，手机计步往往都在2万步左右；晚上，回到备勤基地，继续加班加点整理工作资料，陆续制作17本台账。通过陈彩霞和卫检小组同志们的共同努力，口岸核心能力建设自查整改按时圆满完成。

陈彩霞还负责西九龙站海关的疫情防控培训，她说道："要教好别人，自己必须要对相关要求烂熟于心。"她每天上班第一件事，就是把上级下发的与疫情防控相关的最新文件一一查阅、下载、分类、保存，仔细研读，认真领会，结合实际情况编写西九龙站海关相关规章制度。疫情以来，陈彩霞研读专业文件逾百万字，参与编发、制订西九龙站海关疫情防控相关文件及指引20多份。

讲授安全防护
监督培训课程
孟亚平 摄

截至 2022 年 8 月，陈彩霞共对 100 多人次开展"一对一"安全防护培训。每一次培训前，她都认真收集监督部门在监控检查后提出的意见建议，想办法改进操作方法，培训中重点复盘近期安全防护情况，提出其中的易错点，对每一个工作组同事的防护服穿脱进行"一对一"指导。陈彩霞多次示范防护服脱卸细节，并在同事脱卸的时候，于关键节点提供协助。多次练习之后，大家都掌握了技巧，服气地给陈彩霞竖起了大拇指，每次见面还亲切地称她为"陈老师"。

陈彩霞还负责西九龙站海关疫情防控应急演练的剧本编制和组织演练，经常被同事亲切地称为"陈导"。她熟悉最新疫情防控文件，根据最新要求编写操作流程，打磨演练方案，准备演练物资，组织排练，先后组织 5 场演练，其中"采样时旅客突发呕吐应急处置演练"拍摄成视频，获深圳海关好评及推广。陈彩霞还抽空利用自己的专业知识参与扶贫支教工作，积极参与西九龙站海关"西心关爱、筑梦云端"支教活动，为对口支援小学录制了一批卫生知识教育视频，非常受小学生们的欢迎。

在抗击新冠肺炎疫情的战线上，陈彩霞用实际行动践行初心，履行使命，不论在一线还是后方，她都不遗余力地把每一项工作都做到极致，发挥着一名共产党员的先锋模范作用，为最终战胜疫情贡献自己的一分力量！

拱北海关

用逆行守护"风平浪静"
——记"全国海关系统抗击新冠肺炎疫情先进个人"王锋

拱北海关所属高栏海关 孔飞扬 赖书缘

2020年年初,新冠肺炎疫情发生以来,负责珠海高栏港口岸国际航行船舶监管检疫任务的高栏海关监管三科,每天24小时作业,全年无休,始终站在抗击疫情第一线。

王锋是拱北海关所属高栏海关监管三科副科长,拱北海关口岸突发公共卫生事件应急工作组成员,从事出入境交通工具卫生检疫工作十余年,有着丰富的船舶卫生检疫工作经验,是一名守卫国门安全的老兵。自新冠肺炎疫情发生以来,他发挥敢于吃苦、善于钻研的专业精神,始终冲锋在前,在口岸检疫防线上书写着新时代海关干部的初心与使命,用一次次的逆行守护着高栏港的"风平浪静"。

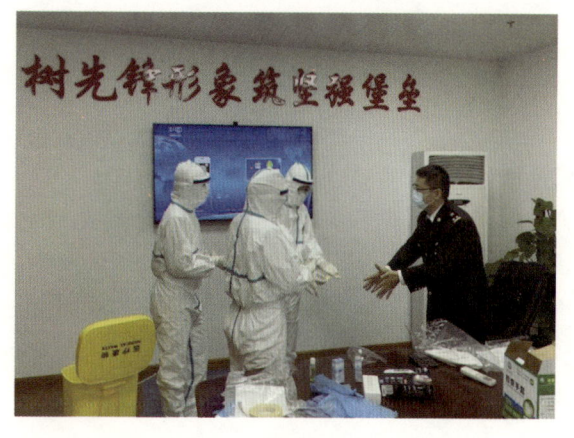

进行登临前的准备工作　戴悦昕 摄

逆行而上，以党员的名义

2020年2月，王锋接到船务代理电话，称次日计划靠泊的船上有一名船员体温异常。王锋迅速作出反应，"请船方将发热船员隔离，所有船员做好防护，具体情况如实申报，我们明天进行登轮检疫"。

面对未知的风险，王锋挺身而出："我有经验，非常时期我先上！"当天下午3时30分，王锋与另一名男同事进入船舱，严格按照流程核验船方提供的申报资料，对船员开展医学排查和流行病学调查，对发热船员进行腋下水银温度计复测，采集鼻、咽拭子样本，并将样本送往拱北海关保健中心做检测。2月的珠海尚未回暖，而王锋的防护服早已被汗水浸湿。

登临检疫
周彪 摄

他顾不得休息，紧急将信息通报相关部门，协调地方救护车，将发热船员转送定点医院。"其实当时心里也很害怕，不敢想象后果。"事后王锋笑说，"但是任务就在眼前，我必须上。直到当天凌晨，保健中心通知船员核酸检测结果为阴性，我才终于稍微松了口气，今晚能睡个好觉了。"有惊无险，应该是人世间最幸福的一个词。

赤心无所惧，论事敢直前。在抗击疫情的战斗中，王锋"火线"递交入党申请书，综合发挥政治素养与业务能力。在口岸抗疫一线，以实际行动诠释"逆行而上，冲锋在前"；在疫情考验中践行初心和使命，用无畏奉献体现责任和担当。

万难不屈，诠释忠诚担当

"只要组织需要，我们随时都在！"

对外轮开展登临检疫作业，面对的是风高浪急的险峻环境，承受的更是生理和心理的双重压力。外勤作业期间，王锋通常冲锋在前，穿着密不透风的防护服攀登十几米高的舷梯，在温度最高可达60℃的甲板上持续作业数小时。疫情发生以来，王锋先后登轮检疫160次，和科内同事一起守护着海上国门防线。

2021年4月，高栏海关接到代理报告，称"某艘入境船舶多名船员发热"。这立即引起了王锋的警觉，"多名发热"这个词不断在脑海中回旋，经风险信息综合研判，王锋判定该轮船需要锚地检疫，他与科内业务骨干顺利到达锚地指定位置。当天同行的保障人员描述起当时的情况："那天海上风浪特别大，到达锚地的时候我们同行的好几个人都出现眩晕症状了，前方十几米高的软梯更是摇摇晃晃。"王锋穿好防护装备，经由软梯攀上船舶，顶着盛夏高温与炎炎烈日对全船多名船员进行卫生检疫、核酸采样，完成防护装备脱卸程序后，浸透了汗水的黑色工作服在烈日暴晒下已呈现深浅不一的白色盐渍。

王锋在工作日记中曾经写道："抗击疫情是一场充满考验的战斗，需要坚强的意志力和高度的专业性。"无数个日夜在口岸一线的顽强奋战、倾心守望，无数次冲锋在前、规范高效的登轮检疫，正是他对这句

登船
陈明宸 摄

二、冲锋在前，无所畏惧 | 203

话最生动最有力的诠释。

科学防范，应对风险挑战

"口岸疫情防控的第一道关，我们一定要守住！"

早在抗疫之初，有着十余年船舶卫生检疫经验的王锋便迅速反应，科学研判疫情防控中海港口岸防线可能存在的风险，提出了"一船一议""无接触卸货"等防控建议，以制度规范织密口岸疫情防护网。

面对新冠肺炎疫情，他不仅有防范风险的准备，也有应对和化解风险的策略。在高栏海关党委的统一领导下，按照疫情防控战略，他积极发挥专业优势，针对船舶的不同情况，做到精准科学防控，为严防疫情经水运口岸蔓延贡献专业力量。

疫情发生以来，王锋参与了高栏港口岸全部确诊病例的处置工作。一天凌晨4点，王锋接到电话，高栏海关在一艘船舶检出确诊病例。原本睡眼惺忪的他猛地从床上弹起，把家里人吓了一跳，来不及过多解释就迅速驱车50多公里赶赴口岸现场，立马协调开展后续处置工作。从方案制订、人员调度到病例移交、船员复检，再到分析评估、总结上报，有大量需要核实的情况以及需要协调的事宜。"疫情防控容不得半点疏忽，每个环节都不能有一点纰漏，严谨高效、谨慎有序、妥善处置各个环节，才能确保口岸疫情防控万无一失。"王锋是这样说的，也是这样做的。等到疫情处置完毕，回家已经是近72小时后的凌晨，老人孩子还在熟睡，妻子刚起身

开展核酸采样工作
周彪 摄

准备去上早班，厨房里还有女儿给他留的八宝粥。"心里对家人其实是有歉意的，但这是我必须作出的选择。"

作为业务骨干，王锋除了带头冲锋，更不忘"传帮带"，高栏某船舶代理企业负责人表示，"我们大多数人个人防护的意识和水平还不足，多亏王科义务为我们开展的好几次专业培训，每次在防护方面有问题时都会'求助'王科，可以说他几乎是24小时在线，给我们提供了很多有效的指导和建议"。疫情以来，王锋主动组织专业培训19次，全关共570余人次参训。他还义务为船舶代理企业、船方、码头答疑解惑，为珠海港引航站引航员开展疫情防控培训，对口岸联检单位的个人防护及场所消毒提供指导和建议，为抗疫队伍建设和培训贡献力量。

全心为民，牢记初心使命

"累是肯定的，但是我们的付出都是有意义的！"

船舶靠泊时间直接关系着企业的运营成本，为了尽可能缩短时间，王锋和同事们24小时轮班值守，坚持"宁让人等船，不让船等人"的服务理念，努力把各项工作完成得更快、更好，有条不紊地开展疫情防控和通关保障工作，践行"人民海关为人民"。

作为高栏海关业务改革小组成员，王锋积极参与拱北海关"船边直提、抵港直装"业务模式改革以及"内外贸同船运输"改革。2020年6月5日，在高栏港码头，一个集装箱在船舶上缓缓被吊起，然后

审核船舶申报信息　戴悦昕 摄

被放到船边的集装箱卡车上。司机在收到码头通知后，直接开车驶出闸口并将货物运往珠海保税区某公司投入生产。从货物卸船到离开码头，耗时仅10分钟。这是珠海首票通过"船边直提"作业模式进口的货物，实现了船舶进港、卸船装车和货物提离"零等待"。王锋笑着谈起这项工作的重要意义，"以往企业经常安排人、车在码头空等，比较耗费成本，现在这样一来，企业就可以根据路程时间和作业进度来安排车辆提箱时间，而且还能减少场内运输、码头堆存等一系列费用，这也算是为惠企暖企献上自己的一份力啦。"

疫情防控以来，王锋指挥协调船员入境紧急救助事宜30余次，为多名船员开辟入境就医"绿色通道"，为生命保驾护航。2021年2月，高栏海关接到珠海市口岸局高栏分局通知，一艘货轮上的船员胃炎发作，疼痛不止。经珠海市新冠肺炎疫情联防联控指挥部批准，将于一小时后紧急下船入境就医。接到报告后，王锋迅速启动应急处置预案，及时联络船方沟通了解情况，高效完成健康申报、"三查三排"等卫生检疫工作，迅速与地方救护车办理转运交接手续，为该名船员及时就医争取了宝贵的时间。

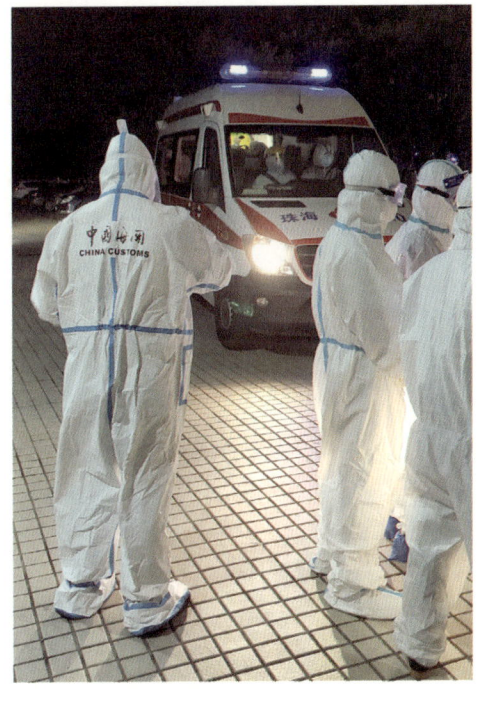

办理转运交接手续

李康怡　摄

堡垒无言，却能凝聚强大力量；旗帜无声，却能鼓舞磅礴斗志。在高栏海关，还有无数个和王锋一样，始终挺立在疫情防控第一线上的关员们，他们以日复一日的坚守，守护着高栏港口岸的"风平浪静"。

江门海关

专业敬业乐业，冲锋抗疫一线

——记"全国海关系统抗击新冠肺炎疫情先进个人"黄志坚

江门海关所属鹤山海关 黄志坚 陈颖清

江门海关所属鹤山海关查检科副科长、党支部副书记黄志坚自新冠肺炎疫情发生以来，持续奋战在疫情防控的最前线；充分发挥医学专业优势，主动承担关区口岸疫情防控工作任务，积极支援上海口岸疫情防控工作，扎实做好本岗位进出口食品化妆品监管，进出境动植物产品、机电产品、危险化学品及包装的检验，做好非洲猪瘟疫情防控工作；在抗疫一线充分彰显党员领导干部的先锋模范作用，被海关总署授予"全国海关系统抗击新冠肺炎疫情先进个人"称号。

逆向而行，用"敬业"践行神圣使命

2020年年初，新冠肺炎疫情出现，黄志坚每天关注着势态的发展，身为一名共产党员，报效国家、奔赴抗疫现场的种子悄悄地生根发芽。

疫情来得突然，全国各个口岸防疫工作日渐紧张，压力骤增。在困

二、冲锋在前，无所畏惧 | 207

难和险情面前，黄志坚积极响应号召，报名参加了江门海关支援上海口岸抗疫工作队，毅然奔赴上海抗疫一线口岸。

支援上海口岸开展疫情防控工作是一次重大而光荣的使命，也是一场没有硝烟的战争。凭借着多年的检疫工作经验，黄志坚明白，要战胜这位"特殊的敌人"，扎实做好个人防护，是抗疫必备的前提和手段。时间紧，任务重，出发前，他反复学习口岸防控文件，一遍又一遍进行穿脱防护服训练，重复消毒流程，认认真真，一丝不苟。透过妻子、孩子担忧和不舍的眼神，黄志坚明白他们此刻焦虑和担忧的心情。但有国才有家！面对家人的理解和无悔支持，他一次次向家人保证一定平安归来。最朴素的语言，寄托了最深最复杂的思念之情。

出发支援上海口岸疫情防控
陈泳姿 摄

黄志坚被分配到入境人员的健康申明卡审核、填报健康申明卡和流行病学调查岗位，第一天上岗便穿着防护服连续作战10个多小时。上海口岸的初春，气温变化大。在持续工作环境下，防护服热了脱不了，冷了又不能加衣。汗水湿透了里衣，又蒸发干了；水汽排不出去，气温下降，又在防护服里凝结成水珠，冰冷地贴在身上，反复回潮，非常难受。一天下来，头昏脑涨，四肢无力，喉咙肿痛。

语言交流困难是检疫工作中最大的障碍，为适应工作环境，提升工作效率，他制作了现场外语交流的小卡片，把关键表述、礼貌用语、国家政策措施等相关信息翻译成英语，一点点背下来。

在上海口岸支援现场
邓志豪 摄

黄志坚渐渐适应了现场环境和工作强度。早餐过后，是必要的身体"调节"环节。由于穿脱防护服复杂而又危险，补充盐分、水分必不可少。为减少工作时不必要的"内急"问题，这里的大部分同志都选择在穿防护服前尽量掏空肠胃。然而，有一次，他在穿防护服前忘了喝水，最初的两个小时，除了有点口干外，还能适应。随着频繁与旅客交流，不断重复引导和解释，他的喉咙开始肿痛，口干舌燥，嗓子仿佛已经开始冒烟。

终于换班了，头晕目眩、疲劳困倦在口渴面前不值一提。脱下防护服那一刻，他几乎没有任何思考，便向饮水机扑去，当清凉的水从喉管"咕咚咕咚"滑下，通体舒畅，每一个毛孔都得到舒张。回头再看看身边的同事，相视一笑，原来大家都在开怀畅饮，享受着这种"久旱逢甘霖"的感觉。

"苦"和"快乐"，这只是抗疫现场的一段小小的缩影。

在江门海关党委和江门海关支援上海口岸抗疫工作队临时党支部的正确领导下，黄志坚克服种种困难和挑战，发挥党员模范先锋作用，和同志们一起闻令而动、遵令而行，扎实工作、恪尽职守，团结协作、担当奉献，不折不扣落实口岸疫情防控工作措施，圆满完成了支援上海口岸疫情防控工作任务。

勇于担当，用"专业"诠释对党忠诚

新冠肺炎疫情给广大人民群众的身体健康带来了严重威胁，给原本明亮的天空蒙上了一层阴影。疫情就是命令，防控就是责任。黄志坚在疫情防控中勇担使命，作为鹤山海关卫生检疫专家小组成员，主动承担高风险工作任务，充分发挥医学专业背景优势，积极与地方联防联控部门联系，切实做好鹤山海关鹤山港进出口船舶的卫生检疫、流行病学调查等工作。

2020年春节期间，黄志志舍小家为大家，以实际行动赴使命，奋斗在疫情防控一线。他牺牲与家人团聚时间，连续多日奋战在任务重、风险高的旅检和货运一线，承担指导旅客健康申报、体温复测、流行病学调查、医学巡查和登轮检疫工作。春节期间，黄志坚在鹤山旅检现场共参与监管进出境旅客250人次。有一次，孩子得了重感冒，需要到医院治疗，为了不给组织增添任何麻烦，他让妻子独自送孩子去医院治疗，自己仍然坚守工作岗位。完成工作任务后，他才抽空去照顾陪伴生病的孩子。

为了缓解一线人力资源紧张、专业资质人员少的难题，黄志坚加班加点开展新冠肺炎防控知识全员培训。严格落实岗前培训，开展防护服穿脱、标准采样、规范消毒等安全专项培训，提升人员安全防范意识，确保培训合格后方能上岗。持续开展培训、考核、演练，严格落实"岗前检查、工作巡查、全程督查""双人作业、互相监督"安全防护监督制度，发现问题立即整改；提升应急处置能力，不断完善职业暴露、标本溢洒等突发事件应急预案，开展桌面推演、模拟演练等，组织处置发热病人模拟演练2次，切实提高应急处置能力。

在一次出境登轮检疫查验任务中，黄志坚发现一名体温超标的船

获评"全国海关系统抗击新冠肺炎疫情先进个人"

罗国廉 摄

员,他立即上报值班领导,然后沉着冷静应对,严格按照工作指引,对发热船员进行流行病学调查,并启动联防联控机制,迅速通报地方卫生部门进行采样检测。随后,他积极跟进检测结果,在排除疫情风险后立即为船舶办理出境手续,最大限度地减少了船方的损失,提高了通关速度,以过硬的专业技术、严谨的工作作风和优质的服务态度赢得了一致好评。

还有一次,入境船舶有位船员意外受伤——小腿骨折,船上医疗条件有限,无法进行有效救治,需紧急上岸接受治疗,申请下船紧急就医。本着"人民至上、生命至上"的精神,把保护人民生命安全摆在首位,他立即向值班领导报告,启动应急处置,与同事奔赴现场,严格按照防疫要求进行流调、核酸采样、行李物品检查并安抚船员情绪,持续跟踪船员情况,在保健中心出具核酸检测结果阴性后第一时间告知船舶代理和医院。

2020年,黄志坚被海关总署授予"全国海关系统抗击新冠肺炎疫情先进个人"称号。

以苦为乐,用"乐业"擦亮党员底色

鹤山海关查检科主要负责进出口食品化妆品、进出口动植物产品、进出口机电产品、进出口危险化学品等检验检疫工作。黄志坚作为副科长,在抓好口岸疫情防控的同时,充分发挥"传帮带"作用,以高度的责任感和使命感，真扎实干、履职尽责，坚决防止发生疫情叠加。活猪现场检疫监管工作又脏又累，但他主动加班加点，承担活猪现场监管值守工作，持续做好非洲猪瘟疫情防控工作。非洲猪瘟疫情防控工作依然严峻，他多次深入一线主动了解辖区进出口企业防疫情况，有针对性地调查研究，帮扶企业复工复产。新冠肺炎疫情、非洲猪瘟双疫情下，黄志坚充分发挥党员的先锋模范作用，擦亮党员底色，带领科室同志完成各项工作和任务。"宁愿自己多跑，也要让企业少跑"，主动上门取样送检，强化活猪检疫监装，安全、有力地保障了"菜篮子"安全。

黄志坚严格落实进出口食品、化妆品安全监督抽检和风险监测管理工作，做好进出口食品企业帮扶工作，通过政策宣传、问卷调研、电话咨询、实地核查等形式掌握辖区食品生产企业经营动态，认真落实促进外贸保稳提质二十条措施。鼓励辖区有条件的企业申请出口食品生产企业备案，进一步扩大食品企业数量和规模，架设信息反馈渠道，聚焦企业出口难点痛点，结合企业产品特性，制订从养殖、生产、加工、备案到货物通关的全方位帮扶举措。全面掌握出口食品企业基地农作物生产周期，了解农药施用、农药残留等情况，定期对养殖场、加工厂进行全覆盖风险排查，持续做好免疫防疫、疾病控制、出口管理等环节监管，从源头保障产品安全性和质量合规性，开展农药残留、重金属等有害物质检测，以确保食品品质及生物安全符合标准，帮助企业建立科学、完善的食品安全监管体系，畅通企业问题收集、梳理、处置、反馈渠道。

他把讲政治从外部要求转化为内在主动和有力举措，以防范和消除安全风险为着力点，强化全链条监管，提升安全保障能力，构建严密监管体系，守护好进出口危险化学品安全防线。织密织牢监管网络，强化风险管理，建立进出口危险化学品动态风险管理清单，梳理出存

落实入境物资
人物同防方案
要求

陈颖清 摄

在的风险点,覆盖危险品审单、查验、取样、处置、出证等全流程,实现精准识别和有效防范风险;规范检验操作,优化工作流程,构建进出口危化品全链条监管体系;建立危化品应急处置预案,提高快速反应能力和实战能力。不断加强监管力度,动态掌握关进出口危险品质量安全情况,实现进出口危险品风险信息的监测、预警和共享,强化监督检查,发现安全隐患及时完成整改,切实将危险化学品安全管理要求落到实处。持续推进监管联动,加强关地合作,与地方应急管理、交通、口岸和海事等部门建立常态化合作机制,及时通报特别管控危险化学品业务量异常变化等安全风险。

他加强进出口动植物产品的检验监管,全力守护国门生物安全;落实总体国家安全观,扎实做好口岸疫情防控,强化风险防范化解,积极开展国门生物安全知识宣传;做好进境动植物产品疫情截获、国门生物安全监测,严防非洲猪瘟、高致病性禽流感、沙漠蝗等重大动植物疫情疫病传入传出,防止疫情叠加;不折不扣做好进口货物疫情防控,按照海关总署统一部署要求和布控指令科学规范开展进口货物风险监测和预防性消毒监督管理工作。

"我是光荣的共产党员,任何时候组织需要我,我都会义无反顾!我会始终牢记自己的身份,立足岗位,勇担使命!"

抗疫路上的奋勇者

记"全国海关系统抗击新冠肺炎疫情先进个人"张振荣

江门海关所属鹤山海关 张振荣 邓志豪

江门海关所属鹤山海关监管科科长张振荣，身为扎根口岸卫生检疫工作岗位 20 多年的"老兵"，从抗击非典、甲型 H1N1 流感、中东呼吸综合征到截获输入性病媒生物"埃及伊蚊"，他始终坚守在口岸卫生检疫岗位，默默耕耘，践行初心使命。在新冠肺炎疫情防控阻击战中，他冲锋在前，发挥了党员先锋模范作用，在常态化疫情防控工作中，带领全体支部党员干部在口岸检疫防线上筑起了坚强的战斗堡垒。

扎根口岸筑牢防线

新会港是新会口岸对外开放的重要窗口，同时也是疫情防控工作中的重要环节。新会海关查检一科和物流监控科积极沟通，密切配合，共同筑牢新会口岸卫生检疫防线。

为了更好地开展疫情防控工作，张振荣向组织提出了到物流监控科

组织开展职业暴露桌面推演　　吴志平　摄　　　　登临检疫　　薛卓联　摄

支援疫情防控工作的申请，得到了组织批准。在一线工作中，他充分发挥了卫生检疫技术力量作用，积极组织开展一线作业关员个人防护技能培训，提升队伍的防护水平；动态完善新会口岸的防控工作方案和防控细化措施，针对不同岗位职责，制订了相应的岗位卡片，方便关员熟悉掌握并规范操作，得到上级部门的充分肯定；加强与地方防控部门的沟通联系，建立了新会口岸疫情防控沟通机制；直接参与新会港船舶的登临检疫工作，通过"传、帮、带"等方式提高了队伍的检疫能力，为优化检疫作业流程和检疫场所布局提出合理意见；协助联系防护物资供应商，充实口岸防护物资的储备。通过一环扣一环的协同合作，一项接一项细化措施的落实，逐步夯实新会口岸疫情防控基础。

千里驰援显初心

上下同心者胜，众志成城者赢。3月20日傍晚，正当张振荣在新会口岸防控一线思考如何完善口岸防控方案时，一位口岸疫情防控一线的

二、冲锋在前，无所畏惧 | 215

伙伴来电："荣哥，听说要支援上海口岸抗疫工作，你报名了吗？我已经报名了！"张振荣稍感意外地说："我还没有看到文件啊，如果有机会，我肯定会第一时间报名，与你并肩作战的！"挂上电话后的张振荣思绪万分，心潮澎湃。他的很多医学同窗早已奔赴疫情地区，奋战在最前线，用专业的技术和青春的汗水书写着很多动人的故事，张振荣常常为之自豪。"我又岂是一个畏难之人呢？这时候就应该挺身而出啊！"

3月21日早上，正当他像往常一样开始晨跑的时候，手机突然响起单位领导的来电，他心里一怔，难道是？他急忙接通电话。"振荣啊，组织准备派你去上海支援抗疫工作，你有什么困难吗？"不知道是因为听到这句话还是因为刚跑步的原因，他的心跳怦然加速跳动，声音略带颤抖脱口而出："领导，没有困难，我一定会服从组织安排，不辱使命！""嗯，非常好！你尽快做好准备吧，队伍会通知随时出发的。""收到！"

3月22日，根据上海口岸防控需要，按照海关总署党委决定，江门海关抗疫工作队正式成立。动员会、技能培训、物资准备等一切工作有条不紊地进行着。为了更好管理和提高队伍的战斗力，江门海关抗疫

整装待发，千
里驰援上海
吴志平　摄

工作队成立了临时党支部，张振荣被推选为组织委员，负责支部组织工作，从未担任过该项工作的他，突然觉得身上的担子重了好多。

重任在肩，从容应对

3月23日，搭载抗疫工作队的飞机顺利降落虹桥机场。队伍进驻浦东国际机场集中工作酒店后，立即召开了临时党支部支委会，建立了管理制度并明确了任务分工：工作队分为6个小组管理，同时组建5个职能小组，分别负责卫生防护、队伍管理、党团工作、监督考核、服务保障的工作。其中，张振荣担任第4小组组长、卫生防护组组长并协助党团工作组开展相关工作。一系列的工作安排，凸显了抗疫工作队支部战斗堡垒作用，彰显了"马上就办、真抓实干"的海关人风采。而在张振荣心里面的弦，却慢慢绷紧了起来：如何做好卫生防护工作，确保队伍零感染呢？如何做好组织工作，提高队伍的战斗力呢？空港的卫生检疫工作流程是怎样的呢？

伴随诸多的工作思考和疑问，时间到了3月24日。根据工作安排，队员们需要接受一天的岗前培训才能安排参与一线工作。但在培训过半时收到了紧急任务：必须马上选派业务骨干支援一线！经过队伍审慎研究，选出了10名队员参加紧急支援任务，张振荣就是其中之一。在上海海关现场带班科长的高效指挥下，紧急任务在有条不紊中持续到凌晨结束。当卸下已穿在身上超过6小时的防护装备后，队员们紧张的心情终于得到了释放，大家出色地完成了紧急支援任务。

经过第一次"疫"线考验的张振荣静躺在床上，尽管身体已经非常疲惫了，但是精神还处于亢奋的状态，因为他已经思考出如何加强个人防护，提升队伍防护水平的举措了。第二天，张振荣提出的关于加强队伍卫生防护的措施在支委会上顺利通过，并马上传达落实到每一位队员。这为队伍在"疫"线上站稳脚跟，确保队伍的战斗力提供了技术保障。

为防止队员们出现思想松懈或防护马虎的情况，作为组织委员的张振荣，利用下岗备勤的时间，通过电话对每位队员进行关爱谈心，了解每位队员的心理压力状况和身体恢复情况，交流了不同岗位工作中的技术要点，重申了队伍的各项纪律。通过及时有效的一系列整顿，队伍在思想上、行动上重回正轨，为实现打胜仗、零感染的目标奠定了基础。

细节中显温情，寒夜里做表率

整个支援工作过程，张振荣大部分的时间是在流行病学调查岗位上度过的。每一位入境旅客到达流调岗的座位前，必须经历航班降落到停机坪、登机检疫、人员分流、等待进入航站楼等流程，已是身心疲惫了。为了精准做好每位旅客的流调工作，他常常用换位思考的方式，主动关心关爱每位入境旅客，消除他们因长时间等待而产生的焦躁情绪，让他们感受到回到祖国的温暖，以便更好地配合流调工作。

一天傍晚6点，像往常一样，大家准时出现在接班的流调岗位上，但由于其他岗位临时缺人，张振荣和另一位同事一起被安排到人员转运岗。一到岗，他们立即向带班老师学习岗位职责，通过认真学习和实操锻炼，两位队员很快就掌握了工作

在上海口岸支援现场　王夏芹 摄

要点。时光飞逝,记录着他们在转运岗上忙碌的身影,他们仿佛忘记了时间的存在。直到其他岗位来了接班人员,他们才发现时间已经过了零点。一起的同事是位纤瘦的女孩,加上当夜上海温度已降至6℃,张振荣担心她的体能。当与她沟通时,得到了肯定的回答:"荣哥,我不饿,可以继续战斗。"坚毅的回答给了彼此无穷的力量,他们继续坚守岗位,直至预报航班的人员全部完成入境,偌大且安静的航站楼里留下了他俩晚回的身影。他们身体虽疲劳但精神上却较为亢奋,因为他们知道,这就是"国门卫士"的使命,是践行初心使命的最好表率!

新岗位履新责

2021年6月,张振荣已在鹤山海关监管科的岗位上履职近8个月,时值国内国际疫情复杂多变,疫情防控仍然是工作的重点。口岸登临检疫作业关员除了按照"八件套"的标准进行防护外,还需要封闭管理,封闭点距离鹤山码头近1小时的车程,日常执行"两点一线"的作业模式。为适应新工作模式和防控要求,他立即与码头经营方沟通,对码头现有的卫生检疫用房进行改造,合理划分出"一脱区""二脱区""清洁区""洗消区",确保满足每个区域的污染控制要求,同时每个区域配备了对讲机,保证作业过程的有效沟通和安全防护措施的落实。

一天,当他完成防护监督工作并送走登临检疫人员的时候,女儿的电话铃声把他从工作的思考中拉回现实。"老爸,怎么还没回来啊,

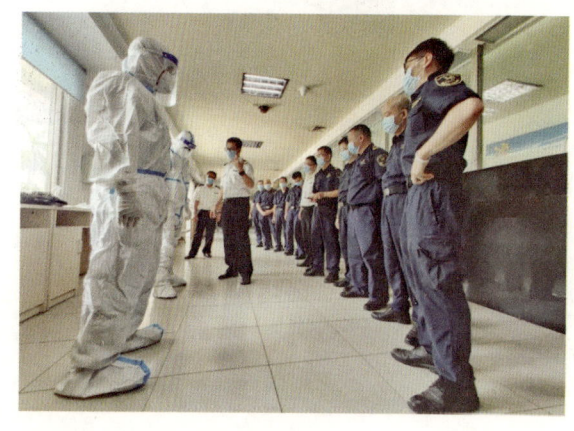

组织开展个人防护穿脱培训　吴志平　摄

你不是说指导我填报高考志愿吗？"这时的他才发现已经晚上 8 点了，自己曾答应指导女儿填报高考志愿的啊，居然又忘记了！只好连忙安慰女儿，"我马上就回，你成绩不算差，很快就可以完成填报，达成心愿的。""那好吧，志愿填报的事明天完成也可以，老爸开车一定要小心哦！"挂上电话的他心中充满了愧疚，从女儿开始备战高考一直到高考结束，自己都没有好好跟她谈一下心，只能给予只言片语的精神支持，因为早出晚归已成为他的日常，这是他的岗位职责所在，女儿已经长大了，明白这是父亲光荣的使命。

新冠肺炎疫情发生以来，无数的抗疫人奋勇争先，舍小家顾大家，共同谱写了许多振奋人心的乐章。作为新时代的海关人，我们生逢其时、重任在肩，要牢记时代使命，砥砺奋进、不负韶华，在筑牢口岸检疫防线上贡献自己的力量！

湛江海关

抗疫场上的排头兵

——记"全国海关系统抗击新冠肺炎疫情先进个人"陈伟

湛江海关卫生检疫处 邢旭琴 杨霞云

一天，监控指挥中心气氛有些许凝重，湛江海关卫生检疫处副处长陈伟如雕塑般一动不动地盯着视频监控里湛江关区水运口岸的登临作业现场，房间内秒针在马不停蹄地跑着，诉说着"快一点、稳一点"的渴望。直到亲眼看着最后一名登临作业人员顺利地完成登临作业离开现场后，他才长长地舒了一口气，说道："做卫生检疫这么多年，知道越是细节的地方越不能放松，只有看着咱们同事保护好自己了，按规范做好

在视频监控中心检查一线关员登临作业情况
杨霞云 摄

检疫工作了，我这心才踏实。"

"一份方案"的故事

陈伟自2007年从事卫生检疫工作至今已经15年了，15载的风风雨雨成就了他过硬的业务水平。同志们有时开玩笑说："陈伟啊就是根定海神针，再棘手的事，只要看到他出现我就放心了。"一句话道出了同事们的认可。多次成功的案例是荣誉，但更多的是磨炼、学习、积累，是对新发传染病敏锐的洞察力。

2020年年初，随着新冠肺炎疫情的蔓延，全国各地防疫压力骤增。多年的"职业病"让陈伟的心里不禁蒙上了一层阴霾。

此后，陈伟一直关注着疫情的发展，他对于这次疫情也有着自己的思考。长期的专业经验，让他不禁想到最坏的情况：假如这次新冠肺炎疫情影响到了国境口岸，怎么办？这么一想他就愈发焦急起来，并在心中暗暗做了个决定：要未雨绸缪，提前做好准备，制订个方案出来！

整理好思路，陈伟马上向领导汇报了自己的想法，这毕竟只是他自己的想法，也没有明确的命令要求去做，能不能被领导认可，他心里也没底。"这个可行，可以试试看，做到有备无患！"得到领导的肯定后，他就夜以继日地忙活了起来。他工作以来并没有应对这种情况的经验，如果不理清思路只会像个无头苍蝇一样，事倍功半，于是他冷静了下来，整理了一下想法：第一，参考之前呼吸道传染病的典型例子，去找资料，去问有相关经验的人；第二，参考往年传染病的防疫方式。他迅速把想法整理成了清单。

之后，陈伟带着小杨和处室里的几个同事，成立了临时方案小组，每天除日常工作之外，他们还在忙活着这份"额外"的工作。这不是一份容易的工作，是一个从无到有的过程，更何况新冠肺炎疫情蔓延的速度远超过了陈伟的预料，他回忆道："当时形势严峻，我总担心这么发展下去要涉及口岸工作了，就觉得能早点作出来就早点作出来。"收集资料、整理内容、研究讨论，没想到刚起草到半途的时候，海关总署也下文要求各直属海关制订方案了，这大大激励了陈伟和他的临时方案小组，更是印证了他的预判是对的，与海关总署的想法高度契合。终于在临近春节的前几天，陈伟和同事们完成了湛江关区第一份应对新冠肺炎疫情的应急方案，为应对湛江口岸大批"春运"入境回乡浪潮提供了文件支持。

抢着干活的人

陈伟就是抗疫场上的排头兵，喜欢亲力亲为，什么工作都抢着干，他最经典的口头禅就是："这个我来做就行。"他的下属经常笑说："和陈伟处长干活最舒服了，啥事他都抢着做。"每每听到这话，他总会跟着哈哈大笑起来："没办法，我就是闲不住，爱去找事做。"

还记得2020年1月底，春节临近，正是疫情蔓延的时候，湛江机场海关突然联系到了陈伟，说道："我们国际机场这边有架飞机入境，刚好有5名高风险地区的旅客。"陈伟一听，马上严肃起来，旅客很有可能有过高风险地区旅居史，不到现场看看，没办法静心。于是陈伟马上确认了航班入境的时间，请示领导后，在该架航班入境当天，提前到达现场，和一线工作人员再次确认入境流程。"有时候，大家知道要怎么做，但是如果在紧张的状态下，可能就容易懵，一懵就容易出错，提前带着大家捋一捋，就不容易出错了。"他笑着说道。确认每项工作都准备完毕，他穿戴好防护装备在旅检卫生检疫卡口静候着这5名重点旅

二、冲锋在前，无所畏惧 | 223

客，核验健康申明卡、医学巡查、体温监测，不放过任何蛛丝马迹，在确定无异常后，他才松了一口气。

2020年8月，湛江关区霞山海关报告霞山港一艘国际入境货轮上有一名在境外换班上船的船员，初次采样后其新冠病毒核酸检测结果为阴性，但IgM抗体检测结果却呈弱阳性，即意味着该名船员有新冠病毒感染早期的可能性，但结果仍不确定，这还是湛江关区第一次遇到这种情况，要更为慎重地对待。卫生检疫处处长方鹏举迅速召集了包括陈伟在内的数名卫生检疫业务骨干开展综合研判，最终决定再次安排工作人员上船给该名船员复采确认检测结果，这时候标本采集人员的选择就让人犹豫了起来。

陈伟慎重考虑了一番，主动请缨："方处！我觉得我可以！"

"你也知道这名船员已经初筛阳性了，很有可能就是新冠病毒感染者，接触他的风险极高，你作为经验丰富的业务骨干，能在这个时候挺身而出，既能确保采样操作规范，保证样本质量，还能为青年干部起到

进行夜间登临
检疫作业

何玥昆　摄

模范带头的作用,你有这个心很好!"方鹏举说道。

等陈伟赶赴霞山港码头时,已经是晚上 8 点了。夜间光线本就不好,当他穿戴好防护服看着有些摇摇晃晃的舷梯时,还是有点发怵的。陈伟小心翼翼地迈开了第一步,没想到那舷梯上不知何时沾到了海水,再加上昏暗的灯光,他险些滑了一跤。但他迅速冷静下来,慢慢地找到重心,适应踩在悬梯上的感觉,谨慎地踏步而上。

等到达甲板时,陈伟更是宝刀未老,用一口流利的英语向外籍船员说明复采的情况,以一丝不苟的工作态度、严谨细致的工作作风以及丰富的工作经验,顺利地完成了样本采集工作。等下船的时候已经是晚上 9 点了。心系检测结果的他,虽困顿不堪,却无法入睡,仍焦急地等待着。第二天凌晨 4 点,陈伟终于接到了反馈电话:"保健中心实验室和湛江市疾控中心新冠肺炎核酸检测结果皆为阳性。"

痛别亲人

2021 年 7 月的一个周末,陈伟正准备去看望岳母,这是母亲节后第一次抽空陪同爱人一起探望已生病卧床数月的老人家。就在准备出发的时候,他接到地方召开疫情防控紧急会议通知,只能取消看望岳母的计划,立刻赶赴会场。会议尚未结束,他就接到了爱人的电话,岳母病危!当他匆忙赶到时,岳母已经离去,未能见上最后一面。

"我和爱人是双职工,我父母早逝,自小孩出生后,一直是岳母在帮忙带着,每天回家都有热气腾腾的饭菜在餐桌上等着我们。孩子上了初中,她回老家了,疫情来了,她也病了。在她生病这段时间,我因为工作没有抽出时间多回去看看她,每次给她打电话,岳母总宽慰我,'不用担心我,我没事,硬朗着呢,你忙吧,工作要紧'。"说到这里,陈伟的眼睛蒙上了一层薄雾。

"我是卫检人,是指挥部办公室的成员,也是一名共产党员,应该担起抗击疫情的责任,不能缺岗,必须冲锋在前。"送别岳母后,陈伟婉拒领导让他休息两天调整精神的建议,强忍悲痛,毅然回到湛江海关抗击疫情战线,完善疫情防控各项预案、指导隶属海关阳性病例处置、与地方指挥部沟通对接、开展常态化疫情防控监督检查等。他说:"我希望尽我最大的能力,守住关区口岸,防止境外疫情输入,守护我们国家和人民一方安全,我相信,这也是我岳母所希望的吧。"他望向远方的目光带着愧疚,也带着坚定。

检查隶属海关疫情防控工作相关材料
邢旭琴 摄

家是温暖港湾

"爸爸回来啦!妈妈我们可以开饭了!"已经上初二的儿子兴奋的声音响起。2020年除夕之夜,陈伟回到家已经晚上9点了,这是自抗疫以来他第一次抽出时间回家吃晚饭。从1月20日开始,他与时间赛跑,每天工作十六七个小时甚至通宵已是常态。今天,爱人和儿子一直在等着他回家,一起吃年夜饭。

看着重新热过的饭菜,陈伟面露歉意:"你们都饿坏了吧?其实不用等我的。"乖巧的儿子回答:"放心吧爸爸,我们已经吃了东西垫垫肚子,年夜饭是团圆饭,必须等您回来一起吃,是吧,妈妈?"他望向爱人,爱人充满笑意的眼睛看着他,温暖如斯,将冬日的寒冷一扫而光。

陈伟的爱人也是一名医护人员,她十分理解和支持陈伟的工作,但也十分担心他的身体。在抗疫初期的春节期间，同事每天都能听到陈伟接到爱人的电话后温声细语地回答："还没下班呢，你们先吃，不用等我。"在陈伟与一线关员重新登临检疫，对关区发现的第一例阳性病例进行复采的那天晚上，陈伟爱人将担忧藏在心底，细心地帮他收拾行李，叮嘱他必须做好防护、照顾好自己，平静地将他送出门。爱人了解他，疫情当前，他不可能后退，多说只会让陈伟多一分顾虑。3天后，陈伟回来了，她终于放下了心中的石头，脸上有了笑容。

陈伟的儿子是同事们口中"别人家的孩子"与"学霸"。在全力备战中考的日子里，陈伟常常因为缺少陪伴而内疚，怕孩子有情绪影响学习。懂事的儿子却说："爸爸，我们都在尽全力完成自己的任务，不负自己，一起向前就好。"是啊，父母就是孩子的行为榜样，看到父亲在抗疫路上马不停蹄、逆流而上，充满梦想和抱负的孩子又怎么会浪费光阴呢？陈伟释然。中考成绩出来，孩子意料之中被市里最好的第一中学录取。

现在，关区疫情防控进入常态化防控阶段，陈伟终于多了一些陪伴妻儿的时间，经常与刚上高中的孩子谈谈心，给加班晚归的爱人揉揉肩，努力将缺失了的时光补回来。孩子说："爸爸，其实我更喜欢你在身边的日子。"

指挥部办公室的"会长"

在关区指挥部办公室里的每一位同志都是身兼多职，陈伟也不例外，任务之一就是负责对外联系。作为关区指挥部办公室与地方疫情防控有关部门对接的联络员，陈伟的办公桌上最显眼的文件就是地方各个部门、工作组的联系人名单以及联系电话。当然，现在的他已经将这些人员信息记得滚瓜烂熟，如果有事需要联系哪个部门，一问他准能脱口而出。大家伙戏称他为"外联干事"，他哈哈大笑，没想到工作多年，居然还能圆了他在大学时候想加入外联社团的梦。

除了与各部门联系人加强沟通，他还积极参与地方组织的疫情防控演练，就口岸卫生检疫方面给予技术指导，同时持续推进完善地方联防联控机制，率先起草由海关代拟《水运口岸疫情联防联控工作办法》等文件，明晰地方政府、港口、企业等单位在疫情防控中的责任，对水运口岸检出阳性案例紧急处置、船舶货物装卸问题作出更加明确的处理意见，进一步深化联防联控应急处置协作机制，实现对入境人员信息共享，对离船入境船员移交做到无缝对接、封闭管理。根据国务院疫情防控最新政策，结合海关总署疫情防控要求，协助地方制订港口"无接触"卸货有关工作方案，加快港口通关速度。

此外，他细化安全防护考核标准，指导开展卫生检疫岗位新上岗人员口、鼻咽拭子采样培训和安全防护培训，确保工作人员操作规范、安全防护到位。

陈伟喜欢打羽毛球，不过由于疫情影响，他好久没去球场"大显身手"了。他有时跟大家说，疫情防控工作也好，日常工作也罢，都和打球一样，"优秀的同事会和你一起更好、更快完成任务，技术好的球伴会让你赢球的可能性更加大""一个人是不能玩的，所以有需要帮忙的时候不要羞于启齿"。此时手机信息声传来，他立马拿起手机一看，匆匆出门，挥一挥并不长

开展疫情防控
有关知识培训
原英娜 摄

的衣袖,留下一句话:"市里通知5点开会,我得赶紧走了,帮我申请用车。""收到!""辛苦了,'干事'!"众人回应,这是"会长"今天第二次"挂牌上岗"。疫情未止,防控不怠。陈伟继续用专业、用担当、用行动做着"排头兵",一路劈波斩浪,勇往直前,竭尽所能坚守国门防线。

二、冲锋在前，无所畏惧　229

昆明海关

勇往直前的"突击员""护航员"
——记"全国海关系统抗击新冠肺炎疫情先进个人"陈俊利

昆明海关所属河口海关　刘剑

陈俊利，现任昆明海关所属河口海关行邮一科科长，在河口海关工作13年来，爱岗敬业，任劳任怨，13个春节都是在河口口岸一线值班度过。他工作作风踏实，积极上进，甘于奉献，新冠肺炎疫情发生以来，身先士卒，坚守国门抗疫第一线，抗疫防疫期间先后获评"红河好人""红河州道德模范""全国海关系统抗击新冠肺炎疫情先进个人"称号。

新冠肺炎疫情发生后，在这场没有硝烟的艰苦战役中，从党员干部到普通人民群众，从医务人员到志愿者、后勤保障人员等，所有奋战在一线的工作人员，他们是一个个面临巨大风险，却毅然决然前行的"逆

参加全国海关系统抗击新冠肺炎疫情表彰大会　　陈智东　摄

行者"。脱下防护服,他们是隔壁和善的大爷大妈,是每日为生活奔波劳累的中年人,是刚刚走出象牙塔的年轻毕业生;穿上防护服,他们却有一个共同的身份——疫情战士。平凡而伟大是对他们最贴近现实的评价,而陈俊利就是这些平凡而伟大的疫情战士中的一员。

身先士卒,争做急先锋

陈俊利是昆明海关卫生检疫业务领域专家,凭着敏感的职业嗅觉,在疫情开始之前就快速组织采购,储存了口岸防疫工作必要物资,这在应对疫情初期起到了至关重要的作用。在防疫物资采购极其困难的时刻,陈俊利组织储存的防疫物资不仅满足了河口海关的疫情防控工作,还积极支援了地方政府、医院、疾控及执勤点的防疫工作,帮助解决了河口县疫情防控初期物资短缺的燃眉之急。

陈俊利利用自己的卫生检疫专业背景和十余年积攒的工作经验,第一时间进行了任务分工、带头落实,动员号召全科人员,发扬众志成城、迎难而上、敢于拼搏的精神,坚决守住国门一线,全力做好"外防输入"。在这场没有硝烟的战斗中,他作为科室的带头人,始终发扬共产党员的先锋模范作用,说在前面,更做在前面,身先士卒,冲锋在疫情防控工作一线,带领河口海关卫生检疫团队查验健康申明卡,实施体温监测、医学巡查、流行病学调查、医学排查、采样及实验室检测排查、移交转运,每一项工作都亲力亲为,河口口岸疫情防控工作紧锣密鼓地开展。

疫情发展初期,在缺少规范性文件指导的情况下,采样人员感染风险极高。陈俊利挺身而出,"我是科领导,我带头先上",一句朴实的话语,表现出的是陈俊利作为党员领导干部的责任与担当,是舍我其谁的无私奉献精神。2020年，陈俊利成了河口口岸最繁忙的人之一。他负责统筹口岸疫情防控工作，协调属地联防联控机制相关成员单位和总关职能部门，参与组织全县的疫情处置应急演练，联络越南卫生检疫部门，报送业务数据，补充防疫物资……

在现场总能看到他忙碌的身影，假期里全都在口岸带班值守，他没有完整地休息过一天，摘下 N95 口罩后的条条勒痕、脱下防护后被汗浸透的工作服，是他日常工作的常态。

在国内新冠肺炎疫情逐渐得到遏制，疫情防控常态化的大背景下，陈俊利并没有因此闲下来。他发现，河口口岸疫情防控工作仍存在不少缺口。在大家都以为陈俊利能好好休息一段时间的时候，陈俊利又投入到其他工作中去，积极对接口岸管理部门，开展一系列基础设施建设工作——组建临时旅检场地及工作人员通道，确保河口口岸基础设施满足口岸疫情防控需求。

在他的组织安排下，一方面，加强口岸的卫生检疫核心能力建设，加大对具有医学背景的关员、协管员再培训力度，提升专业技能，组织开展口岸新冠肺炎疫情联防联控实战演练12次、安全防护培训200余次（包括关内各部门和联检单位培训），参加培训人员达2 400余人次，在"防"上下功夫，抓好常态化疫情防控工作；另一方面，带领科室人员强化口岸公共卫生安全等重点领域的联合防控，完善口岸综合研判预警机制，努力搭建中越跨境传染病监测预警平台，充分发挥全球疫情健康网作用，密切关注国际疫情动态及最新防控态势，重点加强对越南等周边国家新发突发传染病信息的监测力度，及时发现分析风险，组织开展"不明原因儿童肝炎""猴痘病毒"等新发传染病防控知识学习，将新发传染病防控与新冠肺炎疫情防控紧密结合，防范造成疫情叠加风险，不断提升口岸多病共防应对能力，切实筑牢口岸检疫防线。

| 国门抗疫：守护我的国（先锋人物）

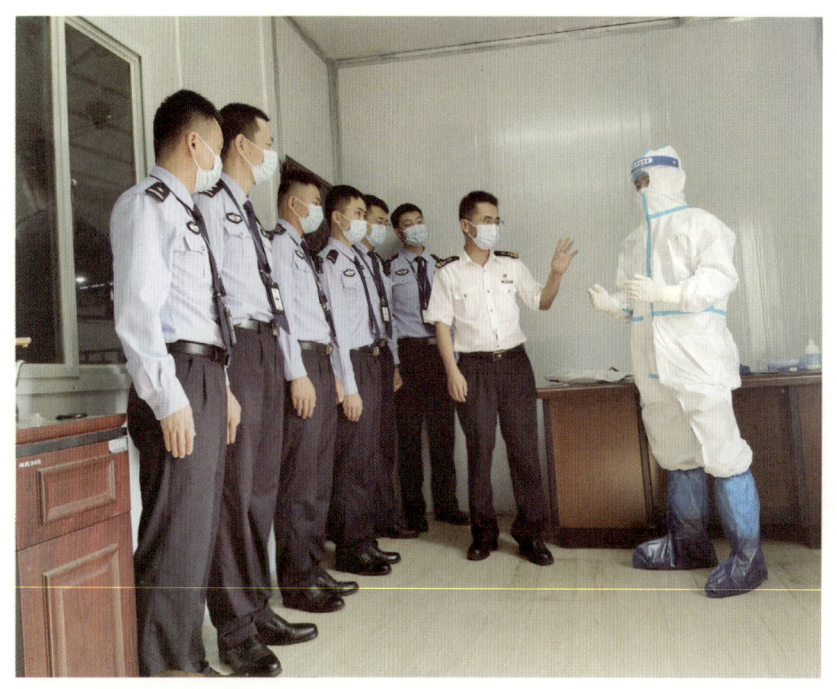

演示讲解防护
技巧
赵梦洁 摄

"常思奋不顾身，以徇国家之急。"陈俊利作为一名共产党员，不畏艰险、冲锋在前、勇挑重担、连续奋战，对得起胸前熠熠生辉的党徽。

勇往无前，敢做突击队

在陈俊利的带领以及科室全体人员的共同努力下，口岸疫情防控终于建立起一套相对成熟的体系，但毒株变异速度极快，仍需要时刻关注疫情发展态势，了解最新变异毒株特性，以便做到精准防控。口岸疫情防控责任重、压力大，陈俊利作为科室第一责任人，承担压力之重远超想象。伴随疫情防控工作的深入，河口口岸缺乏新冠病毒核酸检测能力的问题开始凸显，河口海关党委紧急开会研究，决定加速启用正在建设中的媒介监测实验室用于核酸检测。经过综合分析与研究，陈俊利具备卫生检疫专业背景，有十余年的卫生检疫工作经验，是最适合负责此项工作的人员，可疫情防控期间，他现有工作任务重，压力大。陈俊利知道该情况后，主动请战，毅然承担起此项工作，"媒介监测实验室筹建工作我一直在参与，对实验室情况比较了解，我又是专业的，就让我来负责吧，一定圆满完成任务"。他当起了实验室筹建小能手，他带领科室同事，仅用一个月时间就筹建起河口县第一家、红河州第三家可以开展核酸检测的 P2 级别实验室。

恰逢河口公路口岸南溪河联检大楼重建项目启动，陈俊利大受鼓舞，对科室人员说："一定要抓住这次机会，一手防疫情，一手建口岸，建设出能够有效维护国门安全、高效有序、通关便捷的智慧口岸。"陈俊利结合河口口岸实际，谋划研提智慧口岸整体建设构架，在总关相关处室的指导下，制订河口海关智慧口岸建设方案，并主动加强与地方政府相关部门的有效对接和联系。然而相关工作开展并不顺利，与设计方、设备方对接难的问题不断凸显，陈俊利结合实际情况，选取线上对接为主、线下对接为辅的方案，带队与设计方、设备方开展 5 轮次线下对接、40 余次线上对接，积极配合做好项目建设实施，确保智慧口岸建设工作稳步推进。

作为行邮一科的负责人，陈俊利统筹做好口岸疫情防控、实验室核酸检测、智慧口岸建设等工作，在圆满完成口岸疫情防控工作的同时，保证实验室核酸检测、智慧口岸建设工作有序开展。他时常自嘲是个劳碌命，一项工作还没干完，下一项工作又来了。其实大家都清楚，陈俊利的日常工作正是他敢于负责、勇于担当、主动作为的彰显。

沉着应对，善做护航员

2022年2月，属地疫情发生，河口海关大部分人员被隔离在家，工作相对被动。陈俊利危难时刻显担当，积极向关领导建议，迅速响应，在河口疫情开始当晚立即组织河口海关全体工作人员及其共同居住人300余人开展核酸检测，有效控制疫情传播风险。在疫情防控最吃紧的情况下，陈俊利主动请缨，与其他同事组建应急保障专班，共同保障河口海关日常工作正常运转。陈俊利经手的每一项工作都圆满完成，获得领导和同事们的高度认可。属地疫情突发是对河口县疫情防控能力的一次大考，河口海关的疫情防控工作是此次河口县疫情防控工作的一大亮点，响应及时，处置有序，内部安全防护管理严格，为属地疫情防控"内防反弹、外防输入、严防外传"作出突出贡献。这些工作的成功，离不开关党委的正确指挥，也离不开陈俊利专业有效的研判，他钻研技术方案、操作指南、工作手册，结合实际制订河口海关内部防控细化措施、撰写居家期间防疫应知应会知识，帮助河口海关全体干部职工及其家属严格做好个人安全防护，有效避免疫情在单位内部的传播风险。

齐心协力，共建安宁家园

自参加工作以来，陈俊利背井离乡来到西南边陲小县河口瑶族自治县已有13年，时常有人问他，跨越几千公里从东北来到西南，后悔吗？习惯吗？他总是摇摇头，边关生活早就谈不上习惯与否了。一再追问他是否后悔当初的选择，他苦笑了一下回答说："边关工作十余年，从未后悔过，唯一的遗憾就是不能照顾家乡的父母，不过他们一直很支持我的工作，时常告诉我，只要你在河口把工作干好了，生活过好了，我们就好了。"

　　同事们时常打趣陈俊利家庭地位高,他也常向年轻同事们提起家庭和睦离不开妻子在背后的支持。疫情开始以后,陈俊利全身心投入到口岸疫情防控工作中,常常披星戴月,早出晚归,每一次回到家,妻子与孩子已进入梦乡。但听到开门声,妻子总会醒来,穿着睡衣走进厨房,下一碗热腾腾的面条,这早已成为习惯。一盏等待他归家的壁灯,一碗热腾腾的面条,这些就是陈俊利全身心投入疫情防控工作的温暖"靠山"。

　　陈俊利有两个可爱的女儿,疫情开始前,大女儿还在上幼儿园,小女儿才1岁多。那时,陈俊利每天傍晚会和妻子一起带着两个孩子出去散步,他们把这段时间笑称为每天辛苦工作的"治愈时光"。疫情发生以后,这种温馨的时刻变成了回忆。

　　陈俊利常对科室里的年轻人说要平衡好工作与生活的关系,但他自己其实也很难做到,每当陈俊利从繁忙的工作中抽出身来的时候,他时常感到自责愧疚,万幸的是,家人的无条件支持,让陈俊利内心总是充满了力量。"家是最小国,国是千万家。"他不仅是海关的一名卫生检疫人,更是父母的儿子,妻子的丈夫,孩子的父亲,正是有千千万万个"陈俊利",千千万万个这样的家庭,我们才能不断打赢疫情防控攻坚战!

　　"你们是光明的使者、希望的使者,是最美的天使,是真正的英雄!"每每看到电视里无数医务人员奔赴疫情防控前线时,陈俊利就想起了自己17年前作为医学专业新生的庄严宣誓:"为祖国医药卫生事业的发展和人类身心健康奋斗终生。"5年学医生涯,让陈俊利感受到生命的脆弱与可贵。参加工作以来,他一直在河口口岸从事卫生检疫工作,白制服、白大褂、防护服,守护着国门后的万千百姓,"白衣执甲护苍生",不变的是守护生命的初心、工作中的责任与担当。

在同新冠肺炎疫情的较量中,中国人民和中华民族以敢于斗争、敢于胜利的大无畏气概,铸就了生命至上、举国同心、舍生忘死、尊重科学、命运与共的伟大抗疫精神,同中华民族长期形成的特质禀赋和文化基因一脉相承,是爱国主义、集体主义、社会主义精神的传承和发展,是中国精神的生动诠释,丰富了民族精神和时代精神的内涵。

陈俊利以无私奉献的精神投入到口岸疫情防控工作中,以勇于担当、善于作为的个人气质有序推进核酸检测实验室建设、智慧口岸建设工作,以"舍小家为大家,舍小我成大我"的家国情怀,不断凝聚科室奋进力量,共同奋战在口岸一线,有效守护国门安全。正是有千千万万像他一样的人挺身而出,我们才能有序推进建设富强民主文明和谐美丽的社会主义现代化强国,实现中华民族伟大复兴的中国梦。

西安海关

疫情不退,
战斗不止

——记陕西国际旅行卫生保健中心核酸检测专班负责人刘永杰

陕西国际旅行卫生保健中心 王长英 刘启菲

你的面前

是一个战场

在战场中

你要飞翔

尽管困难重重

无畏的你

却要奋力去闯

我们为你感叹

感叹你的坚强

我们为你歌唱

歌唱你的勇猛

我们为你骄傲

骄傲你的拼搏、冲锋

> 冲吧、冲吧
>
> 无畏的你
>
> 祝你成功！

这是西安海关陕西国际旅行卫生保健中心（西安海关口岸门诊部）核酸检测专班负责人刘永杰为身处抗疫一线的战友们写的一首小诗。

作为一线人员，作为海关这支准军事化纪律部队的一名普通士兵，在这场看不见硝烟的战争中，刘永杰与身边的战友们一起，不分昼夜寒暑，不顾个人安危，辗转机场口岸一线和实验室检测一线两个战场，持续战斗了900多天，谱写了一个又一个感人的故事。由于表现突出，他先后获得了"全国海关系统抗击新冠肺炎疫情先进个人"、西安海关个人三等功、西安海关优秀抗疫青年、西安海关优秀共产党员等称号，他带领的陕西国际旅行卫生保健中心（西安海关口岸门诊部）核酸检测专班获得了"陕西省抗击新冠肺炎疫情先进集体""全国海关系统抗击新冠肺炎疫情先进集体"称号。

获得"陕西省抗击新冠肺炎疫情先进集体"称号　　杨甜甜 摄

早在疫情初期，刘永杰就及时关注疫情动态，凭借高度的职业敏感性，打好技术提前量，储备新冠病毒检测试剂，安排检测技术培训，确保实验室接到任务后能够迅速反应，检得出、检得准、检得快。他发扬准军事化纪律部队的优良作风，当好抗疫兵，打好抗疫战，充分发挥党员干部的先锋带头作用，用实际行动践行一名合格党员的初心和使命。

勇当"突击兵"，打好冲锋战

2020年大年初一凌晨，一通电话打到了刘永杰的手机上。根据西安海关疫情防控工作安排，实验室检测要实时联动机场口岸一线出入境旅客检疫工作，随时做好送样、接样、检测的准备。疫情就是命令，防控就是责任。作为实验室负责人的刘永杰责无旁贷，匆匆与妻子交代完家事，就赶赴实验室备战。凌晨的古城街头寒风凛冽，整个城市都还在睡梦中，没有公交车，没有出租车，为赶时间，刘永杰骑上一辆共享单车就上路了。赶到实验室时，他的头上还冒着热气。他来不及休息，立即与战友们一起投入到工作中。他们一方面调配试剂、耗材和防疫物资，一方面商议检测方案，反复推演实验流程，直到每一环节都经得起推敲。忙完这一切，已经是下午了。

大年初三，一线采样人员告急，组织上决定抽调刘永杰到机场口岸一线，支援口岸疑似病例的采样工作。在当时，由于专业人员不足，采样人员不得不连续工作24个小时，对出境、入境疑似病例以及发热航班旅客进行采样。入境现场采样室温度高，三级防护穿上不到10分钟，里面的衣服就全湿透了；停机坪上温度却在0℃以下，湿透的衣服很快又凉透了。一天工作下来，里面的衣服干了又湿，湿了又干。疫情防控初期，防疫物资紧缺，为了节省防护服，他一穿就是一天，但对此毫无怨言，他的身影穿梭在人来人往的出境、入境通道。

那段时间让刘永杰印象最深刻的，是一次登机采样的经历。当时，

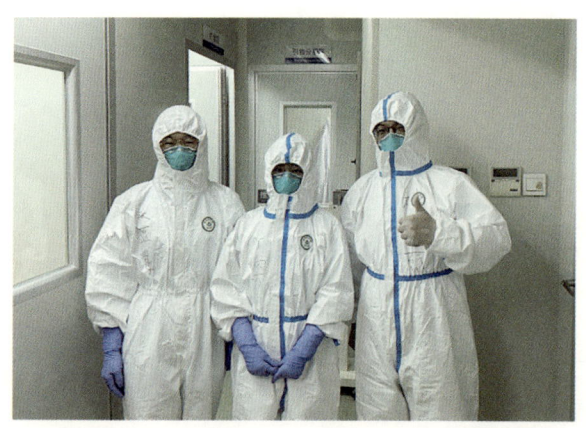

准备进入核心区工作

金子懿 摄

国内国际疫情形势严峻，某航班上有一名发热旅客，需要登机采样排查。身着三级防护的他跟着旅检科的同事进入机舱："西安海关欢迎您回家！请配合我们的工作。"刹那间，飞机上200多名乘客向他们报以热烈的掌声。"那一刻，我体验到了什么叫作热血沸腾。"刘永杰说，"我也更深刻地体会到'身后是祖国，身边是战友'这句话的现实意义。"

刘永杰的岳母半年前被查出癌症，已联系好广州的医院进行外科手术，2月2日妻子和岳母出发去广州当天，恰好是刘永杰在口岸一线值班的日子。因为工作需要，他不能陪同老人一起去广州，只能把她们送到安检口，转身又投入到工作中。转身的刹那，他的眼眶湿润了，他和妻子都是家中独子，老人做手术不能陪在身边，他的内心充满了对妻子和岳母的愧疚，但是他说："在疫情防控的关键时刻，作为党员，作为具有医学背景的海关关员，卫生检疫工作更需要我的专业和技术。在国家需要我的时候，我有责任也有义务冲在最前线，我别无选择，只能舍'小家'为'大家'。"

在一线工作期间，刘永杰还利用所学专业和技术，指导口岸一线的现场消毒和个人防护，最大限度地利用好每一套防护服、每一只口罩。下夜班轮休时，他还不忘安排好实验室的检测任务，协调试剂、耗材、防护用品的调拨，确保实验室能够保质保量地完成检测任务。

二、冲锋在前，无所畏惧 | 241

勇当"排头兵"，打好阻击战

支援口岸一线工作结束后，刘永杰回到了实验室检测一线。疫情初期，实验室的人员、设备均不足，如何保证实验室能够检得出、检得快、检得准是摆在刘永杰面前的首要问题。就是在这样艰苦的条件下，面对突如其来的疫情，根据当时的疫情形势和工作任务，刘永杰在实验室内部选拔出经验丰富的技术人员，组建了新冠病毒实验室检测一线突击队。这支以"80后"和"90后"为班底的检测队伍，平均年龄不到30岁，义无反顾、坚韧不拔，同时间赛跑、与病毒较量，充分发挥了实验室的口岸卫生检疫技术支撑作用。他带头检测重点航班，带头接半夜航班，以共产党人的初心和使命，勇当抗疫"排头兵"，战斗在前、冲锋在前，充分发挥党员的战斗堡垒和先锋模范作用，让党旗在疫情防控斗争第一线高高飘扬。

随着境外疫情蔓延，口岸防控成为一道重要屏障。在接下来的入境航班检测任务中，让刘永杰印象最深刻的，是2020年4月20日来自某境外的入境航班。当天的情景刘永杰到现在还历历在目，西安海关关党委全程在线关注着这个航班从落地到旅客检疫、从样本采集到转运的全过程。早在该航班分流计划下达的时候，刘永杰就带领实验室人员严阵以待，他们虚心向海关总署派来的专家请教，认真制订了详细检测方案，选派经验最丰富的同志参与当天实验。样本一送达，刘永杰和同事们穿着防护服就冲进了实验室，最终圆满完成了检

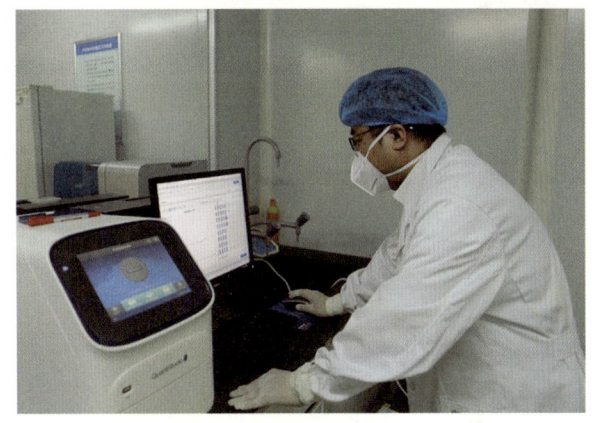

对航班检测结
果进行分析
张蓓 摄

测任务。刘永杰带领他的团队打赢了一场又一场的阻击战。

勇当"尖刀兵",打好攻坚战

刘永杰善于创造性地开展工作,善于打硬仗、打难仗。在疫情初期,实验室受设备通量局限,最大检测量不足100人份,他积极谋划,献言献策,请示领导紧急配置高通量的检测设备。随着检测任务的持续增加,在各级领导的大力支持下,实验室的最大检测量翻了7倍,检测速度和检测效率也大幅提升,有效缩短了口岸通关时长。

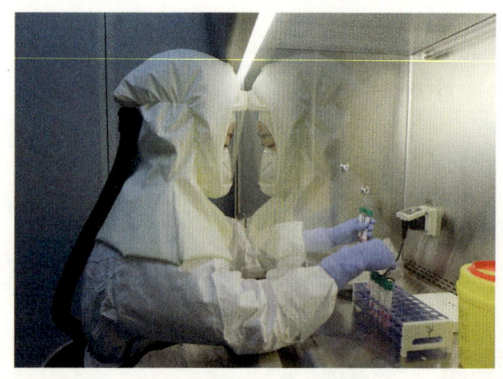
核酸检测专班工作人员　　张蓓　摄

随着疫情渐趋平稳,国际航班逐渐复航,叠加国际包机、货包机组、进口货物样本和关区内部关警员的定期筛查样本,样本量大幅攀升。他积极向中心领导请示组建检测专班,在中心领导的大力支持下,他的建议得到了西安海关关领导的同意,经协调省联防联控机制,地方卫健委抽调了6名专业技术人员,与实验室原有检测人员组成了2个检测专班,专门负责新冠病毒核酸检测,24小时随时待命,随送随检。

国内疫情平稳后,入境航班数量逐步增加,西安口岸入境航班由一周2班一度增加到一周21班,平均每天3个航班。密集的航班增加了工作难度,也带来了压力。入境人员核酸检测有极强的时效性,

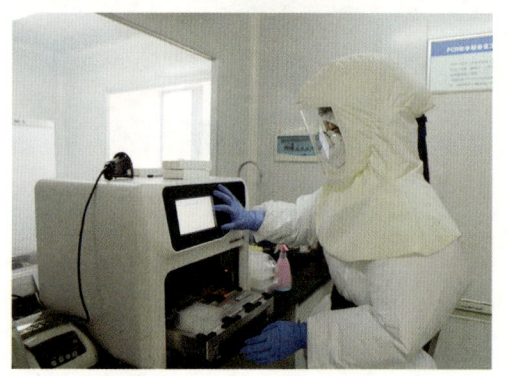
使用核酸提取仪提取核酸　　张蓓　摄

为了给地方后续的处置工作争取时间，刘永杰和战友们往往是早晨进入实验室，再出来已经是晚上了，内穿的手术服早已被汗水湿透，紧紧贴在身上。午饭和晚饭经常是两餐并作一餐吃。在做好入境航班检测的同时，实验室还要保证进口货物样本的按时检测。人员样本和货物样本叠加，在只有 1 台核酸提取仪和 2 台聚合酶链反应（PCR）设备时，单次实验的样本数就已达到 1 800 管。在巨大的压力面前，刘永杰和专班的同事们一起，一遍又一遍打磨检测流程，细化检测方案，深度挖潜，攻坚克难，同时间赛跑，坚决筑牢口岸检疫防线。

由于长时间的压力和缺乏休息，刘永杰本来健康的身体也亮起了红灯，他的血压一度飙到 160 毫米汞柱，这对于还不满 40 岁的他来说，属实是一种"严重警告"。与此同时，他的体重也下降了近 20 斤。面对意外的"减肥"成功，刘永杰开玩笑地说："抗疫工作是最好的减肥药，瘦下来后，防护服的尺码也小了一号，还能为疫情防控节约原材料，一举多得。"

勇当"志愿兵"，打好持久战

疫情防控常态化后，刘永杰和他的团队面临的是一场持久战。如何能调动和鼓励团队成员克服麻痹思想、厌战情绪、侥幸心理、松劲心态，最大限度地发挥主观能动性，是压在他这个专班负责人肩上的一个重担。他积极落实海关总署、西安海关各级领导关心关爱一线人员的各项措施，主动找团队成员谈话，了解团队成员家庭、个人的困难，做好调班，解决他们的后顾之忧。值班人员有事的时候，他主动顶岗，哪怕是连续作战。他定期做好对专班成员的培训工作，从严从紧，因为他知道，只有"平时多流汗，战时才能少出错"，确保成员们的健康、安全

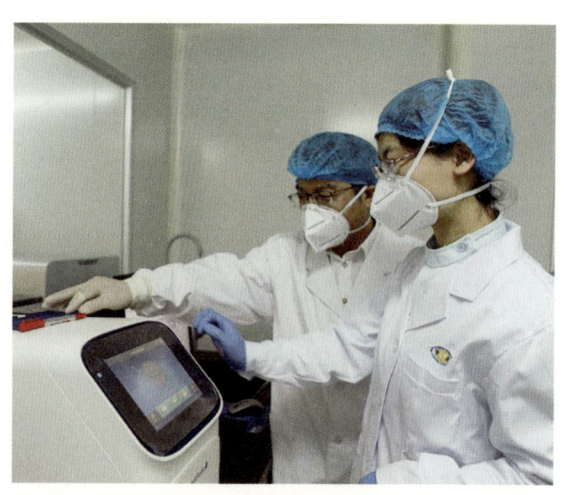

对检测样本进行上机扩增
张蓓 摄

也是他的职责所在。他深信，只有专班成员身心健康，这场持久战才能打得好、打得赢。

2021年12月底，西安出现本土疫情。为保证核酸检测专班工作正常开展，刘永杰主动找领导汇报，自愿接受封闭管理。由于事发突然，他来不及安排好家里的事情，就与在单位值守的同事一起，紧急调配检测所需试剂、耗材、防疫物资，确保了后续工作的正常进行。西安口岸入境航班停航以后，刘永杰和部分专班成员驻守单位，"停航不停工"，以办公室为家，以沙发为床，全力保障关区干部职工的核酸检测，每天接样、检测无缝衔接，以高度的责任心和使命感，为整个西安关区保驾护航。

在家人最需要他的时候，他不能守护在他们的身边，因为他知道，有更多的家庭，需要他和战友们一起守护。刘永杰的儿子刚上小学一年级，他还不理解爸爸的工作，不明白爸爸为什么这么长时间不回家，只知道爸爸是跟病毒战斗的人。在视频通话的时候，儿子会经常问道："爸爸，你和病毒的战斗，最后谁赢了？"每当这时，刘永杰就会骄傲地回答儿子："病毒是很厉害的敌人，跟它的战斗是一场旷日持久的战争。虽然如此，病毒并不是不可战胜的。全国有千千万万像爸爸一样的战士，白衣执甲，逆行出征，坚守在防控一线。他们以大无畏的勇气直面病毒，以必胜的信念诠释着共产党员的初心和使命。你不需要理解爸爸说的话，但你要相信胜利最终属于我们。"

刘永杰的这番话，是说给儿子的，也是说给自己的。就是凭借这种信念，他和他的专班团队，已经坚守在一线 900 多个日日夜夜。在聚光灯照不到的地方，他们经历了寒冬酷暑，也经历了春花秋月。他们是令病毒闻风丧胆的猎毒者，用手中的移液枪做武器，与病毒正面厮杀，用严谨细致擦亮忠诚担当的底色。截至目前，刘永杰和他的团队已经检测入境航班旅客样本、进境货物样本、关区干部职工样本累计 28 万余例，在海关系统中名列前茅。

"功成不必在我，功成必定有我。"面对着成绩和荣誉，刘永杰表现得很淡然。他说，"上下同欲者胜"，成绩的取得，离不开西安海关关党委的正确领导，离不开各级领导的关心与支持，离不开全体同事的团结协作。说起将来的打算，刘永杰笑着说，等到疫情结束了，他会利用年休假带上家人去旅游，弥补这几年来对家人的亏欠。正是家人的支持，才使他没有后顾之忧，一直战斗到今天，也将继续战斗下去，直到战胜疫情的那一天。

疫情不退，战斗不止。

乌鲁木齐海关

遇事见担当，
危难显忠诚

——记"新疆维吾尔自治区抗击新冠肺炎疫情先进个人"塔依·买提卡比力

乌鲁木齐海关所属霍尔果斯海关
塔依·买提卡比力
迪力努尔·巴合提江

  塔依·买提卡比力，乌鲁木齐海关所属霍尔果斯海关查检四科副科长，不仅是一名有着多年旅检经验的一线关员，更是霍尔果斯海关旅检尖兵，在工作岗位上屡立奇功，先后查获过制式手枪、子弹、毒品等违禁品，获得过伊犁州边防工作先进个人、"最美新疆人"、乌鲁木齐海关三等功等多项荣誉。在旅检现场，他能凭着"察言观色"锁定可疑人员，破获了很多违禁物品走私入境案。在疫情防控工作中，他认真落实疫情防控工作的各项工作要求，做实做细"外防输入、内防输出"工作，团结所在科室同事们闻令而动、挺身而出，用连续奋战的毅力诠释着"坚持就是胜利"的信心。

主动请战，彰显为国为民情怀

  2020年新年伊始，新冠肺炎疫情发生，霍尔果斯海关全体关警员

二、冲锋在前，无所畏惧 | 247

闻令而动。在霍尔果斯口岸"客停货通"的状态下，塔依·买提卡比力主动请战，加入了霍尔果斯海关疫情防控工作梯队，在封闭工作区累计在岗300余天，这个纪录至今还没有人打破。他用专业的素养和坚毅的精神与炎炎烈日斗争、与防控压力同行、与隔离寂寞相伴，谨慎细致地进行各个环节的作业。

在这种压力下他仍然拼尽全力工作，防护服一穿就是10个小时，全身湿透了、嗓子喊哑了、护目镜上的雾气模糊了视线、双脚由于长时间的站立导致肿胀难忍，他仍然选择坚守。因为精神高度紧张，早餐只吃了两个鸡蛋一直到次日凌晨都还没有饥饿感，脱下防护服最想做的就是喝上一大杯热水然后好好睡觉。塔依·买提卡比力还承担着哈萨克斯坦铁路交接所工作人员的出入境监管检疫任务，作为国境口岸卫生监督员和卫生检疫员，他经过严格的考核培训，开展了对出入境人员进行流行病学调查、医学排查、样本采集和转运移交等工作。他与同事们一道，耐心细致验放每一名出入境人员。在2022年3月，塔依·买提卡

验放大型出口设备
付鹏 摄

比力受领导委派，提前一个月入驻都拉塔海关，并随第一批梯队进驻封闭作业区域，协助做好都拉塔口岸开关前期准备工作，其间他主动协助地方疫情防控指挥部制订完善通关方案，就货运通关监管流程、三区两通道设置、个人防护监督、封闭区域工作人员防护监督等方面研提意见建议12条，配合开展封闭管理全流程演练20余次。在封闭工作期间，创新性地通过无接触集装箱吊装模式顺利验放100车出口至哈萨克斯坦的货物。

塔依·买提卡比力精通俄语、英语、哈萨克语等多门语言，他还有一个身份就是乌鲁木齐海关外事人才库成员。他曾多次参与海关总署、总关的各项外事活动，并担任会谈翻译，为关区外事工作作出了积极贡献。有一次，在上海的一场国际会议期间，有一名来自吉尔吉斯斯坦海关的外方代表身体突感不适，需要救治。这名外方代表点名要找塔依·买提卡比力帮忙，他立即放下手中的工作，帮助这名代表办理入院治疗手续，最终这位代表转危为安，塔依·买提卡比力也凭一技之能保障了这场国际会议的顺利举行。在平时，他还是同事们的翻译官，"塔依，帮我翻译一下这份俄文版的载货清单。""塔依，这是外方传来的信函，帮我翻译一下。""塔依，帮一下忙，这句话用哈萨克语怎么说？"面对同事们的需求，塔依·买提卡比力总是耐心解决并教大家一些简单工作用语。塔依·买提卡比力所在的查检四科由来自汉族、哈萨克族、维吾尔族、塔吉克族等多个民族的成员组成，作为科室副科长，他在民族团结工作方面积极探索，与同事们一起始终把政治建设摆在自身学习的第一位，科室成员们都能融洽相处，科室氛围始终轻松愉快，并荣获了伊犁州"民族团结先进科室"的称号。

在疫情期间，塔依·买提卡比力还积极与哈方海关联系沟通，协助领导开展多次边境海关电话会晤，为国家重点项目设备顺利出入境、两

二、冲锋在前，无所畏惧 | 249

国口岸通关环节顺畅发挥了积极作用。在急难险重任务面前，塔依·买提卡比力总是冲在第一线，在疫情初期，有一名身怀六甲的中国籍旅客在哈萨克斯坦突发疾病，当地医院无力救治，需要紧急回国就医。塔依·买提卡比力毅然决定随同事们冲到一线，积极协调哈萨克斯坦海关开辟绿色通道，并协助开展海关监管工作，以最快的速度帮助这名危重病人顺利在国内医院得到救治。

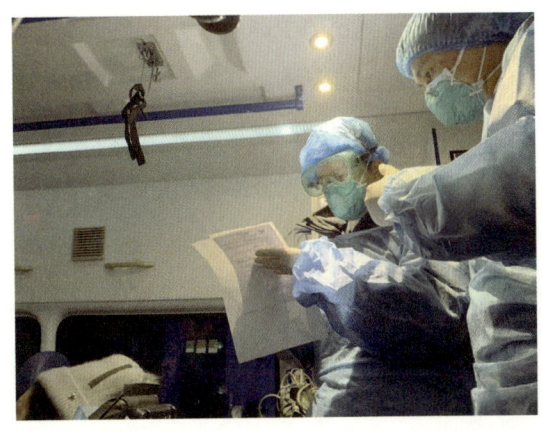

核对重病孕妇的健康申明卡信息
龙腾 摄

正是他的坚守，在关键时刻能拉得出、冲得上、打得赢，受到了上级领导们的高度肯定，并在 2021 年被授予"新疆维吾尔自治区抗击新冠肺炎疫情先进个人"称号。

攻坚克难，诠释党员先锋本色

受疫情影响，国际空运、海运缩减，铁路口岸成为稳定外贸的主力军。面对新的挑战，他再次请缨到工作任务更重的铁路口岸疫情防控梯队工作，开始 7×24 小时监管的工作状态。凌晨 4:00 的登临点灯火通明，一列列入境准轨列车缓缓靠近，早已等候在登临点的塔依·买提卡比力和同事们打起精神，熟练地对入境列车进行卫生检疫和登临检查。对于塔依·买提卡比力来说，这只是再平常不过的一天，深深的黑眼圈讲述着他在铁路口岸坚守的无数个日日夜夜，这样的日夜他已经坚持了近 6 个月。

面对连续的"炙烤"和湿热浸泡，他毫无怨言，因汗渍浸透而发白的手和 N95 口罩后的脸,都记录着他在公路、铁路口岸连续抗疫的点点滴滴。登临检疫、体温复测、流行病学调查……他总是第一时间学习最新版本防控方案,在属地疫情持续期间,塔依·买提卡比力坚守岗位,积极深入口岸一线,熟悉掌握各类文件规定、修改完善内部疫情防控应急演练方案,坚持桌面推演加实操的演练模式,收集整理并持续更新各层级的疫情防控预案、方案、技术规范等文件 110 余份,并精心编制不同情景下的应急演练脚本 9 个,针对性修订完善内部疫情应急预案 3 次,组织和指导开展常态化应急演练 13 次,筑牢了疫情内部防控防线。他总是以最饱满的精神状态投入工作中,全年参与验放出境中欧班列数量达 4 032 列,进出疆中欧班列货运量达 368.22 万吨,双双居全国之首。目前,中欧班列已成为国内国际经济"大动脉",霍尔果斯口岸进出境班列数已突破 12.94 万列,稳居全疆首位。这些数据是霍尔果斯海关疫情防控工作梯队的每一个人齐心协力交出的成绩单,霍尔果斯疫情防控梯队也荣获了"全国海关系统抗击新冠肺炎疫情的先进集体"。

塔依·买提卡比力不仅承担着一线疫情防控任务,作为霍尔果斯海关的外事联络员,更是承担着霍尔果斯海关与哈萨克斯坦边境努尔绕尔海关的沟通协调任务。他充分发挥语言优势,按照部署第一时间安排联系哈萨克斯坦努尔绕尔海关开辟绿色通道,多次协助开展"界桥临时会晤",有

对中欧班列进行现场监管　　孙婉娇　摄

二、冲锋在前，无所畏惧 | 251

效保障了疫情初期防护服、口罩等关键防疫物资入境。同时严把防疫物资质量关，经查验的防疫物资均满足质量要求，杜绝了不合格防疫物资流入国内市场，为全疆疫情防控工作作出了积极贡献。

在这场新冠肺炎疫情防控工作中，塔依·买提卡比力始终冲在防控疫情一线，真正当好一线防疫"守门人"，正是他用忠诚履职和辛勤付出践行着"国门有我"的初心使命，在霍尔果斯口岸筑起了一道坚实的堡垒，为祖国筑起了一道安全屏障！

与哈方海关在界桥处会晤
余倩 摄

厚植根基，锻造坚强战斗堡垒

塔依·买提卡比力所在的查检四科党支部——"丝路之旅"被复核认定为2022年度"全国海关党建示范品牌"，这已是该支部连续第三年获得此项荣誉。作为支部副书记，他始终将支部建设摆在重要位置，结合当前疫情背景，创新支部建设模式，有效发挥党建示范品牌引领作用，创新工作方法，持续释放海关基层党建示范品牌效应，积极对标"强基提质"工程，推动从"支部建在科上"向"支部强在科上"跨越发展，推动业务工作与党建示范深度融合，真正发挥"领头雁"和"排头兵"作用。

在疫情防控一线，塔依·买提卡比力积极加入党员先锋队，在高高飘扬的党旗下，发挥了党员的先锋作用。"这个时候是我们共产党员冲出去的时候！"塔依·买提卡比力这样说的，也是这样做到的。哪里任务重，哪里就有塔依·买提卡比力的身影。为了更好地发挥党员先锋模范作用，他组织支部党员开展了重温入党誓词、集中学习、集中研讨等形式多样的党日活动，激发了党员干部学习的积极性主动性，政治理论素养进一步提升，理想信念和敬业精神得到明显增强；促进了党建和业务工作深度融合、一体推进，把讲政治的要求落实到了一线业务执法工作中，党员干部用实际行动让党旗在抗疫一线高高飘扬。

他通过身边榜样带头学，建立层层示范长效机制，邀请荣获省部级以上荣誉、在急难险重任务面前率先垂范、表现突出的同志开展"榜样讲党课""榜样说业务"等特色主题党日活动10余次，邀请先进个人分享经验做法，以模范先锋作用带动支部党员素质全面提升。在当前疫情背景下，支部党员长期分散工作在公路、铁路梯队一线，给支部工作带来了不小的挑战，为了突破空间障碍，塔依·买提卡比力组建临时党支部，结合封闭管理工作特点，充分利用新媒体平台，依托"三会一课""晨会一刻"等组织开展线上"主题党日""思想交流""抗疫故事分享"等活动，通过开展捍卫"两个确立"、做到"两个维护"、强化政治机关建设专项教育活动，认真查摆整改问题，扎实推进整改提升。

2022年年初，塔依·买提卡比力以"线上+线下"模式成功召开了支部组织生活会和民主评议党员工作，确保了各支部工作"不断档"、党员队伍"不掉线"。在支部每周的"业务分析会"中嵌入党建学习内容，组织带领大家熟悉党史、党务工作规章制度；在支部"三会一课"中嵌入业务工作，每周就一个业务点进行分析研讨，真正激发了支部建设活力。近年来，党支部坚持推行"四讲四会"工作法，有效促进了支部党建品牌"丝路之旅"在创建机制、创建内容、创建载体和创建措施上逐步完善。

此外他聚焦封闭管理工作模式，主动思考探索，在实践中摸索推行

二、冲锋在前，无所畏惧 | 253

"党建引领、网格管理"的工作方法，充分将党建融入国门一线监管，强化提升基层党建工作。他主动担任安全防护监督员，严把梯队人员准入关、能力关和防护监督关，精选具有乌鲁木齐海关兼职教师资质，同时具备良好新冠肺炎疫情防控理论和实践操作技能的人员组建讲师团队，开展常态化培训考核，累计组织梯队岗前培训考核43批730余人次；邀请系统内外专家，定期开办疫情防控"专家讲堂"，互学互鉴、取长补短；主动与总关卫生检疫处沟通交流，建立专家技术指导机制，邀请有关专家"送教上门"。

他高度关注党员干部的思想状况，针对封闭管理工作模式可能对党员干部带来的心理困扰，加强分析研判，通过个别谈心、举办线上心理

组织铁路主题党日活动　　李旭阳 摄

健康微课堂等多种方式，深入细致开展心理疏导，确保队伍保持昂扬向上的精神面貌。封闭管理专班内，组建党员互助小组，解决集中隔离期间遇到的生活难题；专班外，成立党员"互助服务队"，帮助封闭管理人员家庭照看老人、接送小孩等，解决封闭专班人员后顾之忧，使党员群众感受到组织的温暖，心无旁骛投入疫情防控工作之中。

在 2020 年、2021 年，他所在的支部连续两年被乌鲁木齐海关评定为"四强"（A 类）党支部，支部"丝路之旅"党建品牌被海关总署评为"全国海关基层党建示范品牌"，2 名党员分别被授予"全国海关系统抗击新冠肺炎疫情先进个人"和"新疆维吾尔自治区抗击新冠肺炎疫情先进个人"荣誉称号。

疫情发生后，在霍尔果斯海关这个集体中，有的关员连续加班，有的关员忙于工作疏忽了对家人的照顾……塔依·买提卡比力就是其中的一员，他和其他人一样坚持疫情防控工作，严防死守，时刻绷紧疫情防控责任之弦，坚持守护人民群众生命健康，巩固疫情防控和经济社会发展成果，认真落实海关总署、总关党委部署安排，把打赢疫情防控阻击战作为重大政治任务，以忠诚和专业践行国门卫士的使命和担当。

大事难事见担当，危难时刻显本领。作为一名党员干部，塔依·买提卡比力连续转战公路梯队和铁路梯队，用实际行动彰显初心使命的自觉，践行无声而有力的引领，用忠诚和担当筑起疫情防控的"铜城铁壁"，让党旗在国门疫情防控一线高高飘扬！

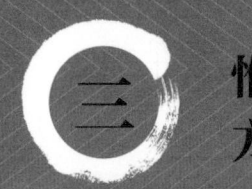# 三 惟其艰难，方显勇毅

北京海关

"首都标准"与"首都经验"的践行者

——记"全国海关系统抗击新冠肺炎疫情先进集体"北京海关疫情防控工作综合组负责人、"北京市抗击新冠肺炎疫情先进个人"田睿

北京海关所属首都机场海关 谢丽惠

参加北京市抗击新冠肺炎疫情表彰大会

兰利荣 摄

2020年,新冠肺炎疫情发生。北京海关卫生检疫处处长田睿牵头 北京海关疫情防控工作组综合组(以下简称"综合组")在北京海关党委的坚强领导下,与各部门团结协作,于非常之时担非常之责,全身心投入疫情防控工作中,不断完善优化建立了"精准、高效、科学、严格、协同"有首都特色的卫生检疫工作模式。以"首都标准"做好口岸疫情防控工作,严格落实新冠肺炎疫情防控各项措施,全力以赴做好多病同防以及重大活动的疫情防控任务。

以"首都经验"做好疫苗出口工作,时刻保持高度政治敏锐性,建立联络员制度,保障北京关区365天全天候新冠疫苗检疫审批、查验、通关"零延时"。付出终有收获,她带领综合组获得"全国海关系统抗击新冠肺炎疫情先进集体"荣誉,带领卫生检疫处获得"北

京 2022 年冬奥会、冬残奥会北京市先进集体""全国消除疟疾工作先进集体"荣誉。本人也获评"北京市抗击新冠肺炎疫情先进个人"。

首战告捷，精准检疫重点航班

新冠肺炎疫情发生以来，北京海关第一时间严把出境风险，加强出境卫生检疫工作。随着境外疫情蔓延，北京海关迅速将防控重点从"内防输出"转向"外防输入"。

2月28日22点41分，自疫情防控以来，难得能在午夜前回家的田睿，刚照顾孩子睡下就接到北京市卫健委电话通报，29日上午若干密切接触者将乘坐某航班抵达北京，她立即向北京海关新冠肺炎疫情防控工作指挥部（以下简称"指挥部"）报告该情况，指挥部即刻吹响紧急集合的号令。她来不及跟还在警队值班的老公交接，匆匆给熟睡中的孩子们留下一张字条"妈妈临时有事需要回单位，醒来不要害怕，有事马上打电话"，就开车直接奔向单位。初春的夜里寒意依旧，她特意把车窗打开，让自己更清醒一点。

经过反复磋商、风险分析，指挥部拟定了排查处置预案，并第一时间向海关总署和北京市新冠肺炎疫情防控指挥部汇报。29日凌晨3点，在报请北京市联防联控机制同意后，排查处置预案快速部署到位。

29日早上，该重点航班驶入了指定机位。在指挥部的高效指挥下，首都机场海关检疫工作队迅速开展登临检疫、旅检现场医学排查等工作。

第一架重点航班入境卫生检疫工作的顺利开展，与田睿积极高效的沟通协调密不可分。在办公室、旅检现场，我们都可以看到这个"社交达人"接打电话的身影，一个电话还没讲完，又一个电话"冲"进来。

一个又一个的电话,协调来了 120 热线设立的海关转运热线,大大缩短了有症状旅客转运用时,降低了现场交叉感染风险;协调来了本次重点航班处置所需的 8 辆救护车和 13 辆客运车进驻首都机场,做好人员分类转运准备……

有了这一次处置重点航班的成功经验,她带着综合组按照指挥部下达的"一机一策"原则,指导首都机场海关针对后续 4 架次重点航班,分别制订了专门应对方案,有力阻止了疫情从境外输入扩散,确保了首都公共卫生安全。

组建两个专班,畅通信息渠道

2020 年 1 月 26 日,海关总署发布公告,要求每一个出入境人员都需要填写健康申明卡。一张小小的健康申明卡,记录着旅客的基本信息、传染病症状、旅居史、接触史和暴露史,田睿深知其重要性,也深知一线卫生检疫岗位人员的工作压力。

3 月 9 日,在指挥部的人员保障组的大力支持和帮助下,田睿牵头设立了由全关各部门紧急驰援而来的 44 名同志组建的出/入境健康申明卡录入专班。

健康申明卡录入专班的工作就是把健康申明卡的所有信息录入联防联控信息系统中,形成海关与卫健部门信息的对接共享,保证后续密切接触者追踪的及时准确。看似简单的工作,要做到高效准确真的是阻碍重重、艰苦多多。她无时无刻不在思考如何改进,及时收集大家问题,跟进系统优化,让大家的录入能顺一点、再顺一点;快一点、再快一点;准一点、再准一点。

为了切实发挥录入专班的效力,她与北京市卫健委商定,优先将来自疫情严重国家及重点关注航班旅客信息第一时间录入系统，保障关键信息的时效性。

"你们的数据录入接近完美，为流行病学调查出了大力。"北京市疾控中心对传输数据的高度评价，既是对工作人员的付出肯定，也是对录入专班的工作认可，更是对北京海关的真诚感谢，北京市卫健委也专门发来了表扬信。

随着电子申报的全面推广，健康申明卡录入专班也完成了它的历史使命，44名同志17天内录入85架次航班的24 000余份申明卡信息，为疾控中心快速锁定密切接触者发挥了关键作用。

如果将健康申明卡录入专班的工作比作速决战，那么由她牵头组建的另一个专班——数据报送专班的工作则是持久战。

每日确诊案例具体情况，需要在第二日凌晨2点前上报终报，并于5点前完成系统录入工作。这就意味着每日的凌晨正是工作量最大的时候。同时，该信息需同步传递给海关总署和首都严格进京管理联防联控协调机制办公室，出不得一点错误，需要极强的责任心和极细心的工作态度。

"每一份个案都包括个人基本情况、过去14天的旅居史、接触史、临床症状、用药情况等数十项信息，还有每日统计报表需要上报。"从疫情开始，卫检处检疫监测科科长孙晓东就承担着数据报送工作，他日以继夜、连续奋战，直至身体拉响警报——突然听力下降，得了突发性耳聋。这不可逆的损伤，正是过度劳累、高度紧张、经常熬夜所导致。问及为什么要扛下这份工作，孙晓东只是笑了笑："这个工作得有人做。关键背后还有人支撑着，很踏实。"

背后支撑的那个人，就是田睿。田睿带领着综合组审核了每一份通报的阳性个案，无论多晚，亦无节假日概念，确保信息准确，并及时报

参与宣贯海关检
疫政策，保障冬
奥通关顺畅

于彤 摄

送；并分类建立起各类人员及物品核酸检测结果呈阳性后的高效通报机制；冬奥会期间与联防联控机制及冬奥组委各单位建立了实验室检测结果及时通报等一系列快速严密的数据传递流程，全力保障逐个航班最短时间向冬奥组委反馈检测结果。

两年来，数据报送专班共审核报送各类疫情防控数据近 240 万项，个案及包机报告 4 000 余份；仅冬奥会期间，就审核报送各类疫情防控数据约 23 万项，个案及包机报告近 2 000 份。每一个繁忙的时刻，她与大家并肩走过，没有丝毫怨言，有的只是奉献和牺牲。

从无到优，构建采样体系

核酸采样是新冠病毒核酸检测的重要环节。采样规范与否，直接关系到检测结果的可靠性；采样动作细节，直接影响被采样人员的切身感受；样本运送和实验室检测时效，直接决定信息报送准确快速。这一切在疫情之初均没有经验可借鉴。怎么办？实践出真知。疫情初期，田睿一次又一次到首都机场 T3-D 现场对采样、送样流程跟班作业，与首都机场海关共同讨论如何进一步优化采样、送样流程，并将操作流程与保

三、惟其艰难，方显勇毅 | 261

健中心实验室技术人员进行沟通交流，逐一敲定制订优化流程，对现场关员统一培训后实施开展。

2020年3月28日，北京海关紧急组织11个支援指导组，按照海关总署要求，分别前往11个兄弟海关口岸，对重点航班检疫、采样检测等工作给予技术支持，共同做好首都分流航班口岸疫情防控工作。耳鼻喉科医师出生的她，马上联系第一支先派出的天津海关专家支援组，制定了采样的操作流程，并拍摄采样示范视频。在动员会上她又再一次向即将出发的战友们传授采样技巧，帮助大家统一掌握动作要领，规范指导各兄弟海关实施采样操作。

支援指导组出征了，她也把打造采样专家梯队这一任务列上日程。她邀请了北京地区鼻咽拭子采样专家进行授课指导，带领综合组组织了一次又一次的培训，开展了一次又一次的考核，打造出了一支关、处、科三级采样专家梯队，优中选优组建了一支由32名队员组成的关级采样专家队伍。在冬奥会、冬残奥会期间，采样专家们为地方承担冬奥采样任务的专业队伍进行培训，充分展示了北京海关的专业形象。

冬奥会、冬残奥会要求6小时内完成涉奥人员核酸检测。这其中包括了采样、送样、检测、信息报送等多个环节，挑战之大不言而喻。"她会有办法的。"是同志们对田睿的一致评价。在启用全国首个机场隔离区内P2实验室实现涉奥人员样本即采即送即检的基础上，她又与冬奥组委运服部疫情防控办公室、系统内外实验室专家沟通，研究海关、卫健部门的实验室检测方案，向海关总署冬奥工作组提出了调整优化

现场调研移动检测方舱　　王康琳　摄

实验室检测程序的初步方案，多措并举提高涉奥人员检测处置效率。

"2月4日晚上，冬奥保障工作暂告一段落，我在家里陪着孩子们看开幕式。一个个代表团入场，我的脑子里就会自动给他们浮上航班号，再给孩子们讲讲保障的故事，轻松惬意。"田睿笑着说着，眼睛弯成了月牙。"这两年来陪他们的时间太少了。"对孩子们，这个细致的大管家却显得有些马虎，一心忙于工作甚至差点错过了他们小升初的报名等一系列手续，好在最后孩子们也都顺利入学，她也"打哈哈"说："这不是最终没有影响到嘛，虽然有些波折。"接着就又把孩子们的学习生活搁置一边，让两兄弟互相辅导互相照顾，秉承着"一心难二用"的理念，全身心投入首都口岸疫情防控工作中。

北京海关口岸采样、检测的精准高效得到冬奥组委和首都严格进京联防联控机制的充分肯定，切实起到了预警吹哨的作用。

海关速度，助力全球抗疫

新型冠状病毒疫苗是控制疫情、恢复经济社会秩序的有力武器。一场疫苗与病毒的较量，在北京海关驶入了快车道。

田睿高度重视疫苗出口审批及通关工作，建立起联络员制度，为关区疫苗生产企业提供"一对一"的海关政策解读、出境流程指导。同时组织卫生检疫处建立审批专用通道，实行"5+2"工作制，对符合条件的新冠疫苗出境申请实行"即到即办"。新冠疫苗援助的执行方相关负责人说："我们必须争分夺秒才能保证项目的按时完成。北京海关对我们的困难高度重视，急我们之所急，总能在第一时间受理并审批我们的申请，工作人员与我单位人员随时保持联系，舍弃节假日休息时间，加班加点，高效工作。北京海关的鼎力支持为新冠疫苗紧急援助物资的按时发运提供了有力保障。"

2021年2月10日，除夕前的最后一个工作日。当天中午，一家新冠疫苗出口援助企业联系到田睿，称春节期间有一批计划出口的新冠疫苗，她立即向海关总署报告。得到海关总署答复后，她第一时间安排处内同志告知企业可随时提交新冠疫苗出境审批申请。处内同志们按照预定工作安排，迅速启动工作流程，开展该批新冠疫苗出境申请的受理、审核和复核签发三级审批工作。结束当天的所有工作时已将近晚上10点，走出办公楼大门，对面小区高挂的红灯笼仿佛一张张笑脸，告诉大家明天即是除夕。

某科研机构需要从境外紧急引进高风险特殊物品，时间紧、任务重，接到海关总署指令后，田睿立即组织首都机场海关、处内审批同志，研究部署相关工作。此时，一个电话响起。"闺女，你妈摔倒了，你能马上回来一趟吗？"新冠肺炎疫情发生后，原在老家的父母主动来到北京，做好后方保障工作，默默地照顾着这个小家，不管多晚回家，父母都表示理解与支持，现在连母亲摔倒了，父亲也只是一个询问，因为他们知道女儿在抗疫一线战斗。这通电话却让她陷入了深深的自责。周末、节假日也总在加班，自己已经多久没有陪爸妈吃饭、散步、谈心了？事发突然，情况紧急，她将工作布置好后回家，到家发现老人摔倒后站立不稳且出现呕吐，临床医学专业出身的她立即将老人送往医院就医，进行抽血、心电图、头胸部CT、核酸采样等各种处置，母亲在急诊室就陷入了昏迷状态，CT结果出来以后，医院立即以"闭合性颅脑损伤重型、多发性大脑挫裂伤、创伤性蛛网膜下腔出血"危重诊断收入住院。办理完住院手续已是凌晨3点多，回家短暂休息后，她一早将父亲送到医院，送去住院必需品并办理剩下的手续后，将住院的老母亲拜托给老父亲照顾，又立即返回单位工作。凌晨高风险物品入境的过程很顺利，后来母亲也逐步脱离了危险，无须开颅可保守治疗。半个月后母亲出院了，她松了口气，但母亲身体虚弱还不能下床走路，也出现了命名性语言障碍，不能清晰表达。为了不耽误她的工作，山东老家的姐姐主动请缨赶来照顾母亲。家人们的支持，她很感动，"虽说大家都很理解我，我还是希望疫情早些结束，也能分些精力给家人。"

新冠疫苗出口政策性强，时效要求高，不论是工作日还是节假日，只要有新冠疫苗出境需求，对北京海关来说，就是工作状态。北京关区新冠疫苗出口量约占全国九成。她带着业务专家及时梳理总结工作经验，形成首都特色北京经验，在海关总署指导下，制订《海关新冠病毒疫苗出境监管工作作业指引》的最初版本，为全国海关新冠疫苗出境海关监管工作贡献北京智慧。

"我愿执杖戍国门，只为国泰民安康"

"请大家原谅我这两年多来越来越急的脾气，感谢大家的包容。"田睿在7月底的支部书记讲党课的课堂上，向大家说道。作为北京海关疫情防控工作组综合组的负责人，这两年来她已形成了雷厉风行的工作作风，言必行、行必果。"虽然田处遇事行动迅速，作风严厉，但丝毫不影响她的细致认真，考虑工作非常全面。"综合组的成员表示。"一开始，面对她对任务进展、事件缘由的追问，还有点打怵。但渐渐地，我们也掌握了工作窍门，把工作做在前头，就不怕任何质询。"田睿的口头禅就是："宁可事前听骂声，也不要事后听哭声。"在她的影响下，每一个文件要求、每一个方案落实、每一次业务指导、每一次沟通协调，综合组全体人员总是以最负责任的态度开展。

疫情以来，她以"时时放心不下"的责任感，带着综合组总结经验，查找疏漏不足，持续优化北京海关新冠肺炎疫情防控工作方案及相关应急预案；适时组织风险评估，科学研判疫情形势；夜以继日研究海关总署防控文件精神，结合北京口岸特色部署落实，确保"件件有着落，事事有回音"；对进出境高风险人员、交通工具等提出卫生检疫要求、制订疫情防控措施，先后制订下发各类方案预案和业务指导文件近200份，织就全关疫情防控制度体系；积极对口岸防控措施落实情况给予技术指导、督导检查，为疫情防控工作提供专业技术支撑。

切实筑牢首都口岸卫生检疫防线，是田睿同志和她带领的综合组持之努力的目标。没有一个冬天不可逾越，没有一个春天不会来临。来日正长，激流勇进，春风浩荡，胜利可期！

满洲里海关

口岸抗疫"姐妹花"

记"全国海关系统抗击新冠肺炎疫情先进个人"包小萍、宋蕾

满洲里海关所属海拉尔海关 徐连贵

辽阔壮美的内蒙古草原是英雄辈出的地方,也是英雄精神薪火相传的地方。半个世纪以来,有许许多多的英雄故事在这里不断演绎和传唱。人们熟知的被誉为"草原英雄小姐妹"的蒙古族少女龙梅和玉荣为保护生产队羊群而冻伤截肢的英雄壮举,天津女知识青年张勇为抢救集体财产而不幸落水英勇牺牲的事迹都发生在这片草原上。

2020年以来,突如其来的新冠肺炎疫情在全球蔓延,在内蒙古草原深处的口岸一线,又涌现出两位蒙古族女青年抗击疫情的感人事迹。这两位来自海关系统的蒙古族女关员,为了守护国门安全的共同事业,用坚毅和果敢、担当和奉献,在抗击新冠肺炎疫情斗争中诠释了共产党人"舍小家为大家"的家国情怀,成为并肩抗击疫情的"姐妹花"。她们就是满洲里海关所属海拉尔海关的"80后"蒙古族青年关员包小萍和宋蕾。包小萍来自内蒙古科尔沁草原深处的奈曼旗,负责额布都格口岸进口原油监管工作;宋蕾出生在内蒙古呼伦贝尔草原上的中心城海拉

尔，任海拉尔国际航空口岸旅检科科长，她们俩被同事昵称为海拉尔海关的蒙古族"姐妹花"。2020年10月，包小萍和宋蕾同时被海关总署授予"全国海关系统抗击新冠肺炎疫情先进个人"称号。在这场没有硝烟的抗疫斗争中，包小萍和宋蕾感人肺腑的故事就像口岸周边草原上的花朵一样，芬芳着、温暖着、激励着还在抗疫路上战斗的海关人。

一

2020年1月23日，农历腊月二十九，内蒙古通辽市奈曼旗的一户蒙古族人家正在做着过春节的准备工作。家里洋溢着热闹过年的喜庆气氛，母亲正在喜气洋洋地帮刚进家门的女儿试穿一件新缝制的蒙古袍，父亲在制作花样繁多的油炸果子，哥嫂在包饺子。在千里之外海关工作的女儿已经4年没回家过春节了，今年终于可以过上一个家人齐全的团圆年了。全家人计划好在初一去拜年看亲属，参加蒙古族特有的赛马和赏星空活动。母亲还要和女儿说说悄悄话，因为36岁的女儿正在做生孩子的打算。

中午12点，正在吃饭的一家人看到了中央电视台午间新闻播出的一条新冠肺炎疫情相关消息。包小萍的心开始不平静起来，她持续关注着电视新闻，并在心中想着如何向父母亲开口说出返程的决定。

包小萍终于艰难地向父母亲说出了打算立即返程的决定，母亲含着泪花答应了，坚强的父亲赞赏女儿的决定。

夜色中，仅在家中团聚了56个小时的包小萍和丈夫匆匆告别亲人，义无反顾地踏上了返回工作岗位的征程……

二

2020年1月23日傍晚，正准备连夜奔赴外地婆婆家过年的宋蕾接到命令，提前做好出境人员疫情监管准备工作，保证旅客生命安全，严防疫情跨境传播。

身为海拉尔国际航空口岸旅检科科长的宋蕾十分清楚，对海关人而言，没有什么比守卫国门安全、保障人民生命健康更重要的任务了。她耐心说服丈夫，又向年逾古稀的公婆解释不能回去团聚的原因，就立刻转身奔赴落实疫情防控责任的主战场。

虽然已经在旅检岗位工作8个年头了，但是作为机构改革后卫生检疫岗位的"新兵"，第一次面对重大疫情防控，宋蕾的内心还是有些忐忑。她深知这时的责任就是生命，尤其是海拉尔国际航空口岸验放空间狭小，工作落实的每一个细节都可能对旅客和现场关员的生命安全、身体健康产生影响。宋蕾带领科室人员在前期严格按照上级要求做好防护物资储备、突发公共卫生事件现场演练的基础上，对疫情监管验放方案

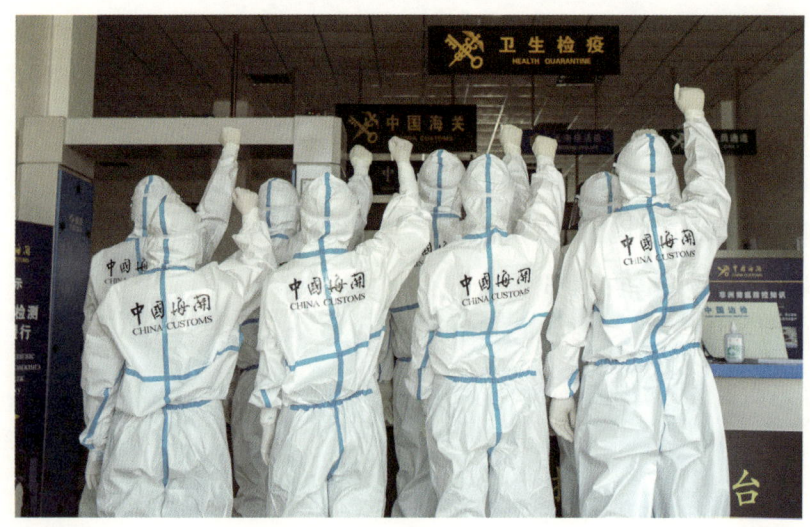

组织关员上岗前
互相加油打气
叶进凯 摄

进行再细化。依据口岸技术防控方案，集中关里有医学背景专业人员，进行科学分组，使每个组都能熟练掌握各个岗位作业流程，并且将责任细化到人。

一位白发如银的老人对宋蕾说："谢谢你们为了我们平安回家，没能和家人好好过节！"宋蕾说："应该谢谢您，老大爷！你们能够安全顺利开心返程，就是我们这个春节最快乐的事情。期待您和家人在疫情过后，在最美的季节再来看草原。"

一位十一二岁的小女孩送给宋蕾一个蝴蝶结，她对宋蕾说："阿姨，谢谢您的帮助和辛苦，我会永远记住您的美丽的！你也要记住我哟！"

没有恐慌，没有不适，旅客们带着呼伦贝尔人的美好祝福，乘上飞机滑向笔直的起飞跑道，跃上湛蓝而又广阔的归途长空。

三

包小萍跨越一千多公里赶回单位后，没来得及喘口气，就主动请战加入"海拉尔海关党员先锋队"和"海拉尔海关青年突击队"，全程参与口岸疫情防控应急预案制订，带领一线采样人员进行操作培训和实战演练，结合口岸实际情况落实疫情防控工作要求，很快摸索总结出"三严三到位"工作法（穿戴从严、消毒从严、程序从严，观察到位、询问到位、处理到位）。作为口岸疫情防控处置成员，包小萍发挥一线工作12年的经验优势和蒙语翻译、监管查验技能特长，带头撰写应急演练方案、细化

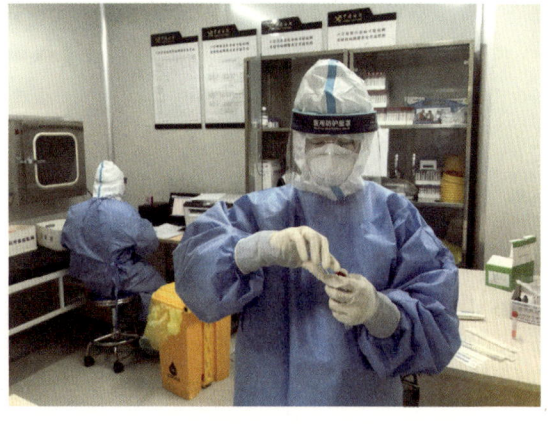

开展核酸采样检测演练　于琪智　摄

检查进境油罐车
叶进凯 摄

现场采样及排查作业流程，参与疫情防控方案修订。她连续40多天穿梭在申报验核岗、检疫查验岗与医学排查岗之间，担任"巾帼小教员"，为一线工作人员讲授个人防护知识，开展个人防护、鼻咽拭子采样及防护服穿脱的实操培训和考核，细心地为同事检查安全防护是否到位。

2月的呼伦贝尔仍是冰封雪裹，奇寒无比。若不是置身其中，外人简直无法想象身着防护服查验进口原油货车的困难！油罐车有近4米高，查验人员需要从罐体上附着的钢筋竖梯攀爬上去，冬天竖梯的横撑上总会结成一层霜，十分光滑，再加上穿着防护服和防护鞋套，查验关员的动作更加笨拙，有好几个关员都曾登空过横撑，腿肘擦破皮的事情也时有发生。每当这个时候，包小萍都主动要求爬梯查验，时间长了，包小萍原本细嫩的手掌，居然磨出了硬硬的茧子！可包小萍对此却满不在乎，她幽默地说："查验工作给我的手掌奖励了一层保护膜，我赚大发了！"就这样，全组人员在包小萍的带领下，高质量完成了每批进口原油的查验工作，确保了口岸进口原油的一路畅通。

四

疫情发生后，海拉尔海关党委成员、支部书记、党员同志冲锋在口岸最前线。宋蕾作为旅检科党支部书记，更是带领科室党员坚守在最危险的岗位，有效发挥了党员先锋模范作用。科室里一名还有半个月就要退休的老关员膝盖受过伤，一到冬天就犯病，可他仍然写了请战书，他说："现在人手少，我还可以站好最后一班岗。"一名入党重点培养对象的孩子刚断奶，整天哭闹，她自己也身体不适，宋蕾劝她在家休整几天，她却坚持不下"火线"。疫情防控最吃劲时期，科内没有一名关员拈轻怕重、退缩不前，都主动自觉坚守在最前沿的阵地上。

口岸疫情防控靠大家，联防联控才能做到规范有效、无死角，才能取得实效。疫情发生后，宋蕾除与海拉尔区卫生主管部门、机场公司、航空公司、边检等部门建立突发公共卫生事件联系配合机制外，总是第一时间将海关总署的最新疫情防控要求落实到位，按照国家移民管理局和海关总署联合发文的相关要求，与海拉尔进出境边防检查站进一步深化联动机制，加强信息通报、协查和管控工作。因联系及时、配合到位，在满洲里海关风险防控部门下达人员协查信息指令半小时内即完成人员信息上报工作，实现了有效联动。在海关总署下发了航空乘务、地勤人员、保洁人员感染控制指南和消毒措施后，宋蕾积极协调，连夜印制完成宣传小册子，在文件下发的第二天就送到航空公司和机场公司手中，发挥了海关卫生检疫的职能作用。

水不来先叠坝，防患于未然。宋蕾带领科室人员坚决落实海关总署、内蒙古自治区疫情防控指挥部各项疫情防控工作部署，按照科学防控、精准施策要求，坚持对高风险旅客、重点航班严格检疫。加强境外疫情的风险研判，与边防检查站搭建进出境旅客大数据共享平台，建立高风险人员库。对重点航

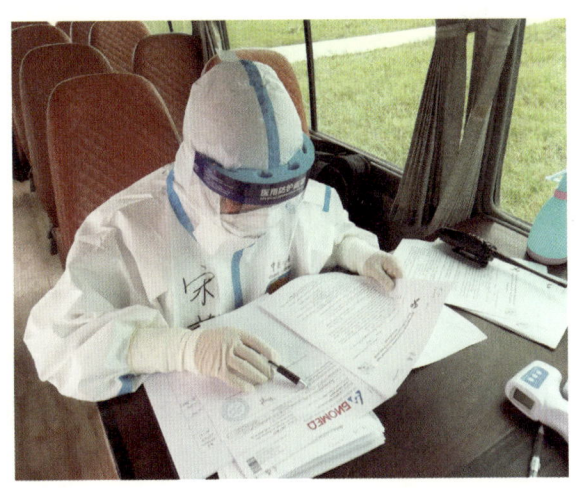

核验健康申明卡　　于琪智　摄

| 国门抗疫：守护我的国（先锋人物）

开展登临检疫
于琪智 摄

班实施"专用廊桥、专区检疫"，实行"分区分级分类"管控模式，对健康申报区域、测温通道、医学排查室、负压排查室、行李提取区等区域实施差异化、精准化管控和分级管理，最大限度降低交叉感染的风险。加强入境人员健康申报、口岸排查。严格落实"三查三排一转运"制度，对入境人员100%流调、100%采样、100%送检。海关与地方指挥部、相关部门密切配合，实现了无缝对接、封闭运作管理，为海拉尔国际航空口岸"外防输入"落到实处深植了一枚定海神针。

五

作为满洲里海关全年开放进口原油的重要陆运通道，额布都格口岸安全平稳回运原油，对加深中蒙能源合作、丰富"一带一路"合作成果具有积极意义。受疫情影响，蒙古国境内油田一度停工停产，我国原油回运也曾一度停摆，企业复工复产急需出口大批防疫物资。急难之下，企业负责人拨通了包小萍的电话。接到求助电话后，包小萍立即向关领导汇报企业急难情况，并主动申请延长在口岸的驻守时间，带头研究修订口岸疫情防控方案，"量身定制"原油进口通关流程，实现了中蒙货车司机全程"无接触式"通关。通过设立"绿色通道""不到场查验"、汇总征税、自报自缴等便利化措施，3个月内，包小萍参与"零延时"验放防疫物资9批次、7.3万件。在精准支持和全方位帮扶下，2020年5月，额布都格口岸高效验放进口原油环比增长143%，口岸进出口通关时间两项指标均位于满洲里关区前列，为企业顺利复工复产提供了有力支持和保障。

大庆石油境外指挥部企业负责人感慨地说："海拉尔海关精准的疫情防控、高效率的服务，为我们企业缩短了通关时间，你们辛苦啦！"包小萍说："我们快一分，企业等待就少一分，为企业服务也是我们的工作职责。"

面对冬日-35℃货车驶过扬起的雪花，面对夏日高温下灼人的气浪，包小萍和她的同事们，以规范的操作、精准的验核，在草原深处用默默

讨论优化原油
进境通关流程
叶进凯 摄

的奉献和对海关事业的无限忠诚,生动践行着边关精神,在从严防控疫情和助力复工复产中交出高质量的答卷。

可谁又知晓,因为疫情防控太忙的原因,如今已经38岁的包小萍还在推迟着当母亲的计划。

六

疫情防控,不只是口岸防控工作,更是全方位的整体性工作。口岸监管工作结束后,宋蕾立刻组织科室人员开展关本部办公楼内的消毒工作,在留足口岸应急防护物资的前提下,将口罩、手套、防护服、消毒用品用药等紧缺物资单独管理,由关里统一调配,供其他一线岗位使用。与此同时,宋蕾还发挥个人作用,在整体物资紧缺情况下,为关里采购到额温枪、消毒工具等物品,保证了在关键时刻防疫物品的有效补充。

当呼伦贝尔市委组织部发出成立"青年抗疫突击队志愿者"号召时,宋蕾第一个在关里报了名。她说:"我是党员,我先上。"当好心的同事提醒她说:"你的儿子今年要考初中,你就多在家陪陪他学习吧。"宋蕾说:"这会是我能够给儿子最好的一次示范教育,远胜于在家看管说教。"最终,宋蕾代表海拉尔海关参加了呼伦贝尔市疫情防控工作指挥部的入户摸排工作和应急值班工作,协助成员单位及时开展上级来文的收发、传阅、管理归档和总结材料报送工作。在城市社区,宋蕾挨家挨户摸排,每次入户前,都会在兜里多备上几个口罩,群众缺口罩,宋蕾就递上一个。宋蕾是热心肠,谁有事找她都不拒绝,志愿服务期间每天都要工作七八个小时以上,累了,就坐在楼道的台阶上歇一会儿。当人们提醒说做好入户摸排工作就行时,宋蕾却认真地说:"我不仅是严防严控的'侦查员',还要当好热心服务的'跑腿员'。"半个多月下来，原本面色红润、体态丰腴的宋蕾变得憔悴了，可她出色的工作受到了地方政府好评，发挥了海关在履行社会责任中的作用，展现了海关的良好形象。

内蒙古草原壮美辽阔，内蒙古草原上的花朵艳丽多姿。包小萍和宋蕾就像草原上盛开的百合和金莲，纯洁热烈、美丽芬芳，她们不仅是蒙古族的骄傲之花，更是海关人的骄傲之花。她们生长在中国海关这片热土上，正以前所未有的豪迈姿态激情绽放着，挥洒着青春的汗水和美丽。

杭州海关

"疫"线虎贲

记"全国海关系统抗击新冠肺炎疫情先进个人"林纲

杭州海关所属舟山海关 乡郎（凌琪）

一

林纲是舟山海关所属定海办事处业务一科四级高级主办，平时工作严谨，待人友善。他爱笑，两边脸颊上常有或深或浅的酒窝。他身材修长，紧绷挺拔，没当过兵，周身上下却透着军人的英武之气。

2021年4月，林纲接到现场监管科室报告，从国内转港的某散货船计划到辖区内某船厂修理。船员中，有3名船员从当日凌晨开始出现发热症状，服用退热药后，2名船员仍未缓解。

根据船方申报提供的该轮停泊港口、船员换班、核酸检测及船员疫苗接种等情况，林纲立即组织全关监管科室负责人及卫生检疫专业人员开展风险研判。经流行病学调查发现，该轮近一月内，先后停靠多个疫情高风险国家（地区）港口，结合船员接触史及申报发热症状等情况，大家初步判定该轮风险极大。

随后，林纲向关领导报告，建议启动舟山海关口岸疫情防控应急响应机制，抽调人员立即成立应急处置小组，迅速对锚泊在船厂外锚地的该轮实施临时检疫。

临近下班，应急处置小组全副武装，严密做好自身防护，借助软梯登轮开展"三查三排"，采集鼻咽拭子，抽取血液样本……一个多小时的紧张忙碌后，所有船员的生物样本被送到关里的保健中心实验室检测。

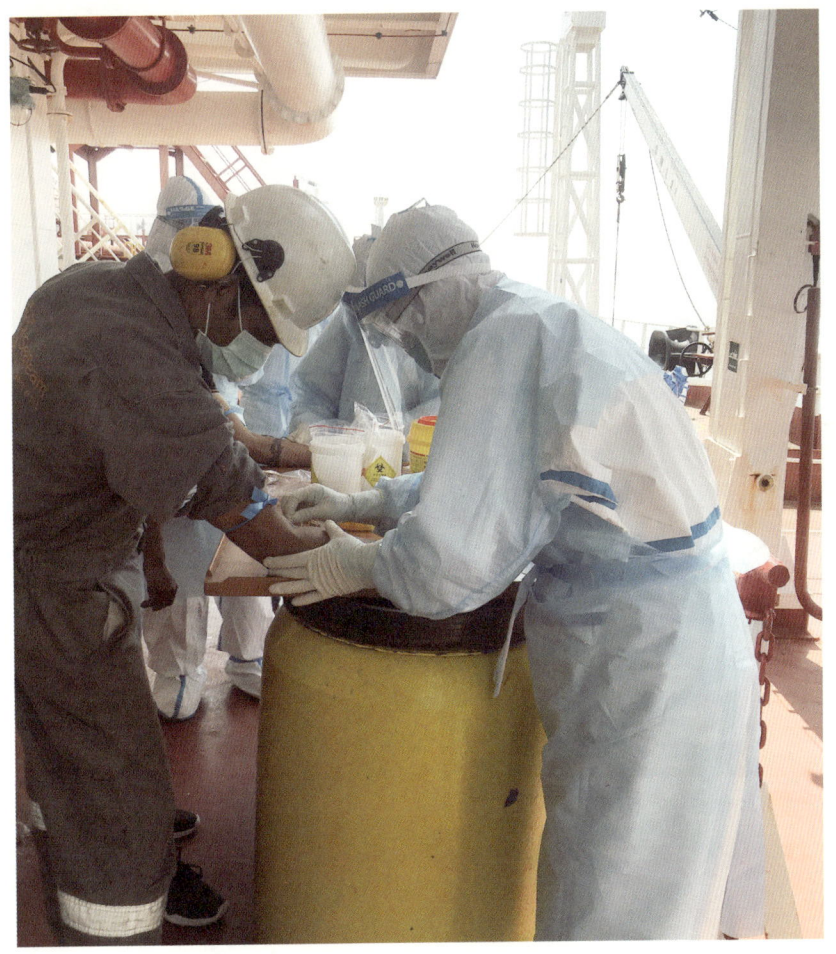

在轮船上为船员采血
周政 摄

保健中心实验室检测人员对船员核酸样本全基因组测序结果显示：病毒为印度 B.1.617 双突变病毒株。这是全国海关首次检出"德尔塔"变异毒株，处置工作得到了各级领导的肯定。

至此，处置工作还没有结束。在船员隔离治疗期间，为安抚情绪，林纲给他们发送了"共抗疫情未来可期——致船员的一封信"，及时协调供应防疫及生活物资，鼓励船员们在船上放松心情，严格做好健康监测。而后，林纲又指导关员做好该轮终末消毒处理的监督工作，全程把该起疫情防控网织密织细织牢固。

二

2020 年年初，新冠病毒在华东大地上蔓延。浙江省委省政府决定：启动重大公共突发卫生事件一级响应。

疫情就是命令。奋力打造社会主义现代化海关"重要窗口"的"窗口"的舟山海关人闻令而动，按上级海关要求，制订疫情防控相关各类预案，成立舟山海关新冠肺炎疫情防控指挥部。

机构改革前一直从事口岸卫生检疫工作的林纲自是责无旁贷。受关党委重托，以技术专家身份，负责统筹舟山海关抗击新冠肺炎疫情的内外协调和技术指导工作。

开展应急处置演练　　周政　摄

三

"救救我们""我们在舟山外海，船上有人无法呼吸"……2021年8月7日，一条条求助信息通过新媒体渠道发布了出来。

人民至上，生命至上。某轮船船员的求救引起了林纲的高度重视。按照工作程序，林纲顾不上吃饭休息，迅速拟制该船的处置工作方案报杭州海关，并反复推演、彻夜推敲。凌晨时分，又将登轮物资装备检查了一遍又一遍才离开办公室。

这是一条高风险轮船，谁上去都有被感染风险。派谁上呢？关领导还没来得及物色登轮人选，"我是党员，又是抗疫指挥部的，我上！"林纲话语铿锵。

8月8日一早，按照之前拟定的工作方案，林纲带领地方医院的2名医护及1名卫生处理单位人员一道乘坐拖轮前往处置。风浪中颠簸一个多小时后，登轮对全船船员进行"三查三排"和"双采双检"。

夜里，在新闻中看到林纲在高风险船上忙碌的身影，林纲父母和家人既激动又不安。家人与在地方隔离点接受集中医学观察的林纲视频："这么危险的工作，你怕不怕？""怕肯定是怕的，但关键是处置过程、防护操作是否有疏漏，危险的工作总要有人去做，再苦再险也是值得呀！"

四

林纲的父母亲都是教了一辈子书的老教师。对于林纲的职业选择，两位老人十分支持。入党半个多世纪的父亲经常告诫他，要做一个对社会有用的人。看到多年来儿子拿回来的荣誉证书，老人分外动情：和平年代需要儿子你这样的付出，为你的职业以及你表现出的英勇感到骄傲!

现在，父母都年逾八旬，到了需要照顾的时候。只要不在专班，林纲隔三岔五都要去看看老人。而母亲总会一遍又一遍地叮咛：我和你父亲还能自己照看自己，疫情总会过去，工作中要时时小心，做好防护，不能马虎大意……

"放心去吧，家里有我呢，你们都一定要保护好自己！"每一次临行前，爱人的叮嘱都给了林纲无尽的力量。

面对亲人的理解与支持，林纲百感交集，浑身仿佛有使不完的劲儿。

五

"没事的，我年纪大些，经历相对比你们年轻关员丰富些，党和人民培养教育我的时间也长些，关键时刻总得要冲得上才行。"爱笑的林纲笑呵呵地对大家说。

工作中的林纲
周政 摄

2021年6月，根据海关总署统一部署，舟山海关成立卫生检疫集中封闭管理专班，由林纲负责专班日常工作的总协调，兼任专班临时党支部书记，他不仅是专班党建引领和卫生检疫业务工作的"领头羊"，还是"专班大管家"。职责驱使他时刻关注着专班每一位入驻人员的吃喝拉撒和思想动态：生活保障够不够？关员家里还有什么困难？高温天气作业行不行？关心关爱措施落实怎么样？心理辅导授课如何紧跟上？所有这些都紧扣着林纲的心，"林指"是专班关员们送给林纲的亲切称呼。

从成立"党员突击队"到集中封闭管理专班，夜以继日地超负荷运转，不少同事疲惫不已，特别是一些年轻关员因为疫情结不了婚、团聚不了、工作压力大，心理时有波动。思想是行动的指南。林纲引领大家学习有关疫情防控的重要文件，把大家的思想和行动统一起来。每一次国家、海关总署调整疫情防控及管理方案，林纲都第一时间学习，通过线上、线下等方式，传达给每一位专班关员。

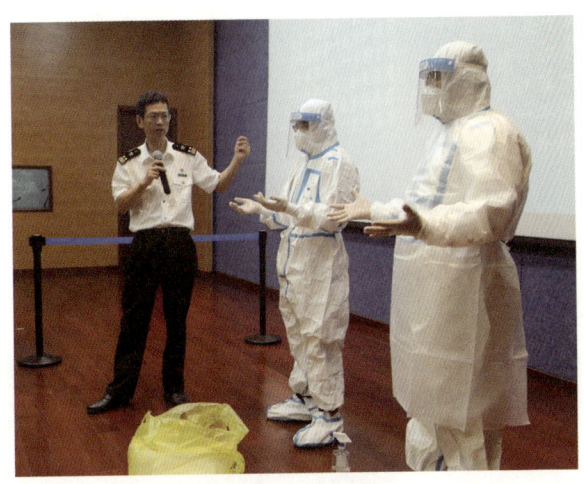

指导疫情防护演练
周政 摄

在贯彻落实上级防疫政策的基础上，林纲结合舟山口岸防疫实际，牵头制订了专班12项管理制度，做好专班关员自身防护及现场操作技能培训考核，圆满通过海关总署以及国务院联防联控机制综合组的多次督查。

面对疫情常态化，林纲与同事们统筹谋划，严格落实国家防疫政策，创新抗疫指挥手段，做好长远准备：对抗疫一线人员加强防护监督培训；及时提议在夏季补充防暑补盐药品、降温背心等抗疫物资；协调集中封闭管理专班人员合理排班；加强科技抗疫，协调远程检疫新设备使用，解放专班人力投入。带领专班同志以钢铁意志履行国门卫士神圣使命，确保"打胜仗、零感染"。

六

随着浙江自贸区舟山片区业务的开展，舟山关区新业态不断拓展，新业务更是井喷式增长。宁波舟山港吞吐量连续多年位居世界第一，且舟山口岸是全国最大的外籍船舶修造基地，辖区每年进出境船舶都在万艘（次）以上，年进出境换班船员3万余人次，防疫任务极为繁重。

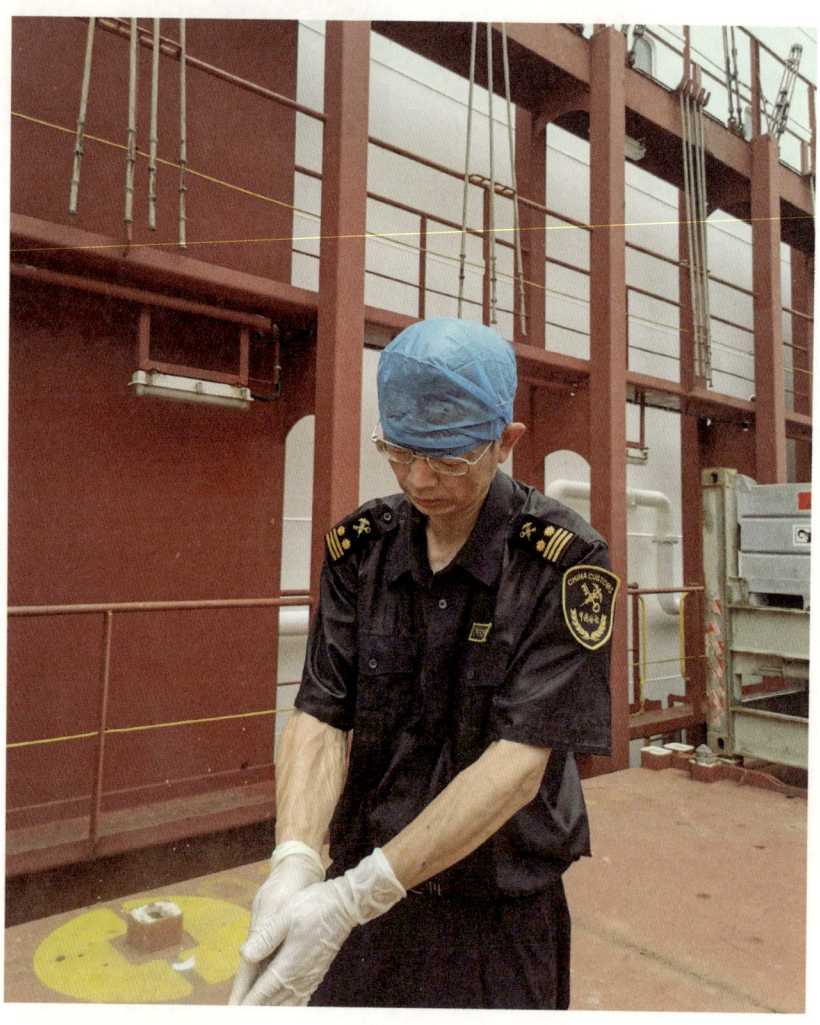

汗水湿透衣背　　周政　摄

舟山海关监管点分布在 22 个大小岛的近百个监管点上，岛际交通不便，给防疫工作带来了困难。夏天，赤日炎炎，有时一天得赶三四座小岛，防护服常常令人透不过气；而秋冬季节，海上又常有八九级大风，锚地登轮只能通过软梯，步步惊心动魄。

上小岛、下锚地、进船厂、战高温、斗涌浪，防护服里倒出来的汗水诠释着一名共产党员关键时刻冲得上去、危难关头豁得出来、疫情斗争中禁得住考验的优良风范。白天，林纲战斗在抗疫一线，晚上，常通宵研究上级制订的技术方案和操作指南，凭借着丰富的口岸疫情处置经验和高度的疫情敏锐性，结合地方政府联防联控机制发布的新冠肺炎疫情防控工作要求，消化整理、精益求精，切实扎牢口岸防疫篱笆。

同时，针对舟山口岸装卸货船员换班多、等待船员核酸检测结果时间长、外轮修理业发达的实际情况，林纲积极向杭州海关及海关总署建言献策，争取上级海关的政策支持，助企纾困。

时代呼唤英雄，时代铭记英雄。在两年多的时间里，林纲先后登轮检疫 320 余艘次，被属地舟山市表彰为"疫情防控和复工复产一线表现突出基层党员"，被杭州海关荣记个人三等功，被海关总署评为"全国海关系统抗击新冠肺炎疫情先进个人"。

山是站着的海，海是躺着的山。正是因为有了林纲和林纲们的忠诚无畏和艰辛付出，才有了千家灯火璀璨，万户炊烟袅袅。

青岛海关

擦亮党员本色，贡献巾帼力量
——记"全国海关系统抗击新冠肺炎疫情先进个人"王玉兰

青岛海关所属日照海关　高媛　于长伟　凌在朝

日出东方，霞光万斛。黎明的初光照耀着东方海岸，美丽的日照海滨灯塔风景区显得璀璨夺目，让人流连忘返。在距离灯塔风景区不远处的日照海关国际旅行卫生保健中心（以下简称"保健中心"），有这样一支因抗击新冠肺炎疫情而同样显得光彩夺目的阳光先锋队伍，他们虽然不在国门一线冲锋陷阵，却发挥着"一锤定音"的关键作用。2022年8月，是保健中心主任王玉兰在这里工作的第15个年头。自2020年新冠肺炎疫情发生以来，她带领下的保健中心全体人员牢记"人民海关为人民"的初心使命，800多个日夜始终坚守，他们用实际行动践行着保国门无虞、守一方平安的初心与使命。

甘于奉献，逆流直上

2020年，突如其来的新冠肺炎疫情打破了城市的宁静，疫情就是

三、惟其艰难，方显勇毅

集结令，坚守国门是海关人的职责和使命。自日照国际旅行卫生保健中心被指定为日照市入境人员新冠病毒核酸检测实验室后，作为保健中心"带头人"的王玉兰，就此开启了不同寻常的工作节奏，带领团队争分夺秒与病毒赛跑。"作为一名党员，能带头参与这次抗'疫'，对我来说是一次难忘、光荣的经历。"她在谈及入党初心时说道。新冠肺炎疫情发生以来，王玉兰牢记使命、率先垂范，带领一支 6 人队伍，日夜坚守在疫情防控一线。

保健中心承担着单位内部核酸采样检测和口岸入境船员、进口货物和高风险集装箱货物检测的工作，突然多出来的艰巨任务对保健中心的检测能力和人力承载是个巨大的挑战。初次接触新冠病毒核酸采样工作，到底该如何检测、如何穿脱防护服、如何做好个人防护等一系列问题随即出现了。对核酸检测来说，每次实验结果的判定，都直接影响到后续一系列处置工作，关系重大。"我们的工作就是和病毒斗争，这里就是我们战斗的阵地，一定要'守住'。"王玉兰在支部大会上严肃地强调着。

作为医学硕士，王玉兰有着深厚的医学功底，曾在 2019 年青岛关区卫生检疫岗位竞赛中荣获二等奖。现在她不仅要协调实验室的人员和物资，确保每个送检样本的高效、准确检测，还组织编写了《实验室新冠病毒检测技术规范》和《作业指导书》等。作为日照海关新冠肺炎疫情防控工作组成员，她实时跟踪相关机构发布的防控技术方案、操作指南，参与制订的疫情防控工作方案、疫情防控内部工作指引

王玉兰工作照
刘子琳 摄

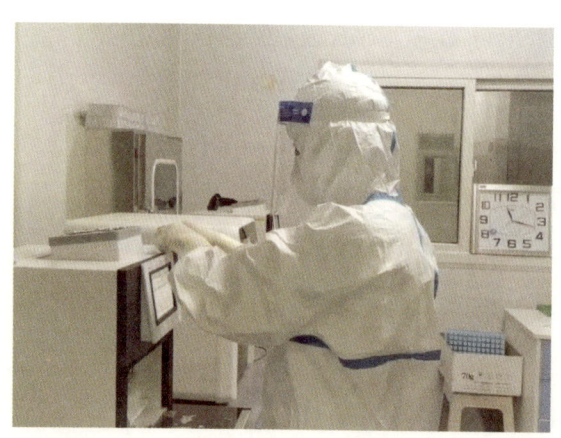

在实验室开展
新冠病毒核酸
检测工作
刘子琳 摄

等文件，为实验室开展疫情防控提供了技术保障。

在面积虽小但作用重大的实验室里，每个角落、每个流程、每天的备货和工作量，王玉兰都了然于心。为了更好地推动核酸检测工作，她主动加入团队，组建起一个 6 人小组，保证 3 班倒 24 小时全天候的核酸检测作业，共同承担起了新冠病毒检测工作。一开始由于不熟悉新冠病毒检测工作，实验中经常遇到各种困难，加上样品多、时间紧，遇到阳性复检要持续十几个小时，小组成员的压力越来越大。为了让同事们正确穿脱防护服、做好样品消毒处理等工作，她建立了班前半小时培训会制度，组织大家认真学习最新文件要求，研读操作规范，不断强调操作流程的精准性和规范性，要求每次实验都要做到精益求精。凭着多年的工作经验，她制订了一套严格、标准的"口袋"操作指南，还录制了"六步洗手法""如何穿脱防护服"等视频，让同事们更加直观地学习。

核酸检测工作每次都需要两名技术人员在实验室相互配合，因为要在生物安全柜中作业，两个人必须密切配合才能让实验顺利、高效完成。在王玉兰的带领下，检测小组积极参加地方医疗机构培训，通过集中学和自学等方式，短时间内淬炼本领，迅速提升检测能力，目前保健中心检测水平在青岛关区名列前茅。王玉兰欣慰地说："经过培训和长时间的磨合，如今大家都能严格按照规范进行操作，而且彼此间默契十足，检测工作越发顺利高效了。"

就是这样一群"隐身"的国门卫士、默默付出的英雄，虽然不在一线冲锋陷阵，但是时刻和病毒进行正面交锋；他们虽然不直接与患者接

三、惟其艰难，方显勇毅 | 287

触，却是离病毒最近的人。

克服困难，一心为民

保健中心承接着体检和预防接种业务，每天要面对很多人，王玉兰发现很多出国务工人员来自附近区县的乡镇，赶到的时候经常是中午了。为了节约他们的支出，保健中心工作人员常常放弃午休，急事急办、特事特办、随到随检，确保当天完成体检流程，证书由保健中心工作人员代为邮寄。"有人等，我就着急，这些跨境劳务人员都不容易，咱们少休息一会儿，也要尽全力去保障群众的需求。"王玉兰说道。为了保证样品随送随检，她坚持24小时待命，保证样品第一时间送达、第一时间检测、第一时间出结果。"每检测完一个样品，就有一个船员能够回家。他们的妻子一个人照顾着整个家庭，很不容易。"

指导前台工作人员规范登记　　刘子琳 摄

2021年6月，王玉兰的儿子感冒了，一大早她接到紧急通知要去市里开会，于是给孩子买了两天的感冒药就匆忙离开了。完成工作后已是凌晨，回到家后她才发现孩子已经把两天的药全给吃了。事后她后怕了很久，因为自己工作忙碌没能照顾好孩子，内心充满了歉疚。

她的爱人付汝坤是日照海关驻岚山港办事处口岸监管科科长，在2019年4月被青岛海关选派为"第一书记"，奔赴临沂市兰陵县长城镇白庄村支援扶贫一线，助力脱贫攻坚，一年难得能够回家几天。王玉兰默默克服生活中的困难，承担起了照顾家庭的重任。

近年来口岸疫情形势愈加严峻，保健中心的核酸检测工作也愈加繁重，加班加点已成为常态，遇到检出核酸结果呈阳性等特殊情况，王玉兰作为主任更是要通宵达旦地工作。在别人家父母还在抱怨终日和"神兽"斗智斗勇的时候，她正在上小学的儿子却经常对妈妈说："妈妈你这么辛苦，我的作业你就不用操心了。"儿子的话让人欣慰，却又让人心疼。

勇于担当，服务地方

作为保健中心党支部的支部委员，无论手头工作多忙，王玉兰都积极呼应中心支部书记组织开展的各项党务工作，严格落实"三会一课"制度，组织开展"红心向党 天使逐梦""我的抗'疫'故事"等主题党日活动，带领支部成员赴日照市抗日战争纪念馆、日照水库精神记忆馆等红色教育基地参观学习，从党史学习教育中不断汲取奋进力量。带领支部党员查摆自身不足和中心存在的问题，细化账单，压实责任，不断提升支部的战斗堡垒作用。她深知，只有围绕中心、建设队伍、服务群众，持续推动党建和业务的深度融合，才能把党建工作做好，才能把队伍带好。

"不断提高自身政治站位,努力实现中心党建与业务有机融合、协同共进。毫不动摇贯彻执行党中央的决策部署,扎实走好践行'两个维护'的第一方阵,切实将'两个维护'体现到知行合一的表达上,体现到充满敬仰的情感上,体现到令行禁止的行动上,体现到真抓实干的成效上。"诚如她在学习俞建华书记专题党课时写在记录本上充满感情的文字。

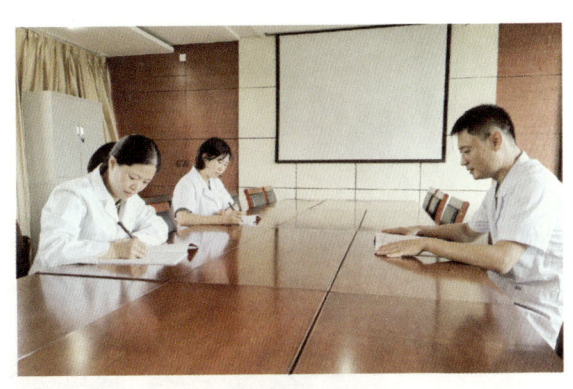

参加党支部支委会

刘子琳 摄

火车跑得快,全靠车头带。在王玉兰的带领下,保健中心党支部被评为青岛关区"四强"支部;"诚意智旅"支部品牌和"质高意详"个人党建品牌分别获得日照海关"十大党建组织品牌"和"十大个人党建品牌";支部多次获得日照海关"准军建设流动红旗"。保健中心发展1名在抗击疫情中表现突出的聘用人员为中国共产党党员,1人获"优秀共产党员"荣誉称号;王玉兰被评为"全国海关系统抗击新冠肺炎疫情先进个人"和"国门抗疫最美青年"。

"党建强了,战斗堡垒牢固了,队伍的凝聚力、向心力自然就强了,业务工作也就能够干得更好,这一点在抗击新冠肺炎疫情过程中体现得尤为明显。"王玉兰在"四强"支部经验交流会上说。

工作之余,她还积极参与课题研究。自2015年任副主任技师以来,主持完成科研项目1项,获原山东出入境检验检疫局科技进步三等奖;参与原国家质检总局、地方卫计委及原山东出入境检验检疫局项目各1项;参与完成发明专利1个,主持完成实用新型专利3个;参与完成实用新型专利6个,以第一作者身份发表论文10篇,以第二作者身份发

开展实验室设备
日常维护工作
刘子琳 摄

表论文14篇，以第三作者身份发表论文6篇，获奖论文9篇。

为积极响应日照海关党委的号召，进一步谋划做大做强、做优中心事业单位，王玉兰带领保健中心充分挖掘现有资源，发挥医疗机构特色优势，在拓展业务、服务民生、服务地方等方面实现重大突破。

以事业单位相关政策为契机，制订适合中心发展的激励机制，进一步调动干部职工积极性、主动性，把市场盘子做大、做强，先后取得地方新冠病毒核酸检测、从业人员预防性体检、医保门诊统筹、新冠疫苗接种及船员海事体检资质。"努力为日照海关的大关、强关建设事业贡献一份光和热。"王玉兰在日照海关2022年全关工作会议上发言时表示。

作为市里指定大规模新冠病毒核酸检测实验室，在时间紧、任务重的前提下，大家克服各种困难，齐心协力，共支援市里10批次约30万人次新冠病毒核酸检测工作。2022年3月14日23点整，保健中心接到上级通知，要求支援莒县新冠肺炎疫情防控工作。接到任务后大家没有丝毫抱怨，迅速行动起来，在接下来的几天，王玉兰带领检测小组轮流3班倒，开始了24小时不间断检测工作。任务最重的时候，装有拭子的采样管常常摆满整个操作台。"一份样本就关乎一个人、一个家庭，也关系到防控大局，我们一定要快、稳、准。"王玉兰每天都将这句话挂在嘴边。

为了充分发挥日照海关服务社会职能，保健中心多次派员支援日照市天宁小学新冠病毒核酸采样工作，已累计支援采样2万人次。按照市指挥部要求，作为市里指定的核酸检测类应急物资代储轮换医疗机构，为满足全市全员八九轮核酸检测所需，保健中心第一时间建库，用于接收市里库存调拨的核酸检测类物资，同时按计划购买并补足部分核酸检测类物资，所有物资加贴政府应急物资标签，指定专人专账管理，实现最大程度轮转，确保不浪费，为地方疫情防控贡献海关力量。

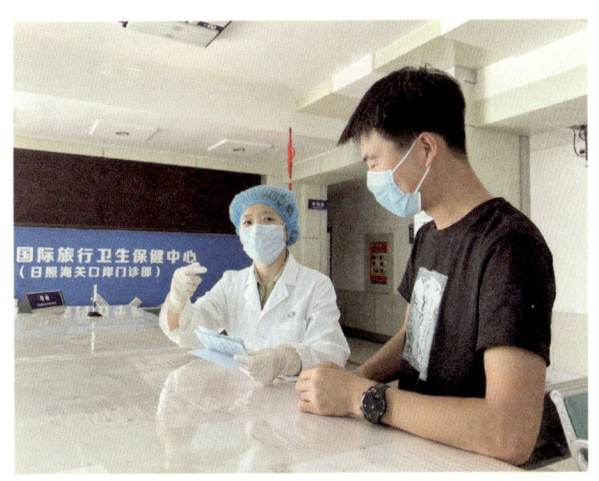

对出入境人员进行健康宣教
刘子琳 摄

"人活着就要做有意义的事。不管什么时候，只要党和人民需要我，我绝对要冲在最前面。"这是她对党的庄严承诺，也是她对自己的鞭策。王玉兰将不忘初心、砥砺奋进，带领保健中心党员干部答好疫情答卷，用日照口岸疫情防控的"灯塔"照亮更多人回家的路，让党旗在疫情防控第一线高高飘扬。

济南海关

实验室里的战士

"全国海关系统抗击新冠肺炎疫情先进个人"
韩焕美

济南国际旅行卫生保健中心 韩焕美

济南海关所属泉城海关 邱博

2011 年,我来到济南检验检疫局技术中心,从事食品添加剂检测研究。那时,人们开始重视食品安全,对于食品添加剂的检测也应运而生。2015 年 3 月,我调入济南国际旅行卫生保健中心,从事检验检疫和实验室管理工作,从食品添加剂检测到传染病监测,实现了专业知识和生物安全意识的跨越。

枪响即决战

2020 年年初,农历腊月三十下午 3 点,我正在家准备年夜饭,魏主任一通电话打过来:"小韩,你是不是还在济南?有个紧急的检测任务,需要你立刻到中心来。"在接这通电话前,我是有心理准备的。年前,我已经按照中心应对紧急疫情检测预案的要求,将防护物资、检测试剂、消毒设备设施都有条不紊地准备好了。但是,接到电话的那一刻,各种的想法一下子淹没了我,就像一个人迷失在漆黑的大海中,压迫感、恐惧感随之而来。

"妈妈,你怎么了?是单位要加班吗?爸爸陪我们就行,你快去吧!"大儿子察觉到了我的异样,关心地问道。

儿子的话把我拉回了现实。我迅速开始整理思路:保健中心是济南海关新冠病毒核酸检测的主战场,学有所用,学以致用,没有比这更让人骄傲和自豪的了,我终于迎来了这一刻。

"宝贝们,妈妈单位有了紧急任务,可能要去很长时间,不要担心,爸爸会照顾好你们的。"我抱了抱两个儿子,收拾了必需品,走出了家门,回到了我最喜欢的地方——实验室。我同那些奋战在一线的人一样,是一名战士。实验室是我的主战场,虽不见硝烟战火,却也关乎生死。

病妻,哪里逃

我是国门卫士,更是国门战士,仪器设备是武器,检测和消毒试剂是杀手锏。那一张张判图,绿色的、蓝色的、红色的曲线则是显影剂,让病毒无处遁形。

可是人手不足、实验室硬件差、没有相关经验……每一个问题都像是一座大山,横亘在我面前。虽然每个问题长期看都可以解决,可是面对突然来袭的疫情,我需要的是时间!

由于疫情和春节假期的缘故,施工队伍未能及时到达施工现场,

召开动员会　吕雪 摄

新的 P2+ 实验室重建困难重重。中心领导和关领导看到我们在狭小的 P2+ 实验室内工作，用老旧的设备检测 100 多份样本就要三四个小时，又着急又心疼。为了减轻我们的负担，加快施工进度，卫生处的春新副处长在中心现场办公 20 多天，每天调度，时时跟进，终于在 3 月 31 日，新的实验室竣工了。在多方努力下，新实验室在 4 月 2 日就有了齐备的资质。宽敞的环境和新增的设备大大提高了检测速度，现在 100 份样本仅需 50 分钟就能提取完成了，时效提高了近 3 倍。这是上下一心，齐心协力共同抗疫的成果。

每做完一批样本，汇报结果、整理报告、与同事们交流实验经验心得……我们这个仅有 4 人的团队，摸索着查找新冠病毒踪迹的方法，一次次穿着密不透风的防护服坐在狭小的实验室里，一步步重复着提取、扩增的步骤，大家配合的默契度也越来越高。

人员和实验室的问题都解决了，可我还是高兴不起来。几千份的样本，上万个检测项次，均是零检出。其中，还出现了一次新冠病毒 N 基因单靶标阳性，为此我特意请教了上海保健中心的田研究员，并将样本送到省疾控中心复检。通过这些交流，我获取了宝贵经验。

每天都是迎接问题和挑战的一天，忙碌的日子总是过得飞快。2020 年下半年，随着防疫政策的调整，入境客包机数量和新冠病毒核酸检测队伍的相对固定，我们开始尝试模式化的检测流程，以期提高检测效率。同时，为了适应新冠病毒样本检测的特殊要求，我们又建立了单独的分子生物学实验室四级文件。济南关区高风险物资不多，所以我们的担子减轻了不少。除了每日的 24 小时值班，一切归于平静平淡，如此按部就班的工作直到 2021 年 4 月。

2021 年 4 月的一天，滨州海关送检了多名海员的鼻咽拭子样本，当晚实验室检出核酸结果呈阳性，与滨州地方检测机构检测结果差异显著，鉴于该货轮入境转内陆，滨州海关的同事们连夜对船员复采鼻咽拭子，考虑到船员长时间同吃同住，又加采了血样检测。实验室对每个人的鼻咽拭子样本和血清样本分别检测核酸和新冠病毒特异性抗体，结果仍然是相同数量的核酸结果呈阳性，但是有另外 1 份血清的 IgM 抗体呈现强阳性，经其他临床手段检测为确诊病例。此次检出，对于国内疫情的防控意义非凡。

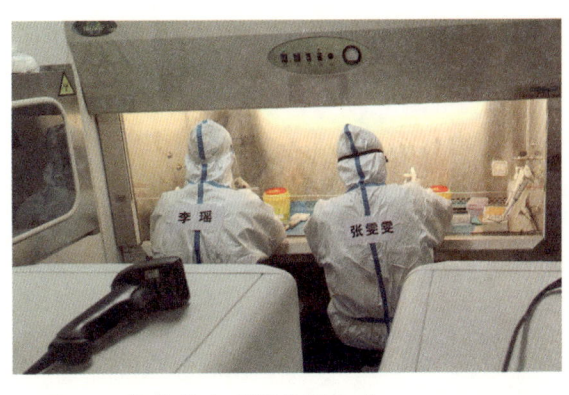

开展病毒检测
韩焕美　摄

复盘、反思、细化、改进，再复盘、再反思、再细化、再改进，如此反复，促使我们的工作越做越细，越做越规范，呈持续性螺旋上升状态。

我不是一个人在战斗

我的实验室团队共有 5 人，平均年龄 29 岁。39 岁的我在这里是"老年人"。两年多的时间，我们互相支持、互相配合，累计检测 110 万人次。

时间就是生命。为保证检测时效，我和同事们放弃了节假日休息，值班值守，加班加点，像上紧发条的机器，做到了样本随到随检。为保证检测质量，我们进行多种试剂盒对比检测，主动向省疾控中心专家学习请教。为确保生物安全和工作人员零感染，实验的每一个步骤、每件防护用品的穿脱顺序都做了明确规定并严格执行，检测结果即时上报并及时录入智慧卫检系统中。标准流程、试剂耗材、防护用品、设备运转、环境消毒和生物安全、医疗废弃物处置……每一条每一项，我们都力求尽善尽美。为确保每一份样本检测结果和检测时效，减轻口岸部门和地方卫生部门的压力，我和同事们连续几天持续工作近24小时。

积累了一定经验的团队，在后续新冠病毒核酸检测中越来越有条不紊。不管有多少待检样本，我们都不再焦虑，时间能证明一切。随着研究的深入和疫情的发展，采样效率和病情进展等因素对核酸检测结果影响很大，甚至导致迥异结果。但领导们对实验室依旧非常信任，新的环境和新增的设备让我们充满干劲。4名新同事的加入，让我开心不已。

在关注新冠病毒检测的同时，我们对多病同防也未曾放松。如果出现其他疫情和新冠肺炎疫情叠加，那对于现今的抗疫工作无异于雪上加霜。在领导的统一部署下，我带领实验室团队，开展包括冠状病毒和新冠病毒检测在内的各种传染病检测，努力做到了对新冠肺炎疫情和其他传染病疫情"两手抓，两手硬"。同时，我们还为机场海关一线工作人员进行日常排查，机场一线工作人员工作环境复杂，他们守护国门，我们以我们的方式守护国门、保护他们。

近3年的时间里，我们每个人甚至每个人的家庭都在齐心抗疫，默默支持、奉献着，这更加让我心无旁骛。夜班已是家常便饭，通宵达旦更不在少数，每到挺不下去的时候，我都告诉我自己，我不是一个人在战斗。

洒满星光的路

仅2022年第一季度，检测人次就是2020年全年的6.3倍，是2021年全年的1.4倍。高强度的工作，巨大的压力，我和同事们相继生病。2022年4月初，我得了肺炎，不是新冠病毒肺炎，但我不得不回家休养。

济南疫情蔓延时，因爱人要监管防疫物资和做防疫志愿者，我在养病的同时要照顾两个小孩，兼顾提醒同事们督察要点，早规避、早改正。

老大上网课时，由于注意力不集中，老是被老师点名。面对我的批评教育，老大振振有词"从我上二年级你就不管我，我都是自己管自己，现在你病了在家了开始管我了。"我哑口无言。为了自己的工作，我缺席家庭太久了。

巨大的工作量和人员的缺失使得我们疲于应付，新进人员的带教工作也由标准化改为速成型。如此繁忙的工作，我在家坐立难安，待身体症状缓解，便马上返回岗位工作。入境人员检测、全员筛查、愿检尽检、推进科研项目等，我已经从一个女孩子变成了"女汉子"。

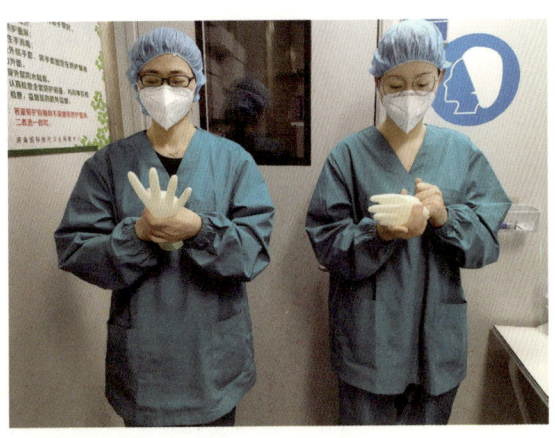

岗位技能集中培训
张雯雯 摄

在疲惫和失望中，还要不要坚持自己的理想？我曾经在夜深人静时一遍遍问自己。想想自己的孩子，想想超长的通勤时间，想想透支的身体，想想越来越年迈的父母……可是无论想到多少放弃的理由，无论想多久，最后的答案都是三个字——"舍不得"。无论如何，我都舍不得丢掉我的理想，舍不得丢掉我的责任感和使命感，这些都是组成现在这个明媚坚强的我，必不可少的部分。就是有那么一点倔强——不能舍弃那个耿直勇敢热情的我。

新冠肺炎疫情发生后，近3年的时间里，我与病毒经历了上百次战斗，像真正的战士那样，抓住了一个个企图逃跑的病毒敌人。而我自己，也经历了伤（腰部受伤、湿

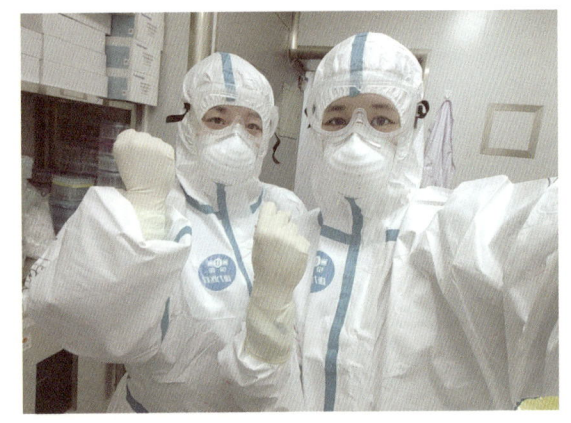

加油，抗疫必胜 张雯雯 摄

疹导致的脚部溃烂），经历了痛（眼压过大，近乎失明），经历了属于自己的成长。我辈脊梁，痛也要挺直。

我是韩焕美，笑起来有两个酒窝，是一个有点不一样的女博士，最喜欢的地方是我的实验室。

我，是一名战士。

三、惟其艰难，方显勇毅 | 299

广州海关

响彻湾区国门的青春之歌

全国"人民满意的公务员" 赵醴丽

广州海关所属广州白云机场海关 赵醴丽

作为海关抗疫一线队伍中普通的一员，有幸被评为"人民满意的公务员"，我深刻感受到党中央、国务院对海关工作的肯定和认可，为自己身处中国海关这个光荣的集体而骄傲，也再次感受到新冠肺炎疫情发生以来，全国海关同仁携手走过的这900多个日夜是多么不易，让我对"人民海关为人民"有了更深的认识。为人民服务，让人民满意，是我

分享个人事迹
高立强 摄

们工作永恒的主题，今天，我想与大家分享在海关工作中体会到的"人民满意"的时刻。

我感到：人民满意，在于"生命至上"的理念融入血脉

2022 年，是我从事口岸卫生检疫工作的第 14 年，也在南沙海港坚守了 14 年，我和我的同事们，抗击过甲型 H1N1 流感、埃博拉，到如今在抗击新冠肺炎疫情一线的岗位上奋战着。

我是预防医学专业出身的。2000 年刚上大学的时候，这个专业还相对"冷门"，学习压力大、就业率低，有很多人压根儿就没有来报到，或者学到半途就转专业了。直到 2003 年非典疫情发生后，这个专业才越来越为人们所熟知。2005 年，我被保送中山大学，攻读预防医学专业研究生。正当我踌躇满志之时，家里却传来噩耗，父亲因肝癌不幸离世。才 23 岁的我始终难以接受，父亲就这样走了。其实，父亲的病，是因为慢性乙肝进展为肝癌。

那段时间，我心中郁结，悲痛难当，我反复追问自己，为什么这样的噩运会降临在我们家，如果做好预防，是不是就能阻止悲剧发生？我第一次切身体悟到，自己现在学的这个"冷门"专业，对于守护人民群众的健康有着深重的意义。我想，如果我的专业、我的工作能守护人民的健康、守住万家的美满，无论付出多少艰辛，都是值得的。于是我比任何时候都更刻苦地学习。每一个学医的人或许都有"悬壶济世"的理想，我感觉是从那时起，这个理想真正融入了我的血脉。

2008 年我在南沙口岸参加工作，成为一线卫生检疫人员。考验来得很快，2009 年甲型 H1N1 流感疫情袭来，我跟着前辈们登临船舶开展

检疫工作。当时的南沙口岸刚开通不久,环境艰苦,从事一线工作的女同志很少。有时待检疫船舶与岸边间隔了七八艘船,我跟在男同事背后"跳帮"登临检疫。记得师傅问:"小赵你不怕吗?"年轻又要强的我说:"当然不怕啊。"说实话还是有些担心的,有时船舶的间隙很宽,有时海上的风浪很大,船体一摇晃,我感觉自己像一片落叶,一不小心就会跌入海里。但一想到疫情蔓延的风险,眼前这点危险又算什么呢。现在回想起来,这样的工作环境尽管艰苦,却也锻炼了我的意志。

2020年春节前夕,新冠肺炎疫情发生。南沙港是全国规模位居前列的邮轮母港,出入境人员往来频密。面对未知的病毒和严峻的考验,我与科里的同事按照上级的部署迅速集结。

1月23日,广东省启动重大突发公共卫生事件一级响应,当天晚上我们接报,第二天将停靠进境的邮轮上出现多名有发热症状人员。专业敏感告诉我,实际形势可能更复杂。我的工作思路向来是"宁可备而不用,不可用而无备",平时我会定期组织开展突发事件应急处置演练,因而储备了大量口罩、防护服等物资,也与口岸、地方各部门建立了联动配合机制。如何确保这次入境检疫万无一失?我一边加强请示汇报,一边跟口岸各方协调联系,同时带领着团队重温防控方案,南沙海关迅速与地方相关部门沟通启动了联防联控机制。直到深夜,各项应急处置准备妥当,我对着空无一人的入境旅客通关大厅,一遍又一遍地在脑海里预演、追问,检疫方案有没有疏漏,防护物资如何补给等。那晚,我躺在办公室的小床上辗转反侧、彻夜未眠。

1月24日除夕,早晨6点,邮轮靠泊,我带领着团队,有条不紊地开展工作。登临后确认4名重点人员,我第一时间将他们从专用通道带下船,移交给地方疾控部门。紧接着,我奔走在查验区前后方,一边用对讲机即时掌握旅客放行的节奏,一边指导关员进行测温、流调、采

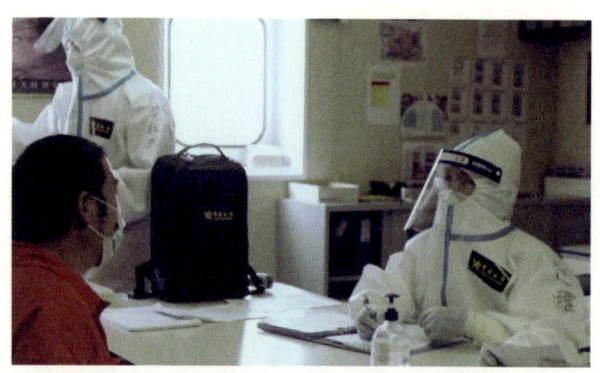

处置船舶聚集性
新冠肺炎疫情
麦东豪 摄

样……经过 6 个多小时的连续鏖战，我们仅 25 人的处置小组检疫入境人员 4 485 名。防护服里的制服湿透、口罩后的声音嘶哑，大家的体能消耗到了极致，直接累瘫在冰凉的码头上。

在团队的共同努力下，我们精准锁定这次事件中的确诊病例，为后续病例核查和追溯创造了有利条件，有效防范了疫情扩散的风险。后来，我们才知道，在该邮轮上发现了全国水运口岸的第一例输入病例。这次事件的成功处置，为全国海关做好水运口岸新冠肺炎疫情防控工作提供了典型案例范本，对此后进一步完善卫生检疫监管措施、提升口岸核心能力具有重要借鉴意义。我们的团队也获得海关总署授予的"集体二等功"。

那个难忘的除夕夜，是口岸抗疫的一个缩影。900 多天里，我和团队共检疫出入境船舶 3 万多艘次，人员超过 40 万人次。

对我们来说，就是危难时刻坚定往一线冲，对困难矛盾努力想办法解决，为的就是护百姓平安。

我感到：人民满意，
在于"改革创新"的内涵注入日常

随着疫情防控形势的变化，我被派往南沙海关新冠肺炎疫情防控专班，负责统筹指挥辖区货运口岸的疫情防控工作。

南沙位于粤港澳大湾区地理几何中心，是连接国内国际双循环的重要节点，作为新一轮对外开放的桥头堡，还承载了自贸试验区等国家战略任务。我们开始琢磨：如何在确保口岸疫情防线安全无虞的前提下，保障港口国际航运物流正常运转？

为彻底摸清关区口岸底数，我和专班的同志们，把南沙口岸 13 个外贸码头跑了个遍，详细记录每个码头的硬件设施、船舶泊位、船员通道等情况，并登临不同类型的船舶开展检疫。

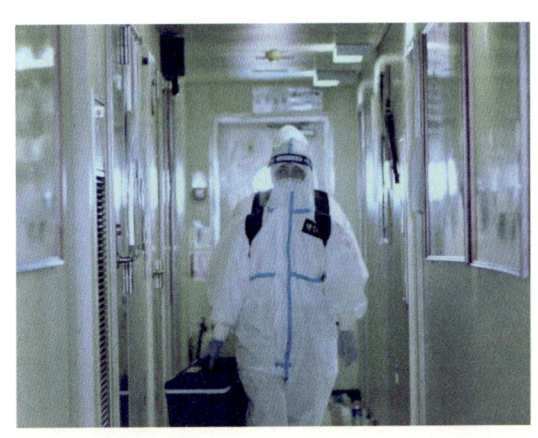

整装待发
麦东豪　摄

有些船舶排完压舱水后超过 10 层楼高，每次我们都裹着密不透风的防护服，拎着厚重的检疫箱咬牙沿着舷梯爬上去。同事们出于关心，总劝我不必每次都登临。但我想，专班的每一个指令、每一项措施，都可能关系到疫情防控工作的成败，关系到外贸行业的运转，只有实地登临才能得到最真实的数据、作出最精准的预判。

很快，在我们的努力下，"一船一议一方案"风险评估机制成形，以每一艘船舶作为方案单元，设置 15 个关键风险评估项目，依据船舶风险信息分等级灵活分类开展检疫作业，实现了"精准检疫、风险可控"的目标，有力保障南沙口岸自疫情以来未发生重大突发事件，保持正常运营。

这件事给了我很大的启发。疫情下的外贸发展要兼顾"时效"和"安全"，面对企业的诉求，我们决不能一摊手说"这个办不了""那个放不了"。当时，广州海关决定在南沙海港口岸探索使用"移动式一体化生物安全方舱"，接到任务后我异常兴奋，和专班同事埋头就干，白天在口岸一线考察，晚上研讨需求及设计方案，历时 45 天修改了十余次方案，最终成功促成南沙港成为全国首个使用集医学排查、流调、采样、快速检测功能为一体的生物安全方舱的海港口岸。

我记得生物安全方舱投入使用后，有航运企业高兴地和我们说："有了这个方舱，船员入境再也不用在烈日下排队等候，而且现场采样、现场检测，大大节约了我们的时间和精力。"

这些"稳外贸"的探索，只是广州海关锐意改革的一个缩影。今年以来，海关总署出台促进外贸保稳提质十条措施，广州海关深入调研，实施"28+25+12"项稳外贸措施，创新"AEO智联培育平台"成功备案自贸区、湾区"一港通""组合港"物流一体化、持续深化"两段准入""两步申报"等改革举措在关区落地。

在一项项创新举措的背后，是一个个日夜奋战在把关服务最前沿的海关人。在我身边，有人顶着60℃的地表高温登临检疫，有人冒着特大暴雨开展查验，有人为了改革系统上线通宵熬夜，在南粤这片改革的热土上，大家一步一个脚印，迈着坚实的步伐。

我感到：人民满意，
在于"人民海关为人民"的宗旨代代相传

14年的职业生涯里，我没有离开过南沙口岸。可以说，我和南沙港见证着彼此的成长。作为第一批"开荒牛"，我参与广州南沙口岸的筹建工作，当时带领我的前辈，都是经验丰富、业务精湛的行家里手。

2016年，有一艘大型国际集装箱运输船舶在南沙港靠泊，船上发现有大量蟑螂，需要进行整船卫生处理。当时我的科长凌科，带头开展消杀监管，不断上下往返登临，共监督杀灭了超60万只蟑螂，开创全球最大规模整船卫生处理的先河。但短时间内反复攀爬舷梯，导致他旧患复发，膝盖半月板撕裂，治了很久才康复。

我看着一瘸一拐的凌科，心里一阵发酸，忍不住对他说："您太拼命了。"凌科说："大家不都这样嘛，你看这么大的日头下外面查验的老大哥不拼吗，改革系统上线连夜做保障的小年轻们不拼吗，有需要时就得豁出去，大家都是这样过来的。"

是的，我们就是从这样的环境、这样的土壤中成长起来的。一代又一代的海关人，在不同时代不同岗位面对不同的困难，却秉承着同一个宗旨，那就是"人民海关为人民"，小到一只病媒的消杀，大到改革措施在全国推广落地，他们都竭尽全力。从我的前辈身上，我看到了共产党员、海关关员身份赋予他们的鲜明底色。到后来走上了领导岗位，我立志要把这样的精神，把"人民海关为人民"的宗旨代代相传。

在人民大会堂前
刘艳 摄

作为支部书记，作为基层执法一线科长，我立足党支部工作培养青年干部。我认为，青年党员干部尽管年轻，但政治上一定要成熟，要把个人理想融入党的最高理想和全国人民的共同理想之中。在日常的管理中，加强从政治角度分析研判业务、岗位方面的风险隐患，对发现的问题发挥斗争精神，一跟到底、整改到位。近期，以我的名字命名的"赵醴丽工作室"成立，一批"90后"加入了这个团队，成为在卫检一线、改革一线、服务一线的生力军。马凤霞同志，就是我们团队中快速脱颖而出的代表。她不仅是卫检团队的得力干将，还表现出同龄人少有的判断力和领导力。疫情以来的历练，让她快速成长起来，不到30岁就成了科长。

我坚信，广州海关就是有这样的沃土，有这样的光荣传统，我们都有义务守护好、传承好。十八大以来，我们连续走出了党的十八大代杨杰、十九大代表甘露，技术中心师永霞同志也当选为党的二十大代表，她们都是基层党员的优秀代表。还有无数的青年干部正飞速成长，涌现出"全国抗击新冠肺炎疫情先进个人"、全国"最美公务员"，有的青年同志主动推迟了婚期，还有的"00后"刚参加工作就多次进出封闭管理，这些年轻朝气的身影，在逆行的时候是那么坚毅、那么美丽。我想正是千千万万如他们一样有理想、有本领、有担当的青年，汇聚在一起，组成了海关的现在和未来。

  至今我还清晰地记得，2008年，我第一次踏上南沙港，面对一艘艘纷至沓来的巨轮，心中满是惊叹和敬畏。置身这个伟大时代，能将青春汗水挥洒在祖国开放的最前沿，是我最大的幸运。我愿继续站立在国门前，植根于广州这片改革的热土，如水滴、如浪花、如小河涌入时代发展的浪潮，用担当彰显忠诚，用专业彰显智慧，在守护人民、服务人民中书写无悔人生！

守卫南粤国门的海关英杰

"全国抗击新冠肺炎疫情先进个人"杨杰抗疫纪实

广州海关所属天河海关 唐薇

2020年的春节,羊城稍显凉意。

1月24日,除夕一大早,杨杰又一次来到T2航站楼,她对同行的旅检一处副处长邓荆说:"睁大眼睛,卫检工作要一个环节一个环节地过,千万不要放过任何一个细节!"

从早上走到夜幕降临,机场出入境的每一个环节、每一个角落都深深地刻在杨杰的脑中,这是她最熟悉的地方,凭借多年的旅检工作经验,她可以熟练地根据春节期间出境游的特点和回国高峰的分布默默圈定值班重点环节。这也是最未知的挑战,疫情突然来袭,既要密切注意通关秩序,又要尽量疏导旅客紧张情绪。排查时既不能漏掉任何一个人,也要做好防护、做到"零感染"。杨杰在脑子里演练了一遍又一遍,时刻叮嘱大家把工作做得细致点,再细致点。

2020年,谁也没有想到会这样迎来一个春寒料峭的春节,一场疫情让这个本应浮翠流丹的季节染上了一片灰霾。有过抗击非典和埃博拉出血热疫情经历的广州海关提前行动，紧急增加了机场海关半年用量的 N95 口罩和防护服储备，并在 1 月 20 日进入紧急状态。

杨杰，如往常一样左手拿着手机，右手拿着对讲机站在现场，前方是熙熙攘攘的旅客、身旁是测温通道上忙碌的伙伴，交织穿梭的是引导重点旅客进行流调的同事，后方是采集拭子的采样室人员……

通道人员紧张怎么办？现场拥堵旅客情绪烦躁怎么办？如何让旅检现场稳得住、通得快？面对从未经历过的疫情考验，杨杰鹰一般锐利的眼睛扫视整个通道，大脑则不停地计算和规划着，冷静果断地下达一道道指令。

"我们的工作容不得一点疏漏！"凭借这一股细致和专业的精神，杨杰带领着一班人履行最朴素的坚守。

"马上赶到"的"抗疫急先锋

2003 年广州非典疫情时期，她不惧疫情，坚持战斗在旅检一线。17 年后，在新冠肺炎疫情防控工作中，她身先士卒，坚守国门第一线。

疫情就是命令，防控就是责任。

1 月 25 日晚上 7 点，杨杰刚加班完成了重启健康申报制度的部署工作，正准备多吃几口因放置太久而冷却变硬的米饭。

急促的手机铃声打断了她这顿匆忙的晚餐。

"报告杨关，T2 航站楼进境卫生检疫通道出现紧急情况，由于该时段航班密集到达，进出境旅客突增，且又需逐一进行健康申报和体温监测，已出现拥堵现象，请指示。"杨杰一边回答着"维持现场秩序，我马上赶到"，一边迅速放下手中碗筷，奔赴现场。

为防止疫情进一步传播，健康申明卡制度重新启动。白云国际机场

三、惟其艰难，方显勇毅 | 309

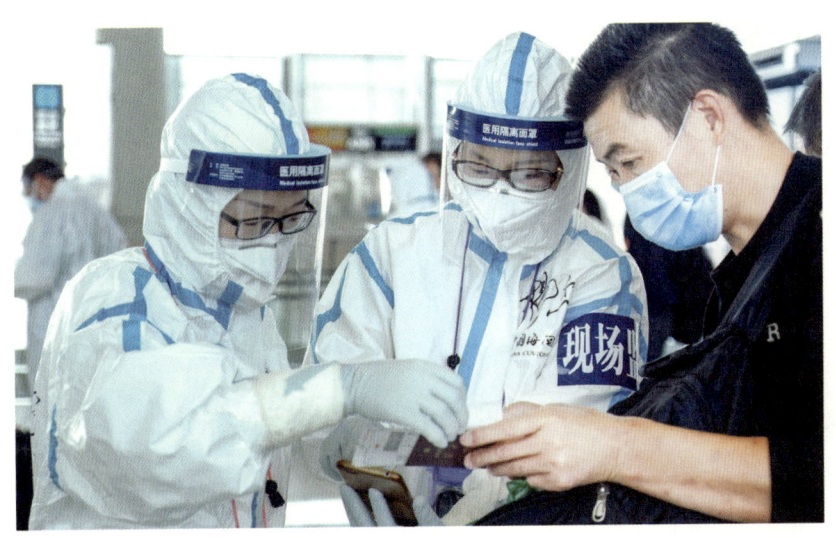

指导旅客进行
健康申报
邓博遥　摄

极大的客流量给白云机场海关的监管工作带来了巨大挑战。实施健康申明卡制度的第一天，T2航站楼进境卫生检疫通道同时打开了12条自动测温通道，通关仍存在拥堵现象。

协调新增人工测温通道、通知即将进境的航班提前派发健康申明卡、调试上线"海关旅客指尖服务"小程序的健康申报模块、安排人员指引旅客申报，杨杰一系列的工作布置让现场通关秩序逐渐平稳下来。

还没来得及松口气，杨杰又接到"现场发现多名发热旅客，负压排查室即将饱和"的报告。"维持现场秩序，立即调配人员增建临时排查室、设置等候缓冲区。"杨杰当机立断，作出指示。

各项指令和要求不断明确，杨杰扎在现场牵头组织，把每一个环节、每一个步骤规范起来，建立工作指引，在千头万绪的状态下把工作梳理得更加有序。

左右开弓接听通信工具的杨杰，从容不迫地应对着一个个现场出现的问题，不断进行协调、指挥。因为不停说话又顾不上喝一口水，几个小时下来，嗓子已经哑了。一天下来，接触了大量的旅客，承受着巨大的压力,杨杰始终没有好好地休息。

每天如同连轴旋转的"陀螺",直面狡猾的"敌人",杨杰告诉自己,必须扎得深点再深点,挺得直点再直点。

"这是我的责任。"是的,心中有责,才能不计艰难;心中有爱,才能毫不犹豫一往无前。守土有责,守土担责,守土尽责。这是杨杰恪尽职守的敬业底色。

"办法总比困难多"的国门指挥员

广州白云国际机场是我国三大国际航空枢纽之一,也是华南地区最大的空港枢纽,疫情发生前涉及的国际和地区航点近90个,年均监管出入境旅客近1 800万人次,作为连通内外的重要枢纽,承受着巨大的疫情防控压力。为打赢这场没有硝烟的战争,杨杰带领广州白云机场海关关员始终坚守在疫情防控第一线,用实际行动坚强捍卫空港口岸检疫安全防线。

凌晨时分,一个客流小高峰刚刚过去,杨杰走进旅检现场休息室,给所有人下达了清晰的指令:"凌晨3:00,T1航站楼会出现下一个早高峰,我马上过去那边守着。其余人员在T2航站楼稍做休息。"

疫情防控初期,困难像无尽的潮水,解决一个又来一个。越是重要关头,越不能自乱阵脚。她深知疫情防控工作的重要性,也清楚自己作为机场旅检一线"作战"指挥官身上责任之重。

"办法总比困难多"是杨杰挂的"口

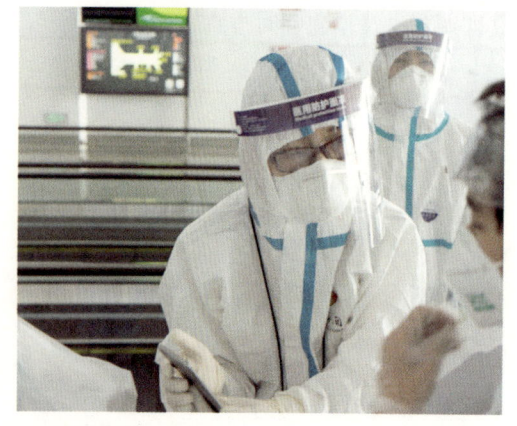

在疫情防控一线指导工作　　白萱　摄

三、惟其艰难，方显勇毅 | 311

头禅"。穿梭在两个航站楼现场的杨杰不断协调问题、解决问题。"最多的一天，不算信息和对讲机，光电话就接了200多个。"杨杰回忆那些日子，自己半边脸都被手机捂得烫烫的。

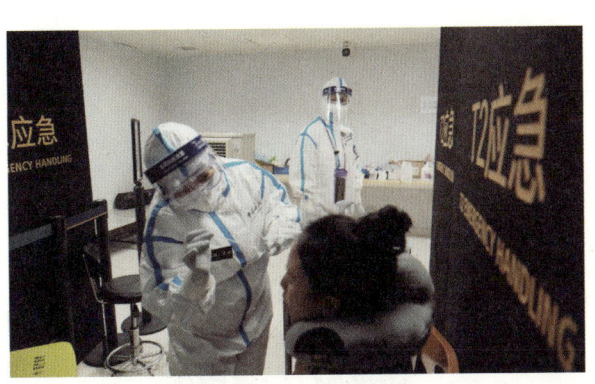

实地了解核酸采样工作开展情况

邓博遥 摄

面对很多看似没法完成的任务和难以克服的困难，杨杰和同事也曾激烈讨论过。在拥堵的通道前，杨杰切身感受到旅客的焦躁和不解，那是一种让人压抑的气压，现场采样工位已经满负荷了，可是她果断地说："听我的，现在就改，增加采样工位，出了问题我来担！"一定要确保旅客从飞机落地到离开机场的时效！

其实杨杰知道，增加工位只是暂时的，现场迫切需要的是流程改造，从根本上解决问题。

那天晚上，杨杰坚定有力的脚步声在人群早已散去的两个航站楼之间反复响起。她把所有海关监管流程都核查了一遍，并再三叮嘱："大家要清楚现在有多少工作人员，有多少岗位，各岗位的职责和任务有哪些……一点都不能疏漏。"如何确保旅客快速通关和疑似病例"一个不漏"？如何改造现场、进一步优化通关环节？杨杰办公室里的灯彻夜长明。

后来，在广州海关和机场集团的共同努力下，T1航站楼东一指廊104楼下顺利改造、廊桥设计改造……2月27日，机场海关实施"专用廊桥、专区检疫"模式，接着又启用T2航站楼146号专用廊桥。

3月9日24:00，杨杰和机场指挥部成员一起，敲定了将机场国际大厅东五指廊全部腾出来，设为海关专用卫生检疫区的方案。足足

| 国门抗疫：守护我的国（先锋人物）

致敬每一位
"守护者"
邓博遥 摄

3 000平方米的检疫区域，一次性解决了现场卫生检疫场地不足、可能出现交叉感染风险的问题。

再后来，在广州海关新冠肺炎疫情防控工作指挥部的部署指导下，她迅速与团队一道，致力于改变之前刀耕火种般的手工填报模式，参与信息化系统的搭建。

从协调、测试到现场推广培训应用……她带领团队先后提出系统完善需求93条，协调解决设备安装、网络提速等各类问题，仅用21天时间就顺利推动广州海关疫情防控作业信息化管理系统上线运行，实现了海关卫检作业全流程信息化管理，精准锁定重点地区高风险人群，在确保卫生检疫联防联控封闭管理的同时，优化了信息流转的速率和准确性，解决了数据统计分析的问题，大大提升了旅客通关效率。

疾风知劲草，烈火炼真金。

从"防输出"到"防输入"，杨杰坚守国门一线，"坐镇"旅检现场220多天，疫情不散，海关不退。执锐披坚，折冲御侮。这是杨杰临危不惧的坚毅神色。

"舍小家为大家"的守护者

白云国际机场的国际到达大厅，人来人往，万千气象。十余年驻守海关，杨杰的每一个春节，都不属于家人，只属于这十多米的旅检通道。每当新年的钟声敲响，杨杰的目光，却离年很远，离家很远，她的眼神，她的微笑，还有她挺直的腰杆，定格在机场熙熙攘攘的人流中。

三、惟其艰难，方显勇毅

在国际到达大厅
等待旅客到来
邓博遥 摄

2020年伊始，新冠肺炎疫情发生。大年初六中午，还在探讨如何优化捐赠物资通关流程的杨杰接到了一个电话。这让一向冷静沉着的她脸色大变。她对身边的同事说："我丈夫胸口痛得很厉害，我回家看看马上回来。"她一边拿起外套往外跑，一边还不忘交代大家"有事随时打我电话"。

匆忙回到家中，她见到了面青唇白、几乎不能动的丈夫和焦急的老父亲。杨杰马上开车送丈夫就医。接诊的医生生气地说："这可是心梗啊，怎么才来！"她在手术室门前度过了漫长而又揪心的两个小时。在得知手术顺利后，她高度紧绷的神经才终于放松下来。

接下来的两天，杨杰一边照顾术后正在康复的丈夫，一边用电话远程指挥一线的防疫工作。丈夫告诉她："我没事了，你回去吧。我了解你，你在医院，肯定放心不下现场。"

听到丈夫对自己说的这句话，作为妻子，杨杰心里满是对家人的歉疚。但是身为共产党员的她，曾在党旗下庄严宣誓"随时准备为党和人民牺牲一切"，她也明白只有"大家"安全了，"小家"才能安稳。于是，她再次回到了白云机场海关旅检一线。

她总是默默守护这万家灯火,旅检的同志们都称她为"解语花","杨关在,心里就踏实!"她本并不宽阔的肩膀,成为现场关员的坚强依靠。

"我是基层锻炼出来的干部,在旅检一干就是十几个年头。"这是杨杰常说的话。她深知旅检工作的不容易,一直心系一线关员的健康安全,尤其在新冠肺炎疫情发生以来,她除了处理繁忙的工作事务,还"见缝插针"抽时间与一线关员们谈心,了解关心他们的实际困难和所需所求,积极协调调配高热量的食品供应前线,用心指导关员科学排班,确保关员在繁忙的一线得到合理的休息和后勤保障能满足一线的需要。

在同事眼中,她像是知心大姐,在春寒秋凉里叮嘱莫忘加添衣裳;她像是严厉良师,在迷厄困惑时答疑解难;她更像是身旁诤友,在消沉低迷处帮助找回方向……

"杨关那可是心直口快!现场一点点纰漏都逃不过她的眼睛,她都能第一时间帮我们指出来。"

"杨关总是'见缝插针'地与我们谈心,疏导我们的心理,问我们有什么困难和想法,怕我们压力太大,从各方面及时给予关心帮助和建议。"

"杨关事事为我们着想,但是自己工作和家庭的压力却默默消化,从不抱怨、从不懈怠。"

榜样的力量是无穷的。在这里,有人持续工作35个小时,有人为了工作推迟婚期,有人不舍得换防护服五六个小时不喝水,有人连续几天在木椅子上和衣而睡,有人跑得快一天步数3万步。

在她的带领下,机场海关卫生检疫一线的党员面对疫情考验,展现出了优秀的政治素养和业务能力。有3名"90后"的年轻骨干在疫情大考中积极表现,成长迅速,在抗疫中火线入党,分管部门先后涌现出

"全国五四红旗支部""广东省优秀团员（抗疫类）"等先进典型。

"撸起袖子加油干"的窗口实干家

在机场旅检，杨杰和她的队友洒过汗水，流过眼泪，历练成长，收获着幸福与喜悦。如今的杨杰，又一次收拾行装，面对挑战。

如果说"站立"是机场旅检人的一种选择，那么端坐就是政务服务窗口的坚守。来到天河海关，站在珠江新城繁华的CBD办公场所，杨杰想得更多的是如何在守住监管底线上最大限度地服务企业。

"疫情要防住、经济要稳住、发展要安全，我们要将海关服务带进企业，积极为企业排忧解难，打通中梗阻，不断提升企业群众的安全感和幸福感，咱们就要撸起袖子加油干。"在天河海关推进重点工作任务的会议上，杨杰不断鼓舞大家。

承压前行，成绩来之不易。在她的带领下，2021年，天河海关取得了业务办理零投诉、窗口满意率100%的好成绩，拿下了"全国普法

接受企业赠送牌匾
张晓东 摄

先进工作单位"、第十一个"广州市政务服务标兵单位"等荣誉称号。

2022年以来，受全球新冠肺炎疫情和外部环境影响，外贸企业承受需求收缩、供给冲击、预期转弱三重压力。"企业利益无小事"，杨杰果断带领团队下沉一线，常态化走进企业、走到业务最忙、任务最重的现场一线工作，精准回应企业合理诉求，及时研判解决方案，帮助企业群众纾困解难，全力促进外贸保稳提质。2022年上半年，天河海关辖区广州市天河区、白云区外贸进出口值实现双增长，经济发展持续向好。

不同的岗位，同样的责任。

在新冠肺炎疫情防控工作中，她身先士卒，默默坚守国门第一线；在没有硝烟的战场上，她冲锋在前、果敢决策，以极强的行动力坚定而执着地坚守国门一线；在为民服务最前沿，她切实履行政务服务与属地管理职责，稳外贸促增长。时代浪潮中，乘风破浪、执着向前的杨杰如同一束阳光，凭着对党、对国家、对人民的无比忠诚和热爱，不仅让自己的人生迸发出绚丽的光芒，也为同行者照亮了前行之路。

时光荏苒，岁月如歌。

她说："一直在路上的我，备受眷顾，心存感恩，在不同的岗位上，总有领导的支持和鼓励，攻坚克难时总有同事们一同挑灯夜战，用智慧与汗水迎来一次又一次的挑战成功。"

她说，自己是再普通不过的一名海关人，愿以自己的温暖和光亮给大家坚守的力量和向上的勇气。

向阳而生，与光同行。国门一线，点点光辉在这里汇聚，如火炬、似明灯，成星河。

因为有了无数个像杨杰一样坚守岗位、无私奉献的海关人，我们才更坚信：国门有我，请祖国放心！

汕头海关

扎根口岸，"疫"往无前
——记"全国海关系统抗击新冠肺炎疫情先进个人"王丽萍

汕头海关所属潮汕机场海关 沈绵菁 詹冠英

"我本来就是学预防医学的，学这个专业就是要在这个时候发挥作用。"作为有着 14 年卫生检疫工作经验、18 年党龄的"老"党员，自新冠肺炎疫情发生以来，王丽萍一直带领着科室全体人员坚守在口岸一线，埋头苦干、发光发热。

不一样的春运

2020 年春节前夕，揭阳潮汕国际机场即将迎来年中最繁忙的时段——春运。与往年不同的是，这里成了粤东地区防控新冠肺炎疫情跨境传播的主战场。王丽萍所在的口岸监管科担负着登机检疫、体温复测、流行病学调查、医学排查、采样检测、有症状人员转运等工作。

面对如此重大的突发公共卫生事件，现场状况层出不穷。但王丽萍总是有条不紊地处理各种突发情况，同事们都称她为"定心丸"，有她

318 | 国门抗疫：守护我的国（先锋人物）

航空器登临检疫
袁国宏 摄

在现场，心里总是特别踏实。

首先遇到的就是人手不足，特别是具有医学专业背景的人员不足的问题。作为党支部书记，她二话不说，安顿好家里孩子后，主动带领具有医学专业背景的人员吃住在机场，开始白天黑夜连轴转。春节期间航班密集，基本每天都有"红眼"航班，从第一天早上6点开始忙到次日凌晨是工作的常态，她也成为大家眼中小身板大能量的"铁人"。在她的带领下，这个潮汕机场海关平均年龄最小的科室展现出了蓬勃朝气。"80后""90后"们充分发挥精力强、学习勤、上手快的优势，迅速成为疫情防控一线的排头兵，涌现出了多个先进个人。

其次是专业技术问题，比如平常熟练的采样，现在却遇到了困难。因为穿着密闭的防护服加上现场高强度、快节奏的工作，整个人就像个包子，热气腾腾，不停出汗。为此，她带领大家反复练习采样技术，向兄弟海关的同事请教，尝试使用各种方法解决问题。

再比如，疫情初期，疫情形势变化快，防控要求更新急，为了保证执行的是最新的文件要求，同事们常常牺牲仅有的那点儿休息时间争分夺秒地看规范指引。在默默心疼同事的同时，她拿出了准备高考的冲劲，研究技术方案、学习最新文件，整理要点，画流程图，用最简单的方法帮助大家掌握防控要求，为同事们争取一些休息时间。慢慢地，同事们有什么防控中的疑问都会问她，她也总能给大家答疑解惑。

一边是高强度、快节奏的工作，另一边是焦躁不安的乘客。他们有的盼着早点回家，有的怕赶不上飞机，有的语言沟通不畅干着急。"旅客也是第一次遇到这样的重大突发公共卫生事件，我们要多换位思考。"她总是这样跟科里的同事说，"工作要有原则，更要有温度，一个微笑，一声问候，可以化解很多矛盾。"她在现场工作中已经习惯了换位思考：在开展流行病学调查时，她总是用最通俗易懂的语言问询，让旅客明白她问的是什么；进行采样时，总是不忘说几句，唠唠嗑，缓解旅客紧张的情绪；旅客担心赶不上飞机时，她总是耐心地解释，打消旅客的顾虑，让他们能安心配合医学排查；出境旅客因疫情原因无法如期出行时，她总是及时联系机场公司协助办理退票事宜，解决旅客的后顾之忧……只要是在现场，细心的她总是轻声细语地安抚情绪波动的旅客，力所能及地解决他们的需求，请他们配合政府部门的措施，温柔而坚定地守住了国门。

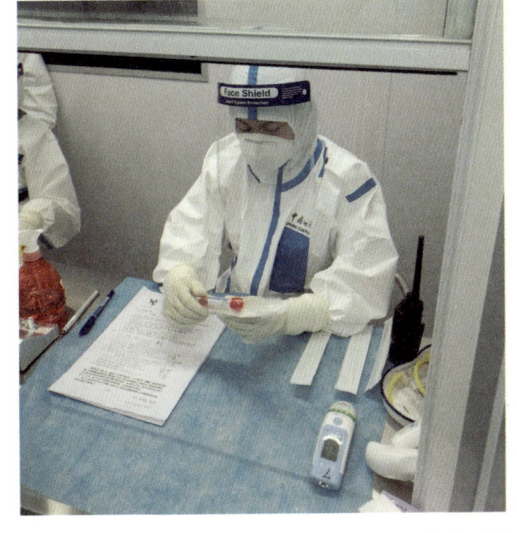

开展医学排查　　吴毓南 摄

面对长时间超负荷的工作量及复杂的现场，她从来没想过退缩。"进了航站楼就像上了战场，作为党支部书记，我必须带好这个头，把握政策，稳定军心，鼓舞士气。"她微笑着说，自信背后是不为人知的努力和付出。疫情发生前，她刚和三位同事代表汕头海关参加了全国卫生检疫技能比武。由于比赛内容涵盖所有卫生检疫知识，她和队友们制订计划，每天学习超过 14 小时，对卫生检疫知识进行了系统的理论学习及实操训练，最终脱颖而出，成为全国六强闯入决赛，并获得了团体第二、个人第三的好成绩。比武时积累的知识和技能在疫情防控中发挥了重要的作用。

全采样全转运的挑战

2020 年 3 月 15 日，广东省实行对入境人员全转运，所有人员要在海关环节完成采样并移交地方。通过两天两夜的赶工，王丽萍和同事们一起在旅检通道临时搭建了 10 个流调间和 10 个采样室，同时火速配齐了各岗位必需物品，她还设计了旅客路线图、流程卡，指引每一位旅客按照路线图行走有序地完成"打卡"，确保不落下一道程序；绘制了每个岗位工作人员的工作关键点，为同事们提供参考。

由于准备充分、流程科学，第一个全转运航班，他们用了不到两小时的时间就完成了现场查验。然而，工作远没有结束。旅检的活儿就像海上的冰山，现场查验只是水上的部分，航班到达前和航班结束后还有大量的工作。天色渐暗，随着旅客转运完毕，支援人员撤退，整个国际厅安静了下来，与此同时，办公室却忙碌了起来。一张张核对旅客资料，一条条录入查验情况，一份份确认样品信息……目不转睛地盯着数据看，到后半夜，实在是眼睛也花了，脑子也转不动了。她让大家暂停

三、惟其艰难，方显勇毅 | 321

复班前会议，交流最新防控要求及本次航班注意事项
朱凡 摄

一下，带头讲起了笑话，放松一下，喝碗热气腾腾的粥后，感觉又"活"过来了，继续干活。

完成当天必须报送的数据已是凌晨四点。迎着朝阳回到宿舍，但她还睡不着，因为检测结果还没出来。一旦检出阳性，马上要启动各项后续处置措施。终于，在保健中心的连夜加班下，结果出来了，全部阴性。紧绷了一天的神经终于放松下来，不堪疲惫的身躯也沉沉进入了梦乡。

在旅客接下来的隔离期间，她还会跟同事们一起逐一给旅客打电话了解情况。直到旅客顺利解除隔离，整个人员检疫过程才算真正完成。全转运后，一个航班要打几百个电话，做上百份随访记录。她耐心地给每一位旅客打电话、用心地整理每一位旅客的资料，分类成册存放，认真做好收尾工作，为每一次航班查验画上一个句号，这是对工作也是对自己的一个交代。她这种有始有终的工作态度深深影响了科里的每一个人。

从着眼细节到谋划全局

由于在疫情防控中的突出表现,关党委将潮汕机场海关疫情防控副总指挥的重任交给了王丽萍。"说实话,心里挺忐忑的,但这是组织对我的考验,更是组织对我信任,我一定完成任务。"接过任务后,她意识到自身定位的转变,必须跳出单一岗位的局限,站在更高的角度来思考和协助关领导做好全局谋划,科学排兵布阵。

她利用长期在一线从事卫生检疫的优势,反思总结疫情防控中存在的难点和问题,提出了卫生检疫现场设置"两区八岗"的设想。"两区"为高风险区和低风险区,分层设置、路线无交集,分别用于处置高风险人员和一般人员,防止两类人员交叉感染。"八岗"把适合合并的岗位

为捐赠物资办理快速通关　　袁国宏　摄

进行合并，减少现场岗位设置，减轻人手压力。同时，在现场实行网格化管理，定人定岗定责，每类岗位设负责人对本岗位人员进行管理，每个人是流水线上的一个环节，专注本环节作业，精通本岗位内容，以此提高检疫效率，加快通关速度。

此外，她还发挥自己的专业技能优势，协助关领导对通关现场进行了一系列改造，以"分类处置、顺畅流程、防止感染"为原则对海关监管区域进行精准划分。开辟临时区域，按照"两区八岗"的设想进行现场布局，并结合防控要求和实际情况不断调整；借鉴超市指示牌方式设置指示标识，设置感应式手消设施，细节处注重人性化，方便旅客通关；积极促成汕头海关移动一体式生物安全方舱落地机场。

作为海关总署及汕头海关的兼职教师，王丽萍还担负起了起草疫情防控方案、编写操作指引、进行人员培训的任务。她编写旅检现场岗位操作指引及防护标准，并及时根据最新文件要求进行更新；组织一线人员及后备梯队进行防控知识培训。别看她平时为人温和，说话轻声细语，但当起考官来绝不手软。"现在严格了，动作标准了，才是真正地对他们好。平时多流汗，战时少流血嘛。"每次个人防护服穿脱考核，她都一个一个地过，一丝不苟地指出考生存在的问题，认真地纠正每一个错误动作，并耐心地解释这么做的原因，让大家知其然更知其所以然。个人防护服穿脱练习时，王丽萍总是和大家一样一遍遍地练习穿脱，同事们开玩笑："你还需要练啊？"她笑着回道："防护服穿脱没有秘诀，但手熟尔。"

开展疫情防控全流程演练时，王丽萍集编剧、导演、现场解说于一体，将丰富的疫情防控知识融进了演练脚本，并指导参演人员规范动作，通过反复练习，最终成功演练，供各隶属海关观摩，达到了提高疫情防控能力的目的。看到她全程脱稿解说，同事们都举起了大拇指，看不见

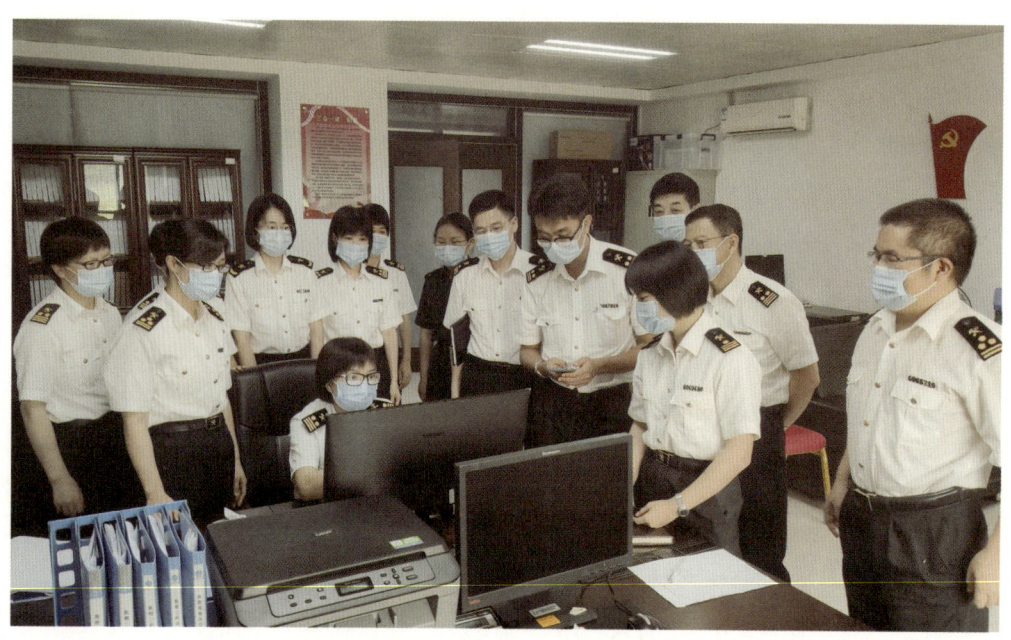

理论及实操培训
沈绵菁 摄

的背后是她反复打磨演练脚本直至将脚本烂熟于心的努力。她知道，一个专业技术人员，拳不离手、曲不离口是最基本的要求，也是最简单的成功秘诀。

另一种形式的守护

作为一个坚守在一线的战士，王丽萍也是一个平凡的妻子，普通的母亲。"当时的情况紧急嘛，家里事情都托付给了爱人。一个男的带两娃挺不容易，但他还是挺理解和支持的。当然啦，我也跟他承诺了，等疫情过去，我家务全包一个月，让他好好休息一下。"王丽萍的爱人也是一名党员，疫情初期在家办公同时照顾孩子，稳定后方，鼓励她，"其实你是换一种形式守护我们，有了你们，疫情控制住了，我们才能正常工作，孩子们才能返校上学。"

连续多日无法回家，最忙的那阵甚至连跟家人视频的时间都挤不出来，她的心里也有着没能陪伴孩子的愧疚。"整个疫情初期，我回家的次数屈指可数，到了家，也只做三件事——拿换洗衣服，倒头大睡，接工作电话。看着孩子爸爸一拖二却从不抱怨，我的心里是说不出的感动。"她说，"像我这样在机场海关的有很多，疫情防控人人在参与，我不是一个人。作为一名国门卫士，能参与其中，孩子也会为我骄傲的。孩子学校得知我在一线，还专门给我发了短信。"虽然看似顾不上小家，但他们是用另一种形式守护了家。她庆幸，能站在国门一线，用自己的专业知识，为国、为家尽一份力。

作为全国海关党建培育品牌的带头人，王丽萍带领潮汕机场海关的青年党员们在党旗下庄严宣誓："疫情不退，我们不退！"如今，他们已经在一线坚守了两年多，用行动绘就青春的底色，谱写出一曲曲动人的抗疫青春之歌，让党旗在基层抗疫一线高高飘扬！

江门海关

实验室"五味"真火，守"医"线淬炼成金

——记"全国海关系统抗击新冠肺炎疫情先进个人"林进禀

江门国际旅行卫生保健中心 雷达 林进禀

个人安全防护"挑毛病"会议 郑伯豪 摄

"这个动作稍微幅度大了点，要注意尽量避免触碰到旁边的物品。""这次的手消毒时间刚刚达到时长，动作需要再慢一点，到位一点。""在核酸提取间的操作至关重要，防污染的措施一定要100%做到位，决不允许打折扣。"这是林进禀在江门国际旅行卫生保健中心（以下简称"保健中心"）实验室每周疫情防控安全防护会议上的部分"挑毛病"金句。林进禀是一名基层党支部副书记，保健中心口岸工作部部长、实验室负责人，这是他从事出入境人员传染病监测工作的第15个年头，截至目前，他带领实验室团队已在实验室连续奋战800多个日日夜夜，检测样本超6万份，成功截获了江门关区（江门市）首例

境外输入无症状感染者。他在疫情防控实验室检测工作的五"味"真火中淬炼成"金",深入践行"人民海关为人民"的宗旨意识,用海关人的忠诚担当和专业精神,筑牢国门检疫防线。

"辣"味抗疫,展现科技硬核技术攻关

"逆水行舟用力撑,一篙松劲退千寻。"2020年春节过后,随着疫情防控重心转向防止境外疫情输入,江门关区实验室没有新冠病毒核酸检测能力的短板越来越制约口岸疫情防控工作局面。面对这艰难的局面,一个问题敲击着林进禀的灵魂:"我和我们实验室如何逆行抗疫?"面对这必答的问题,一个洪亮的声音立即回响在林进禀的心中:"人民利益高于一切,越是在紧要关头、越是在急难时刻,就越需要广大党员干部发扬斗争精神,冲锋陷阵!"

"场地优化有难度怎么办?""我来因地制宜优化方案……""物流紧张,三天后试剂耗材才能送达实验室……""务必保障明天到货物啊!我和光哥去物流中心等候你们……"一马当先,快马加鞭,知难而进,迎难而上,是林进禀"辣"味抗疫的必杀器。他在场地改造优化、设备购置安装、设备调试检测、试剂选配试验以及人员调配等各条战线带领团队同向发力,协调配合。忠诚担当,无私奉献,积极工作,是他尽锐抗疫的力量源泉。他"辣"味出战,第一时间主动请缨投入由党员、业务骨干组成的科技抗疫队伍和"党员突击队";充分发挥个人医学优势和专业特长,带领团队同步出击,攻坚克难,解决关区实验室建设的短板和困难。

一周,可能是传染病的一个潜伏期,而在江门海关分子生物学实验室(阳江),一周是攻克场地安全环境改造、仪器设备购置调配及检定

校准、检测人员调配及安全防护等要素的攻坚期。

在这有限的一周时间里,他和团队成员夜以继日地待在实验室现场指导、现场测试、现场修改,力求实验室最终呈现效果和关区开展检测的实际需求更接近。2020年初春的那一晚,扩增曲线完美跃出的那一刻,他如释重负,因身着防护服,他和团队成员隔空击掌。首次实验安全地实现了关区首次新冠病毒核酸检测的突破!

"咬定青山不放松,立根原在破岩中。"在技术攻关过程中,披星戴月是日常,只为顺利推进生物安全柜、通风系统、样本处置区域等21项改造要求;昼夜兼程是必选,只为落实编制修订20多项生物安全规范文件、操作指南及记录表格;风雨同舟是前行,只为督促逐项落实样本灭活、核酸提取、配制试剂体系、PCR扩增、产物分析、终末消毒和各项生物安全细节工作,组织反复演练关键程序,直至实验室验收备案顺利通过。

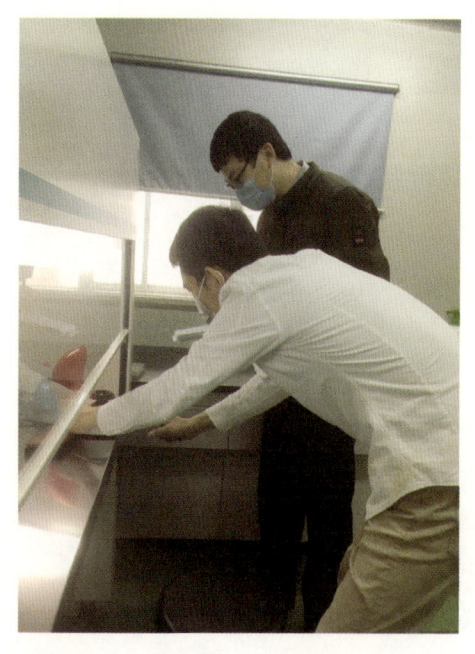

设备调试　　陈倩 摄

科技硬核技术攻关无止境。秉持着"辣"味抗疫的精神,他又马不停蹄投入筹建江门海关分子生物学实验室(新会)工作中。他坚持以科学的态度、周密的计划、迅速的行动、规范的措施,认真落实资质备案、设备调配、物资管理等重点工作。他因地制宜,充分调查研究,对新会现有的分子生物学实验室进行合理化调整,按PCR实验室"三室一间一走廊"标准,根据新冠病毒核酸检测使用功能重新分区,并根据实际工作中的生物安全需求调节室内负压控制系统,增配相关试剂耗材,加急采购19件移液器等小微型设备,与地方协调完成实验室生物安全 2 级备案并迅速投入使用。两个实验室完成改造后，他对阳江、新会两个实验室严格落实统一规范、统一操作、统一管理的要求，保障实验室检测质量，规范生物安全管理。

"去马疾如飞，看君战胜归。"科技攻关抗疫无停歇。从阳江、新会两个实验室撤场后，他回到江门本部，再次带领实验室团队有效应对方舱实验室空间有限、分区设计不可改变等困难，通过持续完善生物安全管理、质量管理体系，落实安全措施、修订体系文件、运行安全体系等规范江门海关移动 PCR 实验室管理，经江门市卫健局考核验收，成为五邑地区首家成功取得临床基因扩增检测实验室资质的移动 PCR 实验室。该实验室具有快速异地响应、跨地区调动的优势，有较强的环境适应性等特点，其投入使用标志着江门地区各口岸样本送检的时间缩短，大大提高了关区疫情防控工作效率。他说："疫情就是冲锋号，我们要争分夺秒地与时间赛跑。以快制快是抗疫法宝，只有尽快开展核酸检测，才能有效地控制新冠病毒传播扩散，最大程度降低疫情风险。"

他是南粤儿女，从不食辣，但他富有冲击力的"辣"味抗疫精神汇聚了更多的实验室人员同向同心同行，在南粤湾区奏响"辣"味抗疫之歌。

"咸"味担当，守住国门"医"线

面对境外疫情蔓延的严峻形势，以及越来越严格的工作要求、越来越繁重的检测任务，林进禀深知坚守国门安全检疫防线是海关人的庄严职责。两年多来，他始终保持 24 小时待命状态，坚持做到样本随到随检，不分昼夜，始终保持科学严谨的工作态度，坚持审核、把关，确保每一份检测结果精确无误。

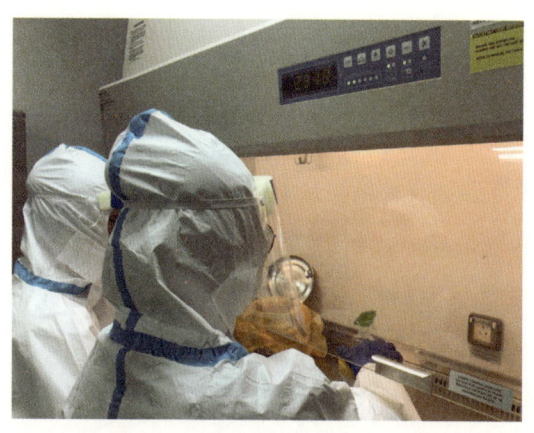

实验室在开展样本核酸提取　陈倩 摄

2020年3月12日，阳江海关在入境的外籍船舶船员中发现发热病例，接到通知后，他立即投入战斗，从接受阳江口岸送检样品开始，通过样品分装灭活、反应体系配制、病毒核酸提取、PCR上机检测等一系列操作，再到废弃物处理，在有条不紊的操作背后，是无数次的练习推演，历时6个小时，终于顺利完成了江门海关首例新冠病毒核酸检测，检测结果与地方疾控中心一致，实现了江门关区新冠病毒核酸检测"零突破"，直到看到检测结束结果为阴性，他才长长地舒了口气。

2020年6月16日，江门海关在全国率先开展进口商品新冠病毒核酸检测，在接到这个艰巨的检测任务时，由于物品的新冠病毒核酸采样检测需求激增，而检测所需的人员、仪器、物资却一时难以备足，这也是口岸疫情防控条件最为艰苦的一个时期，林进禀没有后退，此时他知道困难与希望同在，作为共产党员，要越是艰难越向前。当晚共收到各隶属海关合计316份进口商品样本，他想方设法带领实验室全体人员彻夜奋战，合理排序，收样即检，历时16个小时，按要求完成全部316份进口商品样本检测。由于检测的巨大压力，他每天都在想办法调配人员、筹集物资、解决难题，和实验室团队一起研究如何优化流程、挖掘潜力，争分夺秒精准开

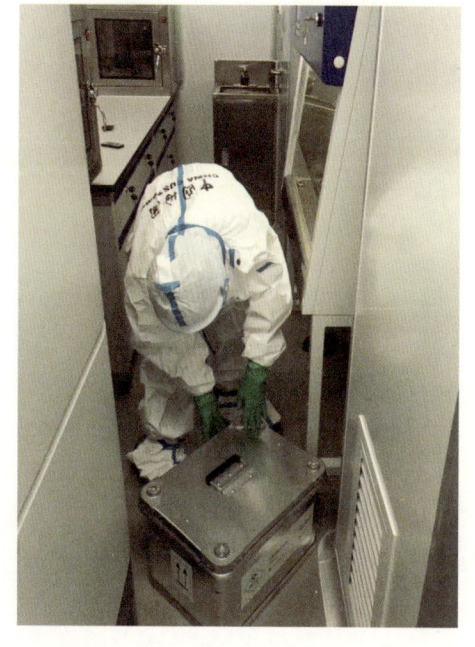

实验室人员在方舱实验室收样　　陈倩 摄

展检测。针对检测人手不足的问题，他在江门关区各个实验室摸底后，从技术中心协调了2位同志充实实验室检测团队，更好地筑牢口岸检疫防线。

2020年8月，保健中心联合阳江海关在入境船员鼻咽拭子标本中检出江门关区首例新冠病毒核酸结果呈阳性标本。他组织实验室检测人员收样即检，严格规范操作标本灭活、核酸提取、试剂配制及核酸扩增等一系列步骤，判定试验结果为阳性。随后，立即按照国家卫健委、海关总署指南及规范，先后使用第二种双靶标试剂、三靶标试剂进行复核，三次试验全部结果均为阳性。实验结束后，在检测人员严格按照生物安全要求做好消毒工作后，他才发现全身衣服早已湿透，看看时间，已然凌晨三点了。

承担着巨大压力的林进禀总笑着对实验室的战友们说："再困难也要想办法克服，关键时刻不能掉链子！"

"苦"味钻研，提升新冠病毒检测能力

"宝剑锋从磨砺出，梅花香自苦寒来。"作为实验室负责人，林进禀刻苦钻研，不断提高检测水平，强化质量控制。在有限的条件下，他总是尽最大的努力完善实验室设备、人员，让核酸检测顺利开展。在密闭的分子生物学实验室内，他们穿着密不透风的防护服，每一次都要不停歇地连续工作4~5小时。从实际分配、提取加样、扩增分析、读取数据、信息再核对，到最后上传结果，一环接一环，每一步都不能出差错，每一环节和细节都决定着整个实验的成败，他们都十分谨慎，不敢出一点纰漏。尤其是核酸检测的加样和提取与病毒"零"距离，需要精神高度集中，操作要格外仔细，团队要互相配合、监督，以防出错。

实验过程中不能喝水、不能上洗手间,甚至是满脸的汗水也不能去擦,但团队的人没有任何怨言,直到把核酸检测做完。有时核酸检测结果个别数据出现异常,需要多次重复实验,他常常鼓励大家再细心、再努力,确保每一个检测数据准确无误。

他多次反复与相关单位部门沟通协调,确保样品送检、接样程序规范化,保证各项工作衔接顺畅进行。同时,组织实验室科学排班,克服人员缺、时间紧、任务重等困难,顾全大局,尽最大限度在有限资源内,通过轮转模式,以时间、人力换效率,提高关区核酸检测效率。同时,为加强生物安全管理,他及时组织实验室团队学习国家卫健委、海关总署最新版疫情防控文件,落实相关要求,杜绝存在的疫情防控"空档"现场;多渠道与系统内外实验室交流工作经验,定期有序组织实验室职业暴露、标本溢洒等各项应急处置演练;精心组织实验室工作人员个人

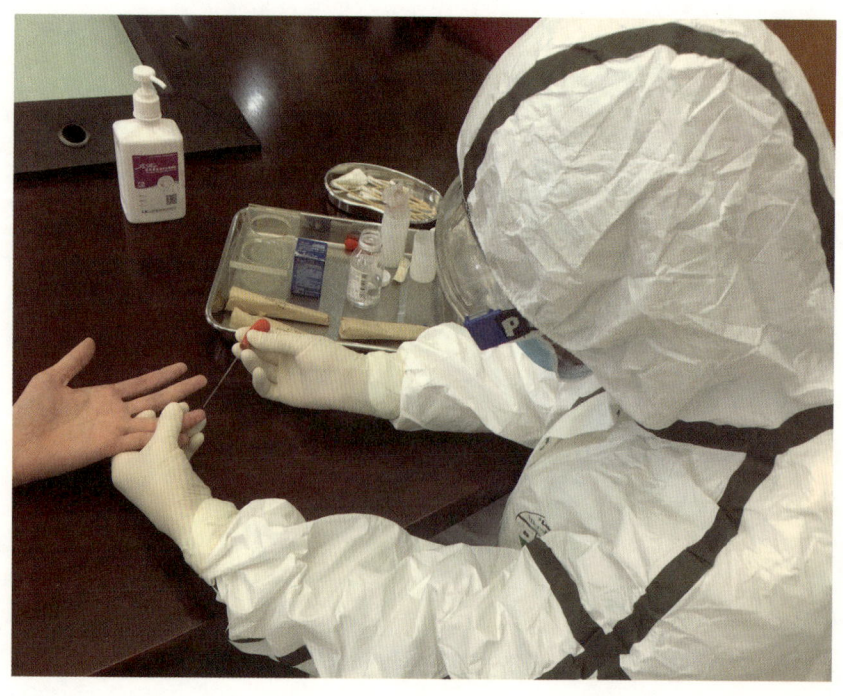

演示采集末梢血

郑伯豪 摄

安全防护比赛，以赛促练，举一反三，提高人员个人防护能力和安全防护监督能力，保障实验室安全有序运行。

他经常对实验室检测团队的同志说："我们的工作就是要确保检测体系完善、检测工作科学、检测结果可靠、安全防护到位，不能出现一个点位的松懈，否则就有可能给一线的同志带来不可预估的风险，我们必须慎之又慎、细之又细、严之又严做好实验室检测各项工作。"

"酸"味付出，为岗位无言的坚守

抗疫没有假期，病毒传播没有假期，作为战斗在抗疫一线岗位的工作人员，假期依然要打起十二分精神。"为了随时解决实验室检测过程中遇到的技术困难，林进禀回家休息时仍要与实验室同事通过视频、电话交流到深夜，遇到入境船员发热病例等重点检测任务时甚至通宵达旦不能休息。由于长期高强度工作和睡眠不足，原本患有肠胃疾病的他常常隐隐发痛，但因检测任务繁重，他推掉了好几次预约治疗，忍着疼痛坚守在岗位上。

作为两个女儿的父亲，疫情防控工作刚开始的时候，他一直奋战在一线，很少回家。有一次工作完回家，开门看到一岁多的小女儿，见到他时居然跑到妈妈后面躲起来，像见到陌生人一样，他才记起自己已经有一个多月没有见小女儿了，孩子快不认识他了。那一刻，他心里异常难受，他已经很长时间没有陪伴家人了，已然成为那个"最熟悉的陌生人"了。

稚子牵衣问，归来何太迟。每次休息之余，他望向窗外，脑海里总会想起和大女儿的视频通话，想起她问"爸爸你头发怎么又白了？""爸爸我想你，你快点回来……"这时，他眼眶总是湿润的。

"甜"味考验，为地方提供公共卫生保障

疾风知劲草，烈火炼真金。疫情防控是一个特殊的考场，也是党员干部们的练兵场。只有坚守初心与使命，敢于负责、敢于担当，才能看出一名党员干部的党性和作风。

2022年7月，江门市出现本土疫情，林进禀带领实验室全体人员制订检测方案和应急预案，要求实验室检测人员能够第一时间解决检测过程出现的各种问题，在保证完成口岸常态化检测任务的同时，争分夺秒完成检测任务。他沉着应对、有序组织带领所在实验室完成了6轮近7 000人次的核酸检测工作，圆满顺利完成了关区内全员筛查任务。

他组织实验室协同新会海关综合技术服务中心，为方便口岸工作人员，提高工作效率，通过科学排班、分时段收样、高效及时检测等措施，继续对新会港、高新区码头的口岸相关从业人员团体开展新冠病毒核酸检测，从2021年5月开始，共完成口岸相关从业人员新冠病毒核酸样本检测8 000多份，有效助力地方疫情防控工作。

由于表现突出，林进禀先后被评为"全国海关系统抗击新冠肺炎疫情先进个人""江门海关优秀共产党员"。他所在的部门自开展疫情防控以来，分别获得集体三等功10人次，集体嘉奖3人次，个人嘉奖5人次。

面对这沉甸甸的荣誉，他说："没有从天而降的英雄，只有挺身而出的凡人，我其实只是江门海关抗疫战线上的普通一员，取得的荣誉属于保健中心全体干部职工。荣誉不是终点，而是起点，我将不忘初心、牢记使命，努力在工作岗位上作出新的贡献。"

湛江海关

最是风雨显本色，"疫"路"晶"彩绽芳华

——记"广东省优秀共产党员""广东省抗击新冠肺炎疫情先进个人"蔡晶晶

湛江海关　陈文静

"作为一名来自海关疫情防控一线的党代表，今天在会场第一时间学习领会了省党代会的精神，让我更有决心、更有信心守好国门检疫安全防线！"2022年5月22日，在广东省第十三次党代会会场，一位女关员激动地说道。在四周鲜艳红旗的映衬下，身着笔挺黑白制服的她，更是显得英姿飒爽，意气风发，成了会场上一道亮丽耀眼的风景。

她就是湛江海关保健中心检验部的蔡晶晶。从事出入境人员传染病监测工作14年来，她在三尺检测台上潜心修炼，勤思研磨，早已成为行业里响当当的专家人才。正是凭着这一身过硬的专业技能，她以白衣当战袍，在新冠肺炎疫情防控的战场上一路披荆斩棘，获得了"广东省优秀共产党员""广东省抗击新冠肺炎疫情先进个人""广东省先进女职工个人"等多项荣誉。

最斩钉截铁的决定
——"到抗疫最前沿,是我最不后悔的事!"

2020年年初,新冠肺炎疫情出现。对传染病防控有着高度专业敏感的蔡晶晶,一边跟踪刷新着手机上的新闻报道,一边在心里默默立下誓言:"如有令,必当先!"

春节临近,湛江机场的航班和旅客陡增,湛江海关空港口岸检疫人力告急。"我要到抗疫的最前沿!"一封盖着鲜红手印、饱含着坚毅决心的请战书,在除夕之夜通过手机传送到保健中心主任面前。"你想好了吗?""不用想,这是我最确定、最肯定的事!""我已和人事部门联系,请你明日到机场海关报到!"大年初一一大早,她就迅速奔赴湛江机场防疫一线,无惧零距离接触疑似病例的风险,主动申请战斗在防

开展登临检疫　　陈卫红　摄

疫最前沿——医学排查和采样岗位。

当海港口岸成为关区疫情防控主战场时，蔡晶晶又第一时间申请支援口岸登轮采样工作。以前的她安静平稳地坐在实验室工作，此时的她却挤缩在海面颠簸的交通艇里，紧紧拽着扶手让自己不至于被甩得上下乱晃。还未等晕乎的头脑和散架的身体缓过来，就又背起沉重的采样箱准备"跳帮"。小小的交通艇在风浪中上下跳跃，一会儿与外轮接触碰撞，一会儿又被风浪推开老远。在起伏不定的船上，一旦"跳帮"的时机不对，重心失衡，就会有跌落大海的危险。这对男关员来说尚且不易，对缺乏户外作业经验的她来说更是难上加难。然而，她一咬牙，硬是紧紧扒住男关员的手臂，让他们把她连拖带拽地扯上了外轮。男同事还在为她担心，而她却好像没事人一样，迅速调整状态投入检疫工作。穿着密不透风的防护服，不到半小时，汗水就从头上、脖子上、背上流下来，连面屏都被蒸腾的水雾布满，视野一片模糊。她只好不断地调整眼睛斜睨的角度，通过捕捉面屏上一条条水珠滑落的窄小印痕，去检测体温，查看单证，进行采样。渐渐地，嘴唇上方的汗液越积越多，不受控制地流进嘴巴，她就这样被迫"喝"了两三个小时的汗，嘴里又咸又苦。一次登轮作业后，从内到外都被汗水浸透，衣服紧紧地粘在身上，头发凌乱地贴在脸上。一向干净整齐的她从未如此狼狈不堪，以这副模样出现在男同事当中，觉得怪不好意思。可多次的登轮后，她也大方地开起了玩笑："大家都是'汗'卫者嘛！"

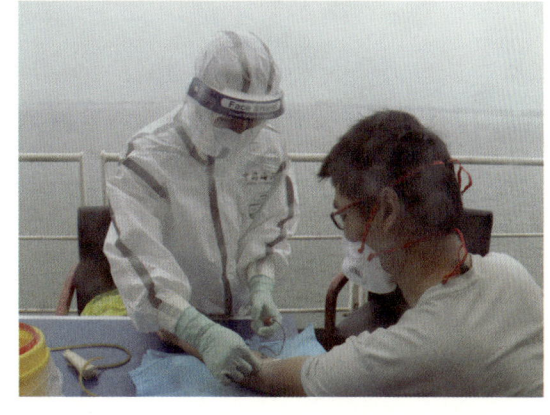

登临检疫抽血工作　　黎俐宏 摄

最艰难紧迫的任务
——"建P2实验室,是我最没把握,却最坚定做成的事!"

疫情初始,湛江海关尚不具备新冠病毒核酸检测能力,疫情防控存在较大风险。关党委决定要在关区建设自己的新冠病毒核酸检测P2实验室:"最短时间建成并投入使用!"

如何建?建成后能否达标?如果不达标,不仅让巨额的建设资金打了水漂,还浪费了时间,这个责任谁负?如果达标了,怎样开展检测工作?……这是摆在湛江海关所有人面前的大难题,谁都不知道该如何回答。而且疫情期间还没复工复产,施工工人难找,检测设备难买,设备供应商难以提供操作培训……"但无论多难,P2实验室我们一定得有,而且越快越好!困难不重要,重要的是迎难而上!"她顾不上多想,顶着压力立下了"1个月拿下新冠病毒核酸检测P2实验室"的"军令状",主动承担起攻关小组组长重任。

她制订挂图作战进度表,从原有办公室破拆到实验室布局规划设计,从做通施工单位思想工作到说服供应商上门调试设备,从攻克关键性技术难题到细化完善检测方案,从赴湛江疾控中心学习到培训保健中心工作人员……她每天都在与时间抢跑,她甚至住进了办公楼里,方便随时监督建设进度,第一时间协调解决困难。为了确保实验室生物安全和检测质量达标,她一遍又一遍地察看温度、湿度、设备运行时的压力梯度,不断完善流程,实验室标准作业程序改了一版又一版,规章制度编写了10余份,体系文件写了5万余字,就连模拟样本检测操作都做了上百遍,对各种突发事件也无数次推演、演练。由于压力过大,仅半个月她就瘦了10余斤。

三、惟其艰难，方显勇毅 | 339

终于，实验室的全部建设在短短29天内完成了，并以"100%符合"的满分成绩先后通过广东省及国家卫健委临检中心等权威机构的新冠病毒检测能力验证，受到海关总署实验室污染防控专家组和疫情防控工作人员安全防护督导检查组的好评。实验室采取严格的"三多一比对"检测模式，对鼻咽拭子、血液等多种类样本同步检测，采用多品牌核酸检测试剂进行复核，确保检测结果精准；在粤西首先应用化学发光法开展血清抗体检测，与核酸检测形成补充，利用多种检测方法提高检出率。疫情初期，在湛江、茂名两市P2实验室检测能力较弱的情况下，蔡晶晶负责的实验室，在粤西地区的新冠肺炎疫情防控中发挥了重大作用，成功截获了广东海港口岸首个新冠病毒核酸检疫结果呈阳性船员，为防止疫情扩散，针对性做好船员后续处理作出了突出贡献。

最晚的消夜、最早的早餐
——"晨昏颠倒已是常态，根本不需要倒'时差'！"

蔡晶晶负责的实验室只有5名成员，每天却需要承担1 200多份商品核酸样本检测工作。实验室因场地、人手的不足，限制了检测的速度。为了既能有效保障湛江口岸进口商品安全和人民健康，也能高效服务企业，避免货物在港口停留时间过长，增加企业物流成本，切实促进外贸保稳提质，蔡晶晶心里只有一个念头："快些，快些，再快些！"在不同批次样品抵达实验室的等待期间，本来可以有短暂的吃饭时

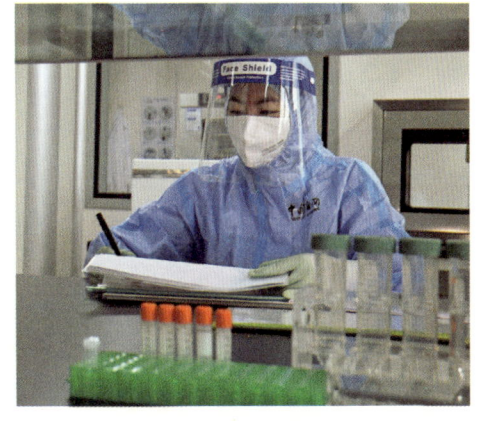

在实验室开展检测工作　　李兆颖 摄

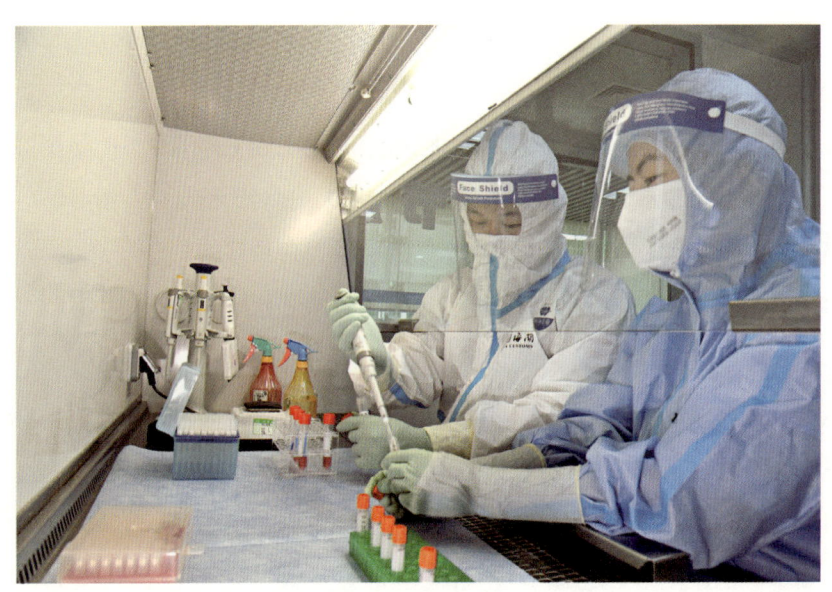

开展检测工作

李兆颖 摄

间,但想到接下来的样本需要大量试剂使用,她就舍不得把时间花在穿脱防护服、反复消毒上,而是把这些时间都用来配制试剂了。时间能节省一点是一点,对企业来说,分分秒秒都是资本。她长期加班加点,坚持做到样本随到随检,检测结果绝不过夜。每每忙完已是凌晨一两点,然后她习惯性地给自己泡了个方便面,作为完工奖励。

实验室还积极协助地方开展筛查工作。实验室日常的入境人员、商品核酸检测任务已是十分繁重,关员都是满负荷工作,再加上每天附加的全关干部职工,以及生活社区近千名人员的核酸检测任务,工作量顿时翻倍。手指因为拔了太多的试管盖子而抽筋发疼,变得不听使唤,原本能迅速够做到"一枪到孔"的加样也因身体疲累而不得不减速进行。从开箱录入、核对整理样品,到试剂配制、核酸提取扩增,直至检测结果判读、数据上传完成,她一直在实验室坚守到清晨。走出实验室,清晨 5 点多的天空已经白得发亮。

自疫情发生以来,她带领团队累计加班 2 800 余小时。她的敬业,

三、惟其艰难，方显勇毅 | 341

她的坚守，她的奉献，让她作出了不平凡的业绩：实验室团队检测新冠病毒样本近 45 万份，其中进口商品样本 37 万余份。

最贴心的家长、最耐心的老师
——"同事是我最亲密的战友和家人，我当然要照顾好！"

实验室的空间洁白肃静，看起来冷冷冰冰，丝毫不近人情。可蔡晶晶，却用自己最真挚细腻的情感，让实验室接上了地气，充满了温暖。

蔡晶晶没有数过自己这两年多来多少次连续工作 20 多个小时没有合眼，没有数过自己手腕、腰部、颈部因长时间保持相同的动作造成劳损而贴过多少膏药，也没有数过长期佩戴防护口罩导致过敏脸部起了多少红疹子，却把实验室每个成员的家庭困难都惦记得清清楚楚：小温刚结婚，蜜月假都没度成；小林刚怀孕，不宜太操劳；小苏的孩子还小，没时间照顾；小袁离家远，和家人团聚机会不多……每每和同事们聊天，她都能从大家轻松愉悦的话语背后，用心地体会大家工作、生活的不容易。2020 年以来，三班不停轮转的工作，日复一日的加班，和家人、情侣数不清的爽约、拌嘴争吵又和好……谁都有压力过大，情绪不佳的时候。而蔡晶晶，就像个大家长，用自己点点滴滴的关爱，仔细拂去蒙在大家心头的烦恼。她会在实验室的走廊挂上心形的彩色气球，让新婚的人感受工作场上的浪漫；她会去机场、车站接送从外地抵湛的同事父母，一边拉家常一边告诉他们同事近期的工作生活情况，让老人家放心；她会及时联系在医院工作的朋友，为同事家人的就医提供最大的便利；她会经常给大家点些下午茶、外卖，以享用美食的惬意驱散忙碌工作的疲累；她会把玩具、干花等小礼物悄悄放在办公室，以防同事忘了准备送给家人的礼物……正因为对同事的了解和理解,她总是坚持每一个节假日都给自己排班,所有的临时调班都由自己顶上。尽管她也很少有机会和住在同一屋檐下的80岁老父亲见面,因为她总是早出晚归,而父亲喜欢早睡晚起。可每天无论多晚回家,她都要到熟睡父亲的床边看一看,就当作是对家人的陪伴,安抚自己对家人疏于照顾的愧疚。

如何让检疫和检测专业团队迅速成长,适应越来越高的工作要求,胜任越来越多的工作任务?这成了蔡晶晶最关心的事。她设立"'金睛'工作室",建立起检疫和检测实训点,实施"青蓝工程",要把自己的看家技能全部传授出去。

在鼻咽拭子和血液样本采集的课堂上,她把自己作为教学用具和试验工具,让学员拿着棉签往她鼻腔、口腔里捅。"这个角度不行,让人太难受了。""这个深度不行,会让结果不准确。"……她不厌其烦地为学员一次次调整采样姿势,一节课下来,鼻子、嗓子直发疼。可她知道,只有这样,她才能给学员最准确到位的指导。

在检测人才培养中,她根据新进人员的不同学科背景,分析他们的个人优势,为他们量身定做个性化的技能培训,理论学习与跟班实践相结合,在实操中明白每一个步骤、每一步操作背后的意义,从而避免实验过程中产生的各种检测质量风险和生物安全风险。她带领新人由浅入深,言传身教,从设备使用管理入手,到了解整个实验室的运作,逐步到实验室质量体系管理。她还鼓励大家轮流担任老师,自选讲课

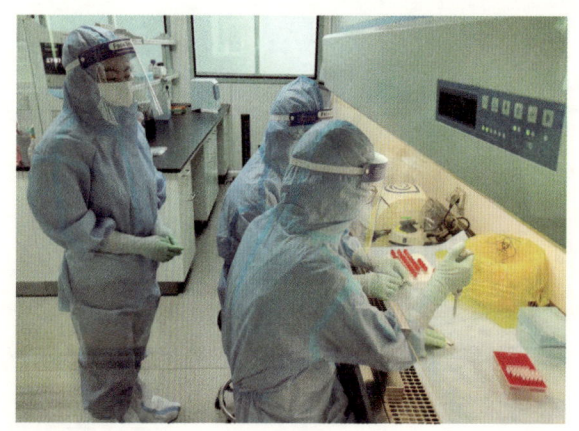

对工作人员进行培训　　苏业　摄

主题，从仪器操作注意事项到个人防护，从生物安全知识到检测质量控制，在讲课和讨论过程中更新理论知识，提升业务水平，解决工作中遇到的疑点、难点。

在反复的教学培训中，她不断积累、总结，渐渐地明确了工作室"模拟训练、日常工作、实战锻炼、科研攻坚"四大任务，形成"教、学、研、战"一体化教学模式，对医学专业和非医学专业人员因材施教，就这样手把手带教和陪练，促使近200名零基础新手、青年关员迅速成长为业务骨干，都能在进口商品监管、登临检疫工作中独当一面。"'金睛'工作室"成了湛江关区检疫检验人才孵化基地，实验室的工作也实现了换挡提速。实验室累计参加国家卫健委临检中心和广东省临检中心组织的新冠病毒核酸检测能力验证及室间质评16次，结果均为"满意"，得到了行业的高度肯定，助力关区疫情防控专业能力有效提升。

一路生花，不负韶华。在抗疫路上，蔡晶晶用坚定铸就忠诚，用责任诠释担当，用无悔坚守到底，犹如一朵铿锵玫瑰热烈地盛开在国门疫情防控一线，努力、顽强地绽放着属于自己的精彩芳华！

南宁海关

坚决筑牢国门防线，守护人民群众安全

——记"全国海关系统抗击新冠肺炎疫情先进个人"李斌

南宁海关所属北海海关 李斌 钟松伯

疫情就是命令，防控就是责任。北海海关组建进口商品专项风险监测工作专班，全力投入疫情防控战场，为支持国家"六稳""六保"政策贡献力量。海关关员以生命践行使命，用血肉之躯铸就抵御疫情的铜墙铁壁，用生命诠释对党的无限忠诚，竭尽全力保护人民群众健康，李斌就是其中的先进典型。

危急时刻，主动请缨

荣获"全国海关系统抗击新冠肺炎疫情先进个人"的北海海关关员李斌，始终奋战在疫情防控最前沿。2022年是李斌参加进口商品新冠病毒检测专班的第三个年头。"数百天来，我印象最深刻的数字是7202，这是北海海关的报关代码。每一次这个数字出现在进口商品的查验布控单上，我都做好了冲锋在前的准备。"这是李斌荣获"全国海关

三、惟其艰难，方显勇毅 | 345

埋首于档案中的李斌
王明春 摄

系统抗击新冠肺炎疫情先进个人"之后，写在思想汇报中的一句话。自2020年6月16日以来，李斌已经奋战了几百天，他将自身工作融入全国海关疫情防控的大局中，一次次冲锋在前，践行着一名普通海关关员的使命；一份份思想汇报，彰显着一名入党发展对象的初心。

李斌的初心使命，体现在8 000余份样品、24 000余个标签、3 600余次通话中。随着新冠肺炎疫情全球蔓延，"外防输入"成为我国疫情防控的重中之重，海关是疫情防控的主阵地和最前沿。进口商品新冠病毒检测难度系数较大，危险程度较高，工作强度较大，面对这一重点工作，北海海关及时抽调力量，组建工作专班，专门查验货物，坚决阻断疫情源。李斌得知这一消息后，主动请缨到专班工作，经过工作锻炼成为专班的骨干力量。

进口商品专项风险监测工作专班成立的第4天，是李斌第一次直面新冠病毒。那天，科里组织了两位科长、多名查验专家和骨干来完成一项工作任务。那是大家第一次穿脱医用防护头套、防护服、隔离衣、N95口罩、防护面屏、乳胶手套等个人医用防护装备。李斌主动和大家复习培训时的穿脱步骤，帮助大家回忆每个步骤的穿脱要点，让大家顺

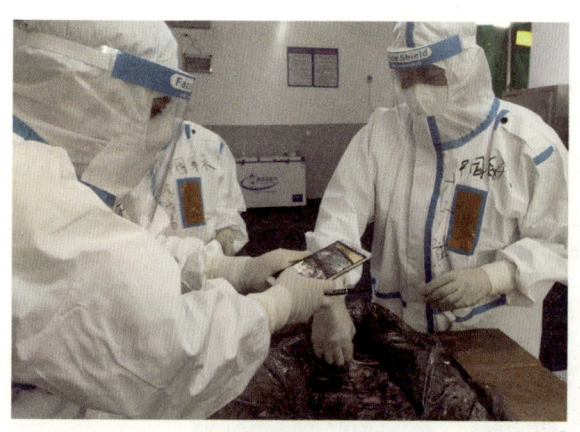

在查验现场对进口重点货物进行采样

欧善智 摄

利完成防护装备的穿戴。

那次采样，集装箱内壁要求采样2个拭子，货物外包装要求采样9个拭子，货物内包装要求采样9个拭子。李斌主动请缨："我是年轻人，抵抗力强，我先上！"当时是6月中旬，气温偏高，他仔细地按照采样操作指引完成采样作业，汗一滴滴地顺着脸颊沿着防护面屏流下，呼出的气蒙住了他的视线，手臂因长时间不间断地采样已经酸痛。历经5个小时，他完成了北海海关关区第一票进口商品专项风险监测。李斌脱下防护装备后，身上衣物已经能挤出汗水，身体也十分疲惫，但还是鼓励大家："大家第一次直面困难，没有退缩，迎难而上，都是好样的！"

如果说第一次采样是生疏、困难的，那么48天后的一个晚上，可以说是惊心动魄的。那天下班前，科长突然让几名参与采样的同志到办公室询问采样的具体过程，并向关领导进行讲解。

接下来的过程就比较紧张了，被告知有货物初检为阳性，需要进行复筛，还需要再进行采样。晚上10点，总关专家组到了，他们立即提出了新的采样方案。在这种情况下，需要重新对采样准备的用具、采样Elab标签进行制作。时间紧、任务重，李斌主动承担起这项新的任务，他熟练地在电脑前进行操作，一趟趟地搬运采样用具，以最快速度保质保量地完成任务。零点，复检小组人员到达现场，开始进行复检工作。在采样前，李斌对同事们说："这次采样和以往的采样不太一样，理论上来说，更危险一点。初次采样就是我，这回复检我也责无旁贷。还请大家既要小心，更要勇敢，争取在这次复检工作中交出一份令人满意的

三、惟其艰难，方显勇毅 | 347

答卷！"

　　李斌战酷暑，斗严寒，风雨无阻穿行在查验场。在查验场38℃的高温下，最长连续作业15个小时，防护服内温度达到45℃，异常湿热，李斌克服了这些困难，咬牙坚持了下来，连科长也没有想到，这个来自天津的瘦小伙，竟然"瘦而坚韧"。

　　2022年5月，根据南宁海关整体部署，北海海关需派员到钦州港海关支援进口重点货物采样工作。面对这一艰巨任务，李斌再次主动报名。无论在北海，还是在钦州，他都听从命令、服从指挥，在进口食品采样平台不怕苦、不怕累、不怕危险，什么工作重、什么工作危险，他就抢着干什么。他连续采样从不叫苦叫累，充分体现了新时代年轻海关人的良好素质和工作能力。采样工作需要经常在封闭管理点和码头之间往返。一天早上，同事发现，李斌走过的地上留下了一串血印，大家赶紧叫他停下来，脱掉鞋子一看鞋里全是血，而且脚上伤口处还在持续出血。大家赶忙找来毛巾和创可贴，忙了一阵子才帮他止住血。而他却说，"没事，我都没有觉得痛"，还想申请继续参加工作，完成当天指派的工作任务。在领导和同志们的一再要求下，他才不得不停下手中的工作，休息了半天。第二天，为了采样工作的正常开展，李斌一瘸一拐来到采样平台，选择坚持到底。他说："我干点是点，否则大家就得替我多干。大家也都很辛苦，我们是一个团队，不能因为我影响整体工作进度。"他在一次次奔向采样平台，一次次穿上防护服，一次次往返封闭管理点的过程中，脚上的伤仿佛不存在似的，与同事默契配合，丝毫没有影响工作效率。

　　在钦州港海关的封闭管理中，李斌完成120票进口货物采样，克服

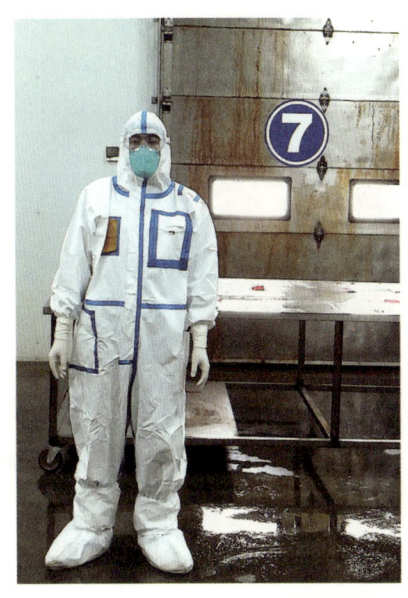

支援钦州港海关进口重点货物采样工作
张浩然 摄

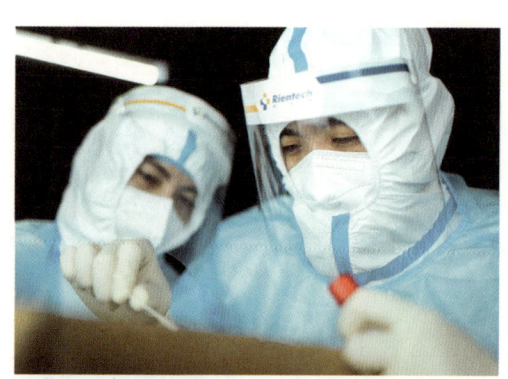

支援采样现场
张浩然 摄

了各种困难，完成支援工作，为"外防输入，服务经济"作出贡献。

自开始进口商品专项风险监测工作以来，李斌就发现虽然采样工作有明确且详细的采样操作指引，采样关员可以按照海关总署、总关的采样操作指引进行进口商品专项风险监测工作，但是对于每个采样样本的分类识别一直没有统一的要求。他主动接手北海海关进口商品专项风险监测工作标签改良工作。经过仔细思考，他想起自己 2019 年在防城海关参加过的培训中，见过一种可以自动打印标签的机器。他联系防城海关技术中心，咨询打印标签机器的品牌和型号以及操作办法，并及时通过合适的渠道购买。

还有一个关键的问题——如何保证标签的唯一性与标准性，检测的标签应和南宁海关技术中心实验室的要求保持一致。他想到可以按照送其他法检样品的模式在实验室系统中录入信息，并且严格按照海关总署口岸监管司的要求，创造性地形成了具有"唯一性和标准性"的标签。

打印标签机器有了，标签也可以制作出来了，但是由于适配性，打印出来的标签还不是很合适，他利用一切可以利用的时间，调整打印大小、模式，终于形成了一套统一的、标准的、可以推广至整个南宁关区的货物信息 Elab 标签。之后，南宁吴圩机场海关、钦州港海关、友谊关海关、龙邦海关、水口海关等学习借鉴了这套制作 Elab 标签的工作流程，并借此提高了工作效率。

运用这一方法，李斌制作了 24 000 余个规范的采样样品 Elab 标签。有人问他，为什么花费时间和一个小小的标签较劲儿，他没有回答，却认真思考，最后在思想汇报中写下了这样一句话："标签虽小，但是却影响着每一份样品的检测精准度。我觉得，正是这些不起眼的平凡小事，造就了我们这个伟大的时代。我愿意将我的这一份平凡，融入时代。"疫情还未结束，李斌白天工作，晚上到社区值守，帮助社区做好疫情防控宣传、提示，为社区防控发挥自己微薄力量，虽然自己累些、辛苦些，但是能换来北海疫情的平稳，自己的付出也是值得的。

核对 Elab 标签信息

王明春 摄

忘我工作，回报社会

每当接听父母的电话时，他总是答应父母"按时吃饭，保证休息，注意身体"，放下电话，他忘记了病痛、饥饿、疲惫，戴上执法记录仪，再次奔向查验场。平均每天接听 12 个电话，这些电话关乎着几万吨进口货物和上百万人民群众的餐桌安全，接通的每一个电话、确认的每一个信息，都在为筑牢口岸安全防线凝聚力量。

凌晨 3 点，这是李斌往家里打的最晚的一个电话，这个电话穿越了 3 500 公里，安抚了家中父母焦灼的等待。他从不把工作的艰辛告诉父母，每次都说，不要挂念，会按照领导要求，干好每一件工作。一次，因为连续工作未得到有效休息，他身体透支，连续高烧，不得不到医院进行治疗，自己拖着疲惫的身体，在医院输完液后回家休息。怕父母担心，就发信息"谎称"工作忙。父母信以为真，事后他才告诉父母，自己当时说话的力气都没有了，输了两天液，才感觉身体有些劲了。两天后他又坚持赶回单位上班，继续回到采样平台，与大家一道抗击疫情。

工作中的李斌
王明春 摄

每次接到父母电话,他都开导父母,现在科技这么发达,天天可以视频,回不回家都一样,实际上他已经连续3年未休探亲假,他知道父母多么惦记他,但是工作需要他,他只能把思念放下。

在这个特殊时期,李斌冲锋在前,时刻牢记初心和使命。他说:"我虽然还不是一名共产党员,但我要以优秀共产党员为榜样,在疫情面前决不退缩、不退让,与大家一起,坚决完成组织交给的任务。作为海关人,查验工作就是我们的任务,坚决阻挡住疫情是我们的责任,我们要对得起工作职责,以自己的实际行动践行一名海关人的责任和担当。"在这个没有硝烟的战场上,李斌贡献了自己的力量,融入了这个伟大的时代,他是万千海关人的缩影,平凡却又不平凡。

成都海关

捕捉病毒，与时间赛跑的抗疫者

成都海关新型冠状病毒检测实验室高国龙抗疫纪实

成都海关新型冠状病毒检测实验室 常晓松

2020年年初，新冠肺炎疫情发生，口岸送检的超量检测样本考验着实验室的每一个人，一场疫情防控阻击战在实验室悄然打响。危难时刻显本色，大事面前敢担当。成都海关新冠病毒检测负责人高国龙勇挑重担，深入实验室检测一线，身着防护装备走入实验室开展检测工作，既当指挥官，又当战斗员，以"功成不必在我，功成必定有我"的责任心和使命感投入到检测工作中，用义无反顾的精神诠释抗疫者的本色。他争分夺秒与时间赛跑，与病毒比拼，高效、准确地完成新冠病毒实验室检测工作，为口岸疫情防控工作倾尽全力。900多天来，他恪尽职守，以专业和严谨保障科学检测，用奉献和汗水诠释责任担当，逾越一道道艰难险阻，日复一日地坚守在新冠病毒实验室检测岗位上。他舍小家为大家，用奔波的背影丈量实验室的宽度，心中只有一个目标：为国门筑起一道"防火墙"，取得疫情防控阻击战的胜利。

全流程提效,实验室手执利刃的"捕捉者"

新冠肺炎疫情发生后,实验室检测工作时间紧、任务重。面对实验室检测人员不足、仪器设备少、检测样本量大、检测周期长、检测体系不完善等不利局面,高国龙意识到只有尽快打造高质量的检测技术"利刃",才能快速高效捕捉病毒,保质保量完成实验室检测工作。

他立即组织动员实验室所有检测人员,协助上级部门调配各方检测资源,牵头组建了由4名博士带头的新冠病毒检测团队。新组建的检测团队充分发挥专业优势,广泛收集、整理、分析新冠病毒的特征序列、传播途径、传播方式、检测诊断及治疗方案、生物安全防护要求等资料,结合成都海关疫情防控工作安排和实验室检测平台实际,第一时间制定了《新冠病毒检测实验室操作规程》《新冠病毒检测实验室生物安全防护指南》《新冠病毒检测实验室应急处置方案》等30多项技术文件,建立了新冠病毒实验室检测技术体系,确保了实验室检测体系完善,检测工作科学,检测结果可靠,安全防护到位。

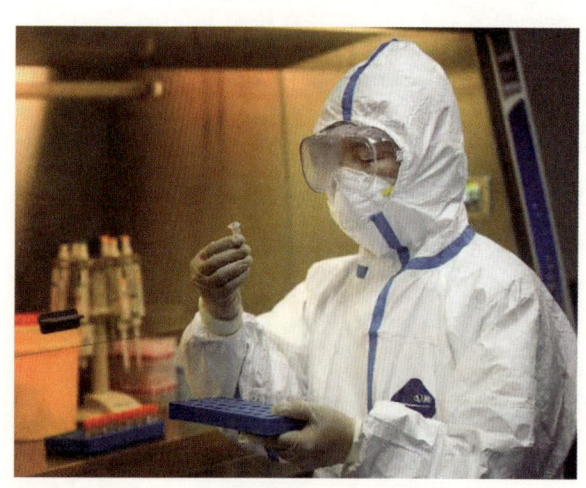

确诊样本信息　荆怀涛 摄

实践表明,该新冠病毒检测技术体系有效缩短了检测时间,极大提升了检测效率——能够在4小时完成检测样本的核酸初筛工作,在6~8小时完成核酸结果呈阳性病例复检及结果上报工作。实验室检测综合能力进一步得到提升,单日最高检测样本量达到2 400余份,单月最高检测样本量达到4万余份。

三、惟其艰难，方显勇毅 | 353

全身心投入，仪器前与时间赛跑的"逆行人"

2020 年 1 月 22 日至今，高国龙长期坚守在实验室检测工作第一线，在工作岗位上废寝忘食、日夜奋战。由于检测任务重、检测人员不足，高国龙夜以继日投入到实验室检测工作中，每天坚守在检测岗位，平均每天工作 16 个小时以上，在检测工作高峰期甚至不眠不休，最长连续工作 40 个小时。有检测任务时，他总是争分夺秒地开展检测工作，与时间赛跑，因为他明白只有尽快完成检测工作，出具检测报告，才能有效地控制新冠病毒传播扩散，最大程度降低疫情风险。

2020 年 1 月 30 日，实验室收到成都双流机场海关送检的疑似新冠病毒肺炎检测样本 100 余份，需要马上开展检测工作。高国龙立即身着防护服，戴上手套、医用 N95 口罩、护目镜、鞋套，"全副武装"走入实验室，开始样本处理、核酸提取、扩增、复检等检测工作。身穿防护服在负压条件下连续鏖战 15 小时，终于在 1 月 31 日凌晨完成所有检测任务，检出了四川口岸首例新冠病毒核酸结果呈阳性病例。走出实验室时已浑身湿透，面色苍白，即便如此，他还是立即开始撰写实验总结报告和分析报告，并召集检测团队成员分析优化检测方案和生物安全防护工作。

为了能随时了解实验室检测工作进程，他回家休息时还要与实验室同事通过视频、电话等方式就实验室检测工作交流到深夜，以便及时解决检测工作中遇到的各种技术难题和突发困难。遇到重点航班、包机、机组人员等重

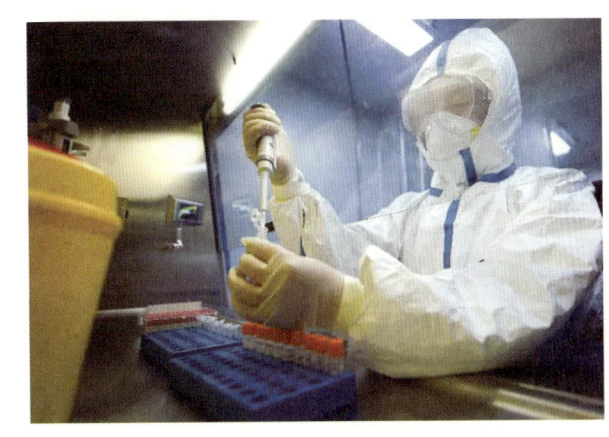

进行样本处理　荆怀涛　摄

点检测任务时甚至通宵达旦进行检测，直到完成当日所有检测任务及结果上报工作后才肯休息。由于长期高强度工作，睡眠不足，他的颈椎出现了异常，检查发现颈椎弧弓变直、椎关节骨质增生、韧带钙化、椎间盘脱出、椎管狭窄等病变，压迫神经使得左侧肩膀和胳膊长期隐隐作痛，医生建议手术，但因新冠病毒核酸检测任务繁重，他推掉了好几次预约治疗，忍着疼痛坚持在实验室检测岗位上。

全天候值守，家里面最熟悉的"陌生人"

对高国龙来说，长时间、高强度加班工作早已是家常便饭，检测工作填满了他的全部生活。疫情初期，他的岳父去世，全家人情绪低落，健在的老人需要安慰照顾，年幼的孩子嗷嗷待哺，可他很少有时间跟家人见面，甚至忙到无暇表达对家人的挂念与愧疚。有一段时间，实验室检测任务繁重，他偶尔回一趟家，因为回家太晚，第二天又要很早出发，很难见到两个孩子。有一次回家，一岁多的小儿子见到他时，居然跑到妈妈后面躲起来了，像见到陌生人一样，他才记起自己已经有十多天没有见小儿子了，孩子快不认识他了。那一刻，他愣住了，心里莫名地难受。

自新冠病毒实验室检测工作开展以来，传染病检测工作是高国龙和家人们常讨论的话题。不知从哪一天开始，大儿子起床第一件事就是给实验室的他打电话，"爸爸，昨晚有阳性吗？""核酸结果呈阳性还是抗体阳性？""从哪里来的航班？"……回答了儿子一通近似专业的问题过后，顿时感受到家人对他工作的理解和支持，又增添了无穷的动力。

高国龙的母亲，生活在甘肃老家，已七十多岁。自新冠肺炎疫情以来，他一直忙于检测工作，每年春节都计划带孩子们一起回甘肃看望母亲，但因为疫情和检测工作繁重等原因一直没有成行，连母亲住院手术时也没能回家陪护。每次和母亲通电话，他都能深切感受到母亲对他的思念，也能够感受到母亲对他从事工作的担忧，反复叮嘱他一定保护好自己，一定把自己的本职工作做好。

全方位带头，队伍里冲在最前的"领头雁"

要战胜疫情必须充分调动检测团队积极性，高国龙充分发挥检测团队内专家的技术引领和示范带动作用，组织团队内专家多次开展检测技术培训和应急处置演练，进一步规范检测技术操作和生物安全防护细节，不断提升检测人员专业水平。

因为实验室检测人员不足，高国龙要求检测人员平时多学习、多培训、多演练，熟悉所有环节的操作流程和生物安全防护工作，以检测质量作为新冠病毒检测工作的灵魂，以生物安全防护作为检测工作的生命；实验室所有检测人员能够同时胜任多个岗位的工作，每个检测人员具备第一时间解决检测过程出现的各种问题的能力。当接到口岸现场送来的检测样本时，检测人员与时间赛跑，与病毒赛跑，争分夺秒完成检测任务。他经常对实验室检测团队的同志说："我们的工作就是要从检测流程、实验操作、检测平台、检测人员、试剂耗材、防护用品、生物安全防护等方面做好十足的准备，能够在样本到达实验室后第一时间开展检测工作，在工作中争分夺秒，提高效率，降低风险，第一时间完成检测工作。"

在高国龙的带动下，检测团队所有人员在疫情防控早期，检测工作最艰难的时候主动请战参加检测工作，大家每天分组轮流坚守岗位，7×24小时开展实验室检测工作，所有样本随到随检，所有团队成员冲在了抗疫检测第一线。整个团队日夜奋战，克服了心理畏惧和身体不适等多重困难，全身心投入新冠病毒实验室检测工作中，超量完成检测任务，交出了一份满意的"抗疫"答卷。长期连续作战，长期熬夜坚守，检测团队多位同志出现头晕、听力差、身体浮肿、贫血等病症和身体异常反应。浑身湿透、头发凌乱、面色苍白成了"团队"每个同志的日常写照。虽然面对诸多困难，但没有一个同志退出"抗疫突击队"，没有一个同志因为自身心理和身体问题影响实验室检测工作。大家慎终如始，严格按照实验室检测规范和生物安全防护规范开展检测工作，所有操作环节不放松，严格按照实验室操作零失误标准要求自己。

全局性协同，战局中求真务实的"探路者"

从 2020 年 9 月开始，按照海关总署新冠肺炎疫情口岸常态化防控工作通知的要求，在成都海关与四川省卫健委建立的疫情防控联防联控机制领导下，基于新冠病毒检测工作中样本量大、检测人员不足、疫情持续时间长等实际，四川省卫健委选派检测人员支援成都海关实验室检测工作，与实验室检测团队开展新冠病毒协同检测工作，高国龙承担了输入性新冠病毒协同检测创新模式研究工作。

根据协同检测工作早期在协同检测工作机制不健全、协同双方信息交流不充分、支援人员培训学习不到位、检测过程生物安全风险隐患大、人员管理职责不明确等主要问题，高国龙进行了

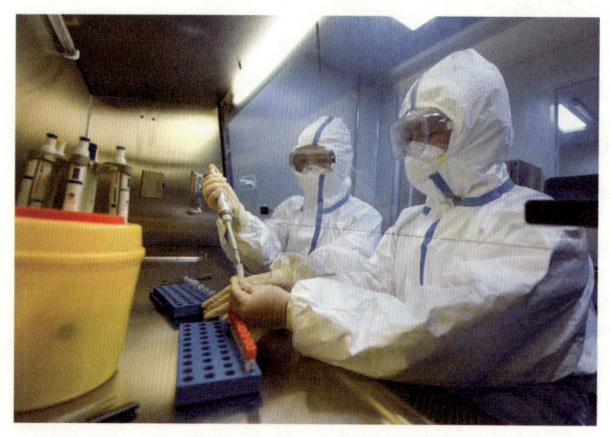

与同事开展新冠病毒检测工作　　赵立　摄

大量的调研分析，制订了详细的研究方案。方案通过问卷调查、座谈交流、调研统计、理论分析4种形式，结合协同双方在实验室检测工作中的检测时效、检测质量、仪器设备运行、试剂耗材使用、生物安全防护等内容来综合评价实验室协同检测效率，建立了成都海关和四川省卫健委新冠病毒协同检测创新模式。协同检测工作机制细化了协同双方在实验室检测工作中的信息交流共享、培训学习、生物安全、人员管理4个环节的规范，建立了资源优化、效率提升、权威准确、科学安全的输入性新冠病毒协同检测体系，共同织牢口岸疫情防控网，严防疫情输入。这既符合新冠肺炎疫情防控工作的需要，也是输入性传染病联防联控机制高效运行的体现，对我国口岸其他输入性传染病检测工作创新模式的建立具有重要示范意义。

在保障输入性新型冠状病毒检测工作的同时，高国龙带领大家积极响应地方"外防输入，内防扩散"的疫情防控要求，充分发挥传染病联防联控作用，利用实验室在仪器设备、检测等方面的优势，积极调配实验室检测资源，多次支援成都市双流区开展新冠病毒核酸检测工作，为双流区新冠肺炎疫情防控工作贡献海关力量，为地方疫情防控提供有力支持。

全方位履职，岗位上一丝不苟的"把关者"

900多天连续鏖战，没有周末，没有节假日，没有正常的生活规律，鲜有与家人欢聚的时光，但高国龙依旧坚守在实验室检测岗位上。他时常告诫自己："新冠病毒实验室检测工作是海关人的一种责任，更是海关人的一种家国情怀。没有国家的稳定，怎会有小家的安康，此时的坚守是一种责任，也是一种使命，只要疫情存在，海关人坚定抗疫永不退缩的决心永远不会变。"

在新冠病毒检测工作中，高国龙始终按照海关总署疫情防控要求，认真落实海关总署党委和成都海关党委各项部署要求，以高度的政治责任感坚决守牢外防输入关口，思想上不松懈，措施上不放松，确保疫情疫病零输入，实验室操作零失误。在实验室检测工作中挺身而出，冲锋在前，在新冠病毒实验室检测工作中发挥了模范带头作用。在他的带领下，实验室克服了无数困难，攻克了众多难题，实验室检测综合能力得到快速提升——检测流程更加科学，检测效率大幅度提高，单日最高检测样本量较2020年疫情初期提高10倍左右。有效应对了成都双流机场口岸入境航线恢复、航班增多、入境检测工作量大幅上升的局面，保障了实验室检测工作高效、有序、安全开展，为口岸新冠肺炎疫情防控工作提供技术支撑。成都海关在全国口岸防范境外疫情输入专项考核中，取得了出入境人员新冠病毒检出第三的成绩。

作为海关队伍的一名基层党员，高国龙深知身处口岸疫情防控一线肩负的重大责任和使命，也深知自己面对的困难和压力，但他坚信有海关大家庭作为坚强后盾，没有克服不了的困难，没有逾越不了的高山。只有专心坚守实验室检测工作岗位，立足于实验室检测质量和生物安全防护工作，凝聚实验室检测团队力量，迎难而上面对和解决实验室检测工作中出现的新问题，筑牢海关人在口岸疫情防控工作中的铜墙铁壁，才能为国为民筑起安全"防火墙"，防止疫情扩散和传播。高国龙充分发挥基层党员的先锋模范作用，用无怨无悔的行动践行了入党的铮铮誓言，长期坚守在新冠病毒实验室检测岗位上，在口岸疫情防控工作中践行了共产党员的初心使命，展现了共产党员的担当和作为，彰显了共产党人打不败击不倒的决心和勇气。

昆明海关

深夜里的"逆行者"
——云南国际旅行卫生保健中心李节抗疫纪实

云南国际旅行卫生保健中心 覃卫红

在过去的900多个日日夜夜，李节积极参与一线疫情防控，把个人责任、集体荣辱、国家安危融为一体，见证着"生命至上、举国同心、舍生忘死、尊重科学、命运与共"的伟大抗疫精神。这两年多来，防控疫情成了她生活中最重要的一部分，很多的具体工作都让她刻骨铭心，一次次经历着人生的重要蜕变与磨炼。

疫情就是命令，防控就是责任

疫情就是命令，防控就是责任。作为云南国际旅行卫生保健中心（以下简称"保健中心"）检验部实验室的一名检测工作人员，面对突如其来的新冠肺炎疫情，李节没有丝毫犹豫，主动请缨，放弃所有假期，迅速进入抗击疫情的工作状态中。

核酸检测是有效防控新冠肺炎疫情的关键技术支撑，实验室需要结合实际情况及特点，尊重客观规律，尊重科学，有针对性地采取相应举措，建立起检得快、检得准的工作流程。随着新冠病毒核酸检测需求量日益加大，迫切需要不断提升日检测量，作为实验室负责人，李节始终坚守在抗击疫情的最前线，全年 7×24 小时值班，保证所有检测样本随到随检。

疫情面前，李节积极地在支援口岸一线的请战书上签字，申请驰援边境口岸。自 2020 年 1 月 24 日起，她先后奔赴瑞丽、芒市、章凤、勐腊、打洛、南伞、孟连等一线口岸和实验室支援工作。在做好航空口岸医学排查、流行病调查等抗疫工作的同时，李节积极学习国家卫健委最新的规定，落实责任分工，研讨实验方案，在日常工作中不断细化具体工作流程，并对瑞丽、芒市两地海关的新冠病毒核酸检测实验室进行总体规划配置，使其达到开展检测工作的要求；对实验室工作人员从个人防护、生物安全、新冠病毒核酸检测实操等进行全方位综合培训，使两地实验室人员都能独立完成所在地检测任务，充分发挥了对隶属海关的技术指导、对疫情防控的技术支撑作用。

携手抗疫，共克时艰

疫情防控常态化后，她防控意识不松懈，每日坚守，加强实验室生物安全、个人防护等培训和演练，保证良好的实验室检测能力，更好地完成各项检测任务。在支援工作期间，李节的母亲突发小脑出血急症，在母亲生命攸关之时，她选择继续留在口岸完成支援工作。

按照早发现、早报告、早隔离、

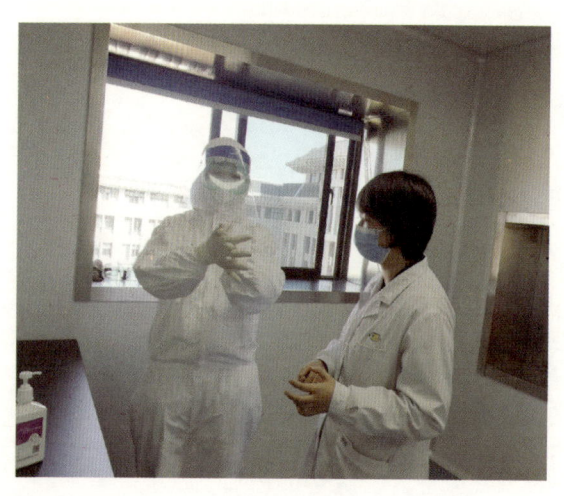

指导实验室工作人员个人防护用品穿戴　　李超 摄

三、惟其艰难，方显勇毅 | 361

早治疗的防控要求，李节严格执行"外防输入、内防反弹"防控策略，做到冲在前、干在前，把检得快、检得准作为首要的目标，克服困难，认真研判积累检测经验，总结检测中遇到的困难问题，全力以赴解决，不遗漏任何一个感染者。严格按照防控要求对出入境人员和海关一线高风险人员进行新冠病毒核酸检测工作，同时完成昆明机场海关送检的货物内、外包装及进口货物表面擦拭样，昆明邮局海关送检的邮件和快件内、外包装表面擦拭样新冠病毒的核酸检测，充分保障了国门安全，保护了人民生命安全和身体健康。

既然任务在手，就要克服一切困难去完成，李节不畏惧不退缩，力求把工作做好、做到极致。在做好常态化新冠肺炎疫情防控工作中，她始终严格要求自己，遵守工作纪律，恪守职责。同时认真做好其他各项工作和科室管理，稳步推进各项工作顺利开展：完成各类人群体检实验室检测项目；完成实验室生物安全管理及定期培训；认真做好南伞、孟连、打洛、勐康中心口岸P2+实验室的业务指导和管理；完成"昆明海关e课堂"安排的视频授课任务；参加海关总署科技司成立的新冠病毒检测实验室防护安全管理专家组，对海关系统各新冠病毒检测实验室开展生物安全检查工作；参加昆明海关出入境特殊物品卫生检疫风险评估专家组，开展风险因素分析评估工作；参加昆明关卫生检疫工作专家组，完成对关区应急和预备队员实行"一对一"个人防护实操考核任务。

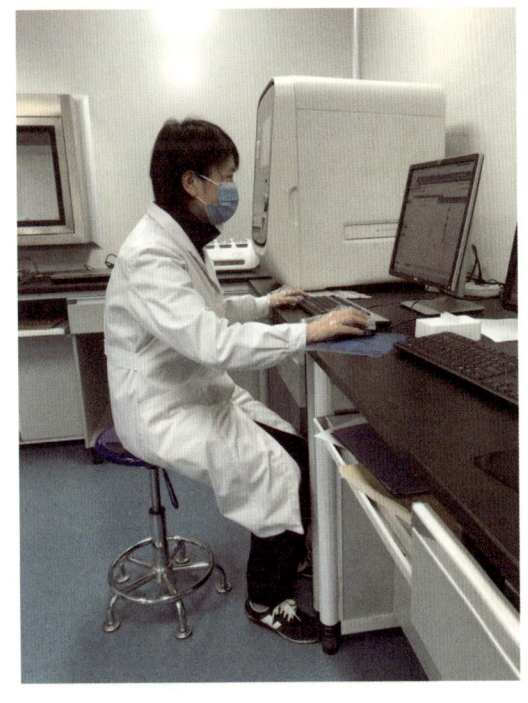

在实验结束后核对数据　李超 摄

真情温暖，守望相助

作为父母牵挂的女儿、丈夫的妻子、孩子的母亲，李节选择逆行而上，经常是深夜回家孩子已经睡着了。疫情防控责任重大，虽然没有硝烟，但是实验室就是她的战场，李节带着她的同事们日夜奋战在第一道防线，一直坚持，一直坚信没有任何困难不可克服。疫情发生以来，在相关领导的带领下，实验室全体人员昼夜奋战在检测一线，工作中早已没有了节假日的概念，每年的春节、端午节、中秋节、国庆节等节日，都是在实验室度过。在实验室互相鼓劲、拍照给家人报平安，已是她工作之余最大的放松。

齐心协力，义不容辞

保健中心是昆明海关卫生检疫执法的技术支撑和保障部门，除了负责出入境人员体检和预防接种工作外，还承担着昆明海关各口岸出入境人员的传染病样品检测等任务。新冠肺炎疫情发生后，本就长年坚守在国门一线的集体，充分发挥了技术支撑和保障主力军作用，主动作为，全力以赴。直到现在，保健中心各部门都一直处于满负荷临战状态，实验室检测人员24小时在岗在位，分组轮流坚守岗位，全天候保障样品"随到随检"，确保第一时间上报检测结果。从2020年年初至2022年7月，保健中心完成新冠病毒核

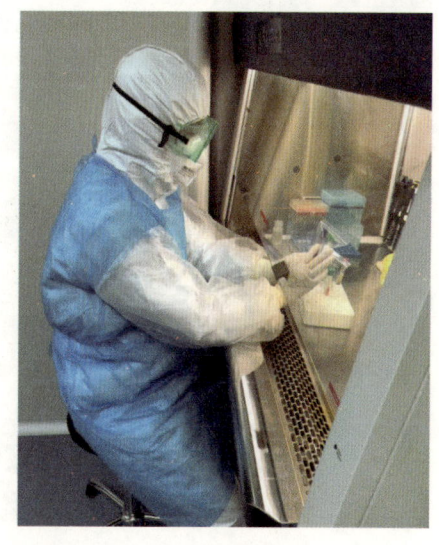

在实验室进行新冠病毒核酸检测　　李超　摄

酸检测工作 1 190 495 人份；完成昆明机场海关、昆明邮局海关送检包装擦拭样新冠病毒核酸检测 3 381 份。这份翔实的数据，是保健中心秉承"助力把关，守护健康"这一理念所交出的抗疫答卷，每一个数字背后，承载的都是保健中心工作人员的不懈坚守与无畏付出。他们坚守岗位，站在一线与病毒正面交锋，一次次采样，一次次实验检测，不仅是在履行本职工作，同时也是承担着守卫国门与人民群众这份光荣的使命。

披荆斩棘，奋勇前进

时间不语，却忠实地记录着逆行者的奋斗足迹。近三年来，说不辛苦不累是假的，但是值得，李节收获了认可，收获了经验，也为自己的人生点缀了精彩的一笔。2020 年，李节获得"全国海关系统抗击新冠肺炎疫情先进个人"称号。

无数"逆行者"舍小家为大家，奋战在抗疫一线，还有更多的人日夜坚守在看不到的战线，同样不可或缺。虽不在一线，却时刻在线，不管在凌晨还是深夜，只要接到抗疫命令，总能第一时间回应，时刻保持清醒头脑，合理调配——安排计划、分配人员、统计数据、清点标本……每天周而复始地重复着，默默无闻、兢兢业业，是采样工作有序开展最坚实的后盾。

作为海关人，无论在什么岗位，做什么工作，都以工作为重，以大局为重，坚守执着，肩负职责，继往开来，传承好、践行好伟大的抗疫精神。

银川海关

奇迹，就隐藏在每一个看似平凡的人中

一名平凡海关工作者的不凡人生

银川海关 袁少伟

从 2020 年到 2022 年，从措手不及到快速应对。两年多的时间，我们彻夜奋战，只为了保障人民群众的生命安全；我们不畏艰难，只为了海关工作能够顺利进行；我们使命必达，只为了在疫情防控的任务中、在实现中华民族伟大复兴的中国梦的道路上贡献出自己的力量。

袁少伟是银川海关实验室一名普通的工作者，由于团队的人员比较少，面对着新冠肺炎疫情，颇有些招架不住，往往是一个人需要完成两到三个人的工作。工作量大、工作难度高、工作时限短成了袁少伟及其团队面临的巨大困难。面对着海量的工作与巨大的压力，袁少伟却依旧不慌不忙，先是梳理了一下工作步骤及流程，而后便合理分配人员，每人负责其中一环的工作。在接下来的几个月中，为了尽力克服由于人手不足而造成的困难，大家众志成城，在严格遵守防疫管理规定的情况下全身心地投入工作中。

那时的袁少伟深切意识到，自己只能成功、不能失败。如何将进度赶得快一点、再快一点，成了他面临的首要问题。为了充分利用时间，他白天在团队中指挥协作，晚上也并没有休息，有时索性通宵达旦攻克难关。同事们都纷纷开玩笑说，他已经"住"在了实验室，几乎整天都在这里。除了工作、睡觉以外，袁少伟似乎从未在其他事上浪费过时间。时值夏季，酷热难耐，但袁少伟与他所率领的团队好似拥有钢铁般的意志，从来都不会因外界的困难与阻碍影响自己前进的脚步。

人心齐，泰山移。就这样，团队中的一个个"齿轮"、一枚枚"螺丝"在紧密的配合下顺利完成了临床基因扩增检验实验室建设，质量管理体系的撰写和技术验证工作，并且顺利通过了临床基因扩增检验实验室现场技术验收工作。

"实验室就是海关履行口岸卫生检疫职能的'武器'平台，只有把这个锻造'武器'的平台打造成一流过硬的平台，才能牢牢守护住国门，无愧于一名国门卫士的光荣称号。"这是袁少伟常常挂在嘴边的一句话。进入海关的两年也是袁少伟同新冠肺炎疫情战斗的两年，他常常说，在海关工作，一定要拿出科学家的精神，要拿出钻研学问的精神，每一个细节都必须准确无误，每一次检测必须做到毫无争议。秉持着这种理念，他先后主持了实验室内部技术改造，带领实验室工作人员加班加点编写了新版 CNAS 质量管理体系文件，并通过 ISO 17025:2017 质量管理体系，增加传染病分子生物学检测技术等，使保健中心实验室传染病检测技术支撑能力得到大幅度的提升。这看似只是他个人工作前进的一小步、只是技术手段完善的一小步，但却是抗击疫情的一大步。在他的努力下，银川海关的新冠病毒核酸检测 PCR 方法效率大大提高，获得了宁夏回族自治区卫生健康委员会颁布的新冠病毒核酸检测资质，是国内较早一批履行海关职责，做到应检尽检的单位。

实验室就是他的战场，技术就是他的武器，所有同袁少伟一起工作过的同事们都会这样说，这是一个科研"疯子"、工作"疯子"，为了把任务完成好，他牺牲了自己的休息时间，牺牲了与家人团聚的时间，牺牲了自己的吃饭时间，一心扑在工作上。

"天下事，在局外呐喊议论，总是无益，必须躬身入局，挺膺负责，方有成事之希冀。"为了严格执行上级相关防疫指示，尽自己的一分力量，袁少伟勇敢地站了出来，疫情之下，他与众多"逆行者"一样都有了一个共同的名字——"大白"！伟大出自平凡，英雄来自人民，袁少伟用实际行动践行了自己当初许下的诺言，充分发扬了担当精神，用自己的行动温暖了这个春天。

由于疫情防控形势严峻，袁少伟与同事常常需要穿着防护服，不喝水、不休息，连续工作几个小时。披星而来，戴月而归是他们的常态。炎炎夏日，许多人连穿着短袖、吹着空调都感觉到酷热难耐，袁少伟却还要在闷热狭小的工作区域内身着防护服，一干就是几个小时，在超过

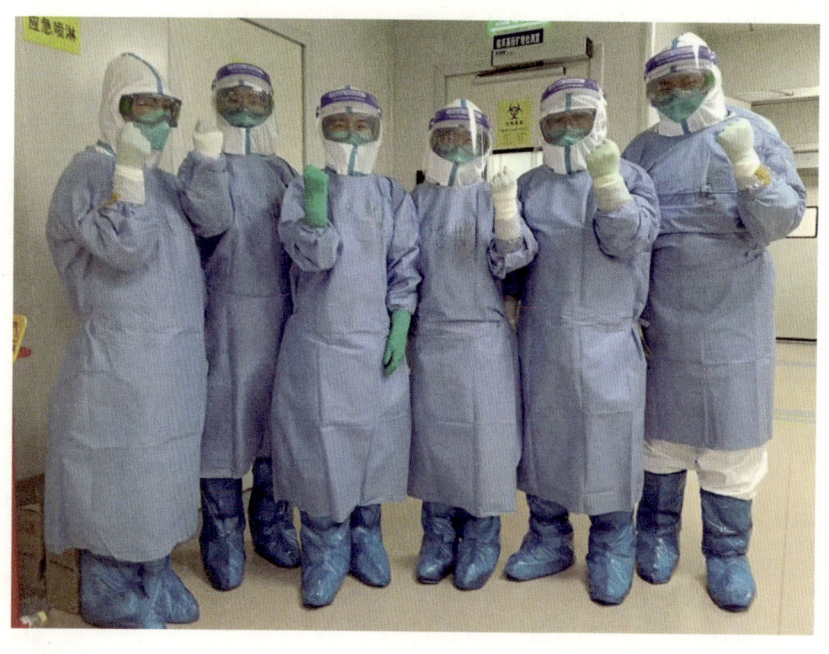

团队参与新冠病毒核酸检测工作
殷译飞 摄

30℃的高温下,防护服内部宛若一个小型的"汗蒸馆",让袁少伟一度透不过气来。在最热的那几天,他甚至一度要晕厥,但是望着眼前成山的工作,望着与自己并肩战斗、从未言弃的同事们,袁少伟忽然间又有了力量,在那个瞬间,他想起了自己踏入行业的初衷,想起了自己曾经立下的誓言,想起了那些与他一样的"大白"们,袁少伟这样回忆道。在他眼中,自己只是做着最平凡的事,只是润物细无声地帮助着一个又一个的生命,这是他选择这个行业的初衷,更是他坚持下去的原因,每每看到在自己的努力下,核酸检测工作顺利进行,袁少伟的心中都会尤为开心,"赠人玫瑰,手有余香",大抵就是如此吧。

每次结束检测工作都已经是半夜,在黑黝黝的夜幕里,唯有自己身上的白色防护服在闪着光亮,由于防护服密不透风,往往在中午时出的汗,到了晚上还没干透,晚风一吹,衣服冰凉地贴在身上,给袁少伟带来了身体与心理上的双重折磨。在他的脸上,是一道一道的红印,但在袁少伟看来,这却是自己最闪耀的"军功章"!

疫情期间,袁少伟一心扑在海关检测工作上,他的妻子是一名医护工作者,同样奋战在核酸检测岗位上,而年幼的孩子无人照看。无奈之下,二人只得将孩子交给年迈的岳母照顾,虽然有些担心、忧虑,但他们别无选择。无奈袁少伟的岳母由于年事已高,过度劳累加之基础疾病的复发,导致脑出血,在医院抢救无效不幸离世……在接到这个消息时,袁少伟正如往常一般奋战在工作岗位上,那一刻犹如晴天霹雳,瞬间让他说不出话来。挂掉电话之后,他久久不能平静,见此情况,领导们、同事们、朋友们、家人们都曾劝说他休息一段时间,缓解一下情绪,将自己的家事料理好再回到工作岗位上也不迟,可他只是在接到电话后沉默了一会儿,便继续投入到工作中。"如果这个时候我撤下来了,那么剩下的同事面对的将是翻倍甚至更多倍的工作量,我不能这么自私,我必须要顶上来。"在那一刻,他将所有的悲痛化为力量,坚守在卫生检疫一线,全力以赴投入到援沙特医疗专家组成员的入境新冠病毒核酸检测工作中。

在负责核酸样品制备区工作的那段时间,袁少伟经常"连轴转",同事们都说,与其说是袁少伟在天天加班,不如说他是在上班的空隙睡了一觉之后又继续上班。对于这种工作状况,家人的默默支持与体谅是袁少伟坚强的后盾,但作为一名父亲、丈夫、儿子,他常常觉得亏欠家人太多。有一次和家人打电话时,孩子委屈地说,"都已经快忘了爸爸长什么样子了",那一刻,袁少伟的眼泪终于决堤。"但我知道'大白'的样子就是爸爸的样子,爸爸好好工作,早点回家。"那一刻,他也清楚地意识到,自己的牺牲是有价值的、是有意义的,自己付出的是精力,是时间,是与家人团聚的美好时光,而收获的却是银川海关如今这般有条不紊的工作节奏与异常优秀的工作成绩。

"自疫情发生以来,我不仅工作能力与技术提高了,内心也越来越强大了。"袁少伟常常这样打趣道。在最忙的那段时间,远在异地的母亲住院了,但是为了不打扰袁少伟的工作,怕他担心,他的父亲没有告知他。直到一段时间后,袁少伟的哥哥忍不住告诉了他,在那一刻,他的自责情绪达到了顶峰,袁少伟以最快的速度安排好工作后奔赴家乡,短暂地探望了母亲。"你能回来我就已经很开心了。"躺在病榻上的母亲对他的到来又惊又喜,"你只需要做好你的工作,儿子,这事关很多人的健康安全,我都懂的,你不必担心我,为了你,我也会照顾好自己。"母亲这样说道。在看望完母亲的当天,袁少伟马上乘坐高铁回到了实验室,又如同往常一般高度集中精力投入到了检测工作中。

袁少伟坦言,相比于其他同志,自己收获更多。在不断奋进的过程中,他早已把这里当成了一个大家庭,大家在这里拼搏、在这里奋进、在这里欢笑、在这里一同吃苦,大家携手创造了一个又一个的奇迹、一个又一个的辉煌,袁少伟相信,他们未来还将继续谱写传奇华章,继续实现突破。年华正好,大有可为,人生能得几回搏?只有对自己负责,让自己借助海关的平台发挥出更大的能力,才算对得起过去自己的努力。

"科研领域,创新固然重要,但继承同样关键。如果自己在工作中的一些现成经验、一些好方法不能够传给下一代技术人员的话,那么就意味着他们还要从头走一遍自己走过的弯路,还要再浪费一次时间,这样下来,我们怎么能够进步?怎么能够发展?"秉持着这种想法,袁少伟即便本身工作已经非常忙碌、繁重,却还是坚持培训实验室专业技术人员,利用"传帮带"将自己工作多年所得的经验和知识传授给年轻人,让他们"踩"在自己的肩膀上,将来取得更大的成就。有许多时候,袁少伟本来可以趁着工作的间隙休息放松一下,但他却坚持每天跟进年轻同事的工作与学习进度,遇到对于知识和技术掌握得不熟练的同事,他马上就会开启"一对一"补课模式,如同一个亲切的大家长、一位伟大的园丁一样,将自己所掌握的知识倾囊相授。

"传帮带"现场
殷译飞 摄

"不是在工作,就是在工作的路上。"这句话用来形容袁少伟可谓是再合适不过了。在平常,他除了负责实验室检测与实地教学工作外,还积极申请科研立项。他常常说,祖国发展到今天,海关团队建设到今天,我们缺的不是物质条件,而是精神财富与科研成就,"把论文书写在祖国大地上"一直是他不变的目标。他常常说,自己最大的理想就是能够真正自己主导完成一项科研技术难关的攻克，对于这个目标，所有同事都坚信他会完成。这不仅仅是因为袁少伟深厚的知识储备、高超的职业技能与数年如一日的科研攻关，更是因为他那永不言弃的精神与那敢于牺牲、甘于奉献的工匠精神。

技术验收现场
审核图片
殷译飞 摄

正是因为这股不服输的韧劲儿，袁少伟成功带领银川海关实验室的工作人员系统进行了CNAS评审工作，并顺利通过验收，这是中国海关系统内第一个通过新冠病毒核酸检测项目CNAS认可的实验室。多年的努力如今到了丰收的时候，多年的心血终于以这样的方式回报给了袁少伟及其团队。

伟大出自平凡，英雄来自人民。袁少伟始终在一线见证着集体的发展，用一滴滴滚烫的汗水浇灌着自己青春的花朵，以自身的力量感染着身边每一个人。一路走来，集体之于他，更像是一个大家庭，他们一路扶持、并肩前行。岁月带走了袁少伟初入单位的青涩和懵懂，却给予了他更加重大的责任。在袁少伟看来，只有脚踏实地、埋头苦干，不断地以丰富的理论和实践知识武装自己，才能稳稳地向着心中的目标大步前进，才能真正在平凡的人生中创造不凡的成就。

袁少伟是平凡的，但他的工作和取得的成绩却极不平凡，这正是千千万万海关工作者的缩影。在袁少伟故事的背后，是全国无数海关工作者默默付出、辛勤工作的剪影；是海关部门为了从根本上阻隔疫情所作出的巨大努力；是无数海关人在实现理想的道路上所踏出的坚实的脚印。所以与其说新时代的海关人是追梦人，还不如说，他们是奋斗者。

一个个奋战的夜晚，承载的是希望，是梦想，更是对新生活的期待；一项项政策的落地实施，一个个技术难关的逐个攻破，带走的是曾深切困扰我们的病毒，驶向的是光明灿烂的新未来；一个个在海关口岸坚守的身影，牺牲的是自己的舒适与安逸，换来的，是人民群众的健康与安全。新时代海关工作者存在的意义，不仅仅是单纯的安全检查、单纯的入境管控，更是所有百姓的健康与安全，是整个国家的安全。

也许我们每个人都是袁少伟，我们都是自己人生的主角，只要我们敢于进取、不甘平庸，那么我们就会拥有一个不凡的人生。让我们感受这份激情与豪情，用青春去浇灌忠诚，用生命去履行使命。我们的职业因平凡而伟大，因奉献而精彩。

乌鲁木齐海关

发挥专业优势，为国门一线疫情防控注入硬核力量

——记"全国海关系统抗击新冠肺炎疫情先进个人"孟小林

乌鲁木齐海关所属霍尔果斯海关 迪力努尔·巴合提江

他个子不高，身材瘦削，说话带笑，音调里还带有一点四川的乡音。他就是时任霍尔果斯海关查验二科副科长孟小林，"全国海关系统抗击新冠肺炎疫情先进个人"获得者。在抗击新冠肺炎疫情这场没有硝烟的战斗中，他作为霍尔果斯海关最具实践经验的卫生检疫专家，始终秉持一名共产党员高昂的战斗意志，舍生忘死奋战在抗疫最前线，以专业、敬业、务实的精神从容应对新冠疫肺炎疫情，为一线疫情防控工作注入了最硬核的技术力量，为疫情防控作出了实实在在的贡献，成为疫情防控的中流砥柱。

抗疫之坚守冲锋篇

2020年年初，疫情来袭，3个月的时间，孟小林日夜奋战在抗疫一线，用专业和坚守诠释了共产党员的奉献和担当。自疫情发生以来，孟小林

所在的查检二科，风险高、压力大，他连续奋战在疫情防控一线 120 多天，没有退缩，没有畏惧，更没有讲条件，全身心投入到抗疫工作当中。因为每日超长的工作时间，导致结石引发了尿路感染，他一边服药，一边忍痛上岗。

他强化内外协调和联防联控工作落实机制，抗疫期间日均接打电话 60 余个，拖着病躯，用沙哑的声音安排对接各项工作，认认真真落实总署"三查三排一转运"和地方"四个 100%"要求，做到与地方疫情防控无缝衔接。

他沉稳逆行，用扎实的专业技术知识，完成 2 例境外向中国政府通报的疑似确诊新冠肺炎归国人员的应急排查处置工作，按规定操作完成了健康申报核验、体温监测、流行病学调查和采样工作。他身先士卒，带头开展登车检疫、流行病学调查、医学排查、采样送样、医疗转诊等工作。在"货通客停"的口岸运行机制下，他全程参与铁路交接所出入境工作人员检疫工作，克服高温严寒，圆满完成了多批次外籍人员入境检疫工作。

抗疫之物资保障篇

抗疫的两大利器：一个是训练有素的专业人员，另一个就是应急物资。人的作用不可否认，但没有个人防护的物资装备，再多的人只能望"疫"兴叹、束手无策。还好，我们有物资，并且有还算充足的储备物资。这是孟小林居安思危，强化应急物资储备和管理的结果，历年来他精心储备管理的应急物资在抗击新冠肺炎疫情这一关键时刻发挥了关键作用。

有人说应急物资储备很重要，但可能是"十年难遇"甚至"三十年难遇"一次疫情，储备那么多种类，怕是有点浪费，还要花精力去管理。但是孟小林却很"倔强"地做好应急物资储备和管理工作，数年如一日，制订了《应急物资管理办法》，规定了应急物资储备的种类，定期对应急物资进行清点和更新。没有信息化的管理手段，就自行设计电子版的管理台账，自动核销出入库物资数量，让应急物资在库及有效期一目了然，做到物资数量、规格和有效期底数清、情况明，实现了应急物资的精细化管理。在彼时全国医疗物资极度紧缺的情况下，他储备有标准、有效的医用防护服、N95 口罩等应急物资 39 类 5 900 件（套）。国家疫情督导组现场调研完关区应急物资、现场设施设备和应急演练后，夸赞道"霍尔果斯海关工作做得很扎实"。

抗疫之基础设施篇

孟小林设计建造的卫生检疫智能查验台、负压隔离留验室、"120 专用转运通道"，配置的移动式负压隔离舱、全面罩呼吸器、生物安全运输箱在关键时刻也发挥了"人无我有""抗疫利器"的作用，并数次为伊犁州疫情防控提供设备支援，得到了伊犁州有关部门的多次表扬。

他不断完善基础设施建设，为补齐抗疫硬件设施短板做了大量工作。他规划设计入境旅客检疫所需的健康申报工作台、无症状者采样间、工作人员脱卸防护服区等基础设施，完成平面图、立体图的初步设计和工程预算，创建了具有物理隔离屏障的健康申报工作台 6 个，固化了"一米安全距离"，切实降低了关员感染的风险。他协调地方政府完成医疗救护"绿色通道"建设，精准标识 120 救护车辆行进路线和停泊地点，实现"四类人员"快速移交，大幅度压缩旅客入境滞留时间。检修排查负压隔离留验设施，积极对接专业机构对负压隔离室内的卫生间、采样间、缓冲间及污水处理系统进行技术维护，有效发挥了负压隔离室在传染病防控中的关键作用。疫情初期，霍尔果斯海关旅检负压隔离留验室是伊犁州唯一一个设置合理且能正常运行的负压隔离室。他还提前构想旅客"无感通关"信息化结构框架，完善旅客通关管理子系统卫生处置应用系统基础配置，推进旅检疫情防控工作流程的电子化流转和旅客便捷高效通关。他规范卫生检疫区设置和污染控制，绘制霍尔果斯旅检大厅三区分布示意图，明确单向流动且双向分离的旅客通道、员工口岸通道及员工的穿、脱防护服区，降低交叉感染风险。他因地制宜，合理规划封闭作业区内的三区设置，形成"两通道三分区"规范布局。他还创新设置了"三区两通道"内的各类提醒警示标志标识16类，为现场争取配备了所需空气消毒和医疗急救设备、药物，使现场设置和配置日臻完善。

抗疫之全员培训篇

孟小林充分发挥自身专业技术优势，花费大量精力和心血，收集资料文献，精心编写了《新冠病毒知识简介》《新冠肺炎疫情防控个人安

组织开展岗前实操考核
安乐 摄

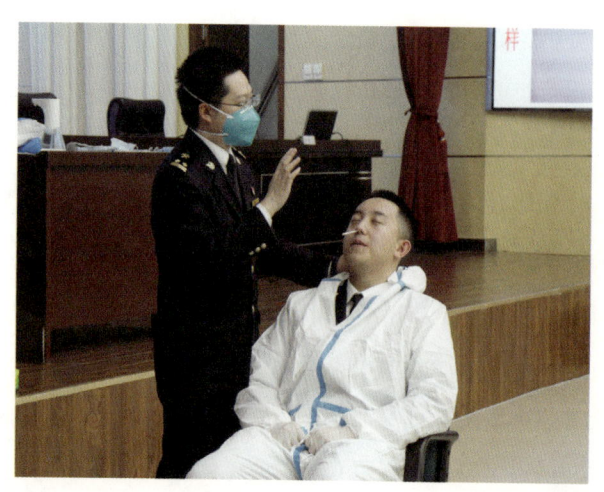

开展采样实操培训
安乐 摄

全防护要点》《新冠病毒样本采集》《新冠肺炎疫情防控职业暴露应急处置》《规范七步洗手法》《霍尔果斯海关新冠肺炎疫情防控应急处置演练》等课件和示教片。

他倾其所能所知，扎扎实实、认认真真地开展全员培训，累计组织开展梯队岗前培训考核42批，培训730余人次，实现了全员培训全覆盖。为疫情防控"打胜仗、零感染"，他组织全员培训，从提升培训实效着力。一是前伸后延培训内容。从早期单一的个人防护知识培训，扩展至新冠肺炎流行病学知识、环境物品预防性和终末消毒、医疗废弃物规范收集处置、职业暴露应急处置等10余项涵盖疫情防控各环节、全方位的科学培训内容体系。二是打造精品培训课件。精心制作新冠肺炎疫情防控系列课件，6次优化调整培训课件内容，以图片、短视频、顺口溜等方式着重强化培训"要点"和业务"风险点"。三是多方式强化教学互动。采用示范演示、短视频挑错、你问我答等多种方式加强教学互动，进一步提升培训实效。

他组织全员培训，从检验关员能力落脚。一是严格理论测试。组建理论测试题库，组卷测试，考察关员理论能力。二是严格实操考核。提炼个人安全防护指南、手册要点55项，其中关键考核项22项，建立实操量化评分体系。采取"一对一"考核模式，量化评定关员实操全过程，考察关员实操能力。三是严格执行考核淘汰。严格按照标准进行淘汰，对二次培训考核仍不合格的人员，综合运用"第一种形态"进行处理，传导考核压力，增强学习动力。

三、惟其艰难，方显勇毅 | 377

实践出真知。采样只有理论，没有实践怎么办？他就自己对着镜子，拿拭子给自己采鼻咽拭子。敢对自己下手，才会在采样时对别人感同身受，才有资格给大家讲如何采样。

抗疫之应急演练篇

孟小林经常说，应急演练的目的在于应对实战，而不是为演而演，演得轰轰烈烈，演完"一拍两散"，事后大家还是什么都不清楚，这不是应急演练的真正目的。演是一方面，更重要的是要所有人员知道为什么那样演，哪些是关键环节和重点，只有所有人都知道演的内在逻辑关系，才能把握应急处置的关键环节和重点，才能做到临战不慌不乱，应对有方、有序、有力。

他对应急演练要求极高，从三方面入手提高应急演练实效。一是先谋而后动，精心构思演练场景和过程，做到程序依法依规，对话尽量少，实际操作动作多而规范。二是大胆革新，一改过去文本式的演练脚本格式，采用表格式的演练脚本，让背景介绍、实操动作和人物对话清晰明了。三是推动桌面推演和实操演练相结合，按照"先讲后演"的顺序，首先讲清楚为什么这样演，推演清楚各项应急处置细节，再通过实操演练来发现问题，补齐短板，提升演练的实效。

他精心构思编写了《霍尔果斯海关旅检职业暴露应急处置演练脚本》《霍尔果斯海关进口高风险集装箱货物采样突发事件应

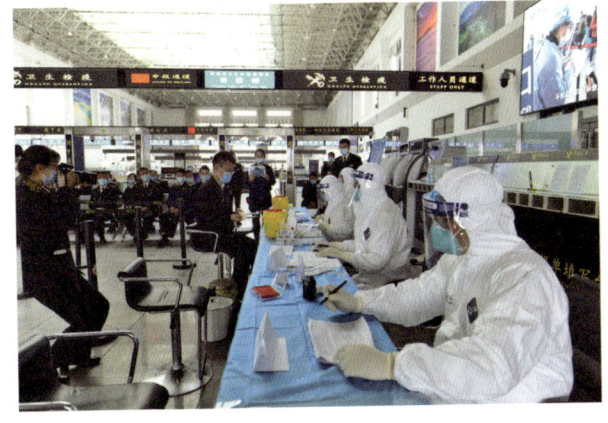

组织开展应急演练　安乐 摄

急处置演练脚本》《霍尔果斯海关模拟内部人员感染应急处置演练》等应急演练脚本9个，涵盖旅检职业暴露、货检渠道职业暴露和样品溢洒处置、内部人员感染应急处置等内容，累计组织和指导开展各类常态化应急演练20余次，通过演练，高度还原和贴近了实战，让全员了解、熟悉应急处置程序和操作要点，达到"以练代战、练即是战、战即是练"的目的。

此外，他积极组织参与地方政府组织的联合应急演练20余次，通过演练健全与口岸委、卫健委、边检、疾控、医疗机构等部门的协调联动机制，实现高效顺畅的人员移交管控。他多次在霍尔果斯公路口岸牵头组织开展新冠肺炎疑似病例排查处置应急演练，得到了国家疫情防控专家组、新疆维吾尔自治区疫情防控工作指导组和各级观摩单位的高度评价和肯定。

抗疫之方案预案编写篇

方案预案的编写，看似"照葫芦画瓢"，但要既结合实际，又具有可操作性，写起来就没那么容易了，不仅需要收集大量的文件资料作为文件支持，还需要有良好的实践技能和文字表达能力。孟小林细心收集整理自疫情发生以来的国务院联防联控机制、海关总署、自治区、乌鲁木齐海关、伊犁州、霍尔果斯市各层级的疫情防控预案、方案、技术规范等重要文件110余份，分门别类，整理成电子档案，逐一梳理海关工作依据，理清海关法定职责权限，为依法科学精准做好疫情防控提供文件支持。

他作为疫情防控专家组组长，认真研究学习国家卫健委各版诊疗方案、海关总署的各版技术方案和操作指南，本着科学、严谨的态度，从

三、惟其艰难，方显勇毅 | 379

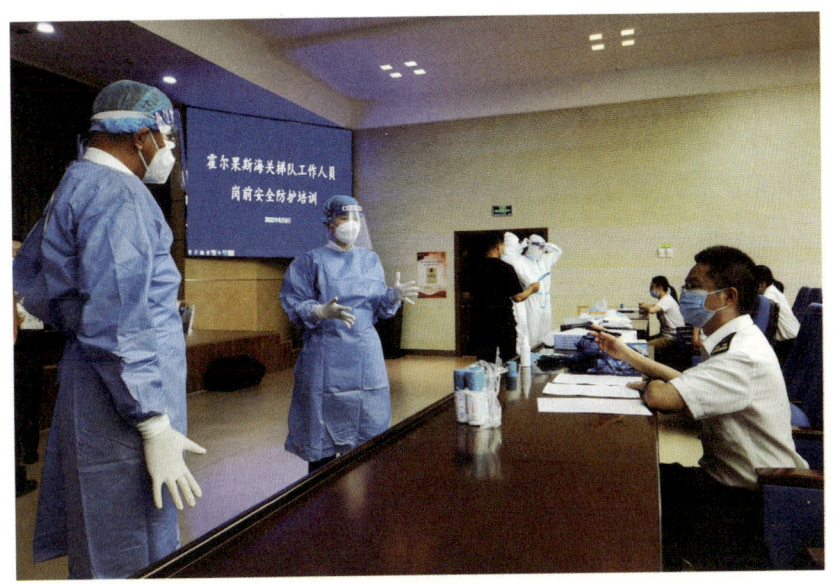

开展梯队人员7件套穿脱考核
安乐 摄

专业角度起草制订了《霍尔果斯海关新型冠状病毒感染的肺炎疫情口岸防控应急预案》（第1~3版）《霍尔果斯海关落实防控新型冠状病毒肺炎的工作措施》（第1、2版）、《霍尔果斯海关旅客疫情防控工作方案》《霍尔果斯海关旅检监管流程图》等技术指导文件，从严从细指导一线疫情防控工作，并根据疫情防控技术方案和操作指南的变更，同步修改调整和简化旅检疫情防控工作方案，推动疫情防控工作的程序化、标准化和规范化。

为了使方案预案更具可操作性，他不厌其烦地更新相关配套文件，他五次更新图文版《穿脱防护用品程序图》（第1~5版），通过简单明了的图示，指导一线关员规范穿脱。三次规范简化《口岸新型冠状病毒肺炎卫生检疫操作指南》（第5~7版），形成重点突出、图文并茂、便于掌握的操作指南摘要"口袋书"，供一线人员随时参阅。

抗疫之细节决定成败篇

孟小林工作繁忙，但忙而不乱，从细微之处入手，尽心竭力地把工作做得又细又实。他抓交通工具运营者主体责任，编制了中俄、中哈对照版的"车辆申报单附页"和"进/出境旅客名单"，涵盖检疫要素，压实交通工具运营者的申报主体责任。他编译交通工具和客运站疫情防控广播内容，通过反复广播提醒出入境旅客加强健康申报管理。他设计应急物资日耗台账，使物资日耗、周耗、月耗一目了然。他为了让外籍和少数民族出入境旅客能更方便地填写健康申明卡，在健康申明卡"五易其稿"的情况下，自行排版复印五版中哈、中俄对照版的健康申明卡。由于人流、车流管控，在无法请设备工程师对现场设备故障排查检修的情况下，他认真研究卫生检疫智能查验台的构造和工作原理，自行修复查验设备故障6台次……他以严谨细致的精神将"细微之处决定成败"落到了实处。

不在边关，我们无法想象口岸的孤独寂寞；不在一线，我们无法感受现场的忙碌艰辛；不穿防护服，我们更无法理解自由呼吸的可贵和面对病毒的无所畏惧！孟小林是一线海关干部的缩影，他用实际行动展示了边关人"特别能吃苦、特别能忍耐、特别能战斗、特别能奉献"的职业精神，用实际行动展现了海关的"责任担当"。

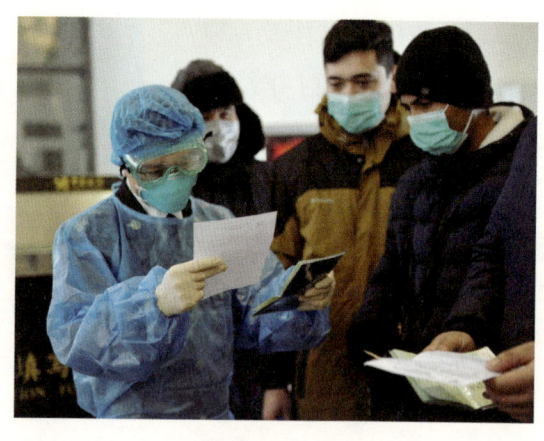

核验入境人员
健康申明卡
安乐 摄

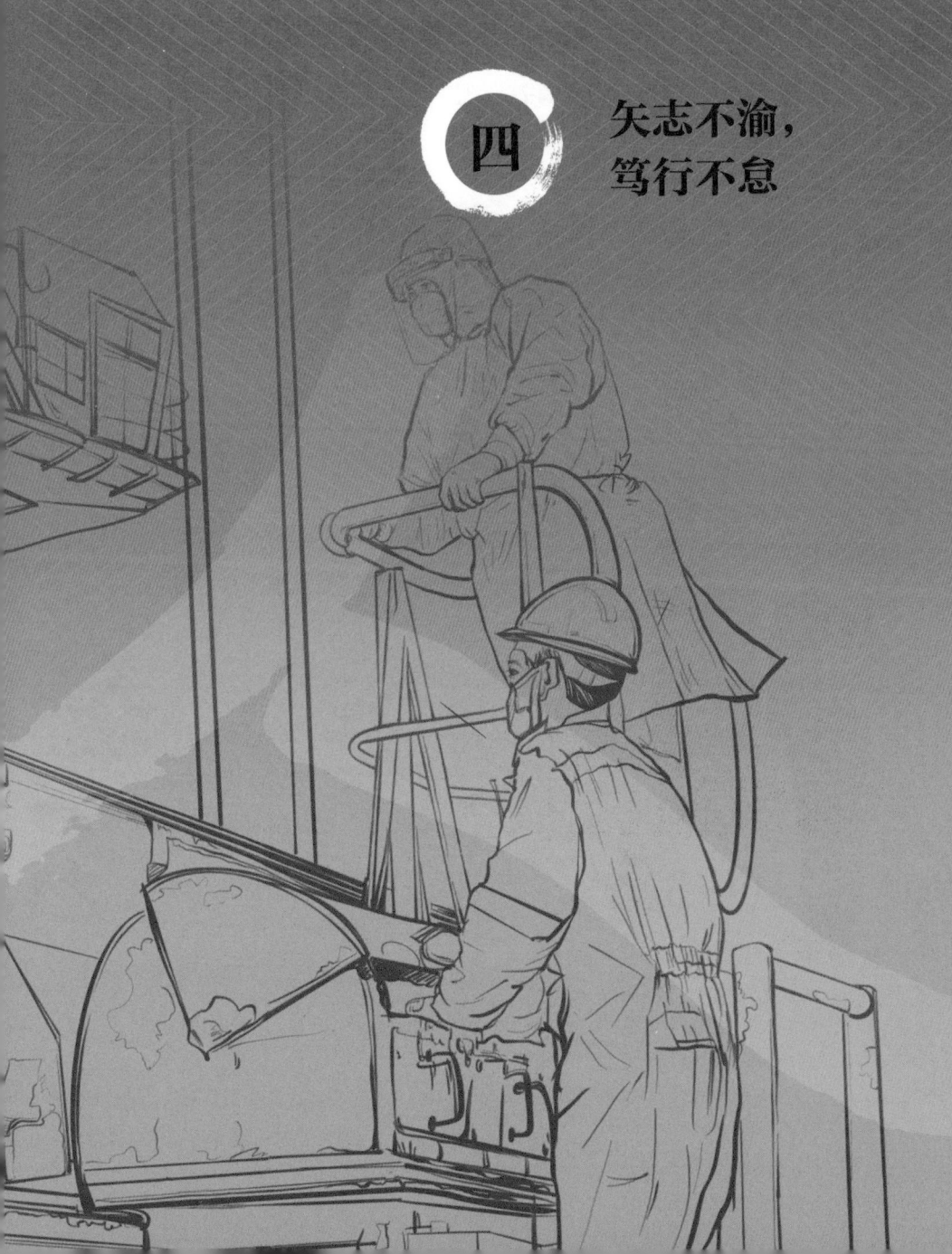

四 矢志不渝，笃行不息

北京海关

严守国门显英姿，坚守基层彰初心
——记"全国海关系统抗击新冠肺炎疫情先进个人"张廷举

北京海关所属首都机场海关　张彤

我是光荣的海关人

金品旭　摄

　　风雨多经志弥坚，关山初度路犹长。有道是英雄出自平凡，来自首都机场海关物流监控处基层一线的张廷举，作为该处航监六科的科长，担起责任走在前，牢记使命作表率；作为一名基层支部书记，组织活动学党史，坚定信念跟党走；作为驻守国门基层一线的关员，一线冲锋显担当，爱岗敬业甘奉献，8次参加疫情防控封闭管理工作，全力抗击疫情，保障国门安全，筑牢国家口岸安全防线。

　　"全国海关系统抗击新冠肺炎疫情先进个人"以及多次获得"优秀公务员""优秀党员"等诸多奖项，是对张廷举十五年如一日扎根基层、一心为公的阶段性肯定。

尽小者大，慎微者著。航空器登临检查处置，每日单据信息核对上报，与旅检现场及各相关部门建立联系机制保障通关效率……这一件件看似简单重复的工作，张廷举总是仔细交代科里人员："必须要时刻绷紧弦，熟事生办，两名关员在执法工作中需相互提醒、相互监督。"他要求每一名同志对自己负责的现场业务必做到细之又细、精之又精，在确保个人安全的前提下，提高日常工作效率。物流处航监现场业务链条长、范围广，既有室内申报受理、数据统计报送，也有航空器登临检查等室外工作。不难想象，寒冬、酷暑来临之际，航监现场工作条件之艰苦，从手指尖被冻得毫无血色到全身衣物被汗水浸湿，他始终以"向我看、跟我干、让我来"的担当精神身体力行，冲在最前线、走在最前列、严抓各项工作，将党和人民的要求体现到真抓实干的具体行动上，体现到推动一线工作的实际举措上，体现到实实在在的发展成效上。

现场消毒作业
张晓娟 摄

"舍小家、为大家"，发挥党员带头作用

有些战争，听不到炮火，却看得见奉献。2020年1月24日除夕夜，本在老家山东临沂陪伴家人的张廷举，接到单位的电话，告知其需尽快返岗参加抗疫工作。而此时他的母亲即将进行胆囊切除手术，作为独生子女的他，虽十分忧心母亲身体状况，但他知道自己不仅仅为人子女，更是一名扎根基层的公务员、一名海关关员、一名共产党员。心中

的责任和使命让张廷举义无反顾地连夜收拾行李，主动取消春节休假，立即返程投身航监现场抗疫工作。从大年初一晚上到大年初二的深夜，近 30 个小时不眠不休地工作，张廷举用实际行动践行了一名国门卫士的忠诚和担当。如今他说起这段往事，也只是淡淡笑了笑说道："当我返岗后，领导曾说过'你回来带班我就放心了'。这是领导的信任和嘱托，也给了我信心和力量，同时也给了我一次春节守国门的机会，而我只是万千冲锋陷阵的基层海关关员中的一员罢了。"

创新优化流程，实干创造佳绩

凡事预则立，不预则废。新冠肺炎疫情防控初期，面对登临现场工作人员短缺、与航司工作人员沟通对接效率较低、与各相关部门现场信息交流相对滞后等一个个工作难题，张廷举详细收集当下现场问题。在高强度的工作结束后，他组织业务骨干研讨、分析原因、寻找对策，以不厌其烦的耐心、层层剥笋的细心，主动寻求机制创新，并充分发挥个人精湛的业务能力，结合新冠肺炎疫情特点，摸索创建"信息早收集、方案早制订、责任早落实"的"三早"工作模式，在 2020 年年初外防输入的关键阶段起到了重要作用，并取得了良好的成效。

优秀是一种习惯，不麻痹、不厌战、不松劲已融入张廷举的骨髓血液。他在新冠肺炎疫情防控中频频取得的优异成绩，是每一次突发事件时的经验积累，是日复一日重复工作的磨炼提升。2009 年甲型 H1N1 流感发生，那时张廷举入职

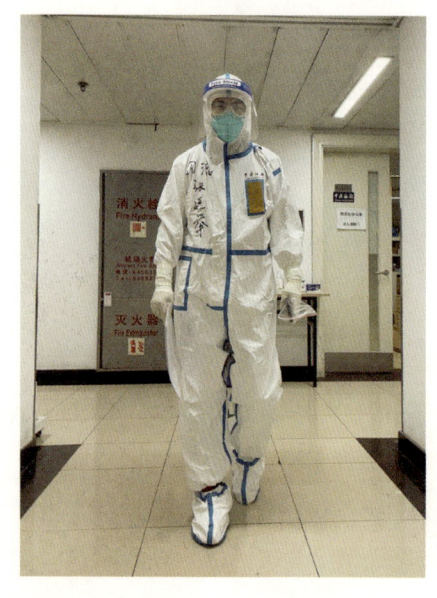

做好登临检疫准备　张晓娟　摄

四、矢志不渝，笃行不怠 | 385

尚不满两年，却已经成为科室业务骨干。认真负责是他的标签，求真务实是他的作风，在带队工作期间，他多次排查检出入境航班上的确诊病例。2014年2月，埃博拉病毒蔓延多国。时任现场一线科长的张廷举主动请缨，认真研读各种防控文件规定，分享多年一线工作经验，叮嘱科里人员做好自身防护，带头登临航空器进行排查，以实际行动消除同事们的恐惧心理。"别怕，我先上"，简简单单一句话，是对自己业务水平的自信；转头默默前行的背影，是一名一线科长的担当。

奋斗一线十五载，团结协作助力"双奥"

何其幸运，从2008年北京夏奥会、残奥会，到2022年年初的北京冬奥会、冬残奥会，这座"双奥之城"的荣光让全世界瞩目。国门一线的海关工作者用"海关速度"让全世界看到"可亲、可敬、可靠"的中国海关形象，用实际成果的展示让全世界看见"一起向未来"的大国胸怀，张廷举正是这万千国门一线工作者中普通但又不平凡的一员。

这场盛事无疑是对首都机场海关抗击新冠肺炎疫情工作的一次考验，更是对物流处航监现场登临一线的考验——既需保证通关效率，又要严防新冠肺炎疫情输入。

冬奥会、冬残奥会期间航班总量大，航班时间无规律，专包机等重点航班多，而涉奥航班保障又必须做到零失误，张廷举虽有着2008年夏奥会的工作经验，但也深感压力。

奥运会保障期间，为确保登临检查时高效测温排查保障通关效率，张廷举结

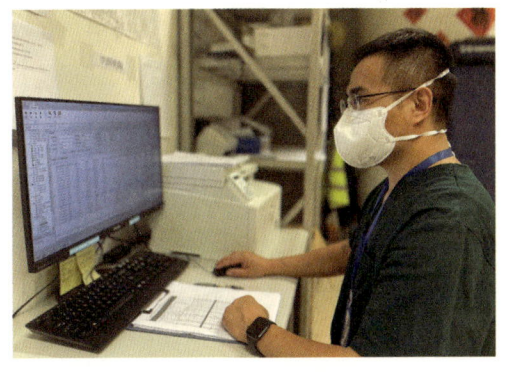

正襟危坐，运筹帷幄　　张晓娟　摄

合当时工作模式，充分发挥组织协调优势：科内人员协调配合，对科内工作人员进行合理调配，设置数据信息组、登临查验组、备勤支援组，由科长统一指挥，各组协调配合，保障日常防控工作开展；加强与"兄弟科室"的信息沟通，建立应急机制，遇到航班量密集时段或突发状况相互支援；与旅检处对应科室建立联合工作群，实时交流旅客、机组人数及红码人员等重要信息，有效提升沟通效率，提高工作成效。

关心关爱新同志，增强团队凝聚力

谆谆叮嘱在耳边，循循善诱显关怀。张廷举作为科室的"大家长"，始终将关心关爱摆在第一位置，用实际行动将关心关爱落到实处。他常将"身体是革命的本钱"挂在嘴边，在疫情防控政策允许之下，主动带领大家运动健身，增强个人身体素质；时常和科室人员谈心谈话，主动沟通询问当下是否有特殊困难，是否需要帮忙，第一时间为同事排忧解难。2022年3月31日下午，像往常一样，在T3-E航监现场执勤的张廷举正在叮嘱航班登临工作细节，一名新关员突然胸闷头晕，身体不适。作为科长，张廷举立刻安排该关员回宿舍休息，于晚间再次询问其身体状况，得知相关症状尚未缓解，并伴有面色潮红症状。张廷举立刻驱车带着该关员前往最近的医院就诊。经过一系列的检查，确认该关员只是疲劳焦虑而无重大病情隐患之后，张廷举提着的心终于放了下来，放松了紧绷的神经才感觉到身体的疲惫，方才察觉已是凌晨。将该关员送回宿舍叮嘱其早点休息后，他又继续返岗工作。

张廷举事后说道："新关员大多都是刚刚毕业、初次远离父母的孩子，我们作为基层领导干部除了要在工作中引领他们，更要在思想和生活上给予力所能及的关心和照顾，要让他们切实感受到海关大家庭的温暖。"

此外，张廷举时刻践行"严管就是厚爱"，定期举办穿脱防护服培训，与科室同志一起学习交流新版穿脱流程，严格要求、时时提醒，耐心纠正不规范动作，确保每一名同事都熟知穿脱防护服流程及注意事项。他对大家解释道："把每个动作都做到规范才更能保证大家的安全，才是对我们所有同志最大的爱护。"

领誓重温入党誓词

戴嘉幸 摄

张廷举时刻强调一个团队有凝聚力，才有战斗力。作为一名基层党支部书记，他先后在支部开展"铭记历史、不忘初心、牢记使命、抗击疫情"主题党课学习分享，组织参观游览香山革命纪念馆等主题党日活动，带领支部党员学习先辈们革命精神，牢记共产党员初心使命，增强了支部的向心力和凝聚力，努力将航监六科党支部打造成为经受得住考验、勇于担当作为、扎根一线的坚强战斗堡垒。

初心如磐践使命，奋楫笃行启新程

2021年12月12日，刚值完夜班的张廷举因过度疲劳不慎扭伤了脚踝，领导探望后决定让他在隔离酒店休息养伤。但张廷举放心不下现场，第二天下午又回到T3-D处置专区航监现场工作，以"朝受命、夕饮冰"的事业心和"昼无为、夜难眠"的责任感坚持完成封闭管理工作。在此次封闭管理工作中，张廷举多次忍着疼痛，与现场关员共同坚守一线岗位，夜间登临保障客货机20余架次。腊月的雪落在机坪、落在身穿防护服的张廷举和现场关员身上,但他们眼神坚毅,逆着风雪而行。那一刻他们是同事,是战友;那一刻航监现场所有工作人员凝聚一条心,拧成一股绳,奋发一起干,以强大的向心力、凝聚力、战斗力,齐心协力共战考验。

过往辉煌皆为序章,前方征途道阻且长。张廷举扎根基层,十五年如一日严守国门安全,保持奋勇争先、勇创一流的精神状态,坚持求真务实、臻于至善的工作作风,秉承遇事不绕道、遇难不退缩的工作精神,在航监现场做好、做实、做精、做细每一项工作,以平凡人平凡岗成就不凡事业。而就在此时此刻,首都机场航监现场和全国海关口岸一线有着千百名像张廷举一样的海关人,他们心怀家国,保持"翻过一山再登一峰"的干劲,努力打破平庸,创新工作模式,科学精准实施口岸疫情防控,不断优化工作流程,用最坚决的态度、最迅速的行动、最有力的措施,有创新、有特色、有质量地推动新时代海关事业发展。

天津海关

> 我们只要手不停歇，大家就会踏实一些
>
> ——李智慧

记"全国海关系统抗击新冠肺炎疫情先进个人"李智慧

天津国际旅行卫生保健中心 李智慧 詹曦菁

"今天是 2022 年 7 月 23 日，我们在一线抗疫 915 天，检测样本总数 2 431 015 份。"天津国际旅行卫生保健中心（以下简称"保健中心"）这张每日更新的抗疫记录板记录了天津海关实验室人抗疫的点点滴滴。

实验室检测人员很少出现在大家的视线里，大多数时间都默默地在实验室工作。但是，在这场新冠肺炎疫情防控阻击战中，他们从未缺席，用一份份样本和试剂担起了抗疫的担子，将疫情阻挡在国门之外。

防范境外疫情输入，口岸是重中之重。在天津海关抗击新冠肺炎疫情的前线，保健中心是口岸疫情防控的重要技术支撑部门，实验室是为临床诊断及时提供专业科学依据的科室，检测人员就是医疗战线上的"猎毒人"，他们和新冠病毒近乎"零距离"。

李智慧是保健中心实验室的一名副主任技师，她所在的实验室承担了天津空、海两港入境人员及进口商品新冠病毒核酸检测任务，作为一名专业技术干部，她沉下心、俯下身，充分发挥党员干部先锋模范作用，迎难而上、共克时艰，把实验室视为战场，把仪器、试剂当作武器，奋战在口岸抗"疫"一线，用实际行动充分展现了国门卫士风采，在幕后守护着人民群众生命安全和身体健康，全力以赴"筑牢口岸检疫防线"。

疾风知劲草，烈火见真金

疫情就是命令，防控就是责任。面对疫情挑战，李智慧积极响应"疫情面前有支部，我是党员我担当"的号召，主动放弃春节休假，冲在前，做在先，以坚定的信念和饱满的热情投入疫情防控工作中，和战友们一起奋战在国门最前沿，构筑起一道疫情防控的坚固防线。2020年除夕夜，天津市新型冠状病毒感染的肺炎疫情防控工作指挥部接到某邮轮的告急消息，紧接着对该邮轮发热病人进行样本检测的任务也迅速下达到保健中心，天津海关抗疫的冲锋号全面吹响，打响迎战发令枪！李智慧平时话语不多，遇事不急不忙，在病毒面前，立即成为冲锋陷阵的排头兵，备战！应战！她将正在备战中考的孩子匆匆交给年近八旬的公婆，和同时也在疫情防控一线的丈夫开始了并肩作战，她心中默念："一定要以最快的速度准确地完成检测，不能让这艘巨轮成为海上孤舟，不能让近数千人的健康安全没有保障！"

大年初一一大早，李智慧就到达工作岗位，和大家一起围绕规范操作流程、保证检测质量、做好生物安全防护等方面进行了精心准备，并积极与疾控部门专业技术人员沟

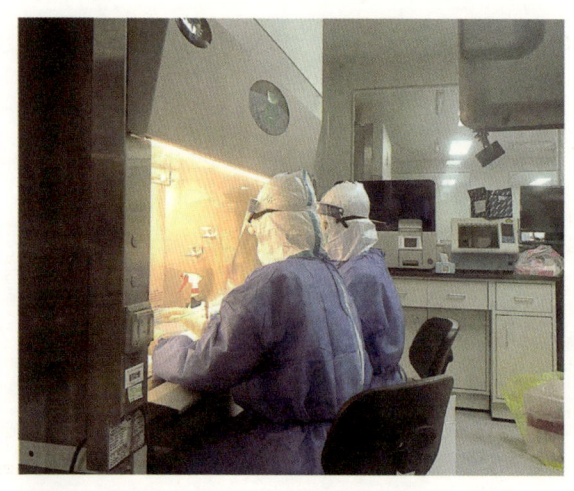

深夜进行双人核酸提取　　刘洁　摄

通，商讨合理安排检测工作。按指挥部安排，实验室接到部分样本，立刻投入紧张的检测工作中，时间一分一秒过去。岸上、船上、实验室内、实验室外，大家都悬着心等待最后结果。李智慧与同事们经过近6个小时的紧张忙碌，顺利完成了天津口岸首次新冠病毒核酸检测。"全部为阴性，排除感染新型冠状病毒肺炎！"看到检测结果的那一刻，笑容洋溢在每个人脸上。

大年初二，她在连续工作十几个小时后，又接到了某货轮船员发热需要检测的紧急任务，于是再次返岗，投入到紧张的检测工作中，试剂准备、加样、扩增……手头的工作一刻也没停过。

新冠病毒核酸检测是高风险的"活儿"，检测人员必须全部实行封闭管理。在实验室这个负压、狭小的空间里，混杂着消毒水的味道和各种设备的嗡鸣声。实验室各个区域之间既有严格的分工，又有密切的配合；既有开箱摆样的重复性"劳力"，又有注意力高度集中的"劳心"。

2020年3月，天津作为首都入境航班指定入境点之一，入境航班骤然增加，大量需要紧急检测的样本一批批涌来。凭着扎实的专业技术和严谨的工作作风，李智慧与同事们检出天津口岸首批次新冠病毒核酸结果呈阳性病例，并取得自主报告阳性结果的资质。最紧张忙碌的时刻也随之而来，旅居国外的中国同胞纷纷回国，每天五六架航班，时间不定，往往是还没等睡着就要去执行下一个班的任务；要确保实现实验室无缝隙衔接，做到"人停机不歇"，利用交叉轮班作业的方式，加快病毒检测的速度，下一班的人员要在上一班人员下班之前到位，脸上的勒痕还未散去，又得添上新"彩"……

李智慧每次在实验室检测时，防护服里的衣服都湿透了，有时还会感到呼吸困难、憋闷，加上要一直低头做实验，时间长了导致颈椎僵硬，直不起身，出现头晕、恶心的不适症状，加上对孩子、父母的担心，

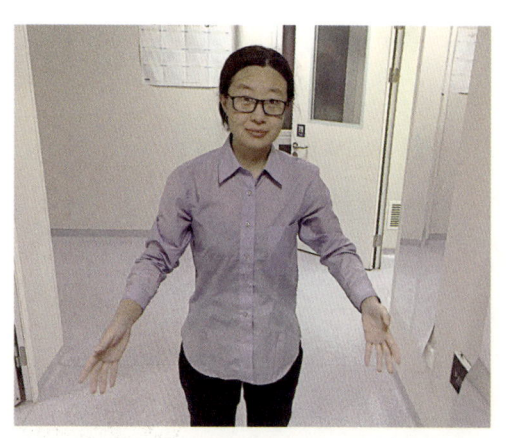

汗水湿透衣衫
张海英 摄

她曾在房间里偷偷哭泣。但她默默擦干眼泪，依然无怨无悔地战斗在最前线，把好防范境外疫情输入第一道关。

实验室和酒店间"两点一线"，班车接送、连轴转、昼夜干，这样的拼搏日子，这样的工作节奏，一直持续着……

天津作为对外交流相对发达的城市，入境人数较多，加上为首都机场分流，天津口岸检测能力面临前所未有的挑战。按天津海关党委的决策部署，相关部门火速组建联合新冠病毒核酸检测组，李智慧第一时间加入其中。

2021年春节，李智慧又把假期献给核酸检测工作。她的孩子只能无奈地"抱怨"："智慧妈妈把她的智慧全都给了工作。""爸爸妈妈，去年我们就没去姥姥家拜年，今年也不能去看姥姥和姥爷了？"孩子的声音特别委屈。疫情发生以来没有好好陪家人吃过一顿饭、聊过一次天，老人、孩子生病只能靠亲戚帮忙，她虽遗憾，但还是说："孩子、家人以后补偿，抗疫工作不能等、不能停。"

用智慧克难。"在这场疫情攻坚战中，作为一名检测人员，低头忙碌，是我们的日常。"作为一名有着20多年口岸检疫工作经验的检验师，李智慧曾参与了多次全球性流行病的检疫防控工作，对口岸传染病有着独特的专业认知和职业敏感性，新型冠状病毒肺炎疫情刚刚发生的时候，她就有意识地通过文献、网络学习新冠病毒的相关知识，为迎接检测做好准备。

新冠病毒核酸检测的过程需要样本接收信息统计、试剂配制、样本预处理、核酸提取、产物扩增、结果判定、核发报告等多个步骤。每个步骤看似简单，但是人工操作多，在加样的环节要一直重复开盖、吸样、盖盖子的动作,一天下来手很酸,有时甚至抬不起来,而且操作环节都要轻拿轻放,精神高度集中,如果不专心就会出差错,甚至有暴露感染的风险。在穿戴生物安全三级防护装备的情况下,她经常是完成四五个小时的高风险核酸提取后就立即投入 PCR 扩增、结果分析、可疑样本的复测中,她说:"我们只要手不停歇,大家就会踏实一些……这一个个数据,关系着国家的安危。我们是人民群众健康的'把关人',在疫情面前,我们要'动手'快一点,再快一点。"

为做好新冠病毒核酸检测工作,李智慧作为技术骨干反复钻研学习新版疫情防控方案、检测技术指南。

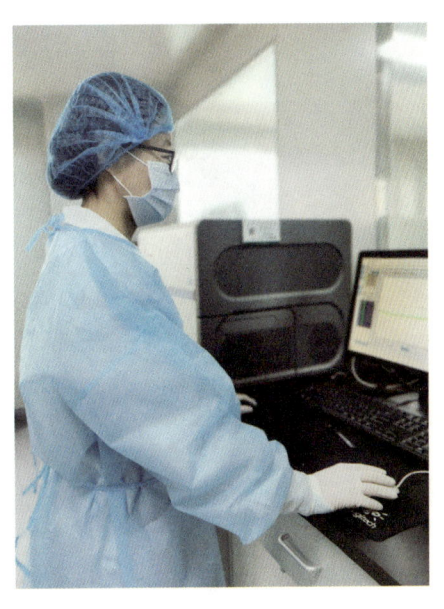

进行核酸扩增
结果判读
李娜 摄

她抓住检测工作的间隙,和来自不同中心的同事们见缝插针地召开"诸葛亮会",对工作思路、实验设计、结果分析、检测中遇到的问题等关键节点进行研讨,这种讨论往往延续到深夜甚至凌晨。"做新冠病毒核酸检测工作不能光'低头拉车',更要抬头看道儿,定期把大家召集起来开个'诸葛亮会',通过经常性交流经验,剖析问题,共商难题,互学互鉴,明确思路,学身边的人儿,教身边的法儿,集思广益聊'实干',不断'赋能''充电',这样检测工作干起来才能有章有法、有板有眼,效率和准确度会提高很多……"

和蔓延的疫情赛跑,没有捷径,没有技巧,比的是速度、专业,更是信念,她精益求精,勇做"刀尖上的舞者",用技术支撑防止疫情蔓延。新冠肺炎疫情是一次重大突发公共卫生挑战,规模化标准化核酸检测是救治环节之前的一个主战场。实验室主要采用荧光反转录-聚合酶链反应(RT-PCR)方法对样本进行新冠病毒核酸检测,为确保检测

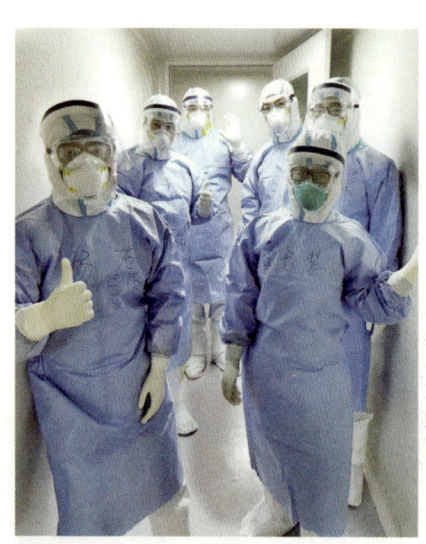

整装待发，准备
进行核酸检测
詹曦菁 摄

结果万无一失，她和同事们采用双靶标联合三靶标两种试剂对样本进行检测及结果比对，碰到处于临界值的弱阳性标本、单靶标阳性标本、双试剂比对结果不一致标本，就需要重新扩增，必要时要对样本重新进行核酸提取，既不漏掉一例，也绝不误判一例。

确保检测结果的准确性、及时性，不仅是评判检测人员能力的依据，更是对受检者负责、对整体疫情防控工作负责的大事。身为实验室授权签字人，实验室核酸检测的骨干，她深知自己责任之重，把全部心思都放到了高质量完成工作上，严格审核判读结果，确保检测结果准确无误。为缩短检测时限，她提出合理化建议，优化检测流程；为解决样本高通量核酸提取问题，她积极参与新购设备论证，对新设备、试剂开展验证，确保尽快投入使用；她率先完成国家卫健委能力验证，为确保检测结果的准确性再加一道保险扣。由于长期低头工作过度劳累导致颈椎经常性疼痛，她常常需要把电脑高高架起仰脖子工作。凭着这份执着，她努力成长为一名信得过、靠得住、打得赢的海关卫士。

一花独放不是春，百花齐放香满园

李智慧卓越的业务能力也让领导和同事们纷纷认可、点赞，在天津海关紧急调配人员支援实验室任务中，她多次承担起对新同事的培训指导工作。她密切关注海关总署、国家卫健委、世界卫生组织（WHO）及其他权威机构发布的最新政策、检测规范，在完成大量检测任务的同时，放弃难得的休息时间，全力以赴适应"传帮带"的新角色，以实验室检测过程中所发现的重点问题为切入点，深入剖析每类问题的防范措施，并将生物安全防护以及实验操作的细节进行演示，帮助新同事尽快掌握，尽快投入工作，在"传帮带"中切实助力形成"头雁先飞领飞，群雁跟飞齐飞"的格局。

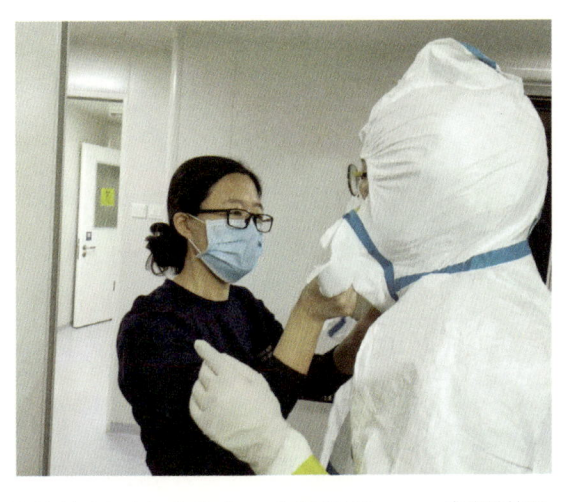

穿脱防护服指导
詹曦菁 摄

"外防输入，内防反弹"。作为天津滨海新区人大代表，李智慧利用周末时间，主动下沉社区，充分发挥人大代表联系人民群众的桥梁纽带作用，积极倾听群众的呼声，做群众的贴心人，积极发挥海关一线工作者的专业优势，深入社区宣传疫情防控知识、助力核酸大筛、开展疫苗接种"敲门行动"等服务工作。

在天津疫情严重期间，李智慧主动报名加入社区疫情防控志愿服务队，凌晨5点就到达社区检测点，顾不上用餐立刻换上防护服投入志愿服务工作中去。守在通道旁，为排队的群众分组，检查证件，为赶去上班的居民协调提前进行检测。大寒之寒，冻僵了志愿者的手脚，口罩很快湿透结冰，为了尽快恢复群众的正常生活，为了"滨城"人民的健康，李智慧和志愿者一刻也未曾休息。

"大爷大娘，您有什么关于接种疫苗顾虑或者问题，尽管跟我说，

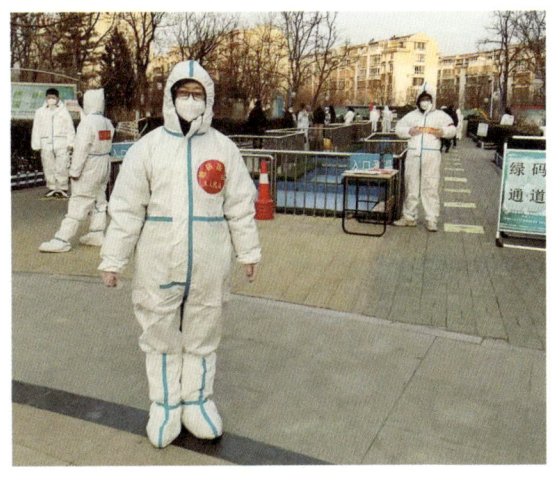

参加"滨城大筛"志愿服务　　毕秀英 摄

能解决的我一定帮您解决。"在走访过程中李智慧与社区老人亲切交谈，倾听老人的疑虑，利用职业专业优势为老人讲解最新的疫苗接种政策，耐心解释新冠疫苗科学知识；她和同行代表们一一记录好老人的问题，结合自身经验与居民进行深入探讨。

2022年6月16日，李智慧作为海关系统代表参加中国共产党天津市第十二次代表大会，来到天津礼堂大会现场。"我当时心情非常激动，能够得到广大海关系统党员的信任，深感使命光荣、重任在肩。"

因表现优异，2020年10月，李智慧被评为"全国海关系统抗击新冠肺炎疫情先进个人"。她说："这个不仅仅是我个人的荣誉，是实验室这个集体的荣誉，更是对我们整个检测实验室的认可，将继续激励我立足岗位实际，勤学善思，深入钻研，提高技术技能水平，投身疫情防控阻击战。"

技术见真章，党徽显光芒。"作为一名党员干部，我不会忘记在党旗下的誓言，更不会忘记我入党的初心。"李智慧不断以甘于奉献、昼夜坚守的精神力量，诠释着海关人的峥嵘本色，以踏实敬业、勤勉苦干的初心使命，筑起疫情防控国门防线。

石家庄海关

坚持就是胜利

——记"全国海关系统抗击新冠肺炎疫情先进个人"谭明可

石家庄海关所属曹妃甸海关 孙世康 吴子晓

2022 年是谭明可就地过年、坚守疫情防控战线的第三个年头。3 年来，这位医学专业出身的"90 后"，从安全保障到防控一线，从机场流调到船舶检疫，从热血报国到坚守国门，实现了一名专业、无畏、担当、奉献的国门卫士的完美蜕变。

集结

在过去的 4 年里，作为曹妃甸海关的一名普通关员，谭明可长期在渤海湾的一座小岛上工作，距离家乡几百公里，车程六七个小时。2020 年春节，谭明可回到阔别已久的山东老家。他推开家门，正准备在祥和的春节假日中卸下一年的疲惫，却忽然接到组织的通知："突发新冠肺炎疫情，所有人员返回工作岗位待命。"

2020 年年初，新冠肺炎疫情蔓延。党员和干部迅速投入各条防疫战线中。谭明可意识到事情的严重性，下定决心地说："爸妈，岗位需要我，我要回去，回到我奋斗的地方，你们在家也要戴好口罩，保重身体。"

拎起还没打开的行囊，辞别亲人，谭明可走出家门，不愿看到父母担心的目光，也害怕自己会有一丝的犹豫。在这场没有硝烟的战争中，他深刻感受到自己理应承担的责任和义务，于是义无反顾地回到了小岛，投入到工作中。他以一名"90后"关员的忠诚担当，诠释着海关人的坚毅勇敢。

到岗后，谭明可系统梳理了疫情防控工作后勤管理相关事项要求，紧急联系防护物资，为抗疫一线人员构建坚实的后方"大本营"，为在岗关员构建可靠的防护安全墙。他每日关注疫情发展的趋势，不断学习、思考，梳理疫情防控后勤管理事项清单，研究制订防疫期间进出人员管理、办公环境卫生、用餐环境安全实施方案，发布《曹妃甸海关关于加强疫情防控期间门卫管理的通知》，通过实施来客登记和体温监测、设置出入双向"两表两通道"措施将疫情风险阻断在关门外，避免人员交叉感染；制作并张贴"每日消毒登记表"，严格公共场所、办公室、卫生间、食堂、电梯间等重点区域日常消毒；设置临时隔离室，确保各项防控措施落实到位。为了避免因疫情原因被封闭，保证第一时间在岗，他近两个月吃住在机关大楼，保障机关大楼的正常运转，做好一线人员的"勤务兵"。他积极联系医疗用品厂家，紧急购买防护物资，做好一线人员防护保障工作。累计购买一次性医用外科口罩 40 000 余只、防护服 500 余套、医用 N95 口罩 2 000 余只；在单位防疫物资紧缺的情况下，主动与地方相关单位沟通，协调解决口罩 1 100 只、额温枪 2 个、防护服 6 套。按照曹妃甸海关要求统一调配使用，保障了一线执法人员和关员疫情防控工作需要。

出征

2020年3月,疫情防控工作重心转向"外防输入"。北京首都国际机场国际航班部分分流至石家庄正定国际机场。疫情就是命令。石家庄海关闻令而动,尽锐出战,迅速抽调各口岸卫生检疫业务骨干,第一时间驰援石家庄机场。得知这个消息后,谭明可坐不住了。"我是一名医学生,理应前往支援。"可当他将自己的想法告知父母,得到的却是反对的答复。"去机场是不是要面对很多感染的人?""如果做不好防护被感染了怎么办?""在那里生活条件是不是不好?不行,绝对不行!"父母满心担忧。谭明可摸着胸前的党员徽章,看了看肩上的关徽,他明白,勇往直前践行初心使命才是无悔的选择。他一边安慰父母,一边偷偷递交了前往石家庄机场的请战书。凭借着过硬的专业背景和工作能力,谭明可顺利入选支援人员名单。

"爸妈,我还是来石家庄机场了。这里挺好的,组织上为我们做了充足的准备,你们就放心吧。"父母最终被这个倔强的孩子说服了:"既然去了就好好表现,家里一切都挺好的。好好吃饭,我们在家等你凯旋。"这是千千万万奋战在疫情防控一线海关战士们的缩影,面对家人们的期盼,面对疫情,海关人要做的是守好国门。身后是祖国,身边是战友。召之即来、来之能战、战之必胜。

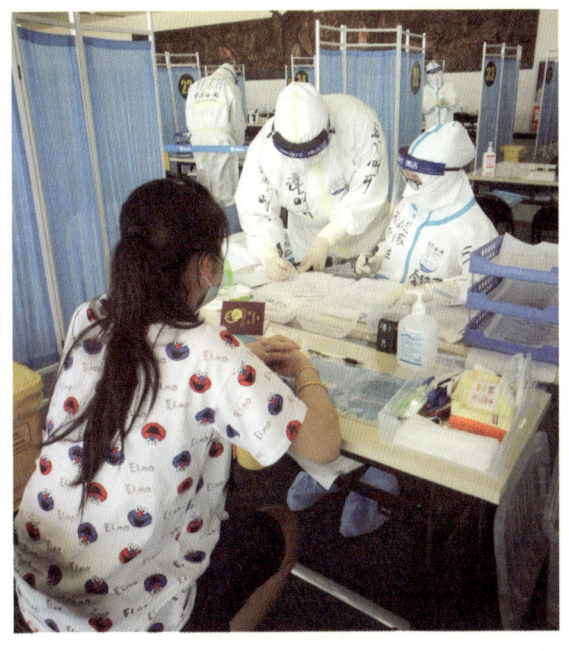

支援机场执行入境检疫任务　　王志明　摄

由于具备扎实的专业背景及出色的工作能力，谭明可被安排在机场检疫的流调组。流行病学调查工作任务重，复杂问题多，作为流调小组组长，他充分发挥医学专业优势，主动学习新冠肺炎防控知识，参加疫情防控相关演习，配合完成防护服穿脱演练。在流调工作开始前梳理现场流调各个节点，提前了解回国人员基本情况，加强对航班、人员、风险情况等的数据分析，做到心中有数，高效保障旅客入境归国。

第一架航班如约而至，尽管做了充足的准备，工作中还是出现了一些让谭明可意外的情况。首先是语言问题，当很多外国旅客到来，交流成了很大的问题。流调工作中谭明可需要透过布满雾气的护目镜和面屏填写工作记录，详细了解旅客在国外的居住史、出发国家的病例情况。有些专业词汇对于外国旅客来说也十分难以理解，更何况戴着厚重的口罩，一个旅客的流行病学调查，就需要十分钟左右，之后他还需对组内已完成的单证记录进行复核。

航班结束，往往已经是深夜，来不及顾及疲惫，谭明可需要在工作群里反馈当天出现的问题与新的情况，每一次对于他来说都是重复的劳动，但是每一次也都是崭新的工作。在支援机场的一百余天里，他参与接机近40架，参与流调旅客1 800余人次。流调工作结束后，他主动承担起"防护监督员"职责，监督战友穿脱防护服，每一次穿脱防护服前后，或以身作则、或从旁检查，他要求大家科学防护、严谨穿脱，绝不允许有敷衍应付、交差了事的心态，全力保证一线防疫人员"零感染"。

2020年5月20日是谭明可计划与女友领证结婚的日子，但由于机场的支援任务，计划只能推迟。"我从来没有怪过他，他在我心目中是我的依靠，现在也成了单位的依靠。为国奉献，结婚日期推迟也是理所应当，我会等着他早日凯旋，补给我一场盛大的婚礼！"

四、矢志不渝，笃行不怠 | 401

"盛露莹，疫情结束我们结婚吧！"一句承诺饱含着对爱人的愧疚，也坚定了疫情之后，春暖花开的愿景。这是海关人的浪漫，这是海关人的坚持，这是海关人的大爱。

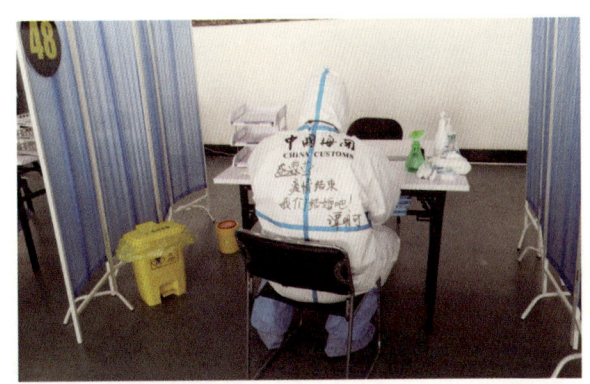

身背承诺　王志明　摄

冲锋

2020年6月，谭明可圆满完成在石家庄正定国际机场的支援工作。结束居家隔离之后，他没有选择休假，而是继续投入曹妃甸口岸的疫情防控工作中。从"内防输出、外防输入"到"外防输入、内防反弹"，再到疫情防控"常态化"，从空港到海港，不同的时空，相同的责任。国内外疫情形势不断变化，不变的是他坚守一线的决心。新冠肺炎疫情发生后，疫情防控政策及要点不断更新，卫生检疫要求日渐严格。他充分发挥医学专业优势，在工作笔记上，密密麻麻地记录着卫生检疫工作中需要注意和改进的地方，立足于一线实际，结合最新防疫政策和最新形势，认真梳理登临检疫、流行病学调查、采样送检、个人防护等每一个工作细节，优化工作流程，细化岗位

登临检疫　王琳　摄

执行登临检疫任务
王琳 摄

职责，不断分析抗疫要点。谭明可自投入海港口岸新冠肺炎疫情防控工作以来，2020年度累计检疫出入境船舶100余艘次，出入境人员健康检查2 000余人次；参与船员紧急就医2次，转内贸船舶检疫12艘次。10月12日下午，全国海关系统抗击新冠肺炎疫情表彰大会上，谭明可荣获"全国海关系统抗击新冠肺炎疫情先进个人"称号。对待这样一个荣誉，他憨厚地一笑："这个荣誉应该属于和我一起奋战在一线的战友，我只是其中的一员，很多人比我表现得更加优秀，也有很多亦师亦友的同事在工作中让我受益匪浅。作为国门一线的守护者，这本来也是我们应该做的。"

坚守

  2021年6月以来，曹妃甸海关组建口岸疫情防控外勤组，谭明可"舍小家为大家"，继续开展本职工作，坚守在疫情防控的第一线。2022年春节，谭明可参与外勤组第六轮上岗，连续两年的春节，他都是在小岛上和战友们一起度过的。互相送出新年祝福的，是一起封闭执勤的战友；第一个当面给他们祝福的，是登上舷梯后等待检疫的船员。过年的时候，父亲总说"家里都好，不要挂念"，母亲常叮嘱"做好防护，千万要小心"。有国才有家，国是千万家。谭明可是千万个普通人中的一员，他会累、会怕、会孤独、会难过，经常盼望自己能有片刻的闲暇，也渴求与家人团聚，但只要穿上防护服，厚重的面罩将他的表情遮挡，密封的衣服将他的疲惫隐藏，海关精神和责任担当便会推着他向前。有人岁月静好，也有人负重前行。结婚之后，因为春节期间要登轮检疫，他也只能让爱人独自在家过年。新春佳节，没有亲友的陪伴，却有战友的互相支持，因为他们深信没有一个冬天不可逾越，没有一个春天不会来临。

  律回岁晚冰霜少，春到人间草木知。曹妃甸冬天那萧条的景致、刺骨的寒风、肃杀的气氛，在春天到来时依次退场。谭明可与他肩并肩、背靠背的战友们一起，始终相信坚持就是胜利，不惧疫情的残酷无情，不惧严寒酷暑的交替，他们始终坚守职责，等待万象始新的春天到来。

呼和浩特海关

使命在肩的平凡人
——记"全国海关系统抗击新冠肺炎疫情先进个人"韩学智

呼和浩特海关风险防控分局　张怀宇

庚子年春，新冠肺炎疫情发生，无数海关"战士"逆行而上。呼和浩特海关风险防控分局的"60后"韩学智，就是其中一名。

"我是党员我先上"

2020年3月19日，五部委联合发布公告，调整部分国际始发客运航班从指定第一入境点入境，呼和浩特白塔机场被指定为首都机场分流航班的12个指定第一入境点之一。面对这个光荣而艰巨的任务，呼和浩特海关吹响了"拱卫首都护城河，站好北疆第一岗"的集结号。

韩学智作为一名有着35年党龄的老党员，在看到通知的那个夜晚，辗转反侧，未能入眠。她想的是能为国家工作的时间越来越短，面对疫情老党员究竟要如何作为：知天命不是听天由命，无所作为；年纪渐老，为国效力时间变少，也不代表不能投身岗位，再次出现在抗疫一线。

四、矢志不渝，笃行不怠 | 405

韩学智从事卫生检疫工作 30 多年，面对这次新冠肺炎疫情防控任务，她唯一放心不下的就是 87 岁的父母，他们年迈多病需要照顾。清晨起床，她拨通了父亲的电话，父亲听出了她的为难，坚定地对她说："每一代人有每一代人应该担起的担子，这是时代赋予的。你去一线做人民的守卫者，我们很自豪。虽然我们都很平凡，但就是有千千万万使命在肩的平凡人，才能筑牢战胜疫情的'钢铁长城'。"听到老人家这么支持，她主动请缨第一批报名参加呼和浩特海关进境分流航班检疫保障工作。

"我是党员我先上！"在分流航班保障工作任务中，她请战进入呼和浩特海关第一批"乌兰牧骑+疫情防控应急队"，并担任了医学巡查组的组长，带头发挥先锋模范作用，挺身而出，逆行冲往口岸防疫第一线。"现在人手不够，作为老党员，这一次，我也想出一份力，为打赢疫情防控阻击战奉献力量。"面对组织时，她坚定地说。

之后她又主动申请前往风险更大的登临组并担任组长，每次都是第一个登上入境旅客航班飞机，与每一名入境旅客近距离接触，排查疫情风险。

作为一名海关卫生检疫人，她义不容辞，冲锋在前，直抵疫情防控最危险的战场，"若有战，召必回，战必胜"，这是党员干部的职责，更是为人民服务的使命所在。

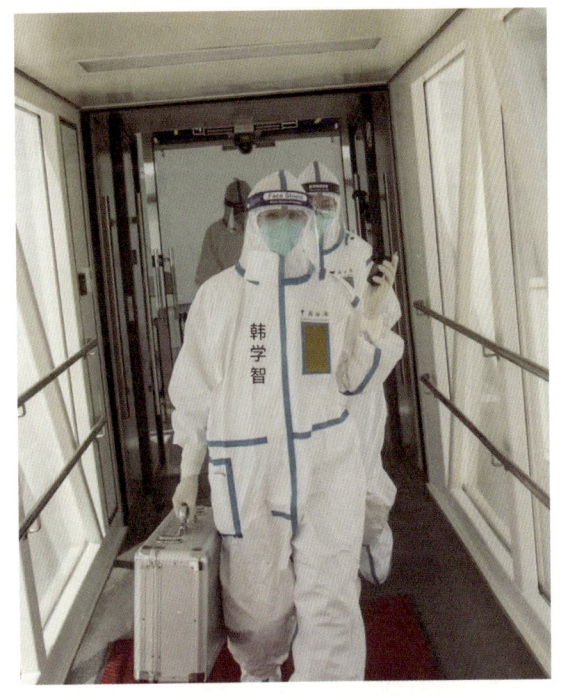

登临检疫　　卜志刚　摄

"疫情就是命令,我责无旁贷"

2020年3月20日,呼和浩特白塔机场首班备降入境航班落地,这是韩学智终生铭记的日子,是她第一次接受入境航班的新冠肺炎疫情检疫任务,心情既紧张又激动。提前两个小时就出发前往机场领物资,开会布置任务,穿好防护服并到达指定位置,整理检疫设备,做好准备工作,从下午5点开始工作,等所有工作全部结束,从机场封闭区出来时已经是凌晨4点多,连续工作9个多小时。为了减少防护服穿脱造成的浪费,韩学智严格控制喝水和进食,尽量少去卫生间。脱掉密不透风的防护服,汗水早已湿透了全身,布满汗水的脸上也因为长期佩戴护目镜和口罩留下了深深的压痕。韩学智由于年龄偏大,加上膝关节不好,几个小时的持续站立、来来回回地走动,小腿严重肿胀,行走的每一步都格外沉重,身体也严重透支,但她却笑着说:"肩负使命,脚步必须要稳重一些。腿变'粗'了,走起来反而更稳了。"

2021年的夏季分外炎热,烈日烘烤,飞机廊桥扶梯在阳光下吸足

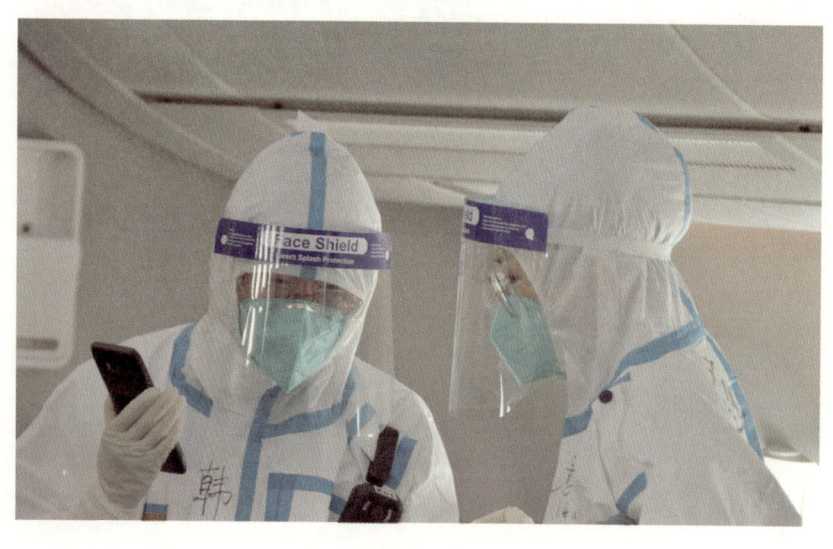

向上级报告登临查验情况

卜志刚 摄

了热量，摸上去火辣辣得烫手，太阳炙烤下的地面温度达到45℃，穿着密不透气的防护服作业，人很快就会受不了。一天，韩学智一手拿着登临检疫包，一手紧抓着扶梯和同事进入客舱后，她们熟练地开展工作：监测旅客体温、仔细地询问旅客情况、查看健康申报、核对健康申明卡、做好医学巡查……虽然工作辛苦，但是登临检疫容不得一丝马虎。作业结束后，在下飞机的过程中，由于体力不支，她不小心滑倒了，脱下防护服时膝盖已然青了一片。怕同组同事担心，她镇定地说："没事，喷点药就好了。刚才感觉有点闷热，脚下才没注意，咱们以后都小心一些。回去不要张扬，免得大家担心。"之后每一次登临前，她都要确认同事们的身体状态，并贴心地给大家准备好解暑饮料等必要物资。

查验入境旅客
健康申明卡
李宏　摄

"其实摔倒那次挺后怕的，平时工作的风险已经很大了，我不希望大家在这方面再受伤，多做一层准备，大家就更安全一些。"韩学智说。因为自己"淋过雨"，所以总想为别人"撑把伞"，组里有生病和思想负担重的年轻同志，韩学智便主动承担更多的任务，以一个"老大姐"的身份耐心地开导他们，和他们聊天拉家常，让这些年轻同志放下心理负担，以更好的状态投入工作中。她每次完成自己工作任务，都第一时间去其他岗位帮忙，让其他同事早点休息。她说："虽然我年纪大了，但身体还算健康，能干就多干点！"一句简单朴实的话，背后付出的是无数个夜晚的坚守。

韩学智执行某次入境航班防疫任务，在登上飞机后询问机组人员旅客情况时，被告知有一位旅客出现发热症状，同组的年轻同志听后有些紧张："好紧张，感觉这次要直面病毒了！"韩学智十分理解她的心情，拍拍她的肩膀说："没事，就像平常登临一样，做好每一个细节，我们没问题的。" 经过详细排查、流调、采样送检，结果正如她所料，这名旅客核酸检测结果为阳性。在等待检出结果期间，韩学智给家人打了个电话告知情况，她的爱人默默安慰她，让她不要担心，做好防护，干好工作就行。她的爱人说："她的工作我们都理解，能站在防疫一线守护国门，守护我们大家，做家属的也觉得光荣。"

她曾被汗水浸透，曾在风寒中瑟瑟发抖，也曾有过担心和害怕，但护目镜后战友坚毅的眼神、医用防护口罩里战友关切的话语，让她无所畏惧，一路向前。新冠肺炎疫情防控的两年多时间里，她先后10次参加分流航班保障工作任务，封闭管理工作时间长达300多天，登临国际航班35架次，检疫查验的入境人员数量9 000多人次。特别是2021年7—8月，她参加入境航班检疫查验时，在任务量大、上岗人员少、环境高

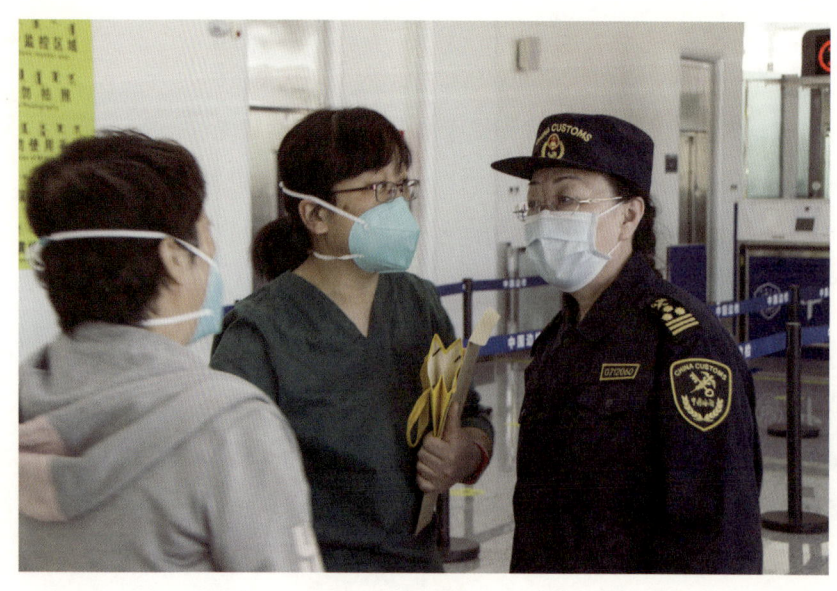

交流防护经验
指导工作
卜志刚　摄

温炎热的情况下，长期高压力连轴转的工作，连基本的体能恢复时间都没有，皮肤过敏、脸上起疹子已是家常便饭，面对疫情她迎难而上、冲锋在前、毅然决然，连续作战长达56天，出色地完成了入境分流国际航班的保障工作任务。

300多天，于她而言，是坚守，是金色关徽映照下信仰的传承，是行其所行、听从其心，是无问西东、无所畏惧。

巾帼不让须眉，脱下女装换"戎装"

韩学智立足自己的医学专业，充分发挥专业优势，担任工作难度大、传播风险高的医学巡查组组长，每次都能够带领队伍出色完成各项医学巡查工作任务，筑起一道坚强的"外防输入"防线，在所保障的入境航班中实现了输入病例"零传播"，工作人员"零感染"的好成绩。

参加卫生检疫工作多年，韩学智深知疫情防控，首先要做好"防"然后才能"控"，做好个人防护是控制疫情的基础，作为一名老同志、老大姐，她主动承担起年轻同志的教学培训工作，防护服穿脱、手套口罩气密性检查等，不放过任何一个细节，确保每名同志都熟练掌握疫情防控工作所具备的技巧、能力。

同时，她还充分发扬一个医务工作者的细致和热心精神，多次帮助携带儿童的旅客搬运行李，指导旅客填写健康申明卡，为身体不适的旅客进行心理疏导和健康咨询。

一次现场排查过程中，一名入境旅客因为自己行李物品遗失在飞机上而焦急慌乱，她了解到相关情况后，立即与航空公司工作人员进行沟通协调，经过努力终于把遗失的行李物品找了回来并物归原主。这名旅

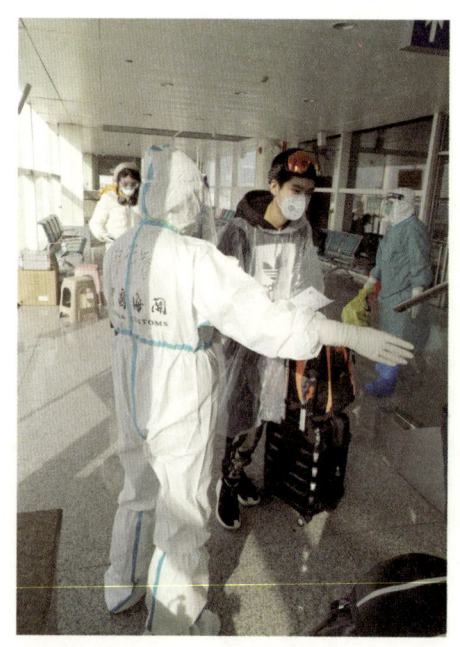

引领入境旅客
进行流行病学
调查

李宏 摄

客在现场止不住地连声道谢，并对海关工作人员连连竖起大拇指点赞。

一次，在对入境航班的现场进行医学巡查时，她发现一名老年旅客，由于心理压力太大，精神紧张，加之旅途劳累没有休息好，在飞机落地后，身体就已经出现各种不适症状，她一边细心地安抚老人躺平下来休息缓解不适，一边紧急呼叫应急医疗队前来对老人进行现场紧急诊疗。经诊断，老年人血压已经高达 200 毫米汞柱。面对这一危险情况，她立即协调救护人员并找来担架，送上救护车到医院治疗。最终老人成功脱离了危险，并向海关转达了谢意。

日常工作中，常常会遇到一些出国劳务人员入境，每一次她都会细致耐心地指导帮助他们填报健康申明卡，以确保他们能够顺利入境回国，让他们在踏上祖国土地的第一刻，就能够感受到祖国大家庭的温暖和关爱。一声"谢谢"、一句"辛苦"，一次点头、一次鞠躬，都能感动他们，感觉他们所有的汗水与付出都是值得的。

此外，为了更好地服务入境旅客，她还利用封闭期的休整时间，通过登录"红十字应急救护服务平台"，在线系统学习了很多救护知识，并通过了网上考试，取得了"红十字救护员证书"，为更好地做好疫情防控增加知识储备。

生命重于泰山，抗击新冠肺炎，疫情就是命令，这就是一名普通的海关卫生检疫人员用自己的实际行动诠释初心和使命，用自己的付出彰显责任与担当的真实写照！面对疫情，正是有无数像韩学智一样的海关一线党员干部和工作人员，前赴后继、迎难而上、无惧生死、勇于担当，才有了捷报频传。2020年，韩学智因在口岸一线抗击疫情的优异工作表现，荣获"全国海关系统抗击新冠肺炎疫情先进个人"称号；2021年，荣获"呼和浩特海关个人嘉奖"。韩学智说："这些荣誉不是我一个人的，是属于每一位坚守在口岸疫情防控一线的同事们的，能获得这些荣誉离不开大家的精诚团结和密切配合。"

在呼和浩特海关，有许多像韩学智一样年过半百仍然冲锋在前，一干就是八九个小时的老党员；也有在-28℃严寒下手指冻僵、在超过35℃高温下查验服结满盐渍的年轻同志，他们都是肩负使命的平凡人，但他们用忠诚与坚守诠释了海关人的初心和使命，彰显了国门卫士的责任与担当。

正是他们一次又一次的坚定无悔的选择，不断书写着海关抗疫一线的感人故事……

呼和浩特白塔机场海关登临组全体人员
卜志刚 摄

满洲里海关

「我在」

记『全国海关系统抗击新冠肺炎疫情先进个人』刘大永

满洲里海关所属满洲里十八里海关 黎光耀

老兵转业

他叫刘大永,"70后",中共党员,2019年年底由部队转业到海关,用他自己的话说:"啥都不知道就来了。"刚来的那天我去接的他,老哥个子中等,小圆脸,眼睛很有神,手里拿着个笔记本,一边问一边记。刚开始我还回答他的问题,后来问着问着我有点懵了,这问题也太多了。不过这说明他有两个优点,第一是做事认真,第二还是认真,我觉得这样的人干工作一定不错,心里多了份好感。

刚来到旅检的工作就是学习,理论知识学文件,实操师父带,可这师父人选却犯难了,旅检大多是年轻人,这"老徒弟"谁带合适呢?后来反复思量,干脆由刘晓亮科长和我教业务,不定师父了,每个岗位每天轮一遍。每天刘大永的笔记本记得满满的,几个班下来,业务也熟悉了一些。正好那阵子赶上防止鼠疫"出区进京",卫生检疫岗位上需要有医学背景的人,他在卫生检疫岗的时间慢慢就多了起来。

千里之外

2020年1月23日,边境的小城街道上冷冷清清,一切都好像和以前一样。但是随着疫情的发生,满洲里市也发现了新冠肺炎疑似病例。"我专业对口,还有过防疫经验,我在那个岗位更合适。"刘大永主动申请去卫生检疫岗位,对出境人员测温,开展医学巡查,"这个病一定不能小看,得提醒咱们的人戴好口罩,和出境人员保持距离,随时消毒,千万不能大意了。""上下班咱们都测测体温,一定要做好防护。""这面屏得戴好,要不唾沫喷到脸上就麻烦了。"

那时候的他天天在"唠唠叨叨",每一次都能在上岗前做到提醒,我觉得他很有本事,总能用专业知识和经验提前预判;同时又像一个哥哥一样,天天鼓励和监督着我们。那时候有他在,我们工作时都没有慌

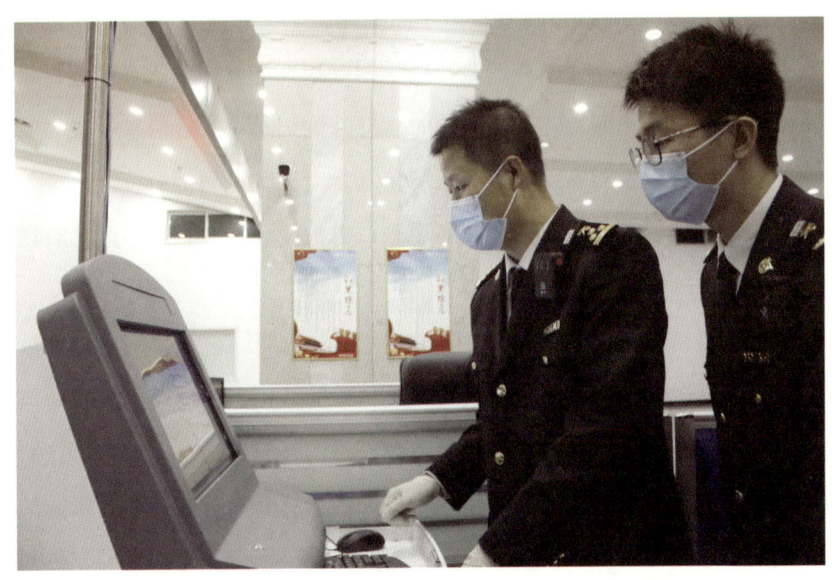

进行岗前测温
设备校准
张帆 摄

张，有他在每个人都很安心。

1月29日，快下班时，出境的发热报警响了，尖锐的警报声响彻整个旅检大厅，预示着危险的降临。刘大永主动提出自己去处理，水银体温计复测体温为38℃，再次复测还是一样，所有人开始紧张起来。科长刘晓亮和刘大永穿上防护装备，走向医学排查室，开始做流调，流调采样结束后，我们4个接触过发热人员的主动留下来等结果。时间一点点过去，我们只能焦急地等待着，好在半夜时分终于传来了消息——新冠病毒核酸检测结果呈阴性。

望着灯火通明的口岸，在身后一点点变远，超过16个小时工作的疲惫感顿时涌上来，回去的路很静又很远，一回头发现刘大永凝望着远方，似乎在想着什么。

四天四夜

进入2020年4月，随着疫情不断蔓延，刘大永主动申请到高危岗位去，重点处置有症状旅客的流行病学调查和现场采样，认真筛查每一位旅客，确保"不漏检一人"；同时做好处置记录、旅客信息收集、数据汇总上报，以及对有症状旅客系统录入，完成确诊病例后续追踪等工作。用他的话说："我曾经是一名军医，也是一名共产党员，这个时候我必须站在队伍前面。"

自4月7日起，200多名中国旅客计划分批回国。记得第一批人员进境时是一个寒冷的夜晚，黑夜中一支长长的队伍人头攒动，慢慢向口岸涌来，口岸的气氛变得凝重起来。

下午6点，入境人员逐个进入旅检大楼，所有海关关员都紧张地忙碌起来，刘大永主动申请到有症状旅客流行病学调查、医学排查和鼻咽拭子采样岗位上，他清楚知道，这个岗位感染风险最高。

全部人员过境后，已经是第二天早上 6 点了，所有人都没睡，刘大永满眼血丝，在过去的 12 小时里，他只睡了一个小时。而这只是开始，还有第二批、第三批，这意味着我们没有多少喘息时间。整整 4 天时间，当停下时，刘大永才感受到身体承受了太多，但看到同胞全部顺利入境时，一切付出都值得了。

昏天黑地地睡了一天后，我打电话问："老哥怎么样？"我隐约记得让他休息时，他总说："不用了，站着吧。"我还在佩服他的身体素质时，才知道他当时只能躺着，第一天他腰伤就犯了，强忍着采样流调，坚持 4 天后，回到家时不能弯腰，双腿已经麻木，旧疾让他只能躺在硬板床上卧床，他开玩笑地说："老了，熬不住了。"看似轻松的一句话，却隐藏不了他忍痛时流下的汗水，我们把"国门有我"4 个字写在防护服身后，他把这 4 个字写在心里，我们把"中国海关"写在胸前，他把这 4 个字刻到了骨子里。

月亮真圆

随着疫情发展，我们每日的工作变成了对入境铁路班车交接所工作人员和入境货车司机开展卫生检疫工作，每天有 70 多人次入境，早上 6 点开始，晚上 10 点结束，每天忙忙碌碌，刘大永专心在采样岗上采样，一年采样近 3 000 人次，带出了 10 多个徒弟，成了全科的

在科内开展口岸疫情防控知识培训　　张帆 摄

开展入境火车登临检疫途中
黎光耀 摄

开展入境火车登临检疫　黎光耀 摄

"老师父"。后来因技术过硬，去其他隶属海关培训、考核，又"认证"了一批徒弟。我总说他"桃李满天下"，他只是笑了笑。进入年底，满洲里发生本土疫情，我们开始支援车站海关。

雪很静，铁轨长长地铺在雪面上，穿完防护服一出屋，我们的面屏立马上了霜，看不清前面的路怎么走，他就走到我前面，让我跟着他走，到了火车头，他说让我先上去，他在后面上，这样一旦我没抓住，他可以扶我一把；下来的时候，他说他先下，我走到最后一节旋梯时，他又扶着我的胳膊，一周总是如此。

正月十五我们开始第一次"爬火车"，第二天晚上雪还没有化，月亮像照亮我们前行的路灯，高高地悬在铁轨上方，长长的铁轨上静静地卧着火车，我说："我们拍个照吧，这月亮真圆。"刘大永站在雪地里，穿着防护服，很配合地拍了个照，手机镜头冻得有点模糊，镜头里的他笔直站好军姿，像个上战场的战士，他说："这个拍得好，正好我儿子还没见过我穿防护服啥样，昨天视频通话还说让我拍照呢，这下他应该满意了。"回去的路上，月光很亮，雪地很白，"大白"还是走在我前面，时不时告诉我这儿有个钉子别扎脚，那儿有个石头别绊倒了。"大白"走在前面像个老头似的"唠唠叨叨"，我在月光下听着他"唠唠叨叨",忽然间有点恍惚,"岂曰无衣,与子同袍",也许这月光就是我们的战袍。

重点人员入境

时间慢慢流逝,2021年刘大永又经历4次封闭管理,一晃到了2021年9月,还在封闭管理的刘大永接到通知,近日将有大量重点人员入境,考虑到他工作认真负责,有丰富的样本采集经验,组织征求他的意见,是否能在隔离结束后继续参与回国重点人员的卫生检疫工作,算算日子,就是刚出隔离再进隔离,他回答:"没有问题。"问题其实还是有的,那就是有点紧张,虽然已经多次参与入境卫生检疫工作,但是用他的话说"还是紧张感满满",但是我觉得他这个紧张来自别的方面。

近500人的队伍分成4批入境,他总是很积极地最先穿好防护服第一个到采样岗位上,把桌面收拾干净,摆放好凳子,检查调整好所需要的装备,站在那里脑子里一遍遍梳理工作中要注意的细节,这是他的习惯。以前我给他当徒弟的时候,这个"老师父"也总是要求我和他最先到岗,用刘大永的话说就是"先到不慌,后到心慌"。刘大永采样有个特点,就是没有不适感,只要是采过鼻咽拭子的就知道,采样尤其是采集鼻拭子很容易要打喷嚏或者鼻子很不舒服,手法不好的,一根棉签下去,鼻涕眼泪全都出来了,但是"老师父"不一样,采集过几千人次,规律就总结出来了,用他的话说就是"棉签一探,就知道这人怎么采了"。而今天的"老师父"显得有点紧张,以前都是站着一动不动等着人员进来,今天在准备工作完成后,又擦了3遍桌椅。过了一阵子,各岗位准备完毕,重点人员逐次进入,"老师父"开始干活了,手法还是

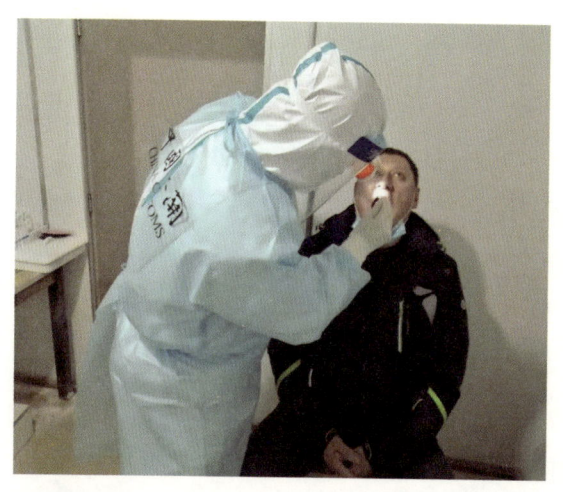

为入境旅客进行口咽拭子采样

张帆 摄

一样的轻柔,每个人快速完成采样,不拖泥带水,结束后目送着人员离开,好像有啥心事。

等所有人都采样完毕,他总是最后一个离开,收拾完自己的采样室,帮忙把所有样品清点装箱完毕,自己最后走向脱卸间,这也是他的习惯,总要求自己最后走,确认所有的收尾工作都完成才能离开。回到集中隔离点,我打电话问他:"今天咋感觉你有点紧张呢?"他说:"以前我也当过兵,部队培养的严谨细致工作要求一直伴随我至今,所以每一次采样我都要格外谨慎。我在想,我虽然退伍了,身份转变了,但是为国家奉献的精神不变,现在我是海关人,在采样岗位上,就要尽量减少他们采样时的不适感,让他们顺顺利利、开开心心地回国。"后来的3批人员,入境时间基本都在凌晨,但他还是认真做好每次工作,依然是第一个来,最后一个走。等隔离结束后才知道,他老婆孩子想趁着国庆假期回去探望父母,他又一次失约了,这个国庆他又是在封闭管理中度过的。

住车库

2021年11月27日,刘大永作为党员在小区主动报名参加了社区志愿者工作,每天早上5点多就到岗,认领当日的任务:小区核酸检测秩序维护,领取发放生活物资。因为有医学经验又长期参加卫生检疫工作,他还当起了志愿者的培训员。如何正确穿脱防护服、如何对采样环境进行随时消毒、如何对垃圾进行清理打包,刘大永发挥着专业特长,在小区检测人员不足的情况下，通过手把手教学，培养了一批徒弟。同时，在小区宣传防疫知识，教大家如何正确洗手、购买的生活物资如何消毒、核酸检测时保持多远的距离。在社区防疫人员不足的情况下，他成了大家的主心骨。

由于白天都在外面参与志愿者服务，接触过大量的人员，在疫情现状不明朗的情况下，刘大永从家里搬到了车库，每天在结束志愿者服务后就住在车库里。冬天-30℃的气温下，车库的温度非常低，有时候早上醒来都冻得眉毛挂霜，但是为了回馈大家的期待，他一住就是一个月。后来他又响应满洲里海关号召，参与其他小区值守，为了和本小区志愿者服务不冲突，他主动报名夜间值班。这样在防控最吃紧的时候，他日夜工作。白天当小区志愿者，为大家送粮送菜，维持核酸采样秩序。其中一户老两口腿脚不好，儿女在外地，他就扛起大娘的轮椅放到一楼，然后背着大娘到楼下，再推着大娘去进行核酸检测。还有的老人拿不动物资包，他就扛上6楼送到家门口，一天下来，近-20℃的气温下，汗水打湿了衣服；晚上又参与小区值守，他学习值守规定，掌握小区居民基本情况，登记人员出入，查验扫码情况。

这样日夜工作不停，长时间穿着防护服，加之深夜的极度寒冷，他的腰病再一次复发。爱人看见他卧床，又心疼又埋怨他："为啥要逞能，全小区的人就数你最忙，这一个月家里孩子、老人都没人照顾，现在还得照顾你。"他却说："我是党员，我肯定要第一个上。"

贤妻良母

2022年端午节，刘大永再一次进入集中封闭管理，眼看着马上出来和家人团聚，家里却忽然发生了变故，刘大永的爱人病倒了。

印象中嫂子是个性格开朗、爱笑的女人，为了支持刘大永的工作，毅然放弃了自己的医生身份，多年来相夫教子，总是把家里打理得井井有条，后来刘大永转业到边境小城满洲里，嫂子依然无怨无悔地做好贤内助。但是这天嫂子忽然晕倒昏迷，集中隔离的刘大永立马像丢了魂，他担心，但是做不了什么。70多岁的岳母陪护着他的爱人住院，检查结果显示情况危险，这是他第一次这么紧张，以前都是他在外面冲锋陷阵，现在他才知道是爱人给他做坚强的后盾，他才不会有后顾之忧。

从隔离点出来，他第一时间赶去医院，之后，他开始了"煮夫"的生活，白天上班，下班接送孩子、照顾爱人、做饭。如果没有家属的鼎力支持，他近18次的集中隔离又怎么可能实现，他总是向前冲，有时候都忘了身后那盏为他点亮的灯。

在没有写出这些文字前，我总觉得大永哥没有什么特点，他很平凡，身高不出众，长相不出众，性格也有点内向，整天埋头干活，说得最多的话是工作上的"唠唠叨叨"。但正是这样的他，甘于平凡却能做不平凡之事，从疫情开始至今，刘大永参与封闭管理工作18次，荣获"全国海关系统抗击新冠肺炎疫情先进个人"称号、获满洲里海关嘉奖1次，每次抗疫他都勇于担当，冲锋在前。作为共产党员，他无私奉献、服务群众，作为海关关员，他勇往直前、义无反顾。

在重大考验面前，在国门安全面前，正是有无数个像刘大永一样的国门卫士，他们像火把一样，照亮了我们海关前进的道路，他们用汗水和热血浇筑成新时代的防疫长城，用忠诚和担当诠释着对祖国的铮铮誓言。"身后是祖国，身边是战友，我在这里，请党和人民放心！"

对科室关员开展队列训练　　张帆　摄

沈阳海关

十五载初心不改，方彰显使命担当

——记"全国海关系统抗击新冠肺炎疫情先进个人"孙连众

沈阳海关所属葫芦岛海关 孙连众 刘昊

他是葫芦岛海关口岸的一名卫检老兵。自新冠肺炎疫情发生至今，他一直坚持奋战在口岸疫情防控一线，把失去亲人的悲痛埋在心底，把履行海关职责的担当扛在肩上，冲锋在前。他以实际行动践行着一名共产党员的初心和使命，用专业和奉献，与同事们一起在葫芦岛口岸筑起一道坚不可摧的国门防线。他还是"全国海关系统抗击新冠肺炎疫情先进个人"。他就是葫芦岛海关监管一科科长孙连众。

坚守初心完成任务，坚持工作抚慰心灵

2020 年，孙连众是监管一科的负责人，孩子 3 岁半，他和妻子都是家中的独生子女，双方父母身体不好，而且他的父母远在家乡大连。1 月 19 日，他突然接到母亲电话，称其父亲突发脑出血，医院下了病危通知，他简单收拾了一下行李，到单位交代了一下工作，立即开车飞

奔至老家。赶到医院时,父亲已处于昏迷状态,学医的他也无计可施。第二天,父亲便永远离开了他。"父亲身体一直不是很好,但是我没想到他会走得这么突然,连最后一句话也没说上,这是我一辈子的遗憾。"

2020年1月23日,刚刚料理完父亲的后事,孙连众便接到关领导的紧急通知,新型冠状肺炎疫情防控任务急迫,急需返回岗位立即开展疫情防控工作。他怀着复杂的心情向母亲说明了情况,母亲沉默几秒后说:"做好你的本职工作,防控好疫情,我可以照顾自己……"就这样,孙连众带着满心的不舍和对母亲的担心,赶回葫芦岛参加关于新冠肺炎疫情防控的紧急会议。出于从事船舶卫生检疫13年的职业敏感,他深感此次疫情防控任务非比寻常,但职责使然,使命在肩,他带领科室人员立即开始了疫情的防控准备和处置工作。孙连众开车转遍了市区各大药房和药品器械商店,经过不懈努力,终于筹集了入境船舶登临检疫用的医用口罩、一次性乳胶手套、一次性防护服、医用酒精及消毒液等物

组织开展防护
服穿脱培训

刘昊　摄

资以及为全关人员准备的少量个人防护用品，确保口岸疫情防控在第一时间拥有了必需的物资储备。

连续一个多月紧张的疫情防控工作，让孙连众失去父亲的心情稍稍平复。此时，他又相继收到大姑和老姑去世的噩耗。他的老姑没有子女，对他就像亲生儿子一样，在得知老姑去世的消息后，他把自己关在宿舍里，泣不成声。当时新冠肺炎疫情防控工作正处于最关键的时刻，他没有离开岗位半步。就这样，他选择将国门安全、人民生命安全放在首位，把失去3位至亲的巨大悲痛深深压在心底。

"功成不必在我，功成必定有我。"他常说，"没有国家的稳定，哪来小家的安康？只有好好工作，坚守岗位，才对得起逝去的亲人，我相信，我的亲人也会明白，特殊的时期，我作出的这个决定一定是对的。"

勇敢无畏担当使命，始终坚持生命至上

2020年4月，一家船代企业联系孙连众，报告即将入境的一艘船舶上一名船员出现乏力、呕吐、胃痛的症状，已经5天没有进食，船长申报其随时会有生命危险。接到情况汇报后，孙连众及时向关领导报告，同时向葫芦岛港通报了紧急情况。为了挽救这名船员的生命，他顾不上危险，立即乘坐船舶代理公司租用的民用渔船开展营救工作。

经过几个小时的海上航行，孙连众到达船舶附近。渔船抗风浪的能力远远弱于交通艇，加之没有较多的防撞措施，海上风浪较大，船长3次尝试靠近船舶都未成功，渔船离软梯距离太远，人员无法爬上软梯。开船的高船长对孙连众说："我们的船太小，抵不住大船的撞击，一旦船身受损，我们都会有危险！"孙连众焦急万分，多耽误一分钟，船员

对船用伙食食材开展卫生监督检查

刘昊 摄

的生命就多一分危险。于是,他主动提出通过吊篮前往船舶,顾不上海上的风浪,他毅然登上摇摇晃晃的吊篮,成功登上船舶,顺利开展登临检疫工作。检疫结束后,孙连众将船员安置在渔船甲板上,在与船长交代好其他人员的疫情防控措施后,踏上了返回的航程。当码头急救车响起熟悉的警报声,急速地向医院驶去时,孙连众的心终于落地了。

医院很快传来消息,船员新冠病毒核酸检测结果为阴性,经急诊医生诊断,该船员患急性小肠梗阻,医生说再晚一天,可能就有生命危险了。别人问孙连众为什么胆子这么大,他说:"这个时候,我想到的就是怎么去拯救这名船员,尽我最大的努力,去践行我作为一名检疫人员的使命。没想自己会不会有危险。"他真正做到了"始终坚持人民至上、生命至上",他正一步步履行着曾经许下的诺言。

严谨专业守卫平安,团结协作坚守国门

"细节决定成败"这句名言深深地刻入孙连众的骨子里,海港口岸疫情防控工作的任何细节都能决定防控工作的成败。作为关里具有医学背景的一线党员、支部书记,孙连众带队检查办公区出入人员体温监测情况、开展办公区消毒、准备检疫防护用品、安排值班值守……不敢有分毫懈怠,不放过任何一个细节,他带领科室人员加强国内外疫情数据

搜集与风险评估,严格落实海关总署"三查三排一转运"规定,他严格按照口岸防控技术方案的要求开展入境船员健康申明卡验核、体温监测、医学巡查、采样检测、信息通报、转运移交、应急处置等工作,认真落实"岗前检查、工作巡查、全程督查""双人作业、互相监督"的要求。他在做好新冠肺炎疫情防控的同时,开展对口岸其他重要传染病的防控工作;在港区内按照要求设立集中封闭管理区,克服家庭困难,带头参加封闭管理,严格按照"四必须""五件套""六个不"要求逐项落实工作措施,注重封闭管理制度日常执行及封闭管理台账记录。他严格按照《新型冠状病毒肺炎口岸防控技术方案》《口岸新冠肺炎疫情防控工作人员个人防护指南》的要求,组织一线人员进行排查处置和个人防护培训演练,并对各部门开展集中防护培训;不断完善与地方政府部门建立的联防联控机制,确保对入境船员实施封闭管理。在登临检疫采样期间,孙连众发现容易发生外层手套下滑从而内层手套受污染的情况,为此他及时找来医用弹性绷带,包裹外层手套边缘,消除污染风险。这就

对外籍船员开展体温监测

刘昊 摄

是孙连众，他用严谨专业的态度和团结奉献的精神，与同事们一起在葫芦岛口岸筑起一道坚不可摧的国门防线。

妥善应对突发状况，合理处置船舶疫情

2021年，新冠病毒出现变异株。当时，一艘货轮抵达葫芦岛港。面对可能出现的突发状况，孙连众主动请缨："我是医学专业毕业，还是科长，让我先上！"他制订了详细的应急预案，提前与葫芦岛市联防联控机制进行沟通，告知可能发生的情况。随后，他按照系统布控指令要求带领一名科室人员登轮开展卫生检疫工作。

开展登临检疫及卫生监督工作　　刘昊　摄

在体温监测过程中，孙连众发现有的船员精神状态很差，虽然没有发热，但是船员自述很不舒服。这个情况立即引起了他的警觉，在完成测温工作后，对船员进行两种试剂检测，当天采样的数量翻倍，每个人要采两个样本，在采到倒数第二个船员时，船员由于鼻黏膜受刺激，把喷嚏全部喷在了他的防护服上，他赶紧采取紧急措施。做完采样工作后，他又对采样区域进行了彻底消毒。在得到船员核酸检测结果呈阳性信息后，孙连众第一时间通报地方联防联控机制，主动联系葫芦岛市卫健委制订妥善的人员管理措施，相关人员均按规定进行14天集中隔离。按照要求需要当天录入阳性病例各项数据，全部结果录入结束后，已经是凌晨3点多。第二天，按照相关规定，孙连众向船方开具了"检验检疫处理通知书"，要求船方对船舶进行消毒处理。最终，经葫芦岛市联防联控机制研究决定对该船舶进行劝离。同事们问他："你一下子扎进这么多病例中，没有感到害怕吗？"他说："我对我们的个人防护装备有信心，对应急处置预案有信心，对战友会认真做好处置工作有信心。只要这么想，没有啥害怕的。"这就是沈阳海关海港口岸处置完成的最高比例染疫船舶公共卫生事件。孙连众被沈阳海关授予三等功一次。

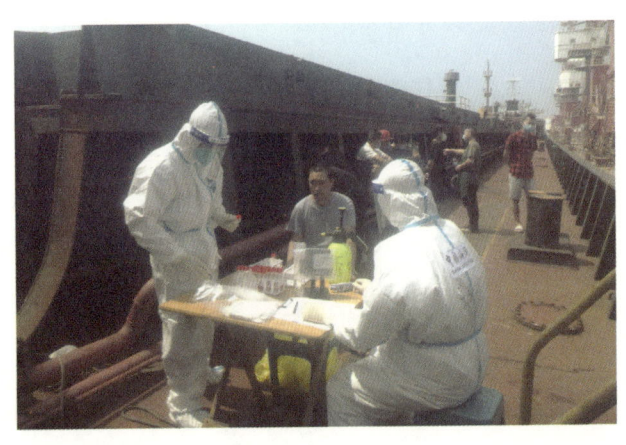

对入境船舶船员开展鼻咽拭子核酸采样

刘昊　摄

坚持常态化疫情防控，封闭管理守护平安

2021年1月，葫芦岛口岸按照直属海关的要求率先实行登临检疫

人员集中管理。当时适逢春节前后,科室另一名同志因为孩子年幼生病住院,无法及时参加封闭管理,只剩一人坚持开展轮换工作,作为科室负责人,他义无反顾地说:"我上!"其实他的孩子也才4岁多。从那以后,无论自己有多困难,只要科室内其他人有困难,他仍然会放下小家,保护大家。

孙连众已经参与7轮封闭管理,记不清有多少节日没有与家人团聚,在与家人分离的100多天里,他把对家人的思念化作动力,全身心投入口岸疫情防控工作中,封闭管理区已经成为他的第二个"家"。每一次有人问他"这样值得吗?"他的回答都是"值得!"他说:"我是一名海关卫生检疫工作者、忠诚的国门守卫者,组织上的慰问、关爱与期许,以及家属的嘱托、同事们的信任和船员们感谢的目光是我作为国门守卫者的最大动力!虽然仍有重重困难,但是我们的身后是祖国,身边是战友,总会等到胜利的一天!"孙连众还是义务献血志愿者。常态

在封闭管理区
开展业务工作
刘昊 摄

化疫情防控期间，由于出行各方面受限，地方血站 O 型血经常告急，他积极主动到血站义务献血。

"疫情不退，我不退！"这是孙连众的个人宣言。在这场没有硝烟的战斗中，这位党性坚定、忠诚担当、业务精湛的海关卫生检疫一线干部，总会在关键时刻挺身而出，勇担重任，用热血践行他的承诺，用行动表达他的坚守，用使命和担当在疫情面前拉起一道守护人民健康、护卫国门安全的坚强防线，用初心和责任与疫情斗争，谱写出动人的抗疫诗篇。

宁波海关

骏哥和他的抗疫"马拉松"
——记"全国海关系统抗击新冠肺炎疫情先进个人"李骏

宁波海关所属梅山海关 郑夏璐

"骏哥！"敲开梅山海关副关长李骏办公室的门，我便激动地用老称呼问好。机构改革后，我与他同在梅山海关物流监控二科，那时他是科长，为人亲和，没有什么架子，"骏哥"的称呼也就顺其自然地延续下来。名如其人，李骏与"骏哥"的称呼一直坚守在抗击新冠肺炎疫情的第一线，一丝不苟、慎终如始。2020年，李骏获评"全国海关系统抗击新冠肺炎疫情先进个人"。采访这样一位老同事、老朋友，多少有些兴奋和紧张。

"咳……"没想到骏哥有些咳嗽，我想这大概是他难得的小感冒。最近忙着探索创新使用移动检疫脱卸方舱组件实施船舶检疫，他已经连续3天在码头奔走。我印象中骏哥长年跑马拉松，体质一直不错。"主要是好久没跑了，无大碍。"骏哥顿了顿，用略带沙哑的嗓音缓缓说起他抗疫的故事。

"之前有过抗击疫情的经历吗？"

"有，可以说是小考不断，大考不乱。"

对于 1978 年出生的李骏来说，"四十不惑"是通过一次又一次的淬炼达成的。"就像马拉松训练，每一次都是长距离的坚持……练得多了能力也就一点一点地提升了。"

2002 年 7 月，从浙江大学预防医学专业毕业的李骏，进入原北仑出入境检验检疫局工作。大学刚毕业的年轻人朝气蓬勃，总是有着"初生牛犊不怕虎"的果断和自信。2003 年年初，非典突如其来。"我就是预防医学专业的，我得上！"刚参加工作不久的李骏义不容辞地加入船舶登临检疫的队伍中。"毕竟是第一次实实在在与疫情作斗争，我印象非常深刻，甚至还会梦到当时的场景。那时还没有布控登临的监管手段，无论是国际船舶还是国内船舶，只要申请靠港我们就全面检疫查验，登轮后实施全员体温监测和医学巡查，检查船舶行经路线，询问和检查船员旅居情况，还有全员填报健康申明卡，那时都由我们手写的，工作量可比现在大多了。后来我还去空港参与了支援，对国际航班客货机和旅客进行检疫排查，个人防护上也是像现在一样的全副武装，与非典连续几个月作战。"回想到当时的情景，李骏说，"但年轻时候的我根本没有觉得害怕，也没想过害怕。"

李骏在非典闪击战中毫不畏惧地迈出了他卫生检疫生涯的第一步。2009 年 3 月，李骏在北仑海港口岸参与甲型 H1N1 流感疫情防控工作。2015 年，我国出现 1 例中东呼吸综合征输入性病例，应对此次疫情，李骏在宁波梅山口岸守护国门检疫防线。每次疫情李骏都第一时间响应，他的抗疫经验在一次次的响应中愈发地成熟。

"对你来说，这次新冠肺炎疫情有什么不一样的地方？"

"抗疫这三年，更像是一场马拉松。"

"我小的时候先练的短跑，100米或者200米，主要靠起跑时一瞬间的爆发力，2016年开始慢慢转向长跑，长跑当然也需要好的起跑，但更需要持之以恒的耐力。"以往骏哥总跟我们提起他学生时代练习田径的故事，也会在朋友圈跑步打卡，配速进5是他的半程马拉松的小目标。但经过这三年抗疫，骏哥对于马拉松有了不一样的理解。

2020年春节，李骏是在忙碌中度过的。疫情发生时，具体传染机理尚不完全清楚，李骏只能通过《新闻联播》和官方媒体关注着。大年初三，李骏在梅山海关值班，接到紧急通知，要求参加海关总署组织的疫情防控视频会议。李骏隐约感觉这次疫情不简单，马上着手启动口岸疫情防控工作事宜，他必须保证自己负责的科室在船舶登临检疫方面，顶得上、扛得住。新冠病毒是之前从未在人体中发现的新毒株，李骏觉得这次疫情或许跟之前的非典、甲型H1N1流感会有很大不同。

这场抗击新冠肺炎疫情的阻击战一打便已持续近三年。近三年来，李骏所在的梅山海关实施船舶登临检疫1 700余艘次，支援象山海关完成进境船舶检疫14艘次。

"病毒很聪明，哪里防守薄弱就向哪里进攻，每一次病毒变异都会带来一波疫情的出现。放松就会掉队，疏忽就会有隐患。这就是最大的挑战。我们要做的就是严阵以待、慎终如始，不给病毒任何一处可乘之机。"对于李骏来说，抗击新冠肺炎疫情的过程就像马拉松的起始、加速、相持、冲刺的各个阶段，以不变应万变，反复出现就坚持抵御。

"我也有过迷茫的时候。整个人的思想状态起起伏伏，后来因为长

四、矢志不渝，笃行不怠 | 433

对进境船舶实施登临检疫
刘晖 摄

期的紧张情绪一度出现身体不适和焦虑情况。"我看着眼前的骏哥，忽然有些心疼，很难想象在国门一线、在抗疫一线的海关"大白"们是如何承重前行、无怨无悔。看我有些担心，骏哥善解人意地说道，"后来还是坚持运动，包括跑马拉松，个人情绪还是靠自我调节，就像与病毒相持抗争，逐渐通过长跑恢复良好的心态，你放心，总会有这个阶段，过去了就没事了。"

"但我一直把抗击新冠肺炎疫情当作本职工作，要守护国门安全，海关就得冲在第一线。"看得出来，骏哥觉得马拉松终究无法与抗击新冠肺炎疫情画等号，他正声说道，"我们在平时开展的口岸公共卫生核心能力建设，目的就是'养兵千日，用兵一时'，关键时刻冲得上、守得住。近三年的抗疫还包括我们组建工作专班、对内全员轮战、对外有序支援、对企纾困解难、对港保通保畅，这都离不开强大的组织力量。当我身穿防护服，背上贴着'中国海关'的标识，我深感为国而战的使命感，我不是一个人，我们是一群人。"

"在这次新冠肺炎疫情防控中，
印象最深的是什么？"
"2020年对某外轮的处置。"

"我记得很清楚，那是端午假期的第二天。因受新冠肺炎疫情影响，布控登临船舶数量明显增加，科里人手紧张，家里全靠我老婆照顾，我已经很久没好好地为家人下过厨了。下午我就开始备菜，准备一家人和和美美地过节。"

"叮……"是李骏的手机响了。船代报告，正在靠泊的某外轮上有1名船员自感发热不适，是14天内换班上船船员，额温38℃，后又报告另1名新换班船员体温超38℃。电话里船代的语气有些焦急和不安。

"专业素养和直觉告诉我，这条船多人感染新冠的可能性很大。作为党支部书记、科长，关键时刻必须冲在前、勇挑担。于是我向当时分管船舶登临检疫的关领导汇报了情况，并请求马上采取船舶登临检疫措施。关领导对我的判断表示认同，我记得他是这样说的，'你来做这第一次，我放心，你要保证安全，让大家放心！'报告情况后我已经做好了上一线的心理准备，跟老婆和儿子笑着说'工作和保密的需要，我可能一段时间回不了家了。'我老婆也猜到了一二，当时就让我多带点换洗衣服。"

事发紧急，李骏按就近原则快速联系到了科里的"90后"青年骨干曹文青。"'尽量精简登临处置人员，就我们俩上吧。'我这样半开玩笑地和曹文青说，'你嫂子让我多带点衣服，你把换洗衣服带上，我们尽快赶往梅山，回单位碰头准备。'可能这就是卫生检疫人之间的'对暗号'吧。"回想起当时的情景李骏会心一笑。

晚上10点，李骏和曹文青顺利登轮，在严格的个人防护下开展检疫工作。"我们对2名发热船员进行了流行病学调查、医学排查和体温监测。果然仅用额温枪测试2名船员的体温已超过38℃，换用水银温度计进行腋下复测，1名船员体温38.6℃，另1名船员竟达到40℃，并自述有头痛、眼眶痛和寒战的症状。这还是我们第一次用水银温度计测出成年人的腋下体温竟能达到如此之高。测温结束后，我们立即对2名船员进行鼻咽和口咽拭子样品采集，采样结束后专人专车立即送样到宁波海关保健中心实验室进行检测。"

首次登临某外轮

王子星晨　摄

"下了船，我的防护服甚至可以倒出水来。第一次穿过梅山港的凌晨，我们回到提前联系好的隔离酒店等待检测结果，那时封闭管理模式还没有推行，为了安全起见，关领导还是要求我们先行隔离等样品检测结果。这是我们第一个漫长的、紧张的无眠之夜。半梦半醒之间，实验室的电话将我惊醒，我第一时间向关领导汇报检测结果，并把梅山海关的处置情况向卫生检疫处做了汇报。"

第二天，李骏带领曹文青和前来支援的机场海关关员朱运再度上船，对其他船员开展排查和采样工作。

"与预想的情况一致，这是一起集聚性的新冠肺炎疫情，而且在当时的海港口岸是检出最多的一次。"在李骏看来，激动过后是理性和冷静,参与过多次疫情防控后便知道后续处置是更大的难关。"当时海关总署也非常关注此次疫情,所有的动作我们都小心翼翼,慎之又慎,直到对船舱完成终末消毒,我悬着的心才放下来。"

2020年,李骏在关区疫情防控工作第一批专项奖励中获个人嘉奖,其所在的梅山海关防止境外新冠肺炎疫情输入突击队获评"浙江省抗击新冠肺炎疫情先进集体"。2021年,李骏选任为梅山海关副关长、党委委员。

"有必要在已经成熟的
监管模式下再作调整吗?"
"有必要。"

这个问题根本难不倒业务精通的骏哥,"要最大限度保障人民群众生命安全,同时避免疫情防控对国际交通和贸易造成的不必要的干扰,

突击队合影
王子星晨 摄

四、矢志不渝，笃行不怠 | 437

确实需要谋略与智慧。"

"海关总署不断更新口岸防控技术方案，就在于强化外防输入重点领域和薄弱环节，坚持常态化精准防控与局部应急处置有机结合，把疫情控制在最小范围内。"2022年6月，李骏作为关领导参与"关长走进口岸封管区"工作。这是李骏第一次参与封闭管理，与2年前的上一线有所不同，这一次他着力完善海港口岸一线疫情防控工作，加快推进智慧检疫试点项目，向宁波海关提出相关建议2项。

2022年7月，梅山海关首次开展非接触式检疫，以远程连线的方式对船员实施检疫。8月，梅山海关首次在关区范围内使用移动方舱组件实施船舶检疫。梅山海关的这2项检疫监管创新已走在了宁波口岸前列。"这2项措施的落地，都能有效缩短船舶等待时间，这样一来码头泊位的利用率和港区作业效率都能得到提升。同时也能改善关员作业环境、提高检疫效率，降低人员感染风险。"从封管区出来后，骏哥便投入新的工作中。11月，署领导调研宁波梅山港区，李骏现场汇报演示了海港口岸无接触式检疫，获得肯定。

梅山海关首次试用移动方舱组件　　刘晖　摄

凡益之道，与时偕行。我想，对于骏哥以及奋战在疫情防控一线的海关"大白"来说，更加完善的防控体系、更加完备的防控手段，是抗击新冠肺炎疫情的智慧成果，更是下一次迎战疫情的信心所在。

首次使用移动方舱组件　　刘晖　摄

"疫情过后有什么愿望？"
"守好国门，陪好家人。"

"疫情总是一波一波地来，新冠肺炎疫情结束了，可能过几年，又有新的病毒出现。就像现在在某些地区流行的猴痘，我们也在时刻关注着。"我以为骏哥会像大部分人一样，有休假的打算或是出游的计划。而听到骏哥的回答，我体会到了什么是"岁月静好，是有人在负重前行"。正是这种持之以恒的守护，像跑马拉松一样地坚韧，给了所有人最大的安全感。

相信骏哥内心也期盼着一个平安健康幸福的假日佳节，期盼着一个亲手做上一桌饭菜，与家人安心团圆的日子。

感谢守护，愿骏哥的愿望早日实现。

青岛海关

同心坚守战疫情，
共克时艰待春来

——记"全国海关系统抗击
新冠肺炎疫情先进个人"
董会铉

青岛海关所属黄岛海关 戴方慧 张志森

  走进山东青岛前湾港区，巨型塔吊林立，集装箱连成一片，车辆穿梭如织，这里是长江以北最大的冷冻水产品和水果进口口岸，每年约有200万吨进口货物在这里通关，这里也是青岛海关所属黄岛海关查检一处查检四科副科长董会铉和他的战友们奋战了900多个日夜的抗疫战场。自2020年疫情发生以来，他们始终牢记"人民海关为人民"的初心，严防疫情输入，保障通关顺畅。守国门保万家安然是他们的光荣使命，战疫情迎春回神州是他们的必胜信念。

忠于职守战一线

  2020年6月，"物防"战线拉开的那天董会铉就"披甲上阵"，他是疫情期间黄岛海关相关货物监管一线坚守时间最长的带班科长，长时间的抗疫实战让他练就了过硬的本领，积累了丰富的现场经验。疫情

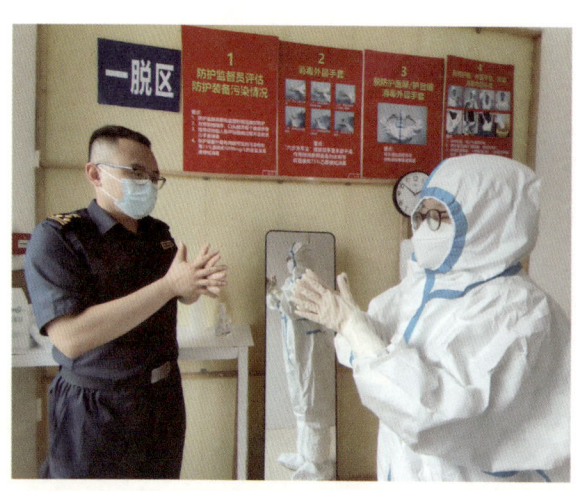

实操区指导组员岗前培训
赵黎明 摄

的防控需要科学的指导和研判,从一开始他就临危受命,牵头黄岛口岸相关货物疫情防控专家组工作,白天顶在作业一线抓监管、抓安全,晚上就"挤牙膏"般地利用宝贵的休息时间,梳理规范作业流程,先后制订了10余份规范文件。为了让岗前培训开展得更为生动有效,他和专家组同志们不断探索尝试,建成了"一比一"穿脱实训模拟区;制订了一整套岗前标准化培训课程,把繁杂的作业和防护要求,深入浅出地演示给每一名受训人员;他还辗转找到无害化荧光剂和紫外线灯,模拟污染物辅助考核脱卸规范,让岗前培训考核越来越有针对性,越来越贴近实战。"我们在做岗前培训的时候,考虑得越细致,考核越严格,组员进入现场后的职业暴露风险就越低。"董会铉在和专家组同志们交流时这样说道。

"注意边卷边脱……动作要轻缓。""外层手套要和防护服一同脱卸。""垃圾桶要轻踩轻放。"董会铉认真提醒着即将封闭工作的组员,要求每一个脱卸动作都规范到位。从2021年实施集中封闭管理以来,他已经带队参与6次封闭管理,组织岗前脱产培训15批。

疫情开始后,董会铉牵头组织辖区指定肉类监管场地,第一时间完成区域设置和场地改造,为进口货物防疫工作开展建立了稳固的阵地。"这类问题各级监控指挥中心已经提醒多次,要从根本上杜绝,我和你们一起想办法。"在与辖区指定肉类监管作业场地负责人沟通时董会铉表示。作为"挑毛病"专家组成员的他,每天都要开展场地作业规范监控和整改督促,全力把问题隐患遏制在萌芽状态。"刚开始时还不理解海关为什么对防疫工作要求得这么严格，场地有一点不合格就不能开展作业。后来感受到这确实是对我们最好的保护。"青岛某公司指定监管场地负责人李震说道。

董会铉和同志们一道，用严谨扎实的工作作风为进口货物监管工作顺利开展成功保驾护航，黄岛口岸进口货物作业质量效率不断提升。2020年8月在海关总署口岸监管司组织的业务培训会上，他带领黄岛海关重点货物核酸采样小组，作为唯一代表向全国9个直属海关进行现场演示，展示规范作业、讲解注意事项；牵头迎接国务院疫情防控检查组两轮检查。2020年，他获评"全国海关系统抗击新冠肺炎疫情先进个人"。

通过视频监控对现场作业情况进行巡检
赵黎明 摄

甘于奉献勇担当

"我报名，我有信心干好！"2021年，首批集中封闭工作号角刚一吹响，董会铉就主动请缨。作为拓荒者，他们成立了临时党支部，坚持利用班前会组织党史学习教育、专题党课、主题党日活动，重大问题集体决策，实现党建与业务相融共进。不断优化作业方案，规范档案管理，做好"制度上墙"，在保证首轮封闭作业运转顺畅的基

日常工作照 刘维青 摄

础上，为后续各组工作顺利开展打下了坚实的基础。

"爸爸不在家，去哪里了？"工作之余，董会铉和家人视频通话时，两岁的儿子经常会重复这句话。"爸爸在外面工作，很快就回去陪你。"面对思念和期盼，他都这样回复孩子。可一旦到元宵、清明、端午这些传统节日，只要组织有需要，他总是义无反顾报名进组。每次结束隔离回家后，他都发现孩子又长大了，疫情下的工作状态让他错过了孩子的许多成长过程和与家人共处的时光，但家人们都十分理解他的工作。"放心工作，我们都支持你。""封闭的时候照顾好自己，晚上早点休息，别熬夜，注意身体。"这是家人们对他说的最多的话。

傍晚的青岛栈桥景区人流如织，人们欣赏着美丽的海滨景色，有的忙着拍照，有的带着孩子给海鸥喂食。这也是结束了一天工作的封闭组通勤车返回住宿点的必经之路。每当这时大家都会望向路边的行人。谁不向往自由自在和家人在海边漫步的休闲时光？但职责所在，身在这个岗位就必须得冲锋在前，一座城市的安宁祥和与每一位海关关员的付出分不开。这些是董会铉在隔离点房间最难熬的时间里思考最多的。

"一代人有一代人的使命，我们这代人的使命是什么？"查检一处党总支书记讲专题党课时问的这个问题，让台下的董会铉产生了思考。"为了让我们每个家庭、我们的下一代人，以后的生活中不再有疫情，我们的付出和努力都是值得的。"这次党课让董会铉感悟颇深。

2021年11月，新一轮带队集中封闭工作的第三天，董会铉的右膝盖肿胀异常，每走一步都很艰难，下了通勤车前往办公区的路上，他只能单腿跳。"你的腿没事吧？要不今天先别进冷库工作了，免得受寒。"同组的同志对出现"异样"的他非常关心。"没事，就是膝盖有点疼，任务已经提前安排了，我没问题。"董会铉回答道。每天5个多小时低温潮湿环境下的持续作业，对他的膝关节造成了不可逆的损伤。结束一天繁重工作，脱下厚重防护后，陪伴他的是膝关节刺骨的疼痛和满身浓重的膏药味。身体的不适丝毫没有削减他的工作热情，第二天一早，他依然是那个冲锋在前、满怀斗志的"大白"。他笑着和同事调侃道："封闭管理有'三宝'，护膝、膏药、暖宝宝！"

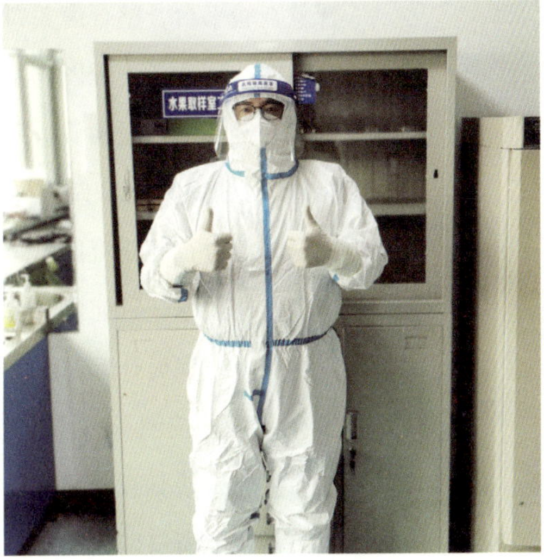

"科里人手紧张，我明天就返岗工作。"在每轮集中封闭隔离结束后，只要岗位有需要，他都会提前返岗，年内放弃调休累计60多个工作日。他无怨无悔，用实际行动诠释了新时代海关关员的担当。

查验前准备就绪
赵黎明 摄

改革创新提效能

疫情之后，进口货物查检流程发生了很大变化，如何在疫情之下优化创新监管模式，提高查检效能，成为董会铉所在的创新团队"智慧查检工作组"的首要课题。

2020年，他们推动建立多级监管查验中心，打造监管服务新样板，推动基础设施扩容增效；和创新团队成员一道，坚持在进口货物查验现场实施"无陪同"查验模式，企业代理人无须进入作业现场即可完成查验。

2021年，董会铉牵头搭建"关港通"

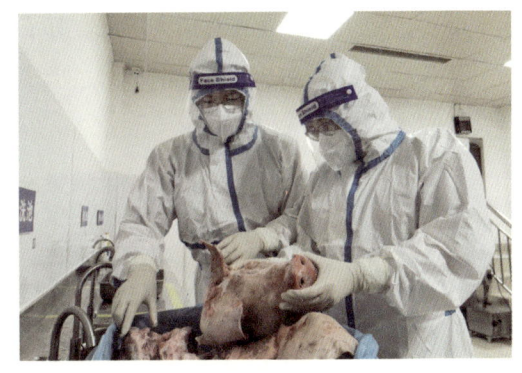

感官检验室查验货物　　赵黎明 摄

智慧查验平台，整合海关口岸监管和码头生产信息化数据，升级优化平台功能。从业务流程图到系统规则，再到展示界面每一个细节，他都反复和开发人员沟通确认。系统从试运行到全面上线，实现了查验顺序智能确认、流程动态跟踪、异常预警、免单线上申请、电子化提箱等功能，实现海关对查验物流信息掌控，企业对查验业务信息掌上查询，提升了港口作业效率。目前该平台已在黄岛口岸查验现场广泛应用，平均每批货物查验效率提升近30%，节约操作成本近50%。该项目荣获山东港口2021年度科技创新一等奖。

"原来接到查验通知后，我们的业务员要到港口调度、客服中心及海关等多个窗口询问业务进度如何，集装箱到哪儿了。现在有了软件平台，我们在办公室就可以预约查验，还能实时查询进度，真的很方便。"青岛某物流公司经理说。

2022年《区域全面经济伙伴关系协定》（RCEP）正式生效后，黄岛海关开辟保鲜水果进口查检绿色通道，实现了水果随到随验、即验即放，全力保障RCEP生鲜易腐产品"6小时快速通关"。进口企业感受到了绿色通道带来的便利，不到半年，黄岛口岸水果进口量就超过了去年全年总量。

青岛某公司员工说："进口保鲜水果保质期很短，一旦超过存储期，企业将损失惨重。有了绿色通道之后，水果的查验时效有了保证，我们的顾虑少了很多。"

贴心服务助企业

某天晚上6点半，查检四科的办公电话铃声响起。"想不到这么晚科室还有人接电话，我们有票单据查验发现异常，下一步该如何处理？"

四、矢志不渝，笃行不怠 | 445

电话另一边，一位报关员充满了忐忑。"当天业务没有办理结果，我们是不会下班的。"董会铉耐心地和报关员解释办理流程。

不进封闭组的时间里，董会铉主要承担科室查验带班工作，不管多晚都要工作日清。结束了一天的工作坐上地铁经常已是晚上7点多，在地铁上看《新闻联播》已经成为他每天的必修课。"企业的诉求就是我们的工作方向。要做到事事有着落，件件有回音，才能安心下班回家。"

2022年端午节前夕，董会铉接到某企业求助电话时已经是下午4点。"我们这批货通关流程如果节前办理不完，我们的损失可就太大了，该怎么办？""先别着急，我们尽快帮你处置，再晚我们也会办完。"由于这批货物涉及多个环节、多部门的业务，董会铉第一时间协调，组织多个部门加班加点、通力配合。当得知晚上8点55分企业收到了合格货物放行通知后，他如释重负。

2022年春节前夕，某公司业务部经理心急如焚地打来电话："我们公司进口的火龙果马上就要到港，如果不能尽快安排查验就赶不上春节销售，货物发不出去就会烂在柜子里，海关能不能尽快安排验货？"春节期间是国内老百姓消费高峰期，而且新鲜水果不比其他产品，保质期短且易腐，一旦超过存储期，企业将损失惨重。董会铉立刻明白了问题所在。

"如果方便的话，请到我们办公室当面沟通一下吧。"董会铉和企业人员约定了时间，把海关的各类政策和业务流程与企业当面进行沟通。"你们公司的产品是鲜活易腐类产品，可以申请优先查验，审核通过后就可以尽快安排验货。我们已经组织了党员突击队，在春节假期加班增加查验量，保障新鲜水果快速通关，请相信我们很快就能处理完。"

他的话如同给企业员工吃了一颗定心丸。"如果海关能加班优先查验那就太好了。我们尽快提交申请。"

企业送锦旗
感谢
尹悦 摄

从腊月二十三到正月初六,220余柜新鲜水果顺利通关进入市场。节后企业专门给查检四科送来锦旗:"细致服务,关企一心;同气连枝,共盼春来。"这正是疫情下,关企齐心协力渡难关的真实写照。

长沙海关

篆刻在我心中的一块丰碑
——黄花机场海关郭岱抗疫纪实

长沙海关所属黄花机场海关 郭岱

我们万众一心抗击新冠肺炎疫情已经 900 余天。在这 900 多天里，我用眼睛和心见证了很多感人的故事和动人的画面。疫情在将来的某一天，一定会烟消云散。那时候，航站楼里整整齐齐摆放的座椅以及临时流调采样台会被撤走，我们也不需要再穿上密不透风的防护服，可以摘下口罩，尽情地呼吸新鲜的空气。但这 900 多天来我看见的光辉的、沉重的、英雄的、壮怀激烈的画面，将永远篆刻在我心中，不会磨灭并且会越来越清晰、越来越激励人心。

一声恰如其分的道别

在长沙黄花机场海关落实封闭管理工作前，我们为此准备了半个多月。晚上，货运航班监管快要结束的时候，杨婉梅从柜子里拿出行李箱，开始整理行李。她说，一个星期前她就开始准备了。我侧过身去，悄悄

一线抗疫人与
党旗合影
黄勇华 摄

隐挡住泛红的眼睛。快下班时,戴李叶在记录党建台账,因怀孕不方便参加封闭管理的李娟突然郑重地向我们道了一声"珍重"。

晚间我利用难得的闲暇时间在旅检三科党支部和第三集中工作组的"每日一读"中,向全体人员分享了魏巍的《谁是最可爱的人》。在即将进行封闭管理,开启特殊工作模式的前夕,经历了极其繁忙而又深受感动的一天,在看到了一个个极其疲惫却又坚定的身影后,我想,这篇写于抗美援朝战地一线的报告文学最适合我今天的心情和感受。我们这些海关抗疫人员,不像志愿军战士那般流血牺牲,但是拳拳报国之心别无二致;没有马革裹尸、埋骨他乡的分离,但是同样壮怀激烈!

一句感人肺腑的"欢迎回家"

2021年6月24日,航班监管作业一开始,我就到了旅客等待的区域。这是最耗费体力的工作了,需要安排旅客依照次序坐下来,耐心等待,负责解答海关政策、维持秩序,逐个检查入境人员是否正确填写电子健康申明卡。

3个多小时，我或是在通道上来回巡逻，或是为旅客答疑解难。一路上，借我手机申报的旅客向我道谢；向我咨询问题的人朝我点头致意；还有人真诚地说："你们辛苦了。"这些都是对海关人最美好的回应。500多天以来，在这条通道上我们迎接了12万归国同胞，我们说得最多的，他们听得最多的就是"欢迎回家！"

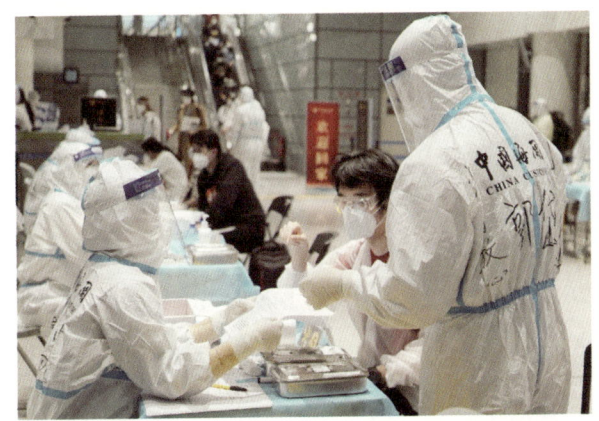

现场带班作业　朱灿洁 摄

一盏共同点亮的灯

旅检的工作在整个长沙关区，是最特殊的，我觉得用杜甫的诗来形容最贴切不过："人生不相见，动如参与商。今夕复何夕，共此灯烛光。"参星朝升，商星朝落，每天只有一回眸的相见。旅检现场早晚倒班也是如此，同事们顶多是在交接班的时刻才有片刻交流。在过去的500多天里，旅检现场全体干部职工携手共进。

长沙黄花机场海关旅检现场连续8年4次获得"全国青年文明号"称号、获得"全国先进基层党组织"荣誉。我们这个集体中的关员们，对待工作一丝不苟，对待重担毫不退缩，友爱、感恩、不抱怨。我们用特殊的方

与同组人员相互鼓励　张超 摄

式诠释着坚守和担当。我们不论寒暑、不分昼夜，用忠诚的品质和严明的纪律谱写着一曲曲婉转动听的旋律，用守望者的精神吹响着向上、向前、向善的时代号角。当明月西沉，晨曦微露，大多数人还没有开始一天的劳作，我们已经整装待发，踏着坚定的步伐，战斗在国门一线；当夜深如水，满天星辰，大多数人早已进入甜蜜的梦乡，我们依然踏着疲惫而又坚定的步伐，守卫在口岸的最前沿。

一个不能忘却的纪念

2021年7月，我参加总关调研团队，来到上海浦东机场海关调研，学习远程流调的硬件配置和流程设计。由于马上要进入第二轮封闭管理，因此调研行程安排非常紧凑，下午才到上海，第二天就要马不停蹄地赶回长沙。夜间住在机场旁边的宾馆里，窗外间或发出一阵阵飞机起降的轰鸣声，像极了我坐在海关宿舍里的模样。上海机场海关工作体量大得远远超乎我的想象，也给了我一个极好的机会，可以从更高的角度

身边的战友
牟竞与 摄

了解海关的努力。

上海海关卫生处的郝处长给我们详细地介绍了远程流调和其他卫生处置环节,我一边细细地听着,一边细细盘算着一些问题:如果我们嵌入远程流调,哪个地方要放几台仪器?哪个地方需要配置几个工作人员?哪些地方要开几个台子?人员怎样配比才能到达最佳效果……一年半以来,长沙黄花机场海关不断地用探索精神改造入境大厅,入境大厅的流程和面貌不知道发生了多少变化。

一句心有灵犀的告白

第二轮封闭管理前夕,我满怀心事地回到长沙,赶到家已是傍晚6点,还没来得及做好个人的准备工作。张超告诉我他买了很多咖啡豆,封闭期间我们的"食粮"有保障了。我在家里细细地给花草浇了一遍水,默默地收拾了行李。晚上到了隔离酒店,看到同事们热情洋溢的笑容和坚强笃定的眼神,我万分感动,他们积极乐观的精神和态度,出乎

保障入境航班
费高华　摄

我的意料。团队的力量是无穷的。我由衷地体会到身处这种团队中的幸福感觉。

一段永生难忘的岁月

2021年7月20日下午，黄自远到我的办公室里，指着我的头发说："郭老师，你白发比以前多了不少。"我赶紧拿起镜子细细查看了一番：右鬓确实出现了更多斑驳的白发，在夕阳的照耀下，显得格外突兀和刺眼。大概这就是500多天来日夜不辍、俯仰无愧的最好证明。

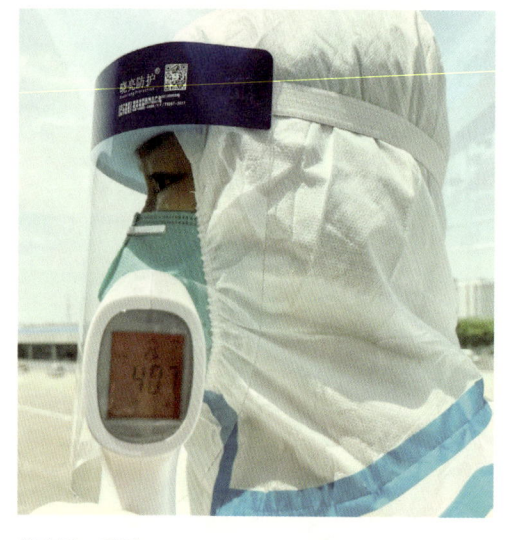

战高温，耐酷暑，把国门
唐伊文 摄

穿着防护服，对于我来说，最不舒服的便是冬夏两个季节。冬天闷了一身汗之后，后背都是湿的，寒风一吹，大部分人要冻感冒的；夏天在不透风的防护服里工作4个小时，就像是蒸了桑拿一样。那种感觉确实可以用"炼狱"来形容。在航站楼里稍稍好一些，机坪和货站夏天的气温在40℃以上，那种身体的煎熬更加难以想象。我们之所以能坚持，完全是出于一种责任、一种担当、一种深沉的爱。

一句句波澜壮阔的誓言

如果说时代是一条不断向前奔涌的河流，那推动河流向前奔涌的一定是处在这个时代的人。这是我看见我们组里以及隔壁二组的组员脸上真诚而清澈的目光时，心中萌发的感触。

2021年7月21日，下午例会的时间到了。组员们陆陆续续来到我的房间，很自然地落座，大家有说有笑，一派悠然自得的气氛，完全感受不到集中工作的辛苦。黄自远和陈梓尘打趣我让我点一些夜宵给他们果腹。同事之间这种相处的方式是我十分喜欢和享受的，他们不畏惧我、不疏离我，而是亲近我、相信我、支持我。我们对待机场海关的上级领导也同样如此，不客套、不生分、不设防。这份在500多天的抗疫时光里凝聚出的伟大的同袍战友情，我一辈子都不能忘怀。

例会上，我们对今后一段时间的工作进行了探讨，传达完会议精神，组员们开始滔滔不绝地聊起工作和生活，非常享受的样子。看到他们认真而又热切的样子，我不由得感慨，他们确实是宝贵的财富！长沙黄花机场海关的工作难做，365天连轴转，没有一天空闲。所幸的是有这样一群可爱的人。我们所仰赖的就是这一群人，一群有信念、能吃苦、心灵纯净、目光坚定的人。

解决人的问题，关键就是树立人的信仰，消除人的疑虑，释放人的潜能。所有的工作，最终都要落到每一个人身上，把人的问题解决好了，工作就成功了一半。如果我们每一个人解决好了自己的问题，把所有的工作当成壮阔的事业，我们就一定能克服当下的困难，最终开出绚烂的鲜花，结出丰硕的果实！

拱北海关

初心如磐,
奋楫笃行

——记"全国海关系统抗击新冠肺炎疫情先进个人"邵梁

拱北海关 史云静

2020年,岁在庚子。严冬将尽,春节方临。在本是万家团圆、欢度除夕的时刻,新冠肺炎疫情出现。疫情挡住了人们出行的脚步,此刻一台飞快行驶的小车驶上冷清的马路,车里的人正是港珠澳大桥海关疫情防控专业小组骨干、领头人邵梁,只在家歇了几个小时的他再一次"逆行"出发。

进行流行病学调查　俞波　摄

疫情就是命令,防控就是责任。邵梁所在的旅检一科卫生检疫岗是港珠澳大桥口岸的第一道检疫防线。在拱北海关党委的坚强领导下,港珠澳大桥海关按照"统筹、精准、联动"总思路,迅速成立疫情防控工作指挥部,并下设4个工作小组。通过集结医学专业背景的骨干力量,成立专业技术组，统筹科学防控。也是在这天，身怀"绝技"的邵梁挑起了港珠澳大桥海关疫情防控专业技术组总联络员的大梁，这一天恰好是他33岁的生日。

"33岁的第一天，算是理解了什么叫与时间赛跑。"就在当天，邵梁与13名年轻的"90后""95后"关员一道分析着表格上的数据，梳理疫情防控难点、细化分解方案，研究着防控方案上的处置原则和程序，达成了"统一规范，才能最大限度控制风险"的共识，成为港珠澳大桥海关抗击疫情的智囊团，为指挥部精准施策提供决策辅助，也为一线科学防控提供24小时全程专业指导。

溯洄从之，道阻且长

临近春节，途经港珠澳大桥的旅客是那样的多，每天的旅行巴士穿梭不停，那一颗颗渴求回家的旅客的心充满了焦急与不安。海关的工作人员也一样，谁人不是儿女，谁人不是父母，他们有的已经飞回多年未归的家乡，有的正准备打点行装，有的还在期盼下班后回到家里与平日疏于陪伴的父母孩子吃一餐团圆饭。

邵梁深知春节回家的意义，但是面对突如其来的疫情，海关人早已严阵以待。疫情就是命令，防控就是责任，人手少、任务重、时间紧，他不敢耽误，面对现实的残酷，他毅然选择出征迎战。

2020年1月26日，为防止疫情经口岸传播，海关总署重新启动出入境人员填写健康申明卡制度。是夜，邵梁在关领导的带领下，第一时间奔赴旅检现场，勘察、设计检疫通关路线，协调边检开通珠港旅检入境大厅的10号通道和珠澳旅检入境大厅的人工查验通道，海关则相应开通旅检备用通道，确保最大程度降低接触风险。邵梁连夜制订了集中送返旅客的入境卫生检疫操作流程。

1月27日凌晨，当满天繁星也躲在云后休憩的时候，邵梁终于结束了工作，为了节省时间，他决定直接在备勤室休息，而在这之前，他已经坚守岗位48个小时了。在这48个小时里，他做了很多工作，而所有的这些，都与"紧迫"两个字紧紧相连。由于疫情来得突然，好多已经休假回老家的同事还在赶回来的路上，人手紧缺，他主动提出把5天一个白班、晚班的排班压缩到了3天，科学高效地缓解人手紧张的问题。作为为数不多的专业处置力量，他坚守在医学排查的最前线。很多防控方案需要细化、处置流程需要演练，时间紧迫，他连续奋战，方案解读、流程细化、现场演练、录制视频、实地指导，都少不了他的身影。同组组员们常常感慨："凡事找邵梁，事事能解决！"

黄沙百战穿金甲，不破楼兰终不还

保障滞留旅客的大巴是不定时的，有时穿越冬夜的寒冷，有时饱尝正午火烈的骄阳。可每当对讲机里呼唤的声音响起，邵梁便会全副武装。春节是广东日温差最大的时候，可是不管是夜里-9℃，还是正午30℃，防护服内的温度始终如一，保障旅客安全顺利入境的心同样始终如一。

2020年1月28日，旅客入境监管工作正常开展，其中1人经医学排查有发热症状，邵梁深知非常时期，做好疫情防控，既是职责所在，更是使命担当。他丝毫没有犹豫，一句"我来"及时、果断地回响在旅检大厅的对讲机里。

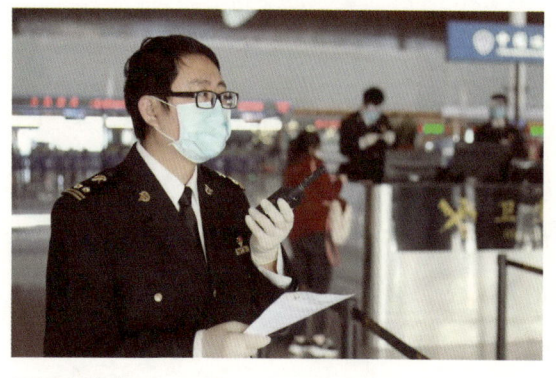

回应对讲机指示　　俞波　摄

"遇到疑似病例，我们就要上，毫不犹豫！"邵梁说，"其他关员如果没有医学专业背景，很难穿着防护设备去进行排查。"发现有发热迹象的旅客，需要引导其进入负压医学隔离室进行采样，而咽拭子采样是直面病毒风险、近距离进行的，就连身经百战的邵梁也不敢马虎。在严格完成医学防护步骤，确保"零风险、零差错"后，邵梁走进负压隔离室，完成首例有染疫嫌疑的旅客咽拭子采样，并转运处置。邵梁舒了一口气，面对病毒我们可能会恐惧，但也会直面挑战，决不退缩！

君子履正道，秉志宜专攻

邵梁的果敢源自他的专业。这是邵梁工作的第 10 个年头，2015 年他就参加过中东呼吸综合征疫情的口岸防控工作。时隔 5 年再次临危受命，他迅速做好了工作准备，并将早已烂熟于心的操作流程和各环节注意事项在脑子里仔细过了一遍。

"这次的病毒十分狡猾，潜伏期内也具有传染性、前期无明显症状等都是不小的挑战。"这是邵梁在专业技术组研讨时的首次发言，结合健康申报流程规范，邵梁与组员们着眼"最短距离，最少接触"，制订了细致的操作流程，科学设计了从检疫台到医学负压隔离室的旅客转移路线，并多次进行了流程推演，结合病毒传播特点和疫情防控要点，把各处置环节安排得明明白白。

随即而来的，是更高的要求——"口岸防疫的难度不仅在寻找病毒的踪迹，还要保证快速通关，减少在口岸的人流集聚，最大程度降低疫情经口岸传播的风险。因此必须坚持精准的处置思路。防控方面有很多问题和难点需要抓细节，比如如何使用负压隔离室，比如遇到疑似病例或者其家属时，如何解决安置上遇到的问题，像房间布局的安排，以及

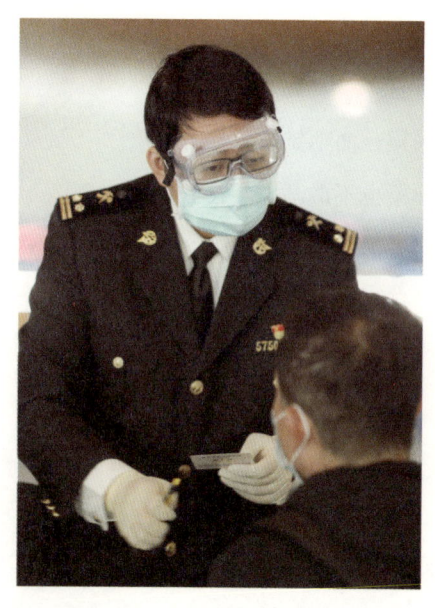

询问旅客信息
俞波 摄

如何通过视频进行流行病学调查等。"

因此，邵梁提出健康申明卡前置举措，创新地将健康申明卡填写环节前置于巴士车内，在车前逐一收验健康申明卡并测量体温，对高风险旅客做进一步的流行病学调查，对发热旅客则直接转移至负压隔离室进行采样等医学排查步骤。

专业组会议讨论上，邵梁是分析研判的"技术大拿"；在平时工作中，他更是事无巨细的贴心"邵哥"。作为专业技术组总联络员，邵梁在小组成立初期，面对层出不穷的不同业务线条问题，他的电话24小时没有停过，随时解答关员们的疑问。邵梁说，"大家的问题乍一听好像有点'可笑'，但这也反映出同事们的紧张和忐忑，所以才需要我这个角色，把这些问题整理、记录下来，进行归纳、答复。只要他们需要，我随时在线。"

他一天最多接听电话115个，一晚最多出动6趟，常常彻夜不眠。他在解答问题的同时，还会多做一步，把这些问题整理、记录下来，进行归纳总结，在小组的工作群里，及时将实践经验和组员们一起分享、探讨。组员们工作闲暇时看着群内的留言，常常一股暖意从心中来，犹如一份情感的纽带，相互支撑彼此继续前行。

为了帮助某位一线关员化解个人防护安全的思想障碍，他耐心对其进行心理疏导，用专业知识打消其顾虑，面对同事们的赞扬和感谢，邵梁也只是淡淡说："都是家人，何需客气？"

拼却老红一万点，换将新绿百千重

一场突如其来的疫情，一次"迫不得已"的回家，关于疫情的恐惧、困苦、惆怅都写在了一批批集中返程的旅客脸上。然而疫情无情，人间有爱，在那段最昏暗的迷雾中，更需要乐观自信的激励。

当一批批旅客走下巴士，邵梁注意到，低着头匆匆办理手续的他们满是疲惫和不安，有的紧皱眉头，有的焦躁踱步。他感同身受，这一段归家路，每个身处其中的人都承受着压力。除了专业素养，邵梁还用温情照顾着入境旅客的感受。一边收取健康申明卡、讲解通关注意事项，一边告诉他们为什么要进行医学排查，有了情况将怎么处理，让他们不要担心、积极配合，有时候也会聊一些病毒的防控知识，让他们注意防范。周围的压抑空气渐渐消散，旅客们主动配合，工作效率提高了很多。

随着国外疫情的蔓延，港珠澳大桥成了许多留学生归航的必经之路。为了应对人流的大幅波动，邵梁时刻关注着入境政策的变化，第一时间调整应对、安排处置。"其实，绝大部分的留学生都能够自觉配合我们的防疫措施，他们也很不容易，由于担心染疫风险，一路上都不敢摘下口罩，好多人都是30多个小时不喝水、不吃饭！我们尽最大努力给予力所能及的帮助。"

港珠澳大桥海关专门划定了一块比较空旷的区域，放置了食品、饮用水，让入境旅客在保持间隔的情况下，补充能量。邵梁和组员在处置过程中，不仅会讲明政策，及时疏导，对旅客的疑惑给予及时解答，还会聊

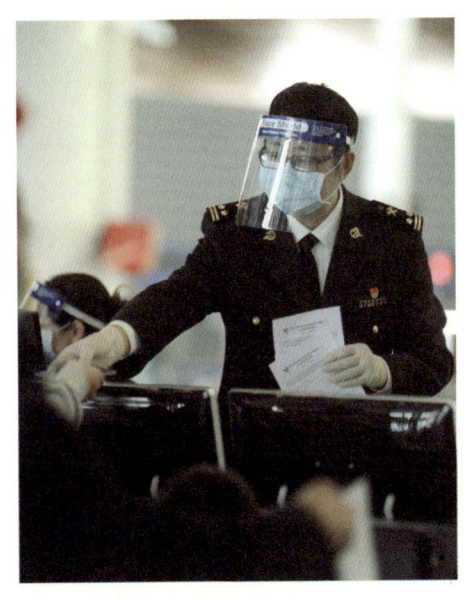

接受旅客健康申报　俞波　摄

一聊国家的防疫政策和抗疫成果,让他们安心,让他们明白,只要配合做好防疫工作,顺畅通关,风险就会降低很多,只要一起认真应对、相互配合,就一定能战胜疫情。

某天,拱北海关的邮箱里收到一位归国留学生的感谢信,信中写道:"我带着恐惧、焦虑、不安,长途跋涉39个小时回到祖国,也为给祖国添麻烦而愧疚,也为能否顺利入境而忧虑。当我到达港珠澳大桥口岸的时候,海关的叔叔、阿姨、哥哥、姐姐那充满温馨的话语,让我的一切顾虑烟消云散。回家真好,祖国真好!等疫情散去,我会更加努力地完成学业,像你们一样报效伟大的祖国!"

《人民日报》刊发《坚守国门一线 遏制疫情传播(一线抗疫群英谱)》,拱北海关邵梁的抗疫事迹被选入。这有力彰显了海关在遏制疫情蔓延扩散,服务"一国两制"大局的重要作用,也更加坚定了一线关员坚守岗位、同心抗疫的必胜信心。

千磨万击还坚劲,任尔东西南北风

英雄挥戈去,万马战犹酣。经过全国上下的顽强奋战和艰苦努力,疫情得到有效控制。不过,邵梁不敢懈怠,作为准军事化纪律部队的一员,他牢记闲时练兵,战时冲锋,"越是这个时候,越不能麻痹大意。除了内防扩散,对于国外疫情蔓延国内的风险,也必须高度警觉。"

"我们正在细化防护措施和对疑似病例的处置要求。"日常工作暂时减少了,就要总结反思,因地制宜,让相关部门的诊疗方案可以落地,邵梁心理谋划着:"接下来我们要制作教学视频,开展全员培训,研究防护用品的替代方案,并且在境外的疫情信息收集和研判方面再下功夫。"力争疫情防控和练兵备战"两手抓、两不误"。

面对新的压力，专业技术组肩上的担子更沉了。为了答好大考中的这道难题，邵梁对前期工作进行了认真总结、反思和梳理。他紧跟国际疫情形势，按照海关总署关于口岸疫情防控技术方案要求，在严格落实"三查三排一转运"检疫措施的基础上，梳理规范了信息通报、健康申报、体温监测、流调排查、办理移交等方面工作的操作流程，研究制订一批现场作业规范，切实提升现场作业水平。

邵梁还主动担任"老师"一职，带领着港珠澳大桥年轻的姑娘、小伙子们在实战中不断成长。随着归国留学生的不断增多，在邵梁的指导带领下，防疫方案也改了一版又一版，年轻关员鲍锦佳也开始承担起疫情防控小组长工作。他常常说："成长的路上，困难是难免的，但一位好老师是可遇不可求的，邵老师把疫情防控的这根接力棒稳稳地传递到我们手中。"

善于借力，是人的智慧。如何克服人工作业引发的不足，提高工作效能，成为邵梁所在的旅检一科面临的新课题。"技术的革新一定要与当前的疫情和通关政策紧密结合，才能从根本上提高效力。"在旅检一科的共同努力下，书记挂帅、党员搭班，率先建起"攻坚克难先锋班"，发扬特区精神，集中破解业务发展难题。

首先，他们发挥全国海关首条旅检CT机智能分拣线优势，率先使用人脸识别系统，导入高风险数据，研发"戴口罩人脸识别算法"，即使戴着口罩也能识别无误；其次，将"粤康码"与海关健康申报码"两码并一码"，极大缩短了通关时长，方便旅客通关；最后，还在关区率先使用"卫小海"自助查验设备和

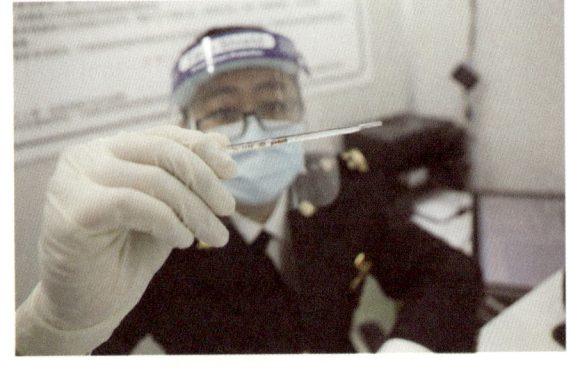

确认旅客体温　俞波　摄

新旅通助手开展远程流调，有效降低交叉感染风险。

从最初的人工验核，到电子验核，再到现在的闸机"零接触"验核，科技赋能的每个"小进步"都带来通关体验的"大变化"。战越打越精、越打越细，愈加安全便利的通关环境也让粤港澳大湾区商旅通行一扫疫情阴霾。

行而不辍，未来可期

使命在肩，守护不歇。回首 2020 年，邵梁坚持打持久战，赢决胜战的防控思维，始终将工作聚焦于防控疫情的新情况、新特点、新思路，打好"防控"和"服务"两张牌，用温情守护回家的路；疫情防控常态化期间，他坚持闲时练兵，战时冲锋，用专业素养引领旅检后继人。

"红雨随心翻作浪，青山着意化为桥。"疫魔无情，但连接三地、时刻安全顺畅的港珠澳大桥，静静述说着无数个像邵梁一样的国门卫士的忠诚故事，他和港珠澳大桥海关旅检人一道，年复一年，日复一日，初心如始，一往无前，用忠诚维护国门安全，用执着守护人民平安，用行动诠释责任担当。

湛江海关

抗疫先锋的三次"转身"
——记"全国海关系统抗击新冠肺炎疫情先进个人"陈开云

湛江海关所属海东新区海关 贾庭一 陈洁

"疫情防控是我参加工作以来做的最有意义、最有成就感的工作，等我老了我可以自豪地对我的后辈讲讲我的抗疫故事。"这是湛江海关所属海东新区海关监管二科副科长陈开云在荣获"全国海关系统抗击新冠肺炎疫情先进个人"后的感言。

作为获奖者中非医学专业背景干部，他克服了多少困难、历经了多少挑战？今天，让我们走近这位抗疫先进工作者，了解他职业生涯的三次朴实但意义非凡的"转身"。

从"小陈"到"大陈"

陈开云大学毕业后，就进入原湛江出入境检验检疫局工作。一位老同志教导他："小陈，你知道我们的制服衬衣为什么是蓝色的吗？蓝色代表专业，我们的执法要以技术为支撑，用数据说话。"

工科专业背景的他，对成为一位专业的执法人员有一种天然的向往，骨子里带有一种"打破砂锅问到底"的钻研精神。起初的几年，"小陈"跟着老师傅们不厌其烦地东奔西跑搞计重，善于思考的他在积累经验的同时，对于不同类型的计重方法和技术有了深刻的认识。

随着进口货物种类的不断丰富，计重工作也面临着一些新情况、新问题。看着"小陈"的成长，曾经的老师傅们开始有意将一些陌生的进口货物计重交给他去研究。

"小陈，戊烷这种货物以前没有进口过，我们也没有开展过戊烷的计量工作，你去查资料搞个计量方案出来。"

面对老师傅们委以重任，"小陈"也不推脱，始终本着事不避难的心态加班加点去翻阅资料，与老师傅们一起研究讨论。"小陈，乙醇胺计量方法没问题，但容易引起灼伤，如何做好安全防护值得注意，你组织一个乙醇胺计量安全防护的培训吧。"

一年磨一技，"小陈"不断积累重量鉴定业务经验技能，逐渐成长为处理该领域疑难问题的行家里手，同事们遇到相关的问题也都第一个找他，他也成为大家口口相传的计重"大陈"，是单位里为数不多能深入讲授水尺计重、衡器计重、容器计重、流量计重的计重全科讲师。

2018年机构改革初期，陈开云作为湛江关区选派海关总署重量鉴定集中调训的专家，为全员培训作出了积极的贡献。

从"小白"到"大白"

烽烟起，"小白"上阵勇担当

2020年年初，突如其来的新冠肺炎疫情在国内外蔓延。面对关区卫生检疫的现实困境，作为计重专家，陈开云毫不犹豫，又以"甘当小

四、矢志不渝，笃行不怠 | 465

学生"的态度走向卫检事业。

大年初一早上7点，科长打电话给他："开云，新年好！昨天凌晨接到会议通知，我们得一起去参加地方政府组织的疫情防控会议。时间紧，简单洗漱一下咱们尽早赶过去！"

疫情突然出现，湛江关区各个现场卫生检疫专业的领导和业务骨干都很紧张。当具有医学专业背景干部的人力紧缺，开展疫情防控工作压力较大时，陈开云的心里多少有点焦虑和信心不足。

"目前机场海关航班均来自中国周边国家，航行时间短，风险比海港口岸高很多，请你们海东新区海关先组织现有力量，边学边干、边干边学！"湛江海关疫情防控指挥部办公室通知。于是，陈开云决定硬着头皮顶上去。

疫情就是命令，防控就是责任，岗位就是战场。陈开云义无反顾带头往前冲。穿上防护服的那天，老同志开玩笑说计重"大陈"摇身一变成"小白"。

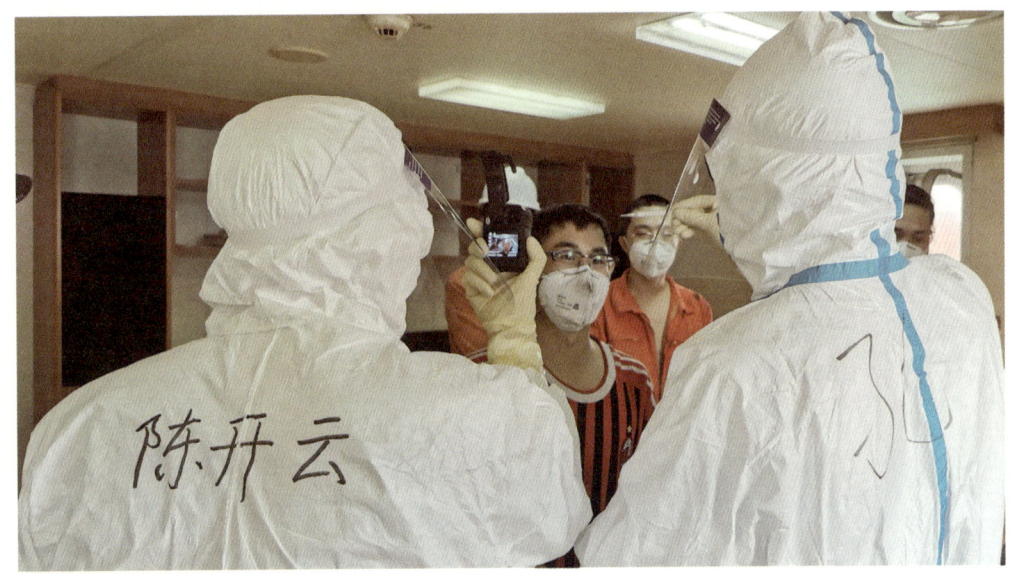

对船员开展体温监测　吴昊 摄

"医学排查与医学巡查两个概念有什么不同?什么时候用负压的设备?如何有效开展流行病学调查?"没有医学专业背景,陈开云抓紧一切时间学习,多少次吃饭中途放下碗筷向同事打电话请教,多少次把自己关在办公室翻阅专业文件和书籍学习到深夜。经过一个多月的学习和求教,他开始对如何组织口岸疫情防控工作有了自己的认识,已初步具备了按照指挥部的要求和有关技术标准对团队其他同事开展培训的能力。

"疫情防控文件多且更新快,要求细且执行严,必须要将这些防控措施制度化、体系化。"在翻遍了卫生检疫相关法律法规、听遍了所有能听到的培训讲座、踏遍了港口作业各个场所、访遍了口岸联防联控成员单位,以及一次次请教师傅、一次次登轮和深度总结复盘后,他结合辖区实际情况,制订完善了防疫物资管理、档案管理、封闭管理场所管理、医疗垃圾交接处置等疫情防控的现场操作流程20余项。

开展登临检疫　　曾银松　摄

他将"新型学徒制"课堂和试验场搬到疫情防控一线中去，针对每位学徒的专业、年龄及从业经历等特点，创设"四步教学法"，实现学徒理论与实践交替推进；编写相关课件，以换位思考的方式，启发思维，将复杂理论问题讲得通俗易懂；及时跟进学徒学习进度，及时解疑释惑。

疫情防控以来，他共讲授疫情防控相关科目 9 门，涵盖风险研判、登临检疫实操、采样技能等防控所需的各个环节，为迅速规范现场防疫操作、提升一线人员技术水平作出了积极贡献。

建通道，埋头苦干勇争先

当接到要在关区 2 个月内建设 3 个船员通道的工作任务时，科里同志都认为这是不可能完成的任务。

"我们 3 个口岸跨了 2 个行政区划，分属 3 个港口运营主体，且先不说沟通协调难度较大，我们本身也不熟悉船员通道建设的技术标准，据说有些材料比如彩钢板是建设无尘车间用的，湛江本地没有，需要从珠三角等地采购，很费时间且量小价格贵。"

"还有，现在从零开始新建显然来不及，最可行的办法是在原有基础上改建，但原有建筑大体格局已经成型，不符合防控方案所列标准。"尽管困难重重，但陈开云依然埋头实干，在抗疫这个战场上，他已经将太多次类似的"不可能"变为"可能"了。

陈开云每天跨海过桥，南油、调顺两地跑，做好口岸的沟通协调工作，从零开始学习船员通道建设相关的技术标准，利用班余时间蹲点保健中心 P2 实验室借鉴学习钻研。功夫不负有心人，他所在的辖区 3 个船员通道在湛江关区率先建成并投入使用，还积极指导其他兄弟海关先后完成辖区内各口岸船员通道建设。

迎挑战，临危不乱靠"大白"

海东新区海关辖区疫情应急处置体系的完善，也在一次突发情况中催生。

"陈科，我刚才在采血过程中不小心让针头刺破了手套，虽然没有出血，但被采血船员来自传染病高发国家，我现在手都在发抖，怎么办啊？"护士小钟带着哭腔在船上焦急地问道。

"小钟，你不要急，听我安排，马上采取以下措施：立即离开采样区，到通风处用酒精喷壶消毒，摘除双层手套，从近心端向远心端轻轻挤压，避免挤压伤口局部，尽可能挤出损伤处的血液，用大量生理盐水冲洗后，再使用75%酒精进行消毒，用棉签按压伤口止血……"

此时的"小白"已经蜕变成"大白"，他已练就"兵来将挡，水来土掩"的内功。

此次事件让他深感完善应急处置体系迫在眉睫。他一手抓预案编写，一手抓推演演练，先后编制《封闭管理场所新冠肺炎核酸检测阳性病例转出预案》《新冠肺炎疫情防控呼吸道、黏膜暴露应急处置预案》《新冠肺炎疫情防控皮肤暴露应急处置预案》《新冠肺炎疫情防控锐器伤应急处置预案》，开展相关推演和演练共计10余次。

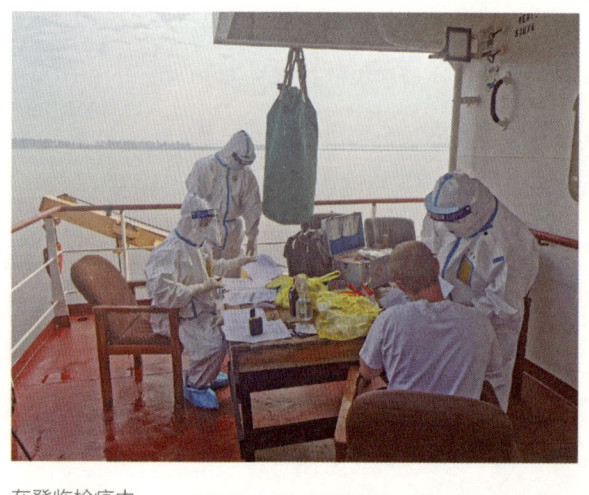

在登临检疫中
曾银松 摄

强者泪，最亏欠的是家人

抗疫路上，似乎没有陈开云解决不了的业务难题；但面对家人和生活，他却留下诸多遗憾和亏欠。

"老公，下周我就到预产期了，每次产检你都说没空，现在要生了，你到底能不能休假陪我呀？"

"自从2019年爷爷走了以后，你奶奶一直没有从悲伤中走出来，经常一个人发呆，默默流泪。她最疼的就是你了，你看能不能抽时间回来看看她？"叔叔在电话里说道。

"爸爸，为什么幼儿园老师说因为你在抗疫一线，我的健康状况要重点监测呢？有个小朋友都不跟我玩了。"面对女儿的委屈，他强忍泪水，耐心解释，让女儿的委屈变成骄傲。

从2020年大年初一参加地方联防联控会议开始，陈开云没有回过一趟老家，没有休过一个完整的假日，全身心地投入抗击疫情一线工作。

作为科室疫情防控的顶梁柱，他克服家庭困难，放弃春节休假；第一时间牵头制订辖区口岸整体防控方案，组织海关、港口、企业联合开展实战演练；连续带班奋战，开展登临检疫101次，检疫船员5 057人，对359名船员进行了采样送检，以关键时刻站出来、危急关头豁出去的实际行动凝聚人心、鼓舞士气。

从"小专精"到"多面手"

遇改革，迅速调整树品牌

"我是一个对外界变化反应比较迟钝的人，不太习惯变化，本以为我会像前辈一样，干一行专一行，成为一个技艺娴熟的'匠人'。"一场机构改革给陈开云的工作和生活带来了巨大的变化。他被分配到海东新区海关调顺口岸工作，从原来只钻一行的化矿处，来到职责涵盖卫、动、食、商、船舶监管和货物查验等多项职能的监管科，当时对工作的茫然，以及即将面临的挑战，他至今仍记忆犹新。"海关首先是政治机关，我们要加强政治机关建设，走好'两个维护'第一方阵。"

他主动调整工作思路，深刻认识"没有离开政治的业务，也没有离开业务的政治"。作为支部组织纪检委员，他强化党建引领作用，基于该科室业务特点，深化"内涵学军"，与支部书记一起带领党员群众创建了支部"零偏差"党建示范品牌。在疫情防控考验中，"零偏差"党建品牌成为队伍最强的引领。

"我女儿马上要高考，但说实话，现在学校都封闭管理，我其实也帮不上什么忙，科里可以安排我参加封闭管理工作！"身患多种慢性病的党员老张主动请战。

"我晚上还是比较清闲的，晚上值班可以安排我！"已经被总关专项工作抽调的年轻干部小曾也自告奋勇，要求夜间值班。

"我今年59岁了，按规定不能参加封闭管理，把后勤保障工作都交给我吧。我开车送水、送饭还是没问题的！"党员老李主动说道。

自新冠肺炎疫情防控阻击战打响以来，支部全体党员第一时间自发签署请战书，要求第一班次参加封闭管理，主动要求在节假日承担值守任务，在疫情防控中发挥了极强的先锋模范作用，坚决守牢了"外防输入"关口，保障了所在口岸疫情零输入、关员零感染。

围绕业务抓党建，抓好党建强业务。监管二科党支部切实强化党建引领作用发挥，队伍精气神不断提升，业务工作的提升也水到渠成。

保供应，群策群力解难题

新冠肺炎疫情的深度影响仍在持续，海运集装箱供不应求、价格飞涨，企业饱受"缺箱""少柜"困扰，生产原料进口遭遇"堵点"。"助力小企业，服务大民生！"在得知新能源汽车供应链企业进口计划和困难后，陈开云带领科室党员干部主动靠前服务，迅速与企业取得联系，在深入"讲政策、送信息、听意见"的基础上，组织业务骨干专门研究，指导企业尝试改用散装货船装载进口，并在接受企业货物申报后，第一时间实施检疫查验，拉紧通关监管各环节链条，服务保障企业快速投产。

按照一岗多能、全领域了解、相关领域熟悉、专业领域精通的要求，陈开云协助科长挑选党员业务骨干做师傅，分组带头全面梳理科室12个岗位职能，制订岗位操作指引，开设12门业务课程，推动岗位练兵，取得良好效果。科室涉及危化品、卫检、动植检等需要业务资质的8名

分享学习《社会主义发展简史》心得体会
曾银松 摄

在岗人员全部取得相关业务资质，为业务融合铺平了道路。仅仅半年时间，他本人已经掌握了科室业务工作的绝大多数技能，从仅仅能解决一个重量监督业务问题的"小专精"成长为能够应对科室大多数业务疑难问题的"多面手"。

后记

回首过去，陈开云感慨万分："在这次新冠肺炎疫情面前，我们党团结带领全国各族人民，经受了一场历史考验，作为一名青年党员能在这个伟大的时代参与这件伟大的事情，我感到无上光荣。"抗疫急，万马战犹酣。当前疫情防控的形势依然复杂严峻，但无论前面有多少艰难险阻，他都将牢记初心使命、风雨兼程、一往无前，因为他坚信"拨云见日终有时，守得云开见月明"。

南宁海关

把初心写在抗疫一线

——记"全国海关系统抗击新冠肺炎疫情先进个人"郭枫

南宁海关所属友谊关海关 郭枫 蒋瑶霖

友谊关海关监管七科坚守在千年雄关——友谊关，负责广西友谊关口岸进出境旅客卫生检疫及行李物品查验工作。新冠肺炎疫情发生以来，该科承担了广西唯一一个保持旅客正常通关的陆路旅检口岸疫情防控工作，疫情防控压力大、任务繁重。2020年以来，共监管出入境人员近100万人次，检出量位居全国海关系统首位，工作人员无一感染，实现了"疫情疫病零遗漏、关员零感染"的工作目标。

监管七科科长、党支部书记，友谊关海关疫情防控办公室主任郭枫，勇挑重担、冲在一线，率先垂范、真抓实干，带领科室同志在外防输入的战场上，当先锋、打头阵、守国门，把投身疫情防控工作作为践行初心使命的试金石和磨刀石，用对党的绝对忠诚和奉献精神，在南疆国门筑起疫情防控的铜墙铁壁。

冲锋在前的"作战员"

"冲锋在前"是共产党人刻在骨子里的基因。2022年年初，国外疫情持续蔓延。友谊关口岸作为全国为数不多全年无休保持旅客、货物通关的陆路口岸，疫情防控压力陡增。时任南宁关区疫情防控工作业务科长的郭枫同志主动向组织申请，冲锋在前，投身友谊关抗疫一线，"我会牢记使命，坚决守牢国门关口！"

郭枫到任友谊关海关疫情防控办公室主任后，紧盯关区薄弱环节，面对人防、物防、环防的繁重任务，第一时间牵头组织开展"日推动、周落实"个人安全防护专项整治活动，下发活动方案、成立领导小组、明确工作目标，要求作业现场通过每日晨会、晚会集中梳理各岗位个人安全防护、医疗垃圾处置等易疏漏环节；牵头成立专、兼职安全防护监督员队伍，对辖区各作业现场进行全流程、全时段的视频监督检查，大大提升了关区疫情防控个人安全防护能力和水平。

友谊关旅检口岸一年365天均保持旅客正常通关，如何既能守住国门关口，又能降低关员作业风险，成为郭枫心中头等大事。

针对年初国外奥密克戎病毒感染率居高不下的形势，他始终坚持严的主基调不放松，强化人物同防、多病共防、安全防护"三防"措施不放松。

"我是支部书记我先上。"在查找入境检疫流程具体风险和不足，需实施封闭管理时，他坚定地说。作为关区第一位进入封闭管理区进行封

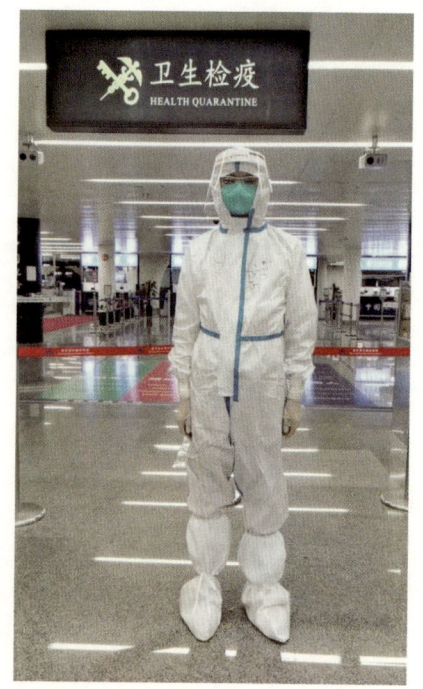

跟班指导重点入境航班检疫工作
梁永才 摄

四、矢志不渝，笃行不怠 | 475

闭带班的科长，他发挥头雁效应，带领支部党员和业务骨干走流程、查漏洞、找风险，不等不靠，发挥主观能动性，根据风险等级重置"三区两通道"区域设置，确保友谊关旅检口岸疫情防控工作安全有序地进行。

业务火线上的"网格员"

"党员干部要胸怀'国之大者'，更要落实到业务上。"他是这么说的，也是这么做的。创建推行"党建＋网格"管理模式，将旅检现场业务按职责划分为卫生检疫、人员转运及行李物品监管、数据报送、安全防护监督四大网格，明确网格分工，压实防控责任；网格内实行岗位职责、人员排布、防控制度和防护措施"三清"制度，他任网格员，把科室干

在友谊关城楼下庆祝建党101周年
林斌杨 摄

部、支援干部和支援医护编入网格，网格内实行党员干部配置，最大化发挥党员在网格中的作用，激活网格体系，调动干部活力，全面打通了人员死角和盲区。利用主题党日活动、集中讨论等形式进行业务头脑风暴，调动各个基础岗位的积极性，梳理出安全防护、操作规范、口岸区域设置、视频监控等20个问题，直击科室疫情防控存在的问题和短板，深刻剖析原因，列出整改措施、完成时限、整改责任党员，将"事在格中办、人在格中行"落到实处。

依托"党建＋网格"新型网格化管理模式，压实了岗位职责、激发了组织活力，推动了友谊关旅检口岸疫情防控更加精准高效开展。郭枫也将该做法形成经验，在关区疫情防控会议上做了交流发言，监管六科七科联合党支部获南宁海关2022年第一批"四强"支部，2022年以来网格内党员、干部获得个人三等功17人次、嘉奖11人次。

支部党建的"辅导员"

战斗在口岸一线的党员干部应坚定战胜疫情的必胜信念，必须拧成一股绳、心往一处想，劲往一处使。作为党支部书记，通过上党课、科室会议、晨会等多种形式，第一时间进行传达学习贯彻落实，让每一位党员关员对自己所处的是"外防输入"的主战场，自己是"外防输入"的主力军，自己肩负着守护国门安全、保护人民群众生命健康的职责使命有了更加清醒的认识，也坚定他们打赢疫情防控阻击战的信念。

针对科室年轻人员、支援人员、协管员较多的实际情况，他注重运用党建思维，推行"党建＋服务"工作法，提升支部的组织力、战斗力、凝聚力。通过谈心谈话等方式，及时了解掌握科室人员思想动态，特别对部分年轻同志思想波动大等情况进行重点关注和帮扶，同时注重先进

四、矢志不渝，笃行不怠 | 477

布置工作任务，
提出工作要求
刘锦 摄

典型培树、充分发挥身边先进模范的示范引领作用。通过努力，有效提振了士气，增强了党的向心力，同时发展了1名年轻同志进入组织队伍，为持续做好疫情防控工作提供了强有力的精神动力。

一个支部就是一座堡垒。为充分发挥地方支援医护人员的作用，他将地方支援的医护人员纳入支部管理，统一参加支部活动、统一参加科室班前班后会，统一排班和培训，规范业务操作和个人防护，筑牢了支部战斗堡垒。

勇立潮头的"改革员"

随着疫情常态化防控，口岸工作量在做加法，人力在做减法，防控压力在做乘法。一线作业工作量大、效率低的问题渐显，郭枫意识到："必须向科技要人力、要效率、防感染。"在深入分析口岸实际情况和防疫工作要求后，提出上线试用健康申报核验分流一体机的方法，采用非接触式健康申明卡核验，运用新技术新设备实现无感通关，降低人员队伍感染风险，能够有效解决双重问题。他带领全科同志，连续加班加点制订方案、积极向上请示汇报争取支持，经过多次反复业务和系统测试，成功上线了健康申报核验分流一体机，将护照数据、人脸数据、提问数据集成采集，并引入自动发放绑定人员信息的采样管，实现了关员远程非接触式处置，审核时间从人均10分钟缩短至2分钟，提升通关效能，进一步降低工作人员感染风险。

在此之前，郭枫已经带领和参与实施过许多改革措施并取得了积极成效。他在南宁海关卫生检疫处工作期间，牵头创新实施陆路口岸运输工具电讯检疫改革，建立进出境车辆"提前申报—风险评估—电讯检疫"卫生检疫监管新模式，试行测温结果与智能卡口联动校验，确保"逢警必处""无一遗漏"；推动口岸卫生检疫智能化建设，初步实现了健康申报电子化、电子化流调、处置过程视频录证等功能，加快了旅客卫生检疫通关速度，提升卫生检疫智能化水平，项目获南宁海关年度专项奖励集体三等功。

急难险重前的"应急员"

他总说"卫生检疫的工作不到基层，就不能真正解决"。2021年12月，东兴口岸入境旅客人数激增，日入境人数达300多人，口岸疫情防控压力剧增，入境检疫工作急需技术指导；郭枫顾不上当时边境疫情防控形势复杂严峻，经过关长审批，他再次奔赴基层现场第一时间进入封闭带班指导，在摸索中创新，交流经验，提出优化建议，加快检疫通关速度，减少了旅客长期滞留的作业感染风险，为基层工作打下坚实基础。

"郭科在哪里,哪里就有风险。"处室人员这样调侃。是的,关区内哪里的疫情防控面临急难险重任务,哪里就能看到他的身影。2020年1月24日大年三十,他奔赴东兴口岸疫情防控一线,1月28日大年初四他又赴南宁机场口岸参与应急处置工作;2020年和2021年,他赴一线指导技术指导口岸卫生检疫区域设置等30余次,多次临危受命现场指导海关总署布控的重点航班、外交包机、特殊船舶入境检疫工作。

防控措施的"研究员"

南宁关区口岸点多线长,海陆空口岸种类齐全,仅旅检现场就有10个之多,中越边境还有众多的互市点和互市通道,2020年突如其来的新冠肺炎疫情打破了人们安宁的生活。海关作为"外防输入"的第一道防线,立即成为疫情防控的主战场,防疫任务十分艰巨。作为时任关区疫情防控的主管科长,他始终牢记初心使命,带领关区疫情防控卫生检疫业务小组人员,与时间赛跑,发挥专业特长,不舍昼夜研究防控措施,建立关区突发公共卫生事件处置预案。针对边境输入、入境包机、国际航行邮轮、互市贸易卫生检疫监管等关区内涉及业务制订方案30余项,拟定下发关区口岸防控细化措施文件120余份,精准施策,推动关区第一时间搭建了防控工作组织机构,第一时间组织口岸一线实施防控工作,明确关区"境外""口岸""境内"三道检疫防线细化机制。指导关区科学防控,下发《口岸现场个人防护建议》指导关区一线科学防护,向广西壮族自治区指挥部发函解决内河航运船员换班下地检疫事项,在科学防控的基础上解决企业的困难。在接到海关总署任务组建陆路口岸新冠肺炎疫情防控工作组中,他迅速牵头成立南宁关区陆上邻国疫情监测专班,每日每周对周边邻国疫情形势开展系统分析，研判各类风险点 25 个，提出针对性建议 27 项，为海关总署疫情防控决策建言献策。

　　他不仅是防控措施的"研究员"，还是方案制度的"讲解员"。他组织开展防控政策解读和业务培训 20 余次、全面解读口岸防控措施，现场解决一线防控实际问题，累计培训学员 800 人次，参与各类形势分析研判会议达 20 余次，准确把握各阶段的形势、防控方向及重点，指导现场海关将各项部署落实落地；他始终保持手机 24 小时开机，为关区口岸疫情防控工作提供全天候技术指导，实时解答口岸防控工作遇到的问题，日均工作超过 14 小时，成为名副其实的"工作狂"。

制订关区疫情防控方案、预案　　邱方鹏　摄

"疫情防控找郭科",已在关区形成共识。自疫情防控启动以来,郭枫闻令而动、听令而行,始终坚守在疫情防控的第一线,用绝对忠诚和专业精神抒写着海关人的初心使命,在筑牢口岸检疫防线上默默奉献,2020年获"全国海关系统抗击新冠肺炎疫情先进个人"、南宁海关专项奖励、最美劳动者、战疫情稳外贸"十佳青年标兵"等荣誉。

兰州海关

一名普通关员的抗疫故事

"全国海关系统抗击新冠肺炎疫情先进个人"高兴聪

高兴聪 兰州海关所属兰州中川机场海关

看着手机上显示的日历，我才忽然意识到又离家一个月了。记忆中五一假期结束时，父母在车站送我离家的情景恍如昨日。虽然明天就是端午假期，但办公室里的电话声、讨论声、电脑键盘的敲击声依然响个不停。自从2020年新冠肺炎疫情发生后，假期在岗值守已经成了常态。

2020年的春节注定令人无法遗忘。腊月二十九下午结束了最后一天的工作，我搭上返家的车。车上坐满了人，车厢里洋溢着春节的喜庆气氛。节日的氛围并没有冲淡我对疫情的担忧，虽然此时只有零星的地区出现了疫情，但是兰州中川国际机场作为甘肃这个内陆省份唯一的对外开放口岸，一旦疫情严重，将会成为甘肃省新冠肺炎疫情"外防输入"的一线阵地。

大年初二这天，单位工作群里对疫情的通知比前几天多了，已经看不到节日的痕迹。春节期间正是游客出境旅游的高峰期，在这个特殊的节点，机场成为"外防输入"的第一线。

面对陌生的新冠病毒，我这个非医学卫生专业的人忐忑不安，但是作为兰州中川机场海关一员，身后就是家乡的父老乡亲，我必须咬紧牙关，不畏艰险，迎难而上，用实际行动去守护家乡。看着工作群里的同事们请求结束休假、返回单位待命的请战消息，我也提交了提前返岗申请。办公室里的宋科长看到我的那刻，有点意外。我踏入食堂看到许多本该在家欢度春节的同事们时，内心充满感动。

晚饭后，宋科长通知每天晚上 9 点所有在岗人员开会。面对疫情，会议室中的每个人都很严肃，大家都知道此时出入境航班的检疫工作人员是直面疫情的危险岗位，所以工作人员的安全防护和消毒处理工作是重中之重。兰州中川机场海关关领导向大家传达了海关总署、兰州海关对于疫情防控的最新通知，同时要求我所在的卫生监督科立即清点盘查现有的口罩、防护服、手套、消毒药剂等防疫物资，做好物资储备，抓紧研究学习消毒处理的相关文件，保证"召之即来、来之能战、战之必胜"，为疫情防控保驾护航。

疫情就是命令，此时的卫生监督科只有我和宋科长两个人。疫情防控时间紧、任务重，到岗后我主动承担起防疫物资库管员的责任，第一时间清点盘查储备的防疫物资数量和种类，配合宋科长做好防疫物资的储备。面对种类、数量繁多的疫情防控物资，出入库管理要求高，我主动学习物资管理知识，虚心向财会专业出身的领导同事请教学习，每天严格做好物资出入库记录登记、数据汇总。

安全防护和消毒消杀工作的质量对新冠肺炎疫情口岸"外防输入"具有重要意义，海关总署印发的《新型冠状病毒肺炎口岸防控技术方案》成了我学习最多的文件。我一字一句地研读，只为实现每次航班"零感染，打胜仗"的目标。

2020 年 3 月，来自某地的包机降落在中川机场，这是中川机场因新冠肺炎疫情停飞所有国际航班后第一架在此入境的客运包机。机坪上的寒风呼呼地吹着，即使里面穿了棉袄也让人瑟瑟发抖。因为这是机场海关在疫情下接的第一架客运包机，前一天我和同事就已把需要的东西全部运到工作的现场，到达现场后我检查了安全防护情况和准备消毒药械。

货舱里装满了放着旅客行李的集装器，每个集装器从机上卸下后，都需要在机坪上消毒才可以拉到行李分拣区，掏箱消毒后由传送带输送至旅客行李提取处。执法记录仪无法别在防护服上，只能拿在手里，凌晨的机坪温度接近-20℃，不一会儿手指便僵硬得无法正常按键。两个多小时后，货舱里所有的箱子都卸完消毒后拉走，护目镜上的雾气变成了一颗颗小水珠，阳光让冻僵的手脚好受了点。通风换气后，我和消毒人员又一次登上了客梯车的台阶，客舱里的座椅、行李架、卫生间、小桌板，每一处区域都需要彻底消毒，以便下一批旅客使用。将所有的工作区域消毒完毕后，离开机场已经下午3点多了。

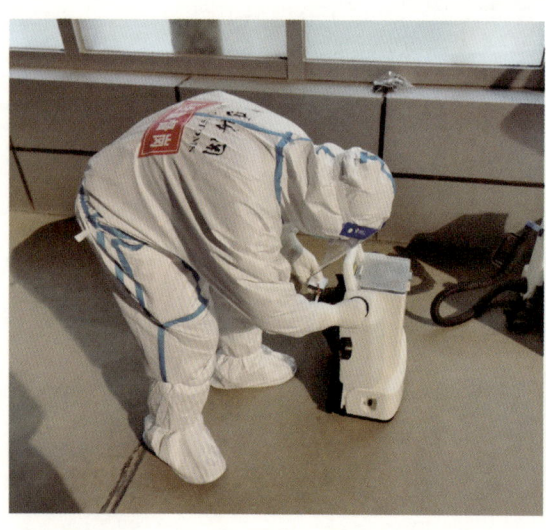

消毒剂深度检测　　刘岚　摄　　　　　　集装器消毒　　高兴聪　摄

四、矢志不渝，笃行不怠 | 485

2022年6月端午假期，航班保障工作看起来和以前一样。飞机预报早晨7点落地，大家6点统一集合出发。两年多的类似保障任务，生物钟已经使我不需要闹铃就可以在集合出发的一个小时前醒来。早上5点多，远处的天边已经出现了太阳的红光，工作群里传来消息，"航班因故障问题，起飞后不久返回，原定出发时间取消，所有人员暂时待命"。

晚上8点的机坪上灯火通明，远处的高楼灯光星星点点，飞机缓缓从跑道的远端滑向停机位。从远处吹来的风驱散了白天的酷热。落地前的检查准备工作早已完成，飞机落地后舱门、货仓、行李集装箱、客货仓按照流程消毒。为了更好地做好消毒工作，我需要对卸空的航空集装器、飞机客舱内环境如洗手间、行李架、座椅扶手、小桌板等接触频率高的区域开展环境采样。直至最后监督消毒人员对防护服脱卸区域进行终末消毒，移交转运医疗废弃物后，按要求脱卸离场。不知不觉东方的天空已经泛出了鱼肚白，返回隔离区后报送完现场工作印证材料时，早上7点的闹铃已经响起，端午节以这种特殊的方式度过。

2022年6月，封闭隔离时间从14天调整为7天的集中医学观察，每个人对战胜疫情更加充满信心。

自疫情发生后，时光匆匆，转瞬已经快奔向3个年头了。2019年调入卫生科的场景好似还在昨日，我也先后获得"全国海关系统抗击新冠肺炎疫情先进个人"称号、2020年度个人嘉奖，并在2022年1

飞机落地前安全防护检查　　姚汇文　摄

客舱环境核酸采样　　刘岚　摄

月提拔为卫生监督科副科长。这让人难忘的经历，已经融入了我的血脉，成为一生难以舍弃的一部分。疫情的这几年，有磨难、痛苦、煎熬，也有喜悦，是我成长道路上的宝贵时光。新冠肺炎病毒依然在变异，"外防输入"的任务还未停止，我还需和全国口岸一线的所有同仁一道继续坚守岗位，谦虚谨慎，冲锋在前，用实际行动践行新时代海关关员的责任和担当。

乌鲁木齐海关

砥砺初心展本色，抗疫前沿显担当
——田锋抗疫纪实

新疆国际旅行卫生保健中心　田锋　史燕

获奖个人照
程慧　摄

面对抗击新冠肺炎疫情这场没有硝烟的战争，田锋认真贯彻落实海关各项疫情防控工作部署要求，政治立场坚定，冲锋在前，以高度的政治责任感、使命感，把疫情防控作为当前重中之重的工作，用实际行动践行着守护海关国门安全的责任。2020年荣获"全国海关系统抗击新冠肺炎疫情先进个人"，乌鲁木齐关区个人记功1次，个人嘉奖1次，关区集体记功3次。

勇担国门卫士，抗疫前沿显担当

面对新冠肺炎疫情，作为共产党员的田锋冲锋在前，积极投身疫情防控一线，践行着海关人的初心使命，保护着群众健康，守护着国门

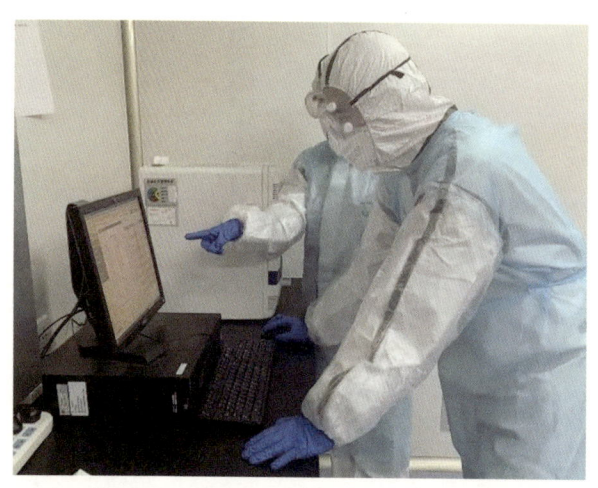

与同事查看核酸检测情况
程慧 摄

安全。

2020年1月24日，正值农历大年三十，田锋接到上级指令后迅速带领检测人员赶赴实验室，用实际行动表明了抗击新冠肺炎疫情的决心和效率。此后，夜里12点以后收到样品是常事，经常要一直忙碌到凌晨，长时间处于高度紧张、专注集中状态。从实验室走出来后，抓紧时间休息，在恢复精神状态后，再迅速投入到下一班的工作中。实验室工作危险性高、容易感染，必须要身着防护服，戴上手套、医用N95口罩、护目镜、面屏、鞋套，"全副武装"进入实验室，开始一天的工作——少则5~7个小时，最长达10个小时，不能用餐，不能上厕所。因为长时间无法休息，睡眠时间极度缺乏，导致胸口乏闷、气虚，但是实验结果没有出来，始终都放心不下，他深知任务艰巨，明白检测结果的准确性和及时性是多么的重要。因此只有等到结果出来，上报到各个部门后，他才能踏实睡一会儿。

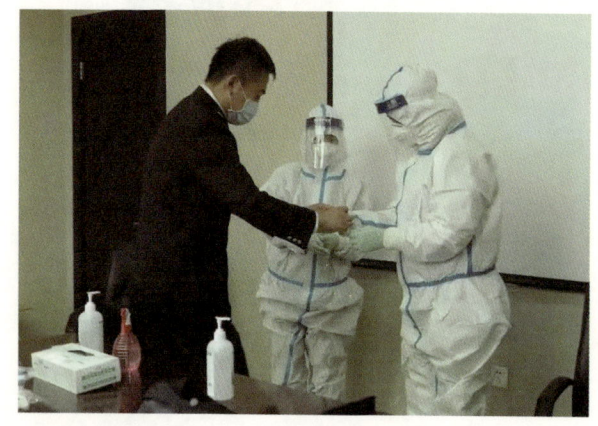

为关区疫情防控人员培训　程慧 摄

作为医学检验部部长，在缺少专业技术人员还要保障检测实验室运转的情况下，田锋的身影常常出现在核酸检测点的各个角落，哪里风险大、情况最复杂、哪里就有他。为了保证检测结果的质量和时效性，从一线工作回来后，他常常凌晨来到实验室与其他同志并肩作战，加班加点认真汇总核酸检测信息数据，严格审核把关。不眠不休地与疫情战斗，为人民群众生命安全保驾护航。

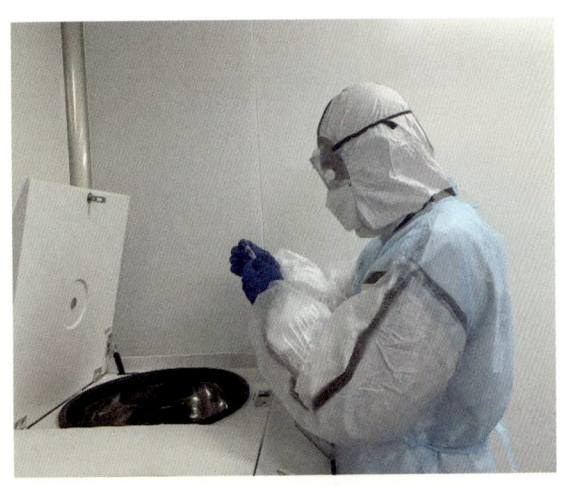

进行核酸检测
史燕 摄

疫情防控这几年，田锋将病毒检测实验室当成了"战场"，是同事们眼中的"拼命三郎"，带领科室全体人员每天24小时待命。他常常说的一句话就是"我们一定要全力以赴，丝毫不能松懈，要以高标准、严要求的工作态度完成好每一次核酸检测任务"。在田锋的带领下，检测团队与时间赛跑，与病毒较量。即使在疫情防控最艰难的条件下，田锋始终坚持对全关区新冠核病毒酸检测实验室开展业务培训，组织开展应急演练，用专注与敬业的精神为口岸疫情防控筑起了一道坚实的壁垒。

田锋自始至终把疫情防控作为当前重中之重的工作，夙兴夜寐、恪尽职守，立足本职岗位，"舍小家、保大家"，积极投入到防控一线，用实际行动守护关区国门安全。他在任何时刻都以"打铁还需自身硬"的态度，始终秉承"高标准、严要求"，越是在艰难的时刻，越是提升自己的有利机遇！

用情耕耘，勤勤恳恳善于奉献

工作以来，田锋一直在保健中心医学检验部工作，平时工作很忙。特别是2020年以来，疫情在全球蔓延，在疫情防控的特殊时期，田锋不仅积极投身疫情防控一线，用实际行动践行着保护人民群众身体健康的初心使命,还尽可能照顾重病的母亲,体现出一个海关人对社会和家庭的责任担当。

田锋在工作岗位上兢兢业业、任劳任怨,奉献着自己的才智和力量,受到领导和同事的一致好评。因工作表现突出,先后荣获"全国海关系统抗击新冠肺炎疫情先进个人""新疆维吾尔自治区总工会劳模引领性优秀创新成果奖"等荣誉称号。

> 巾帼不让须眉，
> 红颜更胜儿郎
>
> 阿勒泰海关张晖
> 抗疫纪实
>
> 张晖
>
> 乌鲁木齐海关所属阿勒泰海关

疫情就是命令，防控就是责任。疫情发生以来，张晖和口岸的同事们闻令而动、挺身而出，用行动诠释着共产党员的忠诚与担当，坚定不移地站在塔克什肯口岸疫情防控最前沿，用实际行动践行了自己的初心，用担当作为履行了一名共产党员的使命。

疾风知劲草，烈火见真金

2020 年 1 月 28 日，4 名旅客从塔克什肯口岸入境，其中 3 名为高风险旅客。她和同事们冷静应对，终于顺利完成了这批旅客的流行病学调查和医学排查，移交至地方卫生部门。春节以来，张晖和同事们验放出入境旅客 598 人次，开展流行病学调查及医学排查 12 人次，科学规范的处置工作获得地方政府部门的肯定。

口岸恢复通关前，张晖和同事们积极协调各联检单位调整货运通关模式，提前设计改造穿脱防护用品区域、调试监管设备、开展个人防护演练，确保精准检疫，切实提高货物通关效率。

2021年5月，她和另外4名同事成为疫情防控第一梯队成员，勇挑重担，封闭管理住宿，负责货运通关监管工作。每日穿着防护服连续奋战10个小时，做好相关司机体温监测、健康申明卡验核、车辆扫描、办理入境手续等工作。脱去防护装备时，大家往往都是一身汗，查验服上满是汗水湿了又干、干了又湿留下的一道道白色印迹，脸上是被口罩、帽子、眼镜勒出的一道道血痕。吃过简单的饭菜后，每个人又紧接着投入新的工作。

2020年12月，工作流程大调整，关员们开始对相关车辆采样，在雪地里、在泥泞中、在小石子路上，每日在车流中往返上万步，重复擦拭近500次，奔波送样10余批。防护面屏上的水汽结成了冰柱，采样的手指冻得不听使唤。

辛苦、劳累，但没有一个人有怨言，这样的集体，体现的是强烈的责任与担当。

准备查验出境车辆　　阿不都许库·阿不拉海提　摄

坚守付出，不辱使命

回首抗疫时光，有好多画面都刻骨铭心。夏季，他们透过被汗水、雾气笼罩的眼镜，去查验外方的司机和车辆，完成手续时，司机师傅在驾驶舱内对关员竖起了大拇指；冬季，他们利用暖手宝捂热被冻僵的手指坚持采样，司机师傅送上动听的音乐为大家加油鼓劲。工作结束时，对讲机里传来上级领导的声音"你们辛苦了"，那时候张晖和同事们相视一笑，使命光荣，他们努力做到最好。

为防范鼠疫疫情和新冠肺炎疫情风险叠加，在人员比较紧张的情况下，阿勒泰海关坚持科学、规范、有序开展病媒生物监测工作，全力保障人民群众生命健康安全，严防疫情叠加。每日长途跋涉开展野外捕捉工作，回到驻地大家顾不上吃饭休息，第一时间对采集的样本进行检测，每次工作结束都是深夜，走在漆黑的路上，抬头看月亮觉得格外皎洁。

面对不断更新的防疫知识和要求，张晖始终保持谦虚、谨慎、进取的"空杯"心态，结合自己近十年的口岸卫生检疫工作经验，主动承担起阿勒泰海关的卫生检疫专业知识培训。为避免人员密集，她创新培训形式，借助"学习强国"等平台，开展线上"关员小讲堂"，为阿勒泰海关全体关警员详细讲解个人防护知识，引导大家正确面对疫情发展，不慌张、不畏难，在日常工作中做好科学防护。

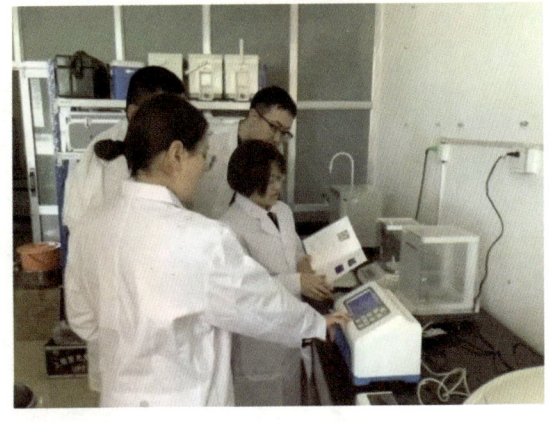

学习上转发光免疫分析仪的使用方法
阿不都许库·阿不拉海提 摄

甘于奉献，默默付出

从复旦大学预防医学专业毕业后，张晖选择回到家乡，扎根边关口岸默默付出，在一线卫生检疫岗位上工作十余年。口岸离家三百多公里，与家人聚少离多,她缺席了很多重要时刻,比如小孩上学第一天,家人生病也无法照顾。小孩刚上小学,课业上遇到很多困难,她只能在下班后通过视频给孩子辅导功课,可有的时候,孩子听不懂,急得在电话那头哭,她在电话这头干着急。她的爱人工作也很忙,孩子只好拜托给年

开展病媒生物监测　　贾丽・赛兰别克 摄

迈的爸爸,每次上口岸前,她只能对爸爸说:"爸,还要您再辛苦一阵,等我休假了,您就可以缓缓了。"孩子总是问她:"妈妈,你什么时候回来?"但人生就是这样,此处在场,就意味着别处缺席。海关人,年轻一代的国门卫士,就是有甘于奉献、勇于牺牲的精神品格。

她的周围是一群这样的人——"别担心,我和你们始终在一起",这是关领导亲临一线为他们加油鼓劲;"我还能为单位做点事,真是由衷地高兴",60多岁的尹小平专家在朋友圈里这样说,作为一名老党员,他退休不离岗,带领阿勒泰海关的年轻人,奋战在中蒙边境,风餐露宿,坚持常规开展病媒监测;"中午时间短,我就再坚持一会儿",年轻关员刘泽旭放弃午休,穿着防护服连续工作……

2021年,张晖3月、6月两次参与前沿梯队工作,开展进境运输工具车体采样、检疫处理单位监管、个人防护监督、联防联控单位沟通协调等工作。她与王卫红、古丽达娜成立"挑毛病"专家组,对照前沿开展检查5次,发现问题17条,指导相关责任人立行立改,切实发挥了"挑毛病"、促疫情防控措施落实到位的作用。

此外她还积极搜集整理相关法律法规、规范性文件,草拟相关意见文件,例如加强消毒通道规范建设、加强前沿电力保障、明确运输工具采样送样检测,等等,从专业角度给出专业建议。

2020年,张晖被评为"全国海关系统抗击新冠肺炎疫情先进个人",2021年,荣获"自治区三八红旗手"称号。这些荣誉凝结着所有阿勒泰海关人

通关前梳理流程　　阿不都许库·阿不拉海提　摄

的辛苦付出和汗水！

　　身为海关人，把守国门是职责所在，守卫千万人的生命安全和身体健康是党和国家所托，在这场没有硝烟的战役中，张晖和她的战友们，并肩奋战，勠力同心，牺牲"小我"，奉献"大爱"，无悔于自己的职业选择，无愧于职业担当！

五　行程万里，不忘初心

北京海关

一心一意守国门，一朝一夕绘永恒

——记"全国海关系统抗击新冠肺炎疫情先进个人"高延军

北京海关所属首都机场海关　高闻悦

    一枚功勋事，悠悠数千日。守门家国业，尽在平凡间。"全国海关系统抗击新冠肺炎疫情先进个人"奖章别在高延军笔挺的制服上。胸前咫尺一照片，故事娓娓方寸间。奖章是他扎根首都国门、奋勇投身抗疫的缩影。履职尽责的忠诚担当、尽孝尽忠的家国情怀、筑牢国门防线的酸甜苦辣、应对一线棘手问题的乘风破浪、坚定信念的历久弥坚，在胸前的三寸奖章上呈现得淋漓尽致。

    小小奖章溢彩流光，与"0111140"关员号牌交相辉映。"0111140"是他的关员号，是海关关员身份的代表，也是被大家赞称"铁人"的生动诠释。代表身份的四个"1"，字字珠玑，各有深意。如果对这四个"1"作注脚的话，那便是他72小时带领团队完成首都机场T3-D口岸防疫专区建设的一鼓作气，是他率领第一批封闭管理突击队首次试行封闭管理工作的一马当先，是他在口岸疫情防控常态化中丰富完善旅检业务基础的一以贯之，是他高效保障冬奥旅客通关顺畅的一心同归。

五、行程万里，不忘初心 | 499

正如他高大的身形一般，关员号里的每一个"1"都代表如松站立、气宇轩昂、坚守国门的他，那笔挺的脊梁、高昂的头颅、坚毅的眼神、平直的唇角，将他坚韧执着、勇毅笃行、意气风发的风采绘在国门一线，绘在首都机场，绘在新时代新海关的奋进征程上。

一鼓作气：72小时完成首都机场海关T3-D口岸防疫专区建设

2021年5月19日，在中央宣传部举行的中外记者见面会上，中央广播电视总台记者采访道："新冠肺炎疫情发生以来，您身边有哪些记忆特别深刻的故事？"高延军在镜头前，答道："在抗击疫情过程中，我印象最深刻的就是我和团队一起，仅用了72小时就完成了全国首个口岸防疫专区的建设。"

2020年3月7日，北京入境口岸管理联防联控前方指挥部召开紧急会议，要求首都机场海关72小时内将首都机场T3-D航站楼改造为口岸防

T3-D口岸防疫专区突击队成员合影
唐希扬 摄

疫专区，集中停靠入境重点航班，从而有效防范输入风险。接到任务之后，他和关里的8个年轻同志主动请缨，组成突击队，进驻到T3-D航站楼。"当时真的是，硬件还不完备，软件的话，那就是一鼓作气。"高延军笑着说道。后来回想起那不平凡的72小时，"一鼓作气"就成了建设T3-D口岸防疫专区的一种力量的表述。

T3-D航站楼没有海关相关的监管设施，也没有可参考的图纸。9个人进入T3-D之后，高延军作为小组组长，按照大家的专长和意向，把大家分到了不同的岗位上——有管通电的，有管通网的，有管协调设备设施进场的，有管办公家具摆放的，有管流程设计的，有管标识张贴的，等等。功能布局、管网线路、电气设施、运行系统等每一项都需要人手。小组人人都迅速转变为"基建能人"，流程设计草图改了无数遍，数不清的协调电话打到手机发烫握不住。

一开始，9个人每天有半个小时在工作例会上见面，沟通关键节点进程。后来，这仅有的半个小时见面也被视频通话代替了。视频中嘶哑的嗓音、浸湿的眼眶、时而紧绷时而舒缓的眉头，抑或是被电话打断的视频进程，都已是常态。手机屏幕上，表情和情绪都随着多方协调结果和流程推进而不断变化着。

从场地布局的探勘到搭建、方案流程的设计撰写、设施设备搬运安装、各类线路网络接口的摸排疏通、各项标识标牌定位张贴，高延军和小组的其他8名同志几乎不眠不休连轴转。搬运设施间隙坐下来秒睡，而后便又继续投入工作中。在闻令而动的责任感和分秒必争的使命感驱动下，他们就这样全情投入着，一些细碎的三五十分钟打盹的时间，对组员们而言，就是全天的休息时间……高延军的腿曾受过伤，长时间连轴转，一件件搬运大大小小的设备，让他的腿疼痛难忍，而他总是轻描淡写，不想大家为他担心。

就这样，高延军带领团队在 T3-D 航站楼不眠不休干了 72 个小时，最后在规定时间内完成了 4 000 多平方米场地的改造，从而实现了入境人员专区检疫、封闭管理。T3-D 口岸防疫专区为打赢新冠肺炎疫情防控阻击战筑牢了阵地，同时也成了国内各口岸疫情防控专区建设的样板。

一以贯之：全力夯实旅检业务基础

2020 年 3 月底，在防控一线奋战两个多月的高延军，正打算下班回家，却接到海关总署要求支援兄弟海关的通知。情况紧急，他匆匆收拾行李连夜奔赴目的地。

征尘未洗，高延军便迅速投入当地海关防疫工作中，与磨憨口岸海关关员共同设计入境旅检流程，提出增加健康申明卡填报台、执法记录仪等。接连数十日，他连续奔赴石家庄海关、成都海关抗疫一线，对现场采样关员进行鼻咽拭子实操训练，对实验室检测全程跟班作业，规范了疫情防控各环节流程。他所在的工作指导组指导 18 个海关增强了样本采集和检测能力，新冠病毒核酸结果阳性检出率提高到指导前的 2.69 倍。

"穿脱防护服，务必要严而又严，脱卸的动作务必细而又细！平时培训就要把每一次脱卸防护服当成是经过污染区的实战，形成良好习惯。不是只有上场才是打仗，备战更是关键。"高延军铿锵有力的话语，与簌簌沙沙的穿脱防护服声音交织在一起，回荡在工作区域上空。每次进入封闭管理前，他都会到旅检现场指导业务培训，沟通方案，组织应急预案演练，梳理现场作业流程，与科组长一同学习解读最新规定……作为旅检一线工作中的"老兵"，他始终在科技赋能通关、现场业务融合、加强执法规范建设等关键方面掌握工作主动，留下思考硕果，写就

研究疫情防控
相关文件
方星 摄

无愧时光。

作为旅检进境监管现场联系人，高延军组织协调各方加紧业务融合步调，强化各科协调配合，整合原有监管设备及人力资源，全面梳理进出境业务流程，加强联系科室人员"一专多能"的培养工作，充分发挥监管效能。他组织现场业务骨干先后研究制定、修订《卫生处置模块操作细则》《旅检现场业务操作规范》《两简案件办理手册》等各类指导性文件10余类，不断提高监管业务和流程的规范化、制度化水平。同时，组织相关科室科学严格落实疫情防控工作方案、应急处置预案，引导队伍在疫情防控工作中亮出党徽、打造典型，切实夯实疫情防控常态化的工作基础。

工作成绩有目共睹，大家赞叹、佩服，更有人不由自主地发问："您是怎么安排自己的时间和精力，让多项艰难的任务齐头并进，各个击破的呢？"高延军嘴角微微上扬，缓缓说出让人踏实的言语："其实就是心头的一件件小事都完成，就放心了。"

初心宝贵，恒心难得。以恒心坚守初心，高延军始终把信念放在心中，把责任扛在肩上，激发勇毅之力，积聚笃行之功，一如既往保持毅力，一以贯之履职尽责，用实际行动履行"人民海关为人民"的庄严承诺。

一马当先：率领第一批突击队开启封闭管理工作模式

2021年6月15日，按照海关总署、北京海关工作部署，首都机场海关党委召开紧急会议，调整部署入境航班监管及货物查验监管工

五、行程万里，不忘初心 | 503

作方案，研究制定加强一线卫生检疫人员防控措施，率先启动口岸一线卫生检疫人员封闭管理工作，迅速组建首都机场海关疫情防控突击队。

那时，大家对"封闭管理工作"这一陌生概念还没有完全认知。高延军主动请缨带队第一批封闭管理突击队，承担起"摸着石头过河"的探索重任，率先进入一线口岸卫生检疫人员封闭管理。

当晚22时许，报名参加突击队的两名成员在首都机场海关综合楼前手提行李箱与高延军迅速会合。见面简单商定晚上入住酒店事宜后，他们迅速赶往T3航站楼，与当日值守的人员进行交接。在路上，前方作战、后方保障各类协调电话不断，但是高延军的语气依旧保持着日常的轻松，20年坚守旅检工作现场积累的丰富经验，让他能够胸有成竹应对未知的挑战。

从起草封闭管理工作方案、确定第一批突击队人员、确定防护要求、协调场地设备、筹划衣食住行等准备工作细节，到进入封闭管理第一天的作战模式，高延军一一仔细斟酌。确定人员前，他逐个询问报名人员的家庭、健康等详细情况；确定人员后，他及时开展动员，将大家的心思凝聚起来，集中精力开好头。

第一次封闭管理工作任务顺利完成后，他及时总结复盘，牵头编制《首都机场海关入境人员卫生检疫岗位工作人员封闭管理作业指导手册（试行）》，优化通关流程，把海关总署、北京海关封闭管理的各项要求落实落细落到位，为确保封闭管理阶段后续队伍各项工作高

监管入境旅客行李　　方星 摄

质量完成打下坚实基础。

高延军说:"摸着石头过河,迎着朝霞追赶。"在上坡路、涉险滩中,当一名勇做尖兵的先行者,以"一马当先"催动"万马奔腾",带领队伍冲锋陷阵、闯关夺隘。再滂沱的风雨,在浩瀚的天空下终将放晴;再泥泞的征途,在奋力前行中必能抵达终点。

自1999年7月参加海关工作以来,他一直在北京海关所属首都机场海关旅检现场从事进出境旅客海关监管工作。在打击走私违规、口岸卫生检疫、服务旅客通关方面,高延军潜心研究,总结出"望闻问切"观察法,练就"火眼金睛",高延军以"一马当先"的使命担当创造"一马当先"的工作业绩,将经验总结传承,守护口岸安全、国家安全。

一心同归:用"海关速度"书写北京双奥精神

2008年北京夏奥会,高延军是首都机场海关旅检现场一名普通关员,那一年他31岁;2022年冬奥会,他是首都机场海关旅检通关服务保障现场指挥员,这一年他45岁。职务虽变,心中的那份责任感与使命感却从未改变。

2022年1月27日,冬奥会迎来第一个入境高峰,入境航班突发叠加,大批涉奥旅客集中下机,通关现场面临巨大考验。在这紧急状况下,一排排"旅客自助健康申报校验一体机"(以下简称"一体机")起到了至关重要的作用。在"一体机"的智能验核下,600余名涉奥旅客在1小时内验放通关,展现出了惊人的"海关速度",各国运动员用口罩下真诚微笑显露的眼睛和"大拇哥"为海关点赞、为中国点赞。其间,1名外籍旅客仅用时1分钟便完成了健康申报的自助验核,他不禁感叹道:"真的太神奇了,我爱中国!"

五、行程万里，不忘初心 | 505

在这神奇的科技手段背后，是一群海关突击队员用不计昼夜、辛勤汗水换来的成果。在每一次考验中，他们提前进入战场，为"主力部队"搭建阵地、安装设备、优化路线；做好一切准备后，他们毅然退居幕后默默守护，高延军就是他们中的一员。

与入境旅客"点赞"合影
方星 摄

2020年，他全程参与首都机场海关"智慧旅检"集成化应用平台卫生处置模块设计开发及后续优化，组织完成相关配套设备、设施进场安装调试，为卫检流程优化、手续简化建言献策。2021年9月，高延军接到通知，继续牵头组织"智慧卫检"2.0系统升级，经过110次一线调研、313项数据点位分析和不计其数地推倒重来，一款兼具智能化风险预警、"一码化"无感通关功能的海关"智慧卫检"系统应运而生，智能化水平和验放高效率均处于全国海关领先水平。经高延军及团队深度研发的"一体机"，实现了"一码通关"、全过程"数据跑路"、全链条高效验放，为全面做好2022年北京冬奥会、冬残奥会通关保障工作，以及国际航班加降回流做足准备。

面对航站楼出入境监管实施封闭管理，他与同事用"手提肩扛"的"笨办法"搬运重达2吨的闸机。在设备调试、安装摆放时，他忘记腰腿伤病的不适，亲力亲为，秉持"律己足以服人，量宽足以得人，身先足以率人"的原则，约束自己，带动大家。

"旅客通关现场每一块地砖是0.87米，宽闸机宽度1米、窄闸机宽度0.8米，反光地贴长度1米，'一体机'间隔是1.5米。"这些数字他脱口而出。通过整个团队14天连轴作业，在面积有限的通关现

在现场指挥验放旅客
李金航 摄

场科学设置搭建 68 套采样工位和 80 台次"一体机",成功将海关"智慧卫检"2.0 系统升级改造并投入使用,智能化水平和验放高效率处于全国海关领先水平,实现了涉奥人员所有入境卫生检疫环节"一码"通过,单名旅客卫检时长压缩近一半,采样效率提升 3 倍,整个冬奥期间从未出现涉奥人员排队拥堵现象。

得其大者可以兼其小。他利用 32 天抢出来的"碎片"时间,带领专班完成了对 T3-D 口岸防疫专区、涉奥入境双侧 4 通道和 5 类处置区的整体改造,有效实现了对不同风险等级人群的物理隔离,为冬奥会旅客高效、安全、便捷通关再添保障。

"上唱而民和,上动而下随,四海之内,一心同归。"北京双奥的成功举办是全国一盘棋、上下齐努力的成果。与高延军一样站在国门第一线的千百关员,始终胸怀"国之大者",秉承为国争光的赤诚初心,夜以继日拼搏鏖战,为载入史册的奥运盛会举办贡献出海关力量。

一鼓作气的英勇无畏、一以贯之的永葆初心、一马当先的敢闯敢拼、一心同归的齐心合力,四个"1"共同构成了高延军胸前的"0111140",这是一腔家国情、一份责任感、一种专业度、一张好答卷。高延军扎根旅检一线二十载,适应时代科技之变、顺应旅检工作之需,迎难而上,敢于斗争,砥砺前行,奋发有为,在新时代新海关新征程上不断交出优异答卷,用忠诚维护国门安全,用执着守护人民平安,用行动诠释责任担当。

呼和浩特海关

抗疫一线的忠诚与坚守

「全国抗击新冠肺炎疫情先进个人」云华讲述抗疫故事

呼和浩特国际旅行卫生保健中心

云华

我叫云华，是"全国抗击新冠肺炎疫情先进个人"，也是一名在卫生检疫战线上奋斗工作了26年的"老兵"。在从事国境口岸传染病防控26年的工作生涯中，总有些经历刻骨铭心，也总有些经验弥足珍贵。经历过2003年非典疫情防控工作的我，又亲历了此次新冠肺炎疫情防控过程，深刻感受到每一个人在疫情防控工作中的艰辛与不易，更深刻体会到疫情防控工作任务的艰巨性与复杂性。落实好"外防输入"工作是我们每一名海关人义不容辞的责任，保障好"国门安全"是我们每一名国门卫士神圣光荣的使命。疫情还未结束，抗疫仍在持续，我们仍奋战在疫情防控第一线，

荣获"全国抗击新冠肺炎疫情先进个人"称号

任乐 摄

曾经发生的故事数不胜数，每一个瞬间至今回想起来都历历在目。

时间回到 2020 年年初，新冠肺炎疫情发生，打破了往日的平静。一场没有硝烟的战争打响。疫情发生后，我牵头实验室全体业务骨干组建"特种兵团"，增设荧光定量仪等"天眼"设备，积极向卫健委申请取得"生物安全二级实验室"和"临床基因扩增实验室"资质证书，组织实验室参加新冠病毒核酸检测能力验证并顺利通过，使实验室成为内蒙古自治区范围内开展核酸检测的定点机构之一，也为随后的分流航班新冠病毒核酸检测提供了强有力的技术保障。

2020 年 3 月 19 日，国家五部委联合发布公告，调整部分国际始发客运航班从国内指定第一入境点入境，呼和浩特白塔国际机场被指定为首都机场分流航班第一入境点之一。接到任务后，呼和浩特海关闻令而动，勇担政治使命，吹响了"拱卫首都护城河，站好北疆第一岗"集结号，迅速集结全关力量紧急驰援入境分流航班疫情防控工作，80 多名有医学背景的业务骨干及各部门干部职工纷纷主动请缨驰援，组建了"乌兰牧骑＋疫情防控应急队"，并连夜开展人员培训，争分夺秒调配物资，

"乌兰牧骑＋疫情防控应急队"采样与检测组全体人员　　丁佳慧　摄

因地制宜改造现场，举全关之力做好抗疫斗争。

作为党员领导干部，身为医务工作者，无论从哪个角色、哪个角度出发，我都应当冲锋在前，但此时唯一放心不下的就是家中的老母亲，她已经86岁高龄，单身一人需要照顾。但母亲好像看出了我的心思，拉着我的手对我说："妈这好着呢，咱能过上好日子全靠党，你要听党话、跟党走。"听到老人家这番话，我义无反顾地主动请缨，第一批加入了"乌兰牧骑+疫情防控应急队"，并担任采样与检测组组长。

2020年3月20日，我们迎来了分流的首趟国际航班。此次航班保障责任重大，意义深远。海关、公安、边检、机场办、疾控、医院等多个部门联防联控，我和队友们早早地穿上防护服，由指定区域进入了工作通道。等入境旅客经过前期登临检疫、流行病学调查，到达我们所在的采样岗时，我们已经在三级个人防护的状态下，在狭窄的通道待了近7个小时，体力严重透支，处于缺氧脱水状态，以致在后续工作中有三名采样人员当场晕倒，其他人员也感觉身体严重不适，我也出现了头晕恶心的症状。但我是组长，不能丢下工作和队友不管，于是我安排人员将晕倒的队员迅速撤离，自己补上空缺岗位，奋力拼搏。当指挥部通知我们撤出通道时，我又强忍着不适坚持把后续工作全部完成后才离开。当时真是感觉身体状态到了极限，呼吸一口新鲜空气、喝一口水成了我最大的愿望。就这样，在首个分流航班保障工作中，我们整整工作了近12个小时。当脱掉夹杂着泪水和汗水的防护服之后，大家相拥而泣，这一战，我们拼尽全力！但却更加

准备迎接入境
国际分流航班
丁佳慧 摄

坚定了我们的初心，为国把关，不辱使命！现在回想起来，当时真是敢于"吃螃蟹"、敢啃"硬骨头"。敢为人先的我们终于积累到了宝贵的经验，用以指导后续的工作。

后续国际航班不断加密，多个国际航班经白塔机场入境，有时一天需要保障3架次国际航班。在呼和浩特气候多变且白塔机场检疫场地狭小、通风设备不足的情况下，作为工作流程的最后一个环节，采样组在三级防护状态下，日均工作十余个小时，防护服里面全是汗水，一抬胳膊汗水就往回流。

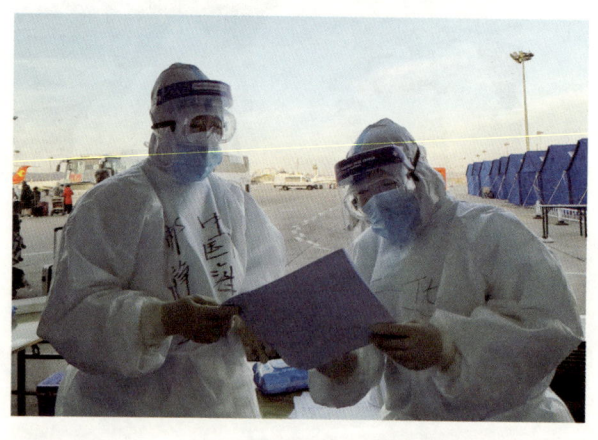

讨论入境国际分流航班采样方案
丁佳慧 摄

由于通道条件不能满足工作要求，指挥部决定在机场新建方舱工作区，要求第二天采样组全部转入方舱工作区工作。时间紧、任务重，在白天完成航班保障任务后，我只能利用晚上时间谋划方舱整个工作流程，反复论证入境旅客分流、物资准备、人员安排、生物安全、房间布局、采样、记录填写、样本运送等各个环节，当确保各环节精准无误时发现天已经亮了，我彻夜不眠却没有一点困意。第二天，经过各部门的协同奋战，方舱建设工作迅速推进。此时，新工作区域的整体作业流程已深深印在了我的脑海里，航班一落地，方舱工作区所有工作井然有序，入境旅客分流顺畅无阻，通关时间大大缩短。卸下防护服与口罩后，我才发现脸上都是深深的印痕，浑身上下已经湿透。当返回酒店要下车时，我才感觉脚疼得走不了路。一旁的同事看着非常心疼，硬是把自己的一双运动鞋给我换上。当时，我都被自己激励到了，作为组里年龄最大的女同志，还能保持这种迎难而上的斗争精神，

五、行程万里，不忘初心 | 511

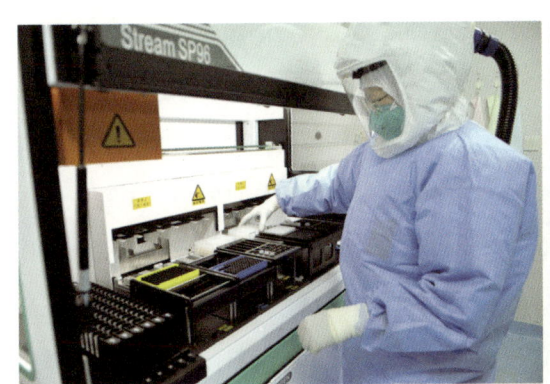

实验室里新冠病毒
核酸检测"侦查兵"
丁佳慧 摄

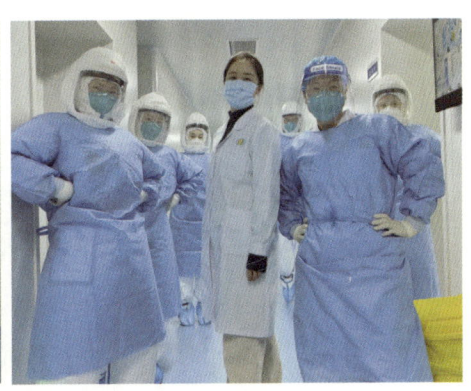

呼和浩特国际旅行卫生保健中心
生物安全实验室全体检测人员
云华 摄

还能以这般持之以恒的干劲坚持到最后，这一切更加坚定了我对抗疫必胜的信心和决心。

工作期间，我们在监管一线成立了两个临时党支部，把党旗插在抗疫最危险、疫情防控任务最重的地方，两个临时党支部书记连续在一线封闭工作近3个月。90多名关员中，有的尚在哺乳幼儿，有的妻子待产，有的婚期在即。但在抗疫面前，他们暂别"小家"，护卫"大家"，践行初心使命，体现责任担当，在关键时刻冲上去、在危难关头豁出来，彰显了中国海关的过硬作风和良好形象。

卫生检疫处的李宏，穿着防护服、背着沉重的消毒机不停歇地为整个工作场所消毒，直到拼尽全力，最后累得瘫坐在地上。包头海关葛润平与葛宸父女俩齐上阵，成为并肩作战的战友，为我们树立了楷模。记得当时葛润平对我说："云主任，一定要让葛宸在转运岗忙完之后去采样岗练习。"这种在疫情面前大无畏的举动着实震撼了我的心灵。

年轻人也勇于担当，冲锋在前，面对困难，他们不叫苦不叫累，彻底改变了人们对"80后""90后"青年"温室花朵"的看法，也让我们看到了年轻人的拼劲和干劲。他们有的是襁褓中婴儿的父亲,如采样二组组长陈宇飞,家里有两个孩子,小的刚3个月,而他毅然冲锋在前,请战上一线,负责采样和整个检疫站的工作。他把每一项工作安排得井井有条,为了后序航班的工作更加顺畅,他利用休息时间,撰写了检疫站全面工作方案,将好的经验及时分享给大家,为后续顺利完成接航任务奠定了良好的基础。也有还在哺乳期的妈妈——登临小组两个组长高晨菲和邢琛,上一线以前孩子都还没断奶,但作为有医学背景且熟悉旅检业务的海关关员,防控疫情需要、国家需要,她们就都暂时放下小家、奔赴一线。旅检科长巴图巴雅尔,整个业务流程和机场工作环境他最熟,在距其妻子预产期不到20天的关键时刻他主动申请第一个带班。

对入境人员进行医学排查
云华 摄

保健中心副主任医师王莉娜,其爱人是内蒙古医科大学附属医院的一名医生,是第一批支援武汉的成员。王莉娜义不容辞扛起了照顾体弱多病的老人和年幼孩子的责任。在爱人从武汉返回的那一天,她自己又请战上了分流航班一线,当时身处同一个机场的夫妻无法见面,在电话里寒暄几句后,她便赶紧穿上防护服去了现场。中心分子生物学实验室负责人靳木子博士,其爱人为内蒙古自治区首批对口支援湖北省荆门市疫情防控工作成员,60多天始终坚守防疫一线。靳木子克服了家里3岁孩子和体弱多病的老人无人照料的诸多困难,毅然参与到核酸检测工作中,每天没日没夜地检测,累了就沙发上休息,饿了就吃口面包,这一干就是半个月,保障了内蒙古地区入境分流航班核酸结果的准确检出。结果报出了,她才放心地和女儿视频,在视频里女儿的一句"妈妈，你和爸爸怎么还不回来呀？病毒被打死了吗？"使得这位工作中的业务精英哽咽到说不出话。

丁佳慧连续参与了21趟航班的检疫任务，转运了多名有症状患者。郝静云的孩子要中考、老人也需照顾，她都"硬起心肠"抛之脑后，毅然前行。任务来临时，张小玲来不及和家人解释，拎起早已准备好的皮箱，逆行出发，奔赴一线，女儿的生日是全家通过视频连线度过的。韩丹告别懵懂的儿子，说道："不久妈妈就能回家了。"白潇在请战书上按下手印，身着密不透气的防护服，认真检测，直面危险的病原体，与病毒"共舞"。

感人至深的画面还有很多很多，当祖国需要、面临危难的时候，他们都义不容辞地站了出来。昨天尚显稚气的青年，今天成为疫情阻击一线的勇士，没有一个人退缩、放松，他们践行初心使命，体现责任担当，坚守在国门第一关口，充分发挥战斗堡垒作用，展现出了青年队伍作为生力军和突击队磅礴的青春力量。

在此后近半年时间里，呼和浩特海关疫情防控全体人员上下一心、连续奋战，在内蒙古自治区疫情防控指挥部的统一领导下，协同联防联控机制有关部门，在机场建成48个海关卫生检疫站开展集中医学排查、采样与快速检测。自主研发疫情防控全程信息化系统，实现涵盖健康申报、体温监测、流行病学调查、医学排查、核酸和抗体测试、个案判定、移交转运隔离、后续跟踪等全过程信息化管理。开发分流航班旅客采样信息化系统，在采样现场全程使用条形码识别，实现采样样品标识管理、结果录入、检验报告汇总等功能。海关检疫环节业务流、信息流、单证流全程封闭管理，大幅度提升入境旅客通关效率，海关检疫环节处置时长持续优化。

2020年9月8日上午，在全国抗击新冠肺炎疫情表彰大会上，我荣获"全国抗击新冠肺炎疫情先进个人"称号，这不仅仅是对我个人的褒奖，更体现了党中央对呼和浩特海关疫情防控工作的肯定和认可，对呼和浩特海关全体同志不畏艰险、迎难而上的拼搏精神，不怕牺牲、众志成城的斗争精神与不辱使命、敢于创新的精神的集中肯定。这份沉甸甸荣誉的取得，离不开各级领导的关心指导，离不开同志们的相互扶持，荣誉属于奋战在呼和浩特海关抗疫一线的全体工作人员！在人民大会堂，我现场聆听了习近平总书记重要讲话。"生命至上、举国同心、舍生忘死、尊重科学、命运与共"，这5个方面是爱国主义、集体主义和社会主义精神的传承和发展，是中华民族弥足珍贵的精神财富，值得我们倍加珍惜、大力弘扬，激励我们披荆斩棘、乘风破浪。

　　国门卫生检疫把关26载，我多次在年度考核中被评为优秀并授予三等功，获"优秀科研工作者"称号。"全国抗击新冠肺炎疫情先进个人"是殊荣，更是责任。今后，我仍要坚决捍卫"两个确立"，做到"两个维护"，做党和人民的忠诚国门卫士，将继续与同事们同舟共济、守望相助，将"一往无前、吃苦耐劳、使命未完、绝不后退"的"蒙古马精神"融入血脉之中，以实际行动，为筑牢北疆生态防线，打赢疫情防控阻击战贡献抗疫尖兵力量，让祖国放心，让人民放心！初心如磐，使命如山。疫情还在持续，防控不能松懈。我们将珍惜荣誉，继续前行，大力弘扬伟大抗疫精神，始终坚持人民至上、生命第一，践行"人民海关为人民"的铮铮誓言，为最终战胜疫情贡献海关力量。

长春海关

在平凡中做奉献,在使命前显担当

"全国海关系统抗击新冠肺炎疫情先进个人"

丁旭

丁旭 吉林国际旅行卫生保健中心

我是吉林国际旅行卫生保健中心（长春海关口岸门诊部）的丁旭，今年53岁，是有着19年兵龄的老兵和29年党龄的老党员。

我出生在一个军人家庭，父母都是军医，从小在部队大院里长大，自幼就接受军营的熏陶，嘹亮的军号伴随着我成长。我从小就崇尚领章帽徽，骨子里是军人基因，血管里流淌军人的血液。父母用一言一行践行着军人听党的话、对党忠诚、兢兢业业和献身精神，对我的人生产生了潜移默化的重大影响。长大后我就成了他们，走进军营，成为一名救死扶伤的兵。2003年非典期间，我所在的部队医院进入紧急状态，成立"发热病房"收治发热的病人。我主动请缨去"发热病房"的检验科，每天和病人的血样、体液打交道，感染风险很高，但是我没有退缩，因为我是军人！是党员！共产党员就要冲锋在前、勇挑重担、起到先锋模范作用。在那场与病毒的抗争中，我们众志成城，终将病毒拒之门外。

2006年，我从部队转业，成为一名卫生检疫人，继续从事我喜爱的检验工作。在守护国门的日子里,我努力践行国门卫士的使命和担当,认真排查每一例高风险人员。

2020年的春节,本该是一个万家团圆、其乐融融的日子,一场突如其来的新冠肺炎疫情在中华大地蔓延,在疫情尚不明朗的时候,出于职业敏感,我一直对流行性传染病保持着高度的敏锐性和警觉性。我开始查阅和订购新冠病毒核酸检测试剂并进行预实验,查看实验室的设备设施、耗材、个人防护用品情况,完善各项检测流程,对实验室人员进行个人生物安全防护培训,确保如果需要新冠病毒核酸检测,可以立刻顺利开检。

在2020年1月23日,我接到了第一批新冠病毒核酸检测样本,军人出身的我以实验室为战场,以疫情为命令,既当指挥员,又当战斗员,带领全组人员承担着高强度、高风险的口岸疫情检测工作。在还不完全了解新冠病毒的情况下,我第一个接触送检样本,摸索生物安全防护和检测经验,为后续大量承检、送检样本,并做到实验室零感染、零污染奠定重要基础。除夕夜检测结束后,我从实验室出来,新年的钟声早已敲过,泡一碗方便面就当是年夜饭了,希望新的一年顺顺利利,我的祖国平平安安。

春节过后,我的同事怀孕了,当时的实验室只有我们两个人,检测流程必须双人上岗。在操作这些疑似感染性标本的时候,拔盖、取样、加样等检测过程中,会产生气溶胶,一旦防护不到位对孕妇和孩子会造成很大的伤害,我们

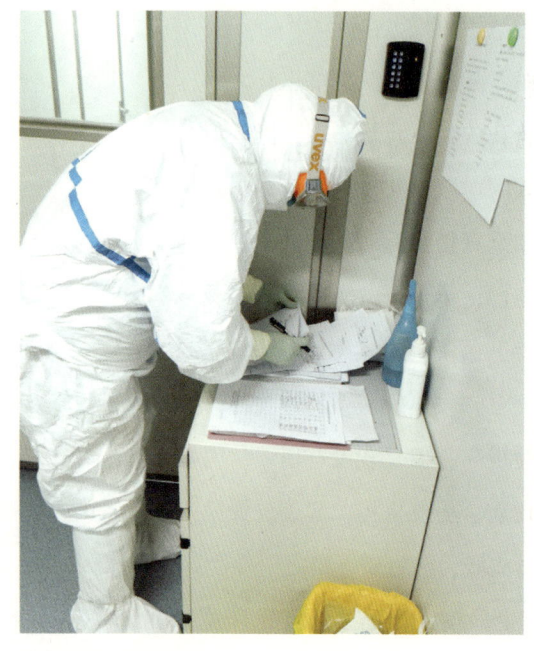

核对送检样本　　张井巍　摄

既是同事，又是战友和亲人，也同样是一名母亲，作为老大姐，我主动承担了更多的工作。除了检测工作，我把实验室其他事务性工作都揽到了自己的头上。大到参加关里会议、省市业务培训、申请并通过实验室质评、联系工程师进行仪器安装和培训、为一线的工作人员采集样本，小到后勤保障物品的申请、领取等。为了保证全体检验人员零感染，坚持对每位上岗人员进行个人防护、实验室消毒、规范操作等监督。

疫情伊始，吉林省内只有少量的实验室可以立刻进行 RT-PCR 检测。吉林国际旅行卫生保健中心（长春海关口岸门诊部）凭借过硬的软实力和硬条件，成为吉林省内第一批通过省卫健委审批合格的具有新冠病毒核酸检测能力的实验室。与疫情的战斗向来是时间紧、任务重，但为了守护国门安全，海关的卫生检疫"战士"从来不会退缩，一面全面进行新冠病毒检测，一面继续坚持检测其他呼吸道传染病项目。从接收第一份发热样本起，实验室就开启了急速运转的工作模式。随着疫情形势的日益严峻，检验任务也是成倍地增加，样本量从每天几份，迅速增加到每天几十份、上百份。人员、仪器跟样本增长在不停地"赛跑"。

记得在三八妇女节的前一天，晚上 9 点多刚完成长春机场送检样本的检测工作，我准备离开实验室去休息，又接收到延吉机场连夜送来的样本。为了快速检出结果和节省防护物资，我和检测组的王玮琳同志迅速返回实验室继续工作，接收样本、提取病毒核酸、配制反应体系、进行 PCR 检测，等我们再次结束工作走出实验室时已是第二天中午，那一次我俩连续工作 17 个小时，回家休整后当天晚上继续返回实验室进行新一轮的检测工作。

那个时候由于航班样本和外地送检的样本都是在傍晚送至实验室，所以检测工作只能在夜里进行，我和王玮琳同志过着黑白颠倒的生活，足有 3 个月之久，一般是下午四五点去上班，凌晨五六点下班，一个班

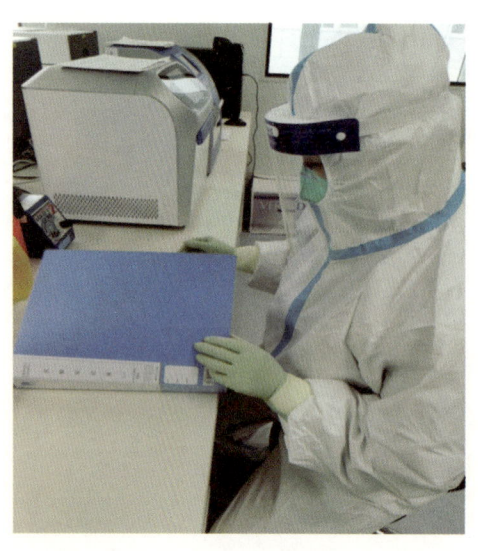

认真做好检测
记录
王玮琳 摄

12个小时以上，工作五六个小时后，可以出实验室补充一点能量。工作繁忙而辛苦，堆积如山的标本，发不完的报告，暴露风险大，但我们在这个充满风险挑战的岗位上都是满腔激情、坚持不懈地工作，就像熠熠生辉的天使，处处散发着温柔而闪亮的光芒。

我深知细节决定成败，防控疫情无小事，尤其是阳性结果的确定，更是重中之重，每当出现疑似阳性结果都是反复检测，确保检测结果准确无误。实验室的同志们与病毒面对面接触，零距离交锋，"疫情就是命令，防控就是责任"的号召始终激励着我们，践行初心，担当使命，让党旗在国门抗疫一线高高飘扬，用赤胆忠心和精湛技术为国门安全和人民健康保驾护航。

从2020年1月23日实验室接收第一份发热样本至今900多个日夜，我从未停止过检测。核酸检测实验室的检验人，是距离病毒最近的幕后英雄。核酸检测是一个精细的工作，每一个检验流程都需要严格规范的操作。特别是在疫情严峻的情况下，我们不仅要保证报告的准确性，还要做好自身防护，保证自身的安全。样本运送到实验室之后，首先要进行信息核对确保样品与人员一一对应，做好记录。之后进行样品处理加样，标本提取过程中反复拧盖的动作每天要重复几百遍，样本分析区则需要时刻盯着基线和阈值，分析着检验数据和数值，最终将准确的检测报告输送到送检单位的最前端。有人问是什么支撑着你坚守岗位、屹立不倒？我想说的是，面对"急难险重"的检测任务，激励我的是当年党旗下那一句"我志愿加入中国共产党"的一份沉甸甸的承诺，让我有挺

五、行程万里，不忘初心 | 519

身向前的勇气、无惧艰险的担当、迎难而上的决心、敢于亮剑的坚毅。

新冠肺炎疫情防控战打响以来，即接即检，风雨无阻，紧张忙碌是实验室检测工作的常态。每天检验工作强度之大和风险之高难以想象，需要采取生物安全三级个人防护，在密不透风的防护装备和高度集中的精神状态中，一待要五六小时，不能吃喝、不能上厕所，防护服密不透气，即使是冬天，工作一会儿也会满身大汗，走出实验室脱下防护服时，里面的衣服早已被汗水浸透。长时间佩戴 N95 口罩，我的鼻梁被压破、脸颊也压起水泡，手被手套捂得发白。这对体力和脑力都是极大的考验，但我从未叫过一声苦。全副武装进入负压实验室，那种憋闷的感觉到现在已经习以为常，甚至能苦中作乐在实验间隙运动一下，来舒缓一下僵硬的颈椎和麻木的胳膊。熬夜苦战，挑灯检测已成为我们的家常便饭；绿色的实验服早就成了我们的"时尚穿搭"；繁重的检测工作使许多人颈椎、腰椎都出现了问题，膏药、颈椎仪、止疼药成了实验室里的必备；食指和拇指由于重复着拧盖动作，被磨得起了血泡，检测队员们没有在意病痛，而是处理完伤口，继续工作。

自疫情发生以来，我无法经常陪伴在年迈的父母身边。记得 2020 年春节期间，从大年三十开始连续 20 多天没有见过父母，正月二十三这天当所有标本均已检测完毕，走出实验室已是晚上 11 点，让爱人送我去父母家看看。到家后，看见慈祥的父母，我眼里是泪花，脸上是笑容，快速向前拥抱住母亲，在她耳边轻轻说一句："妈妈，生日快乐！"妈

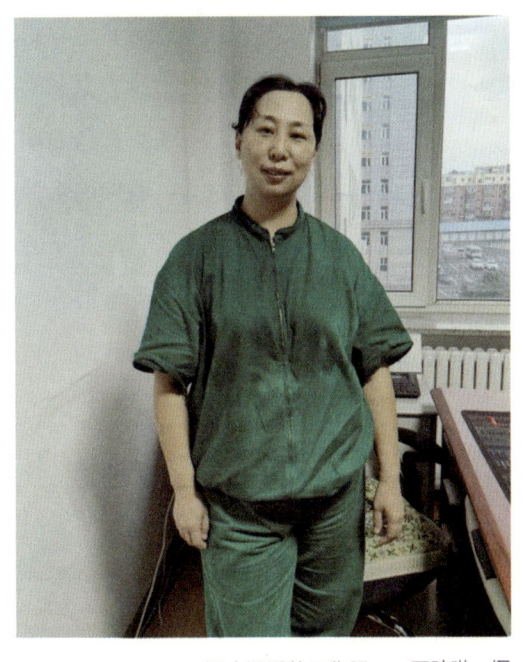

汗水浸湿的工作服　王玮琳 摄

妈拍着我的背说:"你平安回来看我,就是最好的生日礼物。"在和父母交谈时,我依旧戴着厚厚的医用口罩不敢摘掉,怕让父母看见自己脸上被口罩和护目镜勒出的伤痕。看到母亲因担心我的身体流泪时,我安慰母亲说:"守住国门,就是在守护着群众的健康,保卫着人民的安全。"在坚守岗位的日日夜夜母亲的话言犹在耳,她说:"不要担心我们,疫情防控是你的工作,尽力去做吧孩子,妈妈等着你们打胜仗!"每到这时我都会在心里骄傲地说:"放心吧,你们带出的兵不会弱!"

  2022年3月初,长春出现新冠肺炎疫情。但是实验室的检测工作不能停,选择留在家陪伴即将高考的儿子还是到抗疫一线的实验室?我义无反顾地选择了后者,在单位实验室坚守40多天直到长春疫情好转。高考对孩子来说是人生的转折点,疫情发生后因为工作比较忙,整个高中阶段作为母亲的我没能陪伴在旁,觉得挺对不起他的。休息时和儿子视频连线,说起没有好好关心陪伴他时,儿子不仅没有任何抱怨,反倒宽慰起我来:"我会照顾好自己,你把时间和精力都用在工作上吧。我心疼妈妈,但也为有一个在抗疫一线战斗的妈妈感到自豪。离高考越来越近了,我要更加努力学习,为高考冲刺,妈妈我们一起加油!希望疫情早日过去,我们的生活也早日恢复正常。"那一刻,第一次感觉到儿子真的长大了,而儿子的理解也更坚定了我战胜疫情的决心。备战高考、一线抗疫,我与儿子一起"赴考",奋战在各自的战场,守望相助。都说军功章里"有我的一半,也有你的一半",我的家人都很支持我,尤其是我的爱人,对我的工作非常理解,身兼数职让我在外很放心。当我告诉他因为疫情防控升级,需要留守阵地不能回家时,他淡定地说:"没事,有我呢!"简单的一句话让我觉得胜过千言万语,给我带来安心和无穷的力量!此时此刻,尽管经历了长达10小时以上高强度的工作,身体感觉被掏空了,但我仍然感到热血沸腾,因为此刻我和吉林长春 900 多万人民在并肩作战，在为这座城市早日恢复昔日繁华贡献自己全部的力量。

几年来，随着国内外疫情防控形势的变化，面对新冠病毒不断变异，我始终保持高昂斗志、克服困难、团结同志、破解难题，一直驻守在国门抗疫一线。如今我们实验室变大了，仪器也增多了，检测人员也由原来的 2 人变成 5 人，检测能力和速度成倍地提高。但是我始终保持每次先进实验室进行检测前的各项检查，检测结束后上报结果，发送报告，最后一个离开。在日常繁重的核酸检测工作中，无畏艰辛、无怨无悔，凭着精湛的检验技术，和战友们出色地完成对出入境航班及社会委托、关警员样本的核酸检测任务，为病例的确诊和规范救治提供了坚实依据，为长春"外防输入"疫情防控作出自己的贡献。因为在新冠肺炎疫情防控工作的突出贡献，我获得"全国海关系统抗击新冠肺炎疫情先进个人"，长春海关 2020 年抗击新冠肺炎疫情工作个人嘉奖。

900 多个日夜里，大家顶住身心的极限和压力，"让我先上，跟我来"成为最坚定、最响亮的口号和行动。只要心怀信仰，党员就能带头筑起守护国门的钢铁长城。坚持以党的政治建设为统领，坚决捍卫"两个确立"，忠诚践行"两个维护"。讲政治、听党话、跟党走，踏实做好每一份工作。疫情还未结束，战斗还在继续，新征程上我们将努力把伟大的建党精神根植于工作中，强堡垒、当先锋，做对党忠诚不负人民的抗疫尖兵。

坚守岗位，守护国门，祖国生日快乐　　王玮琳　摄

上海海关

老周的"似水年华"

——记"全国海关系统抗击新冠肺炎疫情先进个人""上海市市级机关优秀党员""上海市先进工作者"周浩

上海海关所属浦东海关 谷旸 卢佳铭

老周的名字叫周浩,现任上海海关所属浦东海关物控查检处船舶监管科党支部书记、科长。我们来采访他时,他刚完成了一艘船舶的登临检疫任务,正沿着舷梯走向岸边。江水拍打码头,激起了一层细碎的浪花。老周说,这是一位前来问好的"老朋友"。

老周已经工作 24 年了。24 年来,他辗转多个岗位,从海岸到江畔,从岛屿到码头,从小周到老周,他始终与"水"相伴,将忠诚与专业融进了滔滔潮水,光阴伴水东流,书写了一篇篇令人难忘的故事。

水破石崖,拓荒立新

2008 年,洋山港三期工程刚竣工不久。为了助力上海国际航运中心建设,推动我国由航运大国迈向航运强国,组织上决定选派一批青年业务骨干前往小洋山岛"拓荒",建设海港卫生事业。老周就是其中

五、行程万里，不忘初心 | 523

参加党史学习
教育活动
卢佳铭 摄

之一。

那时的老周还在吴淞口岸工作。于他而言，海港卫生事业是一片未知的"蓝海"。面对组织交托的重任，老周思索了片刻，郑重地给出了自己的承诺："没问题，交给我吧！"不久，他便简单地收拾了一下办公和生活用品，进驻了小洋山岛。从位于宝山区的家中，到东海之上的工作地，单程的距离有120多公里。这条路，他一走就是十一个年头。

来到洋山岛上，老周接到了自己的第一个任务：完成上海市政府重点工作——创建国际卫生海港。面对这个没有先例可循的任务，他拿出了焚膏继晷的劲头，从一个个专业词汇啃起，消化了一部部专业指南、规程，开展了上海口岸首个"创建国际卫生海港模式"课题研究。为了获取第一手的数据，把创建工作落实到位，老周带着创建小组每日奔波往返岛上的一个个码头，宣讲创建要求，建立各项卫生管理制度，指导实验室、标本室和隔离病房建设。经过三年多的努力，他和小组成员们顺利完成了国际卫生海港创建工作，并通过了世界卫生组织（WHO）实地考核。考核官员丹尼尔对他们的工作成果大加赞叹："洋山港的先进做法值得我在 WHO 大会上向其他国家介绍和推广！"

三载铸剑，十年淬刃。洋山港的口岸公共卫生事业里，满载着老周的汗水与青春。最让他难忘的，是在岛上进行媒介生物监测的日子。面对种种未知的外来病媒生物，把未知变为已知，把危害抵御于国门之外，是老周和同事们的一项重要职责。为了搜集样本摸清本底，每年监测季节，老周都要带着小分队四处出击，在洋山岛各个角落布放鼠夹、悬挂捕蝇笼和诱蚊灯。夏天的作业常要延续到晚上，老周和同事们穿着长衣长裤，打着灯，在半人多高的野草里艰难跋涉，而白天就在媒介初筛实验室鉴定和制作标本。"矿灯夏夜似野营，轻罗小笼捉飞蝇。"办公楼里堪称琳琅满目的标本室，记载着他们火热的青春。

潮头起平地，化作千丈雪。随着国际航运中心建设的步伐持续推进，洋山四期全球最大的无人自动化码头投产运营，洋山港已从一个荒凉的小渔岛变身成为年吞吐量超 2 200 万 TEU 的全球超级大港。在洋山港的建设发展历程中，老周和他的团队紧紧相随，从无到有、从有到优，打造了同国际一流大港相匹配的口岸卫生事业。

洋山港见证了老周的十年青春，更见证了他那开拓进取的创新精神、精益求精的专业素养。东海之滨，浪潮奔涌不息、一路向前。

水汇溪流，共克时艰

离开洋山港后，老周来到浦东海关，担任船舶监管科科长一职。任职不久，一场大战大考出现在了他的面前。

2020 年年初，大年三十晚上，和每一个享受着传统佳节的中国人一样，老周正与家人团聚，看着春晚，聊着对未来的期盼，一切都如往年般静谧而美好。一阵铃声响起，老周随手接听手机，没说两句话，他的脸色就凝重起来。通话结束，老周抓起外套，边穿边往外走。"我先去一下单位。你们尽量少聚集、别外出，等我消息。"话音还在耳畔，他已发动车辆，星夜赶往单位。面对突如其来的新冠肺炎疫情，老周第一时间响应组织号召，投身到这场没有硝烟的阻击战中，过起了"黑白分明"的日子，这一干就是两年多。

白天，老周作为上海海关新冠肺炎疫情防控专家组的一员，奔波在机场、海港口岸的防控一线。"同志们的防护措施注意点有哪些？穿脱区域是如何设置的？"他在现场边看边问，笔记本上记得满满当当。带着一线的实操经验，老周参与了海关总署初期疫情防控工作"出入境船舶"部分操作指南的制订工作，并牵头制订了《上海海关水运口岸新冠肺炎疫情防控工作方案》和多部工作指引。同志们说："有了老周的'百宝书'，我们工作起来可就放心多啦！"

夜晚，老周乘着空空荡荡的地铁赶往驻地。作为船舶监管科的一科之长，他要回去参加夜间值守，守护好40余公里长、所辖21个自管码头的水运口岸一线。带队登临检疫外轮时，老周总喜欢争"第一"——来到船舶边，他坚持第一个上船；检疫船员时，他坚持第一个做好体温监测和医学巡查；面对发热等有症状的船员，他坚持第一个上前，开展现场流调排查、采样等处置工作……科里的同志们笑称，老周是个病毒都怕的"猛张飞"。老周却一本正经地说道："我这哪儿是猛，我这是科学！"

逝者如斯夫，不舍昼夜。"白加黑"连轴转的老周仿佛不知疲倦，一项项地建立起了水运口岸新冠肺炎疫情防控机制，一块块地垒出了上海地区"外防输入"的水上长城。他牵头开展了属地联防联控，率先同浦东新区卫健委、边检、海事部门建立海港口岸防控新冠肺炎协作机制，制订了一系列防控预案和工作规范。在浦东海关党委的领导下，老周还组织起了对抗疫情的"正义联盟"——浦东海关水运口岸疫情防控突击队。他组织开展了一系列个人防护、流调采样等技能培训和实操演练，把这支来自不同部门的"新兵"打造成了"来之能战、战则能胜"的"生力军"。

涓滴细流，汇为大江，日奔夜涌，激浊扬清。同新冠肺炎疫情斗争的900多个日日夜夜，老周与战友们并肩而立，牢牢守住了水运口岸的第一道防线，护卫了物流的有序运转、人民的身体健康。周浩2020年被授予"全国海关系统抗击新冠肺炎疫情先进个人"称号，2021年获评海关系统首批"百名优秀执法一线科长"。一张张鲜红的奖状，一面面飘扬的锦旗，好似一张张亮眼的成绩单。老周把目光投向了更远的地方，他对大家说："疫情不退，我们不退。不破楼兰终不还！"

水润百川，温暖如常

江水三千里，家书十五行。远行的游子，总会盼望着回到家园。

2022年4月，极地科学考察船先后远航归来，入境地点正是位于上海浦东的中国极地考察国内基地专用码头。

一个月前，迎接科考船回家的任务已经摆上了老周的案头。这不是老周第一次迎接极地科考船回家了，但这次的工作任务却显得那么不同。4月，上海正在打一场疫情防控的大仗硬仗。"如何保障所有考察队员安全入境？如何杜绝外来疫情、生物输入的风险？"老周的心里苦苦地思索着这些问题。

"好的，请你们继续做好抗原自测、体温监测，有情况随时联系。

五、行程万里，不忘初心 | 527

协调科考队员
入境检疫
卢佳铭 摄

我们一定会陪你们安全回家。"结束了同科考船的通话，老周回到了电脑前，继续完善着两艘科考船舶的入境检疫工作方案。在老周和同事们的协助下，船方设置了完善的疫情防控应急预案。自驶离智利蓬塔港后，科考船就进入了封闭远洋航行状态，未停靠任何外港，无人员上下船，考察队员也未出现健康异常状况。

随着船舶回港进入倒计时，老周加强了同船方的联络。他和同事们采取检疫前置的模式，提前连线船医实施健康问询，并通过电子方式审核了船舶资料和健康监测记录，核验了全部考察队员的电子健康申明卡。

4月26日，科考船抵达基地码头。岸上，海关检疫作业区的警戒线一字拉开，老周和同事们早已"全副武装"，静候考察队员归来。随着船梯缓缓放下，考察队员分组下船，有序接受两次测温和医学巡查，随后逐一进入采样工作区，接受核酸样本采集。采样完成后，再沿着单向通道返回船上，以避免人员聚集造成的交叉感染风险。经过两个小时有条不紊的工作，考察队员们全部顺利完成入境检疫，样本被送往上海国际旅行卫生保健中心检测。老周和同事们随即对现场检疫作业区、通道、器械物品等进行"地毯式"消毒处理,确保不留隐患。

春潮有信迎归客。特殊的时期里,老周和同事们拿出了特殊的担当,以应势而动的专业监管举措,如常迎接着"远方的客人",护送他们回到温暖的家园。

水柔至刚,使命至上

那是一个晴朗的好天气,江上微风轻拂、波光粼粼。和往常一样,老周认真穿好了防护服,带班登临船舶,准备开展例行检查。

"现在疫情还没过去,你们切记防护安全,脱卸时我来监督'一步一手消'……"站在人群前的老周话音未落,突然脚步一歪,手肘猛地撞上了舷梯的扶手,身子向下沉了半截。

"周科!""老周!"身后的同事们顾不得舷梯狭窄,三步并作两步冲上前去,将他扶了起来。"怎么了?是脚下滑了,还是身体不舒服啊?""我现在就去叫码头的医护人员,让他们快点过来!"同事们你一言我一语,关切地围在老周身边。

老周缓了缓神,向他们轻轻摆手:"不要紧,咱们继续检查吧。这批货全部是大宗物资生产原料,别影响人家卸货。"说罢,他在同事的手上搭了一把,站直身子,检查装备,拍了拍沾上的灰尘,继续大步向前走去。

登轮后,老周像个"没事儿人"似的,一丝不苟地检查着船方提供的单证资料,询问着船员的健康状况,向同事们提示着关注点。只是测温记录的时候,他默默地用手抵着腰,面屏后豆大的汗珠划过脸颊。

"老周,今天摔的那下,咋回事啊?""小事情,打滑而已。""你啊,

五、行程万里，不忘初心 | 529

工作不要太拼，首先得保障自己的安全！""谢谢领导关心，以后我会多注意的。"返程以后，面对领导和同事们的关心，老周轻轻地一语带过。这件事仿佛如江风一般，悄然地散去了。

没过多久，科里来了几张"新面孔"，支援水运口岸疫情防控突击队的同志们来参加培训了。为了迎接他们的到来，老周认真梳理了相关的业务规程资料，把"毕生所学"摆满了办公桌。"新兵"们边学边问，老周边写边说，科里的同事也在边上做着笔记，好一派热切的学习景象。

"周科，上次你说的新版技术方案的区别要点整理材料在你桌上吧？我一会儿带着小卢、小俞再看看。"看到老周还在边上指点着新人，热心的同事顺手拿过桌上的材料，翻找了起来。忽然，两张不起眼的纸片飘到了地上。同事弯腰捡起，刚扫了一眼，目光却凝固在了纸上——那是两页未曾交给单位的诊断报告和病假证明，病因写着"颈椎椎间盘碎裂、髓核脱出"。

"你怎么能瞒着我们呢？"培训结束后，同事带着疑惑与担心，"质问"着老周，"你不是总告诫我们，身体是革命的本钱，可你自己……"

"老毛病了，也就偶尔腿麻。每年我都会复查一次，没事的。你可别告诉别人啊！"

看着眼前微笑的老周，同事这才明白，为什么这位"老船监"会在没有风浪的舷梯上摔倒，为什么

为口岸联防联控单位开展防护培训　卢佳铭　摄

他有时也会露出疲态，为什么他总是关心大家的身体……或许，使命让他忘却了伤痛，忘却了自己；或许，他已选择了远方，只顾着风雨兼程。

后记

老周是个大忙人，只有工作间隙才能接受采访。每次见到他，总有涛声相伴耳旁。

如浪涛般开拓，如洪流般团结，如春水般温暖，如大江般进取……与水相伴24年，造就了老周那些不平凡的特质，也造就了他不争无尤、甘于奉献的性格。他常和我们说："你们不要来采访我，我就是一个特别平凡的人，一个普普通通的海关人。"

是啊，和同事们站在一起的老周，就像是江海里的一滴水。但谁又能说，一滴水不重要、不伟大呢？河海不择细流，故能就其深。正是千千万万的像老周一样的海关人，汇成了国门上的金色防线，以他们的拼搏奉献、忠诚担当，合力书写了为国把关、为民服务的壮丽篇章。

上善若水，水善利万物而不争。诚哉斯言，是以为记。

南京海关

以小我之劳，铸大国之梦
——记南京海关所属南京禄口机场海关赵建

南京海关所属南京禄口机场海关 张珺

荣获"全国海关系统抗击新冠肺炎疫情先进个人"
刘玉茹 摄

赵建，南京海关所属南京禄口机场海关督办。2020年春节，新冠肺炎疫情发生，作为一名公共卫生领域专业人员和从业30多年的老党员，他积极响应南京海关党委号召，第一时间请战。2020年3月，赵建作为关区首批选派驻点空港口岸的9名卫生督导特派员之一，投身到了南京海关疫情防控一线，一干就是一年。2020年9月，他所驻派督导的南京禄口机场海关被中共中央、国务院、中央军委评为"全国抗击新冠肺炎疫情先进集体"，同年10月，赵建被海关总署授予"全国海关系统抗击新冠肺炎疫情先进个人"称号。

弥补遗憾——接到电话的那一刻，热血被再次点燃

赵建毕业于上海医科大学（现复旦大学上海医学院），1989年参加工作后，由于专业能力强、个人素质突出，工作仅4年就走上了领导岗位，工作的重心也逐渐向带队伍、抓管理倾斜。30多年的职业生涯，一路成长为隶属海关副关长、党委委员，工作中更多的是把方向、定决策，抛洒一腔专业热情的机会日渐变少。这也是一个学医者心里无法言说的遗憾。

2020年年初，全国30个省区市相继启动"重大突发公共卫生事件Ⅰ级响应"。作为一名参与过非典、甲型H1N1流感、中东呼吸综合征、埃博拉病毒病、寨卡病毒病重大疫情防治的卫生检疫专业人员，赵建的所有关注点都在疫情的发展态势上。

春节期间，赵建和妻子在家中一边看着新闻报道一边聊起疫情，他说："现在人们提起新冠肺炎疫情，都感到害怕不安，主要还是因为不了解、未知的因素太多。要是让我去一线，我肯定想办法把它防住了！"妻子拿他打趣："你都57岁了，该给年轻人舞台啦！"被妻子"泼了一盆凉水"的赵建独自回到书房，重温起这些年学习工作的点滴。

3月1日，正在办公室批阅文件的赵建接到南京海关卫生检疫处的电话，表示"当前正处于'内防疫情扩散，外防疫情输入'的关键时期，事发突然，关区各口岸压力都很大。南京海关党委决定在全关区选派一些具有卫生检疫专业经验的行家里手，到有旅检现场的口岸驻点开展新冠肺炎疫情防控卫生检疫督导工作……"没等对方把话说完，赵建就不假思索地回答："国难当头，疫情就是命令，我坚决服从组织安排。"放下电话，赵建激动地从座位上站起来，在办公室里来回踱步，在疫情

发生以来的一个多月里，这个电话在他的脑海中反复"彩排"，电话响起的那一瞬间，他的热血被再次点燃，这么多年远离卫生检疫事业的遗憾就要被弥补。

当天晚上，赵建收拾了简单的行李，向南京海关政治部递交了请战书，做好随时奔赴疫情防控一线的准备。3月2日，南京海关党委决定选派他到南京禄口机场海关驻点开展疫情防控督导。赵建迫不及待地当天就赶到禄口机场海关报到，参加总关组织的远程培训，走进口岸现场开展疫情防控督导工作。

作为江苏省内最大的空港口岸，即使是在疫情发生后，南京禄口机场海关还每天承担着近30架客货机的检疫监管任务。毫无疑问，赵建所驻点的地方，就是江苏省"外防输入"的重要关口，是风险最大、使命最艰巨、任务最紧迫的地方之一。作为一名曾奋战在防疫战线多年的老兵，他当然清楚病毒的威力和防疫一线的风险。然而，面对国门安全和人民群众安危，赵建勇敢坚定地选择了"忠诚"，无惧无畏地选择了"逆行"。已经年过半百的赵建说："能够获得回报党和人民多年培养的机会就是一种珍贵的幸福，能够有机会被选派直接参与一线新冠肺炎疫情防控阻击战就是一种难得的幸运。"

守护匠心——卫生检疫是他的专业，疫情防控是他的使命

在到岗第一天的见面会上，他就跟大家说："从今天开始，我们就是并肩作战的战友，是一个战壕的兄弟。我用我的专业背景和工作经验向大家保证，病毒并不可怕，关键是手段和方法，只要安全防护到位，再凶险的病毒也可防可控。但是另一方面，我们也必须清醒地认识到，

在口岸疫情防控的链条上，从登临检疫、体温监测医学检查、流行病学调查、医学排查到核酸采样、消毒监督，无论哪个环节的失手，都有可能使口岸疫情防控的成果前功尽弃。"

话已经说了出去，下面就是撸起袖子干了。赵建刚开始也不能说驾轻就熟、胜券在握，就带着大家边学、边干、边总结。

来到南京禄口机场海关的第一个月，赵建给自己定了一个小目标，白天全程参与现场督导，晚上总结登记工作情况，一个月后看看能否形成相对成熟的工作流程和意见建议。在这一个月里，他深刻感受到口岸"外防输入"的关键在于细节，对细节把控好，才能有对全局的自信。面对现场专业资质人员较少、一线防疫作业人员短缺的情况，他主动转换身份，把自己当作参与一线疫情防控工作的一名"战士"。他参与登临、流调、咨询、组织、疏导、巡查、排查、示范、解释等具体工作，先后登临70多架次，流调300多人次。他时刻用准军事化纪律部队的要求带队伍、抓防控，决不允许敷衍应付、交差了事，坚持做到不漏检一人、流程科学严谨。

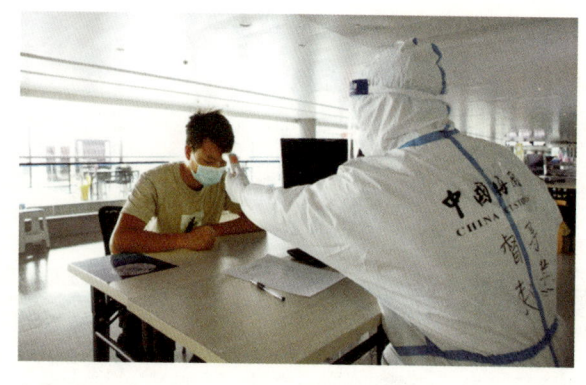

在旅检现场为旅客测温
刘玉茹 摄

航空器登临检疫一直是赵建时刻放心不下的环节。除了岗位操作的严格要求，赵建更坚信，登临检疫关员是每一个回到祖国的同胞和每个入境的外籍人士见到的第一张面孔，代表的是中国海关的形象、展现的是口岸防疫人员的专业。为此，他专门带领技术骨干，逐字逐句研究，统一登临岗位语音播报标准。时至今日，口岸疫情防控已经进入了第三个年头，南京禄口机场口岸的每一架飞机落地后，都能听到海关关员坚定有力的播报："我们是中国海关关员，依法对本航班实施登临检疫，全程视频记录，请予以配合。"这是赵建对检疫流程细节的打磨，更是一个公共卫生专业人员的匠心。

自打来到口岸一线的第一天起，赵建就坚持每天梳理工作要点、难点和风险点，利用休息时间培训关员100多人次；积极建言献策，高质量上报督导调研报告8篇，发出预警信息300多条；结合实战经验编撰《海关机场一线防疫操作实务》，并三次修订完善；根据卫生检疫流程、突发情况处置的需要，对现场关员工作用语进行全面规范，形成《南京禄口机场海关新冠肺炎疫情防控卫生检疫参考规范用语》，供现场作业参考的同时也在关区各现场之间相互借鉴，共同提升工作质效，维护国门安全。

总结工作要点和风险点　　周晓春 摄

深化融合——他是见证者，更是践行者

从上海医科大学毕业的赵建，履历可以说很丰富。赵建既干过业务，参与登轮检疫，也做过行政管理，在江苏国际旅行卫生保健中心担任领导职务。2018年4月，机构改革后，赵建成为中国海关的一员。防控工作吃紧的时候，赵建曾创下120天连续作战的纪录，在防控工作转常态化后，他依然不离"火线"，累计加班50多天。他卸下防护面罩时，脸上总是留下一圈深深的印痕；脱下防护服时，浑身上下早已湿透。

心里始终想着疫情防控任务，连续熬夜让赵建的眼睛更加红肿，头发更加稀白。机场航班保障任务时间不定，不规律的饮食让他的老胃病时常光顾，他总是一声不吭，咬紧牙关继续战斗。他知道，作为一名海关人和老党员，危难时刻必须冲锋在前、不怕牺牲。为了疫情防控工作，他早已将个人安危置之度外，用实际行动生动诠释着新时代海关人的担当精神和英雄本色。

在防护用品脱除区做手部清洁
刘玉茹 摄

坚持传承——一代人有一代人的使命，一代人有一代人的长征

"小魏，你是'90 后'，比我女儿还年轻，我算得上你的长辈了。今天我跟你一起登临看看可好？"这是"90 后"的魏纪昌第一次登临检疫，在防护服穿戴区，赵建就发现了小伙子的紧张和局促。航空器登临检疫岗位是海关卫生检疫的第一个环节，小魏憨厚地说道："赵特派，我没干过这个，现在腿都发抖，一会儿您可要多带带我。"赵建微笑着拍了拍小魏的肩膀，他一边为小魏做着岗前安全防护检查，一边说着登临检疫岗位要点和注意事项，随后两人便一前一后走上了接驳车。跨过机坪，踏上陡峭的旋梯，确认单证无误后，小魏通过舱门上小小的玻璃窗向飞机里的工作人员比画了手势，示意可以打开舱门。整个登临检疫作业在高温户外持续了 40 多分钟，防护服下的一老一少早已是汗流浃背。

有人说，如果说海关是口岸疫情防控工作中的一把尖刀，那一线卫生检疫人员就是尖刀上的刀尖。一线卫生检疫人员作为可能直接接触新病毒的高风险人群，必须严格做好个人安全防护、严格作业流程和标准，不容有一丝一毫的偏差和失误。这是赵建对督导对象的刚性要求，更是对他们的关心关爱，他给现场关员一种既严格又亲切的感觉。

他不但这样要求别人，更这样要求自己。在现场督导的 12 个月里，赵建工作的责任及压力可想而知。一年来，他时刻提醒自己必须把口岸当成战场，每天往返于机场海关大楼、机场航站楼、临时住宿的酒店，需要过天桥、走隧道、穿涵洞，一旦遇到下雨天，淌积水、绕远路也是常事，他常说这就好似从一个战场走向另一个战场。在机场航站大楼，

他熟练正确穿戴个人安全防护装备，确保在严格防护保证中开展工作；在严格消毒监督的基础上，科学规范脱卸处置防护物品，严格按照规定步骤、路线撤离航站楼。进入南京禄口机场海关大楼，他更是从细节入手，在内部安全防护上作表率，处处向大家宣贯科学防疫的理念。一方面时刻注意戴口罩、勤洗手、不扎堆，时刻保持海关工作人员准军化纪律部队的工作状态和工作姿态。另一方面，疫情形势瞬息万变、防疫要求不断优化调整，他必须抓紧时间开展业务学习、总结工作经验、召开培训会议、组织沟通交流、撰写督导报告，这是赵建的工作日常。

赵建回忆说，由于疫情原因，出差、出行人员非常少，大概有三个月的时间，住宿酒店的整层楼只有他一人，孤独与寂寞有时使他感到不适应。每当夜深人静时，他也不免惦记独自在家的妻子和在外的女儿，担心她们的安全。即便如此，夜晚入睡时，他在脑海中复盘白天工作的每个细节，有什么好的想法和建议，就立即用手机语音备忘录记录下来，

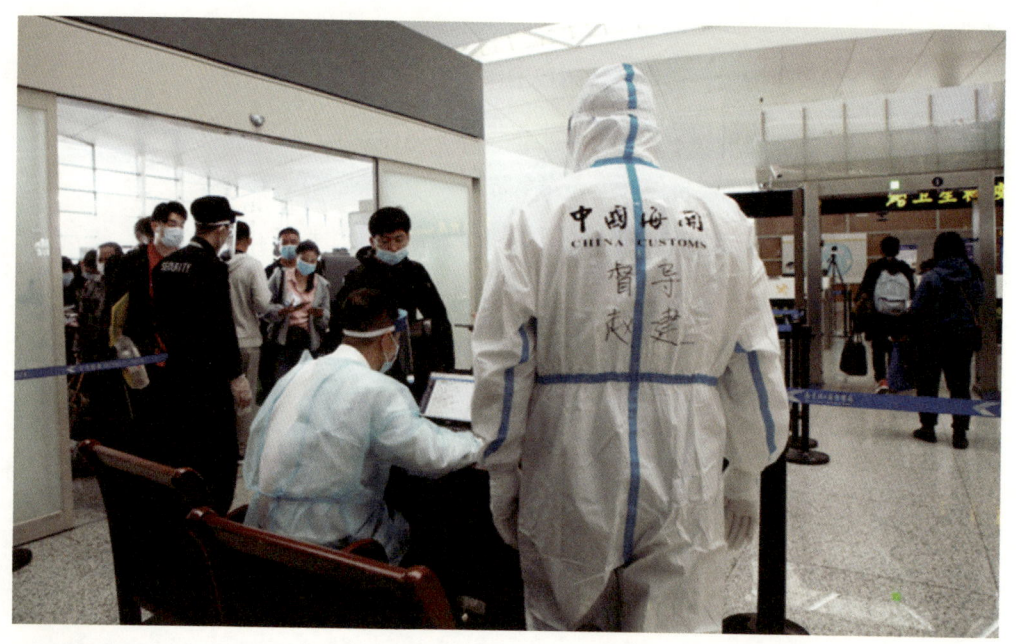

督导口岸防疫工作　　刘玉茹　摄

次日再进行整理归纳。这还被他当作一个宝贵的经验分享给了关区其他现场的督导员。

渐渐地，赵建对禄口机场口岸环境越来越熟悉，他常说"禄口机场既是我工作生活处于隔离状态的有限场所，也是我开展疫情防控督导工作的广阔舞台"。他坚持参与各层次的口岸疫情防控工作，面对起初人类对其一无所知的全新病原体——新型冠状病毒，他扛住要求严、变化快、突发情况多的压力，将自己的专业分享给别人、用自己的敬业感染别人、把自己的关心关爱传达给别人。在疫情防控的大战大考中，赵建不仅是一名战士、一个督导，更是一个匠人，时刻用自己的一言一行践行着"传承不泥古、创新不离宗"的内涵要求。

时至今日，赵建虽然结束了自己的口岸督导特派员生涯，但却转换身份，正式成为南京禄口机场海关的一名督办，继续用自己的专业和匠心，践行着一名学医者的使命和初心。他经常半开玩笑地说："我是学卫生检疫专业的，一直在一线探索，这才是我的价值。"

"守少则固、力专则强。"剪去人生之树上不必要的"枝杈"，主干才能充分吮吸养分，向上生长，叶茂枝繁。赵建的抗疫之路正是应了那句话——当专注成为习惯，就会内化为一种强大力量，支撑我们把每一件事做到极致，踏上事业的精进之路。

杭州海关

心里有光的人

"全国海关系统抗击新冠肺炎疫情先进个人"沈若川抗疫纪实

杭州海关所属温州海关 胡佳利

"万水千山不忘来时路,鲜血浇灌出花开的国度……"2020年1月初,在杭州海关迎春汇演的舞台上,温州海关合唱团的一曲《不忘初心》压轴出场,一个个多年初心不改的温州海关人,把对海关、对家国的爱与情怀用歌曲娓娓诉说、激情唱响,婉转而又澎湃的歌声在会场内久久回荡,博得满堂喝彩。彼时的温州海关副关长沈若川也是其中一员,唱着"不忘初心,继续前行",而什么是他的初心,他早已有了答案,炽热的舞台灯光照进心里,照亮了他多年来抗击非典、甲型H1N1流感、埃博拉、登革热的画面,更照见了他那颗热爱卫生检疫事业的拳拳之心。

初心不改,求索路上蓄能量

沈若川于1992年参加工作,当了八年的部队医院医生,2000年进入原浙江出入境检验检疫局工作，投身卫检岗位迄今已逾二十载。这三十年来，他从未离开过卫生检疫事业，他的初心亦从未有丝毫改变。

2003年，非典疫情发生。一艘轮船在停靠疫区后发生一名船员死亡事件，他上船打开层层包裹，对尸体开展检查，对与死者密切接触过的船员进行健康检测，对船上的生活工作区及尸体存放的冰库等角落逐一进行卫生处理。

2006年，警方查获一名同时感染艾滋病和梅毒病毒的非法入境者，由他陪同监护遣返出境。在乘坐火车前往广西边境途中，该名遣返人员上卫生间时不慎被铁门夹伤手指，鲜血沿着车厢走廊流了一地，引来众多乘客围观。他立即疏散乘客，同时为避免引起乘客不必要的恐慌和担心，他冒着被感染的风险，迅速消毒包扎遣返人员伤口，清理遍布车厢走廊的血迹并喷洒消毒，化解了一场突如其来的险情。

2009年，甲型H1N1流感在全球范围内蔓延。在他力推之下，杭州机场区域内率先建立采样点和医学留验点，加快通关速度和疑似病例排查速度，此项工作被当时的国家质量监督检验检疫总局称为"浙江经验"。

心如鼎镇，志如磐石！

正是这些特殊经历，铸就了他专业的素养、坚定的信念和顽强的意志，为他后来的新冠肺炎疫情防控工作积蓄了无穷能量。

闻令而动，逆向而行有担当

"没有从天而降的英雄，只有挺身而出的凡人。"经历过多场"卫生检疫战"，他早已明白在疫情面前一切都要让步，"小家"更是得为"大家"让路，这是一名卫检人毋庸置疑的天职。

2020年1月,在刚刚回到杭州与家人团聚准备过年的第二天,他就告别了充满不舍与担忧的家人,"逆向而行",再次赶回温州。面对大家的迷茫与担忧,他说,"放心,有我在,会处理好的",举重若轻的一句话,却仿佛给人注入了千钧力量,而他也确实成了后来温州海关开展疫情防控工作的"定海神针"。

青山无悔,初心恒在!

眼前的抗疫容不得他瞻前顾后,只能秉承本心,无怨无悔、尽忠职守地投入未来巨大的未知之中。

首遇鏖战,从无到有谋方略

2020年大年三十晚上,偌大的温州海关大楼内,严卫星关长办公室的灯还亮着,他正在和沈若川讨论疫情防控工作的预案。那时候整个关区都没有相关实战经验,一切都要从零摸索。

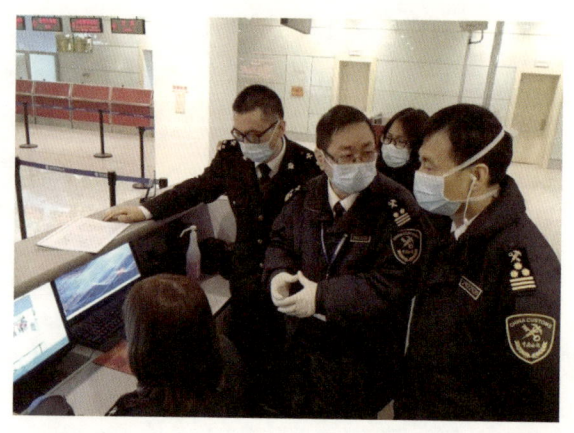

演练现场与其他同志反复沟通
蔡村 摄

温州海关已经对制订的方案进行过实操演习,以无剧本、随机角色的形式,多次开展了应对新冠肺炎疫情的应急演练。在此基础上,两人一同对方案反复推演优化、研讨论证。时针悄然走过零点,他们以这样的方式,完成了一场新春跨年"仪式"。

然而更没想到的是,大年初一天还没亮,早上六点多的一通电话,就迅速把他们拉到了"战场"。接到通知,一架搭载着一家五口来自重点地区旅客的航班,将要落地温州,且这五人中已有一人出现发热现象。

五、行程万里，不忘初心 | 543

这是温州海关面临的第一场遭遇战，沈若川迅速召集卫检专业人员提前到达机场入境大厅紧急集合，开展排查工作部署，监督登临人员做好个人防护，通知机场将该航班停至检疫机位等待检疫查验。在登临前的停机坪上，他依然在做最后的工作部署：第一，向航空器乘务长了解发热旅客情况并告知排查流程要求；第二，向旅客发放健康申明卡并做测温初筛；第三，与机组人员确认旅客是否调换过座位，确认机上密接者范围；第四，安排发热旅客和密接者离开航空器；第五，与救护车上医务人员交接需转诊旅客……他一遍又一遍地对登临作业人员的任务内容进行确认。最终在他的周密安排下，四个多小时的作业顺利结束。发热旅客后经新冠病毒核酸检测为阴性，排除新冠肺炎病毒感染。

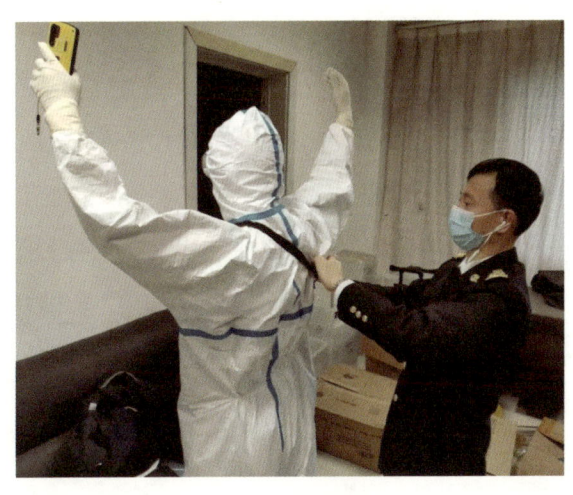

为即将登临检疫的人员检查防护情况

黄建可　摄

首战告捷，与有荣焉！

虽然是"虚惊一场"，但这场遭遇战的过程却实实在在地为温州海关积累了实战经验，实现了各个流程实操经验"从无到有"的突破，也为后来"温州模式"的形成打下了坚实基础。

临危受命，"温州模式"绽光芒

时间来到 2020 年 3 月，部分临时航班任务交给浙江，落到温州。沈若川带领着温州海关卫检队伍，昂首站到了这项重大任务的中心。他深知，自己面临的将是一场硬仗，他也暗下决心：这项任务事关重大,再难啃的硬骨头也要拿下,绝不辜负组织的信任!

当时温州海关是关区内唯一一个承担临时航班处置任务的隶属海关,没有现成的操作规范和成熟的经验可供参考。于是一整套的临时航班保障方案、现场疫情防控处置方案、流程环节设计、区域规划等都由沈若川带队逐方面逐项逐条分析、梳理、研究,每个岗位、每个步骤的操作方法、处置标准、应急手段,他都了然于胸。

原有的国际航站楼空间较小,无法满足检疫需求,他向机场提议使用旧的闲置的国内航班航站楼。清点检查检疫相关设施设备时,他发现负压隔离单元只有一台,且年代较为久远,便立即向地方申请增加设备,确保检疫查验和卫生处理设施设备、个人防护用品全部到位。现场情况变化多,每次人员也有微调,他坚持"一事一议",统筹调配现场人力。

临时航班开航前,他多次到现场一步一步推演,细抠环节,将各项问题考虑到位,做到筹谋万全之策,只待谋定而后动。

关区组织了100多人的抗疫突击队支援温州,这一支年轻的队伍里都是杭州关区的精兵强将,他们不畏艰险、毅然而行,带来杭州海关青年的蓬勃力量。他们离开父母、爱人、孩子,踏上逆行的旅程,勇毅出征。面对巨大的不确定性,沈若川暗自发誓,要竭尽全力打好这场攻坚战。他逐一分析每个人不同的专业背景和工作经验并合理分配岗位,他让后勤部门务必照顾保障好这些他乡勇士的生活起居,一定要让所有人安全返回。这段支援温州的经历也成了当时突击队员们难忘又暖心的回忆。

第一架临时航班抵温的那天,机坪和航站楼里,不同的区域错落分布着身穿白色防护服的海关关员们。沈若川的装束却略有不同,他的腰间挎着一个黑色的小腰包,别着好几个对讲机,防护镜下的双眸目光笃

五、行程万里，不忘初心 | 545

抗疫突击队授旗仪式
陈雷震 摄

定。他迈着矫健的步伐，用沉着冷静的声音，有序确认着全体工作人员的就位情况。"请各组点名，确认到位！""报告，登临组已就位""采样组已就位""流调组就位"……随着各组一一反馈，抗疫即将打响，伫立现场一线指挥的他，也屏气凝神、蓄势待发。

随着飞机落地、舱门打开，指挥中心按照既定方案，下达登临指令，登临组进入机舱，对旅客开展初步医学排查，并安排旅客分批下飞机。"报告指挥中心，有一位有咽痛咳嗽症状的旅客，是否送有症状区排查，请指示！"此时，指挥中心的对讲机里传来登临组组长的转诊请示，这样的情况早已在方案的设计之中，指挥中心按照方案流程马上确认同意送有症状区，在流调、采样和医学排查后，转运地方医院。

其余的旅客则由摆渡车护送，陆续抵达了流调和采样区。由于采样时最直接接触旅客暴露的口鼻，所以采用了独立小隔间的设计，避免了交叉感染。

采血区是他现场把控的主要区域之一。在飞机到达前，他已经在脑海中反复预演可能出现的情况，尽管已经尽可能详尽地设计了预案，但现场指挥更多需要的是即决式反应，绝对不能完全照搬照抄去做。他就像坐诊的"专家号"，任何突发情况，尤其是一些有复杂病史或症状的旅客情况，都能在他的分析研判下得到快速合理处置。譬如有一位留学生，采血时突然晕倒，沈若川迅速判断是长时间旅途飞行未进食进水，导致低血糖晕厥，他镇定指挥大家将这位留学生抬至躺椅躺平，稍做休息后这名留学生就清醒过来，工作人员还给他递上了早就准备好的水和点心。

其实，每一趟航班到来前，他都会提前与航空公司联系，仔细询问机上人员有无特殊情况，如孕妇、婴儿，以及患有高血压、糖尿病等基础病，甚至抑郁症的旅客，都要查问相关信息，逐个分析，一人一方案，做到心中有数，确保万无一失。"有时候心里没底，但是有沈关坐镇，心里就很有安全感。"现场关员如是说。

靠前指挥临时
航班检疫
黄克仁 摄

流调和采样结束后，旅客便可提取行李有序入境，但海关后续的工作依然马不停蹄，对可能被污染的负压隔离室、航空器、廊桥、航站楼查验通道等区域实施卫生处理，沈若川目送着最后一班现场岗位的人员离开后，自己才脱下穿了五六个小时的防护服，取下护目镜，脸上满是印痕的他看上去特别憔悴。但现在还不是休息的时候，他又继续等待实验室检验结果，同时与综合组成员们一起埋头整理数据，待到所有报表梳理上报，天已经大亮。

"离一线越近，我能够获得的信息就越多、越及时。"这是他常挂在嘴边的一句话。因此每一架航班，他都坚持在一线指挥，确保掌握第一手信息，了解最前线状况，以便给出最及时的分析研判与解决方案。比如在现场他就敏锐地观察到临时航班里家庭一起回国人员多这一特点，于是提出了以家庭为单位进行一对多的流行病学调查方式。通过一问多答，家庭成员相互补充、相互印证的方式，保障流调内容全面性和信息的可靠性，便于锁定重点检疫人群，及时发现可能出现的聚集性病例，同时大大提高了流调效率，缩短了通关时间。这一"家庭式流调"方式后来也被中央电视台《新闻联播》报道。针对具有特殊意义的三批次赴意大利支援的国家医疗队，队员回国时他还特别准备了欢迎横幅，并致以庄重敬礼。

通过有力的工作体系、充分的保障体系、专业的前端防线、创新的监管流程、科学的现场处置，温州口岸全链条打造了临时航班检疫"温州模式"。该模式被复制推广至关区其他机场口岸，并在不断的优化迭代中愈发成熟，在关区疫情防控工作中发挥了深远作用。

使命在前，舍我其谁！

在临时航班检疫过程中，透过一双双期盼的双眼，沈若川忽然更加真切地体会到一种使命感，这种使命感说不清、道不明，却跨越时间与空间，推着他义无反顾站到战场的中央。

苛求细节，臻于至善无止境

按照"精益求精、一次比一次好"的目标，每架临时航班处理结束后，沈若川都第一时间进行全流程复盘总结，同时结合下一趟临时航班的新情况、新特点，做好综合研判、主动应变，不断优化、迭代升级工作流程。

通过对登临检疫、流行病学调查、采样等环节进行优化，如专门设置婴幼儿通道，采集鼻咽拭子时设置婴幼儿采样台，针对可能语言不通的老人设置温州方言引导岗等，确保以最科学、最紧凑、最优质的工作流程实现高效处置。

发现流调区由于布局狭长，容易导致前方拥堵，后方即便作业已完成也无法疏通到位，他又苦思冥想，把流调区改成"4×4"的方形布局，还在每个座位的挡板上方配置声控灯，轻敲挡板就亮灯，提示前方可以引导下一位人员进入。

在采血区的细化方案里，特别补充加入了晕血的应急处理措施，专门安排了一张躺椅，曾经有两名人员晕倒在地，都是这张躺椅发挥了应急辅助的作用。

制订有症状、无症状旅客分流策略，一楼设置为有症状区，二楼为无症状区，前后舱门分别供有症状、无症状的人员进出，同时在等候排查时实施"模拟机舱候检"，避免了旅客间可能存在的交叉感染。

在相关设置安全防护监督岗要求之前，他就已经专门安排了一位在医院传染病科工作过的人员作为监督员，一对一协助指导现场每一位一线关员穿脱防护服，甚至细致到鼻孔也都用酒精棉消毒。

现场作业时他更是万能"B岗"，旅客轮椅没人抬，他来搬；流调区域人手不够，他顶上；孩子们哭闹，他去哄。

一个又一个细节的落实，切实有效优化了流程，提升了安全防护水平。可他对自己却是马虎对付，物资仓库简单整理一下就是他的前线办公室，四个多月没回过家也浑然不觉，最喜欢吃油菜花菜心，可当想起来吃的时候，油菜都已经开花了……

心细如丝，肩挑重担！

他告诫自己：谨慎再谨慎，缜密再缜密，一个小小的失误都不能出现。必须守护这座城，把好这道门！

硝烟四起，抗疫始终在路上

一趟临时航班的检疫工作可以告一段落，疫情阻击战却一刻不消停地在不同的战场上打响，作为温州海关分管卫生检疫、食品检验检疫、动植物检疫和商品检验的关领导，他的工作也因此永远没有"完结时"。

物资入境方面。对于进境捐赠物资，他珍重各方的情义，丝毫不敢松懈，一边严格按照法规标准检验把关，一边提供绿色通关便利加紧完成放行。

船舶入境方面。除了机场口岸防疫和物资通关任务外，海港的检疫防控工作也非常棘手，要对船员开展卫生检疫，每条船都要进行分析——前14天到过哪些口岸、在哪些港口停留、是否有与当地人员接触等。他一直绷着这根弦，理顺船舶和船员的轨迹，因时因地制订应对方案，防范风险于未然。

货物监管方面。随着疫情的持续发展，重点货物的疫情防控也日益重要。状元岙码头的每一个重点货物集装箱都要六面消毒，每次作业都要拍照200多张，确保规范到位、有迹可循。为进一步加强对进口重点货物的源头管理，他又组织进行重点货物检测等工作机制建设，把新冠肺炎疫情人防工作积累的经验运用到物防工作之中。

检疫风险方面。新冠肺炎疫情防控的任务已然异常艰巨，其他传染病和动植物疫情防控工作同样不容忽视。新冠肺炎疫情期间，旅检渠道查获了一批鹦鹉蛋，初步鉴定为濒危物种，最终的鉴定需要孵化成功后

| 国门抗疫：守护我的国（先锋人物）

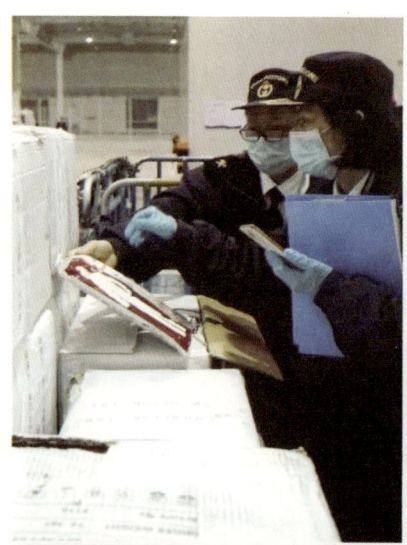
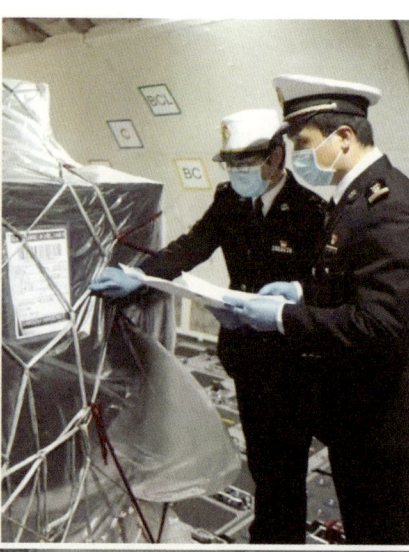

组织做好防疫
物资即到即检
即放
王哲晓　摄

才能进行。谁知饲养人员竟在一周后发热，一时间禽鸟病的风险暴露眼前，他又迅速组织开展禽流感等疫病检测，结果均为阴性，排除了人畜共患病和重大动物疫病传入风险。

回望往昔，苦乐交织赤子心

全面抗击疫情工作远比表面能看到的更加纷繁复杂，他深刻认识到疫情防控工作任务的复杂性和艰巨性，唯有迎难而上，疏堵补漏，持续奋战，才能在每个条线上一寸一寸夺取战场的胜利。

在家与国、危与安的氛围中，在职业精神与生活起伏的交迭中，内心温暖琐碎的事件彰显着沈若川那颗平凡而又不凡的赤子心。问起关于那段时间的记忆，他脱口而出"很苦"，顿了一顿，又笑道，"身体和精神，真的都很苦，但痛并快乐着"。他的回忆里有焦急，从最开始防护服储备告急，向总关紧急求援；有孤独，奔波在机场、市政府、办公室三点一线的日与夜；有疲惫，为整理数据通宵未眠直接到第二天下午一点再打起精神开会；有欺瞒，与病毒的近距离接触和超负荷的工作强度，对家人都是只字未提，曾经一年也没几次视频通话，那段时间却天天视频连线，宽慰家人；有担忧，最担心同事们的安全，有时看到口罩戴久了有缝隙露出，有些摸脸、扶眼镜等小动作，都会特别担心。"零感染"的要求既是压力，更是沉甸甸的责任……

那些棘手的问题、不眠的夜晚，他撑着熬过来了，那是因为在他的身后，还有许多温暖与宽慰着他的人和事。

组织和领导的关心温暖着他，常常在他最后一个脱下防护服走出旅检现场时，坐镇指挥的关领导们都还在等着他，边陪他吃饭，边了解现场情况。在关里的时候，严卫星关长也总是等他回来，帮他热好饭菜，嘱咐好好吃饭，再一起讨论工作。

卫生检疫战线的"后浪们"也宽慰着他。他运用"导师工作制"，以师带徒，言传身教，以高度的责任心做好传帮带，鼓励督促卫生检疫人员考取医师执照、参与论文理论研究、定期开展应急处置演练，提高卫检专业能力，为卫生检疫队伍源源不断输送新生力量。

他肯定是快乐地享受着工作状态的，否则他怎么会忘记时间和疲惫，在复杂多变的形势下抽丝剥茧、日复一日？他肯定是深深爱着卫检这份事业的，否则他怎么会忘我投身在卫检岗位三十年，经历过那么多风风雨雨，依然坚韧而执着？他肯定是内心满怀激情和梦想的，否则他怎么会多年来不厌其烦、孜孜不倦地传道授业，培养一批又一批的卫检战士？

念念不忘，必有回响！

因为对这份从事了三十年的卫生检疫事业爱得深沉，才让再难的苦累、再多的付出都化作一句心甘情愿。

"当年非典，我是一个兵；今年新冠，我是一个将；舍小家为大家，我愿意为之奉献所有，甘之如饴……"这是沈若川在他的笔记本里写下的一段话。业贵于专、琴心剑胆的他，用三十年来的卫生检疫工作经验，责无旁贷地担当了抗击疫情的急先锋，为卫检事业立标杆，为杭州海关蓝图添风采。

沈若川一定是心里有光的人，这道光，他已经追寻了三十年，而今往后，他也将始终循着这道光，默默地、坚定地走下去……

合肥海关

披甲再上阵，丹心护国门
——记"全国抗击新冠肺炎疫情先进个人"刘川

合肥海关所属合肥新桥机场海关 杜雷

2020年2月8日是元宵节，23点左右，一辆轿车从合肥新桥国际机场驶出，在夜幕中急速向市区行进。驾驶车辆的是时任合肥新桥机场海关关长刘川，此时他正独自赶往家中。机场离家40多公里，到家后车停在楼下，刘川从车中取出两个装着脏衣服的塑料袋，边打电话边匆匆走进楼里。上楼后，刘川没有走进家门，只是随手将塑料袋放在地上，随后从爱人手上接过一个旅行箱，打开翻看里面干净的换洗衣物，跟爱人嘱咐了几句，就匆匆地离开。车辆发动，离开小区，向着远处灯光昏暗的郊外驶去。

疫情就是命令，防控就是责任

时间倒回1月19日的晚上，中央电视台播放了关于新冠肺炎疫情的报道。正在家中吃饭的刘川，随即拿起手机，给当日在机场旅检岗位值班的科长打了电话，要求务必组织大家当晚盘清各类口罩、防护服、隔离衣的存量。值班科长第一时间，快速核查了现场和库存防护用品的数量，并报告医用外科口罩、医用防护口罩库存数量。刘川交代科长注意事项后，向合肥海关保健中心打电话，提出补充购买各类口罩的需求，再三强调要立即发货。随后她向总关分管卫生检疫的关领导进行了汇报。放下电话，刘川立即出门，急忙安顿相距2公里独自居住在另一个小区腿脚不便的80多岁的老母亲。回来路上，她又去给爱人买了一些药。她爱人患有高血压、糖尿病，还有比较严重的脑血管疾病，不久前刚出院回家。办完这些事，刘川开始收拾换洗衣服，告诉爱人，可能会有几天回不了家了。家人早已习惯了她的工作作风，这种情况也不是第一次了，责任在肩，家人必须是她坚强的后盾。

1月20日和21日，恰好是合肥海关召开年度工作会议期间，合肥海关党委立即中断会议，对防疫工作进行了全面研究和部署，关长、分管副关长、各条线管理部门即刻行动起来，为抗击疫情做好准备。

合肥新桥国际机场每天有多班国际和地区航线飞机起降，正值春运，每天有大量的旅客进出境。防止疫情经口岸传入传出，是海关检疫人员的责任，做好疫情防控是当务之急。刘川具有多年口岸疫情防控经验，她向分管关领导提出了4点建议：一是尽快补充防疫物资，特别是医用防护口罩；二是在关区组建预备队；三是完善省级联防联控机制，明确配合办法；四是根据疫情发展，必要时请求地方疾控部门派专业人员支援口岸防控。

面对突如其来的新冠肺炎疫情，海关责任重大。时间紧迫，合肥海关年度工作会一结束，刘川就赶回机场，连夜组织人员拟订防控方案。1月21日，机场海关召开机场党委会，成立新冠肺炎疫情防控工作领导小组，所有关领导24小时在岗带班。当天晚上，刘川带着业务骨干制订《合肥空港口岸疫情防控工作方案》和《合肥空港口岸疫情防控技术方案》，所有的细节反复讨论、推敲直到凌晨两点。方案确定，她还是无法入睡，思考着后续防控的一系列问题。也是从那天起，她开始吃住在机场，每天用手机向家里报平安，点外卖给母亲送生活物资，连续23天没有进过家门。

守一道国门，护一城安康

新冠肺炎疫情蔓延全国，形势严峻。合肥海关党委领导多次亲临现场督导疫情防控措施落实，省委省政府、市委市政府领导亲赴一线督查口岸防疫工作，中央疫情防控督导组夜飞机场督导，迎接春节的喜悦被防控疫情的紧张所取代。

疫情防控需要形成合力，联防联控不可少。1月22日，刘川主持召开机场服务保障单位和航空公司负责人防控新冠肺炎疫情联防联控对

主持召开联防联控对接会议

李宁 摄

接会议，要求航站区管理部门加强候机楼通风系统的防疫管理，要求航空公司严格落实主体责任，做好前端防控，讨论异常情况处置流程。之后又牵头与安徽民航机场集团、合肥边检站、机场公安局共同签订《加强境外疫情输入联防联控合作机制》，在信息共享、现场管控、人员排查、协作反馈等方面建立配合机制，保障疫情防控各环节有效衔接。

在疫情防控这场没有硝烟的战斗中，刘川义不容辞冲在了防疫最前沿。她第一时间将海关总署的部署落实到位，积极思考符合本口岸的实际有力措施，制订方案，组织实施，对外协调，随着疫情变化而不断调整应对措施。在国际旅客出入境大厅，无论是否有保障工作，总会不时看见刘川手拿对讲机的身影，带领机场海关这个刚刚融合的年轻团队，一边完成出入境旅客检疫查验工作，一边利用航班间隙，不断调整优化出入境通道布局，增补设备，应急演练，提升防疫情传入传出的能力。她同时也是一名不可缺少的战士，哪里需要人手，她就会在哪里出现，体温监测、医学排查、应急处置、联系地方等，坚持在一线与同志并肩战斗。她说："我冲在前面，大家放心，我有防控经验；我在现场，大家安心，突发事件我即决处置；我与大家坚守在一起，能够稳定人心。"

春运期间的出入境航班和旅客激增，几乎24小时不间断，此时的一线海关人倍感压力。1月24日，分管旅检的副关长向刘川报告，有从高风险地区出境旅客自合肥口岸入境回国。刘川立即向总关领导汇报，在获得指示后，连夜采取行动，排查拦截，将特定人员向属地政府移交实施医学健康观察。海关的努力最终获得了各方理解和支持，联

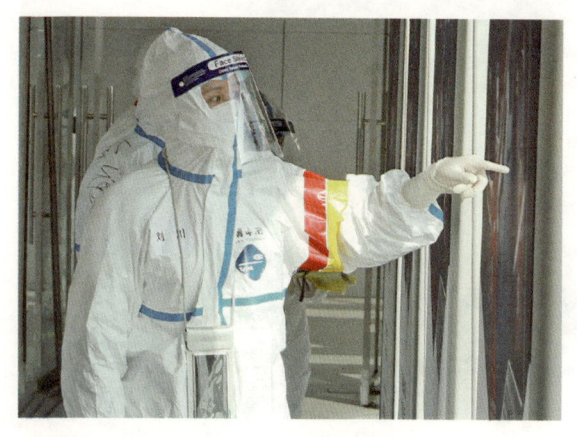

现场指挥入境航班登临作业　杨凯　摄

防联控机制开始发挥作用。

顶得住压力，经得起考验

2020年春节期间，关员们舍小家为大家，既要防输出，又要防输入，连续作战。为节省防护服，关员们少吃不喝，护目镜、口罩将脸上勒出了血痕；为保障航班，一天只吃一顿饭，每天工作10多个小时，个别业务骨干甚至连续6天几乎没有在床上躺过，刘川早上盘起整齐漂亮的发型，晚上已是散落杂乱。非常时期，缺人手、缺物资、缺设备，既要防控疫情"打胜仗"，又要战斗队伍"零感染"，刘川顿感焦虑、疲惫。怎么办？紧要关头，合肥海关党委在关区提出了"疫情面前有支部，我是党员我担当"的口号，上下一条心，全关区的资源向机场集结，有医学背景的同志主动请缨加入志愿队，兄弟关送来了防护物资，海关准军事化纪律部队作风在此刻发挥了强大的战斗力！刘川感受到来自各方的坚强支持，坚定了必胜的信心。党员干部义无反顾站在了为人民守护安康的队伍最前面，搭建起守护国门、捍卫家园的巍巍屏障！

1月25日，海关总署决定重启出入境人员填写健康申明卡制度。重启初期，旅客不理解，多数填报不完整。而一旦填报不完整、不准确，都会给后续追踪带来大问题。"不管一架飞机有多少人，坚决不能漏过一张卡，错放一个人，这是原则。"这是刘川对关员们说的话。1月27日，一架搭载200多名旅客的入境航班到达，经预先摸排，飞机上有若干高风险地区出境返程人员。按照预案，刘川安排4名关员登机，请机组配合将目标人员先行引导下机。刘川带着关员一边耐心解释、快速分流，一边加派人手协助旅客填写健康申明卡，加快审核，直到最后一名旅客排查完毕。

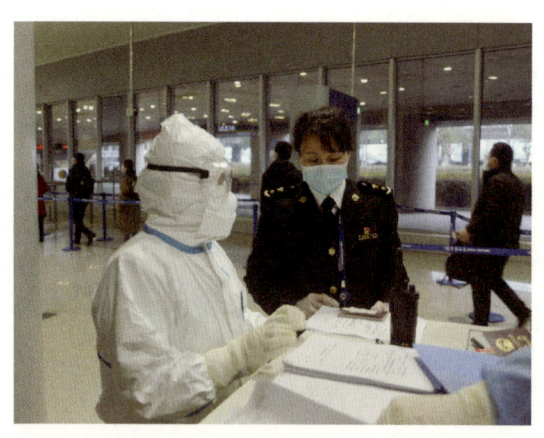

在入境旅客通道查看医学排查记录单证

李宁 摄

事后有人问刘川:"你怕吗?"刘川回答:"怕!但不是怕病毒,是怕漏掉风险。当时我只有一个念头,不能让任何一名旅客漏查。海关是拦截病毒的前沿哨岗,背后是祖国人民的平安,我们没有退路!"

她现场示范防护服的穿脱,要求所有人员的防护和洗消培训必须由她逐一考核,请院感控制专家现场监督,指定专人进行安全防护,哪怕一点小问题,她都会立即指出并严厉批评,对关员近乎苛刻的要求也体现了她的关爱。她调整出一间办公室,添置紫外灯,要求大家每天对工作服进行消毒;疫情刚一发生,即购置了消毒柜用来消毒旅客接触过的纸张和现场使用的工器具,要求大家必须严格执行,避免职业感染。

疫情无情人有情,用大爱诠释担当

自2020年4月底开始,安徽省陆续接到保障入境留学生包机、境外华人包机以及复工复产包机任务。刘川主动融入市疫情防控指挥体系,再忙都参加每一次市疫防办召集的会议,参与包机保障方案的制订,从海关角度提出合理建议,推动成立由市相关部门、机场集团、驻场单位等共同组成的临时包机保障工作专班,在现场设立了指挥中心,提高协调配合效率。她还积极筹集防护服和口罩,根据不同航班实际,支援采样人员、呼吸科医生和日语、韩语翻译人员。她提出的合理建议,都得到了地方政府的支持。

海关是祖国迎接归国游子、八方宾客的第一张笑脸。为让疫情期间

五、行程万里，不忘初心 | 559

回国的学子感受到祖国的温暖，让复工复产的外籍专家感受到中国的真诚，刘川编制了检疫工作方案，为保证方案可行，刘川来来回回在候机楼走了不知道多少遍，不断优化流程，验证每一条路径的安全性和可行性，甚至在航班抵达的前夜，她还带着同志们在沉睡的航站楼里用手机打着微弱的光，反复模拟通关场景，检查防护和应急措施到位情况。多一次模拟，就多一分保障，她深知守护国门责任重大，容不得丝毫懈怠、容不得半点马虎、容不得任何闪失！刘川细心考虑到长途旅行回国的学生路途中可能不吃不喝10多个小时，在采样过程中可能会发生晕针、晕血以及低血糖等状况，于是她请教了业务科长后，让后勤提前准备葡萄糖、口服补液盐放置在现场。

现场指挥入境航班登临作业
杨凯 摄

8月13日，合肥新桥国际机场承接一班特殊包机，入境人员需要采集鼻咽拭子和静脉血，但包机上有多名婴儿，这对采样岗位来说是严峻的考验。刘川带着业务骨干认真准备，紧急配备婴儿采样器材，现场增加可移动诊疗床，向市防指提出增派两名儿科医生支援采样。航班落地，整个入境过程都按方案有条不紊地进行，刘川坚守在采样区域，安排需要帮助的旅客，不时还要哄哄不愿采样的小旅客。

合肥新桥机场海关一代热血青年，谱写了一首芳华的歌在抗疫的前线唱响；一代风华正茂的青春，为了身后的万家灯火，为了海关人的责任，站在国境口岸，凝聚青春力量，他们成了一道亮丽的风景墙。

不忘初心，人民海关为人民

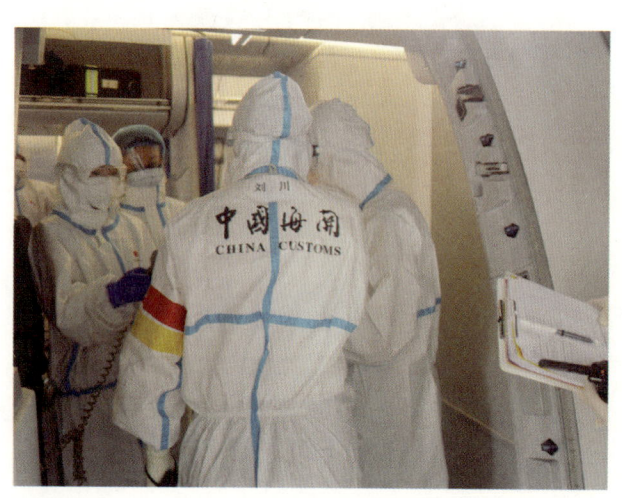

现场指挥入境
航班登临作业
杨凯 摄

抗击疫情不只在旅检这一条战线，随着全国病例持续增长，前线物资告急。1月29日上午10点55分，安徽省首架满载驰援医疗物资的国际航班降落在合肥新桥国际机场。为了让物资快速通关，合肥新桥机场海关成立工作专班，为捐赠物资设立24小时"绿色通道"。

刘川和分管通关监管副关长兵分两路，一路蹲守报关台指导企业办理报关手续，对符合条件的捐赠物资登记放行；另一路带领监管人员提前到达停机坪，以"人等货"的方式前置服务。

一批批防疫物资通过空港不断运往全省和全国各地，货物监管强度陡增。2月下旬，国内疫情渐趋稳定，国外形势却急转恶化，防疫物资由进境瞬间转为出境，合肥飞往美国和欧洲的航线舱位爆满。天天跟班连轴转的刘川，毕竟是55岁的人了，明显体力不支。年轻同志劝道："刘关，回去歇会吧，我们来就行。"看着身旁同志每天十几小时超负荷工作，嗓子哑了、眼睛红了、腿脚肿了，既是"指挥员"又是"战斗员"的刘川，又怎么能先撤下火线呢？她坚持带领大家抓疫情防控，助力企业复工复产，不分昼夜，全力保障高效通关，让防疫物资跑出"加速度"，让"中国制造"持续走出国门。

"人民海关为人民"，这是海关人对国家、对人民的承诺。刘川带领合肥新桥机场海关干部职工把"人民海关为人民"作为根本价值追求，

参加庆祝中国共产党成立100周年大会

沈杭 摄

让人民群众从海关工作中体验到更多的安全感。合肥新桥机场海关的工作表现得到上级领导和社会各界的肯定。2020年以来,合肥新桥机场海关获得厅局级以上先进集体荣誉称号6次、先进个人荣誉称号15人次,4个家庭分别获得市级以上荣誉表彰。2020年9月8日,刘川作为"全国抗击新冠肺炎疫情先进个人"代表,在人民大会堂参加表彰大会。2021年7月1日,刘川作为"安徽省先进模范"代表,参加了在北京天安门广场举行的"庆祝中国共产党成立100周年"大会。

人无精神则不立,国无精神则不强。过去两年,刘川在抗击疫情中经受住了考验。2022年,她仍然坚守在国门安全一线,继续弘扬伟大抗疫精神,责无旁贷,上下同心,众志成城,用实际行动诠释一名共产党员的忠诚和担当。

江门海关

心怀大我，如山巍峨

——记"广东省抗击新冠肺炎疫情先进个人"张文

江门海关卫生检疫处 叶万年 许雨绚
江门海关所属鹤山海关 龙陈珍

"境外疫情输入形势如此严峻，守好国门安全是第一位的，大家都持续战斗在岗位上，我怎能脱离岗位呢！这不是当'逃兵'吗？疫情一天不结束，我坚决不会离开岗位一分钟！"这是2020年疫情发生时张文抗疫日记中的一段话。

在这场没有硝烟的战争中，许多平凡人作出了不平凡的举动。有人冲锋陷阵，有人在后方严防死守，在危重任务面前，勇担使命，恪尽职守，用自己的实际行动展现了对党、对国家、对人民的无限忠诚与热爱。他们是时代最可爱的人，是"最美逆行者"！

在侨乡江门，在江门海关，也有这样一些可爱的人，他们坚守国门一线，严防疫情输入输出，坚决遏制疫情通过口岸传播扩散，为疫情防控贡献海关力量。卫检"老兵"张文就是这些可爱的人当中的一员。

冲锋在前勇担当

新冠肺炎疫情发生初期，时任卫生检疫处党支部书记的张文，凭借着应对突发公共卫生事件的丰富经验，敏锐地察觉到疫情迅速发展势态的严重性。"我们不但要高度紧张起来，还要提醒大家高度重视起来！"他第一时间组织党员干部学习研究，考虑到正值春节假期、人员大范围密集流动，连夜制作了《国境口岸传染病预防手册》，1月21日一早，就将手册电子版发到全关干部的工作邮箱，同步印发纸质手册，提醒大家做好个人防护，注意口岸防控。

他迅速召开支部会议，统一思想，凝聚抗疫共识，用实际行动践行"两个维护"。"我是支部书记，而且我有传染病防控经验，这个时候必须带好头，冲上去！"新冠肺炎疫情发生后，张文一马当先冲锋在前，认真履行第一责任人职责，开启了"白+黑""5+2"的工作模式，24小时办公、吃住都在关里。为了进一步鼓舞全处同志的抗疫士气，他在支部的一次动员会上，结合江门关区实际，分析研究疫情形势，提出了"首战用我，用我必胜！"的口号，迅速组建起支部疫情防控"党员突击队"，得到了大家的积极响应。在他的带头动员下，该处全体党员干部纷纷主动请战、放弃休假，全员全时全力投身到疫情防控阻击战中。支部一名党员深有感触地说："跟着张书记一起干活，他那勇于担当的精神，让我们很有安全感，心里面很踏实。"

业务精通强力量

"我们要立足最困难、最复杂情况，防微虑远，做好随时打硬仗的准备。"疫情防控工作时间紧、任务重，卫生检疫处承担了疫情防控指挥部办公室、疫情防控综合组牵头部门和卫生检疫职能处室三重工作。作为支部书记的张文，充分发挥专业背景优势和"排头兵"的关键作用，加强统筹协调，细化制订方案预案，为坚决打赢疫情防控阻击战，筑起坚不可摧的抗疫堡垒。

疫情初期，张文带领全处室及时建立工作协商、部门协调、专家咨询等7项工作机制，制订细化卫生检疫等9个方面78项疫情防控措施；严格按照海关总署防控技术方案、操作指南和一系列疫情防控相关文件，完善卫生检疫制度规范；先后制发了3版货运口岸疫情防控技术方案、18个卫生检疫岗位设置指引、工作记录"七统一"等规范性文件，为关区疫情防控工作打开良好开局。

为强化联防联控，张文密切与地方卫生健康、交通运输、移民管理等部门沟通联系，推动地方政府制订专班工作方案，将货运口岸入境人员防控内容纳入属地联防联控机制防控新冠肺炎境外输入防控工作指引；分析关区来往港澳小型船舶特点，提出的5条加强来往港澳小型船

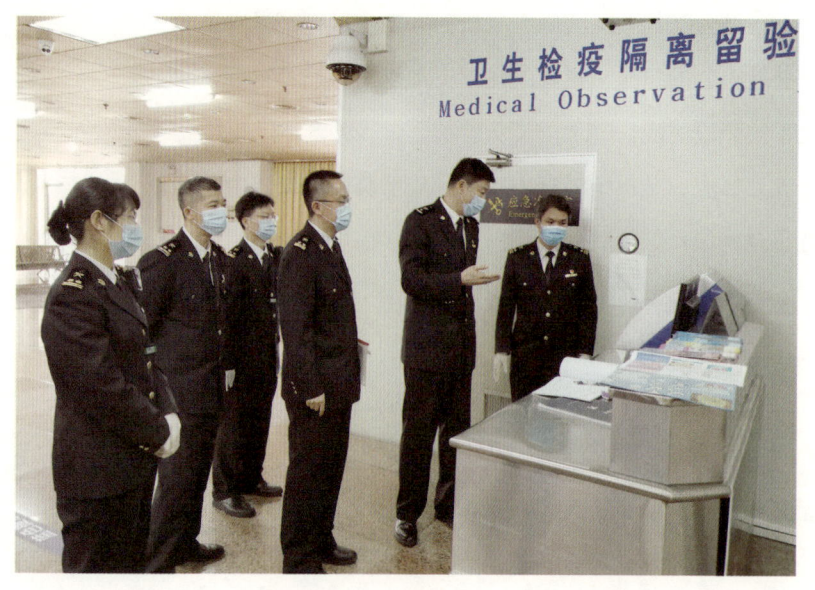

在江门市港澳客运码头指导疫情防控工作
林伟权 摄

舶及船员疫情防控的措施建议被广东省专班采纳并以印发工作方案形式予以明确。

为解决江门关区医学专业背景人员稀缺的实际难题，张文从专业的角度出发，积极统筹组织口岸现场做好出入境人员卫生检疫，坚持把人员统筹调配和技能培训同步推进，强化专业技能保障疫情防控工作。他带领处室及时与人事部门统筹配合，第一时间制订疫情防控人员梯队配备计划，调配专业人员9人支援一线工作。根据关区各口岸卫生检疫业务需求，成立了具有全日制医学类专业背景的16人应急先锋队，参与旅检、登临检查、采样等疫情防控一线工作。联合教育培训部门建立教育培训应急响应机制，及时收集一线疫情防控培训需求和建议。2020年1月至3月，通过视频直播、实操演练、跟班学习等方式开展疫情防控技术培训11次，参训900余人次；组织现场处置推演9次，组织8个口岸现场全覆盖开展应急演练；组织各口岸有医学专业背景人员开展二次培训，安排采样岗位人员19人到江门市定点收治医院跟班学习咽拭子采样技能，有力提升了口岸一线人员、先锋队队员检疫能力和个人防护能力，为打赢疫情防控战奠定扎实基础。

"我们要充分发挥处室职能和专业优势，全身心投入到如何帮助大家提高防护意识和能力的实践中，筑牢疫情防控安全屏障。"在张文的带领下，卫生检疫处党员干部充分发挥专业优势，强化"全员抗疫"。他们积极指导协助其他职能部门，开展关区内部防控知识宣传，制作宣传栏和宣传视频，在

在新会海关指导疫情防控工作

许雨绚　摄

江门海关新媒体平台发布正确戴口罩、洗手等防控知识；为打击"洋垃圾"走私、处置野生动物案件等提供消毒处理专业意见；为货运、旅检共10个口岸检疫设施设置、防护用品配备提供专业意见；广泛开展个人防护培训，深入讲解不同情景个人防护要求，现场演示及指导个人防护装备穿脱，提高广大关警员安全防护意识；指导江门关区首个实验室开展核酸检测和特异性抗体检测，顺利开展各口岸现场及实验室检测人员定期核酸检测工作。正是他们的不懈努力，才让关区疫情防控的安全屏障更加坚实牢固！

"能做事的做事，能发声的发声，有一分热，发一分光，就算如萤火虫一般，也可以在黑暗里发一点光，不必等候炬火。"张文说，萤火虫虽小，但它们并不惧怕黑夜，而是勇敢地游弋于天地间，用微弱的光把夜色点亮，他希望自己也能像萤火虫这样，发一分光，尽一分力，努力在岗位上作出贡献。

心怀大我舍小我

"还不够实，还不够细……这些防控措施，我们应该想得再严谨、再具体一些……"墙上的挂钟时针指向了12点，15楼却仍旧灯火通明。原来是张文带着处室的同志们正为一个新冠肺炎疫情卫生检疫预案讨论到深夜，这在卫生检疫处早已司空见惯。这灯火，看似渺小，却凝聚着众人热情的希望、拼搏的斗志和团结的力量，划破了疫情笼罩的阴影，照亮了头顶灿烂的夜空。

自从接到防控疫情的通知后，张文就第一时间投入战斗，以关为家，开启了昼夜不分的日子，每天都工作到深夜才拖着疲惫的身子回宿舍。面对境外疫情输入的严峻形势，白天，他紧张制订抗疫指南，通过

"专家会诊"和"现场互动"方式对各口岸现场16个专项工作预案进行审核,采用"压力测试"和"现场演练"方式,设置4种演练场景,组织全覆盖现场演练,有效织密口岸防控网;夜晚,他继续通过电话和基层单位、口岸部门沟通协调,常常电话打到没电,协调工作到凌晨,只为确保各项防控要求畅通无阻落实到位;第二天他又投入到紧张的工作中,像个陀螺一样不停地转动。近两个月一直处于高度紧张的高强度工作状态,导致他多年的腰患加剧,坐立难安。但是,他从不抱怨,还总提醒身边的同事要注意身体健康。虽然旧疾发作,但他依然坚守在岗位上,舍不得休息,也抽不出时间去医院检查治疗,只是贴着膏药缓解腰痛,一直坚持奋战在防疫战线。

"你的电话老是占线,打不进,现在疫情输入性风险大增,口岸疫情防控压力增大,你要注意做好个人防护,注意休息,注意身体,你的腰患要定期复查……"这是张文妻子给他发的信息。他的妻子是黄埔海关卫生检疫处的一名科长,他们分别工作在不同的关区,但都奋战在同一职能处室;他们虽分布在不同的战场,但都在为打赢同一场抗疫奋力拼搏。他们既是夫妻,又是伙伴,既是同行,又是战友,更是业务切磋的合作帮手,互帮互助,携手前进。这么多年来,他们早已习惯相互打气,并肩作战。非典、甲型H1N1流感、中东呼吸综合征、埃博拉出血热……每当遇上疫情,他们总是坚守在各自的岗位上,共同奋战在抗疫第一线。

面对新冠肺炎疫情的蔓延,他们再次夫妻同心,同向同行。疫情初期的几个月,张文一直坐镇江门在岗带班,没有回过一次家。因为工作繁忙,他和妻子只能在工作间隙,互相发个信息提醒对方:"注意身体,多加休息!"或互通各自的工作情况,交流不同关区的防疫经验。虽然几个月未能见面,但他们互相谅解、互相鼓励,他们相信寒冬终会过去,春暖花开就在眼前,为了胜利,要"舍小我顾大我",方能不负组织的培养。

疫情发生的时候正值春节,原本张文打算春节回东北老家看望年迈的父母。可为了能随时应对可能出现的疫情,他立即取消了回东北老家的行程,给远在东北的父母打了电话:"今年过年我走不开,疫情特殊,就不回去了。"

父母为了春节团聚能见上一面,从遥远的东北赶到广州过来探望。关领导知道情况后,特批让他回家歇一歇、陪一陪老人家,同事们也都表示老人家来一趟不容易,不如先回去看看父母,可他在谢过领导和同事的关心后都拒绝了,依然坚守在工作岗位上。他说:"形势如此严峻,守好国门安全是第一位的,大家都持续战斗在岗位上,我怎能脱离岗位呢!这不是当'逃兵'吗?疫情一天不结束,我坚决不会离开岗位一分钟!"作为党支部书记,他坚持要在现场和同事们一起战斗,一起攻克难题。

牢记使命践初心

在卫生检疫处工作期间,张文按照海关总署的工作部署和广东省、江门市新冠肺炎疫情指挥部的要求,以最坚决的态度,切实推动落实口岸疫情防控各项工作措施,筑牢国门检疫防线,保障口岸公共卫生安全。

调任鹤山海关后,作为党委书记,张文扎实做好常态化疫情防控工作,着力促进外贸保稳提质。他发挥卫生检疫专业优势,到鹤山港码头、两个清关中心现场开展疫情防控工作调研,切实掌握该关疫情防控工作整体情况,对各现场在疫情防控工作中存在的薄弱环节提出针对性整改措施,明确整改要求,推动疫情防控工作落实落细。他迅速成立鹤山海关党员先锋队并担任队长,带头下沉社区,发动党员干部积极配合挂点社区参与新冠疫苗接种、开展大规模核酸检测等志愿服务工作。

2022年4月29日，鹤山发生属地疫情，张文靠前指挥，在做好单位内部疫情防控工作的前提下，发动党员干部主动参与地方全员核酸检测志愿服务，加班加点用最短时间高效协助挂点社区完成全员核酸检测工作。成立课题组开展专题调研，组织对辖区76家企业开展线上调研、12家企业开展电话随访，对企业受新冠肺炎疫情的影响、市场和订单情况、面临的困难、政策需求等进行调研，并形成调研报告，为地方提出对策建议。"企业是国民经济的细胞，我们要在政策范围内用心用力用情助企纾困，真正做到'我为群众办实事'。"5月13日，鹤山海关收到了地方政府的感谢信。到任鹤山海关以来，张文全力推动珠西物流中心开通中欧班列，多次带队到珠西物流中心开展实地调研，详细了解海关监管作业场所通关准备情况；联合相关职能部门开展现场办公，了解监管作业场所运行的技术需求，做好运行前的技术保障工作；保持与地方政府部门的密切沟通，邀请当地分管市领导、相关部门负责人开展座谈进行研讨交流，对方对海关支持地方外贸发展给予充分肯定。2022年3月16日，首列"江门北—万象"中老班列开行，4月28日首列"江门—杜伊斯堡"中欧班列开行，为"一带一路"建设和外贸保稳提质贡献了海关力量。

带队深入珠西物流调研

陈秋生 摄

张文，身高1米92，是典型的东北大汉。俗话说，天塌下来有高个子顶着。在新冠肺炎疫情防控中，他就是以这种"鹤立鸡群"的东北汉子形象"顶天立地"，事事想在前，干在先。

"工作总要有人干,我多干一点,大伙就少累一点。"

"不论身肩何责,身居何位,身在何方,我的第一身份永远是光荣的中共党员。我要不忘初心,牢记使命,履职尽责,守好国门!"

心怀大我才能如山巍峨!弘扬伟大抗疫精神,汇聚磅礴奋进力量!

> 在"疫"线显担当、
> 展作为、诠责任
> ——记"全国海关系统抗击
> 新冠肺炎疫情先进个人"
> 罗国廉
>
> 江门海关所属外海海关 廖志鹏 刘子龙

罗国廉，男，汉族，1966年8月出生，广东台山人，中共党员，现任外海海关物流监控科四级高级主办。在疫情面前，罗国廉毫不动摇坚持"外防输入、内防反弹"总策略和"动态清零"总方针，主动作为、勇毅前行，始终坚守在抗疫一线，用忠诚履职和无私奉献践行使命担当。2020年至今，罗国廉先后荣获"全国海关系统抗击新冠肺炎疫情先进个人"、江门海关个人三等功等荣誉。

走在前、作表率，冲锋在前的"排头兵"

春节是旅检口岸进出境旅客的高峰时段，2020年年初，面对突如其来的新冠肺炎疫情，作为抗疫主战场和春节疫情防控的最前哨，外海海关客运港旅检科面临着巨大的口岸防控压力。作为一名老党员，罗国

| 国门抗疫：守护我的国（先锋人物）

对样本采集及
送样进行说明
刘贻丽 摄

廉响应党组织号召，提前结束春节假期，主动请缨支援旅检疫情防控一线，带头值守在医学巡查、医学排查高风险岗位。"报告，发现一名发热旅客……"当听到现场一名旅客水银体温复测超标的报告后，他立刻奔赴现场，凭借丰富的口岸传染病防控经验，完成了江门关区首例发热病例的上呼吸道口咽拭子采样，为关区处置发热病例树了样板。当他从脱卸区出来时，已经全身湿透。为了尽快实施实验室检测，他顾不上休息，连夜往返五个小时，第一时间赶往广州实验室送检，回到江门已经是凌晨 2 点。"我是共产党员，最危险的工作我不干谁干？我有非典、甲型 H1N1 流感防控工作的经验！我多干一点，大家的压力和负担就轻一点。"

连日的熬夜加班，让他的双眼布满血丝。当有同事劝他休息一会儿时，他却总是微微一笑说，"不要紧，在这特殊时期，我一定与同事们战斗在一起。"不管前一天工作多晚，第二天他总是神采奕奕地投入新的战斗，凭借着在非典、甲型 H1N1 流感防控中积累的丰富经验，先后研究解决了旅检现场医学隔离区设置、口岸防控技术方案执行等专业技术实操的困难,确保了各项防控措施按要求落细落实。他还经常提醒支部的党员干部,不忽视任何一个环节,不放过任何一个问题,不落下任何一个死角,他用实际行动诠释了"排头兵"的勇毅和担当。

守初心、担使命,业务过硬的"带头人"

2020年1月31日,货运码头恢复小型船舶进出口业务,作为物流监控科党支部书记、科长,罗国廉连续作战,克服卫生检疫专业人员短缺、工作时间长、工作任务重、防控压力大的困难,以"火雷"速度在一周内完成"突发卫生事件应急处置室"的建设并投入使用,为做好疫情防控"三查三排一转运"提供有力保障。结合队伍人员专业技能不足、口岸传染病防控经验少的实际情况,他有的放矢补短板、增实效,每天利用"班前三分钟"组织开展疫情防控知识学习,把工作流程、操作步骤、重点环节以图表画上墙,制作岗位操作指引卡片,制订检疫流

防护用品穿脱培训

阮杏莲 摄

程图，充分利用登船间隙实操防护服穿脱、采样训练，让党员干部随时随岗开展学习，规范高效实施出入境船员卫生检疫。为提升实战能力，让大家做到心中有数、有条不紊，他先后组织全流程应急处置实操演练和桌面推演13次、防护用品穿脱练习和培训30多次，组织卫生检疫资质人员到地方医院跟班学习30多人次，有效提升了一线关员应急处置实战技能。

为提升口岸疫情防控综合能力，推动口岸联防联控全链条运作，他提出并在货运口岸探索创建"小联防联控"机制，实现口岸卫生检疫"一站式"作业，得到联防联控部门和口岸运营单位的积极响应，取得了良好的实战效果，提出的3条加强小型船舶监管建议被广东省疫情指挥部采纳，推动建立的"两核一认一抽"健康申明卡核验机制在江门关区推广。

2021年上半年，华南最大的内河智慧港口——江门高新港码头正式启用，为做好新开放口岸的疫情防控，他再次冲锋在前，从登临区域软硬件设施设置、制订登临作业流程，制订"一口岸一方案"，到"职业暴露突发事件应急预案"10余项应急预案和流程演练，事无巨细推动，精心筹备落实，为高新港顺利启用打下坚实的基础，用过硬的专业素质和高度负责的使命担当筑牢国门检疫防线。

处险情、保安宁，事必躬亲的"老大哥"

2020年3月3日，罗国廉带领大家在对一艘出口船舶的船员进行体温监测时，发现一名船员体温超过37.3℃，这是他们第一次在登临检疫作业中，直接面对体温异常船员。"我先来，让老同志给你们'打个样'。"罗国廉第一个站了出来。事后参加登临检疫的年轻同志感慨道:"这对大家来说都是第一次遇到,还好老罗在,要不然真是不知道该这么办。"疫情期间,不知道有多少次,面对不确定的疫情风险,他都将这句话挂在嘴边。

新冠肺炎疫情打乱了人们的生活节奏,但也坚定了他在退休之前坚守一线的决心。身边的许多朋友和同事经常开他玩笑:"老罗,还往上冲呢,真是人老心不老!"每次他都一笑了之。疫情就是命令,防控就是责任,他主动请缨,冲锋在口岸疫情防控的第一线,用实际行动践行着初心和使命,凭着在卫生检疫岗位上的丰富经验,耐心细致地为年轻同志讲解培训。他总能发现一些容易被大家忽略的小细节,也总是第一时间认真地指出问题并要求改正,时时提醒大家"疫情当前,千万马虎不得!"他也深知,岁月不饶人,仅凭工作经验战斗在一线是远远不够的。于是,一有时间,他就打开手机查阅疫情防控的最新要求,盯屏幕时间长了,眼睛不舒服,他就将文件打印出来,一看就到后半夜。

作为科室一把手,事无巨细,都少不了他的悉心安排。当其他一线人员都已经休息的时候,他的办公室经常还是灯火通明,许多个日夜,他都是睡在办公室,稍做休息后便继续奋战,长期的"连轴转"使他的身体敲醒了"警钟",但在简单休息两天后,他迅速地再次投入到这场没有硝烟的"战争"中。他始终坚守在"外防输入"的第一道关口,用实际行动诠释着"党员干部榜样引领"的责任与担当,激励和感染着身边的每一个人。

随着近两年海关疫情防控措施的变化及岗位身份的变动,罗国廉已很少再从事一线登临检疫作业,但作为一名经验丰富的卫生检疫"战场"老兵,他依然是外海海关物流监控科的"定盘星"。2022年8月的一个深夜,一名入境船舶船员因突发肠胃疾病需要紧急救助,接到报告后，罗国廉立即驱车赶回单位，按照应急预案现场进行处置，及时将患病船员转送定点医院进行救治，得到地方有关部门、船务公司和患病船员家属的高度赞扬。这样的事情还有很多，疫情面前，罗国廉舍小家顾大家，奋不顾身战斗在疫情防控一线上。面对家人，他心存愧疚。面对岗位，他无怨无悔。每当领导或同事让他多休息陪陪家人时，他总说："没关系，再过几年退休了就有大把时间陪了。"这位拥有23年党龄的老党员用自己的实际行动诠释着"老骥伏枥，壮心不已"的高尚情怀。

挑重担、尽职守，一方平安的"守护者"

2022年3月开始，口岸支援香港抗疫供港物资船舶进出量急剧增加，进出境小型船舶数量和检疫任务倍增。为保证最短时间完成船舶检疫监管，他每天早上一到岗，立即了解当天登临任务，及时联系集中封闭管理区，组织登临检疫准备工作，全程对登临作业实施安全防护监督；主动放弃节假日休息，一如既往工作在抗疫一线，确保援港物资船舶第一时间通关，截至2022年5月，圆满完成200多艘进出境船舶检疫。

除了冲锋一线，罗国廉还积极发挥33年公共卫生工作专长，承担内部一线关员定期核酸采样工作，2021年至今，开展核酸检测采样达2 500多人次。2022年7月，外海海关所在属地出现本土疫情，按照有关要求需要开展核酸检测，罗国廉二话不说，提前结束休假，连续上岗7天，累计完成内部人员采样500余人次，切实扎牢内部疫情防控安全网。

疫情就是命令，防控就是责任，关键时刻方能凸显党员本色。罗国廉现在虽然已经退出了领导岗位，但只要有事，喊一声"老罗"，他一定第一时间响应，他就是这样一个热爱工作又低调踏实的人。每次有紧急工作，他都主动报名，并要求安排到疫情高风险岗位值勤。他像老大哥一样无私分享自己的工作经验，像保护孩子一样保护着科室里的年轻人，不骄不躁、扎实肯干的工作作风让每一位与他共事过的人折服。他总说："作为一名党员，一名具有医学背景的海关人，能为抗击疫情贡献自己的一分力量，是我的荣幸，哪里需要我，我就去哪里，这没什么大不了的！"作为有23年党龄的党员干部，他是这么说的，也是这么做的。

哪里有危险，哪里就有党旗在飘扬；哪里有需要，哪里就有党员在战斗。关键时刻挺身而出，勇担重任，他以忠诚坚守践行初心使命，以担当奉献践行伟大抗疫精神，筑起坚固的国门安全防线！

为党员上党课
阮杏莲 摄

成都海关

铿锵玫瑰，"疫"线绽放
记"全国海关系统抗击新冠肺炎疫情先进个人"欧阳小艳

成都海关所属成都双流机场海关 曾璨

在成都海关疫情防控的主战场上，在成都双流机场海关旅检防线的主阵地上，时常熙攘，偶尔安静，始终有一个坚毅的身影带着大家奋力前行，有一个坚定的声音鼓励大家坚持到底，有一朵绽放的玫瑰伫立在抗疫人丛中。她，就是成都双流机场海关副关长欧阳小艳，医学专业出身的她，自新冠肺炎疫情发生以来，一直分管成都双流机场海关旅检业务，在抗疫一线，书写自己的巾帼抗疫故事。

忠诚履职，专业把关筑牢口岸防线

2018年12月，医学专业出身的欧阳小艳，给机场海关旅检工作带来崭新的专业视角。从出入境环节卫检布局改造，到检验检疫流程优化，再到旅检各条线执法监管业务规范梳理，她亲力亲为、一丝不苟。

天道酬勤，未雨绸缪。正是她扎实的专业素养和敏锐的洞察力，为成都双流机场海关经受住新冠肺炎疫情的"极限大考"打下了坚实基础。

2020年春节前夕，万家灯火，一片祥和。当大家还沉浸春节即将到来的喜悦氛围时，她就敏锐地把握海关总署重点关注要求，迅速启动出境卫生检疫的设施完善与流程完备工作，率先建立起出境区域的医学排查、隔离留验、负压转运的防控链条。用扎实的基础改造、完善的流程再造和高超的专业水准，赢得海关总署督导专家的充分肯定。

随着疫情的发展，成都双流国际机场迎来第一波归国热潮。"入境旅客太多，国际大厅难以负担。"欧阳小艳看着国际到达大厅拥挤的场景眉头紧锁。不到200平方米的国际到达大厅是四川省"外防输入"的主战场。健康状况申报、流行病学调查、医学排查、体温监测等各环节，让本就不大的国际大厅显得更加局促。面对卫生检疫场所的超负荷运转，欧阳小艳迅速抽调旅检现场卫生检疫骨干组成党员先锋队，共同梳理优化检疫监管流程，同时积极协调地方政府，争取支持，改造卫生检疫作业区。

"我们是在跟疫情赛跑，在跟病毒变化抢时间。"欧阳小艳把卫生检疫区的改建当作心头大事，"审卡流调区要考虑旅客容量，测温通道的长度要保证测温效果"。她和业务骨干们一起实地勘探、测量长度、设计图纸，对于作业区各个环节的设置把握可以用"严苛"来形容，在那段艰苦的时间里，她满脑子想着如何建好成都双流国际机场口岸入境卫生检疫查验区。她既是"指挥员"，又是"施工员"，和大家干在一起，想在一起。经过不懈的努力，在与地方政府、机场集团的密切沟通和紧密配合下，占地3 000平方米的成都双流国际机场口岸入境卫生检疫查验区建成，彻底实现分区、分类、分级验放，具备国内最先进、最安全、最大规模、最人性化的检疫条件，满足千名旅客入场快速检疫需要，扩容增效成果被海关总署作为样板在海关系统内推广。同时，她还积极推

关心一线关员，激励大家守好国门
徐璐 摄

动改造成都双流国际机场卫星厅成为重大国际赛事专用检疫区，为世界大学生运动会奠定保障基础。

艰难困苦，玉汝于成。欧阳小艳以扎实的专业水平、踏实的工作态度，奋战在口岸卫生检疫一线，交出一份满意的答卷——疫情以来，成都双流机场海关检疫监管进出境航班2.5万架次、进出境人员104.74万人次，大力支持成都双流国际机场建设成国际航空枢纽；参与组建"外防输入"机场工作专班，实施全流程全范围封闭管理。从卫检到监管，欧阳小艳以忠诚履职和优异成绩生动诠释着国门卫士的光辉形象。

以上率下，亲力亲为尽显巾帼本色

疫情就是命令，防控就是责任。疫情以来，欧阳小艳带头落实防控责任，正如某位同事笑称"程序员是996，欧阳关是007"。欧阳小艳给自己定下一个规矩——"分管旅检，在疫情期间就要每天扎根在现场"。她将办公室搬到了旅检现场，航班验放期间，她在三级指挥中心通过监控画面指挥协调，航班验放后，又去旁边的办公室处理公务。对大家而言，欧阳小艳是"24小时在线"的指挥长，无论白天的重点航班还是凌晨的外交包机，只要现场指挥通过对讲机汇报验放情况，对讲机的另一头一定会传出欧阳小艳温柔而又干练的答复："收到，按操作

五、行程万里，不忘初心 | 581

流程规范作业，严格做好个人防护要求！"

航班信息通报群里，会提前发出第二天的航班计划情况。欧阳小艳根据重点航班情况，总会第一时间梳理验放细节，细化防控要求，组织大家制订完整的"一机一方案"，切实做到责任到位、工作到位、措施到位。此外，她十分强调个人防护安全，从防护装备发放到防护装备穿脱，事无巨细。"个人防护的要求必须是顶格执行的，这是坚决完成'打胜仗、零感染'要求的最关键一环"，她常常提醒封闭人员，务必提高政治站位，严守防护要求，守住来之不易的防控成果。

绝知此事要躬行。欧阳小艳每天都要阅读大量文件与工作情况汇报，为充分了解疫情形势的复杂变化和防控要求的动态调整，疫情初期，她还经常会穿上防护服，靠前指挥，和关员共同面对急难险重的任务。封闭管理要求执行后，她又总是在三级指挥中心主动承担重点航班的指挥工作。在首例染疫嫌疑人的医学排查室，在人头攒动的健康申明卡填报现场，越是高危、越是艰难，越是闪现着她冲锋在前的身影。无论是体温监测、健康申明卡验核，还是采样监督、防护装备脱卸监督，她都会仔细察看现场情况，提出专业的医学建议，当好督战一线的"指挥长"。欧阳小艳用脚步丈量检疫区域，用眼睛发现难点堵点，用耳朵倾听旅客呼声，在成都双流国际机场口岸入境卫生检疫查验区，书写巾帼风采，汇聚澎湃力量。

既许国，何许家？在疫情大考之中，

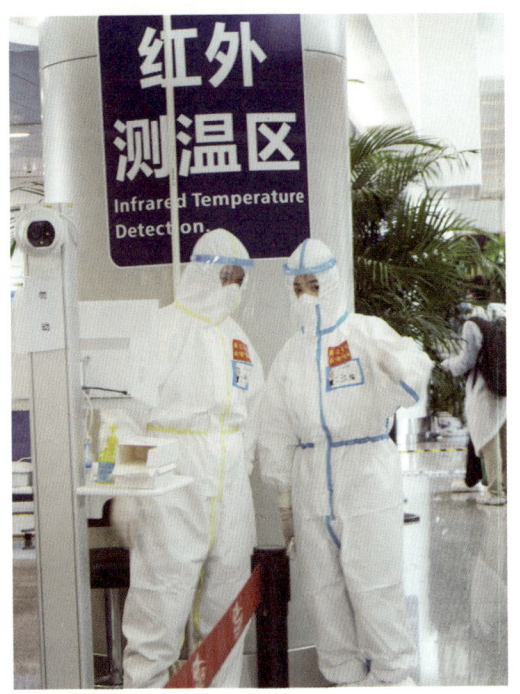

指导现场入境检疫工作　张麒 摄

欧阳小艳同样面临"国门关"和"亲情关"的取舍——一边是作为旅检现场的分管关领导，另一边又是家庭生活的一员。面对"防控就是责任"的命令，她顾大家、舍小家，把旅检现场当成她全力维护的大家庭。在口岸奋战的900个日夜里，她尽全力克服困难，全身心付出，力保万家平安。

巾帼守初心，忠诚守国门。欧阳小艳以上率下，展现出的巾帼力量，鼓舞着队伍里的每一名队员，用忠诚、担当、奉献、专业守护着祖国西南大门，用铁血丹心筑牢口岸防控铁网，用无悔忠诚擦亮头顶金色关徽。

驰而不息，大战大考交出满意答卷

迎检，是成都双流机场海关的常态工作，成都双流国际机场口岸旅客吞吐量长期排名位居内陆口岸前列，这意味着机场海关在疫情大考中要承担更多的工作：迎检备查、交流学习、质效评比，等等。欧阳小艳把每一次迎检工作都当成检验机场海关检疫监管水平的一次大考，始终谨慎应对，主动作为，始终秉承"政治建设走前列，业务建设提质量，队伍建设创一流，监管执法出精品"的争先创优精神。

2020年2月18日，中国—世界卫生组织新冠肺炎联合专家考察组到成都双流机场口岸考察，在成都海关、成都双流机场海关两级党委的安排部署下，她带领疫情防控大队全体队员，以业务精湛、自信从容的实力与风范，完美展现海关的职责担当与国门形象，得到世界卫生组织专家的赞扬及高度评价。此次联合考察成效明显，彰显了我国的大国风范，也展示了我们携手国际社会、共同应对疫情挑战、维护全球卫生安全的决心与成效。

2020年2月29日和3月10日，成都双流机场海关迎接四川省委、省政府领导视察，展示成都空港口岸全力严防境外疫情输入的成效，展现忠实履行"守土有责、守土担责、守土尽责"的政治担当。成都双流机场海关疫情防控工作实绩与优秀经验做法也吸引了武汉、沈阳、贵阳、西宁、西安等兄弟海关的跟班学习、交流借鉴，为全国海关疫情防控"一盘棋"贡献"成都智慧"。

担任主介绍人
周彦杰　摄

作为卫检领域的专家，欧阳小艳积极落实海关总署"多病共防"要求，充分发挥海关全球疫情监测网的作用，密切关注全球疫情信息。她相信"平时打好基础，战时游刃有余"，在疫情防控主阵地上，披荆斩棘，一步一个脚印，迈出坚定的步伐。

包机保障也是成都双流机场海关展示国门形象的一个重要舞台。欧阳小艳针对包机检疫监管特点，制订形成一套完备的检疫监管流程，雕琢监管细节，优化检疫举措。在泛珠三角区域合作行政首长联席会议外交保障工作中，成都双流机场海关疫情防控大队高质量完成芬兰、马耳他、巴基斯坦外长与我国外长双边会谈的入境保障任务。在统筹口岸疫情防控和促进外贸稳增长工作中,她针对出境复工复产包机、维和部队援外军机的监管工作研究详细的通关预案,优化通关流程,压缩通关时间,提升通关便利化水平,高效落实"精准防"与"稳发展",同步推动强化监管和优化服务"双提升"。在2022年世界乒乓球锦标赛人员及物资通关保障任务中,成都双流机场海关展示了成都速度与温度,从提取托运行李到办结通关手续用时仅8分钟,令各国运动员赞不绝口,为成都市树立起"世界赛事名城"的重要里程碑。

枝叶关情,并肩作战铸就钢铁集体

"辛苦了!"这是她在现场对大家说得最多的话。"戴好口罩,做好防护,自我调剂。"无论是一线的战斗员还是居家隔离的同志,总能听到她关切的叮咛,她是现场关员眼中的暖心领导。

2022年5月,欧阳小艳响应海关总署和成都海关两级党委号召,进入封管区,靠前指挥、跟班作业。"队员们吃得好不好,住宿环境怎么样,人力资源配置是否到位,后勤保障跟不跟得上",欧阳小艳带着这些问题在封闭管理一线中寻求答案。

"酒店餐厅菜品丰富,食材也很新鲜。"她看着自助取餐区的各类菜品欣慰地说道,"在后勤保障上下足功夫,才能更好地让队员们免去后顾之忧,投身战斗。"注意到封闭酒店临街的房间容易受到窗外车流和装修施工的噪声影响后,她积极协调酒店,给大家配发降噪耳塞和睡眠眼罩,保障队员们睡眠不受影响。

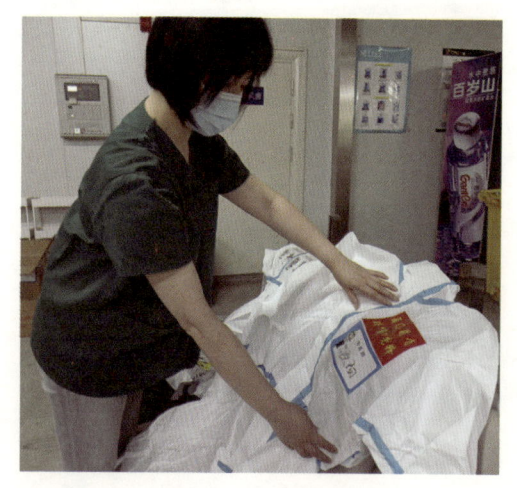

随队指导验放入境航班　　黄超凡 摄

五、行程万里，不忘初心 | 585

随着国际航线的密集复航，入境客运航班量也大幅增长，封闭队员经常连续作战，没有时间回酒店用餐。面对这个情况，欧阳小艳根据航班验放安排，预估间隙休整时间，组织在酒店的值班备勤队员到食堂打包盒饭与水果，送到现场休息区，便于在岗人员在验放完航班后，能第一时间吃上一口热饭，补充体力。

在穿戴区内，总是会看到她"闲逛"的身影，逐件检查防护装备质量，查看穿戴区空间布局，检查消毒凝胶、压敏胶带配备情况……队员们关注的小事，就是她的大事；队员们反映的诉求，她立刻研究着力解决。欧阳小艳十分重视封闭队员的身心状况，利用航班间隙时间与队员们谈心谈话，了解工作情况，掌握思想状况。"最近夜航增多，熬夜次数变多了，休息时间睡眠质量怎么样？""现在工作强度大，要学会抓住一切时间来调整休息。"

欧阳小艳在封闭工作期间，经常组织开展"关长讲党课""抗疫事迹分享会"等多种多样的主题党日活动，带领大家重温入党誓词，激发使命担当，激励昂扬斗志。她向大家分享她的故事，特别是2003年抗击非典疫情的那一段岁月，希望全员自觉践行弘扬伟大抗疫精神，从抗疫战斗涌现的先锋模范和感人事迹中，汲取奋发能量，以饱满热情和使命担当投身疫情防控工作。

长风破浪会有时。在成都海关和成都双流机场海关两级党委的坚强领导下，成都双流机场海关旅检现场全体干部职工团结一心，在疫情防控战

"我为大家鉴好书"主题党日活动　　伍旭　摄

获得"全国海关系统抗击新冠肺炎疫情先进个人"

邓茗芳 摄

斗中奋勇向前、英勇战斗，先后涌现出"全国海关系统抗击新冠肺炎疫情先进个人""四川省抗击新冠肺炎疫情先进个人""四川省优秀共产党员""全国海关'百名优秀执法一线科长'""四川省青年文明号"等一大批先进个人和集体，为这场的抗疫战斗写下光辉的注脚。

欧阳小艳在这场没有硝烟的战斗中，以巾帼之姿，赴铿锵之约。作为成都双流机场海关党委委员，她总是坚定不移贯彻疫情防控工作的各项要求，坚持真抓实干、严管厚爱，用900多个日日夜夜的坚守践行伟大抗疫精神。

贵阳海关

> 但使龙城飞将在，
> 不教胡马度阴山

贵阳海关综合技术中心（保健中心）高睿抗疫纪实

贵阳海关综合技术中心（保健中心） 罗天林

庚子新年伊始，时序更替之际，新冠肺炎疫情蔓延，给本该是欢乐祥和的神州大地蒙上一层阴霾。"生命重于泰山。疫情就是命令，防控就是责任。"在口岸抗击新冠肺炎疫情的工作中，高睿，贵阳海关综合技术中心（保健中心）（以下简称"保健中心"）卫生检疫实验室主任、贵阳海关疫情防控专家组成员、保健中心防控工作口岸现场组负责人，充分发挥了党员的先锋模范作用，带领一线医技人员冲锋在前，承担了新冠病毒核酸实验室检测、机场口岸医学排查、流调和样本采集等工作，把口岸疫情防控一线作为践行初心使命的"主阵地"，不缺位、做到位、有作为，有力有序推进疫情防控工作，让党旗高高飘扬在口岸抗疫第一线。

逆行

对于疫情防控工作，高睿并不陌生，类似的经历，在他近二十年的工作中已有过两次。

2003年，非典疫情期间，高睿作为贵州省直机关驻三穗县瓦寨镇党建扶贫队队员，组织所在镇卫生院开展疫情防控工作；举办卫生讲座，清理卫生死角，带领医务人员走乡串寨，排查返乡疑似病例……

2009年，他被派出支援上海浦东机场甲型H1N1流感疫情防控工作，带领登临检疫小组检疫航班200多架次，检疫排查入境旅客2万余人。6月的上海天气闷热，检疫人员每一次登机都是防护服、护目镜、防护靴等全副武装，有时遇到连续的登机任务，几个小时下来，脱下的防护服都可以拧出水……

现如今，贵阳龙洞堡机场海关防控工作告急，亟待支援。

"我是党员，又是保健中心支委成员，有非典和甲流的防控工作经验，请派我去一线！"高睿主动向领导请缨。

口岸一线抗疫人员　　高睿　摄

口岸疫情防控工作千头万绪，在现场工作中，他积极与贵阳龙洞堡机场海关各部门对接，共同对防控工作中的后勤保障、现场工作安排、工作档案交接、数据收集上报、送样工作流程等方面逐一进行梳理，使口岸疫情防控现场工作得以顺利开展。

通过对贵阳口岸的出入境航班始发地、流量、人员过境情况、现场设施条件、保健中心人力资源调配等多方因素综合分析，他向中心领导提出现场四人一组、两人一队的防控工作人员构架，在第一时间组建了一支由党员为骨干、所有医技人员参与的"抗疫队"，承担新冠病毒核酸检测任务，支援机场口岸开展医学排查、流行病学调查和样本采集等工作，成为贵阳口岸抗疫一线的重要力量。

疫情初期，对病毒的认识在不断地深化和探索中，各类防控措施也随着对新冠肺炎疫情的深入认识而持续地调整和更新，掌握最新的疫情防控工作要求显得尤为重要。每天，在口岸现场组交接班时，高睿都会组织工作组学习领会上级指导文件精神，及时将相关技术指南更新情况传达到每一位组员，确保防控工作有序、依规开展。

奉献

开盖、吸样、加样……核酸提取、上机扩增……双人作业，配合默契，有条不紊。

这样的工作他们很熟悉，自2008年开始，卫生检疫实验室就开展了各类病原体的核酸检测工作，目前实验室有四人持有临床基因检测证，所有实验室成员均具备"新冠病毒核酸检测上岗证"和"生物安全培训合格证"。

为了保证实验室检测结果的时效性，保健中心卫生检验实验室实施

7×24 小时工作制度，全天候待命，随时进行相关样本检测工作。

2020年1月27日早上6点10分，航班中重点关注旅客咽拭子样本新冠病毒核酸检测工作完毕，将检测结果报送主管部门后，高睿和检验员孙逸文脱下防护用品，换下已湿透的工作服，来不及平复脸上深深的口罩勒痕，简单休整片刻，即从贵阳海关实验室出发前往贵阳龙洞堡机场海关。早上9点，他们将在机场与上一组同志交接班，开始下一班入境航班的现场防控工作。

在口岸防控工作中，高睿和他的同事们连续作战是常态，实验室多名同志春节期间甚至没有回家吃过一顿团圆饭，但从未有人叫苦叫累。保健中心上下同心协力，目的只有一个——为口岸疫情防控工作提供有力技术支撑。

考验

经历生死，跨越冬春。全国疫情防控进入常态化阶段。

2021年11月，高睿接到通知，担任即将降落的入境航班监管工作组现场采样组组长。第一件事，就是要对地方卫生系统支援海关检疫工作的采样人员进行业务培训。培训期间，面对新队友们的各种问题，高睿总是一一耐心解答和说明，从口岸疫情防控工作的风险到每一项防控措施的由来，从根本上帮助大家建立高度的个人安全防护意识，确保严格执行采样工作流程。

培训工作顺利开展，实验室的业务也不能落下。

保健中心在疫情防控工作中的首要任务就是承担贵阳海关口岸新冠病毒核酸检测实验室工作。此次包机工作时间紧、任务重，是实验室核酸检测技术能力的一次大考。在高睿看来，要切实做好入境包机监管技

五、行程万里，不忘初心 | 591

党员突击队授旗仪式

梁艺馨 摄

术支撑工作、严防境外疫情传入，就必须要在工作中充分发挥保健中心党支部的战斗堡垒作用和共产党员的先锋模范作用。据此，他向保健中心党支部提议，组建"贵阳海关综合技术中心（保健中心）入境包机卫生检疫工作党员突击队"，开展包机入境人员新冠病毒核酸检测工作。

在高睿拟定的检测工作方案中，要求突击队员严格按照海关总署技术指南流程开展检测工作，不折不扣落实"岗前检查、工作巡查、全程督查"和"双人作业、互相监督"安全防护监督制度。因为他深知，生物安全防护是实验室检测工作中的重中之重，只有坚定落实海关总署、总关党委的相关要求，海关疫情防控工作"零感染"的目标才可能得以实现。

航班落地当日下午6点，卫生检疫实验室，队长周筱主持开展班前小会及岗前动员，实验室各岗位人员在工作开展前作最后确认：所需试剂耗材及防护装备等物资已到位；各设备状态正常待机，能满足检测工作要求；实验室通风设备已打开，实验区域负压满足要求，温度适宜；

应急处置设施状态已确认，无故障；应急处置物资配备到位……

与此同时，贵阳龙洞堡国际机场航班监管现场区域，高睿也已完成了现场采样物资的清点确认，采样人员个人防护装备已穿戴完毕，采样区域通风窗户已打开，所有采样人员已进入岗位待命……

当天深夜11点，回到监管人员封闭管理驻地的高睿刚坐下就拨通了实验室的电话。

"情况怎么样了？"

"目前所有样品已到达实验室，第一批样品正在进行核酸扩增，第二批样品核酸提取已完成，第三批样品正在进行核酸提取！"

"其他病原体检测工作安排没有？"

多病同防一直是海关总署口岸疫情防控工作的重点要求，所以在新冠病毒核酸检测的同时，还要对其他发热病原体进行检测。

"对重点旅客开展疟原虫、登革病毒和寨卡病毒核酸检测，已上机扩增，结果还需要二十分钟。"跨越整夜的检测工作中，这样的通话随时在进行，从流程优化、样本复查到同事们的工作状态，已进入封闭管理的高睿仍然牵挂着实验室的检测业务，牵挂着和他一起并肩抗疫的同志们。

当夜，实验室8名同志完成了近600单管的检测量，所有检测结果和分样与省疾控送检的结果比对一致，体现了海关实验室"检得快、检得准"的技术能力和对口岸卫生检疫工作的有力技术保障，经受住了来自口岸疫情防控工作的风险和压力的双重考验。

温暖

"睿哥，你们两个人做流调，人手够不够？要不然算上我一个？"

"好呀！来换衣服！"简单的对话，却似一股暖流熨烫心底，让原本春寒料峭的夜晚也变得和煦暖人。

2020年1月的一天晚上11点，现场工作组接到通知，即将降落的某航班上的一名乘客有咳嗽症状，需要进行流行病学调查，在高睿和保健中心门诊部徐慧医生更换个人防护装备准备登机的时候，总关派往贵阳龙洞堡机场海关支援的谢荣恒上前主动要求参与本次任务。

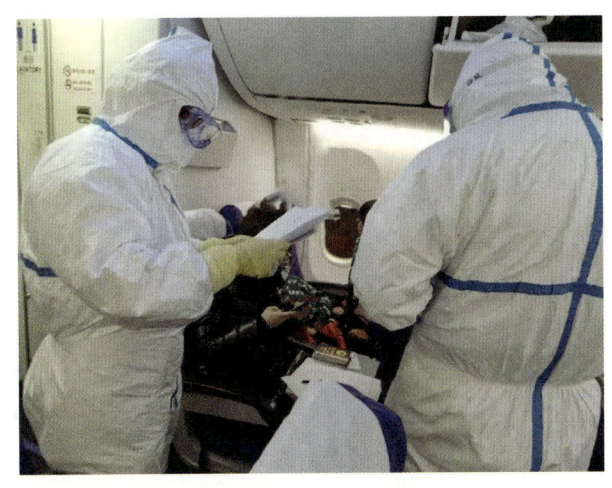

关员登临检疫
谢荣恒 摄

谢荣恒有医科专业背景，这种和高度疑似病例密切接触所需承担的风险他很清楚，是什么让他在现场义无反顾地作出这个决定？

隔日，政工办的刘诺轩同志发了一张照片，是前晚机场海关登临组进机舱检疫时的背影，配文"这个冬天，疫情正紧。而你逆行的背影，是这个寒夜最暖心的风景"。看着照片，高睿十分感动，因为他知道，他和队友们在一线的一举一动，时时刻刻都牵动着全关干部职工的心，他们的背后，就像登机时身后的镜头一样，时刻有人在默默地关注着。同时，他也理解了谢荣恒义无反顾的原因，是海关人保障人民健康之初心使然，是海关人筑牢口岸卫生防线之使命使然，是海关党员干部忠于职守、践行承诺、严守国门、勇于担当的最强体现！

像这样令人如沐春风的温暖，还有来自视频通话里妻子的理解和儿女的笑靥，来自封闭管理群里的一句句生日祝福，来自关党委对一线人员的关怀和慰问，来自入境旅客竖起的一个个大拇指，来自对归国人员喊出"欢迎回家"时内心的骄傲和自豪……

在抗击疫情这个特殊时期,家人的支持和队友们的温暖情谊,为奋斗在一线的海关人注入了坚定的信心和强大的精神动力。贵阳海关全体干部职工勠力同心,共克时艰,坚决打赢这场疫情防控阻击战!

成长

200,500,800,1 000……

这是疫情期间高睿所在卫生检疫实验室的日单管检测量的变化,两年多的时间,实验室的日单管检测能力提升了5倍。

在贵阳海关党委及各职能部门的关心和帮助下,卫生检疫实验室的检测技术能力得到了持续的成长和进步。实验室增加了全自动核酸提取仪、全自动核酸检测前处理仪、全自动核酸检测平台、实时荧光定量

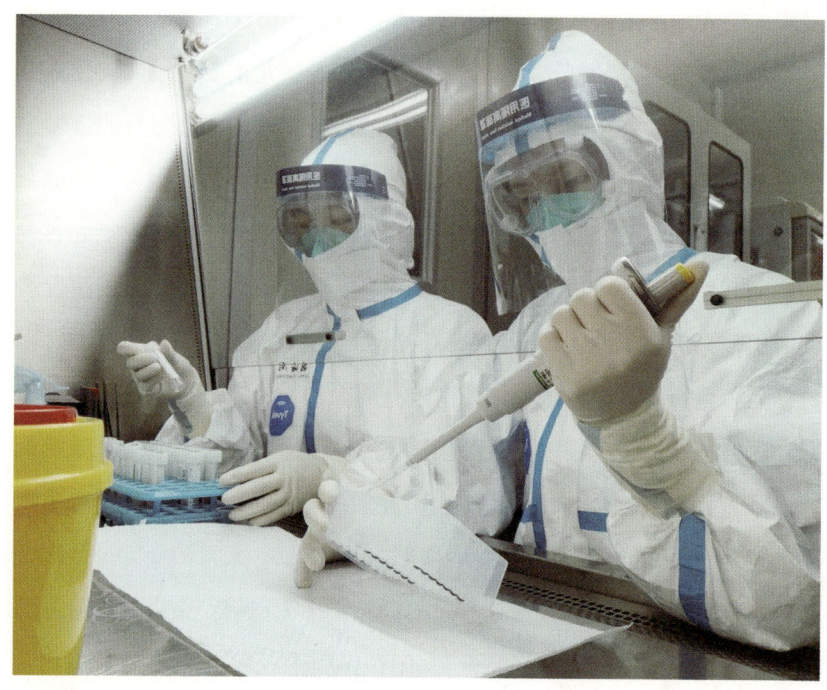

实验室检测　　高睿　摄

PCR 仪等自动化程度高、检测通量大的仪器设备。实验室环境也得到了优化和改善，新建的 P2+ 实验室也将投入使用……

2020 年 10 月，高睿获"全国海关系统抗击新冠肺炎疫情先进个人"表彰；2021 年 1 月，周筱获"贵州省抗击新冠肺炎疫情先进个人"表彰；2022 年 3 月，保健中心获贵阳海关疫情防控专项工作集体嘉奖；2022 年 6 月，卫生检疫实验室获贵阳海关口岸及内部疫情防控工作集体嘉奖。这些沉甸甸的荣誉，包含着高睿和同事们近三年来默默的奉献和牺牲，包含着海关一线抗疫人员的艰辛努力和忘我付出，也包含着海关总署党委对于抗疫前沿阵地同志们的殷切关爱。

一切过往，皆为序章。高睿和他的同袍们将时刻准备着，迎接党和国家的考验。以保障人民健康之初心，筑牢口岸卫生防线之使命，忠于职守；以大无畏的精神，奋战在口岸疫情防控工作一线，践行承诺；以顽强的斗志、过硬的技术，严防疫病的传入传出，严守国门。构筑一个"攻不破，打得赢"的基层党组织战斗堡垒，让鲜红的党旗高高飘扬在口岸抗疫一线！

昆明海关

防疫战线上的"巾帼老将"

云南国际旅行卫生保健中心刘中华抗疫纪实

昆明海关所属孟定海关 陈浩

面对新冠肺炎疫情，中华大地上，各个领域的人们用行动谱写着中华民族的力量。其中也涌现出了许多优秀的女性工作者，她们面对疫情，巾帼不让须眉，以昂扬的斗志、坚定的决心，奋战最前线，建功新时代。昆明海关所属孟定海关技术中心主治医师刘中华（2022年调任云南国际旅行卫生保健中心）就是她们其中的一位。

个子不高，短发利落，笑脸盈盈，这是刘中华给人的第一印象。她曾参与过抗击非典、甲型H1N1流感，并带队出色完成了2009年、2015年、2017年多次大量入境人员传染病监测等工作，拥有丰富的实战经验。

作为口岸疫情防控工作的"老将"和骨干力量，新冠肺炎疫情一出现，刘中华就主动向孟定海关党委请缨，迅速投入应急处置准备和疫情防控工作，与在镇康县医院工作的同为医生的爱人双双义无反顾投入第一线，共同为边境疫情防控贡献力量。她受命成为该关新冠肺炎疫情防控工作小组副组长，凭借自身多年工作经验，迅速整理出一套应对口岸突发公共卫生事件的预案，并在后期的工作中，根据其危害性、紧迫性等不断完善应急预案，为口岸疫情防控工作提供了重要保障。

与同事沟通交流情况
姜霞　摄

带头抓好内部防控。刘中华牵头制订疫情防控一线人员现场作业标准，严格防护服穿脱和洗消作业，组织防护实操培训7场，始终用"防护必须到位，作业必须规范"严格要求一线工作人员。同时将口岸作业现场根据风险等级划分为红、黄、绿三区，每天开展旅检现场终末消毒，避免交叉感染。设立消毒工作专区，规范医疗废弃物无害化处理。

主动融入地方联防联控机制。疫情发生后，刘中华大量阅读相关文献资料，结合工作实际提炼重点，参照海关总署下发的《口岸新冠肺炎疫情防控工作人员个人防护指南》文件要求，组织培训一线工作人员，曾多次往返临沧市各口岸为海关干部职工、边检部门开展疫情防控知识培训及应急演练，参与向当地医院移交多名发热人员的指导工作，为口岸疫情防控提供技术支持。

"防控工作切不可单打独斗。"这是刘中华十多年来一线工作的宝贵经验。面对地方政府部门医务人员紧缺的难题，刘中华带队义务支援腾冲市边合区疫情防控工作，完成了2 000多名返乡务工人员体温监测任务，配合边合区深入复工企业开展医学排查，并向边合区及其生活区人员提供体温监测和医学咨询服务。

积极推动核酸检测工作落地落实。刘中华主导筹备改建孟定海关技

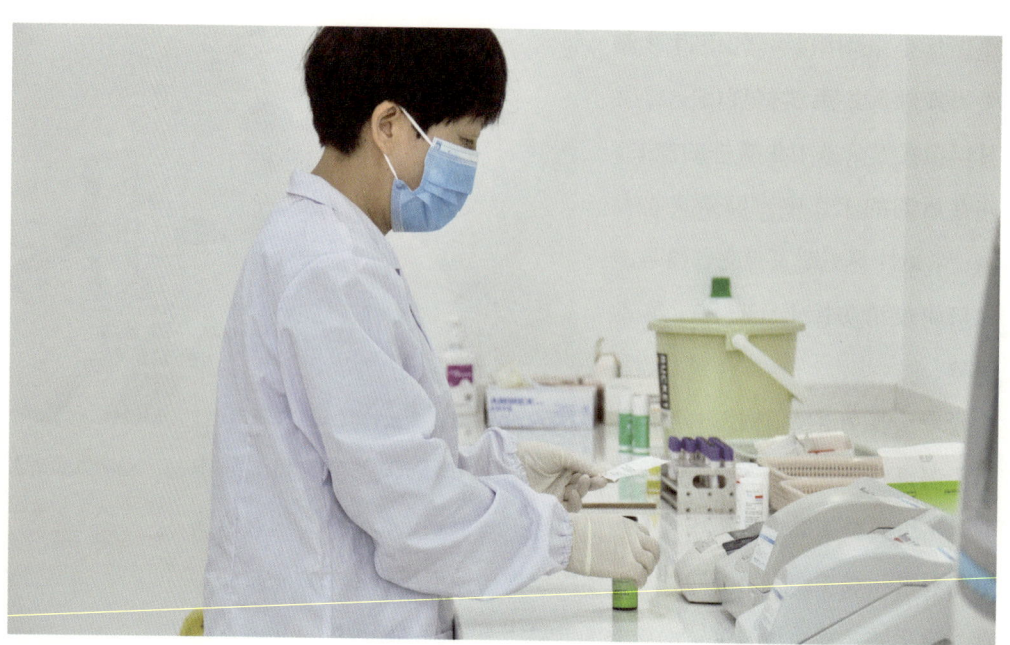

在实验室查看
试剂信息
姜霞 摄

术中心 P2 实验室作为新冠病毒核酸检测独立专用的实验室，顺利通过云南省生物安全专家组考核验收并获准开展新冠病毒核酸检测，邀请疾控中心专家开展实操培训，参加实操技能培训并获得新冠病毒核酸采样及检测培训合格证，组织核酸检测生物安全知识培训。

日复一日，显担当奉献

2020年3月3日8点10分，清晨的霞光刺破山谷浓雾，刘中华和同事们乘坐的汽车在崎岖的山路上缓慢行驶，他们不顾车辆左右摇摆、忽上忽下带来的眩晕感，热火朝天地讨论着工作计划、任务分工。按照计划，当天，他们要对100多名入境旅客和口岸工作人员进行核酸采样。

9点，刘中华等一行人刚抵达位于临沧市耿马县孟定镇的清水河口岸卫生检疫区，便马不停蹄地穿上工作服、防护服，准备检测试管和消

五、行程万里，不忘初心 | 599

毒设备、核对采样人员名单、监督做好消毒工作……一切准备就绪，紧张而忙碌的采样工作就开始了。在进行身份核实、登记后，她开始咽拭子采样，"可能会有点难受，我会尽量轻柔一点，您稍微忍耐一下。"这是刘中华和同事们一天中重复最多的话。

12点30分，既定采样任务完成，再次仔细确认过所有样本，小心翼翼送入实验室后，她如释重负般地脱下防护服，同时还不忘提醒同事，注意脱卸程序、消毒环节。因为一会儿还要进行实验室检测，刘中华坐在室外的空地上随便扒拉了几口饭菜后，就抓紧时间打开手机查看是否有重要通知、工作任务，之后便又换上防护服一头扎进了实验室。

"现在方便了许多，去年12月病原微生物实验室建成投入使用之前，我们每天采完样，还要乘坐三个小时的汽车，把样本带到市里的实验室进行检测。"刘中华说。

13点30分，刘中华拖着疲惫的身体，揉着腰，走出实验室，边走边吩咐身边同事："90分钟后准时查看检测结果。"趁着些许空闲时间，她召集小组成员，回顾总结、研究讨论一天的工作，结合实际情况将自身的工作经验与同事们分享。她说，自己马上就要退休了，希望能有机会多带带年轻同志，让他们积累更多工作经验，尽快成长起来。

17点，检测结果准时"出炉"，所幸样本均为阴性。打印检测结果、签字盖章、传真数据……收拾完东西，吃完晚饭，天色渐晚，结束一天的忙碌，她和同事们又坐上返回孟定镇

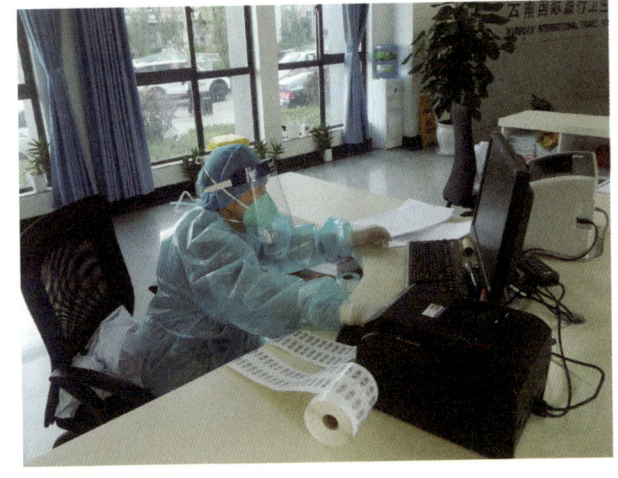

进行采样数据录入　　姜霞　摄

的汽车。

边境的山路迂回曲折，一路上，刘中华的电话多次响起，"电话接不停，一直在路上"，俨然成了她近一个月来的工作常态。"刘医生，你又不是共产党员，为什么还那么拼？"同车的驾驶员小伙子问道，刘中华笑着说："党员要冲在一线，我不是共产党员也照样可以！"笑容可掬、眼神坚定，她是防疫战线上的"巾帼老将"，没有怨言，只因坚信团结一心可以共渡难关，不计得失，只为甘愿用奉献筑起口岸坚实疫情防线。

有一种责任叫"坚守"，刘中华和同事们披星戴月、夜以继日，每天重复着住所、口岸"两点一线"的工作生活状态。有一种美丽叫"我在"，她一直保持着手机 24 小时畅通的习惯，线上指挥，稳而不乱，忙中有序。有一种精神叫"奉献"，她说，现在的工作虽然风险很高，非常枯燥，也很辛苦，常常无法顾及家庭，但是好在家里人都很支持。"别看我们的工作看似简单，但是责任重大，因为我们守护着国门第一道防线。"她自豪地说道。

确实，简单的工作关系着国门第一道防线的安全，重复枯燥的工作生活状态考验着一个人的韧劲，这虽是一个很平凡的工作，但如此日复一日的坚守，注定成就不平凡的事业。平凡与伟大的辩证法就在于：把每一项平凡工作做好就是不平凡，把每一项小事做好就是大事业。我们职业或许不同，岗位或许有别，但只要勇于坚守、甘于奉献，每一份平凡的工作，都能创造不凡的社会价值；每一位平凡的人，都能书写不凡的人生华章。

守万家灯火，显家国情怀

当疫情袭来，多少人"舍小家为大家，舍小我成就大我"，多少人"生死较量不畏惧，千难万险不退缩"。全国上下一盘棋，以向险而行的气魄与默默奉献的行动构筑起疫情防控的最坚固防线，合力绘就了团结就是力量的时代画卷。

新冠肺炎疫情以来，刘中华和她的爱人各自坚守岗位，三口之家没有团聚过，2021年春节，全家人依旧主动响应就地过年的号召，各自坚守岗位，这已经是她连续在单位度过的第10个春节了。

每年从12月开始到次年的5月，境外甘蔗陆续成熟，大批甘蔗从境外运入，给口岸疫情防控带来了巨大挑战。一面是保障复工复产，促进地方经济回暖复苏，一面是严防死守，阻断病毒输入。在这关键时期，刘中华又一次站了出来，她严密组织培训，进一步细化入境车辆消毒方案，不定期进行消毒全过程监管，对入境车辆开展消毒效果评价，同时也会定期指导现场工作人员作业。

除此之外，每天入境旅客的核酸检测任务也是由刘中华所在的实验室来承担的，为了检测结果的准确性和及时性，无论样本送来的有多晚，都会在第一时间对样本进行检验。大家都知道，核酸检测是个漫长的过程，有时遇到异常的样本，还要对其进行复测，更是需要花大量时间，加班到凌晨已成为实验室的常态，但是无论多晚刘中华都会在第一时间将检测结果和地方转运负责人对接，有效衔接了海关和地方的

在办公室工作　姜霞 摄

人员转运工作。就这样,她连续几个月奋战在口岸一线,她的坚持和坚守,为口岸的货运通关、人员入境提供了重要保障;她的专业和敬业,为口岸一线工作人员提供了重要保护。

后来一次偶然的机会,我听到有人问她,10年没有回家过年,是什么让你作出这样的选择?刘中华笑着说道:"有一次我看到了《人民日报》的时评,里面是这样说的,'亿万你我守护中国,亿万你我成就中国'。"或许这就是家国情怀的体现吧,"家是最小国,国是千万家"。

爱岗敬业,显专业素养

2022年,刘中华调任至云南国际旅行卫生保健中心。到任后,她第一时间深入各分管部门了解情况,凭借自身多年工作经验和专业背景,迅速完善检验部实验流程,多次组织防护实操考核培训、核酸检测生物安全知识培训;联合数据中心开发"彩云口岸健康检测"小程序,解决中心出入境人员及社会人员核酸检测预约程序烦琐的弊端,极大提升了工作效率,用实际行动做到为群众办实事;多次带队到云南省卫健委递交审核备案资格,制订完善相关制度,聘请专业医生,通过不懈努力,保健中心现在已具备职业病健康检查资质和能力;加强各部门协调,解决社区、高校等社会机构的核酸检测要求,调整中心核酸采样点、医疗垃圾中转房布局设置,进一步规范采样和医疗废弃物处理流程;用心关爱一线工作人员,时常与奋战在一线的工作人员谈心谈话,了解他们的实际问题,帮助他们解决实际困难。刘中华身

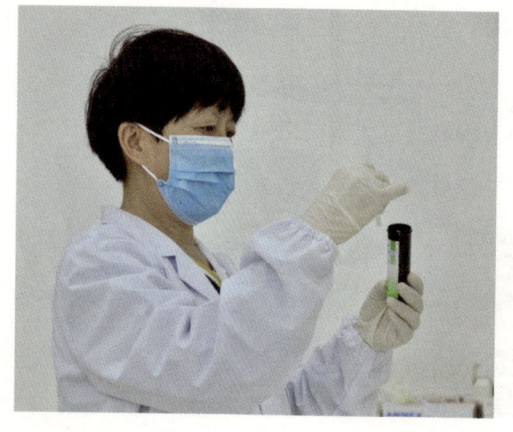

比对实验结果　姜霞 摄

上所展现出的忠诚、朴实值得我们学习,她的专注、专业也值得我们发扬。

巾帼繁如花,盛放国门下。2020年,刘中华被授予"全国海关系统抗击新冠肺炎疫情先进个人"称号。面对荣誉,刘中华是这样认为的:"荣誉既是激励更是鞭策,唯有自己全身心地投入到工作中,坚守岗位、履职尽责,才能向党和人民交出一份满意的答卷。"

国门卫士三十余载的坚守

——畹町海关饶志晓抗疫纪实

昆明海关所属畹町海关 赵吕媛

饶志晓，男，49岁，中共党员，曾任畹町海关口岸监管二科党支部书记、科长。自新冠肺炎疫情发生以来，无论是在抗击国内疫情的严峻时刻，或是在助力企业复工复产的关键阶段，还是外防输入、内防反弹的特殊时期，他都时刻不忘初心，牢记使命，履职尽责，坚守在抗疫一线，舍小家、为大家，是抗击疫情战线上的先进典范。

率先垂范的国门卫士

疫情就是命令，防控就是责任。作为监管二科党支部书记，饶志晓同志始终认为以上率下是最有力的引导，身体力行是最有效的示范。他坚持发挥堡垒作用，做到率先垂范。在疫情防控一线中，他始终冲在前面，干在前面，履行着一名共产党员、一线执法科长的职责，全力在守好国门的基础上保货畅通，当好人民群众的安全守护者。

五、行程万里，不忘初心 | 605

"2020年1月27日边民互市现场就要开始上班了，但国内防疫情扩散还正处在最吃紧的关键时刻，针对边民互市现场人流量大、聚集性高、通风性差等特点，一定要想办法尽快解决，确保人民生命安全。"他是这样想的，也是这样做的。考虑到畹町边民互市场所卫生防控设施设备落后，他及时与边民互市管理方沟通，组织保洁人员定期对边民等候区、边民申报区、办公场所等人员较为集中的地方喷洒消毒药水；积极协调边民互市管理方对边民分组、分段、分区管理，有效避免人员大量聚集。同时，组织关员定期在边民互市大厅开展疫情防控宣讲，指导边民做好个人日常疫病防范，改善疫情防控薄弱环节，防患于未然。

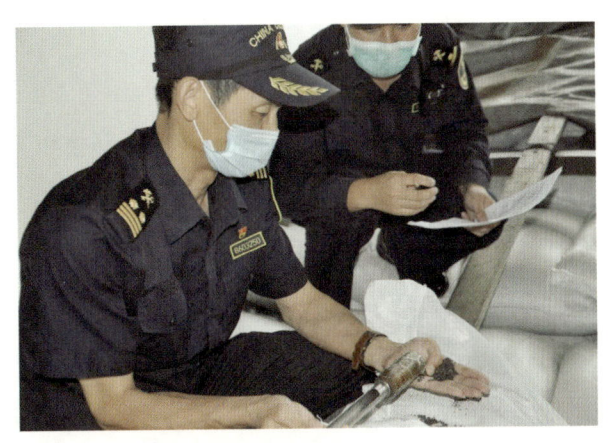

在边民互市查验进口黑芝麻
张凡 摄

他是科里的"领头羊"，承担着科室最严格的安全防护监督员职责。"你的N95口罩好好戴上，疫情可不是儿戏。""手消一定要按照六步洗手法的要求来，消毒时间一定要够30秒。""等一下，你的隔离衣没有系好，我给你整理一下。"这是在口岸监管二科经常响起的声音，而声音的来源，就是饶志晓。他何尝不知道，每天穿着隔离衣、防护服、戴着面屏、N95口罩工作将近八个小时，不是容易的事，但作为带班科长，为做好口岸疫情防控，尽最大努力减少感染风险，他必须严格要求所有人员着装规范，对每一个细节都认真检查。每天下班结束后，他总是会对当天的防护工作和业务工作开展复盘总结，建立每日问题清单和整改措施，要求科室人员严格按照相关业务操作规程对业务执行过程中的不规范问题进行整改，不断夯实业务基础，提升风险防控能力。

他总说："及时开展自查、自纠、自省是非常重要的,特别是在疫情防控异常严峻的时期,更是不能大意!"

2020年,在口岸疫情防控和通关压力剧增的情况下,他带领科室人员严格落实口岸通关管理各项防控措施,全力做好货运监管、采样送检等业务工作,实施多项"硬核"措施提升口岸通关效率。口岸进出口旺季,他们迎难而上,采取24小时、无节假日预约应急通关制度,延长业务现场工作时间;针对甘蔗、水果等鲜活产品开辟通关专用窗口和物流监管"绿色通道",确保货物通关"零延时",有力支持了"六稳""六保"。

冲锋陷阵的"英勇战士"

2021年,口岸一线是疫情"外防输入"的主要阵地,也成了饶志晓的"主战场"。口岸监管二科作为畹町海关货运监管的唯一科室,他冲锋在前,带头坚守岗位,全年无休,日复一日带领科室工作人员做好货物的监管、验放等工作,确保口岸进出口货物安全有序通关,有力保障和服务了地方经济发展。

大年初一早上,当大部分人已经回到家中和家人团聚,畹町口岸的货场依旧一片繁忙,他也和平常一样,提前半个小时到达畹町芒满通道监管货场,开始了每天半个小时的监管场所安全巡查。巡查结束后,他认真做好巡查记录和场所隐患点分析工作。八点半,听到对讲机里传来"查验组,一般贸易有4辆进口高粱需要查验,请安排人员开展查验",他便穿戴好防护装备,和查验关员立即奔赴进口查验货场,开始核对车辆信息和品名、查看外观品质、检查是否存在病媒有害生物、查看包装袋标签标识、抽样送检……结束了高粱的查验后,他又转战边民互市进

五、行程万里，不忘初心 | 607

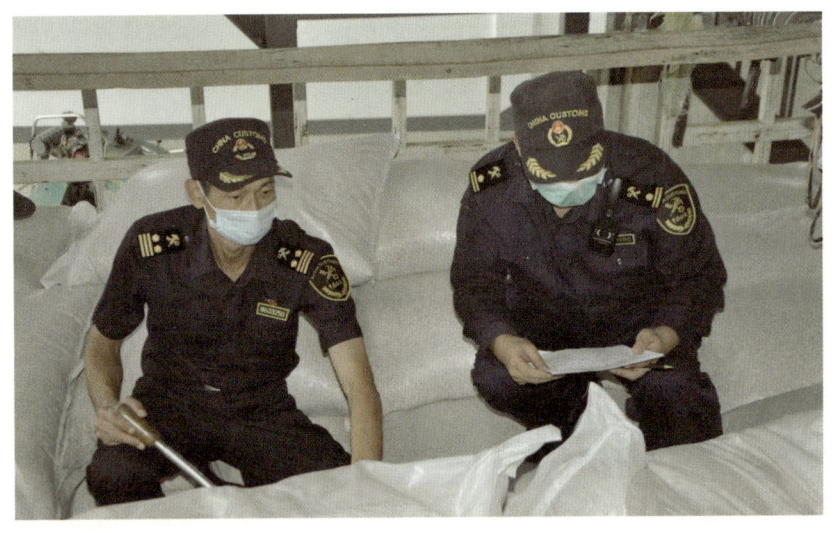

在芒满通道查
验货物
张凡 摄

口查验区，开始查验一批又一批货物，因为当天进口甘蔗较多，为最大程度减少口岸滞留时间，他和查验的关员推迟了1个多小时下班，查验工作累计开展了5个多小时。

"虽然全身湿透，但是看着最后一车甘蔗查验完成，代驾驶离进口查验区，我觉得这个年过得很值！"他笑着说道。返回办公区后，他陷入了沉思，并就如何应对畹町芒满通道甘蔗进口高峰，提升甘蔗通关效率的问题组织召开了会议。第二天，他便带头成立了"暖边民"帮扶小分队，深入了解边民在进口甘蔗环节中遇到的疑点难题，及时协调场所管理方设立大宗商品专用通道，确保甘蔗等商品随到随检、快速验放；加强与场所管理方的沟通协调，要求根据商品种类进行分类分区停放，保证货车通关顺畅、井然有序，大大提高了进口甘蔗通关效率。他为民服务，全心全意为群众办实事、解难题的举措得到了边民和企业的高度认可。

勇做"逆行者"，这是对饶志晓同志英勇抗疫，勇担重任，践行共产党员和海关关员初心使命的最好诠释。

2021年5月，随着境外疫情形势的变化，进口高风险集装箱货物核酸采样检测成为口岸的新难题、新挑战。针对初期口岸现场人员首次接触该项业务的实际，饶志晓听从指挥、服从大局，在关党委的统一领导下，成为采样作业小组专班中的一员，认真研究、反复练习货物采样工作规范操作，严格按照海关总署、昆明海关要求做好对相关货物的核酸采样、预防性消毒监督及系统上报等工作，为坚决切断疫情传播渠道、守好国门防线贡献力量。此外，作为关内"挑毛病"专家组的一员，为做好一线人员的防护服穿脱规范工作，提升工作人员防护水平，他加强学习，及时组织科室人员对照最新的标准规范、操作指南、作业指引和文件通知等要求开展学习研讨，不定期推送个人防护穿脱及医疗废弃物处理相关视频培训资料，供一线人员学习强化，同时针对封闭管理人员、新上岗人员、新入职人员建立疫情防控知识培训考核档案，定期开展防护服穿脱实训演练，不断提高干部职工疫情防控能力。

2021年7月，邻国疫情形势严峻时，芒满通道成为对邻国防疫物资出口主要通道，为向邻国提供抗疫帮助，遏制疫情蔓延势头，保障民众生命健康。根据关党委部署安排，饶志晓又一次担起重任，他迅速厘清思路，第一时间摸底排查辖区出口物资、运输工具、驾驶员情况，积极参与研究制订口岸疫情防控及出口通关监管工作方案，加入出口防疫物资工作专班，在业务现场开辟防疫物资通关"专用窗口"和物流监管"绿色通道"，确保防疫物资通关"零延时"。同时承担科室防护监督员职责，带头严格落实顶格防护措施，要求科室人员严格按照"作业流程必须规范，个人防护必须到位"的要求，做好个人防护，同时认真开展风险排查，及时向地方指挥部通报芒满通道防控措施中的薄弱环节，确保在做好安全防护的前提下，安全有序组织物资批量出境，有力支持了两国抗疫合作和疫情防控关口前移工作。

2021年11月，畹町口岸作为云南省第一个恢复通关的口岸，大量货物进出口给监管带来了巨大的压力。针对监管场所通关效率受到影响的情况，饶志晓认真研究分析，通过组织现场人员做好运输工具分类停放、采取卡口分流等举措确保通关流程快速便捷；面对农产品进口旺季，大量鲜活农产品急需从畹町芒满通道进口等问题，他根据多年的监管经验和货场实际提出通关建议。经报关党委同意后，通过延长工作时间，优化人员值班安排，开通鲜活产品"绿色通道"，加强科室及场所管理方的联动配合等多项"硬核"措施保障甘蔗、水果等鲜活农产品快速通关。他精准号脉、摸清需求，开出"好药方"，提出"新思路"，用实际行动践行"人民海关为人民"的宗旨。

扎根边关的"平凡英雄"

自1992年加入海关队伍，30年来，他如同一颗磐石，坚韧地守卫在国门一线，忠于职守、敢挑重担、勇担使命，以坚定的政治素质、过硬的业务能力和无私的奉献精神，团结带领科室成员出色完成了一系列急难险重任务。疫情发生后，他服从指挥、顶住压力，当好"排头兵"，带领畹町海关口岸监管二科关员成立口岸疫情防控专班，主动作为，克服困难，全力战疫情、促外贸、稳发展，严格按照海关总署、昆明海关封闭管理的模式成立专班开展业务工作，积极奋战在抗疫一线。

加入专班工作后，他带领科室人员全身心扑在抗疫和促外贸稳增长工作一线。"疫情不退，我不退"——这成为饶志晓和全体专班人员的决心。其间，面对本土疫情持续反复，干部思想压力较大的实际，作为监管二科党支部书记，饶志晓充分发挥党组织战斗堡垒作用和党员先锋模范作用，提出结合封闭管理工作实际，根据轮岗人员安排分别成立3个临时党小组。为增强党支部凝聚力、战斗力，工作之余，他经常与科室的一线关员谈心谈话，全方位做好对党员的经常性思想教育，及时了解和解决封闭管理人员的思想、学习、工作、生活情况和实际困难，同事们亲切地称他为"可亲可爱的暖心人"。

工作中，他也从不含糊，多次根据业务实际成立了"党员先锋队""边民服务队""青年防疫先锋队"，创新"无接触"监管模式，开通绿色专用通道，加强"云上"政策指引，为货物通关保驾护航。受疫情影响，曾有大批出口货物滞留在畹町芒满监管货场内，多家企业和边民即将面临严重损失。他了解情况后，第一时间汇报请示畹町海关党委，积极协助党委做好研究部署，紧扣"保安全、提效能、解难题、求实效"要求，紧密结合"我为群众办实事"实践活动多措并举模式助力滞留货物顺利通关，帮助企业、边民挽回经济损失近亿元。

在饶志晓看来，"急企业所急，想企业所想"绝不是一句口号，以人民为中心要用最实际的行动来践行。他多次深入基层听取群众心声，聚焦群众需求和困难，主动帮助进出口企业和群众解决"急难愁盼"具体问题。

他加强与昆明海关的沟通协调，加大科技装备投入，配齐和完善"边民智能健康自助申报终端"和"智慧卫检通道"等各项"智慧型"设施，入境人员通过"刷脸"即可完成出入境健康申明卡申报和体温监测工作，大大缩短了填写出入境健康申明卡时间，提高边民申报效率，他为民服务的举措以实实在在的成效赢得了企业和群众的热烈反响。

他总是说："作为一名海关关员，企业需要我，群众需要我。作为一名中国共产党党员，在疫情面前，我要挺在最前面，这是我的使命和责任！有国才有家，我的小家可以暂时放放，等疫情过去，再去温暖我

五、行程万里，不忘初心 | 611

的小家。"

饶志晓的爱人也是一名海关关员，在非常时期，这一对"夫妻档"各自坚守岗位、同心奋战在防疫一线。夫妻俩对孩子充满了愧疚，儿子却对他们说："爸妈，你们放心去忙吧，'舍小家顾大家'，我为你们感到骄傲！"

2021年，年迈的母亲多次住院治疗，急需家人照顾。一边是患病卧床不起的老母亲，一边是口岸疫情防控沉甸甸的责任，考虑到肩上的重担，他毅然选择了先尽责、后尽孝。即便思母心切，他仍坚持每天兢兢业业坚守在口岸一线，只能把照顾母亲的重任托付给了兄弟姐妹，自己选择了坚守岗位。舍小家、顾大家，他用实际行动诠释了一名共产党员的铮铮誓言，践行了一名共产党员的初心使命。

一名党员就是一面旗帜。作为一名共产党员，三十年来，饶志晓总是怀着一种"功成不必在我，功成必定有我"的敬业态度，踏踏实实、

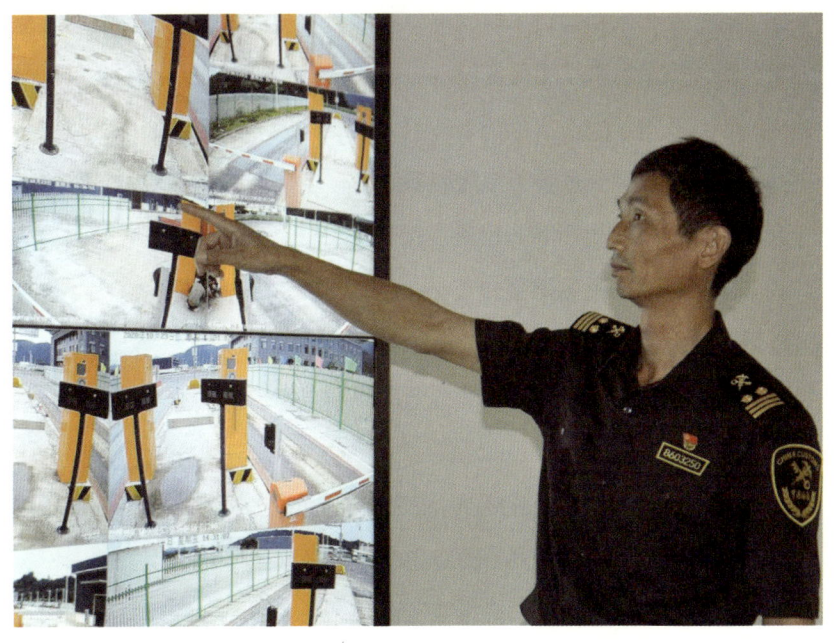

查看视频监控
张凡 摄

认认真真、有条不紊地做好每一项工作，始终践行着"人民海关为人民"的宗旨，坚定不移地站在疫情防控的最前沿，不忘初心、牢记使命，扎根边关、坚守奉献，用忠诚和担当守卫巍巍国门，在平凡的岗位上谱写新时代的壮丽凯歌。

# 六 信念如磐,一脉相承

太原海关

抗疫勇担责任，青春不负韶华
——记"全国海关系统抗击新冠肺炎疫情先进个人"刘晓佳

太原海关所属太原机场海关 刘晓佳 席亮亮

刘晓佳，作为太原机场海关旅检二科科长，面对严峻的口岸疫情防控形势，勇挑重担，甘于奉献，用实际行动践行国门卫士的初心和使命，被评为"全国海关系统抗击新冠肺炎疫情先进个人"。

主动请缨，坚守抗疫一线

2020年，临近年关，太原机场海关号召该关所有具有医学专业背景的关员坚守口岸疫情防控一线。毕业于山东大学预防医学专业的刘晓佳，立即退掉车票，取消与不满周岁的女儿及家人春节团聚的计划，转身投入工作之中。时任办公室副主任的他，第一时间向关党委递交请战书，志愿投身国门口岸疫情防控一线。在承接北京分流国际航班过程中，充分发挥业务骨干的中坚力量，承担了登临检疫、健康申明卡验核、流行病学调查、采集样本、行李查验等重点工作，在各项岗位中充分发挥

六、信念如磐，一脉相承 | 615

医学专业素养，作出了突出贡献。

勇于担当，投身疫情防控

疫情初期，登临检疫是口岸疫情防控最危险也是最重要的工作岗位，是把守国门"三排三查一转运"的核心一环。一言一行，代表着海关形象；一举一动，把守着国门安危。刘晓佳坚决冲锋在先，凭借着扎实的医学专业技能和丰富的旅检工作经验，每次登临检疫之前，认真检查全体组员的个人防护情况，登机后详细询问飞行过程中旅客及机组的身体状况，重点排查申报异常旅客，确认重点关注旅客，收集整理航空器进境申报单等资料。登临检疫时效缩短到30分钟内必须完成时，压力扑面而来，但刘晓佳依然带领组员精益求精地完成好每个步骤，确保每趟航班的旅客能够分类分批有序离开机舱。测温枪上闪过的是一个个

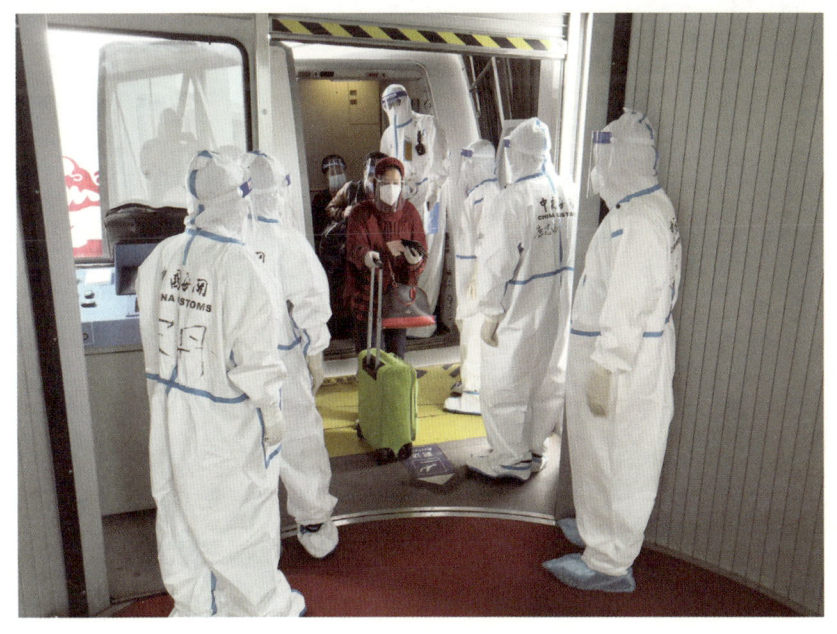

开展入境航班
登临检疫工作
高瀚林 摄

数字，在他眼里却是一个个对安全负责的象征。

分流航班从应急变成常态，通关检疫重心也由登临检疫逐渐转向审卡流调、采样转运等环节，刘晓佳先后承担了采样送样组和审卡流调组组长重任。

作为采样送样组组长，刘晓佳认真钻研新冠肺炎病毒采样及防护技能，编写了《太原机场海关疫情防控采样送样工作规范》，多次赴样品检测中心沟通交流样品检测工作，不断提高病毒采集精准度，优化工作流程。同时为保证高温酷暑下室外采样工作正常有序开展，他积极与上级领导反映，向机场集团寻求硬件支持，在最短时间内为8组采样集装箱配备空调，为全体采样人员配备防暑背心，为采样工作提供了舒适清洁的环境，有效保障了室外采样工作的顺利进行。

长时间佩戴口罩后，面部留下的勒痕
刘晓佳 摄

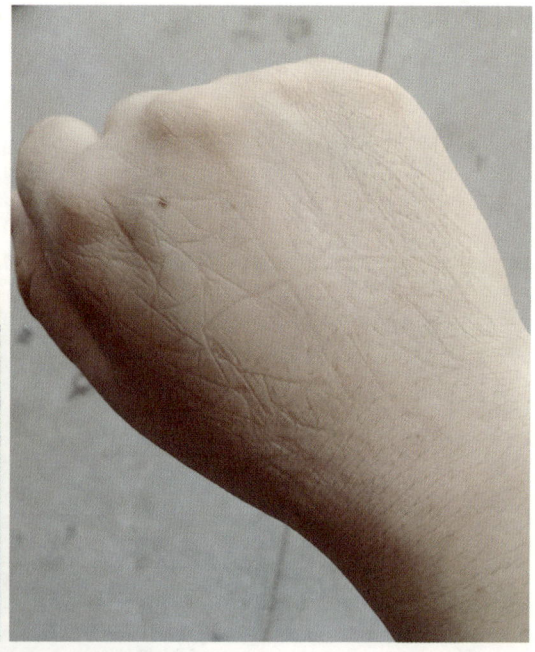

防护服勒痕
刘晓佳 摄

六、信念如磐，一脉相承 | 617

作为审卡流调组组长，刘晓佳与高风险旅客近距离接触，直面风险毫不畏惧，他带领全组人员对入境旅客进行体温监测、健康申明卡验核、流行病学调查、医学排查等工作。通过不断优化流程、提高效率、完善机制，将每个航班的测温、审卡、流调工作由最初的七八个小时压缩到一个半小时内完成，一次次刷新纪录，在确保高效通关的基础上，真正做到了不漏一卡、不漏一人。

严管厚爱，守牢外防输入关口

面对严峻的口岸疫情防控形势，刘晓佳深知落实做细疫情防控各项措施是打赢口岸疫情防控阻击战和攻坚战的前提和基础，充分发挥业务骨干的中坚力量，无论是在口岸一线检疫查验工作中，还是在封闭管理、居家隔离过程中都严格要求全体队员认真落实个人防护责任，不折不扣执行个人防护规范，团结向上、保持良好心态，各项工作学习和封闭管理生活平稳有序开展。

每次的岗前会议，刘晓佳都会强调将个人防护意识放在首位，不断在全体队员心中树立"每个人是自己健康第一责任人"，对家庭负责、对单位负责、对社会负责的主人翁精神，不厌其烦地叮嘱每一位队员筑牢安全意识，坚决杜绝侥幸心理，不辞辛劳地在每次上岗前一个一个检查队员的防护装备穿戴情况。

由于封闭管理等原因，人员时有调整，新进人员多是第一次参加口岸疫情防控工作，在每次轮训中，刘晓

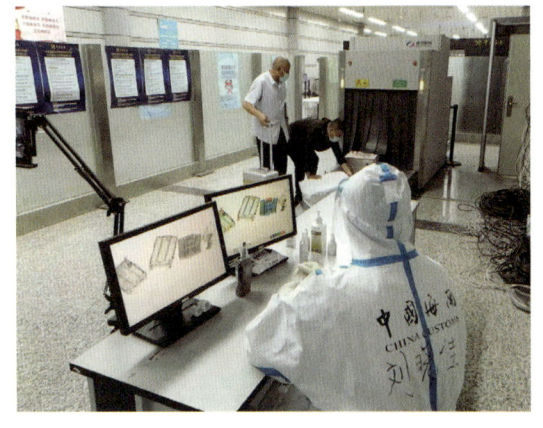

开展入境旅客行李查验工作　　延大海 摄

佳都会组织全体组员一起学习最新版《口岸新型冠状病毒肺炎卫生检疫操作指南》，开展岗前实操演练。通过"以老带新，以新促老"的模式规范全组人员装备穿脱；通过集体观看风险通报视频提醒全组人员不当操作可能导致的疫情传播风险；带领全体队员在有限的轮训时间里尽快地熟悉工作流程，掌握防护要领。

结合国际入境航班保障过程中发现的问题，刘晓佳每次都会组织队员及时复盘，开展安全防护研判，细化各个环节的安全防护措施。针对部分检疫查验环节存在接触旅客物品的风险，严格落实"一客一消，一物一消"，接触后立即进行手部消毒和环境消毒。同时，针对行李提取区旅客长时间滞留情况，刘晓佳积极与民航地服协调，优化货舱行李消毒和提离流程，现场指导旅客在行李提取等候时保持有效距离，有序引导旅客尽快撤离入境通道。

在国际航班入境旅客转运环节，由于地方人员轮换频繁，在转运移交过程中时常出现突发情况。针对这种情况，在每次航班落地前半小时刘晓佳就会提前与轮值地方转运工作人员进行沟通，协调转运移交工作事宜。

此外，封闭管理期间，刘晓佳还承担着梯队后勤保障管理工作，协调安排每位队员酒店封闭隔离的住宿和饮食，组织每天的政治理论学习，布置车辆上下岗的调配，统筹防护物资的清点和发放，细致安排队员的身体锻炼和心理疏导，事无巨细地保障工作梯队各项工作正常开展。

坚定信念，筑牢国门第一防线

作为一名父亲，刘晓佳可能是"不称职"的。女儿还在襁褓中嗷嗷哭泣的时候，他就毅然决然地选择投身保卫国门的战场。近3年，父女俩聚少离多，许多的夜晚两人只能在视频或电话中"相认"，如今已逐渐懂事、古灵精怪的小姑娘对自己的爸爸很陌生。

作为一名丈夫，刘晓佳也是"不称职"的。幼小的女儿没有时间看顾，岳父因尿毒症住院治疗也没有返乡看望照料，是他的妻子默默地扛起了一切，没有一句怨言，家人的理解成了刘晓佳最坚强的后盾。无数个日夜他选择了在疫情一线坚守，他总是乐观地对家人讲："坚持就是胜利，咱们再坚持坚持。"但是作为一名一线海关人员，刘晓佳却是忠诚国门卫士的代表。夏天，室外的气温跃至40℃，刘晓佳穿着严密的防护服一瘸一拐地奔波在机坪上认真督导每位队员的工作情况和防疫工作，协调每个环节的工作进度，汗水浸湿了他发炎的伤口，但他依旧咬着牙坚持到最后一名队员撤离洗消通道才慢慢脱下自己的防护服。冬季，停机坪狂风呼啸，气温接近-20℃，刘晓佳手持单兵设备对入境航空器卫生处理过程进行数小时的监督，戴着橡胶手套的双手很快被冻僵，双手手指患上了关节炎。为不影响工作，他隐瞒了病情，与医生沟通后采取保守治疗方式，又投入新一轮封闭管理工作中。

在"外防输入"的前线，刘晓佳和同事们用责任与担当守护每一个陌生而熟悉的旅客，用使命和无畏牢牢筑起国门检疫防线。作为口岸一线关员的缩影，他们会继续坚守在严防疫情输入的第一道关口，不折不扣履行"国门有我，山河无恙"的铮铮誓言。

长春海关

绽放在"疫"线的金达莱

新冠肺炎疫情防控工作纪实

长春海关所属延吉海关 耿立敏

口岸就像是"末梢神经",虽然离中枢神经远,但我们依然能精准地接收到大脑的神经信号,不折不扣执行海关总署党委的各项要求。在口岸一线,这里有最基础的工作,有最鲜活的事例,有忠诚、担当、乐观、奉献的海关人,也是离人民群众最近的地方。在这里工作,我们必须政治立场坚定,因为我们就是百姓眼中最直观的海关的样子;在这里工作,我们必须精通业务,把好国门,因为我们要守护人民群众的生命安全和身体健康;在这里工作,我们必须廉政执法,因为海关是党领导下的人民海关,海关的一切权力来自人民,为人民服务是宗旨。

能成为一名一线的海关卫生检疫人我感到很自豪,也实现了自己的梦想。当我还是一名预防医学生时,我就梦想着能成为像伍连德先生一样的人。1910年,伍连德仅用了四个月的时间,就消灭了东北大鼠疫的流行,拯救了千万人的生命。一颗"卫生检疫"的种子在心中生根发芽,现已长出了叶子,我会努力让它长成一棵参天大树。

对于卫生检疫工作，因为喜欢所以更热爱，我每天以饱满的热情投入工作、学习文件、研究业务。入境旅客体温监测、机上水样采集、航食生产单位监督检查、草地上拉旗捕蜱……哪里需要我，我就在哪里。有许多工作大家都认为不应该是女孩子干，比如，和同事们在机场周围下捕鼠夹，抓到老鼠后，穿着防护服在户外空旷场地对老鼠进行解剖。活总要有人干，工作要完成，就必须克服心理障碍，唯有坚持。

2018年，延吉海关辖区三个口岸参加全国口岸核心能力建设复核检查，我被调到卫生检疫科主持工作，协助领导做好延吉海关口岸核心能力建设。当时卫生检疫科就我和一名刚入职不久的同事，要完成3个口岸的核心能力建设并且要顺利通过考核，任务确实很艰巨，我们先根据文件要求制订好工作计划，合理安排工作，任务清单逐一完成。积极与地方政府沟通协调，按时完成了3个口岸的查验通道和功能性用房的改造工作。为口岸做好后勤保障，为口岸储备充足的个人防护用品和检测试剂，对口岸仪器设备进行检测，对运行不良的及时联系厂家进行维修。核心能力建设期间我们下口岸23次，规范制度，送物资，修设备。2018年11月，延吉海关3个口岸顺利通过了复核检查，复核成绩都高于初次考核成绩。

2019年是海关大培训的一年，在这一年里我不断学习，持续提升自身卫生检疫业务能力，也学习海关其他领域的业务知识，让自己得到全面的发展。我有幸代表长春海关参加全国海关卫生检疫系统岗位练兵和技能比武。在各位专家老师的指导下我努力提升自己，白天跟着各位老师学习，晚上回到住处，为自己制订了每天要看完的书和要学习的内容，每天都坚持按计划完成，第二天带着问题与大家讨论。最后，在全国海关卫生检疫系统岗位练兵和技能比武中取得了个人二等奖。

新冠肺炎疫情发生时，正值2020年春节假期。为了能够让自己全身心地投入工作中，我紧急将孩子送到父母家，大年初一就火速赶回工作岗位，爱人也在单位执勤，就这样我们一家三口分居三地，从大年初一到4月延吉机场国际航班停航，我们一家都没能见面。2021年春节，我和爱人依然各自坚守岗位，又没有和孩子过上一个团圆年。孩子跟我说："妈妈，我们一家人已经两年没有一起过年了，我很伤心。"说着说着就哭了，我认真地给孩子讲我和他爸爸的工作，最后孩子说："妈妈，我为你们骄傲。"内心是有对孩子和父母的愧疚的，但是口岸的抗疫工作责任更加重大，为了守护我们城市更多的家庭，我只有坚守。

春运初期，延吉朝阳川国际机场每天出入境旅客两三千人，疫情防控形势严峻，延吉海关全关支援机场，每个人都积极"请战"到口岸一线，有非典抗疫"老将"，有非医学专业的"新兵"，"老将"流调排查经验丰富，更精准地发现有症状旅客，确保一个不漏，"新兵"无畏

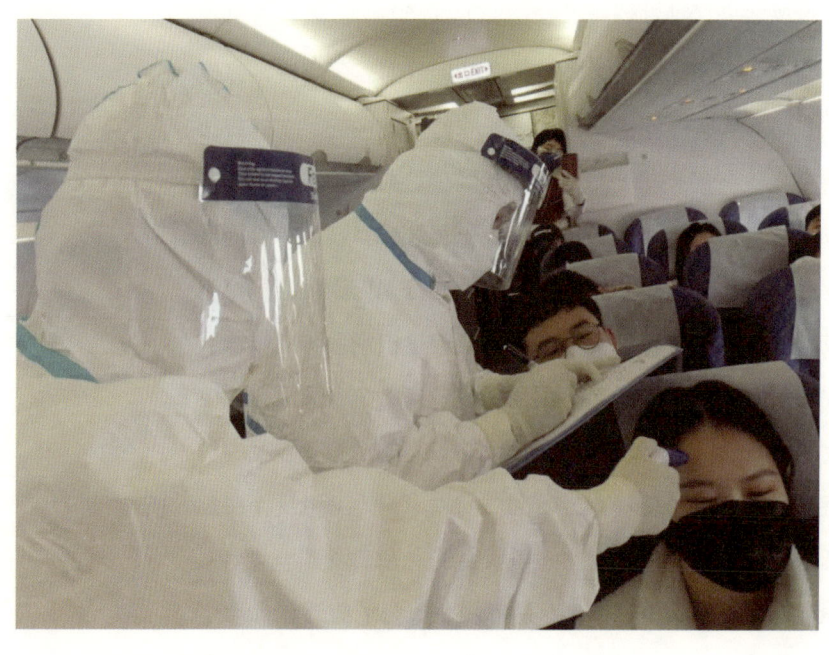

入境航班登临检疫
陈艺元 摄

风险，学着前辈的样子，披甲出征。就是这样一个优秀的集体，就是这样一群可爱的人，身为其中的一员我感到无比的荣幸和自豪。

疫情初期，各级指导文件接踵而至，我加班加点研究文件，在机办处领导和业务科室的指导下，结合口岸实际，编制出不到两页纸的《机办处新冠肺炎排查简易程序》，明确出入境现场各岗位的工作职责和业务流程，让大家一看就懂，一学就会，确保疫情防控工作有条不紊高效运行。

我利用自己的专业优势，积极开展安全防护培训，既当教练员又当监督员。培训演练时，我认真地教大家穿脱防护服程序，反复示范手卫生、口罩气密性检查、卷脱防护服等细节操作。每天上岗前我也会看看大家的个人防护是否规范，如"口罩鼻夹捏好了没有""防护用品尺码选的是否合身""防护服袖口是否封好"等。第一时间组织一线关员学习防控知识，开展流行病学调查、样本采集、红外测温仪使用、负压隔离单元使用等多次专项业务培训，保障一线关员做到科学应对疫情，坚决做到"零感染"。

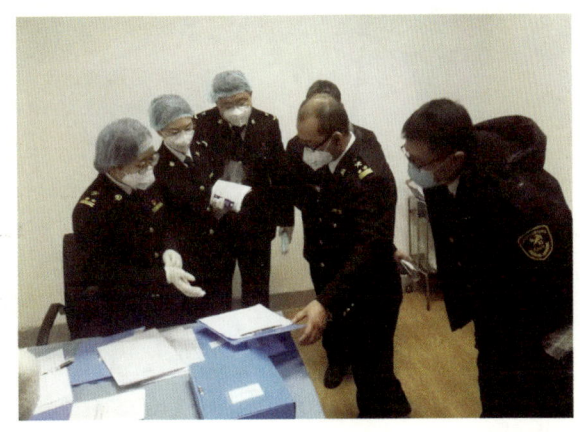

流调培训
李花 摄

我国新冠肺炎疫情防控科学有效，国内疫情趋于稳定，而境外疫情呈加速蔓延趋势，口岸疫情防控重点从"防输出"转到"防输入"。海关总署要求对来自重点国家（地区）的入境旅客进行100%流行病学调查，我主动申请从出境班调到入境班，在入境班负责登临检疫、流行病学调查和样本采集。登临检疫时，"零距离"为每名旅客测量体温，进行机舱内医学巡查，及时发现有症状旅客，做到早发现、早处置。登临检疫完毕后，回到"第一排查室"准备下一环节的工作。为了减少工作人员接触风险，延吉海关应急指挥部规定对海关总署布控、体温监测温度高、个人申报有症状等高风险旅客，统一由"第一排查室"负责流行病学调查、医学排查和样本的采集。"第一排查室"的风险会更高，任务更艰巨，我觉得我应该在这里，做好这份工作。

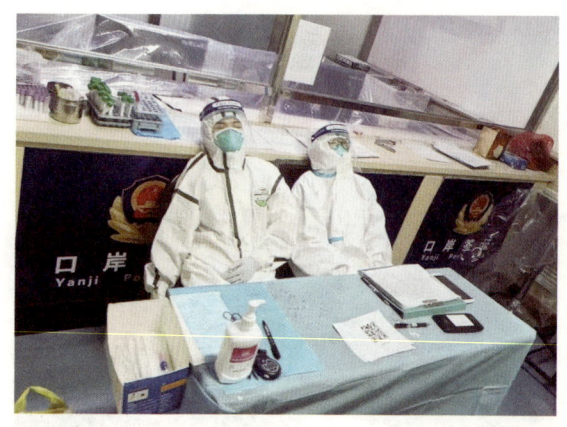

航班间隔期间在排查室休息
李花 摄

海关总署要求对入境旅客实施100%流调和采样检测时，延吉机场平均每天2个国际航班，300多名旅客入境，每周六国际入境航班增至3班，入境旅客达500多人。上岗前我们尽量少进食、少喝水，当时防护物资不是很充裕，大家都舍不得更换身上的防护服。旅客多时，从早上10点上岗到晚上10点连吃饭的时间都没有，工作结束时防护服里的衣服全都湿透了，大家都感觉体力耗尽没有食欲，但都逼着自己多吃一些，为了第二天有体力撑下来。从抗疫开始到3月28日延吉朝阳川国际机场国际航班停航，70多个日夜的紧张工作，一天未休。在连续工作50多天时，我就感觉到自己的心脏有些不舒服，但我不敢和家里人说，怕他们担心，也不敢和领导说，因为我知道医学专业人员少，大家都是一个萝卜一个坑，我必须坚持。其实很多人都和我一样在坚持，没有人退缩，因为他们此时有更多的生命需要守护。

2020年8月，延吉航空口岸国际航线复航，我主要负责入境人员的样本采集、样本运送及数据报送等工作。我采出延吉机场首例境外输入无症状感染者。隔离期间有人问我害不害怕，我说："还好，我们采样时防护做得很好，脱卸也很规范，被感染的可能性极小。"隔离一结束，我拎着行李箱直奔机场开始工作，到现场采样室准备好第二天上岗所需的备品。用拭子采集旅客鼻咽和口咽样本，旅客会有不适感，很容易喷嚏或呕吐，感染风险大，这要求我们采样人员采样要快、准，消毒还要做到位。我根据文件要求，总结了采样室的工作要求，将采样和消毒工作要点编成顺口溜形式的"采样室三字歌"，贴在每个采样室，采样人员随时可以看到，方便掌握。同时，对采样人员进行岗前培训、岗时监督、岗后及时总结整改。每个航班我会最先到现场，检查采样室用品准备情况，采样后，核对样本，送样交接，总结上报数据。每周除了完成入境的旅客采样送检外，还负责组织完成延吉海关关员的样本采集和送检，做好内部防控工作。

2021年3月，现场查验启用新旅通卫生处置模块，秉承"既要防得住，还要通得快"的原则，我们以最快的速度掌握系统流程，对测试中发现的问题积极向总关业务处室和系统工程师请教学习。结合口岸工作实际，我们将新系统的十几个环节整合到四个岗完成，同时进行了改进。在不改变现场布局、不增加人员、不增加电脑的情况下，完成新系统的应用。系统应用正常运行后，我们还想着实验室接样的环节，也要为他们方便工作着想。我们同时打印两份同样的条形码，采样管上贴一份，自制的送样单上再贴一份，送样单同样本一同送到实验室，极大地方便了实验室的收样工作。2月25日第一次测试旅客，3月4日现场全面启用新系统，从现场查验到保健中心接样，系统全流程运行平稳，159份样本保健中心20分钟完成扫码接样。本着肯学习、善思考，以及工作中前一环节为下一环节负责的态度，才能使整个工作链条更加地顺畅。

在抗疫期间，延吉海关的每个人都勇于奉献、敢于担当，并紧紧地团结在一起，不畏艰难、真抓实干，无论是奋战机场检疫一线，还是身处关里抗疫二线，都能在危难关头豁得出来，在关键时刻冲得上去。"一定要做到一人一消毒""排查室人员防护眼罩和面屏一定要戴好"，排查室内对讲机不时会传来关领导的关心，疫情防控期间关领导每天都到一线，全面掌握口岸现场每个环节的情况，现场工作结束，半夜关党委还会组织相关业务科室及时研判，不断完善工作流程，并时刻为一线做好后勤保障。防护用品和耗材及时补给，查验设备保障有效运行，无论当天查验多少人，信息录入组人员熬夜都会完成；现场无论多晚结束，送样组人员都会第一时间专车将样品安全送到实验室；无论多晚收样，保健中心实验室都会在最短的时间内做完检测。疫情当前，有人远征前线，也有人守卫后方，每个海关人都担一份责，献一份力，汇聚战胜疫情的强大力量。

海关作为准军事化纪律部队，必须有更高站位、更强自觉、更大担当。在口岸，支部建在科上，我们始终牢记"没有离开政治的业务，也没有离开业务的政治"。理论上清醒，政治上才能更坚定，支部通过组织学习，重温"党章"主题党日活动，参观东北抗联纪念馆等，使每名基层党员过好组织生活、发挥先锋作用、融入全面从严治党大局。隔离期间推送党史知识，传承"红色基因"坚定党员干部理想信念，始终保持对党忠诚的政治本色。

"欢迎回家"，不知道从什么时候开始，大家不约而同地将它写在了自己的防护服上。登机检疫，向对讲机喊出"我们是中国海关，欢迎回家"时，我从旅客眼里看到那份激动和期盼、感动和温暖。为旅客测温时，不时有旅客对

上岗前比出胜利的手势　　杨文斌　摄

我们说"你们辛苦了",我觉得这是我收到的最温暖、最高级的赞美与认可。

一个支部就是一座堡垒,一个党员就是一面旗帜,旅检二科党支部用"精益求精"的工匠精神守护国门,用真情镌刻对国门的忠诚,用实际行动诠释着"空港金达莱"的深刻内涵。

南京海关

朝受命、夕饮冰,昼无为、夜难寐

——记"全国海关系统抗击新冠肺炎疫情先进个人"谭欣

南京海关所属扬州海关 牟安丽

谭欣工作照　汪磊　摄

"关键时刻我不上谁上？我上了，我才可以要求别人上！"这是全国海关系统抗击新冠肺炎疫情先进个人，南京海关所属扬州海关旅检科科长谭欣在疫情之初说出的话，被收录在"学习强国"《非常时刻，海关人最走心的一句话》中。庚子之年，这位"80后"年轻女科长，凭着"功成不必在我"的精神境界和"功成必定有我"的责任担当，默默坚守在国门一线，以专业执法开展科学防控，以实干担当扛起把关重担。

闻令即动赴戎机，迎难而上彰显使命担当

疫情之下，全民迅速动员，投入这场没有硝烟的疫情防控阻击战之中，旅检现场成为海关抗击疫情的第一道防线。2020年1月，扬州海关旅检科进入"战备状态"。作为女儿，身患疾病的谭欣已经近一年未曾回乡探望年迈的父母，但是作为科长，面对科里同志期待的眼神，她毅然作出选择："不回乡，留下来！"

疫情发生后，扬州海关关领导多次到旅检现场，对疫情防控工作给予了高度重视。领导谨慎的态度，让谭欣立刻绷起一根弦，有了强烈的责任感和紧迫感。在她的带领下，科室防控和操作流程于1月23日深夜相继制订完毕。此后的几天里，谭欣与同事们一遍遍地推演防疫流程，一件件地检查防疫物资，逐一考核个人防护。

1月25日，大年初一，高强度的进境航班监管后，旅检科的同志们像往常一样总结本次航班的工作。连续几天的疲劳，让每个人都提不起精神。平时叽叽喳喳的办公室显得特别的单调。突然，一通电话打破了僵局……边检通报情况：即将抵达的航班上有若干名来自涉疫地区的人员。瞬间，同志们进入了高度警备状态，强忍疲倦打起了十二分精神。谭欣看了一眼手表，10点58分。"快，每个人快去吃饭，11点10分全体集合！"可到了食堂，饭菜还没有上齐，大家拿汤泡点米饭吞了两口就赶回去上岗了。

根据收集到的数据和机组反馈的情况，旅检科前几日制订的操作流程立刻派上用场。飞机上什么情况？这几个人什么情况？每个人都不知道。"我上吧。"谭欣特别平静地说。"我上""谭科，我也可以"，潘登和王磊也脱口而出。而一旁平时就话不多的王慧敏，开始给大家准备口罩、护目镜、一次性帽子、鞋套、防护服，然后自己默默地开始穿。

等四个人穿戴完毕互相检查的时候,卫生检疫专业出身的潘登不放心,又从头到脚给每个人检查了一遍。虽然危险重重,但大家眼神坚毅,步伐沉稳。

时间一分一秒地过去,防护服里的衣服湿透了,汗水流进眼睛里,胸口特别闷。谭欣突然踉跄了一下,眼前一黑。由于身体不好,谭欣并不能承受如此高强度的工作,这时候对她来说坐下也是一件很困难的事情,她只能直挺挺地瘫在沙发上。此时,谭欣已经身着防护服待了3个小时。再一看其他3个人,还在忙碌中。谭欣流泪了,不知道是感动的,还是汗水刺激了眼睛,反正眼泪止不住了。

接下来的工作由潘登他们3个人继续完成后,谭欣已经没力气脱防护服了。在大家的帮助下脱完后,相视一笑,大家脸也花了,发型也乱了,手上都是白花花的滑石粉。谭欣让大家都休息休息,王慧敏说要去整理材料,潘登说要去和地方医院联系,王磊没说啥,因为他已经在沙发上睡着了。这时谭欣打开手机,十几个好友发来信息,基本上都是一个意思,"保护自己,等你回来"。作为家里的独生女,谭欣只给年近八旬的妈妈发了一条信息:妈,今天航班正常,我没事。

2020年春节期间,谭欣带领旅检科14人放弃倒班、迅速集结、连续奋战13天,面临一天10个进出境航班,每天工作超过10个小时,从清晨6点旅客出境到深夜12点旅客入境,都有谭欣略微踉跄却异常坚定的身影。航班多,她在支部喊出"党员都去最前线"的口号,带头登机检疫;人手紧张,她秉承"每个人都是

2020年春节,坚守旅检口岸一线　　潘登　摄

突击队员""科长就是全能型选手"的理念，带领旅检科所有人员，迅速熟练掌握相关要求。工作时靠前指挥，走遍每一个岗位；休息时又争分夺秒地将旅检所有岗位文件要求、岗位职责一遍遍复盘推演，确保心中有数、操作规范，全面提升口岸疫情防控能力。2020 年的春节假期，旅检科全体同志共监管航班近 80 架次、监管进出境人员近万人次。

会挽雕弓如满月，严密防控谱写抗疫篇章

疫情发生后，在关领导的指示下，谭欣提出"一停四不停"工作法，组织带领旅检科业务精锐，查文件、找规范、跑现场，相继制订更新 15 版科室防控方案，并通过多方协调，与相关单位群策群力，最终为扬州泰州国际机场空港口岸打造了"一总一案一表一图一单"的"扬州方案"，得到地方高度肯定并成为扬泰机场疫情防控首选方案。科室全体成员创新思路，对疫情防控全流程反复演练，做实专业技能培训，先后开展桌面演练 7 次、实地演练 5 次。同时，在南京海关督导特派员朱国强主任的指导下，研究制订了预防职业暴露业务指引、紫外灯消毒作业指引、卫生处理消毒效果实验室评价作业指引等，部分指引已被推荐到总关转化为关区制度。

时间转入 2020 年夏季，国内疫情渐趋稳定。某集团的五百余名中国工人已经在国外项目部打拼了 3 年之久，迫切想回到中国。保障此次归国人员包机顺利落地，成为海关总署和地方政府交办的政治任务。人手不足成为谭欣面对的最大问题。扬州海关抽调全关精干人员支援机场疫情防控一线，"我报名""我请战"这样坚定的话语在工作群里一行一行地闪烁，好似一颗颗的定心丸吃进了谭欣的肚里，最后组成了百余人的队伍开展保障。为了入境包机工作顺利开展，按照提前打磨的岗位安

排表，谭欣又带领大家进行了战前演练，确保所有在外务工人员当天能顺利入境。

包机时间确定在了 2020 年 8 月 15 日至 16 日。谭欣一夜没睡好，既有被上级委以重任后的忐忑和压力，又有厉兵秣马后披甲上阵的紧张与兴奋，尽管对检疫流程已烂熟于心，但她仍不敢有丝毫松懈，把入境人员封闭管理的全流程默念了一遍又一遍。

8 月 15 日一早，谭欣便带领各岗位组组长到达航站楼现场，准备物资、调试系统。航班准时抵达扬州泰州国际机场，谭欣带领旅检科以及扬州海关全体支援人员化身海关"大白"。完成登临检疫后，入境旅客开始依次下机。谭欣一边引导乘客接受健康申明卡验核和后续的流调及采样，一边耐心地叮嘱同事后续处置的所有步骤和要求。

只要对讲机里一呼叫有"异常情况"，她都要第一时间回复并赶去处理，随时做好填补岗位空缺的准备。因长时间身着防护服工作，汗水早已浸湿她的衣服，嗓子哑了、胳膊酸了，可"外防输入"的使命感，令谭欣没有半分松懈。健康申明卡验核、流行病学调查、红外体温监测、采样……每一个环节都有谭欣协调指挥，严格把关的身影。航班结束后，她又是等到所有人员撤离，才最后一个离开。在海关检疫查验区域有限的空间里，谭欣一天走了三万多步，工作结束时小腿水肿，

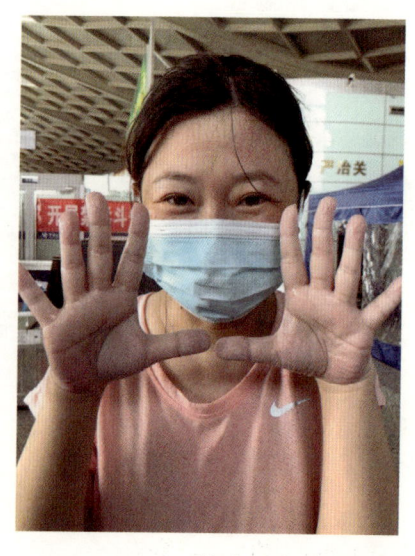

脱下防护服后，脸上的勒痕和被汗水泡白的双手

王洁 摄

体力透支，走路都有点发飘。但是想到在外务工人员泪眼婆娑，一遍遍地说着"还是祖国好"的时候，又令谭欣眼眶发热、疲惫一扫而光。

在谭欣的带领下，一百多位工作人员不畏艰险，逆势前行，连续两天大家都封闭在防护服里 5 个多小时，脱下防护服后里面的衣服能挤

出水，双手被汗水泡白，脸上被防护口罩留下了勒痕。进境通道里一块"温暖国门，迎您回家"的牌子，引来很多旅客拍照。在留言板上，谭欣看到一个便利贴上写着：海关工作人员辛苦啦！她又忍不住热泪盈眶，为大家的逆行而感动，也为这样一支顽强的队伍而自豪。

谭欣带领旅检科深度融入扬州海关疫情防控大局，积极发挥经验优势，迅速成长为入境抗疫战场上的一名老将，提升了扬州海关整体抗疫水平。扬州海关旅检科获得"南京关区集体嘉奖"，旅检科党支部获得"扬州海关先进党支部"称号，科室年轻骨干在抗击疫情的最前沿加入中国共产党。

一枝一叶总关情，春风化雨传递海关温度

海关是国门第一线，疫情期间为了最大程度缓解归国人员的紧张焦虑，谭欣提出并推行"口罩挡不住微笑、防护隔不断温暖"的通关服务理念。这位风风火火的东北大姐自带北方人的豪气与爽朗，一次次用真诚温暖了大家的心。除此之外，她还针对婴幼儿、出行不便者等不同人群制订个性化服务预案，开通"无障碍通道"，用工作的细致周到，在规范的检疫流程中注入温情关怀的"海关温度"。

作为旅检科的"大家长"，如何将这支队伍完整地带出去再完整地带回来，谭欣压力巨大。她最关心的是全体工作人员的个人防护，"只有保护好自己，才能更好保护国家！"在每一次登临检疫作业前，谭欣都会一遍遍地强调，"注意检

在现场流调岗指导工作　　冯天悦　摄

查手套、口罩气密性""要戴好双层手套，外层手套要包紧袖口""防护服穿好后要互相检查确认穿戴效果"……她严格地监督同事们做好防护措施，坚决杜绝职业暴露风险隐患。当发现同事有心理压力时，谭欣又会变成"知心大姐姐"，用女性特有的细腻，帮助同事们疏解负面情绪，一句又一句为同事加油打气。工作期间，她不厌其烦地强调医学巡查及采样步骤，紧盯防护服脱卸、流调、采样、消毒等高风险环节，时刻保持谨慎的工作态度。作为牵头部门负责人，谭欣既要保证包机任务顺利完成，又要确保参战的兄弟姐妹防护周密、安全健康，做到"打胜仗、零感染"。小到物资准备、伙食保障，大到方案制订、现场调度，她从"后勤司令"干到"突击队长"，为扬州海关圆满完成包机检疫监管工作任务发挥了重要作用。

受疫情影响，国际物流通道受阻，为保障航空物流"大动脉"的畅通，谭欣全程参与指导扬州泰州国际机场国际货站基础设施建设，全面开展海关通关改革政策宣讲，全方位了解掌握各企业航空货运需求，助推国际货运场站建设。2020年1月扬州泰州国际机场国际货运场站顺利获批，5月8日首架"客改货"航班顺利开通。谭欣又带领旅检科全体同志优化新服务，展现空港口岸海关形象，24小时备勤保障，第一

为旅客进行海关政策宣讲　　王磊　摄

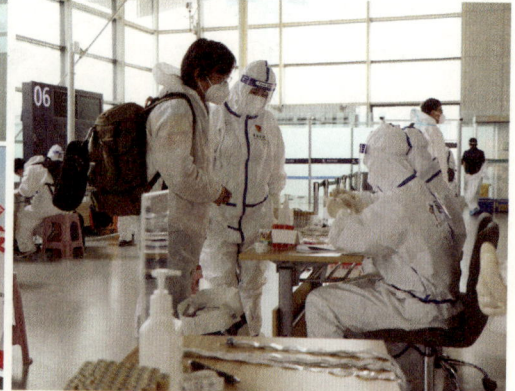

指导样品登记工作　　冯天悦　摄

时间登临检疫、第一时间开展查验,确保进出口物资"防得住、通得快",显示出海关助力复工复产的"扬州速度"。

谭欣是优秀的共产党员,旅检科的科长,但也是家里唯一的孩子。年迈的父母思念女儿,面对谭欣的选择,家人一开始并不理解。"一线工作这么辛苦,为什么每次都有你?"谭欣却说:"这是我作为一名党员、一名海关科长的职责,何况我现在有经验,我不去谁去?"母亲拗不过倔强的女儿,一再叮嘱:"一定一定要好好保护自己!"由于不是专业出身,谭欣一次次抱着文件从天黑看到天亮,哪怕是眼睛充血;经常拖着挑灯夜读的疲惫身体在早上6点准时站在出境通道上,哪怕是心发颤腿发抖。谭欣在日记里写道:在工作岗位上,我感觉到"我是一名海关关员"的意义,每一次细致的排查、每一声深情的问候、每一笔严谨的签名、每一下小心的采样,都让我们感到自己是人们所需要和亲近的人——这是生活最大的享受,最高的喜悦……

微光点点,聚而成炬;累土不辍,丘山崇成。职责和热血交织,方能铸就守护生命的坚强堡垒。大江流日夜,慷慨歌未央,正是无数个谭欣一样的海关人发出的点点萤火汇成了灿烂星河。直面疫情的"防护白"、冲锋在前的"海关蓝"、勇挑重担的"党员红",晕染出"人民至上、生命至上"的感人画卷,谭欣带领着她的队伍以海关人的"血肉之躯",构筑起一座抗击疫情的"钢铁长城"。在口岸防控一线,在金色关徽之下,谭欣和她的战友们和千千万万个海关人一样,用忠诚和担当守护巍巍国门,不获全胜,决不收兵!

合肥海关

身负青囊,剑指远方

"全国海关系统抗击新冠肺炎疫情先进个人"
黄赛姣

合肥海关所属黄山海关
黄赛姣

领命

2022年年初,黄山罕见地飘起了漫天雪花,在初雪降临的那个清晨,伴随着"哇"的一声啼哭,一个软糯糯的小人儿来到了这个世界上,来到了我的身边。当我还沉浸在初为人母的喜悦和手忙脚乱当中时,一通电话打乱了平静的生活。

"停止休假,立即返岗。"2022年3月16日,正在休陪产假的爱人接到了单位的紧急通知。原来多场重要的外事活动即将在屯溪举办,一时间,黄山脚下这座人口不到30万的小城屯溪成了国内外关注的焦点。爱人满怀愧疚地看着怀里刚刚42天的儿子,我知道他心里的顾虑,放不下刚刚出月子的我,更放不下每晚两小时醒一次的孩子。此情此景,我不禁回想起两年前的那一次考验,如今因怀孕生子,身为卫生检疫专业人员的我无法再深入口岸一线,可是在国门上,我们是夫妻,是战友,更是彼此坚强的后盾。"你去吧,家里有我,我上不了你得上。"我对爱人说道。

思绪渐渐飘回到两年前的寒冬，当时新冠肺炎疫情正在蔓延，海关面临着"外防输入、内防扩散"的重任，黄山口岸作为国门一线，疫情防控难度大，接触人员复杂，防控工作迫在眉睫。接到上级关于全面防控疫情的通知后，全关上下万众一心、团结互助、迎难而上。当时正值春节假期，因为旅检岗位的特殊性，往年一线关员春节都需要参与航班监管，我已数年未见过年迈的奶奶。远在湖南的奶奶日夜盼望着这次大年三十与我团聚。思虑再三，我选择了取消休假，奶奶湿润了眼眶，只反复念叨："注意安全、注意安全。"

带着对奶奶的愧疚和思念，我整理好心情，返回岗位，全身心坚守在疫情防控第一线。"海关总署领导要求，日报数据报表请大家6:50前报送，不得迟报、漏报。""海关总署从即日起全面启动健康申明卡申报制度，请各口岸立即执行。"手机的消息提示音从白天到黑夜从未停歇，第一时间传达文件、最快速度有效落实、细化防控指南和应急预案，专业的敏感性告诉我，这一次非比寻常，脑海里只有怎样把每一个环节完善、完善、再完善，怎样把风险防控在最小范围。当看见领导与我并肩作战，看见其他的一线同仁细心检查自身防护装备、熟练做好准备工作、开展各项操作流程时，对于这次抗疫我有着必胜的决心。因为在防疫工作前线，我身边所有的党员、干部甚至领导都用最实际、最具体的表现，筑起了抗击疫情的钢铁大门。

坚守抗疫一线
单松 摄

出征

本以为可以暂时休整，但疫情开始蔓延，上海等一线口岸面临着前所未有的防控压力，海关总署发出支援上海口岸的号召。

"我是党员，又是专业对口人员，应该到最需要我的地方去。"没想到这是我跟爱人在时隔两个月见面后说的第一句话。

在接到"援沪"任务后，我当即毫不犹豫地决定，要克服一切困难，到一线去履行职责和使命。我推迟了原定于4月登记结婚的日子，也暂停了装修婚房的计划，只因为我们都肩负着守卫国门的责任。

在与爱人见面的24小时里，早已顾不上儿女情长，同为国门卫士的我们，将耳鬓厮磨化成了对作业细节的反复探讨，就怕漏过任何一个风险点。他一边反复叮嘱，一边细致地为我整理行囊，我们还专门去超市选购了此次支援需要的日常物资。

2020年3月23日，由卫生检疫处周勇处长带队，15名合肥海关支援队队员带着对家人的牵挂、对未知情况的一丝担忧，还有驰援一线守卫国门的满腔热血踏上了支援浦东国际机场海关业务的征途。

合肥海关支援队伍出发　　刘士全　摄

奋战

到达浦东机场当晚，长时间乘坐大巴令自带晕车体质的我吐得昏天黑地。但是为了能更快地投入现场工作，我还是连夜反复默诵工作群里发布的现场工作指引及防护服穿脱流程，即使已烂熟于心，可还是反复

六、信念如磐，一脉相承 | 639

在脑海里模拟操作每一个环节，绝对不能在自身防护上出一点差错。

第二天，我们进行了紧密培训考核。原本计划第三天正式上岗，可是因为当天防控需要，我作为卫生专业人员与其他5位同事一起，提前接受考核并顺利通过后，立即被抽调到重点国家（地区）航线航站楼紧急上岗。虽然在出发之前我已经为未知的挑战做足了心理建设，可是当真正站在与以往一样熙熙攘攘却又不同的航站楼里时，我更深刻地感受到双肩上沉甸甸的责任。

我们一行人到了航站楼后，带班科长对海关工作现场进行了简单介绍，每个人就被分配去了各自的岗位。当时，眼前的画面让我十分震撼，至今难忘。只见每个入境通道被分割成了不同的区域，按照健康申明验核、初步流调、详细流调、采样、转运等不同功能进行分区。每个区域里是一连排几十个工位，许多跟我一样变身"大白"的同事们有序排坐，还有的正在复印证件，有的正在负责转运，每个人都忙得根本无暇注意我们的到来。

我被分配到健康申明卡验核和初步流调岗。到达工位后，凭身形判断旁边的同事和我一样，也是一个小姑娘，点头打了声招呼，回顾了一下注意事项，就立刻投入工作中了。下午4点到凌晨1点，5个航班几乎同时段到达，工作间隙好不容易抬起头想活动活动筋骨时，望着面前看不到头的排队长龙，捶了捶肿胀的腿和腰部，于是深吸一口气继续投入工作。

后来才得知，同一个工位的那位小姑娘，年龄比我还要小

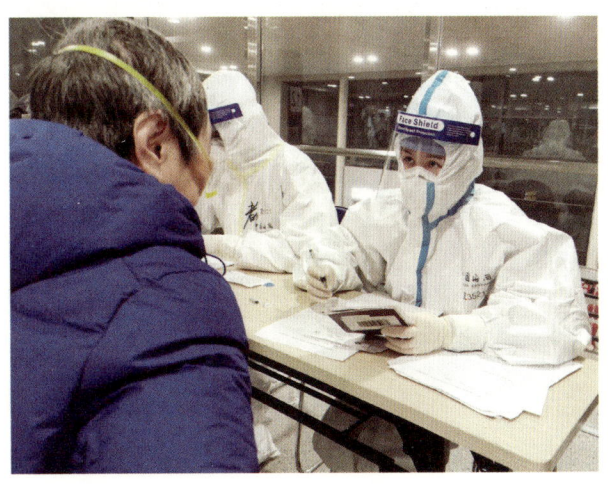

进行流行病学调查　　单松 摄

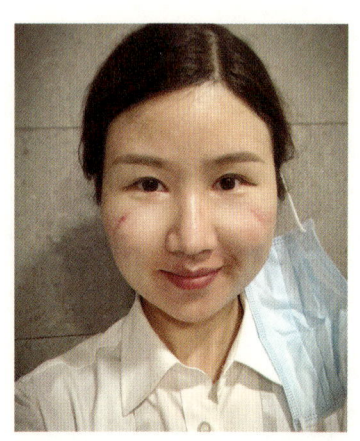

被口罩压出深
深的血痕
黄赛姣 摄

几岁,她已经在岗位上工作将近20个小时了。我们前来支援,她终于可以换班了,可是她刚起身面前又坐下一位旅客,她毫不犹豫地又重新坐了下来,如此一直到其中一个航班结束。我在这个岗位上连续审核了多趟航班,当我脱下穿了长达7个多小时的防护服后,才发现脸上已经被口罩压出了深深的血痕,工作中完全没感觉到疼痛,此刻却疼得让我有点想哭。身后是祖国,身边是战友,我们也从不退缩。

当晚接触的旅客都是从重点国家或地区直航或者转机回国的,其中不少旅客申报有相应的症状,近距离接触存在极大风险。工作结束之后疲惫地回到宾馆,心里还是有些紧张和焦虑,不禁一遍遍在脑海中回放这一晚的工作场景,回想自己有没有疏漏的细节,跟旅客接触时保持的距离是否恰当,有没有及时做好消毒,穿脱防护服时是否确保完全零污染,返回途中过道里的旅客中会不会有确诊病例,自己的保护措施是否足够……千头万绪,想着想着终于睡着了。

完成临时抽调任务后,支援的第三天我们被分配到另一航站楼工作,虽然这个航站楼都是来自非重点国家或地区的航班,风险相对原来的航站楼要小一些,但是防控难度也不容轻视。因为疫情原因,回国的机票一票难求,很多人选择从重点国家或地区转机到非重点国家再回国,某种程度上更增大了流调的难度。

为充分发挥支援人员的专业和经验优势,上海浦东机场海关采取白班、晚班交替的方式,组织支援人员全天候与旅检关员一同值守,日夜坚守,我们始终与上海海关员们并肩战斗在最危险的岗位上,既有清晨6:20的早班机查验,也有凌晨3:00仍在继续的流调和疑似病例排查。此时第一晚的焦虑和担心早已不见踪影,当全身心投入工作时,我感觉

六、信念如磐，一脉相承 | 641

不到时间的轨迹，全部的注意力已经被现场的高压力、快节奏带动，精神高度紧张，脑中的弦时刻紧绷着。脸上前一天的血痕今天又加深了，秋衣湿了又干，密不透风的防护服从白天的闷热又变成了深夜里的寒意透骨，眼睛也熬得通红。坐在工位上时，面前的旅客接踵而至，不容半刻喘息，要保证效率的同时还不能出一丝一毫的差错，我们就在这样的分秒中迎来了浦东机场的朝阳。

在支援机场的日子里，我经常会感受到身为中国人的幸福感和有强大祖国保护的安全感。在入境旅客中，有出国打工的务工人员，也有出国留学的学生，大多是"95后"和"00后"，最小的才十几岁。他们很多都是孤身回国，有人甚至转机4次，转机时间长达几天，才顺利回国。有些老人会情不自禁地感慨道："终于回家了。"在他们的只言片语中，我能感受到他们回到祖国后的那种开心、踏实和幸福感。我们每次也都会对回国的同胞说句"欢迎回国"，旅客也会跟我们说一声"你们辛苦了"。每当这时感觉又充满了力量，斗志又重新昂扬。我想，即使防护服遮挡了我们的笑容，也挡不住"欢迎回国"4个字给予归来者的力量吧。这也是我们坚守国门的意义所在。

有一天，照常穿好防护服后，正准备上岗时，我接到了家人的电话，父亲突发心绞痛晕厥。当时的我害怕极了，很担心父亲，直想掉眼泪，可是我告诉自己不行，穿上防护服可没办法抹眼泪呀，更不能分心！我一遍遍偷偷给自己加油打气，一定没问题，快掉下来的眼泪一次次被我憋回去了。万幸，在航班到来之前，接到父亲已经苏醒的电话。我把心放回肚子里，继续战斗。

连续数个夜晚奋战在第一线，是我有生以来第

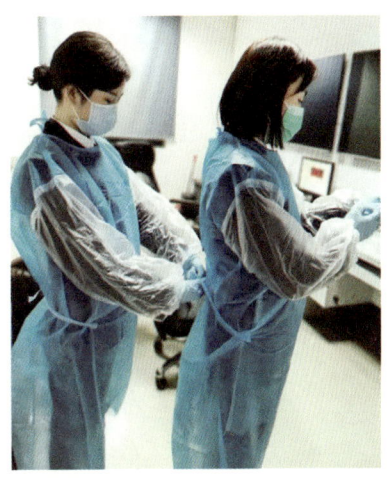

关员正在穿防护服　　陈露露　摄

一次这么长时间、高强度地持续工作。但是疫情就是命令，能与所有一线的人员一起为国门疫情防控作出自己的贡献，我感到无上光荣。我们是国门的第一道防线，我们的身后是千家万户。守护国门，保证公共卫生安全，正是我们神圣的使命！

如果你觉得岁月静好，一定是有人在替你负重前行。在分发餐食这个问题上，我也深刻感受到了这句话的含义。因为黑白两班倒，每天分发餐食成了一个问题。我们队里不少战友都主动站出来承担分发餐食任务，他们牺牲了睡眠时间，让我们可以拥有一个完整的早觉，能以更充实的精力投入接下来的工作，这对于每天都极度缺觉的我们来说极其珍贵。凌晨4点工作结束，回到随着飞机起飞落地，床和地板都会时而轰隆作响的宾馆，待真正入睡时，窗外的天边早已冒出了鱼肚白。而一直患有失眠症的我，好像也不治而愈。为了提高抵抗力，我每天会在回到房间休息的时候，跳两遍广播体操。

在那段不长也不短的支援时光里，我必须要提的是每天的餐食。上海海关对我们的照顾还是非常周到的，我和战友们内心都非常感动，每天的餐食荤素搭配，营养均衡，在"外防输入"的防控压力下，每个人都在尽自己最大的努力守护着彼此。

在某次例行验核健康申明卡时，我发现某航班中一名旅客在申明卡上未申报发热、乏力等症状，但是在流行病学调查过程中发现对方有重点国家旅居史，并且看似闲聊的过程中发现对方在有些问题的回答上含糊其词。我敏锐地意识到，该旅客需高度关注。经过了解，其室友有发热症状。我在其健康申明卡上标注星号并在流调表上注明详细情况后，将其领至后续医学排查岗。事后了解到，该名旅客被确诊为新冠肺炎境外输入病例。

虽然我成了确诊病例密切接触者，但我的防护装备穿脱情况都符合

携手共筑口岸
疫情防线
王颖 摄

规范要求。小有担心之外,更多的是能够为疫情防控工作贡献一点力量的满足和欣慰。

疫情防控形势随时变化,国家防疫政策也随之跟进。原计划两个月的支援,很快就要结束。听到这个消息,内心绷着的弦才慢慢放松下来。心里感到既高兴又不舍,高兴的是防控形势得以控制;不舍的是,我和我的战友们在支援期间,苦中作乐、克服困难,结下了深厚的革命友谊。在我们这支队伍里,有年近半百的大姐,有从未穿过防护服的监管关员,无论年龄大小、职位高低,在战线上,我们互为臂膀、铠甲,我们互相鼓舞打气,互相提醒,我们用爱铸成城墙,也是换了一种方式守护家人,真真正正做到了精诚团结,拼出了我们合肥海关人的精气神!这段难得的"战斗"时光在我以后的生命历程中,都将是一段会发光的回忆!

身负青囊,剑指远方。在这场没有硝烟的战争中,我们都是捍卫国门安全防线的战士,我的故事只是千万国门卫士的缩影,他们仍旧不分昼夜地战斗在国门一线,没有生而英勇,只有选择无畏,因为初心,我们从未退缩。

南昌海关

"疫"不能辞,微光成炬

记"全国海关系统抗击新冠肺炎疫情先进个人"李洁

南昌海关所属萍乡海关 王成斌

己亥末,庚子初,在本应热闹的春节里,人间却遭遇了新冠肺炎疫情。一时间,一场与时间赛跑且没有硝烟的疫情防控阻击战轰然打响。

危难时刻,无数国门卫士纷纷奔赴一线,抗击疫情。南昌海关所属萍乡海关查检科的"90后"李洁就是其中一员,在接到支援通知后,连续3年10余次赴机场抗疫一线,参与入境航班监管100余次,排查旅客超6 000人次,用实际行动展现尽责、奉献、担当的海关人风范。

"疫"无反顾的选择

2020年1月27日,正值大年初三,在湖南老家过年的李洁,手机"叮"的一声收到了消息提醒。在工作群,李洁收到了支援机场一线的倡议消息。看到倡议后,李洁毫不犹豫提出申请,主动要求奔赴一线。

疫情就是命令,当一切都还未知的时候,有医学背景的李洁奋

六、信念如磐，一脉相承 | 645

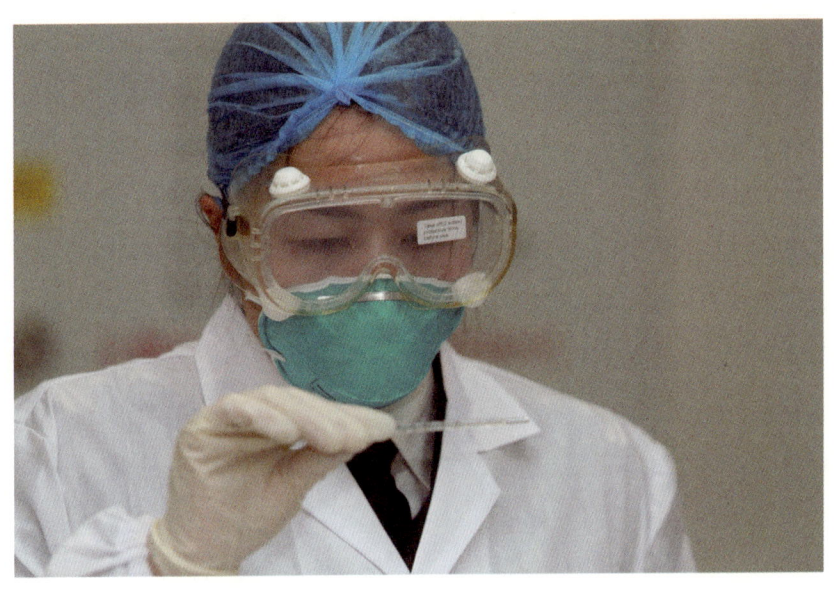

为体温异常入境
人员复测体温
徐骁 摄

不顾身地冲进了机场防疫第一线。到达昌北机场后，她选择了体温复测岗，这个岗位需要用水银温度计给高风险旅客复测腋下温度，逐一排查。

机场的会议室，光线不是很明亮。她与前来支援的同事们自发来到这里练习穿脱防护装备。在此之前，大家对防护服的概念仅仅停留在电视上见过，并不清楚完整穿脱一次密不透风的防护装备至少要30分钟，而且穿脱非常耗费体力，旁边的同事已经满头大汗。但是为了能更加从容地走上战场，他们一遍又一遍地练习，不断纠正细节，坚决要以最专业、最严谨的姿态投入疫情防控工作中。

在她的日记中写道："1月28日，今天是支援工作的第一天。一架高风险航班落地了。匆忙的脚步声、旅客的叫嚷声、急促的呼吸声……现场的气氛一下子变得很紧张。我要做的，是用水银温度计复测旅客的腋下温度，逐一排查。这样的密切接触，我紧张了起来，呼吸变得有些急促起来，护目镜上的雾气随着呼出的热气变得越来越重。但回想起昨天下车时火车站里空空荡荡，冷冷清清，感觉疫情就像一张灰色的巨网，撒在人们生活的每个角落，我明白这是在打一场没有硝烟的战争，作为一名党员，这是我的使命，也是我的职责。深呼吸了几次之后，我投入忙碌的工作中。随着到达的航班班次越来越密集，旅客越来越多，我一刻都舍不得停下来，忙了一身又一身的汗，衣服更是湿了干、干了又湿。虽然很累很辛苦，但我靠着信念坚持着。整整6个小时的排查结束了，回到休息室，我和几个同事累得瘫倒在凳子上。抬头看着墙上的金色关徽，今日，幸不辱命。"

连续多日的高强度工作，从未有人喊苦喊累。清晨还没有航班到达时，大家会各自在岗位上待命，享受这尤为难得的空闲。在资源短缺的情况下，为了能多节约一套防护服，李洁会在上岗前就控制喝水，闷热的防护服一穿就是六七个小时，被汗水浸湿的衣服黏在防护服上，护目镜在脸上和鼻梁上留下深深的压痕，每天长达十几个小时站立工作导致小腿肿胀，使她行走的每一步都显得格外沉重，她仍笑着说："使命在肩，脚步当然要稳重一点。"等第二天起来，她又是一个精力充沛的战士。

"因为旅客很多，真不知道哪位可能就是感染者，而我需要密切地接触每个人，要说不怕是假的，但在使命面前，在共产党员的心中，'害怕'这个词必须放下！"李洁说，她时刻提醒自己是一名共产党员。一名党员一面旗，旗帜就是方向，是带领大家前进的先锋，面对疫情，必须义不容辞、义无反顾。

支援机场　　徐骁　摄

向"疫"而行的担当

有了支援机场的经验，在口岸海关人员紧张的情况下，作为一名医学专业毕业又有卫生检疫工作经验的她，再次主动请缨到口岸一线主战场战斗。随着疫情的发展，抗击疫情的重心转移到了严防输入上，李洁在每次执行入境包机检疫任务时从不缺席，再加上连续支援机场的经验，让她成为入境抗疫战场上的一名老将。当看到自己参与检疫的入境包机又出现新冠肺炎确诊病例时，她不再害怕，内心只有肩上的使命和更加坚定的抗疫决心。

一天凌晨 3 点，一位大叔在完成了流行病学调查后，还不愿离开，兴奋地跟李洁诉说着自己艰难的回国旅途，并且激动地说："当我们看到'中国海关'4 个字的时候，心终于落地了，我们安全地回到祖国了。"李洁笑着回答他："一路辛苦了！欢迎回国！"他眼里溢出了喜悦的光："你看起来好年轻呀，不会是'90 后'吧？""是的，我们是'90 后'，17 年前的非典疫情我们被守护，17 年后我们守护你们！"

"嘀！嘀！嘀！"红外线温度监测仪响了起来，原来是一名大叔体温 37.5℃引发了报警，需要进行复测。大叔很紧张甚至很恐慌，解释的语句夹杂着方言，她差点没听懂。"叔叔别紧张，我们给您量两次体温，您先平静下来，不然会影响测量结果。"在李洁和同事的安抚下，大叔平复了情绪，安静地配合复测，一切正常。当听到"没问题可以走"的时候，大叔"噌"地一下站了起来，眼里溢出喜悦

对入境人员开展现场流调工作　　王成斌 摄

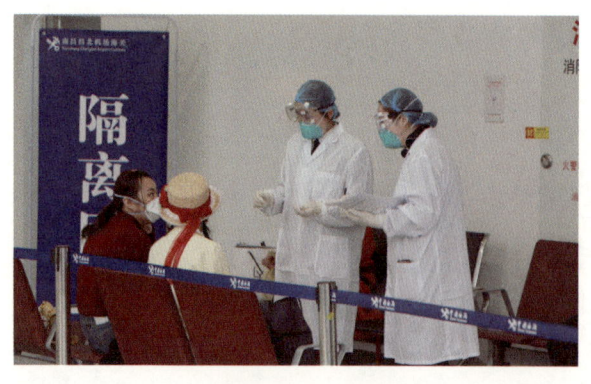

为入境人员复测体温
王成斌 摄

的光，紧紧握着陈洁的手道了十几声谢。"大叔，为人民服务对于我们海关人来说，是责任是初心，是流淌在血液里的使命和担当，您不需要感谢，但我谢谢您的'感谢'"。

日夜守望，默默奉献。她和一同奋战的一线工作者们都相信只要坚持下去，阴霾终将散去。

在机场里有很多穿着雪白防护服的人影在穿梭，国门卫士以他们的使命感和责任感坚守国门，他们在为抗疫而战斗。多少个日日夜夜他们坚守一线，在这洪流里，他们全力以赴与病毒赛跑，把守国门，用信念燃烧青春，在疫情防控工作中践行着青春价值。

小家大家的相融

态度决定高度，高度决定一切，一切成功的背后都有人在背后支撑着。

"90后"的李洁是父母的孩子，也是一个四岁孩子的妈妈，每次支援，最放心不下的就是自己的孩子。"为什么每次支援人员都有你，你每次都要去？"面对这样频繁的出差，家人们一开始并不理解，李洁却是淡淡一笑："这是我作为一名共产党员、一名海关人的职责，组织需要我，我就得去，更何况我现在有经验了，我不去谁去？"

她打开日记写道："抗疫在继续，人们的生活也在继续。社交媒体上总是能看到'在家无聊的一天'，殊不知，你们口中所谓无聊的'家'，正是我们想回却回不去的地方。但我从不后悔来到防疫一线！指令所指，党员所至，疫情当前，坚守岗位，能以自己的所学所长为党和国家贡献力量，是我作为海关人、医学生最大的荣光。没有一个冬天不可逾越，没有一个春天不会来临，立春已至，冬日渐远，中国加油！"

家人渐渐从原先的不理解到后来的支持，孩子也从一开始遇到妈妈出差就流泪变得以妈妈为骄傲。现在每次遇到妈妈出差，孩子总是自豪地说："妈妈是奥特曼，去打病毒了！"她很感恩家人们的支持和孩子的懂事，让她在一线工作没有后顾之忧，将责任化作关徽扛于肩上。

全力以"复"的执着

随着疫情防控形势的逐步好转，复工复产也在有序推动。为确保企业复工"零等待"，萍乡海关查检科设"专职协调员"制度，一企一党员。

萍乡市上栗县是全国烟花爆竹四大主产区之一，是萍乡极具特色的

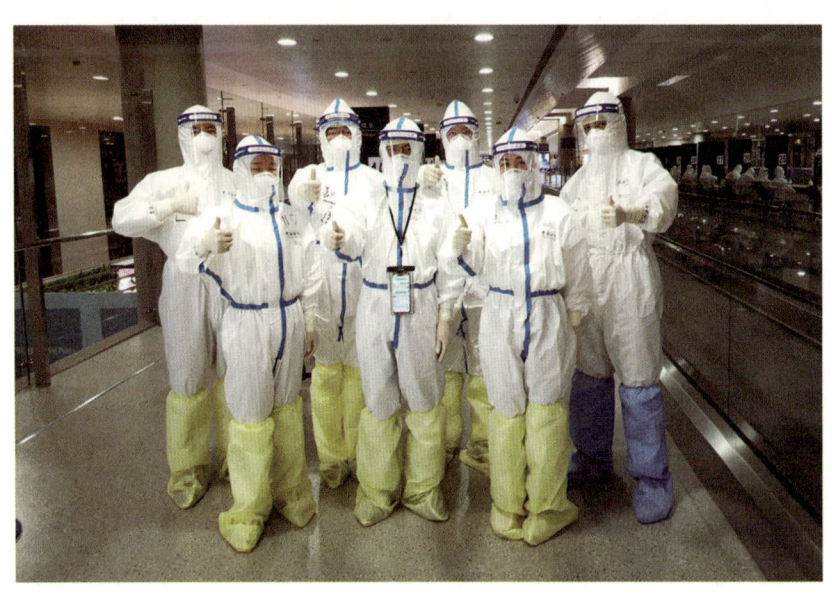

与同事支援上海浦东国际机场
王成斌 摄

外向型支柱产业和民生工程,也是萍乡辖区主要对外贸易产品。从机场回到查检科岗位,李洁又立马投入查检科本职工作中,烟花爆竹企业复工复产人手紧、任务重,她这次又主动提出担任烟花爆竹企业的"专职协调员"。

由于前期疫情影响,企业积压了许多库存,而且烟花属于易燃易爆一类危险品,产品出口要求较高,在助力企业复工复产的同时,更加有效地防范安全风险也是重中之重。她首先联系辖区企业,初步了解企业现状,并梳理形成笔记,随后通过远程视频与实地调研相结合的方式,对企业复工复产情况开展全覆盖摸排,对有进出口需求或急需复工原辅料的,第一时间联系沟通,第一时间安排查验,第一时间到达现场,第一时间快速验放。

她坚持在查检一线身先士卒,冲锋在前,全天候、全方位为出口企业提供延时错时服务,通过"互联网+预约"提前统筹做好工作安排,建立"不过夜"工作机制,做到当日申报、当日查检或监装、当日出证,最大限度为出口产品顺利出运保驾护航,确保复产货物"零滞留"。

有多少付出,就有多少收获。她与同事们常常每天工作12个小时以上,但是当看到企业复工复产有效推进,同志们不约而同会心一笑,因为,工作值得。同时,"不过夜"工作机制也一直被延续了下来。

转眼又到了新的一年,依旧是春节。这一次,她决定留在萍乡就地过年。大年初一,她与同事一大早就赶往江西某物流公司对准备出口的12柜烟花爆竹进行监装。年底是烟花爆竹生产企业的出口旺季,如果因为监装不及时导致赶不上船期,造成货物积压,出口企业将会因无法交货而承担法律责任,整个出口烟花行业将承受巨额损失。

到了傍晚,他们又赶往萍乡市某烟花制造公司进行查验。在集装箱前对一批运往美国的烟花爆竹对照清单逐一核对货物信息,眼角眉梢挂着一丝疲惫却依旧打起十二分精神仔细确认集装箱号及内部环境，检查货物包装是否完好，并随机拆开包装好的烟花进行查验。当天的装柜申请单上显示，这批货物共有 18 柜，平均每一个集装箱查验需要花费 10 多分钟，整体下来需要 3 个多小时。

时间到了晚上 10 点，南方的冬季又湿又冷，寒风夹着细雨更是冷峭，仓库门口整齐摆放的 18 柜烟花已经全部监装完成，正等待着运输车的到来。"烟花爆竹均有产后即检、检后即出等对时效性要求高的特点，为了确保这些货物不被积压，我们按照'5+2'监管模式，周一到周日连轴转不间断监装。监装后的货物，就可以直接运至口岸报关出口了。"李洁说道。

伴着零星月光，满载出口烟花爆竹集装箱的运输车队驶出产业园。企业从申报、检验、出证、监装到通关，一步一步形成无缝链条。"去年春节由于疫情影响，订单观望、货物积压成为我们的心病。今年海关工作人员提前协助我们制订了计划方案，还安排了帮扶小组，这个春节我们很安心、很放心。"看着产业园里来来往往的运送车辆，萍乡市某烟花制造公司负责人说。

一个人的挺身而出，可能只是烛光，但千百人的奉献就是太阳。由无数个她组成他们，由无数个小家组成大家，他们自觉服从疫情防控的大局需要，主动投身战斗。他们都是普通人，做着力所能及的普通事，但他们坚信，众志成城，微光成炬。在疫情面前，他们以小我的微薄力量，构筑起保卫祖国的抗疫城墙。用青春热血守卫国门防线，书写忠诚担当，用臂膀扛起新时代的重任，努力展现中华儿女的风采，以实际行动践行初心和使命，以担当作为给党旗增辉添彩。

武汉海关

让青春之"火"照亮国门

——"全国海关系统抗击新冠肺炎疫情先进个人"武汉海关所属武汉天河机场海关青年关员胡火的抗疫故事

武汉海关 黄宏章 王芳 衣首静 熊皖扬

"全国海关系统抗击新冠肺炎疫情先进个人"、湖北省岗位学雷锋标兵、湖北省"荆楚时代女性榜——抗疫玫瑰"、湖北省"省直机关优秀共产党员"……

这就是武汉海关所属武汉天河机场海关青年关员胡火在短短两年多时间里所获得的荣誉与表彰。

的确,她带"火"的名字,犹如一支熊熊燃烧的火把,高高擎起在口岸通关第一线,散发着光亮,温暖着他人,照亮着国门,用一件件"小事",担青年之责、献青春之力。

特殊任务

2020年1月24日,疫情冲击下的武汉一片寂静,宽阔的马路上没有了来往的车辆和行人,机场海关的通勤车像一叶小舟,在大海中孤独地航行。

面对突然来袭的新冠肺炎疫情，武汉天河机场此刻已是艰险的抗疫阵地。也就是从这一天开始，被誉为国门卫士的海关人，义不容辞地成为冲向口岸一线的"逆行者"，行走在疫情防控刀尖上的"舞者"。

实施入境人员
检疫准备
杜度 摄

晚饭时分，机场海关旅检三科科长张云鹏，突然接到一个紧急电话："凌晨的入境航班载有一名新冠肺炎确诊病人回国，海关要派员实施登临检疫。"这是武汉天河机场口岸首例入境新冠肺炎确诊病例，也是一场从未遭遇过的战斗——因为，那时大家对新冠肺炎疫情了解真是太少太少了。

谁上？21:00左右，张云鹏科长召开紧急支部会议。他神情凝重："今晚有个特殊任务，半夜12点的航班上有名新冠肺炎确诊病人要转运回国，我们需要派人去执行监管任务。作为支部书记我带头先上，双人作业，有哪位愿意跟我上？"

谁上，意味着需要自行隔离，也意味着整个春节到元宵节都不能和家人团圆，而且还可能有感染的风险。

"让我去！"短暂的沉默之后，胡火略带颤抖的声音里透出一股坚定："我行，孩子可以交给父母与爱人照顾。"

科里的同事知道她的女儿还小，非常依赖她。听她说把孩子交给家里人照顾，关员宋也平立马站了起来："不如我去吧，我一个人住，风险肯定小一些。"

年长几岁的胡火却一把按住了宋也平："你一个人住，身体也不好，要是隔离了，买菜吃饭都是问题，你爸妈都不在武汉，别让他们担心了。"然后，当仁不让地说道："再说，我是支委我先上，就这么定了，我去给家里打电话。"说罢，她就走出了会议室。

"妈，我今晚要去执行一个特殊任务，可能春节都不能跟你们见面了，但请你们不用担心，我们防护装备齐全，科长经验丰富，肯定没问题的……"

话虽然这样说，面对未知的新病毒，胡火和大家一样心里也都没底，但她还是故作轻松地跟父母交谈着。

"你别骗我啊！如果不危险，为什么要隔离？能不能不去啊！家里不希望你去冒险啊！"母亲担忧不已地问。

"真的没事，你放心吧，我一定把任务完成得漂漂亮亮的，也一定会保护好自己，科里没有人比我更合适了！"

紧急时刻

午夜12点，航班保障任务结束，科里同事都陆续回家了，只留下张云鹏和胡火在值班室等待这架延误了的特殊航班。航班预计凌晨4:00抵达，他们一边与机场服务人员沟通航班信息和机上人员情况，一边计划着检疫流程和防护细节，此刻的他俩是既紧张又镇定。

凌晨4:20航班落地，胡火与转诊医师一同乘坐负压救护车前往机坪。虽是冬季，但闷热的车厢和密不透风的防护服，让她很快浸湿了衣衫。而这一切，她都顾不上，只是忙碌着反复检查登机检疫箱里的仪器设备是否正常，单证表格是否齐全，自我防护措施是否到位。告诫自己紧要关头，不容有误！

六、信念如磐，一脉相承 | 655

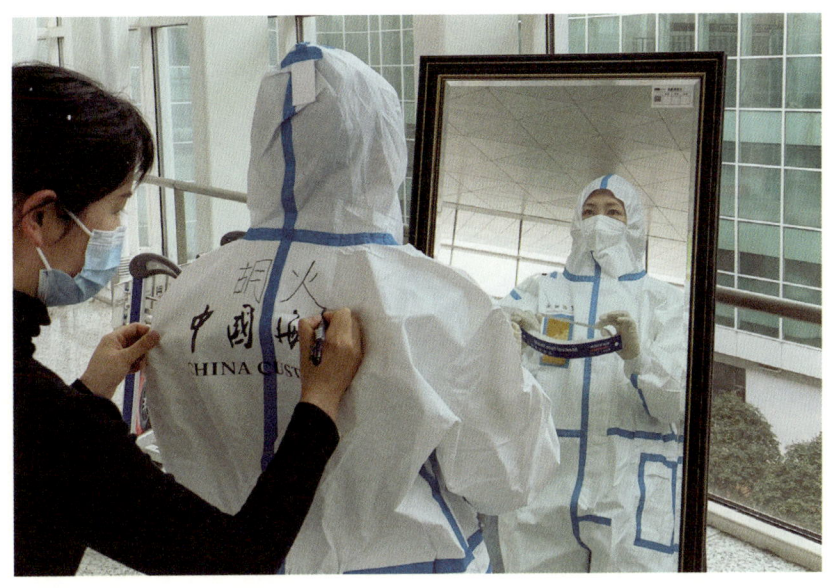

岗前穿戴防护装备
蒋鑫 摄

飞机落地、停靠检疫机位，联检人员和转运车辆均已全部到位。走下救护车。寒冷的冰雨瞬间打湿了防护面屏，看不清前方的路。与航空公司确认机上信息后，他们示意机组打开舱门，密闭的机舱瞬间变成了无声的战场。

雨一直下，120人员为了减少患者步行距离，将负压救护车车尾以最近距离停靠在舷梯下方，待登临人员与乘务长确认完申报情况后，患者下机。患者是一名中年女性，身体极其虚弱，飞行期间还伴有腹泻、呼吸困难等症状，情况紧急。他们迅速办理转诊手续，在救护车上开展流行病学调查，与转诊医师交接病患信息，将病人紧急转运至指定医院接受诊治……整个过程，胡火都在沉着而娴熟地忙碌着、处置着。

"那是我最难忘的一个除夕夜。"她说，该患者后来因为得到及时有效救治，最终脱离危险，治愈出院了。

忙碌身影

由于疫情防控任务繁重，胡火隔离期一满顾不上休整，就又一次冲向防控一线，开始了为期44天的封闭管理工作。

"妈妈，你有多少天没抱抱我了？"这句充满孩子气的"质问"，来自胡火的女儿。家人问她想不想孩子，她说："不想是假！但是，如果再来一次，我还会作出同样的选择。因为，面对困难，全国广大人民都在守望相助，全国医疗战线的工作者都在逆行而上，我们机场海关人岂有后退之理？"

自1月4日起，机场海关进入"战时"状态，干部职工昼夜在岗。因为春运，机场每天进出境旅客近万人，口岸卫生检疫压力巨大。1月19日，发热旅客开始移交转诊。当时病毒性质未知、疫情信息不充分、联动机制不健全，地方突发公共卫生事件应急响应未完全启动，检疫工作面临诸多考验……

卫生检疫岗上，胡火与同事们坚持"逢疑必查，逢警必处"，每个班紧盯红外测温显示屏十几个小时，双眼干涩通红，身心疲惫，但是遇到体温异常的旅客，立即拦截排查。经体温复测和流行病学调查，被要求暂缓出境的旅客会产生消极情绪。胡火和同事们一遍又一遍耐心解释，竭尽全力协助旅客解决改签、退票等问题。

3月的一天，有3架次航班入境。为了顺利完成保障任务，武汉天河机场海关所有人都在忙碌，时任该关副关长的王锐带着胡火等业务骨干着手将位于远机位的811候机大厅改建成入境航班专用检疫监管场所，一切从零开始。规划功能区布局，加设物理隔板分"区"分"通道"，增设警戒带、地面提示，历时两周，终于实现了"三区两通道"格局。

除了811现场，她忙碌的身影还出现在机场海关会议室，跟同事们不断

六、信念如磐，一脉相承 | 657

讨论、细化入境航班保障方案，争分夺秒地调整、优化。

3月19日，811入境航班专用检疫监管区正式启用，也如期迎来了3架入境航班，胡火和同事们清晨走进811，凌晨走出811，连续工作了整整17个小时！完成所有航班任务后，大家看到了初升的太阳，既疲惫又激动。

在口岸防控昼夜不分的日子里，为帮助战友们迅速掌握防控要求和技能，她带领业务规范组制订卫生检疫岗位操作规范，细化岗位职责和操作流程，历时3个多月，最终形成了320页、10万多字的《武汉天河机场海关新冠肺炎入出境卫生检疫岗位操作规范》，构建起系统性的培训指南和岗位操作指引，在成功守住国门阵地的同时，做到了抗疫团队"零感染"。

与此同时，她充分发挥业务骨干作用，牵头开展全面自查，详细梳理海关总署和总关疫情防控相关文件121个，对照210条文件内容开展自查，在细节上找差距，在措施上补短板，列出审核要点15项28条，将各项防控措施落实落细。

坚守旅检岗位
蒋鑫 摄

不懈坚守

由于工作表现出色，2020年7月，胡火提任机场海关口岸监控科科长，面对疫情这个看不见的敌人，她深知，下山容易上山难，躺平容易坚守难。于是,暗暗下定决心要当好科里的"带头人"。

如何防住"输入"风险?首先要做到消毒彻底。她带领科里同志给航空公司和出入境检疫处理单位量身定制了《入境客运航空器终末消毒工作要求》,讲清、讲细消毒工作要点。为确保消毒药剂使用充足、通风换气完整,她一个细节一个细节地落实,核查客舱容积、面积,计算药剂使用量,查找航空器资料确定通风换气时长,百余次地帮助航空公司修订消毒方案、完善工作记录,只为严把疫情输入"首道关"。

如何防住风险"外溢"?监督做好涉疫垃圾处理是重点。他们抢抓时间,三下通知,要求机场集团加强口岸公共区域医疗废弃物安全管理工作。2021年7月,她带领科室开展了口岸医疗废弃物管理专项监督检查,覆盖作业单位3家和暂存场地4个,为加深被监督单位对涉疫垃圾处理工作的认识,多次赴一线讲解工作要求和风险,确保严格落实涉疫垃圾的无害化处理,防范因国际高风险航班垃圾管理不当导致的人员感染或环境污染事故。

2021年6月,科里的同志开始轮流支援旅检一线,人员缺口大,

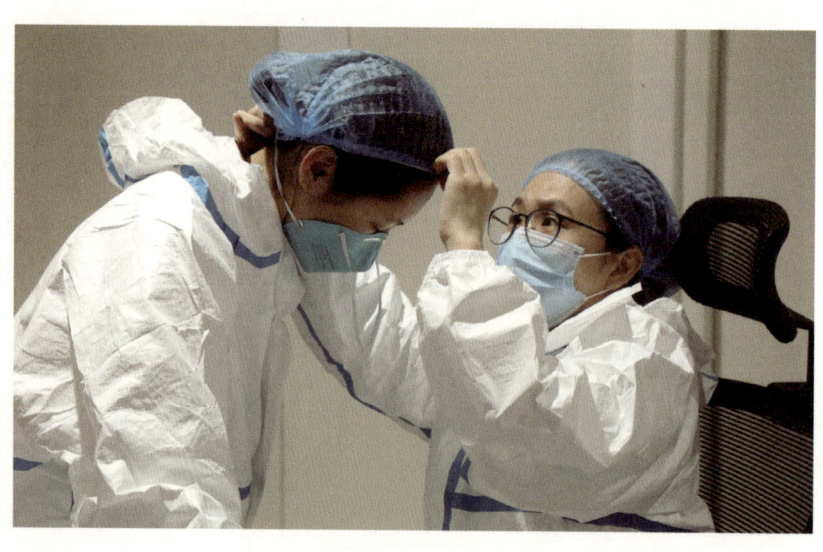

上岗前穿戴防护装备
王绪明 摄

胡火面临的考验是工作量做了加法，人员做了减法，而压力做了乘法。为了确保人员队伍的思想稳定性，她告诫自己要做有心人，及时开展"一对一"谈心谈话，及时了解大家的诉求和思想动态，及时开展有效的沟通疏导。

常态化疫情防控，考验着驻守在通关一线的每一位海关人。胡火带领团队深入排查航站楼、交通中心等重点区域集中空调通风系统，地毯式检查风机房、通风口送风、清洁、消毒情况，降低空气中病毒传播风险。深入开展公共区域消毒专项检查，重点核查航站楼各区域消毒方案、药剂浓度、作业频次等，切断物体表面病毒传播途径。持续开展海关监管作业场所的新冠病毒环境监测工作，切实加强"人、物、环境"同防。

青春风采

"我是海关关员，严密地检视，只为一心一意构筑坚实文化防线……"作为武汉海关形象代表，胡火参与拍摄的湖北省扫黄打非公益宣传片《护苗12390专项行动》，在电影院、地铁等公共场所为群众普及海关"扫黄打非"知识。熟悉她的同事，经常开玩笑说她是大家心中的"明星火"。

此话不假，作为"湖北五四奖章集体"代表，她曾受邀参加共青团中央主办的"学习寄语精神，展现青春担当"事迹分享会，现场分享了机场海关坚守国门一线、严守国门安全的感人事迹。活动在湖北广播电台等各媒体平台直播，约150万人在线观看。

作为湖北青年讲师团成员，胡火还在中央团校参加共青团中央主办的"抗疫中的青春风采"青年论坛活动，通过现场连线方式，面向全国

分享武汉海关
抗疫事迹
熊皖扬 摄

团县委班子进修班深情讲述武汉海关青年在火线上激扬青春力量、以行动书写青春篇章的抗疫事迹,并与学员在线问答互动,着实让海关青年人引以为傲了一把。

值得一提的是,2022年4月29日,胡火作为全国海关8名青年代表之一,以视频直播形式参加了海关总署青年政治理论学习交流会,与大家一起分享她的抗疫故事。

近3年的抗疫日子里,她成了武汉天河机场的义务"讲解员",不管分内分外,无怨无悔,默默奉献。

每逢海关总署专家组和湖北省市领导到机场督导检查疫情防控工作时,她的身影就会出现在大家面前,介绍海关精准防控、封闭管理、筑牢防线等情况。

她带领团队积极探索国境口岸卫生许可证办理的"审验合一"工作,将行政审批时限由原来的13个工作日压缩至1个工作日,全面助力口岸商家复工复产。

她自主翻译流行病学调查表英文版，参与口岸新冠肺炎防控部分科研和标准项目，追踪涉疫高风险旅客的后续身体状况和诊治情况，确保发现风险、严格处置、后续监管形成工作闭环。

她与同事一起为旅客提供普法宣传、健康咨询、旅行建议、外语翻译等志愿服务。

这就是大家心目中"明星火"的抗疫故事，她，疫情面前冲锋在前，平凡工作孜孜以求，每天都在自己的岗位上，诠释着一位共产党人的奉献，演绎着一个青年关员的忠诚与担当，尽最大努力发光发热，照亮着、温暖着祖国的通关大门。

广州海关

"90后"新星闪耀时
——记"全国抗击新冠肺炎疫情先进个人"胡银宽

广州海关所属广州白云机场海关 高金连

获评"全国抗击新冠肺炎疫情先进个人"
白萱 摄

2020年9月8日上午,北京秋高气爽、风轻云淡。人民大会堂北门外,高擎红旗的礼兵分列道路两侧,肩枪礼兵在台阶上庄严伫立,两旁的青少年欢呼致意,到处弥漫着庄严而喜悦的气氛。

胡银宽身穿笔挺的海关制服,胸前别着大红花,庄重地步入人民大会堂。

今天,他将代表着身后千千万万个日夜奋战在国门第一线的海关人,在人民大会堂参加全国抗击新冠肺炎疫情表彰大会。

他回想这一路走来,历历在目……

初入海关，从"小白"到业务骨干

到广州白云机场海关旅检现场报到的第一天，胡银宽在门禁众多的航站楼里迷路了，科长领着他直接走向海关的卫生检疫大厅。

出现在他眼前的宽阔大厅就是祖国南大门的第一道防线，上方电子屏幕显示着"卫生检疫"四个金色大字，下面是并排的10余条测温通道，就像国门前的一道道防线，保护着身后的祖国和人民。

科长带着胡银宽熟悉卫生检疫各环节工作内容，全新的挑战让胡银宽莫名兴奋起来，但没有医学背景的他也心怀担忧。胡银宽的带教师傅是比他入关早四年的李敏萍，2014年毕业于南方医科大学的预防医学专业，曾参加过埃博拉出血热等重大疫情防控工作，短短几年时间已经成长为独当一面的业务骨干。胡银宽决心向有医学背景的师傅好好学习。

"进入海关就能遇到这样的良师益友，我一直觉得自己很幸运。"胡银宽坦言。

有一次，师傅李敏萍在测温通道上排查到一位体温异常的归国男旅客，带至负压排查室做进一步检查。这名旅客身体十分虚弱，头重重地埋在检疫床上，李敏萍做完流行病学调查、采集好样本后，转头对胡银宽说："旅客需要转运至定点医院，提前准备好相关单证。"

胡银宽听后手忙脚乱，这是他工作后第一次遇到旅客转运情况。胡银宽赶紧为旅客做好防护，听见师傅在不停地打电话：联系航服送来轮椅，联系边检帮助旅客远程验放，联系120急救分派救护车……当航空公司送来轮椅后，李敏萍带上胡银宽，将旅客扶坐在轮椅上推着旅客，往廊桥方向走去。透过窗外，胡银宽看到两辆救护车闪着警示灯从停机坪远处开过来，他有些困惑，明明只有一个旅客，为什么需要派两辆救护车？李敏萍告诉他，前面一辆是机场急救车，负责引领工作，紧随其后的才是定点医院派出的救护车。

"工作中遇到很多第一次，师傅在一旁为我指点迷津，我很感激。"胡银宽说。

2019年年底，胡银宽作为业务骨干参与海关总署对机场口岸公共卫生核心能力的达标考核。"核生化探测门的数据记录是怎么样的？""手持式设备平时如何操作？"面对专家临时提出的A级生化防护装置穿脱实操考核，胡银宽在十几名验收专家面前冷静而麻利地操作，当他顺利完成考核后，考核组负责人带头鼓掌称赞："这是我见过临场发挥最好的一次，可以说是教科书式的操作！"

短短一年时间，胡银宽已经把"接力棒"紧紧地抓在自己手中，从卫生检疫"小白"慢慢成长为独当一面的业务骨干。

疫情突发，勇担带班重任

2020年1月21日，广州海关党委宣布全关进入应急状态。

空港口岸是"外防输入"的第一道防线。广州白云国际机场是国内三大国际航空枢纽之一，也是华南地区最大的空港口岸，国际和地区航班通达点90余个，日均进出境人员超5万人次。毫不夸张地说，这里是"外防输入"的主战场之一。直觉告诉胡银宽，将旅客安顿在轮椅上这将是一场硬战，他毅然退掉机票，"一定回家"的承诺再一次落空了。

1月24日，深夜，广州海关党委发出号召书、动员令。胡银宽迅速响应，积极参与制订口岸防控技术、内部防控工作指引等工作。

1月26日，海关总署全面启动出/入境人员填写健康申明卡制度，在人力资源有限的情况下，现场工作强度激增。

六、信念如磐，一脉相承 | 665

1月29日，胡银宽和所在班组同事共32人，面临着单日进出境人员近2万人次的卫生检疫监管任务，在航班高峰时段，会出现三四趟航班同时进境的情况。此时，作为带班组长，面对近乎不可能完成的任务，胡银宽时刻保持精神高度集中，像一台高速运转的精密仪器，迅速妥善地处置各种情形，确保旅客快速通关。

"银宽，出境航班有一人确诊，现在留在境外治疗，其余旅客乘坐航班回来了，已经下机了，要如何处置？"对讲机里传来同事焦急的声音，刚转运完有症状旅客的胡银宽身着白色防护服，左手捧着文件夹，右边拿着对讲机，从航站楼廊桥往回小跑。

这是胡银宽所在班组第一次遇到高风险人员。

"注意和普通旅客分离开来，避免交叉感染风险，我马上过来。"胡银宽拿起对讲机对同事说。机场建设时为突发疫情设置重点航班监管区146廊桥，他迅速请示上级，在科长李伟东的指导下，首次紧急启用该廊桥。

"我得赶紧过去，毕竟我对那里的情况比较熟悉。"胡银宽加快脚步。此前，他经常过去给那边的负压排查室做日常维护。

旅客中有老人、有孩子，来回航班奔波让老人瘫坐在座位上，小孩子在父母的怀里不时哭闹。"他们估计饿坏了，得加快处置流程。"胡银宽心想，他迅速准备流行病学调查和采样所需材料，联系广州市卫健委妥善安置这批旅客。

这一天，胡银宽在流行病学调查、采集咽拭子、转运有症状旅客各

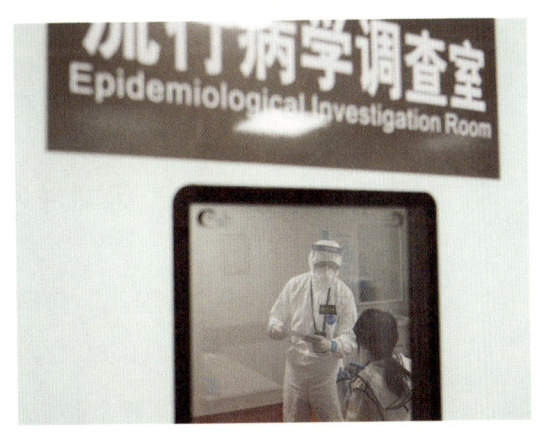

对入境发热旅客进行流行病学调查

关悦 摄

岗位来回忙碌。凌晨一点，他为最后一名旅客采集样本后，打开负压排查室的门走向更衣室，身体不听使唤地顺着墙根瘫坐下来，眯了一会儿。

胡银宽突然从睡梦中惊醒，想到还要运送高风险旅客采集样本到广州海关技术中心生物安全三级实验室检验，他缓缓起身脱掉防护服，回到办公室简单地吃口泡面，准备出发。

凌晨两点，周围万籁俱静。胡银宽坐上班车，一路穿过城市的夜灯和星光，眼皮不自觉地耷拉下来，他靠在座椅上睡着了。

班车拐进黄埔港附近一个不大的院子里，此时，出现在胡银宽眼前的小小院子，就是华南地区最高级别的生物安全实验室之一，看着实验楼门口的庄严关徽，灯火通明的窗户和楼道，他不禁感叹这里也跟航站楼一样感受不到昼夜变换，"实验室的同事们忙碌地做着检验，一种战士在前线冲锋陷阵的肃穆感油然而生。作为海关人，我们肩上的责任特别重大，但我们又特别团结，一环扣着一环，一个人联结着一个人，共同驻守着国门。"

胡银宽睡意全无，拎起生物安全送样箱走进实验室大楼。也许，有些人的勇敢和担当是流动在红色血液里的精神迸发。

推进专项，实践科学抗疫

"分区分级分类"卫生检疫监管新模式在广州白云机场空港口岸率先实行，如何具体落实到T2航站楼每一个区域是日夜困扰胡银宽的问题，他连续8天睡在航站楼的休息室里，研究设计方案。

"没有人让我加班做，但是我年轻，负累少，多干点无所谓。早点把方案拿出来，让旅客通关更快更安全一点，哪怕加快一小时都是胜利。"胡银宽说，省掉每天来回上班的2小时，一周就能节约14个小

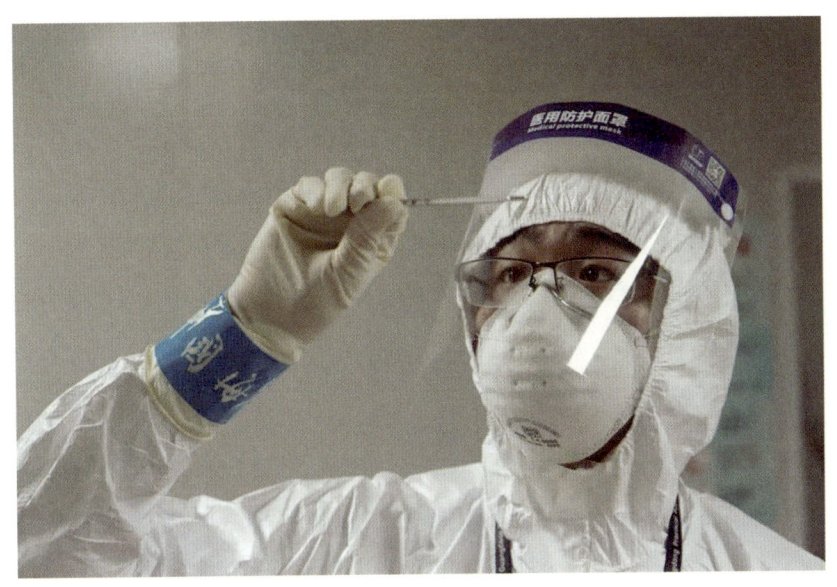

进行体温测量
邵子成 摄

时来工作。

卫检现场查验通道、流调区、采样室、办公区、旅检通道现场、先期机检等区域内部的标签要怎么贴,标识放在哪个地方最显眼,每个区域需要多少数量的标识……一连串的问号扎进胡银宽的脑子,完成当班的卫检工作之后,他主动跑到各现场摸查情况,再回到办公室加班继续赶制需求方案和区域标识计划。

2020年2月初,经过科学的制订,"分区分级分类"卫生检疫监管新模式终于敲定,胡银宽接到上级指令,必须在下一个班组接班前设计好区域,完成标识粘贴工作。负责打印标识的广告公司因为员工回家过年,仅老板一人前来帮忙,其他同事还有迎接航班的任务。

一大早,胡银宽手拿着胶水、尺子,蹲在地上量尺寸,在海关监管区的地上、墙上、查验台上一个个地粘贴标识。晚上10点左右,胡银宽从地上站起来,拍打了几下蹲麻的大腿,看着"红、黄、橙、蓝、绿"五个不同风险等级区域的标识已经粘贴在海关监管区,松了一口气。

"银宽虽然年轻，但是他非常熟悉航站楼的情况和海关监管流程，又参与设计卫生检疫新模式，业务能力很扎实。"时任广州白云机场海关旅检二处处长葛帮忠提到胡银宽，也是赞不绝口。

后方支持有保障，前方战斗有力量。如何兼顾疫情防控封闭管理和保障通关效率？随着疫情防控工作的进一步开展，口岸疫情防控的庞大数据量，对精准统计、时效要求逐渐提高。为彻底解决入境旅客现场纸本填报资料多、录入麻烦、联防联控数据不能共享的问题，广州海关率先开发"广州海关疫情防控信息化管理系统"，熟悉卫生检疫现场的胡银宽主动扛起新系统试运行的任务。

旅客通关一刻不能耽误，数据传输一个不能错漏。铺电线、安电源、装电脑、搬桌椅……这段时间，胡银宽几乎吃住都在机场。穿着防护服，很难蹲下调试设备，他干脆趴在地上，一根一根线路、一个一个接口排查。每天跟着测试系统工程师讨论实际工作中出现的各种信息采集、特殊信息录入、采样信息匹配等问题。

新系统按照"一旅客一档案"的模式打印旅客的专属条形码，电子化贯穿卫生检疫全流程。试运行之初，胡银宽发现条形码上没有显示旅客姓名、护照号等信息，旅客在慌忙之中很容易拿错，最终导致旅客和样本对应不上，胡银宽提起笔把这一情况详细地记录到厚厚的笔记本里。测试期间，共整理出30余条业务改进意见，迅速向分管旅检二处卫生检疫工作的颜红副处长汇报，再对接科技处的工作人员，逐一跟进落实完善。

"疫情防控信息化管理系统就像我看着长大的孩子，当我们现场顺畅使用这套系统，进出境旅客'一码通关'，海关一线和后台工作人员负担进一步减轻，联防联控数据实现共享共用，我真的觉得特别自豪，怎么辛苦都值得。"胡银宽骄傲地说道。

六、信念如磐，一脉相承 | 669

仅用时 21 天，广州海关疫情防控信息化管理系统在广州白云机场正式运行。每次兄弟海关派员到广州白云机场海关交流学习疫情防控系统开发、现场操作流程等工作时，胡银宽都作为业务骨干在现场进行经验分享。

科学精神，就是反复核实，重复验证。胡银宽就是用一个个脚印去丈量、一个个角落去核实他的科学精神。

坚守一线，突破自我促成长

透过航站楼的落地窗户，橘黄色的太阳从停机坪的尽头缓缓升起，八月里的清晨是太阳一天中最温柔的时刻，胡银宽努力地揉了揉眼睛，阳光下，他眼睛里的红血丝显得格外明显，上个夜班他几乎未能合眼。

广州有长达十一个月的高温天气，七八月份的夏天更是暑气逼人，隔着厚厚的防护服和护目镜，上岗半个小时的胡银宽就已然满身大汗，护目镜里视线模糊。为了节约防护服，他在上岗前一般吃两块糖，喝一小口水，期间不吃不喝不上厕所，从第一个旅客的健康申明卡审核到最后一个旅客的转运移交，他全程跟进，连续工作 11~12 小时，甚至更长。一次，他脱下防护服看到镜子里的自己，被吓了一跳，两条黑色眼袋挂在浮肿的脸上，精神的高度紧张已经让他很久没有睡过一次好觉。年仅 29 岁的他，因日夜连轴转身体亮起"红灯"，胃痛、眩晕、腿脚不稳交替出现，可看到口岸上渴望回家团聚的旅客，他强撑着身体，继续坚守岗位。

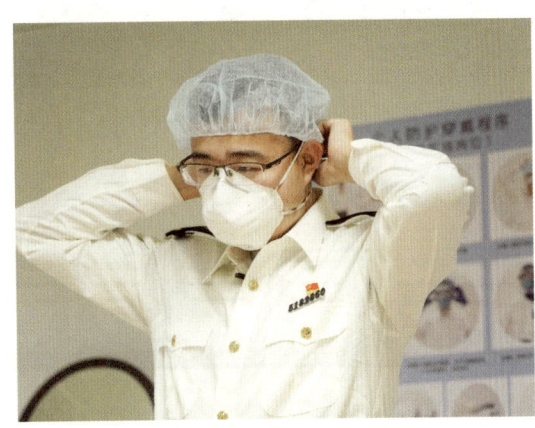

穿戴防护服准备上岗　邵子成　摄

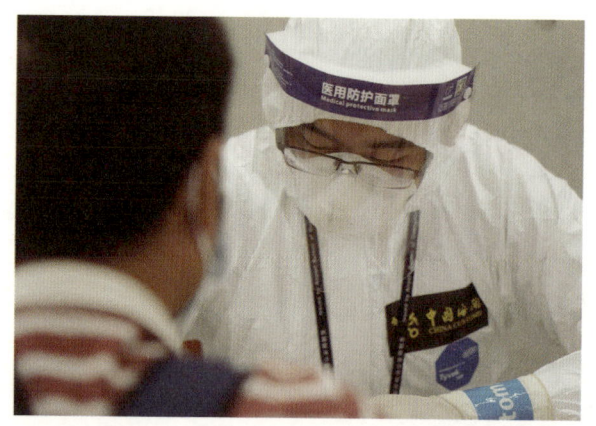

验核入境旅客
健康申明卡
邵子成 摄

口岸上，除了新冠肺炎疫情防控外，也要预防其他传染病叠加风险，在2020年立冬的那天，胡银宽所带的班组从入境航班中查获了一例罕见的输入性疟疾病例——卵形疟原虫疟疾，是当年广州白云机场口岸首次截获此类输入性病例。

坚守一线的时间在不断增长，胡银宽每天排查疑似病例从转运地方医院12人到转运超过100人，接打电话从15个到100多个，从加班48小时到连续15天蹲守航站楼，排查有症状进境旅客约700人次……不断打破的"纪录"，见证着胡银宽强烈的责任感。

现在，参加海关工作仅2年的胡银宽，经受住了严峻疫情的考验，迅速成长为国门防疫战线的坚强战士，荣获"全国抗击新冠肺炎疫情先

获评"最美公务员"　关悦 摄

进个人"，是全国32名"最美公务员"受表彰者中唯一的"90后"。

满载荣誉而归的胡银宽在广州海关迎接会上分享道："我只是千千万万抗疫队伍中平凡的一员，如果说我身上有什么特别的地方，那可能是海关这个优秀集体赋予我的底色，这份荣誉不仅仅属于我，更属于海关这个集体。"

胡银宽，无数个坚守在国门第一线海关青年的缩影，卸去身上的层层荣誉，他和无数海关青年始终站在国门第一线，守一道关，护一座城！他们说："国门线上的疫情防控工作没有暂停键，疫情不退，我们不退！"这是海关青年的忠诚回答。

深圳海关

这一次，由我守护
——记"全国海关系统抗击新冠肺炎疫情先进个人"赵文嘎

林立 深圳海关所属深圳宝安机场海关

"我的父亲是军人，在西藏贡嘎机场坚守了十几年，这个'嘎'字寄托了他的期望，希望我能像高原的藏族汉子一样勇敢、坚韧。因此当我直面疫情时，我会勇敢地走上前去，这一次，由我守护。"

进行五四青年演讲
林立 摄

见到赵文嘎的时候，他正站在演讲台上向刚加入海关队伍的年轻关员讲述着抗疫故事。赵文嘎是深圳宝安机场海关旅检七科一名普通关员，作为一名"95后"，在抗击新冠肺炎疫情以来，登临检疫了630架入境航班，参与医学巡查1.6万多名旅客，曾获"全国海关系统抗击新冠肺炎疫情先进个人"、广东省"争做新时代向上向善好青年"、"广东省优秀共青团员"、深圳十大"抗疫先锋好青年"等荣誉称号。

六、信念如磐，一脉相承 | 673

2020年1月26日，这是赵文嘎参与抗疫的第一天。面对第一架需要登临检疫并有发热旅客的航班。拥有医学专业背景的赵文嘎第一个站了起来。当第一次套上防护服，走上廊桥，赵文嘎感觉到了心跳加快，呼吸也变得急促起来。飞机的舱门打开了，赵文嘎深吸一口气，让自己镇定下来。测温、流调、医学巡查，已经演练过无数次的卫生检疫动作变成实战操作。时间一点点过去，护目镜慢慢地被雾气笼罩，视野变得模糊，仅凭水雾中的些许缝隙，赵文嘎认真细致地进行着登临检疫工作。3个多小时后，登临检疫终于结束，赵文嘎拿起了机上广播："大家好，这里是中国海关，欢迎回家！"

当结束所有工作后，赵文嘎把自己关在休息室，高度紧绷的神经慢慢缓和下来，这才发现手背一阵灼痛，仔细一看，可能是滑石粉和酒精导致的过敏，手背上起满红疹子。

"我的工作就是对航班进行登临检疫，这是入境的第一道防线，登临检疫时排查得越细致，就越能严防境外疫情输入。工作虽然很累，

核对航班申报资料

叶俊超 摄

但能把疫情阻挡在国门之外，我觉得很有荣誉感和使命感。"赵文嘎平静地说。

2021年2月11日，大年三十，赵文嘎已持续战斗了382天，此时，他已经成为一名全面的防疫"尖兵"。傍晚，一架入境航班即将到达。赵文嘎早已关注到了这架航班，牵头和科室同事对航班进行精准分析：从航班始发地区新冠肺炎疫情变化到航班旅客工作地和生活地的聚集性分析，再到综合梳理智慧卫生检疫系统和旅客通关系统的信息，最终判定这架航班有很高的聚集性疫情风险。

他在航班降落前完成收集、审查所有旅客申报信息，形成重点旅客名单，为这架航班单独制订了"一机一策"，精准开展处置检疫。"无须害怕，我们有丰富经验和科学的防控手段。"这是他常对旅客说的话。

2022年3月14日，赵文嘎收拾行李准备前往集中封闭工作隔离点。这是他在8个月内第5次参与集中封闭管理工作了，他和妻子，虽在同一座城，却已有100多天没有相见。在第1次集中封闭工作时，他刚新婚1个月，婚礼也是一推再推。他的心中对妻子充满了亏欠，但妻子却始终支持他的工作，将家里打理得井井有条。

"我要去当志愿者了。你都穿了这么久的防护服了，我想和你一样。"

"我想和你一样"这句话猛烈地撞击着赵文嘎的胸口，百感交集，在看到妻子发回来的"大白"照片，笑容略带一些疲惫，赵文嘎满是疼爱却又欣慰。赵文嘎和妻子携手并肩战斗，和所有的深圳青年一样，将防疫一线涂满了青春的色彩。

"心里满是亏欠和心疼，没有人比我更了解穿防护服作业的那种难受，我不想爱人承受身体的磨炼和任何风险，可我熟知，她想为我分担，也想为这座城市疫情防控出一份力。"赵文嘎说道。

从对每一个航班进行研判制订"一机一策"，到承担登临完成整个检疫流程；从支援"兄弟科室"完成复杂航班攻坚，到奔赴行李查验岗查处走私，赵文嘎总是第一个穿上防护服，也是最后一个脱下。他从不多言，说得最多的永远都是最简单的三个字——"让我来"。赵文嘎就是这样用行动践行着初心和使命，用坚守履行责任和担当，用"逆行者"的姿态书写一名"95后"青年对岗位的无悔热爱！

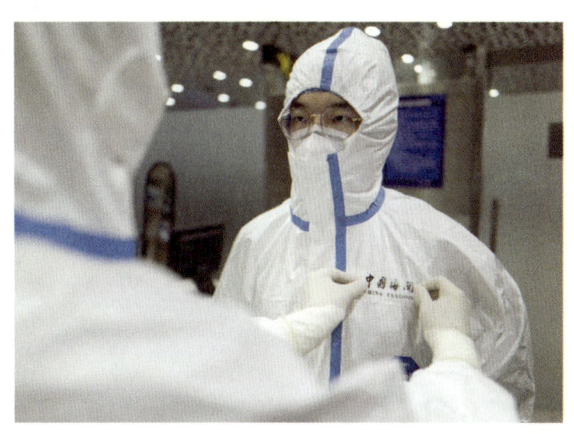

穿戴防护装备
叶俊超　摄

"三年前，大家叫我'小嘎子'，而今天，他们喊我'嘎子哥'，有人说青春才几年，疫情就占了三年，而我说，疫情是青春的'试金石'，一代人有一代人的使命，如果上天偏要我们这代青年在这疫情中长大，那我们就把这疫情踩在脚下，踏着它成长！"

汕头海关

> 我身边的老师，
> 我身边的先锋
> ——记"全国海关系统抗击新冠肺炎疫情先进个人"肖亮创
>
> 汕头海关所属广澳海关 柯家进

庚子年年初，新冠肺炎疫情发生。这场疫情打乱了我们的生活节奏，无人能够置身事外。

近3年的疫情防控经历，对每一名奋战在国门抗疫一线的海关关员来说，是一种更现实的工作历练、更真切的生命教义，更是对海关关员的一次家国情怀洗礼，因为他们是父母，是儿女，是朋友，更是战友。

肖亮创是国境卫生检疫岗位上的"老兵"，是海关总署卫生检疫司交通工具工作组成员之一，遇到卫生检疫的难题，不少海关的同志都会打电话向他讨教，是"汕头海关卫生检疫群"里的"网红"，他既是我的同事，也是我卫生检疫业务的老师，是我身边的模范党员，更是疫情防控的"急先锋"。

我身边的老师

未见其人先闻其名

2019年3月中旬，肖亮创交流到我所在的广澳海关运输工具监管科。我们科主要负责汕头港广澳码头进出境（港）船舶的监管工作。

之前便一直有耳闻，船舶卫生检疫业务上不熟悉的地方，都可以随时请教肖亮创，他总能给出满意的答复。据悉，早在汕头海关卫生处工作期间，他就牵头撰写了汕头海关《进出境船舶卫生检疫工作指引》《进出境船舶卫生监督指引》，参与撰写了《汕头海关进出境交通工具"查检合一"业务操作指南》等检疫规范指引。

业务培训大显身手

作为汕头海关兼职教师，他在总关课堂及业务现场，将专业知识和日常积累的经验毫无保留地传授给其他关员同志。在卫生检疫培训班上，他深入浅出地讲解了《国际航行船舶卫生监督》《进出境船舶卫生检疫》等课程内容，让很多像我一样的"大白"对（海港）船舶卫生检疫的历史发展和业务流程有了更清晰的认知。日常工作中，我安排他负责科内卫生检疫相关业务的技能教学，他从不推诿，还很谦虚地说是跟大家一起沟通学习。虽然科内关员中他的年龄最小，但对船舶卫生检疫业务的"传帮带"却毫不含糊，积极主动分享业务实操，帮助关里其他同志在较短时间之内掌握卫生检疫技能，认真负责地完成了任务。不仅如此，由他带领的团队还参与汕头海关卫生检疫技能比武，为广澳海关赢得了"团体二等奖"的好成绩。

在"广澳港口岸突发公共卫生事件应急处置"演练准备中，他毛遂自荐，配合口岸监管科，在两天内就把应急处置的演练脚本拟了出来。

突发核辐射应急
处置联合演练
袁国宏 摄

演练过程中,他演示的各种卫生检疫技能,让我们大开眼界;在"广澳港口岸突发核辐射应急处置联合演练"过程中,他无惧炎热的天气和厚重不透气的防护服,进行了核辐射防护服的穿戴演示,参与整个演练全过程,精湛的操作演示让周围的考官都叹为观止。

我身边的先锋

首例转诊,打响"第一枪"

2020年1月23日14:00,广澳海关运输工具监管科接到船舶代理报告:靠港货轮上有一船员有状况。肖亮创立即通过代理联系到了船员,第一时间为他做了前期的流行病学调查。船舶靠在码头,船员待在舱室里,通过断断续续的通信信号,肖亮创得知该船员2天前开始在大连登

六、信念如磐，一脉相承

轮工作，可船舶开出不久就持续咳嗽，一路"咳"到了广澳港。肖亮创立即意识到事情的严峻性。在做好对该船员的安抚工作的同时，肖亮创叮嘱其做好个人防护，待在船舶医务室里，等待海关检疫作业。

虽然形势严峻，但单位充足的防护物资储备和多年的一线处置经验让他心里底气颇足。2019年3月份，他刚从卫生处交流到广澳海关后的第一件事，就是为运输工具监管科申购配齐疫情防控物资。真正发愁的是，关里除了他没有其他人处置过类似的事情，而登船检疫作业按规定是需要双人作业的，但这样会置身边的战友于严重的未知风险之中，怎么可能让他们去冒险呢？他也有想过一个人登船处置，但又违反了规定。

防护严密，
转运船员

袁国宏 摄

就在犹豫不决时，他眼前一亮，援军来了。关领导带着卫生处、监管处的专家们来到现场。卫生处的业务骨干蔡雪妍也来了，她是肖亮创的老战友，之前就一起配合处置过不少突发公共卫生事件。有了坚强的后盾和默契的战友，不愁了。两人不约而同开始检查防护物资，按照规范步骤认真穿戴防护装备，带上检疫工具，准备开工。

转诊有症状船员，登船测温，流调密接，监督船舶消杀，关闭"红红白红"的船舶检疫信号灯，下船脱卸防护装备……一连串的检疫工作结束时，已经是晚上八点多。虽然当时正是寒冬，但汗水却浸透了他们防护服内的衣物。

放在抽屉里的手机有三十几个未接通话，跟父亲说好下班后去接他的事忘记了，那么长时间的失联，对电话那头的家人来说，还是挺担心的。后来，遇到的事情多了，肖亮创跟家人有了一个不成文的约定，两通电话没接没回复，就是有任务。只需留饭、留灯、留门，太晚的话留床被子在客厅就好。

紧急处置，任劳任怨

作为科里唯一有医学背景的专业人员，肖亮创每天都要提前做好研判，对来自疫情严重国家或港口的重点航线、重点船舶以及重点船员进行分析：有哪条航线经停的境外码头发生疫情，船员从哪里出发到哪里登的船，哪几位船员有申报异常，哪几艘船航行过程中有异常情况等等，这些都要先摸清楚。

2020年上半年，广澳港多次的疫情处置都在月初进行，疫情处置常常持续十个小时以上，不分昼夜。

5月1日，正值肖亮创轮休，在家帮忙大清扫、换洗被褥。晚上八点多，忙了一天的他正想给父母亲泡茶的时候，科里打来电话，说是入境船舶有两名船员监测体温超标了。

夜间登临采样
袁国宏 摄

听闻这个消息，肖亮创立刻出门直奔现场。做好防护登船后，肖亮创让同事站在上风口，做好协助记录，与船员近距离接触的事自己来做。经水银体温计再次复测，一名船员排除了风险，船员工作后没充分休息的情况下，体温一般都会有升高。另一名船员体温却仍然超标，肖亮创便稳步开始常规流调、鼻咽拭子采样和静脉采血工作。

对疑似病例来说，实验室最终的核酸检测结果非常重要。等待的时间总是过得很慢，大家加紧做好万一检出阳性结果的后续衔接准备工作。

凌晨4点，实验室的结果出来了，阴性！那一刻，大家很是高兴，心中的大石头落了地。疑似疫情风险解除，国际航行船舶恢复正常作业。

本心安顿，轻装上阵

2021年6月18日，汕头海关响应海关总署号召，对参与进出境人员检疫的关员实施封闭管理。在关领导的重视下，运输工具监管科加入了新鲜的血液，科里人员凑起来，分成三组，第一小组人员马上到位，开启了封闭管理工作模式。

肖亮创是科里的检疫医师，领导考虑到疫情处置的专业性、机动性，暂时把他分在了第二组。

肖亮创加班加点，对"新人"的检疫技能和防护技能开展了培训，进一步加强后备梯队的支援作用；抓紧对各小组工作之间的衔接进行设计，随时跟进疫情期间上级的动态防疫要求。改良技术，共同提高，减少小组之间因交班不畅对运输工具监管工作的影响，减少因个人原因给疫情防控工作带来的叠加困难。

家是最小国，国是千万家。肖亮创妻子所在单位也同样忙于疫情防控工作，而小孩正读初中三年级，父母腿脚不便，这是一个普通中年海关关员的家庭现状。疫情之前，老人们每天早上跟随着肖亮创的车去和老邻居们相聚，晚上再随车回到家中，这种习惯已经持续十多年了。

"我是卫生检疫医师，又是优秀党员，直面危险时，理应随叫随到。"肖亮创做通了老人的工作，安顿他们回到老房子居住，与老邻居好友们为伴，买菜买药也容易，肖亮创也能安心工作了。

安顿好家人后，肖亮创如期进入了封闭管理工作。每天清晨，他总

检疫技能培训
柯家进 摄

是早早起来工作，认真分析运输工具系统中船舶动态信息，标识可能存在的疫情风险点，细化进出境船舶类别并制订当日登临计划，与同事分解当日工作计划，工作之余抽空联系一下老人，看看他们是否妥当。

"疫情防控工作，我们要知其然知其所以然，才能防患于未然。"这是肖亮创常挂在嘴边的话。广澳海关封闭管理工作小组中，每个人除了登临任务，登临前后都有不固定但具体的工作要做，科里这样安排，是让大家明白自己在疫情防控整个链条中的作用，更好地发挥主观能动性，这是提升对疫情研判敏感度的方法。他们有准备防护用品，有联系检查码头设置警戒区域的，有打印证书的，有上报检疫数据的，有统计业务数据的，有定期及时上报各种疫情防控报表的……

正是如此，新冠肺炎疫情防控工作以来，三个封闭管理小组工作交接顺畅，运输工具监管工作有条不紊，精准检获相关涉疫船舶和病例，有力"筑牢口岸检疫防线"。

结 语

以下节选自肖亮创在 2020 年 10 月份获得 "全国海关系统抗击新冠肺炎疫情先进个人" 称号后的感言：

《国门抗疫》视频里每一个镜头，是我们日常普通的写照，每一个场景都感同身受。

我们坚守 "水上国门"，护卫 "动脉" 安全，为复工复产保驾护航。让我们用绝对忠诚和专业执法来打赢这场阻击战，用关心、热爱、维护、奉献和担当来 "筑牢国门疫情防线"。

荣获 "全国海关系统抗击新冠肺炎疫情先进个人"
柯家进　摄

江门海关

爱岗敬业践初心，精准统计担使命

全国"人民满意的公务员"
陈锡亮

江门海关 陈锡亮

被评为全国"人民满意的公务员"，既是对我 17 年统计工作生涯的认可，也是对全体海关统计人爱岗敬业、履职尽责的肯定！这份荣誉，源自海关事业发展这个大平台，离不开海关总署党委的关怀、信任和厚爱，离不开各级领导同志们的关心、帮助和支持。

2005 年，我从中山大学统计分析专业毕业进入江门海关，一直从事海关统计工作。进入海关这个大家庭后，我见证了海关事业随着国家经济社会发展不断壮大的不平凡历程，亲身感受到在新时代党和国家事业取得历史性成就、发生历史性变革过程中，海关事业所发挥的重要作用。我深切感受到，海关作为国家宏观经济的重要管理部门之一，海关统计作为国家外贸进出口的"晴雨表"，在国家宏观调控和经济社会发展中，特别是在外经贸政策制订、调整、实施过程中发挥着重要的基础性作用。

海关统计分析是一项从纷繁复杂的贸易统计数据中寻规律、找方向，观趋势、察变化的研究工作。面对当前世界百年未有之大变局，尤其是近年来经济全球化面临着"逆风逆流"的复杂严峻态势，我国经济发展面临的不确定性、不稳定性明显增强，敏锐洞察国内外贸易态势变化情况、及时高效研究制订应对措施，不断为国家外贸发展"工具箱"提供新的工具，比以往任何时候都显得重要而迫切。海关总署统计司主动把统计分析工作放到党和国家工作大局中来把握，聚焦准确研判外贸态势这一目标，出台多项措施。其中一项，就是重新设计中国外贸出口先导指数企业抽样方案，并将这项任务下达给我。我心中充满着被信任的幸福感，更感到肩上沉甸甸的责任。责任就是动力，驱动着我全身心投入到企业抽样方案的设计中。

企业抽样方案
设计研讨会议
黎永红 摄

选哪个企业作为样本参加调查，是有基本标准和严格要求的，首先必须要保证调查样本的数据能够反映出我国的外贸走势。例如，我国的外贸企业会因为某些原因变更经营单位代码，它的历史数据就会大幅波动，样本的表现就会与实际不一致。为了更好地完成任务，我专门借来宏观经济学、计量经济学等相关专业领域的教材，认真研究起来，围绕"以什么标准选取企业样本""选取企业样本与外贸走势的相关性模型如何建构""如何提高相关性"等重点问题进行钻研、分析、测试，如明确失信企业、出口不具备连续性的企业都应剔除，等等。经过不断探索，终于将企业样本数据与全国出口规模之间的相关性由 0.8 提升至 0.96，超过了 0.95 的相关性基准线！

尽管已经超过基准线，但我觉得这仅仅超过 0.01，应该还可以进一步提高。那几天，我苦苦思索提高相关性的方法，晚上躺在床上无法入睡，头脑中翻滚着的就是那些数据，一有点灵感就爬起来建模、演算。都说艺术创作需要灵感，统计创新也需要灵感。一天中午，我尝试从人工智能的专业教材中去寻找破解难题的"钥匙"。突然，蒙特卡洛算法映入了我的眼帘，我心中一震，感到"有了"！这个算法的原理，就是通过计算机模拟实验，将各种抽样方案比较一遍，找出相关性最高的方案。功夫不负有心人。我运用这个算法进行了数百次的测试，终于找到了最佳方案，将相关性进一步提升到 0.996！

经过优化后的全国出口先导指数调查抽样方案，样本数据更贴近实际。运用该指数进行分析研究的多篇报告，均准确反映不同时期我国外贸的走势，特别是在疫情等突发事件中也能够准确研判，为上级及时采取应对措施、调整相关政策提供了有力支撑。

我深切感受到，统计数据虽然是静态的、朴实的，只要我们潜心钻研、深入分析、摸清规律、找准趋势，统计数据就能动起来、活起来，统计数据中蕴含的价值就能够充分挖掘出来、焕发出金子般的光芒！

2022 年来，随着一系列热点事件的发生，我预感到全球物流将会受到严重冲击，一些我国进口依赖程度较大的商品无法顺利运到国内，可能导致粮食、能源等供应出现问题。我感到事态紧迫，必须在事件发生前就做好预判，尽快采取行动。我将这一想法向海关总署统计司报告，得到海关总署统计司领导的肯定和支持，指定我牵头和兄弟海关统计专家成立工作专班，每天监控全国物流数据，开展专项分析。

这个工作主要包含两项任务：一是数据整理，二是数据分析。全国口岸监管点 1 000 多个，每天外贸进出口数据近 100 万条，数据整理需要耗费大量时间和精力，若不能提升数据整理的效率，当天的数据分析工作就难以完成。于是，我立刻召集专班成员，共同研究办法，统一大

六、信念如磐，一脉相承 | 687

讲解开展数据整理、数据分析的思路及对策建议
黎永红 摄

家思想认识。

当时我们就下定决心："这个项目事关全国外贸大局，每拖一天，粮食和能源断供的风险就增加一分。我们就算不吃饭不睡觉也要把数据整理这座'堡垒'攻下！"

成立专班的第一天，我们就工作到深夜，成功构建数据整理框架，实现数据记录自动采集汇总。但光看数据不容易把握发展趋势。例如，某条航线的货运量比前一天突然下滑了90%，但与上一周对比，变化并不大，必须将数据用图表展示出来才能更容易观察和理解。否则，工作小组在后面数据分析工作中，就会浪费很大力气去调研这条航线，然后发现"竹篮打水一场空"。第二天，我们将攻关重点放在可视化技术应用上，实现了对来往重点国别地区16条航线货运量的自动预测和展示。第三天，我们将每天用于数据整理的时间进一步压缩到5分钟以内，为数据分析争取了主动权！

在海关总署统计司的指导下，工作专班通过常态化的监控分析，及时分析形成外贸物流动态报告，提出防范化解供应链、产业链安全风险、助企纾困等对策措施，部分建议已得到转化落地。

"三农"工作是我们发挥海关职能作用的重点课题。江门关区地处粤港澳大湾区，是农产品重要生产及出口基地，供港食用农产品量占全国50%，其中供港海捕水产品约占香港市场超80%、活鸡苗约占内地供港的80%，以竹藤草为材料制作的产品因价廉物美、低碳环保而深受市场青睐。

竹藤草原材料出口价格为4元/千克，制成品则达到14元/千克，足足相差10元。这对于农民来说，不是一个小数目。为了提升农民的收入，我和监测小组到阳春的农村开展实地调研。

我们的调研也经历了"三顾茅庐"的波折和峰回路转的喜悦。我们清晨6点从江门出发，开车4个小时赶到阳春，到了之后才知道，因为台风和暴雨，农户代表在山里出不来。有的同志建议通个电话，但我还是坚决要和农户见面，取得第一手资料。商量后，我们决定开车进山，在曲折泥泞的山路上，我们又遇上了汽车爆胎、车子还因此陷进了泥潭里，跟我们在一起的司机说："哎呀，我开了20年的车，还没遇上今天这么恶劣的情况！"在我们的努力坚持下，终于在下午6点多见到了农户。车轮是小一码的后备胎，车身涂满了泥浆，让我们的车子看上去有点滑稽，农户看到眼前"狼狈"的海关关员都惊呆了，握住我的手动情地说："海关同志，这么大雨，这么难走的路，没想到你们能来！"

经过深入细致的调查研究，我们针对竹藤草产业出口标准不高等问题，提出了对策建议，得到广东省政府的重视，这些建议转化成的扶持措施，推动了竹藤草产业强劲发展，带动1 200多户农村家庭增收4 600多万元，平均每户家庭增收约4万元，为当地乡村振兴创出了一条新路。

我深切感受到，拓宽视野全面分析，紧贴实际建言献策，海关统计工作才能始终保持正确政治方向，更好地发挥监测预警、辅助决策作用。近年来，江门海关围绕"江门关区融入粤港澳大湾区发展""江门市摩托车制造业优化产能转型升级""江门市新能源电池产业高质量发展瓶颈问题及对策措施""打造江门侨乡RCEP产业发展示范区""江门鳗鱼养殖出口产业优化"等专题开展全方位、多视角的研究分析，及时提出优化口岸营商环境、推动外贸高质量发展的意见建议，促成江门市举办全球招商大会、成立RCEP成员国粤商协会、引进200亿元锂电池制造项目等地方外贸发展重点项目落地。

统计工作经常被认为是一项不显眼的幕后工作。选择统计岗位，意味着必须常年与0~9的阿拉伯数字打交道，必须要坐得了冷板凳，加班加点是家常便饭。2022年年初，我参加了海关总署几个课题研究，连续多天住在办公室，我母亲急性阑尾炎发作住院，因为患有较严重的糖尿病和肠胃病，医生说手术风险很大。可当时我正在赶课题进度，母亲住院3周，我一次也没能到医院去探视。母亲出院后我很内疚，但她还反过来心疼我："你是公家人，就要办好公家事，不要内疚，要照顾好自己，才能做好工作。"近年来，在家人的支持下，我作为主笔或重要参与者撰写多篇分析研究报告。

统计工作既要耐得住寂寞也要禁得起诱惑。我记得有一次大学同学聚会，有几位现在已经是金融机构高管的同学来鼓动我辞职跳槽。其中一个同学跟我说："锡亮，大学时候你数学建模非常厉害，很适合做投资这一行，来我公司吧，我们现在已经有上百亿的基金啦。在我这里工作时间会少一半，工资待遇却要翻几番。"当时，我婉拒了同学的好意。海关统计工作虽然辛苦，但事关国家外贸外交大局，当我们通过一篇篇

与同事做好调研准备
黎永红 摄

分析文章、一个个建议措施，为一个行业、一个地区甚至全国经济发展提供助力，这样的成就感、自豪感，对我来说，不是金钱可以比拟的。

当我得知自己将作为全国"人民满意的公务员"拟表彰人选进行公示时，特别是海关总署人教司通知我做好进京前准备工作时，我心潮澎湃，不禁回想起海关统计战线上许多专家、前辈对我的指导、帮助和培养。江门海关统计战线人才辈出——首批海关统计专家钱惠姗扎根统计27年成果丰硕，年轻的统计分析能手苏彩华以多项高质量研究分析成果荣获"全国巾帼建功标兵""广东省五一劳动奖章""广东省三八红旗手"等荣誉，统计处主持工作的任炎平副处长是海关总署统计司挂号的统计专家，每年都有近一半时间借调海关总署参与统计司项目开发、教材编审、课题研究等专项工作，先后荣获"广东省五一劳动奖章""全国海关优秀共产党员"称号，他们的敬业精神、专业能力、职业素养和优异成绩激励着我、指引着我不断精益求精、锐意进取。

江门海关统计战线，是江门海关这个战斗集体的一个缩影。吸吮着五邑侨乡华侨先民们敢为人先、自强不息、开拓创新、艰苦奋斗精神品质所蕴含的丰富养分，江门海关人不忘初心、牢记使命，踔厉奋发、笃行不息，在高质量履行筑牢口岸安全防线、优化口岸营商环境、促进外贸保稳提质等职责的同时，各项改革和建设事业高质量发展，取得了一系列重要成绩和崇高荣誉。2020年和2021年，江门海关连续两年进口整体通关时间位列全国海关首位；2020年江门海关整建制获评全国文明单位；2021年方冬宏同志荣获建党百年"全国优秀党务工作者"称号；2022年，我有幸荣获全国"人民满意的公务员"称号，创造了江门海关集体和个人连续3年获得国家级荣誉表彰的历史。

我将珍惜这份沉甸甸的荣誉，以此为新的起点和动力，大力弘扬求实、扎实、朴实的海关文化，扎根统计、深耕统计、奉献统计、建功统计。

"青"尽全力,"疫"线坚守

——记"广东省抗击新冠肺炎疫情先进个人"吴显成

江门海关所属阳江海关 吴显成 陈晓龙

在新冠肺炎疫情防控这场没有硝烟的战役面前,江门海关所属阳江海关物流监控科吴显成同志,持续奋战在疫情防控最前线。作为一名"90后"科长,在疫情以来的坚守中,他始终走在前、作表率,不惧艰险、冲锋在前、勇毅前行,用生命赴使命、以忠诚守国门。自疫情发生以来,吴显成先后开展船舶登临检疫900余艘次,进行体温监测超过2万人次,确保了国门防线安全,用实际行动践行了"人民海关为人民"的最美承诺,被评为"广东省抗击新冠肺炎疫情先进个人",多次在抗疫一线立功受奖,展现了新时代青年党员的精神风貌和责任担当。

坚守一线的"战斗员"

2020年春节,南方医科大学的校友群异常热闹,大家互相交流支援目标医院,激烈讨论疫情情况,在不断刷新的群消息中,吴显成看到昔日同窗们纷纷踏上抗疫第一线，作为预防医学的医学生，他深受鼓舞，认识到自己有责任和义务投身到疫情防控工作当中去。"充分发挥预防医学专业优势，关键时刻挺身而出，到疫情防控第一线去，不辜负医学生的誓言！"他暗暗下定决心。

"爸妈、老婆，今晚我和同事们一起去阳江港。"吴显成说。家人点点头说道："去吧，自己多保重，每天报平安。"和家人匆匆忙忙吃完年夜饭，他直接奔赴阳江港，和全国各地坚守在口岸一线千千万万海关人一起，筑牢国门疫情防控钢铁长城。

为更好地贯彻落实各项防控措施，吴显成坚持先学一步、学深一点，将每一个环节的重点、难点吃透吃懂，他结合阳江口岸实际，在春节期间研究制订了阳江海关第一份口岸疫情防控工作方案初稿，之后他不断更新、优化、完善疫情防控各类技术方案、演练方案共几十个版本。为了快速应对疫情防控变化新形势，他几乎住进了单位，加班已成为常态，办公桌上的文件越堆越多，笔记越写越厚，随身的资料袋越来越沉，所掌握的信息和知识也越来越清晰，吴显成要求自己必须在每一项疫情防控工作中做到严格规范，只有流程规范了，才能做到忙而不乱。为此，他认真梳理，制订了疫情防控工作台账和检疫流程图。口岸一线登临人员可以直观地按照工作台账和检疫流程图对进出境交通工具风险隐患进行排查，实施登临检疫工作，检疫流程图也成了阳江海关工作人员手中的"通关卡"，为牢牢把握疫情防控"第一道关卡"发挥了作用。

冲锋在前的"逆行者"

"显成，春节期间封闭值班人员都安排好了吗？"

"显成，入境船舶报告有1名船员突发疾病需要救治，请马上带领队员登轮处置。"

"显成，采样人手不足，你准备一下随时顶上。"

2022年的春节，当阳江街头处处张灯结彩，千家万户忙着准备年夜饭时，吴显成仍然在工作岗位上忙碌地处理着各项工作，电话一个接着一个。疫情发生以来，这是他在岗位上度过的第三个春节。

为了让更多的同事能和家人团聚，他再一次主动调整了排班，加入新一轮的封闭管理登临检疫工作中。他在岗期间，严谨细致地完成体温监测、流行病学调查、船员咽拭子采样、疑似病例处置等环节，牢牢守住"外防输入"第一道防线。

对入境船员进行体温监测
黄诗荐 摄

"虽然这几个春节都是在岗位上度过，但与中外船员们互相拜年其实还蛮有趣的。"回忆起来，吴显成觉得这是生命中一段特别值得珍藏的时光。他的话语虽然轻松，但在背后却付出了巨大的努力。

对于负责口岸疫情防控的同志们来讲，加班加点是常态。为了调动大家的积极性，提高工作效率，吴显成组织大家通过"一问一答"的形式回顾操作内容，复盘当天的工作任务，梳理排查存在的风险隐患。加班晚了，他总是把没车的同志送到家后再回来加班。在急难任务面前，吴显成告诫自己，一定要保持积极乐观的态度。在他的影响和带动下，科室全体干部都能积极应对封闭管理工作。私底下，成熟稳重的吴显成是年轻人的"知心大哥"，他的一句"不怕，大家一起慢慢弄肯定能解决的！"就好像定心丸一样，让人踏实，而事情也往往因为冷静下来后思路清晰了，问题也就迎刃而解了。

作为科室党支部书记，他充分发挥支部战斗堡垒作用和党员先锋模范作用，带领支部全体党员干部冲锋在前、勇挑重担，组织开展登临检疫、消毒监督、人员培训、现场指导运营单位落实疫情防控要求，每一项工作他都亲力亲为，每一个环节他都仔细把关。作为封闭管理工作组组长，面对高风险的登临任务，他总是冲在最前面。长时间佩戴橡胶手套导致手部皮肤过敏，他也没有喊过一声苦，说过一声累，始终坚守在工作岗位上，出色完成了上级交办的登临任务。

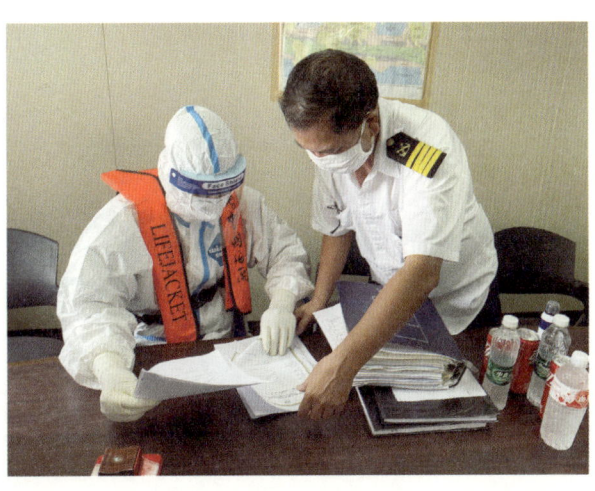

检查卫生证书等单证

谢铭浩 摄

2022年春节期间，阳江海关接到报告，一艘入境船舶申报船上多名船员发热。吴显成迅速奔赴岗位，反复确认船员信息，判断染疫风险可能性很大。果然，实验室反馈首轮结果显示部分船员核酸检测结果呈阳性，他第一时间启动应急预案，冲锋在前，科室党员干部纷纷放弃休假，快速返岗加入妥善处置聚集性疫情处置工作中。"说不紧张是假的。经过流调排查判断，这艘船上大概率已发生多名船员感染的聚集性疫情。"吴显成说，"当时我们互相鼓励，脑子里一遍遍复盘开展登临检疫各个环节，想着一定不能出任何差错。"根据疫情防控工作要求，第二天凌晨5点，他和3名组员出发前往阳江港开展登临检疫工作，连续5天开展核酸样本采集。他积极与地方联防联控部门联系，配合地方完成阳性病例流行病学调查、转运移交、终末消毒、信息互通等工作，并监督完成终末消毒。

2021年9月，吴显成和3名同事对某货轮实施登临检疫时发现，船上多名船员存在发热症状，有可能发生聚集性疫情。他带领其他人员

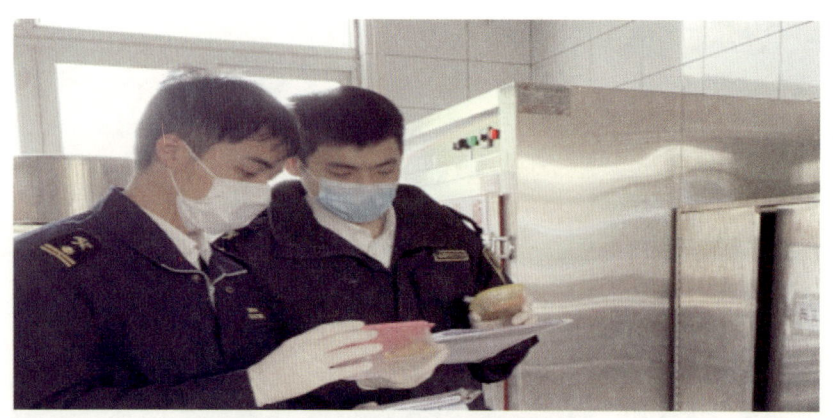

开展卫生监督
谢铭浩 摄

沉着处置,体温监测、流行病学调查、鼻咽拭子采样……每一个步骤都不能少,每一个环节都认真细致。第一天为发热船员采集鼻咽拭子和血液样本之后,第二天再次上船为密切接触者采集鼻咽拭子。

面对这两次聚集性疫情,吴显成组织物流监控科全体人员复盘推演、总结经验,提炼出"五个一"工作法,提升疫情处置效率。该两起聚集性病例处置反应迅速、处置妥当,为辖区内做好染疫入境船舶后续处置、常态化防控工作提供了参考,处置案例以及工作方法也多次受到广东省联防联控专班肯定。

服务群众的"守护者"

疫情之初正值春节,船员换班的需求也处于高位,为了保障船员顺利换班,他积极与地方联防联控部门联系处置换班船员环节,确保对所有入境船员实施封闭管理,撰写涉及多部门参加的演练方案,一次次梳理船员换班流程。制订换班船员方案,提出可行性建议,不断完善检疫流程,疫情发生以来,配合完成350余名换班入境船员检疫工作。

一天深夜,吴显成值班时接到地方专班通报的紧急救援信息,通报

六、信念如磐，一脉相承 | 697

船上1名船员作业时摔伤，已无法行走，急需救治。因事态紧急，加上船员病情不确定，他立即准备登临用品，加强与船方、地方沟通协调。天刚刚亮，他就开展登临检疫，对该名船员进行体温监测、流行病学调查、核酸检测，对受伤船员进行简单处置后，移交地方医护人员实施紧急诊治。早上7点，该名船员已转至定点医院治疗。十几天后，吴显成接到了船方代理道谢电话，说幸好送医及时，经过治疗，船员已康复出院。新冠肺炎疫情发生以来，像这样的紧急救助电话很多。他总是说："在筑牢国门安全防线的同时，更要守护好人民生命安全，这是我们的职责。"总是第一时间站出来，以过硬的专业技术、严谨的工作作风和优质的服务态度，赢得领导同事肯定和服务对象的一致好评。

对未完成登临检疫的入境船舶进行检查
谢铭浩 摄

阳江口岸入境船舶大多承载铁矿、煤炭等大宗散货。夏季酷暑，甲板上的温度能达到70℃，秋冬季天气干燥，扬尘污染严重，"夏天一身汗、冬天一身泥"是现场最真实的工作写照。为了提升货物通关时间，让生产企业更快拿到生产原材料，作为科长的吴显成带领科室党员、干部采取"预约加班"与"现场值班"相结合的方式，第一时间做好登临检疫工作，为后续快速通关打下坚实的基础，建立起"外防输入"牢固防线。他组建"党员先锋队"，深入企业实地调研、现场指导，对接阳江港口岸扩大开放工作，服务阳江市外贸经济形势持续向好。2020年至今，助推阳江港5万吨级以上泊位从1个扩大至5个，支持地方企业扩容增量，助力金属科技企业产能从100万吨/年提升到200万吨/年。

物流监控科管辖辖区阳江港和阳西电厂两个监管点，而两个监管

带队开展锚地检疫
谢铭浩 摄

点之间距离一个半小时车程，为了保障进口货物第一时间通关，登临检疫人员经常要连续作业六七个小时，往返于两个监管点之间。为保障海上风电顺利安装，他自告奋勇深夜前往锚地对工程船开展检疫，办理登船相关检查手续。他常说，"我们快一点，外贸保稳提质就快一步！" 2022年首次启用"抵港直装"模式完成一批风电设备出口，为企业节约仓储费用140多万元。

业务精湛的"小能手"

吴显成始终坚持自我学习，并积极带动其他同事加强业务知识学习。"疫情防控工作要严谨，严谨就要及时更新知识体系，不断加强学习，用理论武装头脑、指导实践、推动工作。"大学期间，他就深知"失之毫厘，谬以千里"的道理，认为要做就必须做到极致。学生时代培养起来的精益求精精神，在工作中也得到了很好的运用和升华。他对自己严格要求，对工作更是。

一有空，他就通过科务会、研讨会，组织科室全体干部集中学习，加强新冠病毒基本知识、如何做好个人防护、卫生检疫等知识学习，他那满满当当的工作笔记本，记录了他近三年来疫情防控工作的学习心得和经验总结。同时，他还组织开展科室"小课堂"，创新书记领学、党员轮流带学、个人自学"三学"机制，及时跟进最新文件学习，把新要求、新措施以讲课的形式抛出来讨论，认真梳理变化条目、操作步骤，确保疫情防控"零差错"。此外,他还示范带头,建立纠错台账,把开展工作中的问题和不足一一记录下来,对应列出改进方法和注意事项,不"贰过",这个方法对党员、干部快速熟悉掌握疫情防控各项要求十分有用。为了让身边的同事也尽快熟练操作,提高采样准确性,他经常"以身试法",将自己当成了"小白鼠","手把手"教同事如何采样、流调。"最多的一次,我的嗓子一下午被咽拭子摩擦了几十次,说话都发不出声音。"一段时间之后,卫生检疫岗的同事都能熟练地完成采样和阳性病例处置等工作。

组织个人防护用品穿脱以及样本采集培训
谢铭浩 摄

尽管是医学专业毕业,但吴显成并没有因此而放任自己"吃老本"。他白天一丝不苟地开展核酸检测,晚上则照着镜子用棉签对着自己的口腔和鼻腔反复练习,认真研究各类疫情防控文件。他年纪虽轻,但是在"卫生检疫岗位"上已经是许多同事的"师傅"。2020年以来,作为江门海关参加海关总署"点对点"跟班作业实操培训的7名培训学员之一,他总结参加海关总署技能比武的经验,协助起草多份口岸突发公共卫生事件联防联控应急处置预案,组织应急处置演练15次,开展安全防护、采样技巧和规范等新冠病毒肺炎防控培训12次。

舍小家为大家

2021年6月,海关系统对入境人员卫生检疫岗位工作人员实施封闭管理。当时,吴显成的儿子刚刚满月,仍然沉浸在初为人父喜悦中的他，毅然主动报名参加了第一批集中封闭管理，带头落实高风险人员封闭管理各项措施，同时也开启了"云带娃"生活。

在他的手机里，保存着儿子许许多多的第一次。第一次抬头、翻身、爬行、站立，对着镜头喊出第一声"爸爸"，晃晃悠悠迈出第一步……许多时候，他是看着儿子的视频不知不觉间睡着的。因为不在孩子身旁，他更加珍惜每一次视频的时间，并且会录屏保存下来反复看，尽管如此，还是错过了很多美好瞬间。妻子常常对他说："你这'云带娃'也带得太不准时了，儿子都睡着1个小时了，你才拨通视频。"

在这场没有硝烟的战役中，双重的"身份"更加激发了吴显成努力工作、冲锋在前的动力，毅然决然投入到疫情防控大局中去。他说："既然只能做到'云陪伴'，那就要对得起家人的付出，让自己每一份汗水都更加值得。"

没有生而勇敢，只有选择无畏。正是有无数像吴显成这样的海关一线关员，他们在国家和人民最需要的时候，主动请缨、冲锋在前，毅然坚守在疫情防控一线，成了疫情防控期间的最美"逆行者"，为筑牢国门安全防线贡献自己应有的力量。

湛江海关

"快手龙"抗疫记
——记"全国海关系统抗击新冠肺炎疫情先进个人"龙阳

湛江海关技术中心 袁俊杰

湛江居粤、桂、琼三省交会点，是西南各省市主要的出海通道，是防范境外疫情输入的重要关卡。在抗击新冠肺炎疫情这场没有硝烟的战役中，无数湛江海关人日夜奋战，只为守护身后这一方净土。湛江海关技术中心的龙阳就是其中一员。

其人——快，是刻在骨子里的基因

2010 年 7 月，毕业于华南农业大学农业昆虫与害虫防治专业的龙阳，怀揣着守护国门的理想信念，正式投身口岸植物检疫事业。入行数年，他也有了自己响亮的外号——"快手龙"，这是同事们对他的昵称。

人如其名，他干活快，吃饭快，连走路都飞快。妻子经常抱怨他没情调，一起散步走着走着人就没了影；好不容易买到美食想慢慢品尝，结果三两口之后，桌面上就只剩下了碟子。

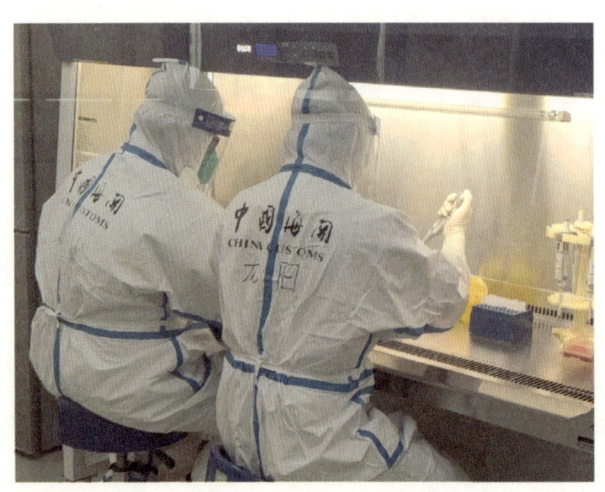

核酸检测工作中
卢乃会 摄

"快手龙"的快不仅限于生活中，还体现在工作上，无论是日常的检测工作，还是领导临时交办的任务、同事请托的事情，他往往能又快又好地完成。为了快，他会有意识地改进工作方式，申请授权了线虫分离、核酸纯化等方面的多项专利并加以应用；为了快，他潜心研究，主持完成了多项科研项目，建立了油菜茎基溃疡、花生矮化病毒等多种有害生物的快速筛查方法，提高了检测效率；为了快，他将研究的方法进行了标准化，主持制（修）订小麦转基因成分检测等多项标准，让大家一起陪他在"快"的路上越走越远。久而久之，"快手龙"这个昵称就传遍了整个实验室。

缘起——战，是深思熟虑后的抉择

2020年年初，龙阳和妻子便收到各自单位的紧急通知，提前结束春节假期返岗待命。大年初三的早晨格外得清冷，戴着家里仅存的口罩，夫妻俩踏上返岗的路途，一路无言，怀着对疫情形势的未知与不安，互道一声小心后，便投入各自的工作当中。

作为湛江海关技术中心植检实验室转基因检测岗的岗位负责人、高级农艺师，"快手龙"主要从事植物检疫与转基因检测工作，具有丰富的核酸检测经验。

"听说保健中心已经开始检测新冠病毒了。"

"我也听说了,不过他们现在人员很紧张,晶姐跟苏业从年前到现在一直就没停过。"

"是啊,工作起来没日没夜的,太辛苦了,人手一时半会又配不齐,毕竟单位学医的人不多。"

伴随着同事们脚步声的远去,"快手龙"把新冠病毒核酸检测人员严重不足这个消息记在了心底。晚上,他躺在床上辗转反侧:"或许我可以申请去支援他们,听说也是用PCR检测,去的话应该能快速上手,缓解他们人手不足的问题。""但是,隔行如隔山,传染病的检测不知道会不会有特殊要求?""应该没问题吧,毕竟检测方法都是基本一样的。但是,听说传染性很高,要是感染了就麻烦了。不过听说会对样品灭活,还有防护服,问题不大吧。""如果去的话应该会很忙,实验室这边不知道能不能走开?""他们的实验室好像就在楼下,应该可以兼顾吧。""湛江口岸外轮比较多,检测时间不固定,家里俩孩子咋办呢?""反正幼儿园也没啥好学的,不行把小的送到爸妈那儿,一边带一个,但暂时不能告诉他们我去抗疫了……"他不停地自问自答。

"那就去吧!"无数次纠结之后,他下定了决心。

在湛江口岸新冠肺炎疫情防控工作危急险要之时,他和另外6名同志主动请缨,克服重重困难,积极参与支援保健中心新冠病毒核酸检测工作。

转变——慢,是为了更安全

"你的防护服脱得太快了,这样容易让防护服表面的污染物扩散!"

"每一个步骤都要进行手部消毒,你刚刚虽然做了,但是时间不够!"

"防护服摘脱顺序一定不要错,错了就相当于暴露在病毒当中了,让感染的风险增大！"

培训的第一天，"快手龙"化身职场小白，因为想快，被老师"教训"了一轮又一轮。

但龙阳也不恼，他深知自己的"快"可能会成为新冠病毒检测过程中的不利因素，毕竟相对于转基因检测工作，新冠病毒检测过程中存在更大的生物安全风险，一点疏忽就有可能导致自己和同事感染。因此，他努力地想让自己慢下来。

"老师，您看我防护服这样卷对不对，会不会太快了？""这样卷没问题，但是可以稍微再快一点点。"老师有点无奈。

"老师，您看我6步洗手法的操作流程对吗，有没有什么不规范的地方？""可以的，很完美，但是每个步骤15秒左右就可以了，你这个起码30秒了，'快手龙'你以前可不是这样的啊！"老师调侃道。

"我这不是怕手部消毒不完整污染样品嘛。"

"老师，您看脱外层手套的时候这样做行不行，是不是只要不接触到手套表面就可以了？"

"老师，镜片起雾的话有没有什么比较好的处理办法？"

"老师……"

多次培训之后，"快手龙"成功转型成了"婆妈龙"，检测操作起来稳之又稳。

初战——细，让检测走上快车道

经过湛江海关内部以及疾病预防控制中心的多轮培训，"快手龙"很快掌握了新冠病毒核酸检测技术，信心满满地投入了抗疫战场中。但正式投身新冠病毒核酸检测的第一天，"快手龙"和同事就碰上了"拦路虎"。

晚上 7 点，当他们完成第一批样品检测工作准备回家吃饭时，却临时接到紧急通知，预计有 50 份样品于当晚送达，为保障通关时效，必须尽快报告检测结果。彼时检测实验室初建，人员和仪器设备严重匮乏，仅有 1 台 12 通道的自动核酸提取仪，且单次提取时长近 1 个小时，若全部依靠机器提取，虽然检测人员相对轻松，但耗时过长，对通关时长影响极大。

"老苏，样品大概几点钟到？"

"口岸的工作人员已经开始登轮采样了，预计 9 点多钟才能送到。"

"9 点！""快手龙"开始暗暗思忖："一次 50 份样品，如果全部用机器提的话，光机器运行时间就要 5 个小时。而且这台水浴锅有点小，用现在这个支架最多也只能同时灭活 20 多个样品，那估计得凌晨 3 点才能完成核酸提取，后面上机检测还需要 1 个多小时，这也太久了吧！况且老苏这几天都在连续作战，休息不够，今晚要检测这么久，不知道他扛不扛得住。我得再想想办法才行！"

"老苏你看，既然操作步骤不能快，那只能让操作流程快起来，减少空等的时间。这个支架底部可以拆卸，如果把底座拆掉，那我们的水浴锅同时灭活 50 个样品问题不大，这样我们就能省下一半灭活的时间了。"

"确实，以前样品量没这么大，我们没考虑过这个问题。今天你这个'快手龙'给了启发，能把实验室的节奏也带得快起来。"老苏高兴地说。

"那我们待会先把需要用到的耗材都准备好，该标记的都做好标记，减少这一部分的现场操作时间。样品我们可以分为两部分操作，其中 36 个用机器提，在机提的间隙我们完成剩下 14 个样本的手工提取工作，这样整个流程下来，大概 5 个小时就能结束战斗。"

"太好了，原本我还为这个发愁，不想吃饭，现在吃得下了。"老

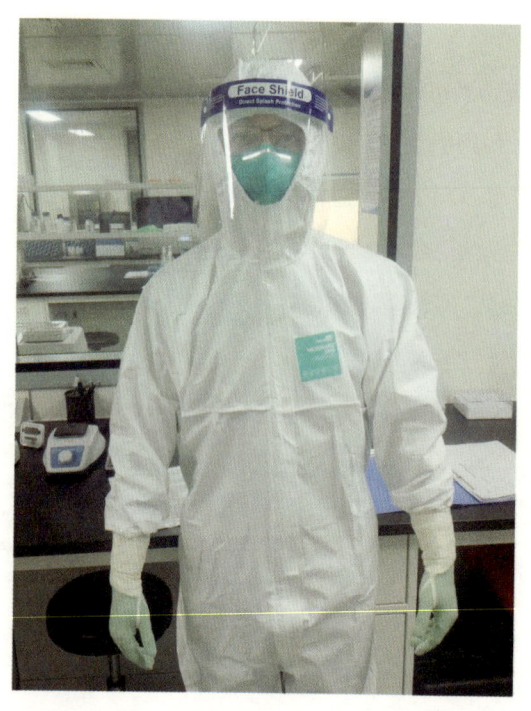

首次参与新冠
病毒核酸检测
苏业 摄

苏说道。

为及时完成检测任务，按时提交检测结果，"快手龙"草草用过晚饭，就拉着老苏再次踏进了实验室的大门。样品抵达后，他们就紧张地开始样品核对、灭活、离心、留样、提取、上样等工作。机提与手提结合的方式虽然大大地增加了两人的工作量，但却缩短了近2个小时的检测时长，提前完成了检测任务。

次日凌晨3点，龙阳拖着疲惫不堪的身体走出了实验室，怀着首次参与新冠病毒检测的激动心情，他发出了第一条，也是唯一一条关于自己支援新冠病毒检测工作的"朋友圈"信息。由于要与新冠病毒近距离接触，为避免家人担心，他并未告知家人参与抗疫工作的实情，为此他还细心地将这条信息对家人进行了屏蔽。

凌晨4点，洗漱完毕的他亲吻了熟睡的孩子后，倒头就沉沉睡去。由于技术中心当天还有一批转基因检测任务需要完成，3个小时后，伴随着闹钟的铃声，他又开启了新一天的工作。

初心——钻，是检测效率提升的秘诀

"老苏你看，咱们这个核酸提取出来后，需要把核酸转移到离心管中保存，这一步骤不但烦琐，还可能出错。我在转基因检测时经常会用到一种封板膜，你看能不能直接把整块板封口后保存，这样既简单，

又节约耗材，关键是快！"

"你们看这样行不行，我们将装好体系的8联管直接放入吸头盒中，传递时盖上吸头盒的盖子，同样能达到避免污染的目的，最重要的是，这样上样速度会快很多。"

"现在用的这种吸头太短了，吸取样品的时候一不小心就会污染移液器，我们那边有一种加长吸头，长度刚刚好，下次我带点样品过来你们试试，好用的话也可以采购，这样以后我们分样的时候又能快一点了！"

"我那里有一种可调间距的移液器，说不定可以提高上样效率，要不要试试？"

"我觉得……"

经过各类拦路虎的轮番洗礼，"快手龙"骨子里的"快"基因又在慢慢苏醒，开始暗地里钻研着怎么在保证检测安全的情况下进一步提高检测效率了。

底气——撑，是快慢节奏随时转换的法门

"龙阳，昨晚你不是检测新冠病毒吗？怎么今天这么早又来了？抓紧回去休息一下吧！"技术中心领导看着他疲惫而忙碌的身影，关切地说道。"今天有一票样品比较急，我要赶去转基因那边处理一下，处理完我直接在实验室眯一会就行了。"

"龙阳，全民国家安全教育日明天需要去学校宣传，你作为兼职教师，就过去给学生们传授一下国门生物安全方面的知识吧。""没问题！今天保证准备得妥妥的！"

"龙兄，我们申报的海关总署科研项目批下来了，看你最近新冠

病毒检测工作太累了，等你休整几天，我们再一起把相关实验验证一下吧。""别等呀，'快手龙'不爱等。走，现在就去！"

"过两天端午节，我们带孩子出去转一转呗！"妻子说。"我端午期间需要值两天班，等国庆节，我一定带你们出去耍……"

"龙阳，下周你妹妹结婚，你一定要来广州喝喜酒。""大舅，实在不好意思，春节期间新冠病毒核酸检测工作不能停，我要加班，等我工作忙完了再请你们吃饭。"

"喂，爸爸，我好多天没见你了，我想你了！"小女儿在电话里说。"等会老爸再给你回电话，我马上要进实验室了。"

由于"快手龙"所在的植物检验检疫实验室人手不足，龙阳在夜间乃至凌晨参与新冠病毒核酸检测工作后，第二天还得继续照常上班。在疫情防控初期支援保健中心的这段时间里，他累计加班时长达数百小时。家人每每问起他为什么无法陪伴时，他总是淡淡地回答两个字："加班。"尽管如此，他的家人也从未有过只字片语的埋怨。他现在想来，也许家人那时早已了然于心，只是没有道破，有的只是埋藏在心底的关心与信任。或许，这份关心与信任就是支撑"快手龙"做到快慢节奏随时转换的底气和法门吧。

尾声——拼，是抗疫必胜的集结号

从第一次检测时的 50 份样品，到单次 400 份乃至 1 500 份样品；从每周支援 1 次、2 次乃至每周支援 4 次；从工作日到节假日，"快手龙"毫无怨言，用实际行动彰显了初心使命，与同事肩并肩战斗，共同筑起了疫情防控的"铜墙铁壁"。自参与新冠病毒核酸检测工作以来，他完成了数万份样品的检测工作，见证了湛江海关新冠肺炎疫情截获的零突

六、信念如磐，一脉相承 | 709

破，更是在 2020 年获评"全国海关系统抗击新冠肺炎疫情先进个人"荣誉称号。

"抗疫工作非常辛苦，没日没夜，没有假期，每个战友都十分不易！晶姐和老苏实现了从无到有的突破，仅短短 29 天就建起了新冠病毒检测实验室，起早摸黑，默默坚守；小诗挺着大肚子天天陪我们早起熬夜；聪姐和陈果从茂名到湛江跨市支援，与丈夫孩子咫尺天涯；小杨夫妻俩同时参与抗疫工作，不到 3 岁的孩子只能提前送读幼儿园；斯哥父亲卧病在床；娜姐腰椎劳损……虽然参与抗疫的每个人都能找出一大堆理由来推卸这些重担，但他们没有！从来没有从天而降的英雄，只有挺身而出的凡人，与他们一起抗疫的经历将是我一生最宝贵的财富。这份荣誉虽然给了我，但更属于他们。""快手龙"如是说。

长衫察尽病虫草，又披白甲擒魍魉，这就是"快手龙"抗疫经历的真实写照。

荣获"全国海关系统抗击新冠肺炎疫情先进个人"
卢乃会 摄

南宁海关

我的抗疫青春纪实录

"全国海关系统抗击新冠肺炎疫情先进个人"
程洁

南宁海关所属南宁吴圩机场海关
程洁

2020年，注定是不平凡的一年，一场新冠肺炎疫情改变了每个人的生活，这些年我们在国门战线上挥洒的青春，必将成为我们青春回忆录中浓墨重彩的一笔。

战士也害怕

记忆中的2020年，可能就是耳边挥之不去的人声，那时我在南宁机场负责入境重点旅客的流调和排查，因为匆忙回国的人很多，每天在嘈杂的入境大厅里，工作人员都只能扯着嗓门维持秩序。排查等候区的人越来越多，有种不安的情绪充斥在四周，我感到有些压力，不禁加快了流调表上书写的速度。外头等待的旅客开始吵吵嚷嚷。那天的我被困在人群中间，眼睛有些酸涩，护目镜里的眼镜已经起雾看不清了，但不知哪来的勇气，我同样大声地喊着："回都回来了，你们还怕什么！我

六、信念如磐，一脉相承 | 711

守在这里就得为你们的安全负责，你们更要对自己和家人负责呀!"面前的旅客有了瞬间的安静，现场又陆续恢复了秩序，我很快整理好情绪再次投入工作。其实我从来不是一个胆大的人，那可能是我第一次大声地对旅客说话，可是脚下的位置告诉我，比起胆怯，更重要的是职责，守好这道关卡就是我的职责! 我可能成为不了英雄，但我愿做一名战士，即便害怕也从没想过退缩。

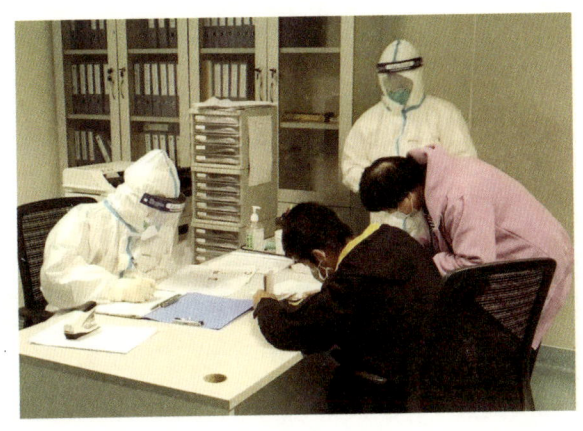

对入境旅客进行医学排查
蔡宜轩 摄

曾经有人问我："每天做那么多重点旅客的排查采样，你害怕吗?"我的回答是："怕，当然怕。"我想每个人心里或多或少都会害怕吧，但即便是这样，大家还是坚持上班，没有人请假，没有人有怨言。大家知道，此刻我们是口岸上的一堵墙，一旦有了窟窿，墙内的人民就得遭殃，这里是我们的阵地，退无可退，唯有坚守！

黎明前的黑暗

随着全球疫情的蔓延，南宁空港口岸"外防输入"的任务愈加艰巨。在一个月里，每天一个"红眼"航班的到来，使我们的工作变得昼夜颠倒。

从某地飞来的航班每天零点到达，每一班都是满员，但那时其实还没有任何的辅助设备和系统，我们所能依靠的只有人力。每天我们都要从前一天晚上的九点开始航前的准备工作，力求衔接好每个环节。通常，做完全部入境旅客的移交，完成航后资料、报表等的收尾工作，已经是早上的五六点了。消夜当早餐,睡几个钟头再继续讨论总结,优化方案,进入新一轮备战。对我们来说每完成一次航班检验就像是打了一场仗,每天会有关领导亲临现场布阵指挥,40多人穿上自己的"铠甲护盾",随时准备跟病毒来上一场对决。因为穿着防护服上厕所不方便,所以备战前没人敢多喝水,长时间的体力消耗和大量出汗,脱下防护服的我们,已经渴到可以不顾形象地一口气喝完一整瓶矿泉水,扫完一份从前你认为绝不可能吃得完的饭,可能还得再加个鸡腿。然后每天临睡前会想,等疫情结束睡个三天三夜,再认认真真减个肥。

旗帜的力量

我是在疫情开始后"火线"入党的。在航班间隙,在旅检现场进行入党宣誓的情景还历历在目。如果你问我,入党的初心是什么,我会告诉你,是旗帜的力量!

因为在我的身边就有很多这样优秀的共产党员。我们的关领导,

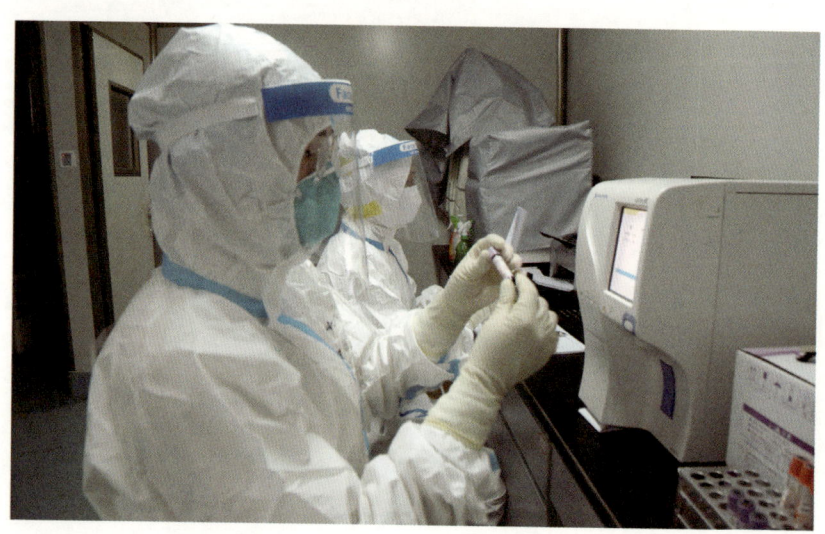

进行快筛检测　　蔡宜轩　摄

疫情期间一直吃住在机场，每天都会来现场跟班，旅客多的时候，哪里有空缺就在哪里补位，核过申明卡，坐过测温台，五十岁的年纪依然跟我们一起连续地通宵熬夜，甚至因为劳累引发了突发耳鸣。我们的副科长，有严重的过敏性鼻炎和慢性咽炎，春节的时候照样站在人流密集的通道扯着嗓门维持秩序，有一次犯了咳嗽，有个旅客跑来跟我"投诉"说："跟你们领导说，你们那个同事该放假了！"我说："那个就是我们领导"。正是他们，教会了我责任与担当，就是无论何时，都要坚守住自己的那份职责。我们的支部书记跟我说过，每个党员都是一面旗帜，既要坚定地树立自己，也要去引领别人。能以一个共产党员的身份站在最前面，我感到无上光荣！

山脚下的大白"军队"

2022年春节，因为边境疫情形势陡然严峻，我报名前往友谊关支援。第一次来到友谊关时，我的内心是震撼的。穿过庄严古老的城楼，映入眼帘的是群山脚下一排排临时搭建的帐篷，"大白"们宛若一支驻扎的军队穿行其间。那时我脑海中才真正把边境线和战场联系起来了，而我们正在为国门而战！而城楼上高高飘扬的五星红旗和高耸的木棉树就是我们的精神寄托。

在这样一个全年无休的公路口岸，岗位风险是极高的。风险如同在每个人头上悬着的一根针，时刻提醒着我们，每一次的规范操作不能有半分的差池。但同时，边境的条件也是最艰苦的，全天候的露天作业，防护服内的体感温度往往比实际更加极端。冬天的时候很冷，防护服里得贴上暖宝宝，采样的时候手才不会僵；夏天的时候很热，常常是头上蒸汽脚下滴汗，汗水流进眼睛的时候会刺得生疼，但流着流着竟也慢慢

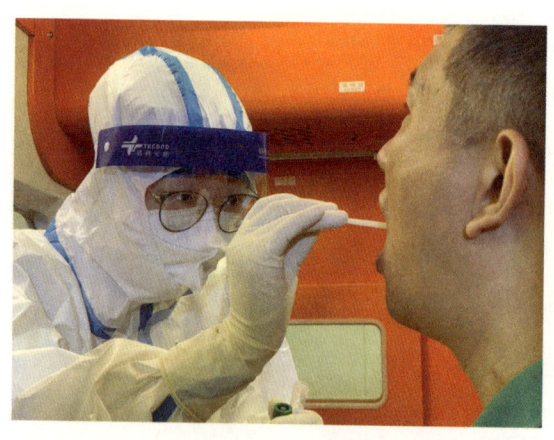

对入境旅客进行采样

蔡宜轩 摄

习惯了。

在某一轮封闭管理的中期，因为突发本土疫情，原本应该换班去吃饭的我们，工作节奏一下被打乱了。口岸入境的旅客不断涌进来，现场人手本就吃紧，后面的人上不去，前面的人就下不来，饭一时送不上来，接班的人索性也就不等吃饭了，空着肚子也先上去换前面的人下来休息。得知前面换班的人没吃饭，下来的人休整一下又继续穿防护服上岗去换人下来吃饭。一来二去，里面的衣服早已是湿了又干，干了又湿。在阵地上，最心疼你，与你感同身受的一定是并肩战斗的战友们，记忆中听到最暖心的话语一定是交接班时的一句"我来吧！"如果这座青山有记忆，那它定会记得口岸上这群赤诚又温暖的"大白"军，因为无论如何他们都不会放弃阵地、战友。

"逆行者"的坚守

在旅检工作了那么多年，见过那么多回家的人，总让我感觉到，他们归国那刻的欣喜甚至比旅行前的兴奋更胜。因为疫情防控，我反而更加近距离地看向那些盼望回家的人们，那些温暖如亲人般的问候，也常常让我动容。

我遇见过一位老人，采样时反应很大，复采了几次才成功。采完样后她用纸巾捂着口鼻，看得出在隐忍住难受，我想宽慰她几句，她却一直在跟我说："抱歉，你们太辛苦了，给你们添麻烦了。"我遇见过一个中年旅客，撩起衣袖的时候两只胳膊都是抽血针扎过后的淤青，我能做的就是精准熟练的操作和几句暖心的问候，尽可能减少旅客采样的不适感。

感谢时代在我们这些平凡人的背后加盖了"逆行者"的标签，我也在其他人的身上读到了"值得"。

"云"上的想念

因为疫情，我更多的是在外忙碌，大宝小宝都是老人在照看。每每回到家，家人体恤我连日加班的劳累，也都尽可能让我多补觉。因为岗位风险，在很长一段时间里，我在家活动都是戴着口罩，也会尽量避开孩子的拥抱。那时我的小宝经常问我："妈妈，你又生病了吗？"我回答："是的，所以不要靠我太近。"小家伙渐渐习惯了我的避让，从前只要见我回家就开心地扑上来，后来见我走进门也只是抬头看看，说声

陪护入境儿童过关
蔡宜轩 摄

"妈妈你下班啦",然后接着玩他的玩具。我其实心里并不好受,但也只能安慰自己,等疫情结束,一切就能回到原来的轨道。

后来因为封闭管理,在孩子的眼里,妈妈经常会有大段的时间在出差,要见到我只能通过手机视频,他们觉得我应该是去了很远的地方,所以要走那么久,却不知我只是没办法回来看他们。

在孩子们成长的太多的重要时刻,我都只能是个"云"参与的妈妈,我隔着手机在想象着他们成长,而他们也只能对着屏幕回应我的爱。在很多个醒着的夜里,我就这样打开手机把大宝、小宝的照片视频看了一遍又一遍,陷入对家和家人的思念。我知道,身边像我这样的战友还有很多,有多少人在前线工作,就有多少个家庭在背后默默地支持和付出。但如果坚守能为更多的家庭带去平安,那我们就绝不能倒下!

2020年至今,我们一直奋战在一线,从南宁机场到友谊关,从一个一线到另一个一线,我们曾多少次地经历挫折,就有更多次地被赋予过力量,组织的信任、家人的支持、群众的信赖就是我们前进的动力。如果说医学教会了我要敬畏生命,那么海关就教会了我要敬畏职责。当我们穿上防护服,扛起"金钥匙",身后是祖国,身边是战友,头上是鲜红的党旗,我们将不惧风雨,勇毅前行!

成都海关

凝聚微光,点亮火炬,
做坚毅国门卫士
——记"全国海关系统抗击新冠肺炎疫情先进个人"曾璨

成都海关所属成都双流机场海关 王圣集

获评"全国海关系统抗击新冠肺炎疫情先进个人"
邓茗芳 摄

"您有哪些不适症状?""什么时候出现的发热症状?""核酸样本采集时可能会有不适,请您忍耐一下。"这是成都海关所属成都双流机场海关旅检四科副科长曾璨工作日常说的最多的话。

作为一名公共卫生与预防医学专业人员,自参加工作以来她就一直坚守成都双流国际机场口岸的卫生检疫岗位。身处全国空港"第四城",她牢记"健康所系,性命相托"的誓言,用青春和汗水守护国门,用专业诠释医者仁心。2020年年初,新冠肺炎疫情发生,作为经历过埃博拉、霍乱、中东呼吸综合征等疫情防控的专业人员,她再一次义无反顾地选择了逆行冲锋,主动要求到流行病学调查、医学排查、核酸样本采集等高风险工作岗位，奋斗在新冠肺炎疫情防控第一线，至今已坚守900多天。

勇担重任，用敬业浇灌初心

2020年新年伊始，新冠肺炎疫情出现。此时正值春节期间，成都双流国际机场的进出境旅客达到高峰，曾璨所在的旅检现场，平均每日出入境旅客超过2万人，仅200余平方米的国际到达大厅，承载了成都口岸外防输入的重任。彼时的成都双流国际机场，身处西南腹地对外开放的门户，是全国第四大航空枢纽和西部地区唯一航线覆盖世界五大洲的机场，开通国际地区航线131条，密集交织的人员和货物流动链条，忽然间成了疫情防控风险的汇聚点和关键点。

拥有多年传染病防控工作经验的曾璨深知，只有严守口岸这道防线，防控疫情输入和扩散，才能守护好身后这片土地。2020年1月24日，正值万家团聚的除夕，在四川绵阳家中的她，刚吃完团圆饭，念及疫情防控形势，匆匆告别家人，踏上了返回成都的路程。手机里收到科长发来的信息，"全体人员做好待命准备。" "收到，我已赶回成都备勤"，她如是回复。

2020年1月25日，海关总署正式重启出入境人员填写健康申明卡制度。此时恰逢曾璨所在的科室当班，她收到了成都双流国际机场口岸的第一份入境健康申明卡，口岸疫情防控的大幕正式拉开。"如何做到早发现？我们必须与时间赛跑，与病毒较量。"每一班次，她与同事们都长时间站在入境卫生检疫大厅，一遍遍地向旅客讲解健康申报注意事项；逐一筛查每一架入境航班中是否有重点地区旅居史的高风险入境人员。医学专业的她主动扛起了流行病学调查、医学排查、样本采集和转

六、信念如磐，一脉相承 | 719

运移交的重任。作为一名流行病学与卫生统计学的硕士，能够将自己的专业本领派上用场，她感受到沉甸甸的责任，"我是专业人员，我先上！"拿起流调表，逐一询问、厘清来龙去脉、抽丝剥茧，梳理可疑环节，筛查高风险人群，她仿佛就是变身成掌握疫情线索的"侦探"。"你周围的家人有无不适症状？""你是否去过人群密集的场所？"……每一个问题、每一个关键环节她都仔细询问，不让疫情线索留下盲区。

"入境旅客申报近期有发热症状""红外线体温监测发现一名发热人员"……现场通报特殊情况的声音引起了她的高度警惕，她立即穿上防护服走进负压病房，测量体温，开展流行病学调查，采集样本，联系地方医疗卫生部门转诊……她从清晨5点进入负压病房，一直忙碌到将最后一名旅客送上救护车离开，脱下防护服时已是下午2点，此时汗水已泡白了手套内的双手，口罩在脸上已留下深深的印痕，近10个小时没吃没喝的她，已体能耗尽几近虚脱，可还来不及喝水吃饭，又要投入到下一波旅客验放中。这是曾璨新冠肺炎疫情期间的工作常态。

"疫情就是命令，防控就是责任，我们不能犹豫，更不能退缩。"召之即来、来之能战、战之必胜，这就是海关国门卫士的职业信条。

2020年2月，中国—世界卫生组织新冠肺炎联合专家考察组到成都双流国际机场考察口岸疫情防控工作，口岸迎来了一场高规格的正式"考试"。曾璨作为工作组主要成员，全

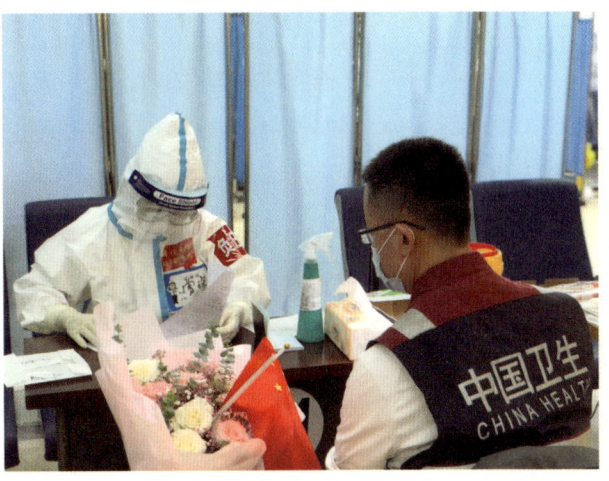

对援外归国医疗队员进行流行病学调查　黄书苹 摄

程参与迎检工作，全面复盘梳理口岸核心能力，现场展示口岸卫生检疫处置流程，以过硬的专业技能、熟练的业务素质，赢得了世界卫生组织专家的高度赞扬："你们的卫生检疫工作做得非常扎实！"

2020年3月，境外疫情形势持续变化，她又主动扛起了入境人员核酸样本采集工作，成了口岸第一批采样人员。如何精准采集鼻咽样本，及早发现感染者，成了口岸防线的关键。为了确保采样作业标准，减轻旅客的不适感，她一次次拿自己做样本，一遍遍给其他人员当起了"小白鼠"。"注意调整采样拭子角度，注意采样部位，注意采样拭子旋转……"她不断提醒每一名采样人员。口岸如此大规模的采样送样，没有先例可循，没有经验可鉴，唯有边行边试。高风险的核酸样品如何妥善保存、运输，是她不断思考的问题，秉持专业和审慎，于细节处发力，小到样本外包装的尺寸、病毒采样管的规格、采样拭子的种类、送样箱的温度，她都精益求精。她时常请教口岸传染病检测实验室的技术专家，并与同事们反复探索尝试，成为同事们眼里的"细节控"。

勠力探索，助力提质增效

随着疫情防控进入常态化，成都双流机场海关设立了专门的疫情防控大队。在网格化管理模式下，规范执法把关、优化工作流程、提高通关效率成为旅检现场的新课题。随着疫情态势的发展，对疾病的研究不断深入，防控措施也随之动态更新。作为口岸现场专家组成员，曾璨总是第一时间学习最新版的疫情防控方案，带头整理相关管理要求、操作方法和执行要点，第一时间组织专业骨干学习跟进。她主动梳理内部工作流程，针对新冠肺炎的特点，反复推敲口岸检疫查验每一个步骤，制订符合本口岸实际的医学排查流程、采样操作流程和人员移交流程，并在实践中不断优化，确保防控措施强力落实，查验过程高效专业。在每一个采样点上，都贴着她自己制作的采样流程要点提示卡；在医学排查区，有她绘制的操作流程图。全程规范化、标准化、精细化，是确保规定动作100%做到位的最佳路径。

为了提升口岸通关效率，曾璨与同事们始终在积极探索创新。疫情防控初期，纸质流调表、医学排查表、采样记录单、人员移交单……每名旅客动辄七八页纸质单证信息的人工手动填写、人工清理数据上报，耗费巨大的人力和时间资源。向科技要"生产力"，以智能化手段提高效率势在必行。作为业务骨干，她积极梳理卫生检疫流程的各项信息节点，与技术人员沟通，为信息系统间智能抓取、信息对碰、自动填充数据献计献策。2020年6月，成都海关自主研发的成都空港口岸卫生检疫信息化管理系统正式上线运行，实现了进出境旅客健康申报信息审核的信息化，多系统数据互通互联，将旅客健康信息审核时间从10分钟缩短至2分钟内；采样数据录入和样品清点全程信息化；每架次航班的验放流程实时可追踪，口岸卫生检疫智能化监管实现了飞跃。

2020年秋季，为了持续做好常态化疫情防控工作，妥善应对入境人员逐步增长的形势，成都双流国际机场入境卫生检疫监管场所增区扩容迫在眉睫。曾璨成为入境卫生检疫临时查验区改造工作小组成员，她主动收集最新版《口岸新型冠状病毒肺炎卫生检疫操作指南》，结合传染病生物安全防护要求，为区域空间规划、流程设置、实用需求等提供技术意见。面对工程量大、工期紧的实际情况，她坚持日上报、周总结，为各级部门掌握改造进展、协调施工进度提供最翔实的资料。在改造工作小组的推动下，仅用时35天即完成了占地3 000平方米的成都双流国际机场口岸入境卫生检疫查验区改造施工，较预计工期提前25天。场所布局规范，流程设计科学，单名入境旅客最快10分钟即可完成入境卫生检疫查验全流程，耗时减少50%。她认真总结整理改造工作成果，上报工作专报受到海关总署署领导肯定、批示，成都海关的经验在全国推广。

刚刚全力做好入境卫生检疫临时查验区改造工作，她又接到了规划设置改造入出境负压隔离病房等重任。

滚石上山不松劲，爬坡过坎不避难。正是在她和同事们的不懈努力下，成都口岸入境人员卫生检疫工作不断优化升级，成都海关在海关总署疫情防控专项考核中，始终走在前列。

凝聚微光，用专业践行使命

疫情伊始，身边多数同事都没有医学专业背景，更不用说传染病防控工作经历。他们中大多数都是"90后"，人生第一次穿上防护服。在此情况下，比他们稍长几岁的曾璨成为全科的中坚力量。她第一时间学习国务院联防联控机制、海关总署的各项防控方案和个人防护指南，利用休息时间搜集疾病相关防控知识和最新疫情信息，主动在科室内开展新冠肺炎疫情相关知识宣讲。从如何手消毒，如何佩戴口罩，到如何穿脱防护服，她逐一演示穿脱流程，逐一检查每一名工作人员的口罩佩戴情况和防护装备完善情况，此时的她成了大家口中最常念叨的"曾老师"。"注意手消毒，注意卷脱防护服"，这是她最常"念叨"的话。每架次航班验放期间，都能看到她忙碌巡查的身影，她总是耐心地一遍遍提醒大家，也一趟又一趟地来回巡查，"你的面屏歪了！马上处理！"偶尔的高音、急声源于对同事的关心和对疾病传播风险的警惕，平日里和悦的她变得严肃起来。"个人防护无小事"，这既是保证口岸防疫力量的基石，也是坚定大家信心的关键，大家凝聚一条心，拧成一股绳，

六、信念如磐，一脉相承 | 723

努力践行着海关人的使命与担当。

2020年5月，成都海关举全关之力组建口岸轮训队，抽调关区骨干支援口岸一线流行病学调查工作。曾璨主动报名成为成都海关兼职教师，为口岸轮训队员培训口岸新冠肺炎流行病学调查工作要求和个人防护知识。她一边培训规范的防护方法，也一边收集工作中常见的防护易错点，建立"标准演示—视频纠错—实时监督"的个人防护培训流程。2021年年中，随着入境航班不断恢复，成都海关积极争取到四川省卫健委选派卫生专业人员支援口岸一线核酸样本采集工作。面对病毒不断变异的新形势，口岸外防输入的压力持续加大，曾璨再一次扛起了采样人员培训的重任。她利用休息时间规划培训内容和制作授课PPT，随时关注最新的技术方案和个人防护指南，时常忙碌至凌晨。现场讲授、实地演示、现场考核，她始终如一，为锻造口岸的专业队伍奋翅鼓翼。

为科内同志讲解疫情防控方案和个人防护指南
袁天虎 摄

点亮火炬，谱写青春华章

"疫情不退，我不退。"这是曾璨时常挂在嘴边的一句话。2022年夏，双流机场入境航班增量迅猛，口岸疫情防控工作压力陡增。炎炎夏日，烈日当空，一身"大白"的曾璨在入境检疫区来回奔波，刚刚安抚好一名因采样不适哭闹不止的孩子，还来不及休憩片刻就听到对讲机里的传来消息："呼叫医学排查组，审卡环节发现一名有症状人员，拟转排查，请注意接收。""收到，医学排查组已做好接收准备。"曾璨小跑着奔向了医学排查区。

作为疫情防控大队的医学排查组组长，口岸卫生检疫的"把关人"，"在路上"成了她工作的常态，她总是最早到达，最后离开。连续在岗工作到了时间，她没有选择休息，更换好防护装备又投入了轰轰烈烈的抗疫一线，连续两三轮，奋战七八个小时，对她而言已经习以为常。每次航班检疫任务结束，躺到封闭管理宿舍的床上，都累得感觉大脑失去了对身体的控制。更不要提，闷闷的防护服下，口罩、手套、衣服里都是汗水，难受劲儿可想而知，每一次上岗都是体力与意志的双重考验。

"防护服已经成了我的标准装。"额头不断滚落汗珠的她笑着对身边的"战友"说道。在抗疫一线，烈日骄阳没有吓退她的热情，瑟瑟秋风没有吹走她的信念，冰凉秋雨没有浇灭她的斗志……不顾被汗水浸湿的衣衫，一句来自旅客的"辛苦了"，就是她最大的安慰和动力！有一种坚守叫作信念，在她

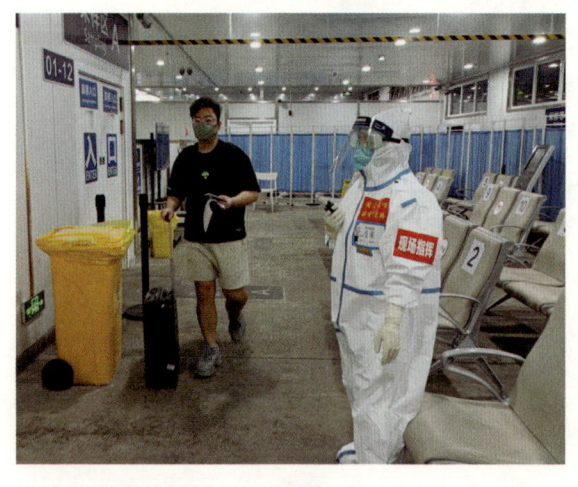

开展入境航班医学巡查　王渔利　摄

的带领下，疫情防控大队医学排查组展现出了高度的专业素养，一丝不苟的敬业精神，900多天的持续作业，1 000余例的排查工作无一疏漏，因表现突出，多人获得成都海关嘉奖表彰。新入关的年轻同志在她的带动下，迅速成长，成了一个又一个的"真老师"，成为坚定的国门卫士。

　　正值靓丽华年的曾璨选择了防护服，怀揣医者仁心，白衣为甲，勇敢逆行。在成都双流机场海关，还有许许多多和她一样坚守主阵地的国门卫士，始终坚毅，始终拼搏，默默守卫国门、守护家园，用青春浇灌信念的花朵，用汗水书写职业的华章，用坚守点燃人生的火炬。

兰州海关

"疫"线玫瑰，铿锵绽放

在成长中绽放最美青春年华

兰州海关所属兰州中川机场海关 季碧云

穿上防护服与伙伴们并肩抗击疫情的几年，从最初的懵懂到行家里手，一步一个脚印地成长，让我这个"90后"的姑娘，从"小白"到"大白"，再到独当一面。回顾几年的点点滴滴，疫情防控第一线闪烁着的光辉照耀在我的心间，让我记录这段经历，与大家分享共克时艰的历程，以此向所有奋战在口岸疫情防控一线的同事们，致以最崇高的敬意。

出 征

2020年伊始，新冠肺炎疫情发生。我所在的兰州中川机场海关，临危受命，承担起入境分流航班、包机的监管任务，旅客人数多、涉疫风险大、监管压力大。在这场没有硝烟的疫情防控战争中，一个个平凡的身影，冲在抗疫最前线，舍小家为大家，在疫情防控阵地上，披荆斩棘，让党旗高扬，关徽熠熠，为口岸疫情防控作出自己的贡献。

还记得，那时候我刚带着年幼的宝宝回家准备与父母过个团圆年，在听闻口岸防控压力巨大、同事们连轴转身体吃不消时，我的心中只有一个念头——"旅检现场医学专业人员紧缺，我是预防医学专业的，将自己所学的专业知识用在抗击疫情的关键时，是我的责任。同时作为一名共产党员，我必须到一线去。"怀揣这个信念，我放弃了春节假期，匆匆订好返程车票，返回岗位。拖着还没来得及打开的行李箱迈出家门的那一刻，年幼的孩子突然哭了起来，我知道这一去会很久回不来，看着父母不舍的眼神和大哭的孩子，我的心里五味杂陈。父亲看出来了我的为难，拍了拍我的肩膀安慰道："被国家需要是非常光荣的一件事，想我们的时候就打视频电话，放心去上班吧，我和你妈会照顾好自己的！"

就这样，我虽有万般不舍，但更觉肩上有沉甸甸的责任！

奋战

"我有医学背景，这几天一直在复习相关的操作要点和防护知识，请领导放心，我能上。"2020年3月，面对第一次入境包机保障任务，我不断克服内心的忐忑，主动承担起登临检疫、流行病学调查、医学排查的工作。

旅客在填写健康申明卡时会有各种各样的疑问，而且大多数老人不会使用电子申报系统。我们现场对旅客容易产生疑问的项目及时进行答疑解惑，填写规范的申明卡也更有助于后端同事们开展工作。

在开展流行病学调查的过程中，遇到可能有旅居史或者有症状的旅客，为了不让他们过于紧张而导致有所隐瞒，我不断调整与旅客的沟通方式，以聊天的形式拉近与旅客的距离。从"最近14天您去过某地吗？"

开展登临检疫
吴晓青 摄

变为"请您回忆一下，最近两周您都去过哪些地方？"从"最近是否吃过退烧药？"变为"最近您有没有觉得哪里不舒服？有好转了吗？是因为吃了什么药吗？"这样的询问方式消除了旅客紧张的情绪，也使流调过程能获取更多的有用信息。

登临查验、流行病学调查、医学排查的工作量很大，每一次登临检疫方案微调，我都要反复琢磨，不放过任何一个细节；每一次登临检疫，我为了加速排查流程，节省旅客时间，总是提前筛选好布控人员信息；每一次保障工作，穿着密不透气的防护服，戴着不断起雾的护目镜、勒到面部生疼的口罩，以及让人行动不便的双层手套、鞋套，为了缩短入境人员医学排查时间，给旅客提供通关便利，十几个小时不吃饭、不喝水、不能上厕所对我们来说已习以为常，虽然很累、很饿，但在面对每个航班、每名旅客时我都打起十二分精神。休息时给父母打电话讲述这一天的收获，他们关切地问："穿着防护服工作一天，身体吃得消吗？""不瞒你们说，肯定是有点累的，但守好国门是我的职责，虽然累，但我觉得很有价值。"这一刻我真的为自己骄傲！

挑战

每次保障航班的时候，作为单位为数不多的具有医学背景的关员，我首先需要完成所有机组人员的健康申报、流行病学调查、医学排查、转运交接的全流程工作。在此项工作顺利完成之后，作为卫生监督科的

六、信念如磐，一脉相承

一员，我深知卫生处理消毒是航班保障的重中之重，每次卫生处理作业前我都会紧盯消毒人员做好消毒剂的配制，拿着浓度试纸反复测量，确保所有消毒剂浓度符合要求。

在其他岗位的同事们完成作业陆续撤离现场后，我和另一名同事开始了对航空器客货舱、废弃物、旅客候检大厅、采样方舱、旅检通道的终末消毒的全程监督工作，对卫生处理人员消毒作业流程我们也是严格要求，确保不放过任何一个角落。

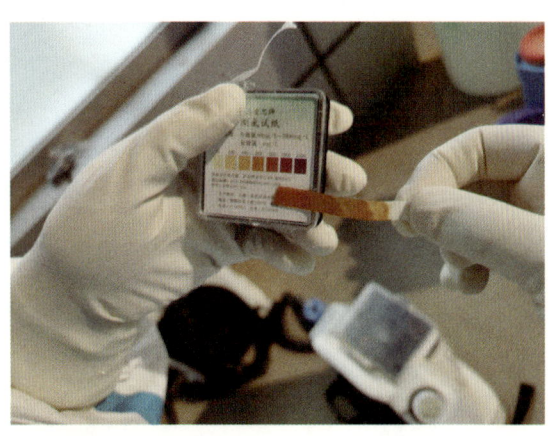

对消毒液浓度进行测定

高兴聪　摄

多少次穿着防护服从凌晨5点工作到下午3点，10个小时的坚守我并不觉得辛苦，严格履行岗位工作要求是我们的职责所在，只有做好了终末消毒工作，大家的安全才能多一重保障。

"大家都辛苦了，我不累，体力还跟得上，而且航班情况我都熟悉，我来整理报送材料。"在连续数十个小时完成入境航班保障任务后，因业务数据要得急，我主动承担起了整理资料、数据统计报送等工作。

哪怕防护服里的衣衫因为不透气而被汗水浸湿，哪怕到夜幕降临才能吃上一天中的第一顿饭，哪怕连夜奋战，天蒙蒙亮的时候才能回去小憩一会儿，我都不觉得辛苦。作为一名年轻的海关关员，这是我第一次直面疫情，更是对自己最好的历练。

每次被问到接了这么多架次的航班，承担的工作量大、风险高，有没有担心过自身安危时，我都能从容地回答："面对随时都在发生变化的疫情，说一点都不害怕是假的。但我时刻提醒自己，作为一名党员，作为卫检人，必须冲锋在前，岗位职责不允许我有半点疏漏，我会尽自己最大的努力防止疫情疫病的输入。"

蜕变

在兰州海关旅检现场,有亲历了非典、甲型H1N1流感、埃博拉等多次重大疫情考验的卫检老兵;也有刚上班不久就遇到新冠肺炎疫情,凭着一腔热血又好又快地完成了航班保障和每一项工作,在实战中锤炼、成长的"90后"新兵。

在疫情防控这场没有硝烟的战斗中,兰州中川机场海关的前辈们因材施教,对不同年龄、不同条件的关员开展针对性的培训,对于业务能力薄弱的关员,指定业务骨干作为带教老师,以老带新、以强带弱,定期检查每位关员的业务熟练程度,还经常叮嘱我们这群需好好磨炼的新兵:

开展卫生检疫工作
吴晓青 摄

"工作中不分长幼、不分你我,干这份工作的每个人都应该掌握基本的理论知识和实操技能,确保在任何时候都能独当一面。"

在一次入境航班登临检疫时,交通工具运营人申报机上显示一名旅客患有精神病史,飞行途中情绪不太稳定。作为登临检疫人员,我迅速将相关情况汇报给现场指挥,通知机组让该名旅客及其家属先下机,并将他们引导至单独指定位置开展流行病学调查、医学排查及采样工作。面对该名旅客在卫生检疫过程中所产生的焦躁不安的情绪,我耐心安抚疏导,在拉家常式的攀谈中,旅客渐渐放松了下来,我也顺利获得了流调表上相关问题的答案,完成卫生检疫流程后将该名旅客移交地方卫健部门。

2022年3月7日下午,兰州中川机场海关接到紧急通知——一架航班上一名旅客突发疾病,飞机于10分钟后备降兰州中川机场。事发突然，情况紧急，我和两位同事第一时间穿好防护装备赶往指定机位。路上，我们在脑中一遍遍梳理应急处置工作方案。登机后，我们分工合作，迅速对该名旅客开展医学检查，呼叫无意识，对光反射、压眶反射均消失，肌力差……面对危急情况，我们没有慌张，默契配合，在最短时间内将旅客转运至急救中心进行治疗，最后该旅客转危为安，我们也长舒一口气。前辈对我们的期许，我们做到了！

创新

兰州中川国际机场，是甘肃省出入境客流量最大的对外开放口岸，也是甘肃省"外防输入"的主阵地。在基础条件不足的情况下，兰州中川机场海关不断结合口岸自身特点，用经验补不足、用效率提质量，不断优化入境检疫流程，同时结合每位关员的专业优势将其分配到最合适的岗位，全力保障各项工作顺利完成。

从2020年到现在，旅客候检大厅从最初的一个拥挤小厅变为又大又宽敞的独立候检厅；流调采样工作一开始需要在摆渡车上进行，夏天热、冬天冷，有时候冷得连旅客的血样都采不出来，现在变为有4个各司其职的方舱，里面的负压系统最大限度地降低了工作人员被感染的风险；以前我们所有环节的记录都是纸质的，每次接完航班还得花大量的时间去整理、归档所有的单证、表格，现在新旅通系统使整个查验流程都做到了无纸化，人员接触少了、通关速度快了，安全防护水平也大大提高了。最近，我们在不断总结经验的基础上，结合职能部门现场督导提出的问题，将三合一审核岗与采样签到岗进行了整合，这样一来减少了旅客排队等候的时间，也降低了与工作人员接触的频次，使整个查验流程更加通畅、安全。

旅检现场移动
采样实验室
马彬 摄

从日出到日落，从春夏到秋冬，我们一直坚守在这里，不断汲取先进经验，将现场检疫查验每一个环节进行优化、创新，逐步提高了旅客通关速度。

坚守

2022年春节，是疫情发生以来我在单位度过的第三个春节了，我放弃了与家人的团聚，错过了孩子成长的瞬间，甚至在家人生病的时候也不能第一时间去陪伴，但是在疫情防控的战场上，容不得左右思量，"这是我的职责，也是一名共产党员应该做的。"我经常把这句话挂在嘴边，并且身体力行。

在我们这支队伍中，有为了打赢这场疫情防控战，通宵达旦，沟通协调、冲在一线的关领导，很少有人知道30多个小时没顾上休息的他，出发前因为血压升高吃了一大把药，说怎么也得扛下来；有身经百战的卫检老战士，在准备间耐心地给年轻关员们讲解注意事项，他刚做完心脏支架手术没多久就申请进入一线和大家一起战斗，我们这几位年轻关员们看见他还在坚持，都没人会感到累；有"80后"的退伍军人，他背着沉重的登临检疫工具箱，总是在航班落地时，冲锋在前；有1994年出生的姑娘，年纪虽小，但学习能力强、心也细，每次在连续数小时穿着防护服完成入境航班保障任务后，还主动承担整理资料、数据统计报送等工作，经她整理的资料分类明确、信息完整，统计的数据清晰明了、有据可循。

兰州中川机场海关航班保障工作人员合影

季碧云 摄

在疫情这场大考中，对一线关员来说，最难熬的可能是航班保障后的封闭管理。每一次封闭管理，对自己和家庭都是一种考验，家里的一切都要靠另一半来承担，同时，家人还要担心我们是否安全。舍小家为大家，为守好国门尽自己的一分力量，圆满完成任务，平安归来，就是我们最大的心愿。

时至今日，新冠肺炎疫情防控已经持续了900多个日夜，我们这群人依旧坚守在一线顽强地战斗，在最危急的时刻我们也未曾有过半点畏惧和退缩，始终冲锋在前，用自己的实际行动，践行着"疫情不退，海关不退"的决心。

收获

参加工作以来，我一直扎根在基层一线，承担着口岸入境人员的卫生检疫工作。疫情发生以来，我与同事们一起坚守岗位，圆满完成了216架次航班保障工作。我也很荣幸地获得诸多荣誉——"全国海关系统抗击新冠肺炎疫情先进个人""甘肃省抗击新冠肺炎疫情先进个人"

参加甘肃省第
十四次党代会
新甘肃记者 摄

"甘肃省优秀共产党员"。

今年5月,我有幸作为一名基层青年党员代表,出席了甘肃省第十四次党代会,这对我来说既是一份荣誉,也是一份责任。在开会的几天里,我听闻了党代表们的事迹,他们在自己平凡的岗位发光发热,优秀的事迹让我动容,鞭策我在以后的工作中更加努力,不辜负组织对我的信任。

党代会结束,"充电"后的我第一时间赶回工作岗位,将自己在党代会上所看、所听、所思、所想记录下来,把相关学习情况第一时间进行汇报,并将会议精神传达给单位的每一名党员。

寄语

疫情防控是场大考,在海关口岸疫情防控一线,一群群"大白"的身影,总是冲锋在前,迎难而上,攻坚克难,而我只是诸多"疫"往无前者中的一个。

在今后的工作中,我将不骄不躁,踏实奋进,在全面履行海关职能的同时,全力做好兰州口岸进出境航班的保障工作,为服务保障甘肃外向型经济高质量发展贡献海关力量,在把守国门中体现人生价值,在服务发展中绽放最美青春年华。